新时代财商教育系列教材

慈善管理学
Philanthropy Management

主　编 ◎ 王　鑫
副主编 ◎ 赵新峰　武　幺　于秀琴

清华大学出版社
北京

内 容 简 介

慈善事业管理在理论层面涉及政治、哲学、法律、道德等,在实践层面涉及经济、管理等的核心问题,慈善管理相关研究有利于帮助读者梳理学习慈善管理系统知识,提高慈善管理实践能力。本书集知识模块、案例分析、复习思考题于一体,对重难点知识进行拓展,有助于读者详细了解慈善管理相关研究、掌握慈善管理核心能力、增强"学"与"干"的相互促进能力。

本书适合科研工作者、相关院校师生、政府机关和慈善领域相关工作人员使用。

本书封面贴有清华大学出版社防伪标签,无标签者不得销售。
版权所有,侵权必究。举报: 010-62782989, beiqinquan@tup.tsinghua.edu.cn。

图书在版编目(CIP)数据

慈善管理学/王鑫主编. —北京: 清华大学出版社,2024.1
新时代财商教育系列教材
ISBN 978-7-302-64991-5

Ⅰ. ①慈… Ⅱ. ①王… Ⅲ. ①慈善事业—高等学校—教材 Ⅳ. ①C913.7

中国国家版本馆 CIP 数据核字(2024)第 001610 号

责任编辑: 张 伟
封面设计: 汉风唐韵
责任校对: 王荣静
责任印制: 曹婉颖

出版发行: 清华大学出版社
    网　　址: https://www.tup.com.cn, https://www.wqxuetang.com
    地　　址: 北京清华大学学研大厦 A 座　　邮　编: 100084
    社 总 机: 010-83470000　　邮　购: 010-62786544
    投稿与读者服务: 010-62776969, c-service@tup.tsinghua.edu.cn
    质量反馈: 010-62772015, zhiliang@tup.tsinghua.edu.cn
    课件下载: https://www.tup.com.cn,010-83470332
印 装 者: 小森印刷霸州有限公司
经　　销: 全国新华书店
开　　本: 185mm×260mm　　印　张: 26.25　　字　数: 602 千字
版　　次: 2024 年 1 月第 1 版　　印　次: 2024 年 1 月第 1 次印刷
定　　价: 79.00 元

产品编号: 098997-01

本书编写组

主　　编：王　鑫

副 主 编：赵新峰　武　幺　于秀琴

编写人员（按照姓氏笔画排序）：

于秀琴　王　鑫　王帝钧　吕如敏　刘　文
刘仁宝　李亚军　李金耀　吴　波　陈玉明
杨晓龙　武　幺　赵书亮　赵新峰　宫　权
魏春洋

推 荐 语

学科之兴,当聚英才而教,汇广言而论,本书融教论一体,堪为慈善学发蒙之作。

——**王名**(清华大学公益慈善研究院院长)

《慈善管理学》一书的出版,标志着我国慈善学科体系的日趋成熟与完善,对推动我国慈善事业的专业化、系统化管理具有里程碑式的意义。本书深度融合了理论研究、典型案例与实践操作,旨在为慈善组织提供科学的管理指导和策略建议,从而提升慈善事业的效率与影响力。

本书的作者们凭着他们深厚的学术积累和严谨治学的态度,全面、系统地阐述了慈善管理的基本原理、核心问题与前沿动态。书中不仅涵盖了一般性的慈善管理原理,还详细论述了慈善组织的战略规划、项目管理、慈善捐赠、公信力等关键环节,而且对慈善法规、企业社会责任与企业慈善、国际视野等内容进行了深入讨论;既有助于提升慈善管理人员的职业素养,也为慈善学者提供了研究的广泛的视角。

本书不仅是慈善管理专业学生的必备教材,也是慈善机构管理者、志愿者以及政府相关部门工作人员的宝贵参考资料。它的问世将大力促进我国慈善事业的规范化发展,增进公众对慈善价值的认识,进而为构建和谐社会作出积极贡献。

——**王超**(北京大学国家发展研究院教授、社会行动与创新实验室负责人)

过往社会公众和慈善行业从业者对慈善认知是不统一的,社会公众对慈善的认知往往被社会上一些负面新闻所引导,但通过慈善知识的传授交流、媒体传播,社会各界对于慈善的认知慢慢统一,行为得到改变,中国慈善资源总量持续增加,慈善资产管理继续稳健推进,志愿服务逐步迈向纵深发展。在慈善事业发展过程中,慈善理论、概念、观点等从西方的话语体系转向创造中国特色的话语体系的变化越来越明显。

民政部印发的《"十四五"社会组织发展规划》提出"十四五"的目标之一,即社会组织专职工作人员数量从2020年底的1 061.8万人达到2025年的1 250万人,净增188.2万人,慈善领域对人才规模和质量的需求,促进政府、高校、社会组织及市场主体等相关方对慈善教育事业的关注不断提升,尤其是2022年2月22日教育部新增慈善管理本科专业后,高校积极探索慈善管理人才培养模式,其中慈善管理专业核心课程教材建设成为一项重要的工作。

《慈善管理学》这本教材就是应对慈善管理本科人才培养而编著的,梳理了慈善管理专业教育的核心知识体系和所需核心能力体系。作为慈善管理学科,慈善管理学是研究慈善管理活动过程及其规律的科学,是慈善管理实践活动的科学总结,它是各学科现代化、社会化、跨学科发展的产物,既包括自然科学、社会科学和科学技术的各个领域,也包括生产力、生产关系、上层建筑的各个方面以及它们之间的关系。《慈善管理学》这本教材的出版,一定程度上缓解了慈善管理专业人才培养过程中教材不足的实际情况,将为慈善管理人才培养专业化水平的提高作出重大贡献,为慈善管理学科可持续发展提供强劲的动力。本教材框架结构相对完整,既有理论阐述,又有实践案例分析,还包括最新的慈善信托管理。除慈善管理专业本科生外,这本教材也可作为政府部门公务员、慈善组织负责人培训的阅读资料。

我推荐之!

——**徐家良**(上海交通大学中国公益发展研究院院长)

2022年2月教育部批准设立"慈善管理"本科专业,标志着高等慈善教育进入一个新的时代。《慈善管理学》将慈善纳入管理学,敢为天下先,难能可贵。尽管学界普遍认为慈善应为一个跨学科教育体系,将慈善归类于管理学科尚存诸多辩议,但这本《慈善管理学》从概述、慈善发展历史到慈善组织管理、慈善项目管理、慈善人力资源管理等方面系统地介绍了慈善管理专业的地位、功能、内涵、外延、表现形式以及所涉及的领域,不失为一本不错的慈善管理本科专业教材。

——**程刚**(浙江工商大学英贤慈善学院院长)

丛 书 序

"人猿相揖别。只几个石头磨过……"毛泽东在其《贺新郎·读史》一词中,以其特有的政治家的豪放和幽默,为我们解读了历史。人类从动物中脱颖而出,主要是由于生存的本能促使人类劳动方式发生了转变,不仅可以利用石头等天然工具,而且可以自己有意识地制造工具。所以,恩格斯说"劳动创造了人本身"。

人类的发展史,从一定意义上说也是一部财富的发展史。人类生产方式的演变,很大程度上就是财富生产方式的演变,就是人类获取财富、生产财富、创造财富、分配财富、消费财富、传承财富的演变过程。生产力表现为财富的生产和创造能力,生产关系则表现为在财富生产中形成的社会关系。

财富最原始、最恒久的源泉,是土地和人口。动物一般都占有自己的领地,和人类近亲的动物都是群居,以适应生存竞争的需要,这正是"物竞天择,适者生存"的具体体现。原始社会的氏族、部落等的生存,更是主要依赖于领地的面积和物产,以及人口的繁衍。奴隶社会(中国是否存在过与西方同样的奴隶社会,史学界尚有争议)时期,国家间通过战争征服其他国家,占领土地,并把从战败国掠夺来的人作为奴隶,为奴隶主阶级无偿地创造财富。封建社会时期,土地更是财富的主要来源。资本主义的原始积累,靠的不仅是殖民掠夺,还有奴隶贸易。

"劳动是财富之父,土地是财富之母。"(配第)土地之上的瓜果以及江河中的鱼类等天然食物,地上地下的各种资源,都构成生产和生活资料,但一切都需要通过劳动这一中间环节,才能变成真正现实意义上的财富。所以,人本身才是最重要的生产要素,是活的力量。正是人类伟大的好奇心和无畏的探索精神,使科学技术最终成为第一生产力。土地和人口的数量及质量,在今天,对一个国家的综合竞争力仍然具有决定性的影响。

人类的进化是单向度的,是"波浪式前进、螺旋式上升"的,我们永远不可能与猿类相别千万年后,再回过头去投奔那些老朋友,再次返回"自然"。未来的共产主义绝不是原始的共产主义的简单回归。这提醒我们,对待人类历史,人类只能发现规律,顺应规律,而无法改变规律。由动物到人,再到人类的原始社会、奴隶社会、封建社会、资本主义社会、社会主义社会和共产主义社会,马克思已经发现这样的发展规律,这对于人类是值得庆幸的。规律是不以人的意志为转移的,人们不能够简单地以好恶、道德、价值来评判。人类历史受本身的规律支配着、制约着,固有的规律本身既是自然的,也是神奇的。所以,有的人会以科学的精神来面对这一切,而有的人则将这一切归结为神的力量。人类对人类本身的进化和"进步",是怀着极大的矛盾心理的:一方面为生产方式的每一次革命而欢欣鼓舞,认为是一种"进步";另一方面,每一种"进步"的生产方式也带有自身无法克服的许多"落后"现象。过去的历史一再重复着这样的实践。但天性决定了人类始终对未来充满美好的憧憬,并激发出为之奋斗的无穷力量。所以,资本主义终将会被社会主义和共产主义所代替。

财富的最主要、最集中、最简单明了的表现形式是货币。财富的多寡,往往可以用货币数量的多少来衡量。货币是交易的产物,是在交易过程中诞生的一般等价物。货币的形态多种多样,即使不是所有物品都可以成为货币,至少许多产品都可以成为货币,而且事实上的确许多产品曾经成为货币。通常来讲,货币最初是贝壳,后来是铜、铁,再后来是金银,最后是纸张,现在是电子卡,未来可能是数字。

"金银天然不是货币,但货币天然是金银。"(马克思)当今时代,金银作为货币更主要的只是履行储备的功能,纸币早已成为主要的货币。但纸币究其本质不过就是一张纸,人们怎么可以如此地相信这样的一张纸呢?信用是人类智慧的最伟大体现,更是人类理性的最伟大折射。研究货币史我们会发现,任何政治的、军事的、宗教的力量,都无法从根本上强制人们接受这种或者那种货币,是智慧和理性形成了人们的强大自觉,让人们心甘情愿地接受能够给他们的生活带来实际价值的事物。智慧和理性,让我们对人类自身和人类未来充满了无限的信心:真理和正义最终会战胜一切,任何力量也无法阻挡! 所以,人类并不惧怕经历了那么漫长的蒙昧时代,也不惧怕那么残酷的奴隶社会,更不惧怕那么黑暗的中世纪封建社会;即使始终充满着血与火的资本主义社会,在那么令人绝望的两次世界大战面前,人类总是会在苦难中铸就辉煌,奋勇向前。历史可以遭遇挫折甚至倒退,但总的前进方向是不可阻挡的。

经济学其实就是财富学。古希腊的色诺芬被认为第一个使用"经济"一词的人,他的"经济"概念原意为"家庭管理"。他的小册子《经济论》是"关于财产管理的讨论",讨论的是奴隶主如何管理财产。斯密因《国富论》而被认为是古典经济学的"开山鼻祖",《国富论》的全称是《国民财富的性质和原因的研究》,研究的是国民财富的性质及其产生和发展的条件。马克思的《资本论》"是马克思主义最厚重、最丰富的著作"(习近平)。《资本论》是围绕剩余价值而展开的,深刻分析了剩余价值的产生、交换、分配、消费,从而得出结论:"整个'资本主义生产方式'必定要被消灭。"(恩格斯)

陈焕章的《孔门理财学》,是20世纪早期"中国学者在西方刊行的第一部中国经济思想名著,也是国人在西方刊行的各种经济学科论著中的最早一部名著"(胡寄窗)。陈焕章是晚清进士,是康有为的学生和朋友,于1907年赴美哥伦比亚大学经济系留学,1911年获哲学博士学位,《孔门理财学》是其博士论文。论文由英文写成,其英文题目的原意是《孔子及其学派的经济思想》,陈焕章自己将其翻译成中文《孔门理财学》。该书按照西方经济学原理,分别讨论了孔子及其学派的经济思想,特别是在消费、生产、公共财产等方面的思想。当时哥伦比亚大学著名的华文教授夏德和政治经济学教授施格分别为其作序,高度评价了陈焕章采用西方经济学框架对孔子及其学派的经济思想所做的精湛研究。该书出版的第二年(1912年),凯恩斯就在《经济学杂志》上为其撰写书评,韦伯在《儒教与道教》中把《孔门理财学》列为重要参考文献,熊彼特在其名著《经济分析史》中特意指出了《孔门理财学》的重要性。

相比较而言,"经济"一词显得扑朔迷离不容易被理解,而"财富"就简单明了更容易被掌握。陈焕章先生用中国特色的"理财学",对应西方的"经济学",是有其道理的,也是用心良苦的。

中国经济发展的奇迹,创造和积累了巨大的社会财富,于是个人、家庭、企业、各类社会组织直至国家,都面临着财富的保值增值问题,财富管理相应地成为方兴未艾的新兴产业。财富管理服务,已经成为银行、保险、证券等传统的金融机构新的业务增长点,各家金融机构也因此纷纷成立专业理财子公司。同时,财富管理也催生了一大批新型的专业财富管理机构。尽管如此,面对市场的巨大需求,财富管理服务供给明显不足,机构数量少、实力不强,产品不丰富,服务不规范,法制不健全,风险频发,等等。其中,最突出的还是人才缺乏,特别是高端专业人才奇缺。

财富来自社会,最终还要服务于社会。党的十九届四中全会指出,要"重视发挥第三次分配作用,发展慈善等社会公益事业"。第一次分配主要是靠市场的力量,第二次分配主要是靠政府的力量,第三次分配则主要是靠道德的力量。人们通常把市场的作用称作"看不见的手",把政府的作用称作"看得见的手"。在计划经济时代,我们主要靠政府,几乎完全忽视市场。改革开放以来,市场的作用日益突出。习近平总书记反复强调,要"充分发挥市场在资源配置中的决定性作用,更好发挥政府作用"。当前,中国国民生产总值将近100万亿元人民币,人均达到近1万元。在全社会的财富积累到一定程度,人均财富达到一定水平之后,特别是社会上涌现出大批经济效益好的大企业和大批成功的企业家,强调公益慈善的时机就成熟了。发挥好市场、政府和公益三个方面的作用,会使中国经济的发展更加行稳致远,以德治国也将进入新境界。我国的经济发展方式,从此进入了从"两只手"到"三足鼎立"的新的历史阶段。相对于未来的发展需要,当前公益慈善在教育普及、人才培养、科学研究等许多方面,都还存在着巨大的差距。

人类已进入信息化时代。随着人工智能、大数据、云计算、区块链、5G技术的广泛应用,财富管理和公益慈善事业都面临着历史性的机遇和挑战。数字货币已经呼之欲出,这不仅会带来货币和金融的革命,还会引起人们对财富的颠覆性认识:从一定意义上说,"其实,财富不过是一组数字"。党的十九届四中全会指出:"健全劳动、资本、土地、知识、技术、管理、数据等生产要素由市场评价贡献、按贡献决定报酬的机制。"数据第一次被确定为生产要素。信息技术在给人类带来难以想象的便捷的同时,也给人类带来了难以想象的巨大风险,需要全人类共同面对,趋利避害。历史的规律从来如此,在无声无息中顽强地发挥作用,让你欢喜让你忧。

人类天生是社会动物,相互交往既是天性,也是生存的必然需求。今天,经济全球化和世界经济一体化,决定了人类是命运共同体,全人类只有团结起来,才能够更好地应对各种共同的挑战。迄今为止,一切阶级社会的历史都是阶级斗争的历史。社会达尔文主义者把生物进化论中弱肉强食的理论应用到了人类社会,但人类毕竟早已从动物界分化了出来。那种极端的个人主义,以我为中心、自我优先的意识,总是梦想着靠霸权、战争、掠夺的手段,把自己的幸福建立在别人的痛苦之上的行为,已经远远落后于时代了,应该被抛进历史的垃圾堆了。自由、平等、博爱、民主、人权、法制等人类的崇高理想,曾经是资本主义登上历史舞台的旗帜,但今天已经被糟蹋得面目全非了,也许这才是资本主义最真实的本来面目。习近平新时代中国特色社会主义思想,作为二十一世纪的马克思主义、当代中国的马克思主义,为中国特色社会主义建设指明了方向。中国特色社会主义正以无比的生机和活力,勇往直前。

正确的财富观,是社会主义核心价值观的重要内容。如何看待财富,如何对待财富创造、交易、分配、消费、传承,等等,对一个人、一个家庭乃至一个国家,影响都是巨大的。青少年是祖国的未来,如果青少年成了物质主义、拜金主义者,把无限追求财富作为人生的唯一目标,那么一个民族、一个国家的未来会是什么?如果党员领导干部为政不廉、贪污腐败,那么国家的治理会走向何方?如果企业家唯利是图、不择手段,一心追求利润最大化,不顾社会责任,不关心生态环境,创造出来"带血"的 GDP 又有何意义?

财富安全问题需要引起高度重视,应该成为总体国家安全观的重要内容。财富安全同粮食安全、能源安全等一样,对国家的长治久安有着重大的影响。随着国家经济的发展和经济全球化的深入,我国居民个人和国家的财富配置,也必然日益国际化。我国的外汇储备、外债、人民币国际化、对外直接投资、反洗钱问题,信息化时代的金融科技安全问题,等等,都与我国的国家安全息息相关。

加强财商教育已经成为当今时代的重大课题,教育不仅要重视智商教育、情商教育,也要重视财商教育。唯利是图还是重义轻利?"邦有道,贫且贱焉,耻也;邦无道,富且贵焉,耻也。"(孔子)"天下熙熙,皆为利来;天下攘攘,皆为利往。"(司马迁)"仓廪实而知礼节,衣食足而知荣辱。"(管仲)如何理解、如何应对?财商教育不仅事关人类生存和发展的问题,还事关精神和道德的问题;不仅事关个人和家庭的问题,更事关社会、民族、国家和世界的问题。创造财富,消除贫困,缩小贫富差距,共同致富,社会财富极大丰富,人们精神高度文明,是人类走向最高理想的必由之路。从中国诸子百家的"大同思想"到空想社会主义的"乌托邦",再到科学社会主义的"按需分配",处处彰显着财商教育的重要影响。

财商教育应该纳入国民教育体系,让孩子们从小就能够树立正确的财富观,学会珍惜财富、勤俭生活、乐于奉献。财商教育也应该纳入党员领导干部培训体系,使公职人员树立正确的义利观,"当官就不要发财,发财就不要当官,这是两股道上跑的车"(习近平语)。财商教育还应该纳入企业家精神培养,使企业家能够正确处理经济效益和社会效益的关系,树立新发展理念,充分履行好社会责任。财商教育又应该纳入老年教育范畴,面对老年社会的到来,老年人财富管理不仅关系个人的生活质量,还关系家庭和谐甚至社会稳定。通过加强财商教育,在全社会形成尊重财富、崇尚劳动、热爱创造、奉献社会、科学理财的浓厚氛围,形成健康向上的财富文化。

加强财富管理和公益慈善高等教育势在必行,加快财富管理和公益慈善专业人才培养,推动相关理论研究,为国家制定相关政策提供智力支撑,为国家相关法律法规建设建言献策,需要设立专门的财富管理、公益慈善大学,需要有更多的综合性大学建立财富管理、公益慈善二级学院。山东工商学院为此作出了积极努力,我们把建设财商教育特色大学作为长远的奋斗目标,并在金融学院、公共管理学院、计算机科学与技术学院、数学与信息科学学院、创新创业学院,分别加挂了财富管理学院、公益慈善学院、人工智能学院、大数据学院、区块链应用技术学院的牌子,并配备了专职副院长。我们努力在全校建立财富管理和公益慈善的学科集群,所有的学科和专业都突出财富管理和公益慈善特色,协同创新,形成合力。我们已经开始了在相关专业开设本科试验班,并招收了相关研究方向的硕士生。我们还开展了相关课题的研究,并建立了相关的支撑体系。

编写新时代财商教育系列教材,是推进财富管理和公益慈善高等教育发展的基础工程。我们规划了《财富管理学》《中国历代财富管理思想精要》《公益慈善项目管理及能力开发》等相关教材,将会尽快陆续推出。由于是开拓性的工作,新时代财商教育系列教材的编写一定存在这样或者那样的问题,我们衷心希望得到各方面的批评指正,我们也会积极地进行修改、完善和再版。我们还希望有更多的高校和研究机构,以及政府部门、金融监管机构、金融机构、公益慈善组织及其工作人员,积极参与到相关教材的编写中来,不断有精品教材面世。希望通过教材的编写,为推动财富管理和公益慈善教育教学打下坚实的基础,加快培养锻炼专业人才,推动相关科学研究,形成大批高质量的科研成果,造就大批优秀的专家学者,推动中国财富管理和公益慈善事业持续健康发展。

白光昭
2020年6月

前 言

《中华人民共和国慈善法》(2016年9月1日实施,2023年12月最新修订,以下简称《慈善法》)第102条规定:国家采取措施弘扬慈善文化,培育公民慈善意识。学校等教育机构应当将慈善文化纳入教育教学内容。国家鼓励高等学校培养慈善专业人才,支持高等学校和科研机构开展慈善理论研究。慈善管理学是高等学校培养慈善专业人才核心课程之一。

2019年10月党的十九届四中全会通过的《中共中央关于坚持和完善中国特色社会主义制度 推进国家治理体系和治理能力现代化若干重大问题的决定》(以下简称《决定》)提出,"发挥第三次分配作用,发展慈善等社会公益事业"。党的十九届五中全会通过的《中共中央关于制定国民经济和社会发展第十四个五年规划和二〇三五年远景目标的建议》提出:"改善人民生活品质,提高社会建设水平……发挥第三次分配作用,发展慈善事业,改善收入和财富分配格局。"2022年,党的二十大报告提出:"引导、支持有意愿有能力的企业、社会组织和个人积极参与公益慈善事业。"在立足新征程现实国情、着眼公益慈善事业长远发展基础上,为新时代中国特色社会主义公益慈善事业发展指明前进方向,为推动新时代高质量发展贡献慈善事业的智慧力量。由此可见,慈善事业在推动经济社会高质量发展、改善收入和财富分配格局方面将起到重要作用,是完善国家治理体系的关键环节和实现共同富裕的有效途径。

慈善管理学是研究慈善事业管理的一门科学和艺术,也是一门综合性的交叉学科,是系统研究慈善管理活动的基本规律和一般方法的科学。慈善管理学是适应现代经济社会发展的需要产生的,是人全面发展的需要,是道德升维、财富升维的需要,是国家治理现代化的主要体现。慈善管理学的研究目的是:在现有的环境下,与中国特色的政治、哲学、法律、道德等上层建筑保持一致,通过合理地组织和配置人、财、物、信息等资源,处理好慈善生产关系,提升慈善生产力发展的水平。

慈善管理学是一门实践性很强的科学,是经济、管理类专业及相关专业的必修课,也是其他专业培养慈善情怀、提高慈善管理技能的通识课。大学生通常缺乏社会实践,对慈善管理了解不多。怎样让没有感性认识的大学生对慈善管理产生兴趣,并让他们学习这类课程后在慈善理论研究和慈善管理核心能力上都能有所收获,这是我们在编写教材以及组织教学中多年来一直在思考的问题。

慈善管理的核心能力主要包括慈善组织管理能力、慈善项目管理能力、慈善人力资源管理能力、慈善筹款能力、慈善基金管理能力、慈善信息管理能力、公众信任能力(公信力)、管理创新能力等。

本书依据慈善管理的核心能力来编排分论章节结构。第一章慈善管理学概述（于秀琴、叶子），第二章慈善管理环境（武幺），第三章慈善事业的发展历程与文化基础（吴波），第四章慈善管理体制及法律规范体系（杨晓龙），第五章慈善组织管理（王鑫、宋丽朱、张琦），第六章慈善项目管理（赵书亮），第七章慈善组织人力资源管理（陈玉明），第八章慈善募捐管理（官权），第九章慈善组织财务管理（李金耀），第十章慈善信托管理（李亚军），第十一章慈善信息管理（魏春洋），第十二章慈善组织公信力建设（吕如敏），第十三章慈善管理创新（王帝钧），第十四章"善经济"时代的企业社会责任（刘仁宝），第十五章慈善管理的发展现状与趋势（刘文）。王鑫负责全书统稿工作，张琦参与了全书的汇总整理工作。

当然，本书提出的慈善管理学的研究对象、研究方法，以及核心能力等还有不完善的地方，需要更多理论界和实务界的同人提出宝贵的意见，推动这一新兴学科发展。

感谢为本书编写投入大量精力研究的作者，感谢清华大学公益慈善研究院王名院长、中国公益研究院王振耀院长、浙江工商大学英贤慈善学院程刚院长为本书编写提出的宝贵意见，感谢山东工商学院、清华大学出版社为本书出版提供的帮助。

特别感谢北京航空航天大学人文社会科学学院（公共管理学院）李健教授为本书出版提供的大力支持。

基金项目：国家社会科学基金重大项目21&ZD184"发挥第三次分配作用促进慈善事业健康发展研究"和国家社会科学基金重大项目23&ZD180"中国特色现代慈善体系建设研究"的阶段性成果。

编　者

2023年12月

目 录

第一章 慈善管理学概述 ... 1
- 第一节 慈善管理学的相关概念 ... 1
- 第二节 慈善管理学的理论基础 ... 14
- 第三节 慈善管理学的研究对象、研究方法和发展趋势 ... 21
- 复习思考题 ... 26
- 典型案例 ... 26
- 即测即练 ... 28

第二章 慈善管理环境 ... 29
- 第一节 慈善管理环境概述 ... 29
- 第二节 经济环境和政治环境对慈善管理系统的影响 ... 33
- 第三节 文化、宗教环境对慈善管理系统的影响 ... 37
- 第四节 国际社会环境对慈善管理系统的影响 ... 40
- 第五节 创建良好的外部环境 ... 43
- 复习思考题 ... 48
- 典型案例 ... 48
- 即测即练 ... 50

第三章 慈善事业的发展历程与文化基础 ... 51
- 第一节 中国慈善事业的发展历程与特征 ... 51
- 第二节 国外慈善事业的发展历程与特征 ... 60
- 第三节 慈善事业的文化基础 ... 64
- 复习思考题 ... 67
- 典型案例 ... 68
- 即测即练 ... 70

第四章 慈善管理体制及法律规范体系 ... 71
- 第一节 中国慈善管理体制 ... 71
- 第二节 中国慈善管理法律规范体系 ... 77
- 第三节 国外慈善管理体制及法律规范体系 ... 82
- 复习思考题 ... 90
- 典型案例 ... 91
- 即测即练 ... 91

第五章 慈善组织管理 … 92

- 第一节 慈善组织管理概述 … 92
- 第二节 慈善组织登记备案 … 99
- 第三节 慈善组织内部治理 … 103
- 第四节 慈善组织绩效管理 … 111
- 复习思考题 … 119
- 典型案例 … 119
- 即测即练 … 121

第六章 慈善项目管理 … 122

- 第一节 慈善项目管理概述 … 122
- 第二节 慈善项目的策划 … 124
- 第三节 慈善项目的实施 … 132
- 第四节 慈善项目评估 … 139
- 复习思考题 … 143
- 典型案例 … 143
- 即测即练 … 144

第七章 慈善组织人力资源管理 … 145

- 第一节 慈善组织人力资源管理概述 … 145
- 第二节 慈善组织人力资源管理的职能体系 … 152
- 第三节 志愿者的激励与管理 … 163
- 复习思考题 … 172
- 典型案例 … 172
- 即测即练 … 173

第八章 慈善募捐管理 … 174

- 第一节 慈善募捐管理的概念与要素 … 174
- 第二节 慈善募捐的渠道分析 … 185
- 第三节 慈善募捐的流程分析 … 188
- 第四节 慈善募捐的技巧 … 201
- 复习思考题 … 210
- 典型案例 … 210
- 即测即练 … 214

第九章 慈善组织财务管理 … 215

- 第一节 慈善组织财务管理的概念与特点 … 215
- 第二节 慈善组织财务管理的目的与作用 … 218
- 第三节 慈善组织财务管理的基本内容 … 221
- 第四节 慈善组织的财务信息披露与财务报告分析 … 228

复习思考题	236
典型案例	236
即测即练	237

第十章 慈善信托管理 … 238
- 第一节 慈善信托管理概述 … 238
- 第二节 慈善信托组织管理 … 243
- 第三节 慈善信托的设立与设计管理 … 250
- 第四节 慈善信托治理与运营管理 … 260
- 第五节 慈善信托备案管理 … 267
- 复习思考题 … 271
- 典型案例 … 271
- 即测即练 … 272

第十一章 慈善信息管理 … 273
- 第一节 慈善信息管理概述 … 273
- 第二节 中国互联网公益慈善体系 … 278
- 第三节 互联网公益慈善品牌建设 … 286
- 第四节 慈善信息的平台管理 … 292
- 第五节 慈善信息的公开管理 … 296
- 第六节 慈善信息的风险管理 … 301
- 复习思考题 … 307
- 典型案例 … 307
- 即测即练 … 307

第十二章 慈善组织公信力建设 … 308
- 第一节 慈善组织公信力建设相关概念 … 308
- 第二节 慈善组织公信力建设内容 … 312
- 第三节 慈善组织公信力的评估体系 … 318
- 第四节 提升慈善组织公信力的途径 … 320
- 复习思考题 … 326
- 典型案例 … 326
- 即测即练 … 329

第十三章 慈善管理创新 … 330
- 第一节 慈善管理创新概述 … 330
- 第二节 慈善理念创新 … 338
- 第三节 慈善组织创新 … 343
- 第四节 慈善项目创新 … 352
- 第五节 慈善治理创新 … 355

复习思考题 ……………………………………………………………… 357
　　典型案例 ………………………………………………………………… 357
　　即测即练 ………………………………………………………………… 359

第十四章　"善经济"时代的企业社会责任 …………………………… 360
　　第一节　企业社会责任概述 …………………………………………… 360
　　第二节　"善经济"时代的内涵、特征与企业社会责任 ……………… 372
　　第三节　企业慈善文化建设 …………………………………………… 375
　　复习思考题 ……………………………………………………………… 378
　　典型案例 ………………………………………………………………… 378
　　即测即练 ………………………………………………………………… 380

第十五章　慈善管理的发展现状与趋势 ……………………………… 381
　　第一节　慈善管理的发展现状 ………………………………………… 381
　　第二节　慈善管理的发展趋势 ………………………………………… 389
　　复习思考题 ……………………………………………………………… 394
　　典型案例 ………………………………………………………………… 394
　　即测即练 ………………………………………………………………… 397

参考文献 …………………………………………………………………… 398

第一章

慈善管理学概述

人类从有意识地组织开展活动时就有了慈善行为,初期都是为了生存、互利,自发地形成一些朴素、零散的慈善元素。中华民族传统慈善的发端是炎帝神农氏亲尝百草,而至商汤时期国家层面就已经有慈善性质的政策。春秋至秦,最具代表性的儒家伦理思想,提倡仁爱、民本及大同,遂成为中国古代慈善思想的重要源头。但遗憾的是,直到19世纪末,随着欧洲工业革命的发展,管理理论才真正出现,慈善管理理论研究才开始被关注,慈善管理理论是对慈善管理的提炼与概括,是成熟化、专业化、系统化程度较高的管理思想。

第一节 慈善管理学的相关概念

虽然慈善思想、慈善行为在我国古而有之,但是慈善管理研究直到20世纪80年代以来才引起人们的关注,在我国属于一门新兴科学。进入21世纪,随着建设小康社会的实践,慈善事业得到较快的发展,也激发更多专家研究的热情。特别是在2021年8月17日,习近平总书记在中央财经委员会第十次会议上强调,共同富裕是社会主义的本质要求,是

扩展阅读1-1 新中国70年慈善简史

中国式现代化的重要特征,要坚持以人民为中心的发展思想,在高质量发展中促进共同富裕。慈善事业是实现共同富裕的有效途径,进而引发慈善管理研究的高潮。

一、慈善的概念

(一)慈善的界定

1. 慈善的定义

中华民族是一个热情仁爱、乐善好施的民族,关于慈善的概念,古已有之。在中国的传统文化典籍中,"慈"一词的意思是"爱"。孔颖达疏《左传》有云:"慈者爱,出于心,恩被于业";又曰:"慈为爱之深也。"《国语·吴》中"老其老,慈其幼,长其孤"的"慈"即为此意。"善"的本义是"吉祥,美好",即《说文解字》中所解释的"善,吉",后引申为和善、亲善、友好,又如《管子·心术下》中所说的:"善气"二字合用,则是"仁善""善良""富于同情心"的意思。

中国的慈善思想源远流长,先秦时期诸子百家都对慈善思想有过精辟的论述。譬如,老子在《道德经》中说:"上善若水,水善利万物而不争。"孔子和孟子也曾说道:"老者安

之,朋友信之,少者怀之";"老吾老,以及人之老,幼吾幼,以及人之幼";"出入相友,守望相助,疾病相扶持"。

《慈善法》规定,慈善活动,是指自然人、法人和其他组织以捐赠财产或者提供服务等方式,自愿开展的公益活动,主要包括:扶贫、济困;扶老、救孤、恤病、助残、优抚;救助自然灾害、事故灾难和公共卫生事件等突发事件造成的损害;促进教育、科学、文化、卫生、体育等事业的发展;防治污染和其他公害,保护和改善生态环境;符合本法规定的其他公益活动。在《慈善法》中,慈善的概念是广义的,它包括"公益"概念,属于"大慈善"的概念。

"慈善"一词在英语中被翻译成"philanthropy",源自古希腊语,原意是"人们的爱",公元18世纪开始使用。另一个词"charity",也就是慈善的意思,该词历史悠久,可以追溯到公元前,词的初衷是"爱"。现代语境下使用的"慈善"一词来自西方的"philanthropy",产生于英国18世纪工业革命后,与西方传统的"直接的、个人的和具体的"互助(charity)不同,"philanthropy"强调组织化、志愿性和长期化的活动方式。

综上,慈善就是指个体或者组织以捐赠财产或者提供服务等方式,自愿开展的公益活动,它是精神(道德)境界升华的具体体现,也是一种正确财富观的选择。

2. 慈善的特点

(1) 慈善强调自愿性,是一种主动发生的行为。

(2) 慈善属于道德追求,本质上是一种慈善精神的弘扬、道德升维的体现。

(3) 慈善行为涉及财产或服务等有形内容,是精神力量的外在价值表现。

(4) 慈善组织(charitable organization)是现代慈善行为的主体,人人能慈善、人人可慈善。

3. 慈善主体

慈善主体参与慈善活动的模式有很多种,但都有共同的慈善价值追求。慈善主体依据社会需求,即慈善客体(受益方)需求,来策划慈善项目,通过劳动或者劳动产品精准提供给慈善客体(需求方)。慈善客体即是慈善主体的价值源。慈善主体参与慈善活动的基本模式如图1-1所示。

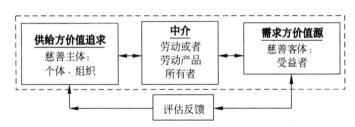

图1-1 慈善主体参与慈善活动的基本模式

如图1-1所示,供给方——慈善主体,在一定的社会环境下,针对慈善客体的需求识别,策划满足需求的慈善项目及标准,通过自己拥有或者劝募的资源,以项目的形式供给受益者——慈善客体,经过受益方的体验或者消费,评估慈善项目的效益,判断慈善价值放大的状况以及存在的问题,反馈给供给方——慈善主体,再次优化升级,一个可持续健康发展的慈善项目需要反复评估和完善优化。

慈善主体可以是个体，也可以是组织。

（1）个体是慈善主体的一个重要部分，是以无偿或低成本转让某些劳动或劳动产品，对社会产生积极影响的人。个体的一种新型的实践存在方式就是个体慈善参与，个体慈善意识的出现是其成熟的标志，这种行为本身反映了一定的慈善理念和文化特征，也是人类道德行为的典范，其指导原则是制度化、自愿性和公益性。

个体慈善参与的基本模式表现为：个人、个人劳动、受益者三者相互作用的过程，同时又受一定的环境制约。

人是慈善的主体，是某种劳动或劳动产品的所有者，其目的是选择客体来反映价值追求。因此，客体的受益人成为个体价值追求的价值源泉，个体劳动（或劳动产品）成为个体和受益者之间的中介。作为中介，个体劳动具有双重属性。作为具体劳动，它是主体选择客体的基础；作为一般劳动，它是慈善精神产生的基础。慈善精神与劳动总量有关，但这种相关性不能用市场价值的标准来衡量，主体和客体的矛盾是"强"和"弱"的矛盾。更深层次地说，这是私人利益和公共利益分离的结果。

个体在参与慈善事业的过程中，主体为客体建立全面发展的前提本身就是主体全面发展的一种形式。它不仅丰富了人与人之间的关系，而且创造了慈善精神，为个人的全面发展提供了精神动力。人们可以通过参与慈善活动体验人性的善良和美丽。因此，通过个体慈善参与形成的人际关系反映了社会和谐的维度，是个体道德提升的表现，是构建和谐社会的重要途径。

个体慈善的缺失反映了慈善精神的缺失，最重要的是在市场之外培养慈善精神，同时加强制度建设，防止私人利益侵犯慈善产品。慈善产品已呈市场化趋势，这实际上承认了个人追求私人利益会使社会公益最大化的理论，但这种趋势要有公开、透明的科学社会评价。社会评价的客观性是形成慈善精神的重要手段。

（2）组织作为慈善主体。国内学术界对于慈善组织的界定，根据自身研究内容有所侧重。基于慈善组织的使命，可以将其界定为以实现灾害救治及传播公益慈善理念为目标的公益组织。[1] 根据慈善组织成立的合法性，其指在身份合法并获得政府认同的前提下，通过制定一系列规章制度和结构体系，且拥有获取用于传递社会正能量所需的足额资金支持的组织机构。[2] 基于慈善组织的功能，可以将其界定为弥补政府与市场机制在公共利益领域的失灵、致力于社会公益事业、解决各种社会性问题的民间志愿性组织。[3] 直到2016年9月，《慈善法》的实施，首次在国家政策文本中对慈善组织给予了明确规定，即"依法成立、符合本法规定，以面向社会开展慈善活动为宗旨的非营利性组织"。

相对于市场和政府，慈善组织具有特殊作用，它既不以市场营利为目标，也不具有政府的管制作用，但是其公益性质使其带有浓厚的公益色彩和道德色彩。中外历史的经验启示我们，相对于政府和市场，慈善往往起着辅助作用。但随着经济社会的发展和人们文明程度的提升，慈善组织的力量不断壮大，其作用范围日益拓展，能力日益增强，在许多方

---

[1] 康晓强.政府与公益组织协同参与灾害治理研究——以"遵道模式"为案例[J].学习与实践,2012(2):97-102.
[2] 郑功成.关于慈善事业立法的几个问题[J].教学与研究,2014(12):5-14.
[3] 刘文光.我国公益慈善组织发展中存在的问题及其对策分析[J].行政与法,2009(1):4-6.

面逐渐起着主导作用。①

综上,慈善组织是指为了公共利益,由慈善价值追求相同的人自愿组成的相对稳定的团队,在满足社会需求的前提下,不以营利为目的,提供一系列专业性强、精准服务的独立法人组织。其目的是推进政治稳定、经济绿色低碳发展、文化繁荣、社会和谐、生态文明等国家治理现代化进程,发展慈善事业是实现共同富裕的有效途径。

(二) 公益的界定

1. 公益的概念

"公益"一词最迟于1887年在中国出现和使用,并被纳入清光绪三十四年(1908年)12月27日颁布的《城镇乡地方自治章程》。顾名思义,"公益"即为公共的利益,在《现代汉语词典》(第7版)中被解释为"公共的利益(多指卫生、救济等群众福利事业)"。

"公益"是独立于私人利益而存在的,是一种超越私人利益的特殊利益。② 公共利益与私益和互益有着密切的联系。为此,赵立波③从"公益"一词的狭义和广义角度分别进行阐述,他认为狭义的公益即公共利益,其与私益和互益相对,而广义的公益相当于非营利,与私益相对但又包含互益。

政府提供的属于公共物品,属于公益,而私人提供的则为私益④;换言之,私益是为了个人的利益,而公益是为了社会公众的利益。⑤ 对此,"公益"与"私益"的区别在于行为的动机,在公益的动机下,行为的目的是公共利益最大化。⑥

"互益"的含义则更为清晰,是指特定群体的成员(可称为会员)彼此之间的共同利益⑦⑧,它相对于互益组织而言,是一种排斥第三方的"自利"活动。⑨ 陈可鉴、郁建兴⑩认为具有"互益"行为的主体是从其所处的特定群体中直接获益的。由此可见,互益的受益对象是固定在互益组织内的,这与公益针对第三方有根本上的不同。

综上,公益就是公共利益的简称,是在特定的社会条件或一定范围内,非特定多数人主体利益一致性的方面。

公共利益具有主体数量的不确定性、实体上的共享性等特征。当然,无论是"公共",还是"个别",都是相对的概念,并非静态的、一成不变的,因为利益相关方不全是人类,也可能是动植物、生态环境等。

2. 公益主体

公益主体可以是个体、组织,也可以是国家。公益主体是个体与慈善主体是个体的界

---

① 白光昭.第三次分配:背景、内涵及治理路径[J].中国行政管理,2020(12):120-124.
② 邓国胜.公益慈善概论[M].济南:山东人民出版社,2015.
③ 赵立波.公益事业、社会事业、公共事业辨析[J].山东社会科学,2017(1):77-85.
④ 曾国安.试论政府供应公共物品的范围[J].武汉市经济管理干部学院学报,2000,14(2):27-30.
⑤ 陈可鉴,郁建兴.慈善的性质与模式[J].南京社会科学,2015(5):64-70.
⑥ 陶传进.社会公益供给:NPO、公共部门与市场[M].北京:清华大学出版社,2005.
⑦ 褚松燕.关于互益性社团的"公益效应"分析[J].天津社会科学,2003(5):50-54.
⑧ 同②。
⑨ 同⑦。
⑩ 同⑤。

定相同,在此不再赘述。

(1) 公益组织是指不以利润最大化为目标,以社会公益事业为主要目标的政府组织和非政府组织,是与私人领域组织相对应的公共领域组织。

早期的公益组织主要从事人道主义救济和扶贫活动,许多公益组织起源于慈善机构。一些西方学者把公益组织归结为非政府组织,我国称之为社会组织,是为了区分政府组织和企业组织。

截至 2020 年底,全国社会组织总量为 894 068 个。其中,社会团体 374 689 个,社会服务机构 510 994 个,基金会 8 385 个。落实《慈善法》后,2020 年底全国认定的慈善组织 9 480 家。[①] 社会组织的发展初具规模,作用日益显现。

(2) 国家作为公益主体,在世界经济一体化发展过程中显得尤为重要,一般以国家的名义承担世界和平维护、促进经济社会发展、应对气候变化等义务,且以全世界或地球公益事业为主要追求目标。

3. 公益的客体

(1) 公益活动。公益活动是现代社会条件下的产物,也标志着公民的参与精神。公益活动要生产出有利于提升公共安全、增加社会福利的公共产品。在组织公益活动时,要遵循公德、符合公意,努力形成参与者多赢共益的良好氛围。因而,公益活动至少应包含公民、公共、公德、公意和共益五个要素。

党的十九大报告将志愿服务列为社会服务的重点,国务院于 2017 年 8 月 22 日发布《志愿服务条例》,在顶层设计、管理格局、投入保障、基础设施、信息系统、组织培育等方面都制定了重大政策。2020 年,中国志愿者总数为 2.31 亿,其中有 8 649 万名活跃志愿者通过 79 万家志愿服务组织提供志愿服务时间 37.19 亿小时,志愿者贡献价值为 1 620 亿元。[②]

(2) 公益项目。公益项目是由多个行为者(如政府部门、非政府组织或个人)发起的项目,目的是为普通公众或社会的个别群体谋福利。它的对象不仅是狭义的扶贫救困,还包括医疗健康、文化教育、环境保护、社会福利服务等多个领域的援助、互助和志愿服务。

广义的公益项目是指为满足社会公众及某些特殊群体的需求而开展的与促进科教文卫事业发展相关的项目,其实施主体包含国家以及相关部门、公益组织。

狭义的公益项目是指由公益慈善组织根据目标人群的需要,不断整合社会公共资源,创造更多的社会效益。

公益项目的形式主要包括非常态事件性的公益项目和常态的公益项目。

非常态事件性的公益项目以针对自然灾害等紧急情况或为个人援助募捐的慈善机构为代表。常态的公益项目一般是涵盖了医疗救助、科学研究、扶贫助困、文化教育和环境保护等内容的由官办组织、民间组织、企业和网民个人等主体开展的公益慈善项目。

作为公益机构,为了满足社会的公益需求,不断开发公益事业是其生存和发展的根本。只有这样,公益机构才能筹集更多的慈善资金,确保慈善任务的完成。

---

① 中华人民共和国民政部.2020 年民政事业发展统计公报[EB/OL].(2021-09-10). https://www.mca.gov.cn/images3/www2017/file/202109/1631265147970.pdf.

② 杨团,朱健刚.慈善蓝皮书:中国慈善发展报告(2021)[M].北京:社会科学文献出版社,2021:45-50.

(三) 公益与慈善的关系

在当下的话语体系中,慈善和公益常常是相互连用的。① 在我国 2016 年颁布的《慈善法》中,"慈善"之意甚至等同于"公益"。② 不可否认,"公益"和"慈善"在任何时期都存在千丝万缕的联系,但是同时我们也应识别两者之间的差异。第一,在词源上,学术界普遍赞同"公益"一词为舶来词的说法,"慈善"则是中国固有的词汇。第二,在文化思想史上,与"慈善"有关的文献比"公益"多,这可能与中国自古就有慈善行为相关。"慈善"拥有中国古代丰富的学术思想基础,其概念伴随着不同时期的主流学派思潮而不断向前发展,直至近代才在观念上进行了由"重养轻教"向"教养并重"的转变。第三,在含义上,学界普遍认为,公益是超越私人利益的一种特殊利益,其与互益也有所差异,而"义行"和"善举"则是出现在"慈善"之前且与其含义相近的词汇,从外延上说,都属于"慈善"概念所指范围。第四,在相互联系上,"慈善"在表达上相较"公益"而言,更具有利他主义性质和浓郁的情感色彩,而"公益"则具有更大的外延,"公益"不仅包括慈善的任务——缓解困难群体的痛苦,也旨在增进人类的幸福,受众范围大于"慈善",更多地具有社会责任的理性色彩。因此,《慈善法》中所谓慈善,其所指范围大于通常用法中的"公益"概念。在通常用法中,"公益"概念的范围大于"慈善"概念。③

也有专家认为,第一,公益和慈善的出发点是一致的:这源于对生命与和平的爱,即博爱或利他的精神。第二,"慈善事业"和"公益事业"往往一起被提及,特别强调公益的内涵。特别是在社会保障制度比较完备的国家,更加重视人类和社会发展的共同问题,慈善事业和公益事业涵盖了教育、文化、科学、环境保护的方方面面,远远超出了帮困救助的传统内容。第三,公益和慈善两个维度可以相互转换,也可以同时推进。当慈善主体从关注个人利益转变为关注整个群体、整个社会的利益时,必须解决其根本问题,即社会问题(一般是文化观念、制度、市场等因素引起的),这时候会向公益方向转变。相反,当我们开始采取行动推动社会问题的解决并满足个人利益时,我们就进入慈善的层面。有些行为或活动具有公益和慈善的双重属性,如素食,它有利于低碳、节能、减少浪费,客观上保护环境,是为公益;同时因其不食用动物制品,所以客观上保护动物不受杀害或虐待,是为慈善。④

公益慈善近年来空前活跃、蓬勃发展,是最引人关注的部分。其中,反映财富新用途的社会捐赠金额迎来巨大增长,体现社会创新的慈善组织和公益项目在数量、内涵、能力建设和可及性、覆盖面等方面取得前所未有的成就,体现发展质量的制度建设和规范性等方面也有长足进展。公益慈善因其动之以慈、行之以善、达之以公、果之以益,既帮助弱势人群,又惠及不特定多数的社会成员,在达成"务民之义"公益效应的同时触及利益相关者的良知与情操,故有"敬鬼神而远之"的价值实现,因而每一笔捐赠背后都有里仁的支撑,

---

① 赵立波.公益机构的概念解析与现实梳理[J].行政论坛,2015(5):30-36.
② 马剑银."慈善"的法律界定[J].学术交流,2016(7):87-93.
③ 陈梦苗."公益"与"慈善"辨析:一个文献评述[J].中国非营利评论,2020(4):315-330.
④ 张以勋.慈善和公益有什么区别?[EB/OL].(2021-11-10).https://www.zhihu.com/question/20374194/answer/27974561.

且往往引发社会道德层面的关切乃至强烈的舆论关注。[1]

二、慈善事业的概念

(一)慈善事业的界定

《伦理学大辞典》中对"慈善事业"做如下定义:"通过非官方组织以非营利性方式扶助社会弱势群体或资助学术研究、教育、宗教等社会事业的公益事业。"由此可见,慈善事业大致分为两个方面:一个是帮助社会弱势群体,另一个是资助学术研究、宗教、医学等社会事业。可以说,慈善事业关心人的生存权,也关心人的发展权。

有学者认为:慈善事业是指通过慈善组织和机构的募捐或倡导社会志愿者将民间的人力、物力、财力等方面的资源聚集起来,重新组织分配到最需要的地方,用来安老助孤、救弱济贫、赈灾安危,是一种对社会福利资源重新分配的无偿的公益行为。从社会和谐发展的意义上讲,建立在自愿基础上的慈善事业是社会保障的补充体系,也是新时代中国特色社会主义市场经济发展的一个重要组成部分。[2]

慈善事业是一种有益于社会与人群的社会公益事业,是政府主导的社会保障体系的必要补充,是由民间的团体和个人自愿组织在政府的倡导或帮助、扶持下开展活动的、对社会中遇到灾难或不幸的人,不求回报地实施救助的一种无私支持与奉献的事业。慈善事业本质上是一种社会再分配形式。

按照经济学家厉以宁的解释,社会分配可以分成三个层次:第一层次是以竞争为动力的分配,即根据能力大小决定收入多寡;第二层次是以公平为原则的分配,即通过社会保障、社会福利进行再分配;第三层次是以道德为动力的分配,即有钱人自愿把钱分给穷人,也就是慈善事业。[3] 可见,慈善事业是以社会成员的慈善心为其道德基础,社会成员自愿提供的金钱和物质为其经济基础的。

综上,慈善事业是指慈善行为的经常化、组织化、规模化、制度化。新时代,中国的公益慈善事业有了更为显著的发展和变化。我们要致力表彰和宣传在中国慈善界作出巨大贡献的典型慈善家,落实《慈善法》中的相关政策,推进管理体制向治理体系转型。另外,还要改变我们自己,不断完善知识体系,和慈善事业的发展合拍,和人类文明的转型合拍。[4]

(二)慈善事业与公益事业的区别

随着社会财富的增长,慈善等公益事业会相应地活跃起来,这是历史发展的必然。党的十九届四中全会通过的《决定》把慈善单独列举出来,一方面说明慈善只是公益事业的

---

[1] 王名,蓝煜昕,王玉宝,等.第三次分配:理论、实践与政策建议[J].中国行政管理,2020(3):101-105,116.
[2] 于秀琴,赵书亮,杜世纯.以能力提升为核心的新时代本科层次人才培养体系研究——以公益慈善事业管理为例[J].河北大学成人教育学院学报,2019,21(2):98-106.
[3] 厉以宁.论共同富裕的经济发展道路[J].北京大学学报(哲学社会科学版),1991(5):3-13,128.
[4] 王振耀.公益慈善事业管理与公益慈善教育[J].山东工商学院学报,2020,34(1):34.

一部分内容而不是全部,另一方面也说明慈善在社会公益事业中的突出重要性。[1]

说到慈善事业,有一个非常相似的概念,即"公益事业"。这两个概念在许多情况下被人们替代使用,甚至许多人都认为"慈善事业"和"公益事业"是相同的概念。从学术研究的角度来看,这两个概念在外延和内涵上都是不同的。"公益"的限定范围远不止"慈善"。同样,"公益事业"的外延也要比"慈善事业"更广。

公益事业是指人们直接或间接地为经济、社会和居民生活服务的部门、企业、社会组织等从事的公共利益活动。[2]《中华人民共和国公益事业捐赠法》(以下简称《公益事业捐赠法》)中所称的"公益事业"包括下列事项:①救助灾害、救济贫困、扶助残疾人等困难的社会群体和个人的活动;②教育、科学、文化、卫生、体育事业;③环境保护、社会公共设施建设;④促进社会发展和进步的其他社会公共和福利事业。

显然,慈善事业是公益事业的一部分,但不是全部。公益事业的核心是公共利益,公共利益要求直接或间接为经济活动、社会活动和居民生活服务。例如供水系统、公共交通系统、电气供应系统、邮政系统、绿化系统等,一切都是为了公众利益,属于公益事业。慈善事业关注的核心是社会弱势群体和社会的整体福利水平,这需要无条件地转移时间或财富。当然,慈善事业和公益事业由于有隶属关系,必然具有相同的特征,如非营利性、社会性、福利性等。

(三)中国慈善事业的特色

中国慈善事业具有与国体、政体等相一致的特点,主要表现为:慈善思想历史悠久;慈善活动与上层建筑密切相关;近代慈善事业的发展受西方的影响;当代慈善事业起步晚;中国共产党的领导。

(1)慈善思想历史悠久。中国是世界上最早提倡和发展慈善事业的国家。因此,其慈善事业也有着悠久的历史。先秦诸子百家与随后的佛家、道家都对慈善进行了精辟的阐述。例如,儒家讲"仁爱",佛教讲"慈悲",道教讲"积德",墨家讲"兼爱",各流各派虽在表述上不同,但有相似的含义和原则,包含救人济世、造福人民的共同人文理念和道德原则。

(2)慈善活动与上层建筑密切相关。在中国,很多慈善活动由政府主导。为此,政府建立了特定的慈善制度,成立了很多慈善机构。例如,隋唐时期的仓廪制度,两宋时期的福田院和居养院、安济坊和惠民药局,明清时期的养济院和普济堂。目前,我国有慈善总会等慈善机构。

(3)近代慈善事业的发展受西方的影响。西方教会对慈善活动的介入和中西慈善文化的冲突与融合标志着中国近代慈善事业的兴起。中国传统的慈善事业在近代激烈跌宕的社会变迁进程中,自然而然发生了嬗变,由旧趋新,兼纳中西,最终形成了符合时代要求的慈善事业,具有新的内涵和特点。

---

[1] 白光昭.正确认识公益慈善[J].山东工商学院学报,2021,35(1):1-6.
[2] 于秀琴,赵书亮,杜世纯.以能力提升为核心的新时代本科层次人才培养体系研究——以公益慈善事业管理为例[J].河北大学成人教育学院学报,2019,21(2):98-106.

(4) 当代慈善事业起步晚。中华人民共和国成立后，由于受极"左"思潮和"文化大革命"的影响，慈善事业多次被批评为"旧社会统治阶级麻痹人民的装饰品"。慈善事业由此陷入停滞，甚至消失了近30年。中国当代的慈善事业在20世纪80年代初得到复兴和发展，但也遇到了一定的阻力。因此，在政府的支持下，慈善事业采用了官办或半官办的管理模式，建立得较晚。

(5) 中国共产党的领导。习近平总书记在党的十九大报告中指出，要"坚持党对一切工作的领导"，并将其作为新时代坚持和发展中国特色社会主义基本方略的第一条，强调"党政军民学，东西南北中，党是领导一切的"，提出新时代党的建设总要求首要的是"坚持和加强党的全面领导"。党是领导一切的，意味着党的领导必须是全面的、系统的、整体的。"六合同风，九州共贯"，国家治理体系是由众多子系统构成的复杂系统，这个系统的核心是中国共产党。人大、政府、政协、监委、法院、检察院、军队，各民主党派和无党派人士，各企事业单位，工会、共青团、妇联等群团组织，都要坚持中国共产党领导，一个都不能少。哪个领域、哪个方面、哪个环节缺失了、弱化了，都会削弱党的力量，损害党和国家的事业。为此，全党要增强"四个意识"、坚定"四个自信"、做到"两个维护"，自觉在思想上、政治上、行动上同以习近平同志为核心的党中央保持高度一致，在推进共同富裕的伟大实践中，践行中国特色慈善事业的初心使命。

 视频1-1 中国公益慈善事业

三、管理的概念

(一) 管理的界定

管理的定义有多种。

(1) 把管理视作艺术。福列特认为，管理是通过其他人来完成工作的艺术。①

(2) 把管理视作完成职能的活动。普伦基特和阿特纳(Plunkett and Attner)认为，管理就是一个或多个管理者单独或集体通过行使相关职能(计划、组织、人员配备、领导和控制)和利用各种资源(信息、原材料、货币和人员)来制订并实现目标的活动。②

(3) 把管理视作过程。罗宾斯和库尔特(Robbins and Coulter)认为，管理是指和其他人一起并且通过其他人来有效地完成工作的过程。③ 徐国华等指出，管理是通过计划、组织、控制、激励和领导等环节来协调人力、物力和财力资源，以期更好地达成组织目标的过程。④ 周三多认为，管理是指组织为了达到个人无法实现的目标，通过各项职能活动，合理分配、协调相关资源的过程。⑤

综上，本书认为，管理是指组织在一定环境下，为了实现规划的目标，通过规范的职能活动，科学分配、协调相关资源的过程，以及全过程中体现的艺术。

---

① 福列特.福列特论管理[M].吴晓波,译.北京:机械工业出版社,2007.
② PLUNKETT W,ATTNER R. Introduction to management[M]. Belmont: Wadsworth Publishing,1977.
③ ROBBINS S P,COULTER M 管理学(英文版)[M].北京:清华大学出版社,1997.
④ 徐国华,张德,赵平.管理学[M].北京:清华大学出版社,1998.
⑤ 周三多.管理学[M].北京:高等教育出版社,2017:4.

（二）管理的内涵

依据定义，管理的内涵包括以下几个方面。

（1）管理的载体是组织。其包括慈善组织、企事业单位、国家机关、政治党派、社会团体以及宗教组织等。

（2）管理的本质是科学与艺术的融合，即在科学分配和协调各种资源的过程中，以及在整个过程中表现出来的艺术。这也是对管理人员自身素质和技能的要求。

（3）管理的对象是相关资源，即组织外部和内部的相关资源。外部的相关资源有国际的、国内的；内部的相关资源有原材料、人员、资金、土地、设备、顾客和信息等。在这些资源中，人员是最重要的，任何资源的分配、协调实际上都是以人为中心的，所以管理要以人为本。

（4）管理的职能活动包括信息等资源、决策、计划、组织、领导、评估和创新。以上各种管理职能不是孤立的，它们的逻辑关系是：①外部环境的需求是管理的依据；组织拥有的人、财、物、信息等资源是实现其他职能活动的依据。②决策是计划的前提，计划是决策的逻辑延续。管理者在行使其他管理职能的过程中总会面临决策和计划的问题，决策和计划是进行其他管理职能的依据。③组织、领导旨在保证决策目标的有序、高效实施。④创新贯穿于各种职能活动和各个组织层次之中。⑤评估管理职能活动的有效性，并及时反馈，完成或超额完成规划目标，追求卓越。

（5）管理的目的是实现规划的目标，而该目标仅凭单人的力量是无法实现的，这也是组织成立的原因。组织可以小到几个人，大到几万、几十万、几千万、几亿人。

四、慈善管理的概念

（一）慈善管理的界定

慈善管理即慈善事业管理的简称。慈善管理有广义、狭义之分。

广义的慈善管理：是指在一定环境下，慈善组织、政府机关、企事业单位、政治党派、社会团体以及宗教组织等，为了实现规划的目标和价值使命，通过规范的职能活动，科学分配、协调相关资源的过程，以及全过程中体现的艺术。

狭义的慈善管理：是指在一定的环境下，慈善组织（非政府组织）为了实现规划的目标和价值使命，通过规范的职能活动，科学分配、协调相关资源的过程，以及全过程中体现的艺术。

本章主要讲述广义的慈善管理。慈善管理包含四层含义。

（1）慈善管理需要适应所处的环境，该环境包括慈善组织外部和内部的环境。外部的环境有国际、国内的慈善生态环境。在世界经济一体化的开放条件下，在人类命运共同体的倡导下，任何慈善组织都处于千变万化的环境之中，复杂的环境成为决定慈善组织生存与发展的重要因素。

（2）慈善管理主体较为复杂，可以是慈善组织、政府机关、企事业单位、政治党派群体、社会团体以及宗教组织等，它们发挥各自的职能，优势互补，共同推动慈善事业发展。

慈善管理主体之间的关系如图 1-2 所示。

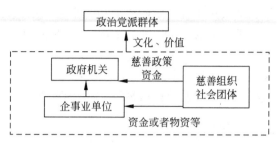

图 1-2　慈善管理主体之间的关系

如图 1-2 所示,政治党派群体为慈善事业发展提供文化、价值引领,创造良好慈善氛围和慈善行为,如工会、共青团、妇联等人民团体和群众团体,是党和政府联系广大群众的桥梁和纽带,是慈善管理的政治保障;政府机关为慈善组织发展提供政策产品,以及通过政府购买服务等提供资金支持;企事业单位为慈善事业提供资金或者物资等,是慈善基金的重要来源;慈善组织是新时代慈善事业的中坚力量,既是发展慈善事业的独立主体,又是其他组织和个人开展慈善活动的重要组织者、推动者和桥梁与纽带,在动员社会资源、提供慈善服务等方面发挥越来越重要的作用。①

慈善管理的目的是实现规划的目标,传承慈善文化、实现慈善价值使命。慈善管理服务并服从于目标,慈善管理的价值取向更为明确。

(3)慈善管理是一个连续进行的活动过程,是实现慈善组织目标的过程,是慈善管理者根据所处的环境,依据慈善组织拥有的人、财、物、信息等资源,决策目标,计划、组织、领导、评估和创新等一系列的活动过程以及全过程中体现的艺术。这一系列活动是相互关联的,从而使慈善管理过程体现为一个连续进行的活动过程。慈善管理的各种职能活动的逻辑关系如图 1-3 所示。

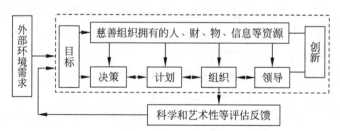

图 1-3　慈善管理的各种职能活动的逻辑关系

从图 1-3 可以看出,各种管理活动都不是孤立的,它们之间具有一定的逻辑关系。①外部环境需求是慈善管理的依据;慈善组织拥有的人、财、物、信息等资源是实现其他职能活动的支撑。②慈善决策是计划的前提,计划是决策的逻辑延续。慈善管理者在进行其他管理活动的过程中,依据决策和计划,动态调整其他管理活动,决策和计划是其他

---

① 于秀琴,赵书亮,杜世纯. 以能力提升为核心的新时代本科层次人才培养体系研究——以公益慈善事业管理为例[J]. 河北大学成人教育学院学报,2019,21(2):98-106.

管理活动的依据。③慈善组织、领导旨在保证决策目标的有序、高效实施,提高慈善组织影响力和公信力等。④创新贯穿于各种职能活动和各个组织层次之中,是各项管理活动的灵魂和生命。⑤评估管理活动的科学性和艺术性,并及时反馈,完成或超额完成规划目标,追求卓越。

(4) 慈善管理的本质是科学和艺术的融合,即科学分配和协调各种资源的过程,以及全过程中体现的艺术,这也是对管理者自身素质和技能的要求。

(二)慈善管理者的核心能力

科学分配和协调各种资源是慈善管理的核心,在人、财、物、信息等资源中,人员是最重要的,任何资源的分配、协调实际上都是以人为中心的,其中慈善管理者——领导尤其重要,其具有的核心能力主要包括慈善组织管理能力、慈善项目管理能力、慈善人力资源管理能力、慈善筹资能力、慈善基金管理能力、慈善信息管理能力、公众信任能力、慈善管理创新能力等。

1. 慈善组织管理能力

慈善组织管理能力是指开展慈善组织管理工作的能力,是指慈善组织在投入相同资源的情况下,具有以更高的生产效率或更高质量,将其各种要素投入转化为慈善产品的能力。

慈善组织拥有一套高效运作的组织机构以及对应的权责体系,它是一组反映效率和效果的能力,这些能力可以体现在从慈善项目设计或者项目开发到传播的任何活动中。精心培养的慈善组织管理能力可以成为慈善组织优势的一个来源。

对于一个慈善组织而言,功能齐全、结构合理的组织结构,是实现慈善组织规划目标的重要保证。因此,构建慈善机构体系,规定每个人的活动和相应的责任,以及各种活动的关联规则,将直接影响慈善机构的效率和效果。

对于一个人来说,组织管理能力是指灵活的使用方法、合理的组织和有效的协调能力,有效地实现既定目标的能力,包括协调沟通的能力、良好的用人艺术等。组织能力是知识、人的素质等基本条件的外在综合表现。

组织管理能力就是公益慈善组织结构的基因,它有以下几个特质。

(1) 它是独特的,每一家慈善组织都有不同的组织管理能力。

(2) 不同的组织管理能力也将局限或强化慈善组织在不同层面的表现。

(3) 组织管理能力既体现于慈善组织内部,也体现于慈善组织外部。

2. 慈善项目管理能力

慈善项目管理能力,即运用各种相关技能、方法与工具,以满足或超过慈善项目所有各方对项目的需要和期望,所开展的各种策划、运行、控制、评估、创新等方面的能力。

慈善项目是指官方慈善公益机构及民间公益组织等主体以追求社会效益为目标,在特定的范围内针对特定对象开展的非营利性的社会项目,基本涵盖了项目出资者、项目实施者、项目受益者及其他相关人员的组成部分,是一套包括项目策划、运行、控制、评估、创新的完整体系。

3. 慈善人力资源管理能力

慈善人力资源管理是指慈善组织通过各种政策、制度和管理实践,以吸引、保留、激励和开发组织中的员工和志愿者,调动他们的工作积极性,充分发挥他们的潜能,使他们能够有效地协作配合,进而有效实现慈善组织目标的管理活动。

为此,慈善人力资源管理能力是依据各种激励政策、制度等,运用实践、培训等手段开发不同岗位职员的胜任力,发挥其优势,使慈善组织职员能在实现人生价值的同时,追求卓越的能力。

4. 慈善筹资能力

慈善筹资能力是慈善事业高质量发展的源泉也是动力,慈善管理离不开资金和物资等的支持。在新环境、新发展阶段,如何提升筹资能力、践行组织使命,将成为慈善管理者的破局点和发力点。慈善筹资能力是劝募员的核心能力。

2022年发布的《中华人民共和国职业分类大典(2022年版)》中,将劝募员(3-01-01-05)列入第三大类"办事人员和有关人员"第一中类(3-01)"行政办事及辅助人员"第一小类(3-01-01)"行政业务办理人员"中,并做如下解释:在慈善组织中,从事公益慈善宣讲、募集款物、捐赠管理等工作的人员。

劝募员主要工作任务:宣讲公益慈善理念、价值观及相关政策法规;收集、整理、分析慈善捐赠信息,研究慈善需求;制订募集方案;与捐赠主体联合拟订捐赠协议;跟进捐赠协议执行情况,执行保值增值,公开捐赠信息;报告慈善项目执行进展情况;组织捐赠主体等合作伙伴,参与考察慈善项目实施;撰写慈善项目总结报告。

5. 慈善基金管理能力

慈善组织可以为了使基金保值、增值而开展经营活动,也可以为了募集资金而开展义演、义卖等活动。活动的收益必须用于慈善事业,不能分配给内部;当慈善组织终止的时候,其财产也不能归还捐赠人,要转让给其他慈善组织。慈善基金管理能力主要体现在资产保值增值能力上。

资产保值增值能力,需要慈善组织加强财务管理能力,探索与金融机构全面、深入的合作,保证慈善资产妥善投资,或者发挥慈善信托的功能。

6. 慈善信息管理能力

慈善信息管理能力是慈善组织治理现代化的核心能力,是慈善组织信息透明、慈善管理能力现代化的主要途径和手段。

慈善组织信息透明是现代慈善事业健康发展所必需的。为规范慈善组织的信息公开行为,保护捐赠人、志愿者、受益人等慈善活动参与者的合法权益,维护社会公众的知情权,促进慈善事业发展,2018年7月27日民政部通过《慈善组织信息公开办法》,自2018年9月1日起施行。

随着互联网的广泛使用,"指尖慈善"盛行,如99公益日、公益网店、在线众筹、捐步兑换公益金……除了专业慈善机构的线下"传统输血",借助网络公益平台的"大众输血"亦不断涌现。

为此,慈善信息管理能力显得尤为重要,即按照政策法律为依据,及时动态地发布、维护慈善信息的能力。这是慈善组织治理能力现代化的要求。

7. 公众信任能力

公共信任能力即公信力。公信力意指为某一件事进行报告、解释和辩护的责任;为自己的行为负责任,并接受质询。公信力是指在社会公共生活中,面对时间差序、公众交往以及利益交换时,公共权力所表现出的一种公平、正义、效率、人道、民主、责任的信任力。公信力对慈善组织而言非常重要,这直接影响到慈善组织的筹资能力。一个慈善组织的公信力来自机构运作过程中积累的社会认可和信任程度,良好的公信力来自遵守法律约束和自律规范两个方面。

8. 慈善管理创新能力

任何慈善组织都是处于不断进化和演变过程之中的,要想发展壮大,只做维持工作显然是不够的,它无法实现组织的高质量可持续发展。慈善管理的创新就是要突出慈善管理的灵魂和生命。

慈善管理创新能力,体现在适应环境的前提下,主动创造有利慈善组织发展的环境;创新实现规划的目标和价值使命的高效组织结构和权责体系;创新策划慈善项目;科学分配、协调相关资源以及艺术的创造融合。

五、慈善管理学的概念

慈善管理学是研究慈善组织、慈善项目等体制、机制运行的客观规律的科学。它主要反映慈善事业的活动,并通过对这些活动的本质与现象、主体与客体、观念与技术、内容与形式、制度与过程、历史与未来的研究,掌握慈善事业管理的规律性,帮助和推动这些活动的科学化、法制化、合理化、规范化和时代化进程。

慈善管理学是一门综合性的交叉学科,是系统研究慈善管理活动的基本规律和一般方法的科学。慈善管理学是适应现代社会化大生产的需要产生的,是道德升维、财富升维的需要,是国家治理现代化的主要体现,它的目的是:研究在现有的环境下,如何通过合理的组织和配置人、财、物、信息等因素,提高慈善生产力的水平。

第二节 慈善管理学的理论基础

慈善管理学发展得比较晚,自身理论研究也比较少,慈善管理学是管理学门类下的学科,所以与管理学理论基础类同;慈善管理学又是交叉学科,与社会学、政治学、经济学等交叉,所以可借鉴社会学、政治学、经济学等理论基础。本书主要介绍行为管理理论、数量管理理论、权变管理理论、社会共治理论、第三次分配理论、志愿失灵理论、系统管理理论。

一、行为管理理论

行为管理理论形成于 20 世纪 20 年代,早期被称为人际关系学说,之后发展为行为科学,即组织行为理论。

(一)梅奥及其领导的霍桑试验

乔治·埃尔顿·梅奥(George Elton Mayo,1880—1949)出生于澳大利亚,后来移居美国。作为一位心理学家和管理学家,他从 1924 年到 1932 年在芝加哥西电公司霍桑工厂指导了一系列试验(即霍桑试验)。其试验分为四个阶段。

第一阶段:工作场所照明测试。

研究人员选择了一组工人,分成两组。一组是试验组,改变了工作场所的亮度,使工人们能够在不同照明强度下工作。另一组是对照组,工人们在固定的照明强度条件下工作。研究人员希望通过试验了解照明强度对生产率的影响,但试验结果表明,照明强度的变化对生产率几乎没有影响。由此可见:①车间照明只是影响劳动者劳动生产率的一个很小的因素。②因为涉及的因素很多,很难控制,其中任何一个因素都可能会影响测试结果,所以照明对产量的影响无法准确衡量。

第二阶段:继电器装配室试验。

从这个阶段开始,梅奥参加了试验。研究人员选择了 5 名女装配工和 1 名女画线工在单独的一间工作室内工作,任命了一名观察员记录房间里发生的事情,以便对影响工作效果的因素进行控制。这些女工可以在工作时间畅所欲言,观察员对她们的态度也很和蔼。在试验中逐步改善了工作条件,如改善材料供应方式,延长休息时间,提供午餐和茶点,缩短工作时间,实行集体计算工资制度。这些条件的变化增加了女工的产量。但过了一年半,在取消工间休息与供应的午餐和茶点并恢复每周工作 6 天后,她们的产量仍维持在高水平。其他因素似乎对产量没有太大影响。监督和指导方式的改善可以鼓励员工改变工作态度、提高产量。因此,进一步研究可能影响员工工作态度的其他因素,将是霍桑试验的转折点。

第三阶段:大规模访谈。

在上述试验的基础上,研究人员对整个公司进行了进一步的采访和调查,有 2 万多名职员参加。研究人员发现,影响生产力的最重要因素不是待遇和工作条件,而是工作中发展的人际关系。每个职员的工作效率不仅取决于自身的情况,还取决于其所在小组中的同事关系。每个人的工作效率都受同事的影响。

第四阶段:接线板接线工作室试验。

该工作室有 9 名接线工、3 名焊接工和 2 名检查员。在这一阶段有许多重要发现:①大部分成员都自行限制产量。公司规定的工作定额为每天焊接 7 312 个接点,但工人们只完成 6 000~6 600 个接点,原因是怕公司再提高工作定额,也怕因此造成一部分人失业,他们这样做保护了工作速度较慢的同事。②工人对不同级别的上级持不同态度。他们把小组长看作小组的成员。对于小组长以上的上级,级别越高,工人对他越尊敬,但同时工人对他的顾忌心理也越强。③成员中存在小派系。工作室里存在派系,每个派系都有自己的行为规范。谁要加入这个派系,就必须遵守这些规范。派系中的成员如果违反这些规范,就要受到惩罚。

梅奥对其领导的霍桑试验进行了总结,写成了《工业文明的人类问题》一书。在书中,梅奥阐述了与古典管理理论不同的观点——人际关系学说,该学说主要有以下一些内容。

(1) 工人是社会人,而不是经济人。科学管理学派将金钱视为激励人们工作的唯一动力,将人视为经济人。梅奥认为工人是社会人,除了物质需求外,还有社会需求和心理需求,所以我们不能忽视社会因素和心理因素对工人工作动机的影响。

（2）企业中存在着非正式组织。在协作过程中，企业成员不可避免地具有共同的感觉、态度和倾向，形成共同的行为和实践规范。这构成了一个称为非正式组织的系统。非正式组织以其独特的情感、规范和倾向控制其成员的行为。古典管理理论只关注正式组织的作用是错误的。非正式组织不仅存在，而且与正式组织相互依赖，对生产力产生了巨大影响。

（3）生产率主要取决于员工对工作的态度和自身与周围环境的关系。梅奥认为，提高生产力的主要方法是提高员工对社会因素，特别是对人际关系的满意度。员工满意度高，积极主动，工作合作精神就强，劳动生产率就高。

（二）行为科学

1949年在美国芝加哥大学召开了一次由哲学家、精神病学家、心理学家、生物学家和社会学家等参加的跨学科的科学会议，讨论了应用现代科学知识来研究人类行为的一般理论。会议给这门综合性的学科定名为"行为科学"。行为科学蓬勃发展，产生了一大批影响力很大的行为科学家及其理论，主要有亚伯拉罕·马斯洛（Abraham Maslow, 1908—1970）及其需要理论、道格拉斯·麦格雷戈（Douglas McGregor, 1906—1964）的XY理论、戴维·麦克利兰（David McClelland, 1917—1998）的成就需要论、弗雷德里克·赫茨伯格（Frederick Herzberg, 1923—2000）的双因素理论、维克托·弗鲁姆（Victor Vroom）的期望理论等。

二、数量管理理论

数量管理理论产生于第二次世界大战期间。其基础是现代自然科学和技术科学的成果（如先进数学方法、计算机技术、系统论、信息论、控制论等），对数学模型的手段和应用，以及管理领域的人力、财力、物力和信息资源进行系统、定量分析、优化规划和决策。

数量管理理论的内容主要如下。

（一）运筹学

运筹学是数量管理理论的基础。第二次世界大战期间，一些英国科学家开发了分析计算技术，这些技术解决了雷达的合理部署问题，构成了运筹学的早期形式。从其内容来看，工作研究是以分析、试验、定量的方法，专门研究如何最经济地利用人力、财力、物力资源，在规定的物质条件下实现什么目标。后来，运筹学应用于管理领域。

（二）系统分析

系统分析的概念是美国兰德公司在1949年提出的。不同的是，为了解决管理问题和作出正确的决定，必须从全局出发进行分析和研究。系统分析通常包括以下步骤。

（1）确定系统的最终目标，明确每个特定阶段的目标和目的。

（2）研究对象应视为一个整体和一个系统，然后确定各部分要完成的任务，研究它们之间以及它们与共同目标之间的相互关系和相互影响。

（3）寻求完成总体目标及各个局部任务的可供选择的方案。

(4) 分析和比较方案,选择最佳方案。
(5) 实施组织所选方案。

(三) 决策科学化

决策科学化是指决策要以充分的事实为基础,根据事物的内在联系分析和计算大量的数据和信息,遵循科学程序,进行严密的逻辑推理,作出正确的决定。提供计算机、管理信息系统、决策支持系统(DSS)、企业资源规划(ERP)等应用科学决策能力。

三、权变管理理论

权变管理理论是 20 世纪 70 年代在美国形成的一种管理理论。这个理论的基础是研究组织与环境的关系,确定各种变量的关系类型和结构类型,强调要适应组织环境的管理,找到适合各种环境的管理模式。

权变管理理论侧重于相关环境变量与各种慈善管理方法之间的关系。一般来说,环境是变量的解释,慈善管理方式是被解释变量。也就是说,慈善组织的环境决定了更适合组织的慈善管理方式。例如,慈善管理组织结构总体稳定,慈善项目有序进行,分权的组织结构更适合。当突发事件,即公共危机发生时,慈善机构应根据突发情况和人力、财富、事物、信息资源的集中配置调整组织结构,这时集权的组织结构更适合。

四、社会共治理论

社会共治的概念首次出现于 2014 年《政府工作报告》。此后,"社会共治"开始作为一个新的理论生长点被诸多学者建构。社会共治是社会治理创新的积极探索,其本质在于改革和跨界创新,突破既有体制的局限。社会组织应该由民政部门管理,但其力量有限,应该加强多部门之间的合作,共同监管促进社会组织的良性运作。在财务管理方面,民政部门应联合财政部、税务部门对社会组织的资产进行管理,合理分配。现代社会不同领域界限模糊且相互嵌入,需要多部门复合协同治理,社会组织发展所涉及的不同领域同样需要各部门加强合作、共同面对。社会组织的监管,除了内部制度设计和正规的管理部门监管外,还应该引入第三方机构,实现制衡。[1]

视频 1-2　华新慈善基金会

社会共治理论强调政府、企业、社会组织、公民及其自组织均为社会共治的主体,通过协商民主等手段共同参与公共物品的提供以及公共事务的处理,最终实现利益共享。[2] 该理论承认社会组织力量的合理性,其自身民间性、社会性和相对独立性特征成为连接政府和公众的桥梁与纽带,在合作中起到润滑剂的作用。[3] 因此,要鼓励社会组织积极参与社会协同治理并努力提高其治理水平。后来,该观点被应用于党的十九大提出的"打造共建共治共享的社会治理格局"政策话语体系。

---

[1] 于秀琴,王怡萝,王鑫.基于政策工具视角下的基金会政策文本研究[J].山东工商学院学报,2022,36(1):36-44.
[2] 王名,李健.社会共治制度初探[J].行政论坛,2014(5):68-72.
[3] 王名,蔡志鸿,王春婷.社会共治:多元主体共同治理的实践探索与制度创新[J].中国行政管理,2014(12):16-19.

五、第三次分配理论

第三次分配的概念是 1994 年由中国经济学家厉以宁教授提出的,见于其《股份制与现代市场经济》著作中,指出要注重道德力量调节在市场经济中的作用。① 从第三次分配的功能、作用来看,它通过社会收入的无偿性转移支付,实现财富的均衡流动②,有利于缩减收入差距,改善分配结构③;同时,第三次分配有利于激发共同富裕的内生动力,有效弥补了政府与市场在协调社会发展过程中的空隙。④

视频 1-3 公益的力量

习近平新时代中国特色社会主义思想指引共同富裕战略目标的实现需要发挥第三次分配的作用,促进慈善事业发展。在国家治理现代化视角下发挥第三次分配作用至关重要。2019 年 10 月,党的十九届四中全会通过《决定》,强调"重视发挥第三次分配作用",将第三次分配纳入国家治理现代化建设进程,作为我国收入分配改革一种新的补充形式。2021 年 8 月,中央财经委员会第十次会议指出,要坚持以人民为中心的发展思想,在高质量发展中促进共同富裕,正确处理效率和公平的关系,构建初次分配、再分配、三次分配协调配套的基础性制度安排。中央财经委员会提出"三次分配",对全社会释放了更加明确的信号,表明了我国在"十四五"期间缩小收入差距、推进共同富裕的决心。因此,有必要深刻理解国家治理现代化视角下第三次分配的价值意涵,厘清国家治理体系与治理能力现代化和第三次分配的关系,结合第三次分配的现实逻辑,揭示通过第三次分配创新共富的社会分配机制优化路径。⑤

第三次分配的出现,是人民追求美好生活的需要,是克服市场分配失灵与政府分配失灵的需要,是推进我国基本分配制度科学发展的需要,也是推进慈善事业发展、促进社会公平、推进国家治理的需要。第三次分配体现了道德性、民间性、自愿性、公益性、社会性的特征。未来中国推进第三次分配的治理路径主要有大力弘扬中华传统文化中的慈善精神、为公益慈善事业的发展创造良好的环境、构建人人参与公益的慈善氛围、推进公益慈善事业的专业性建设、运用现代科学技术推进公益慈善事业治理的现代化、强化公益慈善事业的公信力建设、推动"善经济"的发展、积极完善第三次分配的体制机制。⑥

从第三次分配的实现途径来看:它是指利用习惯与道德的作用,并借助慈善组织和其他社会关系,对社会公共资源与其他生产要素实现再次分配。⑦ 从整体看,国家治理现代化视角下第三次分配具有的价值意义主要体现在以下五个方面:坚持党的全面领导,

---

① 厉以宁.股份制与现代市场经济[M].南京:江苏人民出版社,1994:68-71.
② 苏京春.上中等收入阶段我国第三次分配的全方位考量[J].地方财政研究,2017(3):37-44,68.
③ 邓国胜.第三次分配的价值与政策选择[J].人民论坛,2021(24):42-45.
④ 朱福建,朱德伟.浅议第三次分配[J].经济师,2000(9):43-44.
⑤ 徐家良,张煜婕.国家治理现代化视角下第三次分配价值意涵、现实逻辑与优化路径[J].新疆师范大学学报(哲学社会科学版),2022(4):1-9.
⑥ 白光昭.第三次分配:背景、内涵及治理路径[J].中国行政管理,2020(12):120-124.
⑦ 韩文龙,陈航.我国转型期居民间财富差距问题的主要矛盾及新型财富分配制度构建[J].政治经济学评论,2018,9(2):84-105.

坚定政治方向;扎实推动共同富裕,惠及全体人民;完善政府治理体系,明确权责划分;巩固人民主体地位,促进全民参与;推动经济高质量发展,激发社会活力。①

慈善组织以及志愿者行为是社会财富进行第三次分配的得力工具。② 而慈善组织作为其主要承担主体,起着决定性作用,主要体现在:慈善组织作为慈善资源开发的主体,其数量规模大小及其能力的强弱直接关系到慈善资源的募集、分配、使用和管理,这也是第三次分配有效实施的关键。

第三次分配和慈善事业就像供求之间的逻辑关系一样,相辅相成、相互促进。为了保证第三次分配价值的充分实现,要立足第三次分配理念、体系逻辑、参与逻辑、社会企业逻辑四种逻辑来优化第三次分配路径。要以指导理念、整合资源、多重参与和成果共享为基础,创新共同富裕的社会分配机制。第三次分配为慈善事业发展供给政策法规等,促进和保障慈善事业有序、健康地高质量发展;慈善事业发展中存在的消极作用为第三次分配的制度完善提供依据,促使慈善发展需求导向的第三次分配体制机制不断优化。因此,通过风险评估,可以防止负面影响、防止风险,从而实现第三次分配的预期目标,充分利用慈善功能,详见图1-4。

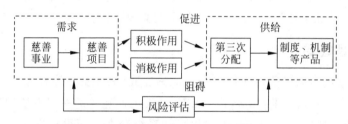

图 1-4　第三次分配与慈善事业间的互动机理

如图 1-4 所示,第三次分配是新时期我国促进共同富裕的重要战略举措,与初次分配、再分配等分配制度协同并进,都以调配社会资源为目标,以促进共同富裕的全面实现。第三次分配已成为共同富裕建设进程中不可忽视的基础性分配制度。第三次分配的供给作用发挥如何,直接影响慈善事业的发展速度、规模和质量,初次分配和再分配主要发生在经济领域,是财富分配的两种解决方案:市场机制和政府干预。市场机制强调产权和效率,政府干预强调公平和正义,都是对财富的归属及其权益这一问题进行的规范与诠释。第三次分配超越了财富的归属及其权益这一经济学或政治经济学问题,它的核心不再是财富如何在不同人群之间分配,而是借由财富及其分配如何来改善社会进而改善人的社会过程,从而指向财富的升维、人与社会文明程度的提高这一哲学命题。③ 为此,中央号召贯彻新发展理念,加强第三次分配的供给侧改革向纵深推进,经济韧性不断增强,加快构建新发展格局,形成促进慈善事业健康发展的体制机制,进而促进共同富裕目标的实现。

---

① 徐家良,张煜婕.国家治理现代化视角下第三次分配价值意涵、现实逻辑与优化路径[J].新疆师范大学学报(哲学社会科学版),2022(4):1-9.
② 王名,蓝煜昕,王玉宝,等.第三次分配:理论、实践与政策建议[J].中国行政管理,2020(3):101-105,116.
③ 王名,蓝煜昕,高皓,等.第三次分配:更高维度的财富及其分配机制[J].中国行政管理,2021(12):103-111.

六、志愿失灵理论

20世纪80年代以来,随着非营利组织(non-profit organization,NPO)的数量和规模、任务的多样性、慈善组织结构的变化,内部矛盾和外部矛盾逐渐突出,并引起学术界的关注。正是在这种背景下,莱斯特·M.萨拉蒙(Lester M.Salamon)提出了非营利组织志愿失灵问题,并定义了其概念。"志愿失灵"是指志愿原则无法有效配置慈善资源,造成志愿组织在满足社会需求、提供志愿服务等方面产生的功能缺陷和效率困境。[①] 萨拉蒙教授最早提出志愿失灵理论,认为"志愿失灵"的具体内容主要是慈善不足、慈善的特殊主义、慈善的家长式作风和慈善的业余主义。[②] ①慈善组织能力的不充分;②慈善的特殊性;③慈善的依赖性;④慈善的业余性。[③] 按照这些学者的分析:NPO志愿失灵不仅会带来其"目标扭曲""自主性丧失""财政不稳定"等潜在威胁[④],即使在其进行社会治理的实践中也可能引发NPO的各种行为失灵。社会组织面临来自政府支配和绩效考核的压力,不得不将有限的资源和主要精力用于应对政府或第三方评估。[⑤]

志愿失灵理论认为,政府参与公共服务是对私人非营利部门的必要补充,是按照更广泛、更积极的志愿服务部门理念纠正市场失灵的必要措施。

七、系统管理理论

系统管理理论由弗里蒙特·E.卡斯特(Fremont E. Kast)等管理学家创建,以1968年路德维希·冯·贝塔朗菲(Ludwig von Bertalanffy)建立的一般系统理论为基础,并由杰伊·W.福莱斯特(Jay W. Forrester)提出的系统动态学而得到进一步发展,他将系统管理理论的范围扩大到整个社会和整个世界,该理论认为组织是由多个相互影响、相互作用的子系统构成的有机整体,不仅包括人、物资和其他资源等内部要素,还包括市场、社会技术水平、法律制度等外部条件,它们共同致力于实现组织某种特定功能。从该观点出发来考察组织,有助于提高组织的整体效率。

系统管理理论的要点如下。

组织是一个相互关联、相互依赖的要素组成的系统。根据需要,可以将系统分割为可分解的子系统。例如,为了研究系统的组成,可以将其分解为不同的结构子系统。为了研究一个系统的功能,可以将其分解为各个功能子系统。这样,对系统的研究就可以从研究子系统与子系统之间的关系入手。

该系统存在于特定环境中,与环境交换材料、能量和信息。系统在环境中输入资源,将其更改为输出,一部分被系统本身消耗,其余部分被输出到环境中。系统在投入—转

---

① 孙婷.志愿失灵——以北京志愿服务为例[M].北京:知识产权出版社,2011:35,36,37,93,191.
② SALAMON L M. Partners in public service: government-nonprofit relations in the modern welfare state[M]. Baltimore: Johns Hopkins University Press,1995:39.
③ 萨拉蒙,谭静.非营利部门的崛起[J].马克思主义与现实,2002(3):57-63.
④ 奥斯特罗姆,帕克斯,惠特克.公共服务的制度建构[M].上海:上海三联书店,2000.
⑤ 王诗宗,杨帆.政府治理志愿失灵的局限性分析——基于政府购买公共服务的多案例研究[J].浙江大学学报(人文社会科学版),2017,47(5):184-195.

换—产出的过程中不断进行自我调节,以获得自身的发展。

运用系统观点来考察管理的系列活动,可以提高组织的整体效率,使管理人员不至于只重视某些与自己有关的特殊职能而忽视了大目标,也不至于忽视自己在组织中的地位和作用。

第三节 慈善管理学的研究对象、研究方法和发展趋势

慈善管理学是一门新兴学科,属于管理学门类下的公共管理一级学科下设的二级学科,现有的公共管理学科主要有行政管理学、社会保障学、城市管理学、土地资源管理等。

一、慈善管理学的研究对象

慈善管理学研究慈善管理学科范围内的人、财、物、信息等资源的管理,以及这一领域的决策、计划、组织、领导、创新等职能活动规律。

慈善管理学的研究对象是各种慈善管理工作中常用的原理和方法。它是研究慈善管理活动过程及其规律的科学,是慈善管理实践活动的科学总结。慈善管理是各学科现代化、社会化、跨学科发展的产物。这包括自然科学、社会科学和科学技术的各个领域。慈善领域包括慈善生产力、慈善生产关系、上层建筑的各个方面以及它们之间的关系。

(一) 慈善生产力

生产力指的是再生生产力,即人类创造新财富(物质财富和精神财富)的能力。生产力有三要素:劳动资料,劳动对象,劳动者,即以生产工具为主的劳动资料,引入生产过程的劳动对象,具有一定生产经验与劳动技能的劳动者。

慈善生产力是慈善产品生产力系统的功能,慈善生产力系统的要素包括:掌握专业技能素质的慈善管理者,工作所需要的软件、硬件的劳动资料(财、物、信息、文化等),慈善项目运作过程各环节的慈善产品。慈善文化制度、体制环境等构成的慈善生产力系统结构的生态平衡状况决定慈善生产力的发展速度,即慈善生产力系统结构生态平衡,慈善生产力发展速度就快;慈善生产力系统结构生态不平衡,慈善生产力发展速度就慢,慈善生产力的发展是系统各要素相互作用、慈善资源再生的结果,是社会系统的整体功能。因此,根据慈善组织目标合理配置组织中的各项资源,以求获得慈善产品最佳的社会影响力和公信力,确保慈善价值放大。

(二) 慈善生产关系

生产关系是指人们在物质资料的生产过程中形成的社会关系,是生产方式的社会形式,包括:生产资料所有制的形式;人们在生产中的地位和相互关系;产品分配的形式等。

慈善生产关系主要研究如何处理政府、企事业单位与慈善组织之间的关系,慈善组织内部人与人之间的经济关系、协作关系和分配关系,建立完善的慈善管理体制,为实现慈

善组织目标服务。

(三) 上层建筑

上层建筑是社会意识形态以及相应的政治法律制度、组织和设施建立在一定经济基础之上的总和。上层建筑在本质上是人与人之间的思想关系和政治关系的统一。

为此,慈善管理学科需要研究:在中国优秀的传统慈善文化传承和弘扬基础上,中国特色的慈善意识和慈善文化发展,慈善管理体制机制、慈善生产与国家的战略方针相适应,特别是与党的十九届五中全会提出的扎实推动共同富裕重大战略部署相呼应;第三次分配促进慈善事业发展有效路径;慈善组织内部环境和外部环境相适应的问题;慈善组织的各项规章制度、工作纪律与社会的政治、哲学、法律、道德等上层建筑保持一致的问题,从而维持正常的慈善生产关系,促进慈善生产力的发展,追求慈善价值放大。

二、慈善管理学的研究方法

慈善管理学和许多其他社会科学一样,主要有三种研究方法:归纳法、试验法和演绎法。此外,随着现代科技发展,大数据分析、质性研究方法更加突出。

(一) 归纳法

归纳法是通过观察慈善管理的一系列客观特征(或经验),首先了解慈善管理的典型特征、典型关系和典型规律,然后分析事物之间的因果关系,进而分析事物的整体发展模式的研究方法。这种从典型到一般的研究方法也称为实证研究。

由于慈善事业管理过程复杂,影响慈善管理活动的相关因素很多,相互重叠,一般只能看到一个整体结果,很难区分不同因素的影响程度。因此,只有通过归纳法,才能实证研究与慈善管理相关的很多问题。

(二) 试验法

与慈善事业管理有关的许多问题,特别是慈善组织内部的问题(如慈善项目多样性、策划以及运作程序、操作方法、现场管理以及工资奖励制度等)可以通过试验法来解决。也就是说,人为地为某一试验创造一定条件,观察测试的实际结果,然后比较没有这些条件的实际测试结果,找出附加条件和测试结果之间的因果关系。如果做了很多试验,总是得到相同的结果,就可以得出这里存在某种普遍适用的规律性的结论。

试验法可以得到接近真理的结论。但是慈善管理面临很多挑战。特别是在中国,慈善事业起步晚。如何定义政府和慈善机构提供的公共服务?如何连接?这类问题的性质特别复杂,影响问题的因素很多,其中很多是协同效应,很难单独验证。此外,这种慈善管理的外部环境和内部环境特别复杂,很难人为重复。

（三）演绎法

关于复杂的慈善管理问题，管理学家可以从某种概念或某种统计规律出发，或者在实证研究的基础上，用归纳法寻找一般的规律性并简化，形成某种出发点，建立起能反映某种逻辑关系的慈善管理模型（或模式）。这个模型与观察到的情况不完全一致。它反映了简单的事实，完全符合逻辑。它以简化的事实前提为基础，因此被称为演绎法。

基于理论概念的模型称为解释模型，如投入产出模型、慈善生产力系统模型等，它们都基于一定的理论概念。基于统计规律的模型称为经济计量模型，如柯布-道格拉斯（Cobb-Douglas）生产函数模型、基于回归分析和时间序列分析的各种预测和决策模型。建立在经济归纳法基础上的模型称为描述性模型，如现金流量模型。

（四）大数据分析

大数据分析是指对规模巨大的数据进行分析。大数据可以概括为五个 V：数据量（volume）、速度（velocity）、类型（variety）、价值（value）、真实性（veracity）。[①]

大数据作为时下最火热的 IT（信息技术）行业最受欢迎的术语，随着数据仓库、数据安全、数据分析、数据挖掘等技术的出现，大数据的商业价值成为业内人士追求的利润中心。随着大数据时代的到来，大数据分析应运而生。大数据分析的六个基本方面如下。

1. 可视化分析（analytic visualizations）

数据可视化是数据分析工具的最基本要求，无论是对数据分析专家还是对普通用户都是如此。它可以直观地显示数据，让数据直接说话，让观众听到结果。

2. 数据挖掘算法（data mining algorithms）

可视化是为了人，数据挖掘是为了机器。通过聚类、分类等算法，可以深入分析数据、提取价值。借助这些算法可以快速地处理大量数据。

3. 预测性分析能力（predictive analytic capabilities）

数据挖掘使分析师能够更好地理解数据，预测性分析可以根据可视化分析和数据挖掘的结果作出预测判断。

4. 语义引擎（semantic engines）

我们知道，非结构化数据的多样性向数据分析提出了新的挑战，需要各种工具来解析、提取、分析数据。语义引擎必须设计为可以从"文档"中智能提取信息。

5. 数据质量和主数据管理（data quality and master data management）

数据质量和主数据管理是一些管理方面的最佳实践。通过标准化的流程和工具处理数据，可以提供一个预先定义好的高质量分析结果。

如果大数据确实是下一个重要的技术革新，我们最好不要仅仅关注挑战，而要关注大数据能给我们带来的好处。

---

① 刘常宝.市场调查与预测[M].北京：机械工业出版社，2017：84.

6. 数据存储，数据仓库

数据仓库是为了便于以特定模式存储的数据的多维分析和多角度显示而构建的关系数据库。在商业智能系统设计中，数据仓库的构建是商业智能系统的核心和基础。提供业务系统数据集成、业务智能系统的数据提取、转换和加载（ETL）、按主题查询和访问数据、在线数据分析和数据挖掘的数据平台。

（五）质性研究方法

质性研究，有的学者将其称为"质的研究"和"质化研究"，还有的学者将其与定性研究、定量研究相比较，称之为"定质研究"。质性研究就是研究人员自己作为研究工具，在自然情况下运用多种数据收集方法，对社会现象进行整体研究，利用归纳分析数据，形成理论，与研究对象互动，获得对其行为和意义的解释性理解的活动。

质性研究方法的特点主要体现在：①以理解作为认识论的原则，目的在于对被研究者的个人经验和意义进行解释性理解；②强调整体主义和情景主义，全面了解事情的背景；③重视参与者的个人经验；④强调研究的动态发展过程，不按照预定的固定计划运行；⑤资料以文本的形式呈现；⑥研究者在研究过程中不断反思；⑦研究者要进行多维、重复、同步的复杂推理。

质性研究方法包括人种志、参与式观察、访谈法、焦点小组、扎根理论、叙事研究、个案研究等方法，分析软件推荐使用NVivo、ATLAS.ti、MAXQDA。

质性研究方法的使用过程主要包括：①研究设计，质性研究过程中的研究设计主要包括研究的现象与问题、研究的目的与意义、研究的背景知识、研究方法的选择和运用、研究的评估和检测手段；②研究对象的选择，质性研究过程中的研究对象不仅包括人，还包括时间、地点和事件等；③资料的收集，质性研究过程中的资料收集主要是采用多种质性研究方法；④资料的整理分析，质性研究资料不同于量化研究资料的分析，当资料收集好就需要对所收集的资料进行归纳、分类、编码、归档分析；⑤成果表达，质性研究成果以研究报告的形式加以表达，首先考虑读者对象、叙述风格、叙述人称、书写角度、研究者位置（与被研究对象、研究问题的关系）等；⑥研究结果的评估，质性研究是通过一套评估概念及标准体系如"信任度"和"真实度"等进行评估。

质性研究适用的情境：①研究的概念或理论处于初始建立阶段；②需要界定新概念或形成新假设；③研究者进入不熟悉的社会情境；④研究情境不具有控制性或结论不能通过试验取得；⑤强调被研究者的观点对研究结果诠释的重要性。

质性研究适用的问题：概括性问题、特殊性问题、差异性问题、过程性问题、意义性问题、情境性问题、描述性问题、解释性问题和因果性问题。

(1) 概括性问题：指向某一特殊人群，对其具有一定普遍意义的问题，从这个特定人群中抽取一些具有代表性的样本进行调查。

(2) 特殊性问题：只对个案本身进行探讨。

(3) 差异性问题：研究的重点是事情的异同以及它们的相互关系。

(4) 过程性问题：探究的是事情发生、发展的过程，将研究的重点放在事情的动态变化上。

(5) 意义性问题：探讨有关事情的意义解释。

(6) 情境类问题：研究某一情境下发生的现象。

(7) 描述性问题：对某一社会现象进行描述。

(8) 解释性问题：对某一社会现象进行解释。

(9) 因果性问题：描述某一事件或问题的因果关系并进行解释。

质性研究方法的优点：能深入具体情境，详细了解事件的发生背景等所有与事件相关的信息，最后形成最能代表该具体情境的结论。它是一种自然的，跟随事物动态发展的，突出被研究者主体地位的，具有很强解释性和归纳性的研究方法。

质性研究方法的缺点：结论带有区域性、主观性，并不适合大规模推广。

三、慈善管理学的发展趋势

现代科学技术的快速发展导致慈善管理科学发生了深刻的变革，使慈善管理在功能、组织、方法和理念上产生根本性变化，从而使慈善管理学研究呈现以下发展趋势。

扩展阅读1-2 中国慈善发展历史

(1) 慈善管理在科学体系中的地位将进一步提高，随着社会财富的积累，世界进入"善经济"时代，财富的社会价值将越来越明显，财富向善正在成为时代的主题之一。① 人们越来越深刻地认识到，慈善管理不仅是决定一个国家生产力水平的内在精神因素，也是现代生产力的升维构成要素。慈善管理教育将更加普及，慈善管理的重要性将得到更充分的体现。

(2) 慈善管理学发展的理论化、哲学化趋势。在慈善管理的整个发展历史中，由慈善管理活动到慈善管理学，由慈善管理学到慈善管理学原理，由慈善管理学原理到慈善管理哲学，表明人们对慈善事业管理和慈善事业管理理论整体发展的认识正在提高，这也正是慈善管理理论发展的总趋势。慈善管理学的理论化趋势，表现在对各类管理之共同规律性的认识和总结，并对这些规律进行了一般性的概括与抽象。慈善管理学的哲学化趋势，表现在从哲学的高度，对慈善管理进行了最高层次的考察与解释。

(3) 慈善管理学的研究将引起更多的关注。发展慈善管理学的重要特征之一是社会财富越发达，研究价值越高。21世纪的全球经济将发生质的变化，因为社会经济活动将发生深刻的结构变化，一些政府的公共服务职能可能移交给有效的慈善组织。慈善管理工作将要解决如"善经济"时代对社会资本的管理，信息共享体系的建设与慈善管理，慈善基金管理的创新与人力资本管理的创新，新型的慈善组织结构在更为复杂的社会经济环境中如何提高社会影响力、公信力等许多全新的课题，繁荣、年轻的慈善管理学将在更多领域涉足。

(4) 慈善管理学将更多地与经济学、政治学、心理学、社会学、数学等紧密地结合。慈善管理学本身就是一门综合性的学科。除慈善管理实践的创新外，其他类似学科的发展

---

① 王振耀.公益慈善事业管理与公益慈善教育[J].山东工商学院学报，2020，34(1)：34.

也是包括经济学、政治学、心理学、社会学和数学在内的重要动力,许多学科的最新成果都在慈善管理学研究中得到了运用。今天,这些与慈善管理学密切相关的学科正在迅速发展。由此可以预测,未来的慈善管理学在管理方法上将更多地依赖于这些领域的成果,具有与这些领域的发展更加密切相关的特点。

(5) 慈善管理学研究将更加突出以人为本的特色。在"善经济"时代,企业和慈善组织的未来和命运将越来越取决于人才的数量和质量,因此,更重要的是研究人如何提高对慈善事业的情怀认识和管理技能,这也将成为慈善管理学更为重要的任务。特别是将有影响力的人作为一种慈善载体的研究将变得更加重要。

(6) 理论和实践联系得更紧密。慈善管理学发展的最强大动力是慈善管理实践。随着慈善生产力的发展,慈善组织结构的变化和管理活动的创新,将会为慈善管理学的发展提供更多的研究对象和案例,也将会在此基础上形成新的慈善管理学理论。另外,为了提高慈善管理工作的效率、避免慈善管理失误,人们将在科学理论的指导下更加重视慈善管理。慈善管理理论不仅引起学术研究者的兴趣,还引起慈善管理工作者的重视,使他们在慈善管理理论的指导下更加自觉地开展慈善管理工作,从而让慈善管理和慈善管理实践的结合更加紧密。

复习思考题

1. 辨析慈善事业、管理、慈善管理、慈善管理学概念以及它们之间的关系。
2. 简述行为管理理论、数量管理理论、权变管理理论、社会共治理论、第三次分配理论、志愿失灵理论、系统管理理论,并运用之。
3. 阐述慈善管理学的研究对象。
4. 阐述慈善管理学的研究方法。
5. 简述慈善管理学的发展趋势。

典型案例

中国积极应对气候变化展现大国担当

2020年12月12日,习近平主席出席气候雄心峰会并发表重要讲话。5年前,联合国气候变化巴黎大会通过《巴黎协定》,为2020年后的全球合作应对气候变化明确了方向,开启全球合作应对气候变化新阶段。5年来,中国坚持创新、协调、绿色、开放、共享的发展理念,坚定支持应对气候变化多边进程,积极承担符合自身发展阶段和国情的国际义务,建设性地参与全球气候治理,受到国际社会高度肯定。国际舆论认为,中国绿色低碳转型发展不断取得新成效,积极推动应对气候变化领域的国际合作,为共建清洁美丽的世界作出重要贡献。

"在绿色发展方面正成为世界典范"

中国实施积极应对气候变化国家战略,采取调整产业结构、优化能源结构、着力提高能效、推进碳市场建设、增加森林碳汇等措施并取得积极成效,绿色低碳转型脚步不断加快。

中国可再生能源领域专利数、投资、装机和发电量连续多年稳居全球第一,可再生能源投资连续5年超过1000亿美元,风电、光伏的装机规模均占全球30%以上;截至2020年8月,7个试点碳市场配额累计成交量超过4亿吨,累计成交额超过90亿元人民币,覆盖钢铁、电力、水泥等20多个行业。数据显示,中国绿色建筑占城镇新建民用建筑比例已达约60%,城镇既有居民居住建筑节能改造惠及2100万户居民;2010年以来,中国新能源汽车以年均翻一番的速度增长,销量占全球新能源汽车销量的55%……

法国生态学家、环境工程师安托万·瓦尔内里常与中国高校、企业交流合作,对中国绿色低碳发展的成就印象深刻。"中国中央和地方政府长期持续跟踪评估能源发展策略,取得了许多标志性成果,尤其是使用绿色技术,广泛建设绿色工厂、绿色交通等基础设施,大力投资可再生能源项目,已成为新能源领域的领先国家。"

"中国的蓝天越来越多,城市绿地越来越多,休闲时人们前往公园等'绿色氧吧'锻炼身体。"南非资深国际问题评论员、南非独立传媒集团外事主编香农·易卜拉欣多次访问中国,见证了中国绿色低碳转型的进步:"中国优质的生态环境提高了宜居指数,在绿色发展方面正成为世界典范。"

"积极与他国分享经验、开展合作"

中国修建了非洲第一条跨国电气化铁路——亚吉铁路,不仅为相关国家和地区提供了发展机会,其节能环保的运行模式也成为共建绿色"一带一路"的最佳注脚;来自中国的高智能化新能源客车和纯电动大巴搭载5G(第五代移动通信技术)、大数据、人工智能等技术,成功驶入欧洲20多个国家的100多个城市,深度参与欧洲生态转型与智慧转型进程;中国核能、风电、水电、太阳能等合作项目为许多国家带去清洁高效的电力……中国在应对气候变化和保护生态环境方面的贡献,世界有目共睹。

"中国不但自己绿色发展实践取得良好效果,还积极与他国分享经验、开展合作,这体现了构建人类命运共同体的理念。"摩洛哥非洲中国合作与发展协会主席纳赛尔·布希巴表示。

"为世界提供了发展低碳经济的成功经验"

国际社会越来越清楚地认识到,中国不仅为达成《巴黎协定》发挥了关键作用,而且在执行《巴黎协定》方面发挥了引领作用。2020年,在全球气候治理进程可能出现倒退的关键时刻,中国提出新的减排目标:二氧化碳排放力争于2030年前达到峰值,努力争取2060年前实现碳中和。中国主动承担国际责任,为全球应对气候变化、推进绿色复苏注入新动力。

"科学界对中国引领全球应对气候变化抱有极大信心。"肯尼亚广播公司网站发表评论称,中国把应对气候变化融入国家经济社会发展中长期规划,通过法律、行政、技术、市场等多种手段,全力推进各项工作,"为世界提供了发展低碳经济的成功经验"。

资料来源:中国积极应对气候变化展现大国担当[EB/OL].(2020-12-12). http://www.gov.cn/xinwen/2020-12/12/content_5568991.htm.

思考题:

1. 中国怎样积极应对气候变化,体现国际公益精神?

2. 慈善组织怎样响应号召,策划慈善项目推动低碳经济发展?
3. 你将如何倡导低碳生活、低碳社区?

 即测即练

第二章

慈善管理环境

所有的管理都要在一定的环境中进行,这个环境就是管理环境。管理环境的特点不但决定了管理活动的内容,还影响着管理活动的开展;而管理环境的变化则要求管理的内容、手段、方式、方法等随之调整,以便利用机会,趋利避害,更好地实施管理。中国共产党第十九届中央委员会第五次全体会议通过的"十四五"规划与建议中提道,"加快构建以国内大循环为主体、国内国际双循环相互促进的新发展格局"。习近平同志则指出,这个新发展格局是根据当前和今后一个时期我国发展阶段、环境、条件的变化提出来的,需要从全局高度准确把握和积极推进。[①] 慈善管理也不例外,会受到所处环境的影响。

第一节 慈善管理环境概述

纵观我国慈善事业发展历程,可以清晰地看到,我们走了一条具有中国特色的慈善之路,那就是在中国共产党的领导下,立足基本国情,继承发扬优秀传统慈善文化的精神内涵,借鉴国外慈善事业成功经验,结合现代慈善体系特征,与时俱进,在实践中不断创新发展的慈善之路。它既不是传统慈善事业的简单延续,也不是对西方慈善事业的照抄照搬,而是历经千辛万苦、付出巨大努力探索形成的融会中西、适应时代,符合中国特色社会主义政治制度、经济体制和核心价值观,顺应共同富裕总目标的正确道路,是中国慈善事业发展历史的必然选择,也是在新时代中国特色社会主义大格局下慈善事业又好又快发展的必由之路。[②]

一、慈善管理环境的含义

慈善管理系统是一个与外部环境密切联系的开放性社会系统,它因外部环境的需要而产生,在与外部环境的相互作用中,发挥自己的特殊作用,保持自身的和谐运行与均衡发展。全面考察慈善管理的内外环境,研究外部环境对慈善管理系统的影响,对于正确理解慈善管理系统的建立原则、结构特点、运行方式、功能范围、发展规律与历史命运,掌握优化慈善环境的正确途径和科学方法,提高慈善管理水平,保障慈善事业高质量发展,促进国家治理现代化等,都具有重要的意义。

---

① 习近平在省部级主要领导干部学习贯彻党的十九届五中全会精神专题研讨班开班式上发表重要讲话[EB/OL].(2021-01-15).https://baijiahao.baidu.com/s?id=1688963622375338055&wfr=spider&for=pc.

② 宫蒲光.关于走中国特色慈善之路的思考[J].社会保障评论,2022,6(1):117-132.

（一）慈善管理系统的界限

慈善管理系统的界限是指慈善管理系统用以过滤外部环境的投入与慈善管理系统对外部环境的产出，防止外部环境的干扰，并保持自身独立性的边界。它是把慈善管理系统从外部环境中分离出来，又把慈善管理系统与外部环境联系在一起，从而使慈善管理系统与外部环境既相区别又彼此关联的中介环节。

慈善管理系统的界限有两种功能：一方面，抵抗外界环境的干扰，以保持慈善管理系统的独立性；另一方面，过滤来自外部环境的投入和慈善管理系统自身的产出，以维持慈善管理系统的生存与运转。

慈善管理系统的界限具有开放性和可渗透性。任何投入与产出都是通过这种可渗透的界限而向内输入或向外输出的。由于慈善管理系统不可能接受所有的外部环境投入，也不可能对各种外部环境提供相应的产出，因而，慈善管理系统界限的开放性、可渗透性又有一定的限度。正是这种有限开放、有限渗透的特点使慈善管理系统界限能对投入和产出进行过滤与筛选。

如图 2-1 所示，慈善管理系统的界限（虚线部分）既开放又不完全开放、既可渗透又不完全渗透的特征，决定了它既是慈善管理系统与外部环境相对独立清晰的边界，又是联结慈善管理系统与外部环境的纽带。这一概念是区分慈善管理系统与外部环境的基础。

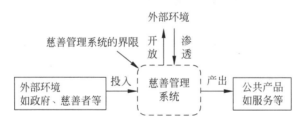

图 2-1　慈善管理系统与慈善管理环境之间的逻辑关系

（二）慈善管理环境的概念

慈善管理环境在此特指外部环境，是处于慈善管理系统界限之外、能够直接或间接影响慈善管理系统生存与发展的一切因素或条件的总称。

某种因素要成为慈善管理系统的外部环境需要具备两个条件：首先，必须处于慈善管理系统界限之外。如果在慈善管理系统界限之内，其就成为慈善管理系统的内部要素。其次，必须与慈善管理系统相关联。处于慈善管理系统界限之外的因素充斥整个地球甚至宇宙，一般来说，这些因素对慈善管理系统都会产生或大或小的影响。然而，它们并不都是慈善管理系统的外部环境因素。构成慈善管理系统外部环境的只能是其中那些能够直接或间接影响慈善管理系统的性质、结构、功能、运行方式等方面的因素，即对慈善管理系统具有主要影响的因素。

二、慈善管理环境的分类

慈善管理环境作为一个复杂的体系，按照不同的标准可以进行不同的分类。根据各种因素性质方面的差异,慈善管理环境可以分为自然环境与社会环境两大类。

(一)自然环境

自然环境是指在慈善管理系统界限之外、未经人工影响而存在的事物。它包括宇宙环境和地球环境两个方面。其中,宇宙环境包括宇宙天体的运行、太阳黑子的干扰、日月食的影响等地球以外的广漠环境因素。而地球环境则包括地形、地势、地貌、气候、土壤等地理环境因素,以及可供人类开发利用的水力、风力、土地、矿藏、生物等资源环境因素。

(二)社会环境

社会环境是在慈善管理系统界限之外、直接影响慈善管理系统活动并决定其兴衰存亡的各种社会因素的总和。社会环境的诸因素是慈善管理系统赖以生存和发展的社会基础。慈善管理系统的社会环境是一个由诸多要素构成的复杂系统,每一个要素都对慈善管理系统产生不同的影响。

社会环境可以分为国际社会环境和国内社会环境。

国际社会环境包括国际经济发展水平、国际关系格局、重大国际事件、战争与和平、国际组织与国际法及其他各国共同关心的社会问题等。

国内社会环境主要如下。

政治环境,包括:国体、政体、国家机构、政党制度、公民政治参与;立法、执法、守法、法治教育等;民族人口的分布、民族语言、民族经济及民族意识等;宗教组织、宗教教徒、宗教活动与广大群众的宗教信仰、宗教种类与信仰程度等。

经济环境,包括:所有制形式、经济运行机制、生产发展的布局与水平;经济发展水平、人均消费、人均收入以及收入结构等。

文化教育科技环境,包括:生活方式、风俗习惯、价值观念、道德标准、行为模式等;教育制度、教育方法、教育水平、教育层次的比例结构、受教育的人口比重;科学与技术自身发展的水平及其装备与应用于生产、生活各领域的广度和深度等。

社会环境,包括:人口总量、性别比例、年龄比例、出生率、死亡率、人口质量、预期寿命、人口分布等;人口收入和消费结构、社会分层的状况与水平、各阶层的地位与关系,以及社会群团等;社会保障覆盖率以及保障水平等民生工程。

三、慈善管理系统和外部环境的互依性

慈善管理系统与外部环境密切关联,它们相互影响、相互依赖。慈善管理系统适应外部环境的需要而产生,又能动地选择与塑造外部环境。同时,外部环境对慈善管理系统的影响又有宏观微观、国内国外之分。

(一)慈善管理系统对外部环境的依赖

这是慈善管理系统与外部环境相互依赖的首要表现,具体如下。

第一,慈善管理系统应外部环境的需要而产生。

第二,外部环境的需要不仅决定了慈善管理系统的产生,而且制约着系统的价值取

向、目标、规模、结构与行为方式等。

第三,慈善管理系统的正常运作所需要的资源,即人、财、物、信息,都要从外部环境输入。

所以,慈善管理系统只有不断地与其外部环境进行物质、能量与信息的交换,适应外部环境的需要,才能求得生存、发挥其功能作用,并反作用于外部环境,服务于社会,营造向阳而生、向善而行的氛围。

(二)慈善管理系统对外部环境的选择与塑造

作为慈善管理系统与外部环境相互依赖的又一表现,其具体内容如下。

第一,慈善管理系统只有接纳外部环境的资源才能生存、健康运作。慈善管理系统是一个开放系统,要从外部环境中接受人、财、物和信息等资源的投入。但是,慈善管理系统不可能接受外部环境的所有投入,而必须有所选择与取舍,只纳入自身所能接受的那一部分。

第二,慈善管理系统能动地创造向上向善的环境。慈善管理系统不仅选择外部环境,更要设法改善、协调外部环境。慈善管理系统通过对外部环境的改善,使外部环境得到优化;慈善管理系统通过对外部环境的协调,使其按照慈善管理系统的要求去发展。

慈善管理系统对外部环境影响的程度,取决于慈善管理系统功能发挥的程度。随着"善经济"时代的到来,现代慈善管理的功能领域不断扩大,涉及范围由原来更多体现在满足生存权逐渐扩大到满足发展权,慈善管理系统对外部环境的能动的反作用也越来越大。慈善管理系统作为国家治理现代化的重要主体之一,也是实现共同富裕的有效途径,发挥系统功能和对系统进行科学管理,有助于促进社会的和谐发展。

总之,慈善管理系统与其外部环境之间是辩证统一的关系。外部环境创造了慈善管理系统,而慈善管理系统反过来又能够改变和优化外部环境。慈善管理系统首先从社会环境中吸取资源,然后经过自身的生产加工,将其转换为公共服务产品或具体的慈善行为,输出给社会环境,以满足社会环境的需要,并推动社会和谐健康发展。

四、慈善管理系统与外部环境作用机理

(一)外部环境制约和影响慈善管理系统及其活动

首先,外部环境是慈善管理系统产生、存在和发展的基础。如我国计划经济时期,所有公共产品都由政府一个主体提供,慈善管理系统难以产生、存在;随着社会主义市场经济改革,政府职能发生转变,有些公共服务转移给慈善管理系统;2019年10月28—31日召开的十九届四中全会提出,发挥第三次分配作用,发展慈善等社会公益事业,这些都为慈善管理系统发展提供了良好的外部环境,特别是我国全面建成小康社会后的新征程,慈善管理系统将成为实现共同富裕的有效途径。

其次,外部环境决定慈善管理的目标、内容和性质。慈善管理系统要紧跟外部环境的变化而变化,特别是国家战略部署的调整,如脱贫攻坚任务完成后,及时调整慈善管理的目标、内容,将重点调整为防止返贫和实现乡村振兴等。

（二）慈善管理系统反作用于外部环境

良好的慈善管理系统有助于塑造良好的外部环境，协助政府维护社会的公平、公正与正义，缩小贫富差距，落实社会主义核心价值观；相反，不良的慈善管理系统将破坏社会和谐环境，降低人与人之间的信任度。

（三）充分发挥慈善管理系统的能动性

慈善事业顺应国家发展改革方向以及战略部署，积极探索如何弥补第一次分配、第二次分配的不足，通过撬动社会力量，开发慈善事业发展的空间。慈善管理系统必须既能适应外部环境，又能积极地利用和改造外部环境。要发挥慈善管理系统的功能，就要打造健康可持续发展的慈善管理系统。

第二节　经济环境和政治环境对慈善管理系统的影响

慈善不仅是扶贫济困、助残助孤的事业，更是实现人的现代化和人的全面解放的事业。经济环境和政治环境是影响慈善管理系统的关键因素。为此，慈善管理系统应将自身发展放到经济、政治制度大环境中，及时适应环境，找准自身定位，明确发展的道路和实践领域，实现改善收入和财富分配格局的目的。

一、经济环境对慈善管理系统的影响

经济生活是人类社会生活中最基本的领域。经济环境是慈善管理系统外部环境中最基本的方面，是慈善管理系统赖以生存和发展的最深层、最重要的资源环境。慈善管理系统的经济环境，就是对慈善管理系统产生重要影响的各经济要素的总和，包括生产力和科技发展状况、社会的基本生产关系结构和经济体制、国民收入状况、人均收入、自然资源状况等要素。这些要素，又可以高度概括为生产力与生产关系两大方面。当前，中国慈善管理系统处于市场经济这一最大的经济环境之中。

（一）生产力的发展状况影响着慈善管理系统的发展状况

在广义上，生产力指的是人类利用自然和改造自然，从大自然中获取物质生活资料的能力。在狭义上，生产力指的是再生生产力，即人类创造新财富的能力。从层次来看，生产力系统可分为物质生产力和精神生产力；而从组成要素看，生产力系统分为劳动者、劳动资料、劳动对象。生产力系统的结构对称，生产力发展速度就快，财富积累就多，就能更好地促进慈善管理系统优化升级；否则，生产力发展速度慢，就影响慈善管理系统的发展。

生产力发展水平影响着慈善管理系统的功能发挥。作为政府进行社会管理的组织，其管理对象和内容不是一成不变的，会伴随生产力的发展而不断变化。在生产力发展水平较低的自然经济社会，社会生产以分散、自给自足的家庭手工劳动为基础，商品生产极不发达，慈善活动是零星的、非常规的，难以规模化、专业化，也难以增设职能部门。在生产力高度发展的市场经济社会,慈善管理系统的发展获得了更多的物质资源支持,但市场经济的发展也引发了一系列的社会问题,如失业和环保等,这又给慈善管理系统规模化、专业化发展提供了更大的空间。

生产力和科技发展的水平影响与制约着慈善管理系统的运行方式及管理手段。技术装备是否精良,直接关系到慈善管理系统管理效率的高低。而物质条件与技术装备的发展与特定时期生产力的发展状况密切相关。例如,我国从2015年9月9日互联网公益日诞生开始,采用移动互联网等创新手段,发动全国数亿热爱公益的网民在线互动,通过小额现金捐赠、步数捐赠、声音捐赠等方式参与公益,大大提高了慈善管理系统运作效率。

(二)生产关系与具体的经济体制对慈善管理系统的影响

生产关系影响着慈善管理系统的性质和变化。社会的基本经济结构,也就是构成社会经济制度的基本生产关系,是与生产力发展的一定阶段相适应、占统治地位的生产关系各方面的总和,是社会中一切上层建筑赖以建立的经济基础。慈善事业是中国基本经济制度的有机内容。党的十九届四中全会审议通过的《决定》明确指出,公有制为主体、多种所有制经济共同发展,按劳分配为主体、多种分配方式并存,社会主义市场经济体制等社会主义基本经济制度,既体现了社会主义制度优越性,又同我国社会主义初级阶段社会生产力发展水平相适应,是党和人民的伟大创造。《决定》还强调,重视发挥第三次分配作用,发展慈善等社会公益事业。可以说,慈善事业是一种立足于第三次分配基础之上的混合型分配机制,能否在再分配调节机制中扮演好自己的角色至关重要。

具体的市场经济体制对慈善管理系统产生影响。市场经济体制建立在社会化大生产的基础之上,经济资源主要是通过市场进行配置的。在市场经济中,生产什么、生产多少,都由供求关系决定,价格信号引导着生产要素的投入和转移,以追求运行效率的提高和交易成本的降低。但是,市场也有失灵之处,需要政府进行积极干预。政府对经济的干预仅限于宏观领域,而对微观经济如企业的生产经营活动等则不加干涉。政府运用各种经济杠杆、经济法规与必要的行政管理手段,引导、调节和规范经济活动,以调控宏观经济,保证市场经济的有序运行,限制垄断,促进公平竞争,提供公共产品,保障收入分配的公平公正。与此同时,政府设置相应的管理部门,综合运用经济、法律、行政等手段进行管理。但是政府管理效率和服务质量等也存在失灵问题。这需要慈善管理系统来协助补充。市场失灵和政府失灵为慈善管理系统利用自身的专业优势弥补不足提供了发展空间,事实证明,这种弥补也是可行、有效的。

二、政治环境对慈善管理系统的影响

慈善管理系统是社会治理的有机内容。社会治理又是在一定政治环境下的治理,是国家治理体系与治理能力现代化的基石。我国的现代化建设需要构建共建、共治、共享的社会共同体,社会成员需要有参与社会建设并发挥作用的途径,慈善管理系统作为十分有效的桥梁与载体,能否在国家治理体系中担当起相应的责任,对慈善事业的发展至关重要。

(一) 一国的政治制度决定了慈善管理系统的政治属性

各国政治制度不同,对慈善管理系统的影响也不同。政治是以经济为基础的上层建筑,是以政治权力为核心展开的,各种权力主体维护自身利益的特定行为以及由此结成的特定关系。中国特色慈善事业是中国特色社会主义伟大事业的重要组成部分,是中华民族伟大复兴、千秋伟业的重要参与者。为此,我国政治制度决定了中国特色慈善管理系统的政治属性。[①]

一是坚持党的领导。习近平总书记在参加河南省兰考县委常委班子专题民主生活会时指出,"中国最大的国情就是中国共产党的领导。什么是中国特色?这就是中国特色。"中国共产党的领导是中国特色社会主义最本质的特征,党政军民学,东西南北中,党是领导一切的。进入新时代,推动我国慈善事业高质量发展,必须旗帜鲜明地以习近平新时代中国特色社会主义思想为指导,坚持党建引领的政治原则,充分发挥党组织政治核心作用,全面加强慈善组织党建工作。

二是践行党的宗旨。全心全意为人民服务是共产党的宗旨,也是中国特色慈善事业的最高价值取向。一方面,慈善事业作为汇聚社会爱心、参与扶贫济困的伟大事业,心系广大困难群众衣食冷暖和弱势群体疾苦安危,与我们党全心全意为人民服务的宗旨同宗同源、一以贯之、一脉相承,是党的宗旨的生动体现,也是以人民为中心执政理念的重要实践;另一方面,共产党一贯主张,共同富裕是社会主义的本质要求,慈善事业是社会成员自主自愿参与的财富流动,是实现社会第三次分配的核心机制,深刻体现了社会主义消除两极分化、实现共同富裕的本质要求,对于巩固党的执政基础、促进社会和谐稳定、实现全体人民共同富裕具有不可替代的重要作用。

三是响应党的号召。当代中国,慈善活动已经从亲朋好友走向大众,从家庭家族走向社会,由分散的、短期的、自发的个体私益慈善,发展为组织化、规范化、社会化的公益慈善。特别是在脱贫攻坚的伟大实践中,在抵御特大自然灾害和重大突发事件应对中,全国慈善行业积极响应党的号召、奋力投身党的事业,用实际行动和优异成绩彰显中国慈善的价值和使命。当前,我国社会主要矛盾已经发生历史性变化,中国特色慈善事业必将在巩固拓展脱贫成果、参与乡村振兴战略、帮扶救助困难弱势群体、推动共同富裕和国家现代化进程中,继续发挥积极的作用。

四是当好党的助手。各级各类慈善组织与党和政府目标一致、同心同德、同向同行,是党和政府意志的忠实拥护者、坚定践行者和社会治理的可靠助手。就现行的慈善组织监管体制和方式而言,虽然与行政机关和事业单位相比,慈善组织有一定的自主权,但在发展方向、重大原则问题上必须与党和政府保持高度一致,这不仅是管理体制的要求,也是慈善事业发展的有力保障。

(二) 法律制度影响着慈善管理系统的规范发展状况

不以规矩,不能成方圆。慈善管理系统发展也受到法律制度的影响。法律制度是国

---

① 宫蒲光.关于走中国特色慈善之路的思考[J].社会保障评论,2022,6(1):117-132.

家意志的体现,在现代社会中,慈善管理系统的地位、性质、功能、范围等都是由法律规定和保障的。立法者的价值取向就是要畅通人们行善的途径,营造有利于人人参与慈善的法律环境与社会氛围,要让行善者开心地行善;影响人们行善、阻碍人们行善,是不符合立法宗旨的。如适时开征遗产税、赠与税,以完整的税制促使人们树立现代财富观,并为人人参与慈善提供稳定的预期,以妥善安排个人和家族的财富。此外,还要完善志愿服务与队伍建设的规制等。

明确的监管法律制度是慈善管理系统健康、规范、有序发展的保障。政府监管的职责重在服务,评价慈善监管的核心指标应当是慈善组织的发展情况、慈善资源的动员能力以及公众参与慈善事业的满意度。因此,需要进一步确立依法监管、法治与自治相结合的原则,强化监管队伍建设与能力提升,改进监管中存在的损害慈善组织自治权益等问题,真正构建积极的监管制度体系,把蕴藏在民间潜力巨大的爱心善意持续不断地释放出来,慈善事业对于国家现代化才能作出更多、更好的贡献。

(三)法律的完善化、科学化程度制约着慈善管理系统运转的协调、规范水平

法律的完善化,是指各类法律形式的完备程度;法律的科学化,是指法律内容对社会发展规律和人民利益的反映程度。法律的完善化与科学化有机统一,共同制约着慈善管理系统的协调化、法治化和科学化水平。慈善管理系统能否实现慈善管理目标,取决于慈善管理机关及其工作人员的行为是否科学合理,以及各种慈善管理行为是否规范化、制度化、专业化。而要做到这些,就必须用法律的形式将其固定下来。法律的有关规定如果详尽、完备、科学,就会促进和保障慈善管理系统运转的协调与规范化;反之,则容易导致慈善管理系统的混乱,破坏慈善事业的影响力和公信力。

党的十八大以来,在以习近平同志为核心的党中央的高度重视下,党和国家加快推进慈善事业法制化建设,我国慈善事业发展进程明显加快。2014年,国务院出台《国务院关于促进慈善事业健康发展的指导意见》;2016年,《慈善法》颁布实施;2017年,《志愿服务条例》颁布施行。截至2023年,中央有关部门共出台公益慈善领域相关法律政策100余部,为慈善领域法制化建设奠定了坚实的基础。当前,我国慈善事业总体规模迅速扩大,慈善法规政策体系逐步建立,慈善组织体系逐步完善,慈善服务监管体系初步形成,慈善文化活动日渐丰富,以互联网慈善为代表的全民慈善蔚然成风,慈善事业迈入又好又快、高质量发展的新时代。

(四)政府职能的转变影响着慈善管理系统的发展

政府在社会建设和管理方面的基本责任,就是组织公共物品的供给,管理好社会的公共事务。中华人民共和国成立以后,我国面临的一些国际、国内因素促使我国实行计划经济,形成了全能型政府。这种职能定位及其运行模式一直持续到改革开放。全能型政府拥有不受任何社会力量制约的强制性权力,垄断社会资源,实行极强的政治动员机制,能够集中力量办大事。全能型政府对于促进经济建设起到关键作用,为以后中国的发展奠定了物质基础。但是,全能型政府遏制了经济社会的发展活力,遏制了社会经济主体的活力和创造性,影响了社会的自组织秩序,社会秩序只能通过国家的强制力来实现。为此,

政府处于资源配置的主导地位,将其掌握的资源主要用于经济发展领域,而不是用在公共服务领域,形成了"与民争利的重发展轻服务的政府模式"。①

改革开放后,在各级政府的积极支持下,各类官方慈善组织成立,大力开展慈善活动。随着政府逐步让渡社会空间,中国政府与社会关系也发生转型②:首先,政府与社会关系变革发生了从管理走向服务的角色转型,政府在作用于社会的过程中,不再是代替,而是以社会的主体地位为前提,政府对社会的管理主要是通过提供廉价高效的公共服务方式来实现;其次,政府与社会关系变革发生了从全能走向专能的职能转型,政府重新调整了政府与市场、政府与社会的活动边界和职责义务,政府的职能开始从权力控制走向权力释放,政府不再直接插手市场、社会管理的具体事务,逐步从台前走向幕后,为社会和市场唱戏搭台,通过市场采购、税收政策的方式向社会提供社会需要的公共职能和服务;最后,政府与社会关系变革发生了从政社合一向政社分开的关系转型,以企业、社会和公民个人独立自主空间为基础的公民社会渐成雏形,社会不仅获得了与政府相对等的法律身份和独立形态,而且开始在功能和治理上与政府形成互补。

当今世界正处于百年未有之大变局,在开启全面建设社会主义现代化国家的新征程中,党和国家把加大对困难群众帮扶、消除贫富差距、促进共同富裕摆在更加突出的位置,我国慈善事业正面临前所未有的发展机遇。

第三节 文化、宗教环境对慈善管理系统的影响

一、文化对慈善管理系统的影响

文化有广义与狭义之分。广义的文化泛指人类在社会实践中所创造的物质财富与精神财富的总和,包括物质文化、社会文化和精神文化。狭义的文化是指社会的意识形态,包括科学、文化艺术、哲学、思想、信仰、风俗、习惯、人际关系、价值观念、道德标准与行为模式等;又可将之归纳为两点,即价值观念和行为模式。

在此我们要研究的是狭义的文化,即以价值观念和行为模式为核心的社会意识形态对慈善管理系统的影响。而狭义的文化对慈善管理系统的影响,又主要是通过慈善文化来实现的。慈善文化是整个社会文化的一部分,它是人们关于慈善管理系统的价值观念,以及这一观念相应要求的慈善管理系统的行为模式。

慈善文化的核心是利他主义。弘扬慈善文化,就是要在全社会营造浓郁的"人文关怀"的氛围,减少冲突的发生,调和矛盾,营造和谐稳定的社会。

(一)社会主义精神文明建设促进慈善文化发展

习近平总书记说过:"事实充分证明,社会主义核心价值观、中华优秀传统文化是凝

---

① 田国强.十八大与中国改革的未来之路[J].经济研究,2013,48(3):14-16.
② 曹鹏飞.我国政府与社会关系转型及其趋势[J].天津社会学,2010(5):17-21.

聚人心、汇聚民力的强大力量。只要我们坚定道德追求,不断激发全社会向上向善的正能量,就一定能够为中华民族乘风破浪、阔步前行提供不竭的精神力量!"①建设社会主义精神文明和以德治国是我们这个时代的重要任务,也是推动社会进步的重要举措。弘扬慈善文化、发展慈善事业理应成为两者的重要载体。实践社会主义核心价值观、发展社会主义先进文化也为我们建设慈善文化提供了广阔的空间。慈善文化是社会主义先进文化的有机组成部分,慈善文化应该为塑造人性德行、促进人的全面发展作出贡献。营造"以人为本""助人为乐"的充满人文关怀的社会环境是慈善文化义不容辞的责任,也是当前的紧迫任务。

(二)中国优秀的传统文化是新时代慈善文化发展的基石

中国五千年文明史拥有深厚的文化积淀,时至今日,许多优良传统作为我们的行动准则,仍然深刻影响着我们的言行举止。事实证明,中国传统慈善的主流是好的,慈善理念和慈善行动所包含的精华是主要的,糟粕是次要的。慈善文化不仅是中国传统文化的重要组成部分,而且是传统文化的灵魂或内核。例如,儒家讲"仁爱",墨家讲"兼爱",佛家讲"慈爱",道家讲"上善若水"等。这些都可以证明,我们今天所提倡的人人皆可慈善、让慈爱和友善成为大众文化、让慈善成为一种生活方式的慈善文化,就是基于中国传统文化中善的核心理念。由此可见,中国传统慈善和传统文化中的善,其内涵和特征是世界上任何一种慈善形态与慈善文化都不具备的,这是文化自信的体现。今天,中国慈善事业发展到了一个关键的转型阶段,既有传统慈善,又有现代慈善,即传统慈善是现代慈善事业的逻辑起点,慈善的转型顺应了历史文化发展的逻辑规律。

(三)企业文化为慈善管理注入新的动力

现代慈善管理系统离不开企业的参与。对企业而言,核心竞争力对企业成功与否至关重要。这种核心竞争力不单单要通过产品和品牌来打造,也要通过不断提升企业形象来实现。现代社会,企业文化越来越多地融入慈善文化,慈善机构与企业之间建立起平等合作的"伙伴关系"。要积极倡导"公益营销",利用公益平台,推动企业"品牌"的发展。当好企业的"公益"顾问,使企业参与慈善成为一项有长远效益的社会投资。通过慈善文化与企业文化的结合,培养企业的慈善意识和社会责任感,使慈善机构与企业达到双赢,并逐步培育一支慈善家队伍。

(四)社区文化与慈善文化结合壮大"爱"的力量

要加快发展慈善事业,光靠慈善组织的努力是远远不够的,需要广大民众的参与。随着我国城镇化建设的推进,慈善管理系统在各社区建设中的作用逐渐凸显。社区文化的核心是"志愿和奉献",慈善文化与社区文化的结合,对于改善社区环境、维护社会稳定、促

---

① 习近平:在全国脱贫攻坚总结表彰大会上的讲话[EB/OL].(2021-02-25). http://www.gov.cn/xinwen/2021-02/25/content_5588869.htm.

进经济社会协调发展都有着十分重要的意义。建设一个现代新型社区离不开慈善，且在基层社区治理与社区建设中，慈善将大有可为。

（五）新媒体传播文化为慈善事业的快速腾飞插上翅膀

新媒体是指利用数字技术，通过计算机网络、无线通信网、卫星等渠道，以及电脑、手机、数字电视机等终端，向用户提供信息和服务的传播形态。我们已经进入信息化时代，新传媒传播改变着我们的观念、影响着我们的生活，它的作用越发重要。慈善事业的发展离不开新媒体的推动。与新媒体合作开展慈善事业的宣传报道，策划和组织各种形式的救助活动，呼唤社会公平，营造"人文关怀"舆论环境等，都将对中国慈善事业的发展起重要的作用。近年来，腾讯公益在丰富传播文化和慈善文化结合、提升新媒体品牌等方面起到了积极的作用。此外，慈善公益类的报刊逐年增多，也体现了慈善文化与传播文化之间的合作越来越密切。

（六）博彩文化为慈善发展提供款源

博彩在中国历史悠久，对国人的生活产生了深远的影响。然而，属于现代社会的博彩业和由此而产生的博彩文化在中国的发展历史并不长。改革开放以来，国家正式发行的只有福利彩票、体育彩票，除此以外，有的企业营销和竞技评奖也多少带有一些博彩的成分。事实上，在许多发达国家和地区，博彩业是筹集慈善资金的重要来源，它对于合理利用社会资源、帮助弱势群体起着不可替代的重要作用。我们不能把博彩与赌博简单地混为一谈，一味制约博彩业的发展，这将导致大量慈善资源的流失。相反，应理性看待博彩业，科学评估博彩业，从疏导、发展和规范入手，推动博彩业的发展，为我国的慈善事业筹募更多的善款。

（七）精英文化、公职人员从业文化、消费文化提升慈善管理系统的影响力

精英文化促进慈善管理系统影响力的提升。精英人物是公众人物，人们在敬佩精英们骄人业绩的同时，也会更多地关注他们的公众形象，这是公众人物所必须肩负的社会责任。正因为公众人物的社会影响力大，所以慈善事业离不开精英人物的参与。精英人物也应该作为慈善事业的形象大使回报社会。如中华慈善总会聘请诺贝尔文学奖获得者、著名文学家莫言出任"慈善大使"，藏族歌唱家韩红发起北京韩红爱心慈善基金会等，都推动了慈善管理系统影响力的提升。

公职人员从业文化为慈善事业的发展率先垂范。我国慈善事业10年的发展证明：一个地方的慈善事业发展得快不快，与政府的推动和公职人员的垂范有着密切的关系。假设一个地方管理混乱、腐败案件不断、社会环境恶劣，要去发展慈善事业，那是不可想象的。从这个意义来说，慈善文化应该融入公职人员日常的工作和生活中，成为构建公职人员职业道德的重要内容，从而影响和带动社会向上发展。

消费文化与慈善文化结合引领时尚的潮流。随着中国经济的持续高速发展，人民的生活质量有了明显提高。在中国，中产阶层和高消费群体已经形成。当有些人花费数千元、数万元购买化妆品和服饰的时候，慈善组织在为筹募百元、千元去救助一个失学的学

生、一个残疾人而四处奔走。因此，有必要引导消费者领悟慈善文化，使慈善文化渗透到消费文化这个广阔的领域之中，推动慈善文化与消费文化的结合，使人的外在美与内在美得到和谐统一，使公益时尚与消费时尚一齐引领时尚的潮流。

综上所述，慈善文化不是一种孤立的文化现象，它广泛存在于经济与社会发展的各项事业之中。作为慈善管理系统，要考虑将慈善文化与社会主义精神文明建设、中国优秀的传统文化、企业文化、社区文化、新媒体文化、博彩文化、精英文化、公职人员从业文化、消费文化等相互结合，建立互动机制和伙伴关系，共同促进慈善事业发展。

二、宗教环境对慈善管理系统的影响

宗教是一种复杂的社会历史现象。在人类社会发展史上，宗教与慈善始终是密切相关、相互影响的。尤其在宗教盛行的民族和国家，宗教的作用更是不可低估。慈善管理系统作为慈善活动的一个主体，同样要受到宗教的影响。影响慈善管理系统的宗教环境，包括宗教教徒、宗教组织、宗教意识、宗教活动、宗教在国家中的地位等要素。

慈善不是宗教，慈善文化也不是宗教文化。但是，济世利人、扶危助困是我国各宗教的共同信念和优良传统。多年来，宗教界积极投身公益慈善活动，大力倡导公益慈善精神，以实际行动践行信仰、服务社会，为促进我国公益慈善事业的健康发展、全面建设小康社会作出了重要贡献，受到了各界的赞许和好评。推动宗教界从事公益慈善活动，是积极引导宗教与社会主义社会相适应的有效途径，是发挥宗教界积极作用的重要平台，具有十分重要的意义。

习近平总书记在2016年4月召开的全国宗教工作会议上明确指出："宗教问题始终是我们党治国理政必须处理好的重大问题，宗教工作在党和国家工作全局中具有特殊重要性"，"做好宗教工作，必须坚持党的宗教工作基本方针……积极引导宗教与社会主义社会相适应"。为贯彻落实中央要求、推动宗教公益慈善事业进一步发展，2012年2月，国家宗教事务局会同中共中央统战部、国家发改委、民政部、财政部、国家税务总局印发了《关于鼓励和规范宗教界从事公益慈善活动的意见》，明确了宗教界从事公益慈善活动相关政策，强调对宗教界从事公益慈善活动要积极支持、平等对待。该意见的发布实施，为宗教界从事公益慈善活动创造了良好的制度环境和空间。

我国各大宗教的教义、教规中关于慈善的内容不仅数量众多，而且各有特点。发扬我国宗教界的慈善传统，就要对这些内容进行充分的挖掘、整理，结合我国国情作出符合当代中国发展进步要求、符合中华优秀传统文化的阐释。这既是积极引导宗教与社会主义社会相应，引导信教群众热爱祖国、热爱人民，积极践行社会主义核心价值观的重要体现，也是对中国特色社会主义宗教理论的丰富和发展。

第四节　国际社会环境对慈善管理系统的影响

进入现代社会，随着公民社会发育壮大，作为公民社会承接载体的慈善组织在推动慈善事业的同时得到了迅猛发展。慈善组织不但成为世界各国政府社会保障体系的有机组成部分，而且在提高社会道德水平、解决社会问题、协调社会利益、促进社会和谐方面发挥着独特而重要的作用。因此，慈善事业得到了各国政府的普遍关注。随着世界知识经济一体化的发展，各国慈善组织之间交流越来越频繁，相互之间取长补短、共同推动全球慈善事业发展。

一、国家之间的密切交往，影响各国慈善管理系统的职能、政策及机构

自从国家产生以后，国与国之间就存在着政治、经济和文化的联系。20世纪以来，特别是第二次世界大战以后，由于科学技术的迅速发展，交通、通信工具的不断改进，国际交往日益频繁，各国在经济、政治、文化等领域中，既互相依赖、互相合作，又互相排斥、互相竞争。现代国家大都把外交部、国防部置于政府的各部之首，正是说明了国际社会环境的重要性。在慈善事业发展方面，国际社会环境也影响着各国慈善监管职能设置，联合国为纪念在1997年9月5日逝世的特里萨修女，将每年9月5日定为国际慈善日，旨在客观认识并动员全世界人民、非政府组织和利益相关者通过志愿者与慈善活动帮助他人。我国在2016年3月16日第十二届全国人大四次会议上表决通过了《慈善法》，该法规定将每年9月5日定为"中华慈善日"。

扩展阅读2-1 国际慈善日由来

二、国际社会中的共同问题，使各国政府都相应设置了解决这些问题的慈善机构

随着科学技术的发展与国际交往的增加，在国际社会中出现了许多国家共同遇到的问题，如孤儿养育、生态环境污染，以及救济国际难民等。为了解决这些问题，各国政府都要设立相应的慈善管理部门来进行协调监管。如国际SOS（Save Our Souls，拯救我们的灵魂）儿童村创建于1949年，创始人为奥地利医学博士、科学院名誉院士赫尔曼·格迈纳尔（Hermann Gmeiner）。他目睹了第二次世界大战的灾难性影响，精心探索了以家庭方式抚养、教育孤儿的伟大设想，并在奥地利伊姆斯特镇创办了世界上第一个SOS儿童村，经过70多年的发展，截至2023年7月，SOS儿童村已分布在全球138个国家和地区，开设的540多个儿童村影响了1 300万儿童和青少年。①

我国于1984年被联合国经济社会委员会接纳为SOS儿童村组织的顾问成员团体。为了加强与国际SOS儿童村组织的合作，也为了推动我国SOS儿童村事业的发展，我国政府于1985年5月正式成立中国SOS儿童村协会，与国际SOS儿童村组织合作在天津、烟台等地共建立了10个SOS儿童村。② 这10个SOS儿童村都在抚养和教育孤儿方面发挥着重要的作用。中国SOS儿童村由国家民政部门主管，是一个救助社会孤儿的社会福利事业单位，主要职责是招收各地的孤儿，对孤儿采取家庭式抚养。

扩展阅读2-2 国际SOS儿童村的起源

---

① https://www.sos-usa.org/about-us. 查询日期：2023-07-19.
② https://soschina.org.cn/. 查询日期：2023-07-19.

三、国际慈善组织的出现，使各国政府产生了与之对应的慈善机构

国际慈善组织是若干个主权国家之间为了就共同关心的问题协商对话、解决纠纷或发展友好合作关系，依据条约、协议而成立的。由于国际组织是各国政府依据条约或协议成立的，故缔约国的慈善管理系统在行使职权时，若涉及条约或协议的内容，必然受到国际组织的制约。同时，各国政府都设置了与之相应的慈善机构。如红十字国际委员会，1863 年创立于日内瓦，它是一个独立、中立的组织，其人道职责主要源自 1949 年《日内瓦公约》。中国红十字会成立于 1904 年，建会以后从事救助难民、救护伤兵和赈济灾民活动，为减轻遭受战乱和自然灾害侵袭的民众的痛苦而积极工作，并参加国际人道主义救援活动。中华人民共和国成立后，中国红十字会于 1950 年进行了协商改组；1952 年，中国红十字会恢复了在国际红十字运动中的合法席位。中国红十字会作为中华人民共和国统一的红十字组织和国际红十字运动的重要成员，遵守宪法和法律，遵循国际红十字运动基本原则，依照中国参加的《日内瓦公约》及其附加议定书，履行法定职责，发挥其在人道领域的政府助手作用。

四、国际慈善事业发展状况影响各国慈善管理的机构设置

进入 21 世纪以来，世界经济发展促进了国际慈善事业快速发展。尤其是随着我国经济的不断发展，社会财富日益增加，人们的慈善意识不断增强，参与慈善活动的热情日益提高，慈善事业也快速发展，在调节贫富差距、缓和社会矛盾等方面发挥重要作用。为了适应国际慈善事业发展，2008 年 9 月 11 日，民政部成立了社会福利和慈善事业促进司，以福利彩票、慈善和社会捐助、老年人和残疾人福利以及儿童福利四个方面的工作为主要业务，旨在进一步推进与健全社会保险、社会救助、社会福利和慈善事业相衔接的社会保障体系，对中国慈善事业的发展更是意义深远。2023 年 10 月 29 日颁布的《民政部职能配置、内设机构和人员编制规定》中提到，民政部下设慈善事业促进司，拟订促进慈善事业发展政策和慈善信托、慈善组织及其活动管理办法；指导社会捐助工作；拟订福利彩票管理制度，监督福利彩票的开奖和销毁，管理监督福利彩票代销行为。

五、国际慈善管理的领域越来越广泛，促进各国慈善管理发展

互联网技术在全球的广泛使用，标志着人类社会开始进入"网络时代"。"网络时代"的一个显著的特征就是信息技术在传统慈善领域的应用，能快速、便捷地进行国际慈善交流，促进各国慈善管理相互取长补短，既可以引进慈善资源，不断创造新的行业生态，持续释放新的活力，也可以借鉴国际先进的慈善理念发展本国慈善事业。今天国际慈善管理的领域越来越广泛，国际文化交流、国际关系的发展、重大国际事件、战争与和平、国际组织与国际法以及国家间共同关心的其他事务等，都能看到慈善组织的身影。当然，也要加强对国外慈善组织在我国境内的一切监管，防止借慈善活动破坏我国社会秩序以及干涉我国内政等事件发生。

第五节　创建良好的外部环境

外部环境对慈善管理系统的生存与发展具有重大乃至决定性的影响。不过,慈善管理系统并不只是消极被动地适应外部环境,它也可以能动地改善与影响外部环境。分析慈善管理系统对外部环境的种种影响,对于更全面地理解和把握慈善管理系统与外部环境的相互关系具有重大意义。

扩展阅读2-3　世界公益慈善环境指数报告

一、创造良好的"善经济"环境

慈善管理系统为了健康地生存和发展,必须努力创建有利于自身的"善经济"环境。然而,"善经济"环境有其自身发展的规律,"善经济"环境决定慈善管理系统的资源,慈善管理系统对"善经济"环境具有反作用。因此,慈善管理系统对"善经济"环境的发展有一定的促进作用。

(一)引导企业履行"善经济"时代的社会责任

所谓"善经济",就是要让善成为经济发展的内在需求。一方面,企业必须履行社会责任,否则不管企业有多大,都有可能受到市场影响而遭遇毁灭性的打击;另一方面,以人为本的服务业已经成为中国经济新的增长点,包括养老服务、儿童事业等。这些将社会的发展立足于竞争善,而不仅仅是竞争恶、竞争强,从而表明市场经济需要道德情操。①

在"善经济"时代,企业必须履行社会责任,必须做有益于社会的事情,才能被社会所认可,也就是说,商业行为的社会价值决定了其经济价值。企业社会责任(Corporate Social Responsibility,CSR),是指企业在创造利润、对股东和员工承担法律责任的同时,还要承担对消费者、社区和环境的责任。企业社会责任要求企业超越把利润作为唯一目标的传统理念,在生产过程中体现对人的价值的关注,强调对环境、消费者和社会的贡献。随着经济和社会的进步,企业不仅要对股东负责,而且要对环境负责,并承担相应的社会责任。企业承担好社会责任,能为企业树立良好的声誉和形象,获得利益相关者对企业的认同,增强投资者信心,更能吸引到企业所需要的优秀人才,并且留住人才。

(二)打造"善经济"时代所需的营商环境

营商环境是市场主体在准入、生产经营、退出等过程中涉及的政务环境、市场环境、法治环境、人文环境等有关外部因素和条件的总和。优化营商环境,指的是针对制约经济发展的突出矛盾,在关键环节和重要领域加快改革步伐,以国家治理体系和治理能力现代化为高水平开放、高质量发展提供制度保障。

2019年2月,中共中央政治局会议指出,"要着力优化营商环境,培育壮大新动能,促

---

① 王振耀:中国经济进入"善经济"时代[EB/OL].(2015-03-21). http://finance.ce.cn/rolling/201503/21/t20150321_4892202.shtml.

进形成强大国内市场"。2019年10月,国务院第66次常务会议通过《优化营商环境条例》,自2020年1月1日起施行。优化营商环境是党中央、国务院在新形势下作出的重大决策部署,是促进高质量发展的重要举措;是解放生产力、提升竞争力、增强市场活力、稳定社会预期、应对经济下行压力、促进发展和就业的有效举措;既是实现转型升级的必然要求,也是打造开放型经济新优势的迫切需要。

(三)创造现代服务业发展的动力

在"善经济"发展新常态下,要求以服务业整体提升为重点,构建现代产业新体系,增强服务经济发展的新动能,特别是加快发展生产性服务业。这是我国向结构调整要动力、促进经济稳定增长的重大措施,将引领中国制造向价值链高端迈进。为此,国务院出台了《国务院关于加快发展生产性服务业促进产业结构调整升级的指导意见》(国发〔2014〕26号)、《国务院关于加快科技服务业发展的若干意见》(国发〔2014〕49号)、《国务院关于大力发展电子商务加快培育经济新动力的意见》(国发〔2015〕24号)等一系列推动服务业重点领域加快发展的政策,推动了服务业发展进入快车道,以信息服务、金融等为代表的生产性服务业的发展更是突飞猛进,并逐渐成长为我国经济增长的重要推动力。

值得关注的是,时任国务院总理李克强出席2016年夏季达沃斯论坛开幕式并发表特别致辞指出:"消费的主导作用、服务业成为第一大产业的优势在不断显现","旅游、文化、体育、健康、养老'五大幸福产业'快速发展,既拉动了消费增长,也促进了消费升级"。特别是养老服务,国务院连续发文促进发展,如《国务院关于加快发展养老服务业的若干意见》(国发〔2013〕35号)、《国务院办公厅关于全面放开养老服务市场提升养老服务质量的若干意见》(国办发〔2016〕91号)、《国务院办公厅关于推进养老服务发展的意见》(国办发〔2019〕5号)、《国务院办公厅关于建立健全养老服务综合监管制度促进养老服务高质量发展的意见》(国办发〔2020〕48号)、《国务院办公厅关于促进养老托育服务健康发展的意见》(国办发〔2020〕52号)等。

二、创造良好的"善政治"环境

在政治上,"止于至善"是指国家政治处于最完美的境界。止于至善出自《礼记·大学》,"大学之道,在明明德,在亲民,在止于至善"。"善治"就是良好的治理,是政府与公民对社会的合作管理。追求"善治"被视为世界各国政府的共同目标,不同政治制度下的政府都希望有更高的行政效率、更低的行政成本、更好的公共服务、更多的公民支持。

(一)推进行政管理体制改革,营造良好的慈善发展环境

慈善事业需要政府,政府遵循慈善事业发展的客观规律,但现实中政府又要调动慈善事业的积极性。政府在慈善事业建设和管理工作中不能消极被动,要以积极、能动的态度开展工作。从建设"积极政府"来看,第一,要主动适应慈善事业发展的需要,发挥"创制"精神;第二,要对慈善管理系统发挥"使能够"作用,帮助慈善管理系统提高生存与发展的能力;第三,调节慈善事业,保持社会的公平和公正;第四,引导慈善事业,培育社会道德规范,提升道德水平;第五,政府主导和民间参与双向互动。在我国,慈善活动与政府主

导密不可分，没有政府的重视与推动，慈善事业寸步难行，更不可能发展壮大。由政府发挥主导作用，加强社会有机团结，把社会各阶层和个人力量聚合到一起，促进社会整合与和谐。

（二）自觉地接受共产党的领导，重视发挥人民政协、各民主党派、人民团体的作用，保证社会主义慈善事业的发展方向

建设中国特色的慈善事业必须坚持共产党的领导，慈善管理系统要自觉地贯彻执行党的路线、方针和政策，接受党的政治领导、思想领导和组织领导。充分发挥党组织政治核心作用，全面加强慈善组织党建工作，在慈善工作领域实现党的组织和党的工作"两个全覆盖"，这已成为党和国家管理慈善组织的基本制度，既是中国特色慈善事业最突出的基本特征，也是慈善事业发展的根本保证。此外，还需要通过建立、巩固与扩大爱国统一战线，组织各种社会团体的形式来参与慈善事业。

（三）大力推动慈善事业法制化，创建依法治善环境

进入新时代，在习近平新时代中国特色社会主义思想指引下，我国的慈善事业法规政策体系逐步完善，慈善服务监管体系进一步健全，慈善组织体系规模结构进一步优化，但慈善事业仍处于初级阶段。

具体而言，一是依法治善尚有不足，《慈善法》及相关配套政策不完备、现有法规政策落实不到位仍是不可回避的现实，全社会的法治意识有待加强，依法治善任重道远；二是慈善事业发展环境有待改善，促进慈善事业发展的政策激励力度不足，对慈善组织和慈善捐赠者的精神鼓励不够，慈善税收优惠不够慷慨，公民的慈善意识不够强，社会的慈善氛围不够浓厚，公共舆论对慈善的态度还不够宽容、友好；三是互联网慈善法规政策体系建设滞后，面对日新月异的"互联网＋慈善"发展态势，现有的监管制度还不够完善，促进网信技术与慈善创新融合发展的政策还有空白，社会公众通过互联网参与慈善活动的行为规范尚未完全建立；四是慈善参与应对重大突发事件的机制不健全，慈善组织参与应对重大公共事件的法律地位不明确，现行的《中华人民共和国突发事件应对法》未将社会组织纳入国家突发事件应对体系，对主动参与的慈善组织和志愿者缺乏必要的保障和激励措施；五是慈善组织自身建设有待进一步强化，慈善组织数量不足，整体素质有待进一步提升，自身公信力和能力不符合公众期待，慈善事业发展的良性生态有待进一步完善。

所以，发展慈善事业首先是根据社会需要，加快慈善管理法规的制定工作，促进国家慈善管理的进一步规范化、法治化；其次是自觉按照法律规定对慈善组织进行管理，以公正无私的态度执行法律，真正做到执法必严、违法必究；最后是广泛深入地开展法治宣传教育，在全体公民中普及慈善法律知识，增强法律意识，提升慈善组织自身的法治能力，促使其自觉遵守法律，依法维护自身的合法权益。

三、创建良好的"善文化"环境

慈善文化环境受多种因素制约，慈善管理系统对慈善文化也具有积极的影响。慈善

管理系统为了自身的生存与发展,必须建立与之相适应的良好的文化环境,主要是良好的慈善文化环境。党的十七届六中全会专门讨论和通过了文化建设的相关决议,党的十九大报告更是强调要坚持中国特色社会主义文化发展道路,激发全民族文化创新创造活力,建设社会主义文化强国。

(一)发扬优秀传统慈善文化,融合现代慈善体系特征

慈善文化是慈善事业发展最基本、最深沉、最持久的精神力量。中国特色慈善事业植根于中华优秀传统文化沃土,形成了鲜明的特色。例如,儒家讲"仁爱、民本、大同、义利",墨家讲"兼爱、贵义、共济、互助",佛教讲"慈悲、因缘、业报、行善、功德",道教讲"积德、劝慈、承负、济世",它们共同构成了中国古代慈善事业兴起、发展的思想渊源和理论基础,滋养了"守望相助、和衷共济、助人为乐、风雨同舟"的道德情怀。但是也不可否认,传统文化在赋予慈善丰富营养的同时,也使慈善蕴含了时代的局限性,如慈善观念中的恩赐、施舍、人格不平等、亲情差序、求名图利等因素。为此,慈善事业要与时俱进,探索形成融汇中西、适应时代,符合中国特色社会主义核心价值观,顺应共同富裕总目标的正确道路,这是中国慈善事业发展历史的必然选择,也是在新时代中国特色社会主义大格局下慈善事业又好又快发展的必由之路。

(二)弘扬社会主义核心价值观

任何一个社会都存在多样的价值观和价值取向,要把全社会意志和力量凝聚起来,必须有一套与经济基础和政治制度相适应并能形成广泛社会共识的核心价值观。党的十八大强调:"倡导富强、民主、文明、和谐,倡导自由、平等、公正、法治,倡导爱国、敬业、诚信、友善,积极培育和践行社会主义核心价值观。"在社会主义核心价值观基本内容中,富强、民主、文明、和谐是国家层面的价值目标,自由、平等、公正、法治是社会层面的价值取向,爱国、敬业、诚信、友善是公民个人层面的价值准则。

积极培育和践行社会主义核心价值观,与中国特色社会主义发展要求相契合,与中华优秀传统文化和人类文明优秀成果相承接,是中国共产党凝聚全党全社会价值共识作出的重要论断,也是慈善文化传承的主要途径。

(三)树立双向沟通意识

一方面,社会各界的人民大众要广泛地、经常地参与慈善组织开展的活动,向慈善组织表达自己的意见,使其始终向有利于人民的需求方向运行;另一方面,政府、慈善组织等也要向人民大众宣传、解释自己的方针政策、慈善项目等,公开自己的慈善管理活动,使人民大众能够了解慈善、理解慈善,进而支持慈善。

(四)加强道德建设

慈善道德标准要高于一般道德要求,需要具备更高的道德境界,即爱国、服务、创新、廉洁。爱国,既包含热爱祖国,也包含爱祖国的家乡父老、人民大众,所以慈善项目选择应符合国家发展战略。服务,就是要主动地、全面地为人民服务,而不是被动地为人民服务,

更不能只搞自我服务。创新,就是要积极适应环境和新时代发展变化的要求,创新慈善项目,助力构建人类命运共同体。廉洁,就是慈善管理系统成员只能把慈善资源当作为人民服务的条件,绝不能将之作为谋取私利的手段。

四、创建良好的"善国际"环境

促进"善国际"环境的良性发展,目的是巩固和加强本国慈善事业在国际事务中的地位与活动效能,为本国慈善事业的全面发展创造良好的"善国际"环境,这也是各国慈善事业与世界公益共发展的历史契机。

2011年,世界人均GDP(国内生产总值)首次突破1万美元,人口与物质生产实现新的平衡。此后,世界人均GDP增速放缓,以政府主导、收入分配为驱动力的传统增长模式逐渐失灵,人类文明进入"善经济"时代,世界经济开始追求高质量、高科技和第三产业化发展的趋势。世界商业文明迈向"好与更好"的基本态势。世界"善经济"的基本形态表现为:管理结构方面,政府与企业、社会组织合作的治理机制以及公益慈善具有重要的产业功效。此阶段最显著的特征为商业与慈善的交相融合以及社会企业的蓬勃发展;社会价值决定经济价值的财富逻辑思维,要求慈善组织不断挖掘自身潜能,成为解决社会问题、提升经济效益的一种新生产力。

(一)培养慈善管理系统成员的国际慈善意识

国际慈善意识是人们关于国际慈善问题的知识、观点、立场及其理论体系的总和。对国际慈善问题的全面了解,是正确处理相关问题的必要条件。只有各国慈善管理系统成员具有一定的国际意识,对国际慈善发展的规律、总趋势及国家间的关系有了正确的认识,才能够认清国际慈善形势,明确自己的责任,从而主动地调整和执行正确的对外慈善政策和价值取向。因此,培养国际慈善意识,是慈善管理系统建立良好的国际慈善环境的前提。

慈善无国界,但慈善事业有国界。慈善事业建立在社会成员自愿捐献的基础之上,只有尊重所在国家的伦理道德与文化传统,才能产生社会共鸣、达成社会共识,进而使慈善事业成为大众参与的社会事业。

(二)反对侵略,反对霸权主义,争取和平的"善国际"环境

当今世界,战争与和平是人类关注的中心问题。同时,战争发生与否,也直接关系到慈善管理系统的生存、性质和功能体系。目前的世界局势依然动荡不安,人类的安全仍然受到威胁,世界大战虽未爆发,局部战争却接连不断,大国霸权主义和强权政治仍在横行。因此,要争取一个和平的"善国际"环境,就要把反对侵略战争与霸权主义看作维护世界和平的重要内容,减少战争引发的人道主义援助,利用更多的慈善资源解决人类发展问题。

(三)客观认识境外慈善组织的独立自主性

所谓境外慈善组织,是指在境外合法成立的基金会、社会团体、智库机构等非营利、非

政府性质的社会组织。境外慈善组织具有独立的法人资格,依照《中华人民共和国境外非政府组织境内活动管理法》,可以在经济、教育、科技、文化、卫生、体育、环保等领域和济困、救灾等方面开展有利于公益事业发展的活动。境外非政府组织在中国境内开展活动应当遵守中国法律,不得危害中国的国家统一、安全和民族团结,不得损害中国国家利益、社会公共利益和公民、法人以及其他组织的合法权益。境外非政府组织在中国境内不得从事或者资助营利性活动、政治活动,不得非法从事或者资助宗教活动。应特别注意和加强监管极少数境外非慈善组织企图或者已经做过危害中国社会稳定和国家安全的事情。

复习思考题

1. 简述慈善管理系统与慈善管理环境之间的逻辑关系。
2. 什么是慈善管理环境?如何对慈善管理环境进行分类?
3. 简述慈善管理系统和外部环境的互依性。
4. 经济、政治、文化、国际社会环境是如何影响慈善管理系统的?
5. 如何创造良好的外部环境?

典型案例

从 0 到 1,"一带一路"倡议下中国社会组织的国际化之路

2023 年 10 月,第三届"一带一路"国际合作高峰论坛于北京举行,这也是纪念"一带一路"倡议提出十周年的特别活动。

"一带一路"不只是商贸往来,更强调文化交流、民心相通,这为中国社会组织"走出去"开了一扇窗。2015 年 3 月国家发展改革委、外交部、商务部经国务院授权发布的《推动共建丝绸之路经济带和 21 世纪海上丝绸之路的愿景与行动》指出,民心相通是"一带一路"建设的社会根基,需加强沿线国家民间组织的交流合作,重点面向基层民众,广泛开展教育医疗、减贫开发、生物多样性和生态环保等各类公益慈善活动,促进沿线贫困地区生产生活条件改善。随后中共中央办公厅、国务院办公厅先后发布《关于促进社会组织参与国际非政府组织活动的通知》《关于进一步加强国际组织人才培养推送工作的意见》,积极倡导社会组织参与国际交流,加强国际人才培养。2016 年,《关于改革社会组织管理制度促进社会组织健康有序发展的意见》发布,进一步鼓励社会组织"有序开展对外交流",发挥社会组织"在民间对外交往中的重要平台作用"。

2017 年第一届"一带一路"国际合作高峰论坛正式启动《中国社会组织推动"一带一路"民心相通行动计划(2017—2020)》和丝路沿线民间组织合作网络,160 多个中外民间组织加入合作网络,90 多个中国组织加入行动计划。

不少机构表示,"一带一路"对它们的国际化之路影响重大。"以前是社会组织根据自己的业务发展独立地开展国际化业务,现在是有政策明确支持鼓励走出去,这区别还是很大的。"中国乡村发展基金会(原中国扶贫发展基金会)秘书长陈红涛表示。

据民政部数据,截至 2023 年 10 月,我国共登记国际性社会组织 51 家;2013 年以来,

有关工作进一步加快推进,共登记国际性社会组织24家,占总数的47%。中国社会组织不只走出去,还越来越多地参与到国际治理体系中去。2015年清华大学公共管理学院邓国胜教授针对中国社会组织"走出去"的研究显示,当时中国(包括港澳台)有48家社会组织拥有联合国经济社会理事会咨商地位,目前这一数量已增长至103家。

中国社会组织"走出去",中国乡村发展基金会算得上"第一批吃螃蟹"的机构。中国乡村发展基金会20世纪90年代末进行去行政化改革,2005年开始探索国际化发展,到2007年提出机构发展国际化战略,开始走出国门。

"我们的国际化基本可以分成三个阶段,不出国门的国际化、出差式的国际化、常驻式的国际化",陈红涛介绍,不出国门的国际化,如2009年之前参与国际行动或国际援助,主要通过与其他国际机构合作捐钱、捐物。2009年成立国际发展部,设专门团队,有专项项目,这时主要由国内团队出差海外执行。2015年,中国乡村发展基金会在缅甸、尼泊尔正式注册成立办公室,标志着从中国本土社会组织到国际性公益组织的转变。

目前中国乡村发展基金会有3个国别办公室,同时在另外7个国家比较稳定、持续地开展项目。国际化写入机构愿景,"构建更值得信任、更值得期待、更值得尊敬的国际公益平台","一带一路"也纳入机构章程,"响应'一带一路'倡议,参加国际减贫合作和人道主义援助"。

相比早期摸着石头过河探索"走出去"的机构,"一带一路"倡议提出后中国社会组织"走出去"的步伐有所加快。中国红十字基金会紧跟国家"一带一路"建设总体要求,按照中国红十字会总会援外工作部署,于2017年成立"丝路博爱基金"。此基金为"一带一路"公益基金,涵括中国国际人道援助、国家支持的民间援外、中国企业"走出去战略"、国际志愿服务等。依托国际红十字会与红新月运动遍布全球的伙伴,专项基金成立后,中国红十字基金会迅速建立起国际化工作网络开展"一带一路"沿线项目。

"一带一路"倡议也激发了更多成立伊始便以关注全球议题为己任的机构。成立于2018年4月的北京平澜公益基金会,成立后便积极参与应对国内外人道危机、环境危机等突发事件。2019年,北京平澜公益基金会经过前期在黎巴嫩调研叙利亚难民情况,在当地设立办事处,派工作组开展人道主义援助工作。2021年,北京平澜公益基金会日内瓦办公室成立,派驻工作人员围绕人道援助、环境保护工作领域开展国际交流与合作。

2021年民政部发布的《"十四五"社会组织发展规划》中指出要稳妥实施社会组织"走出去",有序开展境外合作,增强我国社会组织参与全球治理能力,提高中华文化影响力和中国"软实力"。其中的"稳妥"一词或正是中国公益机构"走出去"的现状姿态。先稳住第一步,方可在未来迈出更稳健的下一步。

资料来源:从0到1,"一带一路"倡议下中国社会组织的国际化之路[EB/OL].(2023-10-24).https://www.chinanpo.org.cn/ds/2310da1973.html.

思考题:

1. 早期的中国社会组织如何跨出国门开展行动?

2. "一带一路"倡议发起后中国社会组织的国际化进程发生了怎样的变化?

3. "一带一路"如何为中国社会组织创造海外环境发展慈善事业?

 即测即练

第三章

慈善事业的发展历程与文化基础

第一节 中国慈善事业的发展历程与特征

自古以来,中华民族就有积德行善、乐善好施的文化传统。在我国历史发展的长河中,养老慈幼、扶贫济困、赈灾救险、建桥修路等慈善事业,都是中华民族传统美德具体体现。回顾、梳理我国历史上的慈善事业发展阶段,分析、把握中国慈善事业的历史发展脉络,有利于更好地了解我国慈善管理的特点与发展规律,有利于促进新时代慈善事业的蓬勃发展。

一、中国古代慈善事业的发展历程与特征

古代的中国是一个农业大国,历朝历代统治者都奉行重农抑商的政策。因此,中国古代的慈善事业内容主要包括与农田水利、人口保养有关的救助灾害、扶贫济困、恤老慈幼等事项。乐善好施、守望相助等活动从政府到民间都有显著的表现。由于受到统治者意志、民间经济实力等因素的影响,慈善事业在古代呈现碎片化、纷繁杂芜的局面。

扩展阅读3-1 古人如何做慈善

(一) 先秦时期

中国慈善事业源远流长。敬老爱幼、扶贫帮困是中华民族约定俗成的道德规范,早在中国先秦时期,诸子百家对慈善思想与活动就有了较为丰富的论述,对后世的慈善管理也有着深远影响。例如,以孔、孟为代表的儒家倡导"仁爱""民本""大同"等慈善理念,以墨子为代表的墨家崇尚"兼爱""非攻"。诸子百家丰富的慈善思想不仅充实了中国古代传统伦理道德规范的主要内容,还推动了先秦时期官办慈善活动兴起。当时从中央到地方都设立了专门或者兼职的官吏,负责救助灾民、老幼病残、鳏寡孤独等,当时的慈善事业包括:掌管荒政,赈济灾民;恤老慈幼;养疾惠政。

(二) 汉晋南北朝时期

汉晋南北朝是我国慈善事业发展史上的一个重要时期,这一时期慈善活动的主体包括政府和以佛教兴盛的寺院慈善活动为代表的民间慈善组织。

借鉴先秦时期的平籴制度,公元前54年,汉宣帝大规模兴建"常平仓",标志着中国古代仓廪制度正式确立。仓廪制度是政府通过控制粮食市场,施行慈善救济最重要的方式。

在南北朝时期,出现了专门收容贫病者的慈善机构——六疾馆。"六疾"泛指疾病。六疾馆的建立标志着"中国慈善救济与福利制度正经历着由以设官掌事为主向因事设署(机构)、以署定职的方向发展变化……在中国慈善事业发展史上具有划时代的意义"。① 南朝梁武帝创立专门恤老慈幼的孤独园,使三代以礼养老的遗制得以制度化和组织化。

两汉之际,佛教传入中国,并在魏晋南北朝时期得以传播和发展,佛教可以依其教义,以寺庙为固定的场所建立慈善机构,开展济贫赈灾、建设药坊、植树造林、戒杀劝善等慈善活动,并带动民间慈善事业发展。

(三)隋唐时期

隋唐时期是中国封建社会发展的鼎盛时期,这一时期发展出了"官办为主,官督民办"的慈善模式。在赈灾济困方面,隋朝延续了北齐的义仓制度,建立了一套完善的入库、储存、管理、赈济体系。义仓与常平仓二者互为补充,成为古代慈善事业的基本制度,发挥着赈济灾荒和稳定社会的重要作用。在恤老慈幼方面,隋唐政府制定了一些制度举措,如"诸鳏寡孤独贫穷老疾不能自存者,令近亲收养。若无近亲,付乡里安恤",明确了对无家可归的孤寡老人该如何安置、收养。在慈幼方面,政府在灾荒之年出资为饥民赎子,使因贫困而破碎的家庭团圆。

唐代佛教在寺院中设立了集赈恤、收养贫病者、乞丐、废疾老人和孤儿于一体的慈善机构——悲田养病坊。悲田养病坊最初完全由僧人管理,后由于其影响扩大,政府便将其收归,由官办慈善机构统一管理,确立了"官督寺办"的管理体制。

(四)两宋时期

在中国古代慈善事业发展历史上,宋代发挥承前启后的重要作用,创建了我国古代社会后期社会救济的总格局。宋代的慈善事业几乎涵盖了人的生老病死各个方面,不仅政府兴建了一系列慈善救助机构,如广惠仓、福田院、居养院、安济坊、养济院、慈幼局、漏泽园等,而且民间的慈善事业也得以蓬勃发展,形成了"官办体系完备、民间推陈出新"的慈善格局。

1. 官办体系完备

在赈济灾荒方面,北宋的宋仁宗时期,政府设立广惠仓,即官府没收无主之田产,雇人耕种,以赈济灾荒年间因老幼贫病无法生存的人,其赈济范围要广于常平仓和义仓。在恤老慈幼方面,北宋初期,宋政府沿袭唐代悲田养病坊的做法,在京郊设福田院,收养乞丐、残疾者和孤寡老人,并给钱粮。后福田院也领养少数弃婴。宋政府对贫病之民也非常重视,创设了以治病为主的安济坊和以施药为主的惠民药局。对那些因饥饿死亡又没有亲属的人或因贫困无法下葬者,官府也出钱择地代为安葬。宋代弃子溺婴现象严重,宋政府采取了一些措施,如南宋初年,专门收养遗弃婴儿的慈善机构有临安慈幼局、建康慈幼庄、湖州婴儿局等。

---

① 周秋光,曾桂林.中国慈善简史[M].北京:人民出版社,2006:78.

2. 民间慈善进一步发展

宋代不仅官办的慈善事业较为完善，民间的慈善事业也得到了进一步发展。北宋出现了宗族性的慈善组织——义庄。义庄主要是购置田产经营，以其所得对同姓宗族贫困者进行生育、婚丧、教育等诸多方面的帮扶救济，发挥了慈善功能。南宋时期，出现了有别于官方仓廪赈济制度的社仓。社仓与常平仓、义仓、广惠仓不同，社仓建在乡社，由乡社官吏及士人共同管理，粮食夏借冬还，只收取少许利息，甚至不收息。南宋时期，乡绅、儒士等地方精英在民间慈善事业中扮演了重要角色。

（五）明清时期

中国古代的慈善事业在经历了元代的衰微之后，在明清时期得以恢复、发展并渐趋活跃，不但前朝的官办体系得以延续，而且民间慈善更加兴盛。

1. 官办体系延续

在赈济灾荒方面，明清政府总结历朝经验教训，形成了体系较为完备的赈济制度。除了前朝延续的仓廪制度，明代还设立了济农仓、预备仓。清代新设了京通仓、旗仓、营仓等。在恤老慈幼方面，明代设置了养济院。清代将养济南院设于州县一级，并扩展到了边疆地区。清代还设立了收养无业流民的栖流所。

2. 民间慈善兴盛

明代中后期工商业经济的繁荣、早期资本主义的萌芽和市民意识的增强促进了民间慈善事业及其组织的发展和兴盛，具体表现为：一是以血缘关系为纽带的宗族慈善组织，如义田、义庄等，这类组织主要帮扶同宗族的贫困者，内容包括赡贫、恤病、助婚丧、养老、劝学、救急等。二是以传统道德规范为指导的慈善组织，如善堂、善会等。三是以地域为基础的义赈团体，如会馆等，通过各种慈善活动来联系同乡，促进同籍人事业发展。

（六）中国古代慈善事业的特征

1. 慈善事业的文化基础是中国传统文化

中国传统文化与西方文化不同，是宣扬性善的文化。西方基督教文化是一种宣扬人性恶的文化，认为原罪是人与生俱来的，必须皈依上帝才能获得救赎；强调人的爱不是来自人自身，而是来自一种外在的宗教精神。而中国传统文化则认为爱是人的天性，是一种内在的道德精神的外化表现，爱是在人之内而不是在人之外。儒家主张"仁者爱人"，孟子认为"恻隐""羞恶""辞让""是非"是人性固有的四个善端；道家提出"损有余而补不足"；墨家主张"兼爱""非攻"；佛家提出"慈悲为怀""为一切众生造福田"。这些宣扬积德行善、乐善好施的学说，构成了中国传统文化的重要组成部分。[①] 从古至今，受传统文化影响、浸润的中国人，始终以此作为自己的行为规范。

2. 慈善事业以政府为主体、以民间为辅助

中国古代慈善事业之所以会出现以政府为主体、以民间为辅助的状况，原因在于中国历朝历代以儒家思想为指导，仁政和爱民被政府看成实施社会救助的表现。同时，政府依

---

① 周秋光，曾桂林.中国慈善简史[M].北京：人民出版社，2006：28-50.

靠中央集权制度,汇集财富,使其有财力、有能力办慈善。特别是中国历代统治者害怕民间办慈善导致结社而危及自己的统治,因此禁止民间结社,民间慈善事业发展缓慢。

3. 慈善事业采取养济为主、消极救助的方式

中国古代慈善事业只救助人的身体,不救助人的灵魂。它是授人以鱼,而不是授人以渔。从慈善救济的内容即可得到印证,我国古代慈善救济的主要内容包括育婴、养老、施衣、施医、施棺、施粥、义冢、栖流;而慈善教育,如开办义学、贫民工厂、贫民学校、习艺所等,均开展得较晚。

4. 慈善事业的内容构成集中

我国古代慈善事业的内容构成经历了一个逐渐扩充、丰富的发展过程,但透过各时期慈善事业发展的阶段,我们可以看到,我国古代慈善事业的内容主要围绕"荒政旧灾""恤老慈幼"和"医疗救济"等。

二、中国近代慈善事业的发展历程与特征

1840年的鸦片战争拉开了中国近代史的序幕。近代中国遭受列强侵略,积贫积弱,自然灾害和社会灾害频频发生,在此历史转折时期,封建王朝兴办的慈善组织大多经费短缺、管理混乱而难以为继;西方教会在中国创办各种新型慈善事业,影响深远,推动中国慈善事业的变革与转型;民间众多慈善家形成了组织网络,多次开展大规模义赈救灾活动,民间力量替代了缺位或不到位的政府,成了慈善救助的主体。

(一) 晚清时期

晚清时期的慈善事业呈现出官方、民间、西方教会等主体多元、交织并存的格局。

1. 官办机构的变革与转型

晚清时期,清政府以"教养兼施""教养并重"代替了"重养轻教"的救助理念,在善堂内附设学堂、工艺厂,或独立设置工艺所、教养局等,收容游民贫民和救助寡妇孤儿,使其掌握谋生技能得以生存。

2. 教会在华兴办慈善事业

19世纪中叶以来,借助西方列强在侵华过程中获得的传教等各种特权,教会慈善事业自由、合法地在中国开展。其慈善活动主要体现在以下几个方面:一是兴办教会医疗机构;二是开办育婴堂、孤儿院、盲童学校、聋哑学校等慈幼机构,其采取的"养、教、工"相结合的救助方式,对近代慈善事业的变革产生较大影响;三是开展灾荒救济活动,将科学的救灾赈济模式引入中国。

3. 中国红十字会的诞生

清末慈善事业发展的一个重要里程碑是中国红十字会的诞生。19世纪90年代中期的甲午战争、1904年发生在我国东北地区的日俄战争催生了中国红十字会。中国红十字会的宗旨是"战时抚伤拯弱","平时救灾恤邻"。其诞生体现了中外慈善文化的交融。

(二) 民国时期

1911年发生的辛亥革命推翻了清王朝的封建统治。1912年元旦,中华民国成立,之

后,中国历经了南京临时政府、民国北京政府和南京国民政府的政权更替,以及军阀混战、抗日战争和解放战争。近代慈善事业在政权更迭、战争频发的夹缝中生存,在探索中得到了不断发展。

1. 官方构建慈善的管理体系与制度

这一时期,民国政府探索了慈善管理体系的制度化和法治化发展,具体表现在两个方面。

(1) 构建中央赈济机构管理体系。南京临时政府成立后设立了内务部及下属民政司,负责全国的贫民赈恤、救灾赈济等工作。各省相应设立民政司、负责地方慈善事业。1928年4月,南京国民政府设立了若干临时地域救灾机构。1929年3月,南京国民政府成立行政院全国赈济委员会,将各地分散的地方救灾组织合并成为一个全国性的救灾机构。1930年,南京国民政府将内政部和行政院全国赈济委员会合并,改组成为赈务委员会,负责全国灾民、难民救济安置事务。随后,各省市县相继设立赈务分会。1931年,南京国民政府又特设救济水灾委员会,专司临时赈恤和灾后事务。在抗战时期,国民政府还于1938年4月成立了统一难民救济机构——赈济委员会。抗战胜利后,为进行善后救济,国民政府于1945年1月成立了行政院善后救济总署。

(2) 制定民间慈善团体管理办法。在政府设置国家慈善赈济机构的同时,民间社会的各种赈灾济贫机构也陆续成立。政府以法规的形式对慈善组织进行监督规范和引导。1928年10月,南京国民政府颁布了《管理各地方私立慈善机构规则》,要求私立慈善机构把赈济详细情况呈报主管部门并转报内政部备案,募捐要先呈请主管部门核准;1929年6月,又颁布《监督慈善团体法》,规定慈善团体不得利用其事业为宗教宣传或为私人牟利;1930年7月,又制定公布了《监督慈善团体法施行细则》,明确主管部门对慈善团体的监督程序。这些法律法规的出台,对于民国慈善事业的发展起到了一定推动作用,使政府和民间慈善活动开展进一步制度化和法治化。

2. 民间探索专业分工与合作

民国时期的民间慈善组织在数量、慈善资源和社会影响上,都已超过官办慈善机构,成为慈善事业的主体。民间慈善组织的活动包括:赈济灾害中的灾民,救助战乱中的伤病员并掩埋死亡军民,设立慈善医院,开展养教结合的义学教育,培养灾民劳动技能等。在大规模义赈活动中,民间慈善组织出现了分工合作的系统安排,形成了募捐机构、实施机构和协调机构三类。募集捐资与实施救济相分离,在一定程度上防止了贪污挪用的弊端;协调机构的出现则实现了资源的优化配置。

(三) 中国近代慈善事业的特征

1. 民间慈善组织规模化发展

从晚清到民国,各种慈善机构和慈善家群体先后涌现,如同乡组织、商会、同业公会等,不同于以个体、宗教和家族为主开展慈善的状况,推动着传统慈善向近代慈善的转型。19世纪80年代初,上海协赈公所成立,这是清末第一个由慈善家群体组成的慈善机构。此后,中国红十字会、华洋义赈会、中华慈善团体全国联合会等相继成立。到1930年,上海的慈善团体已有119个,1941年达160个。这些慈善机构团体发展非常迅速。1948年

《中国年鉴》记载,当时全国救济机构已有 4 172 个,其中私立的救济机构占 47%强,有 1 969 个。[①] 民间力量发挥慈善救助主体的作用,替代缺位的政府。

2. 慈善事业体现出浓厚的民族性和文化精神

近代资本主义萌芽使一批工商业者汇聚了财富,这为民间慈善的发展壮大奠定了物质基础。此外,近代社会民族救亡思潮风起云涌,国人的民族意识被唤醒,将民族救亡与慈善事业相结合,激发了广大民众参与的积极性。绅商中的有识之士纷纷倾其家财、扶贫救人。这一时期,善款的来源更多,救助的方式和手段更先进,救助的范围更广,慈善的法规也相继出台。中国近代慈善事业的迅速发展,推动了中国传统慈善事业的成功转型。

3. 由以养为主发展为教养并重

随着工业化的初步启动和西方慈善思想的传播,我国民间慈善救助理念逐渐改变。预防性、生产性和造血性的现代慈善救助机制逐渐取代事后性、传统消耗性、输血式的模式,即慈善事业既包括慈善救济,也包括慈善教育;慈善救助理念由以养为主发展为教养并重;救助贫困弱势群体和改变社会环境、发展社会公共事业同样重要。众多慈善组织在新型理念影响下,不再只是简单地发放善物善款,而是通过对受助者传授工艺技能、文化知识,以小本贷款、以工代赈等方式,使其获得自谋生计的能力,从而更好地立足社会。

三、中国现当代慈善事业的发展历程与特征

1949 年 10 月 1 日,中华人民共和国成立,标志着中国现代史的开始。在中华人民共和国 70 多年的发展过程中,党和政府对慈善事业的认识在不断变化。由于受到历史局限性的影响,在中华人民共和国成立初期至党的十一届三中全会召开前,慈善事业被弱化乃至被否定。改革开放以后,随着政治上的拨乱反正和思想上的解放,慈善事业才发展起来。

(一) 计划经济时期的慈善事业(1949—1980 年)

中华人民共和国成立后,全国旧有的慈善组织大致分为三类:一是原国民政府在各地的救济院和善堂等,二是地方士绅兴办的宗族性、地域性的善堂善会,三是外国扶持建立的教会慈善机构。1950 年,政府对上述组织进行接收、改造。其基本方针是:对第一类组织予以取缔、解散和关闭,对第二类组织进行改组和接收,对第三类组织进行取缔和接收。从 20 世纪 50 年代末至 60 年代初,政府对原有各类慈善机构进行取缔、接收和改造,着手建立新的福利机构与设施,内容包括社会救济、社会福利、优抚安置以及农村"五保"供养、合作医疗等与高度集中计划经济相适应的社会保障制度,于是原本作为社会保障体系补充的民间慈善事业便不复存在。[②]

20 世纪 60—70 年代,由于受"左"的思潮影响,民众的慈善意识逐渐淡化,甚至产生了慈善是资产阶级腐朽思想的偏见。加之国民经济长期处于缓慢发展状态,多数人的温饱问题尚未解决,救济他人心有余而力不足,无以形成有规模的社会捐献。由此,慈善事

---

① 周秋光,孙中民.政府在培育社会慈善理念方面的作用与责任研究[J].道德与文明,2008(1):89-93.
② 周秋光.现代中国社会保障制度与慈善事业 70 年发展进程及其思考[J].中南大学学报(社会科学版),2020,26(6):150-162.

业发展尚缺乏社会土壤和经济基础,中国慈善事业走向衰歇、陷于停滞。

（二）市场经济时期的慈善事业(1981—2016年)

中国共产党的十一届三中全会提出了"解放思想,实事求是"的指导思想,对国民经济和社会发展各领域进行拨乱反正工作,慈善事业也随之复兴发展。

1. 慈善事业缓慢复苏（1981—1993年）

改革开放后,慈善事业缓慢复苏。十一届三中全会后,中国社会发生巨大变化,慈善事业重新萌芽,走向复兴的条件也日益具备。一方面,稳定的政治局面成为恢复发展慈善事业的先决条件。另一方面,经济发展为慈善事业恢复提供了有利的物质条件。此外,中国特色社会主义市场经济时期,由于各种复杂因素的相互交织,以及社会贫富差距、区域发展不平衡等原因,社会上尚有一部分人未解决温饱问题,还有各种各样的弱势群体和不幸者,这些为慈善事业的恢复提供了契机。1981年7月28日,中国儿童少年基金会的成立标志着我国公益慈善事业的复兴。1988年,我国政府出台了《基金会管理办法》,此后一批带有浓厚政府背景的公募基金会相继出现,如中国儿童少年基金会、中国宋庆龄基金会、中国残疾人福利基金会、爱德基金会、中国妇女发展基金会、中国青少年发展基金会、中国扶贫基金会等。

2. 慈善事业全面兴起（1994—2007年）

以1994年中华慈善总会的成立为带动,我国各省份的官办公募慈善基金会相继设立。至2004年,慈善总会系统下已设立有395家慈善会（总会或协会）,其中省级慈善会即有28家。此外,还设立有数百家地市级、县区级慈善会。2005—2006年,随着江苏省和河北省的慈善总会的最终成立,我国各省、区、市均成立了省级慈善组织。

21世纪以来,国家对慈善事业的作用更加重视,出台和完善了一批慈善法规政策。而且在党和政府的重要工作报告、国家的五年规划、民政部的指导纲要、决定中都明晰了慈善事业的地位和作用。国家"十二五"规划指出:"加快发展慈善事业,增强全社会慈善意识,积极培育慈善组织,落实并完善公益性捐赠的税收优惠政策。"相关政策文件也为我国公益慈善事业的发展指明了方向,注入了动力。

3. 慈善事业蓬勃发展（2008—2016年）

2008年发生"5·12"汶川地震,中国出现"全民慈善",捐赠总额高达1070亿元人民币（数据源于《2008年度中国慈善捐助报告》）,是2007年的3.5倍,占GDP的0.356%。而且国内个人捐赠金额数量首次超过企业捐款,占年度捐款总额的54%。

首先,慈善政策法规密集出台,中央及地方政府机关部门在一些法律和政策上的创新举措达到17项之多,对我国慈善组织的发展、慈善资源的拓展、慈善行为的监管、慈善募捐的规范、慈善文化的建设、慈善人才的培育以及志愿服务等作出了具体的部署和规划。其中最为重要的是2013年十八届三中全会通过的《中共中央关于全面深化改革若干重大问题的决定》要求"完善慈善捐助减免税制度,支持慈善事业发挥扶贫济困积极作用"[①];

---

① 中华人民共和国中央人民政府. 中共中央关于全面深化改革若干重大问题的决定[EB/OL]. (2013-11-15). https://www.gov.cn/zhengce/2013-11/15/content_5407874.htm.

2014年,国务院印发了中华人民共和国成立以来的第一个国家级的专门规范慈善事业的文件《国务院关于促进慈善事业健康发展的指导意见》(国发〔2014〕61号);2016年出台的《慈善法》将慈善事业纳入法制的轨道下运营发展。各级地方政府在国家大政方针的引导下,采取各种创新机制与办法推进慈善事业跨越发展。慈善事业在社会福利和社会救助领域发挥着越来越重要的作用。

其次,民间社会组织、团体在自主创新方面亦有诸多突破。其具体表现如下:一是非公募基金会的数量在2011年6月超过公募基金会,达1143家(《基金会蓝皮书:中国基金会发展报告(2012)》);二是2011年5月福耀玻璃工业集团股份有限公司董事长曹德旺捐出价值35.49亿元的3亿股份(约占集团总股本的14.98%),以他父亲名字命名的河仁慈善基金会成立;三是2011年开始出现依托现代网络传播技术及工具平台(微博、微信)所产生的微公益,开创"人人可慈善"的新时代,新浪微公益、腾讯公益、支付宝E公益的统计数据显示,2013年,三大网络捐赠平台共接收网络捐赠2.95亿元;四是2013年4月国内企业界领军人物如王健林、牛根生、黄如论、杨澜等发起成立慈善领域枢纽型的社会组织——中国慈善联合会;五是2014年8月"冰桶慈善"由国外传入中国后,在新媒体传播的助推下,仅仅1周左右的时间捐款额度达800多万元(中国新闻网);六是国内纷纷成立公益慈善研究机构从事慈善文化、公益慈善组织、公益慈善制度和体制等研究。

最后,在志愿服务方面,我国的志愿服务在政府推动、民间参与中,有力地支持了慈善事业的发展。据统计,2014年中国(不含港澳台)登记的志愿者总人数约为6710万人[①],未登记但参与志愿服务的民间志愿者约为4200万人,实际参与志愿服务的人数达1.091亿人,占全国人口总数的8%,提供的志愿服务约为14.82亿小时,捐赠的价值合计约为535.9亿元。

(三)新时代中国特色社会主义慈善事业(2017年至今)

党的十九大提出,我国社会的主要矛盾是"人民日益增长的美好生活需要和不平衡不充分的发展之间的矛盾"。这对新时代慈善事业发展提出了新要求。在加强社会建设的大背景下,新时代中国特色社会主义慈善事业应该开创发展的新局面,形成慈善与公益共同发展的新格局,真正实现以人民为中心,开辟共建共享共治、能满足人民日益增长需要的新时代。

1. 中央政府对慈善事业高度重视

党的十九届四中全会首次把"按劳分配为主体、多种分配方式并存"确定为基本经济制度,同时首次提出要"重视发挥第三次分配作用,发展慈善等社会公益事业",这就从根本上明确了第三次分配和慈善事业在我国经济与社会发展中的重要地位。作为助力缩小收入差距、解决贫困问题、促进共同富裕的重要手段,第三次分配是关系经济社会发展和国家治理的重要制度安排。《中华人民共和国国民经济和社会发展第十四个五年规划和2035年远景目标纲要》(以下简称《纲要》)明确提出:"发挥慈善等第三次分配作用,改善收入和财富分配格局。"同时《纲要》提出:"培育规范化行业协会商会、公益慈善组织、城

---

① 杨团.慈善蓝皮书:中国慈善发展报告(2015)[M].北京:社会科学文献出版社,2015.

乡社区社会组织","推动民营企业守法合规经营,鼓励民营企业积极履行社会责任、参与社会公益和慈善事业"。发挥慈善事业在收入分配、基层社会治理、民营企业履行社会责任方面的作用。在 2021 年 8 月 17 日中央财经委员会第十次会议上,习近平总书记又提出发挥第三次分配作用,坚持以人民为中心的发展思想,在高质量发展中促进共同富裕。

2. 慈善事业依法依规发展

2016 年 3 月《慈善法》出台,作为慈善领域的基本法与综合立法,推动了中国慈善事业的发展。这是中国慈善事业发展史上具有里程碑意义的一部立法。它对慈善行为、慈善活动及慈善参与者的相互关系进行规范、激励、监督和调节,是中国慈善事业可持续发展的重要法律保证。[①]

截至 2017 年,相关部门陆续颁布与《慈善法》相配套的政策文件约计 17 部。2017 年 3 月通过的《中华人民共和国民法总则》中第三章第三节"非营利法人"[②]的相关规定,对慈善组织有重要影响。在此时期修订的《中华人民共和国企业所得税法》(以下简称《企业所得税法》)也对慈善组织产生重要影响。2017 年 12 月 1 日,《志愿服务条例》施行,该条例是中国内地第一部关于志愿服务的专门性法规,对志愿服务管理机构的职责界定和志愿服务组织的法律地位等进行了系统规定,有利于推动国内志愿服务的制度化、常态化发展进程,为志愿服务整体效能的持续提升打下了坚实基础。至此,我国基本形成了以《慈善法》为主体、以行政法规和部门规章为支撑的慈善法律体系。

(四)中国现当代慈善事业的特征

1. 慈善事业历史沿革与政策演变具有鲜明的阶段性特征

1949—1980 年,在政府全能主义与指令性计划体制的格局下,慈善事业以国家行为与国家力量为特征;1981—2007 年,在政府放权与建立市场经济体制的背景下,慈善事业以社会逐步参与为特征;2008—2016 年,自然灾害事件极大地激发了民间慈善捐赠的热情,慈善事业以社会公众广泛参与为特征;2017 年至今,《慈善法》等系列法规和条例颁布,慈善事业以法治化为特征。

2. 慈善事业由行善积德向公共责任转变

随着改革开放的深入,我国社会结构逐渐从熟人社会向陌生人社会转型。随着家庭功能的衰微、个体权益的彰显和公共生活的兴盛,以"社会"为表征的公共空间逐渐拓展,替代邻里、家庭、宗族等传统社会组织,成为人们赖以生存和发展的重要空间。个体置身于此情此境之中,其社会共同体意识油然而生,承担公共责任、参与公益事业,成为大众的共识。正是在此意义上,人们的互助和爱心走出原来的邻里、家庭、宗族的小圈子,拓展到陌生的公共空间。慈善事业由对弱者临时的、直接的、偶尔的物质施舍,转变为对其有组织的、持续的、系统的制度关怀,在制度、规则和程序的规定下,慈善由个体的"积德行善"跃迁为公民的"公共责任"。[③]

[①] 张奇林.《慈善法》与中国慈善事业的可持续发展[J].江淮论坛,2016(4):10-15.
[②] 中华人民共和国民法总则[EB/OL].(2017-03-18).https://www.gov.cn/xinwen/2017-03/18/content_5178585.htm#1.
[③] 刘威.冲突与和解——中国慈善事业转型的历史文化逻辑[J].学术论坛,2014,37(2):84-91.

3. 慈善主体由政府主导向社会主导转型

在政府"放管服"职能转变的背景下,慈善领域的政社职责逐渐清晰、功能日益互补。政府逐渐从具体的慈善运行事务中退出,发挥决策者、资源供给者和监管者的作用。慈善主体从传统的政府主导逐渐转向社会主导,慈善事业逐渐形成政府掌舵、社会划桨的格局,具体表现为:其一,法律政策体系支撑社会力量开展慈善事业与活动;其二,社区基金会发展方兴未艾;其三,企业参与慈善渐成潮流;其四,非公募基金会发展迅速;其五,社会捐赠中的民间主导日益明显。

4. 慈善运作与活动内容由一元向多元发展

随着慈善理念从积德行善到公共责任的转变,慈善运作与活动内容由一元向多元发展。在慈善运作方面,一对一、零散的资助方式逐渐让位于项目化、组织化、专业化的运作方式,具体表现为非市场化和市场化相结合、输血和造血相结合、线上和线下相结合。在慈善活动方面,传统的扶贫济困、养老慈幼、助残恤寡、赈灾募捐逐步扩展到慈善意识的启蒙与教育、提供心灵慰藉、开展文体艺术活动、环境保护、创办慈善超市、促进社区发展等。

5. 法治化建设取得长足进步

在基础性法律法规建设方面,《慈善法》颁布后,2017年我国政府先后修订了《中华人民共和国红十字会法》、颁布施行了《志愿服务条例》。在配套制度建设方面,2016年以来,民政部联合有关部门出台了《慈善组织认定办法》《慈善组织公开募捐管理办法》《慈善组织信息公开办法》等20项配套政策,全国各地也陆续出台了许多支持慈善事业发展的政策法规。截至2022年7月,中央和地方各级政府共出台400余件配套政策法规和文件,为慈善领域法治化建设奠定了坚实基础。

6. 注重慈善文化氛围的营造

扩展阅读3-2 转型期我国慈善文化体现出较强的公益性

民政部连续5年组织开展"中华慈善日"专题宣传活动,组织开展中国公益慈善项目交流展示会和"中华慈善奖"评选表彰;中华慈善总会编印了《慈善读本》,并坚持多年在全国各地开展慈善文化进校园活动;中央电视台等媒体和中华慈善总会等社会组织开展了"中华慈善论坛"、"慈善之夜"、"慈善榜"发布、"世界公益慈善论坛"等活动;有关研究机构、公益慈善平台连续举办"95公益周""99公益日"等活动,普及宣传慈善法规,传播慈善文化。全国11个省、区、市出台了慈善表彰办法,广东、浙江、宁夏、河南等省、区、市制定慈善文化建设规划,将慈善文化建设纳入文明城市考评体系。在中央和地方政府以及社会各界的持续努力下,社会公众不断提升慈善意识,全民参与慈善的氛围日益浓厚。

第二节　国外慈善事业的发展历程与特征

由于人口状况、自然地理环境、文化传统、经济与社会发展阶段等诸多因素的影响,国外慈善事业呈现出不同的历史发展轨迹和特点。本节将对慈善事业具有典型性、代表性的英国和美国进行详细介绍,总结西方国家慈善事业的共性特征,更好地认识中国与世界的慈善事业进程。

一、英国慈善事业的发展历程

英国在慈善事业发展上有着悠久的历史传统和深厚积累,形成了独具特色的英国模式。例如,在英格兰地区,最古老的慈善机构是公元 597 年建立并开办至今的坎特伯雷国王学校。这所学校是世界文化遗产的一部分。从英国历史早期到当代,慈善事业的发展大致经历了五个阶段。

(一)公元元年前后至 15 世纪末

这个阶段长达 15 个世纪,基本上是英国封建生产方式产生、发展和衰落的时期。由于生产力不发达,民间自发的慈善行为仅限于向穷人提供必要的衣食、照料伤病人员、帮助孤寡老人等。慈善的若干基本理念,如扶贫济困、资助教育、帮助教会等,已经随着基督教的传播被人们广泛认可。

(二)从都铎王朝到光荣革命

这是英国从君主专制统治经过资产阶级革命向君主立宪制过渡的时期。这个时期逐步繁荣起来的毛纺织工业,带来人口的快速增长与都市化,同时英王亨利八世实施的宗教改革,都在客观上促进了慈善事业的发展,也为国家权力介入原本属于私人事务领域的慈善奠定了基础。在都铎王朝末年,政府先后制定并颁布了《济贫法》和 1601 年《慈善用途法》,成为英国慈善立法体系的生长原点。1601 年《慈善用途法》明确了当时国家认可的慈善行为,首次把慈善纳入国家法制框架,为世界慈善事业发展开启了法治保障的新篇章,被称为"现代慈善法的开端"。

(三)工业革命时期的慈善事业(18 世纪和 19 世纪)

18 世纪的英国已经具备了实现工业革命的条件。在生产力发展的同时,大量社会问题也接踵而来。当时伦敦公共卫生极差,婴幼儿的死亡率极高,甚至达到 90%。弃婴现象非常普遍。在这种情况下,一批以拯救和教育儿童为使命的慈善机构应运而生,其中以伦敦育婴堂最为杰出。其创办者托马斯·科拉姆(Thomas Coram)船长,在 1739 年获得了英国国王颁发的特许状,在一批爱心人士的慷慨支持下创办了伦敦育婴堂。其不仅挽救了大批弃婴的生命,而且把他们培养成对社会有用的人。今天,这家育婴堂已经发展成为托马斯·科拉姆基金会,继续培养教育儿童的事业,每年从中受益的儿童及其家人超过 1.3 万人。

扩展阅读 3-3 工业革命时期英国慈善事业领域出现的三件大事

(四)20 世纪英国慈善事业的发展

第一次世界大战和第二次世界大战期间以及第二次世界大战结束后,科学技术的飞速发展和英国进入后工业化社会的现实,都推动英国慈善事业在 20 世纪获得了空前的发展。这个时期,英国慈善事业的发展表现为:1919 年 1 万家会员组织的全国志愿组织协会成立;大量原本由民间私人慈善组织提供的服务,被纳入福利国家的社会服务体系之中,政府对慈善组织的财政支持、引导和监督形成了一套完备的体系,以《1960年慈善法》为代表;英国王室对慈善事业的发展发挥了特殊作用。

(五) 全球化时代的英国慈善事业

从20世纪后半期至今,英国慈善事业在全球化时代发生了巨大的变化。为了建设面向21世纪的慈善体系,英国政府进行了以新立法为主要内容的慈善改革。2006年,英国议会通过了《2006年慈善法》,进一步明确了作为政府监管机构的慈善委员会的组成和职责。2011年,英国又出台了《2011年慈善法》,这部法律是对英国以往半个多世纪中各种慈善法律和法规的一次总梳理和总修订。

二、美国慈善事业的发展历程

美国在慈善事业上的许多制度性创新,加上美国民众中根深蒂固的志愿服务传统,使美国成为当今世界上名副其实的"超级慈善大国"。美国的慈善事业史大致可以划分为四个阶段。

(一) 美国建立之初到南北战争时期(18世纪至19世纪中叶)

美国是一个移民国家。美国慈善历史上的重要特点是,由于北美的自然和地理条件、各国移民的生存需要以及多元化宗教的广泛影响,人民享有更多的言论与结社自由,更具有组织起来动手解决实际问题的能动性,以及为济贫、教育等善举提供捐赠或志愿服务的意愿。时至今日,美国全国2/3的消防队员依然由志愿人员担任,这些都体现了慈善精神主导着人们的日常生活。

19世纪中叶,美国西进运动,新移民的涌入,城市化进程加速,慈善事业与慈善组织不断涌现,有力地推动了包括改善劳工状况、女权运动和废奴主义在内的各种社会改革运动。大约在19世纪中晚期,美国的慈善事业已基本完成了从分散性的个体善举到提升公民素质的非营利机构性慈善的转变。从此,慈善成为一种人人皆可参与的有组织的事业和专业化要求日益提高的职业。

(二) 实现工业化与慈善大发展时期(19世纪后期至20世纪前半期)

南北战争结束后,美国迎来了工业化大发展。垄断资本财团积聚了大量财富,中产阶级与工人阶级手中也有更多的富余收入。与此同时,大量城市贫民的产生、外来移民浪潮和贫富分化导致的矛盾不断爆发,进步主义运动宣扬的公民集体主义理念深入人心,民间和政府都在寻求解决社会问题的办法,这些为美国慈善事业大发展提供了条件。

慈善大发展时期的美国慈善事业发展主要体现在以下几个方面:大众慈善蓬勃兴起;新型财富观和私立基金会的出现,将美国慈善事业推向了一个前所未有的新高度,如1911年卡内基基金会成立,1913年洛克菲勒基金会成立;联邦政府通过法律鼓励慈善捐赠,《1917年税收法》首次规定公民的慈善捐赠可以抵扣税款。

(三)第二次世界大战结束以后时期(1945—1990年)

第二次世界大战后美国经济长足发展,人民生活水平显著提高,在这样的背景下,美国慈善事业进一步发展,具体包括:完善慈善法制,《1969年税收改革法》对美国的慈善法律进行了全面改革,把所有的慈善组织划分为公共慈善机构和私立基金会两大类,并为保障私立基金会的公益性做了详细规定。1986年修订的《联邦税收法典》是对战后慈善法的总结。建立政府与非营利部门的协作关系,用制度创新鼓励非营利部门发挥公益慈善作用。从20世纪40年代中期到90年代,美国涌现出一大批国际慈善组织。

(四)冷战结束以来的慈善事业繁荣期(1991年至今)

1991年冷战结束后,美国进入一个慈善事业空前繁荣的时期。从1991年到2010年的20年间,获得联邦税务局批准的免税待遇的各类公益慈善组织的数量从51.6万个猛增到128万个。同期慈善捐赠占国内生产总值的比例从1.7%上升到2%。这一时期,美国慈善事业的发展主要体现在以下两个方面。

1. 联邦政府对志愿服务工作的制度化

20世纪80年代,罗纳德·里根(Ronald Reagan)总统把促进志愿精神的弘扬作为"还政于民"计划的基石。志愿精神与志愿服务开始受到学界与政界的广泛关注。1988年,议会通过一项联邦决议,将志愿服务经历作为有效的工作经历,以鼓励地方政府和私人业主在提供就业机会时优先考虑有志愿服务经历的申请人。

2. 超级慈善基金会的诞生

微软公司前总裁比尔·盖茨(Bill Gates)创办并得到投资家沃伦·巴菲特(Warren Buffett)鼎力支持的盖茨基金会是所有私立基金会中实力最强大的,资助领域包括全球发展、全球医疗卫生和美国公益慈善事业,接受资助的非营利组织和政府机构遍布美国各地和全球100多个国家。

三、国外慈善事业发展历程的特征

(一)通过立法推动慈善事业发展是各国共同的取向

通过立法对慈善事业与慈善活动进行规范是各国慈善事业发展的基本特征,也是国际通行惯例。受国家传统及历史渊源等因素影响,不同国家采取的立法模式有差异,有的是集中立法,即出台慈善母法或慈善基本法,同时也辅之以相关配套法,如俄罗斯、英国、新加坡等;有的采取分散立法,将适用于慈善事业的规范分散在多部法律中,如美国、德国、加拿大、日本等。采取分散立法的国家,慈善立法重点也有不同,以美国和加拿大为代表的国家主要通过税法引导和规范各界的慈善行为与活动,而以德国、日本为代表的一些国家则主要以组织法来规范慈善组织,这在一定程度上体现了民族特色和国家特点。

（二）管理体制虽不同，但都注重建立立体化的慈善监管体系

各国慈善组织的管理体制主要有三种模式：第一种是纳入政府管理系列进行行政管理，如德国、法国和韩国；第二种是由特设的法定机构进行管理，如英国慈善委员会是具有独立性的主管慈善事务的公权机构，但它不属于政府序列，只对议会负责；第三种是行业自治管理，如瑞典。无论哪种管理体制，各国都十分重视建立多个主体、不同方式、多个环节的立体式慈善监管体系，其在规范慈善事业发展、保障慈善公信力、防范慈善滥用、促进慈善事业健康发展等方面作用显著。

（三）慈善文化是慈善事业发展的基础

慈善文化是慈善事业发展的土壤，是在社会发展过程中逐渐形成的。以美国为例，殖民地时期，人们志愿联合，开展自治，相互帮助和举办社区活动。这种依托于生活实践经验的个人努力和公民参与造就了公众参与公共福利的传统。19世纪中期，美国的慈善理念发生变化，慈善思想由个体救急式、扶危济困为宗旨的传统型慈善向以资助解决社会问题的现代型慈善转变。

第三节 慈善事业的文化基础

慈善既是一种"内化于心"的道德观念，亦是一种"外化于行"的道德行为。因而，慈善本身既关乎价值，又关乎行动，不仅是显见的捐款捐物、好人好事，更是深层的伦理道德和社会心理。发展慈善事业，不仅需要物质基础，更需要良好的文化环境和人文氛围。这种环境和氛围的形成，需要文化的承载和激励。① 因而，"慈善文化"是推动慈善事业发展的精神支撑和重要动力，它呈现的是一种社会责任，传播的是一种社会正义，追求的是一种人生境界。以习近平同志为核心的党中央多次倡导通过传播慈善文化，发扬慈善精神，弘扬传统美德，践行社会主义核心价值观。

一、慈善文化的概念

（一）慈善文化的定义

慈善文化有两种概念，分别是自然概念和建构概念。

慈善文化的自然概念是指从文化即生活的角度来看待慈善，慈善文化主要指人的慈善行为和慈善心理在社会生活中的积淀，是一国一地在一定历史时期人类社会生活形态的一个缩影。

慈善文化的建构概念是人类在长期的慈善行动和慈善事业发展过程中形成的思想价值观念和行为规范的总和，即建构概念的慈善文化是一种专属性文化，是慈善特定场域中的思想价值观念和行为规范，同时具有双层结构，深层结构是慈善思想和价值观念，表层

---

① 刘威.冲突与和解——中国慈善事业转型的历史文化逻辑[J].学术论坛，2014,37(2)：84-91.

结构是调整慈善行动或行为的准则与规范。本节是在慈善文化的建构概念范畴内探讨慈善事业的文化基础。

（二）慈善文化的社会功能

1. 认识导向

慈善文化的认识导向功能表现在：它能进入人们的认识范畴，告诉人们应该做什么、不应该做什么；它能内化为人们的心理暗示与信念支撑，为他们克服困难、忍受劳苦从事慈善社会活动提供内在动力；它能成为主体内心的价值认同，使日常行为在习惯性的重复过程中形成特定的活动取向。

2. 促进社会和谐

个人与社会是相互依存的，个人离开社会将无法生存，即便是成功的个人也如此。自我总是在与他人比较中才得以区分自己和认识自己，排除他人的自我只是一种绝对单一的概念。慈善活动，可以使个人与他人的关系更加密切，能创造政府与民间合作的风气，增进彼此的沟通和了解，使社会更加和谐、更具活力。

3. 推动经济发展

慈善文化的提出和受到重视是以一定的经济基础为前提条件的，是反映社会经济发展的综合性尺度，反映人类生存与发展的基本内涵；同时，慈善文化也决定并影响着社会经济发展的选择模式、运行方式、政策措施以及发展的速度和质量。[①]

二、中国慈善事业的文化基础

纵观中国古代、近代、现当代慈善管理事业发展的历史进程，慈善事业的文化基础分为三种类型：绵延相承的官办慈善文化；根植乡土的差序慈善文化；处于转型期的慈善公益文化。

（一）绵延相承的官办慈善文化

官办慈善文化源自官方慈善系统。从本质上说，"官办慈善文化"属于行政逻辑主导的慈善文化。政府从国家建设和政府立场出发，对鳏寡孤独废疾者提供帮扶和救助，目的在于保障人民的最低生活水平和解决弱者的生存问题，救济范围主要包括济困和救灾两个方面。在中国慈善历史的进程中，国家扮演着重要的角色，从思想基础、体制机制、精神动力、运作形式、组织资源等方面决定着慈善事业的发展空间。

春秋战国时期，孔子倡导大同社会的"仁爱"之基，孟子强调"出入相友，守望相助，疾病相扶持，则百姓亲睦"的社会互助观。这些安定民心、关注民事的重要论述，为国家介入慈善活动提供了理论依据。救助老弱病残、抚恤鳏寡孤独成为安定天下、稳定政权的战略国策。汉唐之际，在国家政策的允许和鼓励下，佛教寺院慈善快速发展、僧侣布施非常活跃，成为社会救助中不可忽视的力量。宋元时期，国家建立起一套完善的扶贫济困措施和

---

① 肖国飞,任春晓.论慈善文化的道德意蕴[J].中州学刊,2007(1):139-143.

备荒救灾制度,大规模兴筑常平仓、义仓、社仓和广惠仓,移粟救灾、施粥放粮;在各地设置居养院、福田院、惠民药局、安济坊,行善济民、体恤孤老;设立慈幼局、举子仓、幼儿局和慈幼庄,慈幼兴邦、育婴惠政。明清时期,国家继续完善慈善救济网络,同时提倡民间设立同善会、恤孤局、栖流所、广仁堂等善堂善会,民间慈善机构发展迅速。

从总体上看,历朝历代统治者都从治国理政的高度看待慈善的意义与价值,他们非常重视抚残助孤、养老慈幼对社会安定的重要作用,纷纷把慈善救助纳入官僚行政体制和国家福利体系,并上升为治国安民之策和强国固本之基。

在中华人民共和国成立之初,中国共产党出于国家转型和政权建设的需要,取消和"改造"了原有的民间慈善组织,使党和政府成为社会救助责任的唯一承担者。

(二) 根植乡土的差序慈善文化

"差序慈善文化"是以地缘、血缘和姻缘关系为纽带,以家庭和家族互助为重点,辅之以亲友相扶、邻里互助,向受助者提供物质支持、生产辅助、情感疏导、精神慰藉等帮助,呈现出由亲到疏、由近及远的差序慈善格局。① 差序慈善文化体现了社会大众守望相助、自觉自愿的朴素情怀,蕴含着"爱有差等""亲亲有术,尊贤有等"的思想资源,具有中国乡土社会熟人关系的典型特征。

差序格局脱胎于中国独特的"个人—家庭—社会"的三维社会结构,"家文化"在其中居于支配地位。对个体来说,家庭(家族)和亲友、邻里的互帮互助,能够弥补正式社会保障的漏洞,发挥日常生活支持的作用。但是,差序慈善的"圈子性"和熟人特征,也限制了慈善救助对象的范围。

(三) 处于转型期的慈善公益文化

置身于中国慈善转型的历史脉络之中,我们发现,造成慈善事业发展滞后的原因很

扩展阅读3-4 中山慈善万人行

多,有慈善立法的缺失、体制机制的局限、"政府公益"的惯习、民间参与的不足、公益文化的薄弱等。其中,中国慈善公益文化的"深沉积淀"尚未得到激活、挖掘和利用,因此建设成熟完备的现代慈善文化,是中国慈善事业转型升级的关键所在。②

当前中国慈善公益事业正处于剧烈的转型时期,公众对慈善事业的社会认同发生了根本性的变化,公益行为与捐赠选择日趋多元化,从而带来了慈善生态的多样化和慈善资源的分流。慈善公益文化体现为公益文明和公共责任,是人类社会文明进化的必然结果。它脱胎于皇权的仁爱之心、民间的怜悯之情、宗教的因果报应,经由熟人社会向公民社会的转型洗礼,成长为由科学反哺和人本感恩组成的现代公益,超越了家庭、个人、邻里、家族、社区的历史局限,最终凸显出"公民权利"和"社会服务"的普遍意义。

---

① 刘威.反思与前瞻——中国社会慈善救助发展六十年[J].学术论坛,2009,32(12):99-104.
② 王俊秋.中国慈善与救济[M].北京:中国社会科学出版社,2008:288.

三、国外慈善事业的文化基础

(一) 宗教文化

基督教文化是西方慈善文化的主要渊源。基督教作为一种带有浓厚道德色彩的宗教,从诞生起就极其注重培育信徒的道德信念和道德情感。基督教的博爱有两个显著的特征:一是把"博爱"建立在道德情感伦理总结的基础上;二是排除了对道德回报的期待,使"博爱"的道德信念成为一种与生俱来的本能的意义。在美国、英国、德国等西方社会,"爱人如己"被当作基本行为准则。

(二) 市民社会文化

市民社会文化是西方从近现代市民社会走向公民社会时代产生的新的文化。在资本主义上升时期,近现代市民阶层的兴起引致个人追求独立自主的自由权利。市民社会不但具有独立的经济意义,还具有独立的社会意义。

18、19世纪的英国,专事救助街头穷人的慈善协会就产生于市民社会中,社会工作学科由此产生,旨在将慈善救助与穷人社区的改进和建设结合起来,帮助穷人获得人格尊严和被救助的权利。慈善协会将传统的宗教慈善意识嵌入现代社会组织,具有独立性和民主性、团体性和神圣性,这些特征是现代慈善文化的基础。

(三) 志愿慈善文化

以志愿者、志愿服务和志愿者精神为核心的慈善文化即志愿慈善文化。志愿慈善文化让人们拥有超越个人私利的利他同情心以及对社会、群体的责任感。

扩展阅读3-5 美国消防志愿服务队

在美国的历史文化传统中,互助与志愿精神同时存在。美国的志愿精神根植于殖民地时期,如同宗教文化的影响力一样,深入美利坚民族的骨髓。在英国殖民统治时期,美国人没有任何社会保障,从美国建国一直到联邦宪法通过之前,政府没有被赋予任何税收的功能,因而也没有办法给予公民任何保障生活的社会福利。这种状况迫使人们不得不组织起来实行自治,彼此相互帮助。1736年,本杰明·富兰克林(Benjamin Franklin)在费城组建了拥有30名成员的志愿消防组织。这种志愿消防的理念迅速传播到许多城镇,由本地居民志愿组织起来,消防灭火,成为人们的共识,民间志愿消防组织一直延续了50多年。

复习思考题

1. 中国慈善事业的发展包括几个历史阶段?每个历史阶段的特点是什么?
2. 对比古代官办慈善与民间慈善的发展历程。
3. 评价英国1601年《慈善用途法》的历史价值。
4. 美国实现工业化后,其慈善事业大发展主要体现在哪几个方面?

5. 如何解读慈善文化?
6. 阐述官办慈善文化的起源与发展。
7. 如何评价我国的差序慈善文化?
8. 为什么以慈善公益文化作为我国慈善事业转型的切口?
9. 阐述宗教文化对西方慈善事业发展的影响。
10. 简述志愿慈善文化的内涵,及其根植于美国慈善的历史发展的原因。

典型案例

广州厚植爱心 深化"慈善之城"创建

近年来,广东省广州市慈善事业快速发展,在发展慈善事业中不断创新探索,在现代慈善事业制度建立、慈善文化宣传、慈善品牌打造和慈善氛围营造等方面走在全国前列,形成广州市鲜明的发展特色。

一、创新顶层设计:完善慈善事业发展机制

广州市委、市政府高度重视慈善事业发展,将慈善事业纳入广州城市发展整体战略布局。2012年,广州市在全国省会城市中率先出台施行《广州市募捐条例》,并先后出台《广州市人民政府关于促进慈善事业健康发展的实施意见》《关于慈善款物募用分离试点工作实施方案的通知》《慈善信托备案管理指引》等一系列政策文件。2016年《慈善法》施行以来,广州市共出台18份慈善相关配套政策文件,提出重点开展"七大行动、围绕十大目标",全面提升城市慈善发展水平,其中,2017年推出24项创新举措,2018年推出27项重点慈善活动,深入推动"慈善之城"创建,厚植"慈善之城"爱心GDP。

广州市逐步探索建设政府部门培育支持、依法监管,社会专业监督,行业自治,社会广泛参与的"四位一体"慈善事业管理体系。广州市还创新提出打造"慈善之城·尽善净行"廉洁慈善品牌,创新开展慈善"公众开放日"活动,组织人大代表、政协委员、社会公众等与慈善组织面对面接触,创新推动慈善组织"晒账单"等活动,营造风清气正的慈善环境;强化市公益慈善联合会行业自治功能,成立广州市创建"慈善之城"组织,搭建城市慈善活动枢纽和平台,成员单位达152家;发布区域慈善指数,制定透明度评价指标,创新社会公众参与慈善组织透明度评价模式,开展慈善组织透明度评价排行榜,促进慈善组织规范化运作,推进慈善公开、透明化。

二、打造慈善平台:统筹连接社会各界资源

广州市创新开展"羊城慈善为民"等慈善活动,在全市范围内搭建慈善参与平台。建设广州慈善信息发布平台,汇集并展示广州慈善组织和慈善项目信息。为各级政府、慈善组织和企业提供信息共享工具,为慈善公益性组织提供合作交流渠道。建成广益联募全国互联网募捐信息平台,负责广益联募平台日常运作管理。目前,有近200家公益慈善组织入驻、400多个公益项目上线,累计募集善款3亿多元、捐款人次近19万。打造慈善救助对接平台,并成立"珠珠救助"联盟,开通全国免费求助热线电话,联动医疗机构、爱心媒体、公益组织,既方便困难群众了解慈善申请渠道、在线求助、救助制度,也方便社会各界参与捐赠,并重点探索与政府医疗救助信息平台连接,实现政府救助与慈善救助的有效衔接。

三、创新发展模式:营造协同共治"善治"氛围

2016年,广州市首次以"人人慈善为人人"为理念,提出"羊城慈善为民"行动系列,推出传承发展、创新推动和综合提升三大板块共19项重点行动。

2017年,广州市创新提出深化"羊城慈善为民"行动,创建全国"慈善之城",持续以"慈善为民"为核心,围绕慈善救助、慈善捐赠、慈善组织、慈善文化、监管体系、交流平台、激励机制系统化制定等10项指标。

2018年,广州市整合全市慈善资源,推出首个"慈善为民月",全市在6月开展了27项慈善活动,助力创建全国"慈善之城"。通过创新推动"慈善+实体""慈善+体育""慈善+创投""慈善+消费"等模式,多元、深入地开展慈善进社区、机关、学校、家庭、企业等系列活动,畅通社会各界参与慈善渠道。

广州市还大力实施困境儿童救助、慈善医疗救助等活动。自2014年以来,共救助2700余人次,支出金额2000多万元。2018年修订出台的《广州市慈善医疗救助和应急救助实施办法》,提高了救助标准,扩大了救助范围,最高救助金额提升至6万元,让更多群众受惠。深入开展扶贫济困日活动,助力脱贫攻坚;走访企业,开展重点企业座谈会,聚集全市善心。2016年至2018年6月,共筹集款物逾16.61亿元,其中,2018年上半年已认捐款物6.31亿元,为广州市实施精准扶贫作出重要贡献。自2014年起,连续5年举办社会组织公益创投活动,投入财政资金10044万元,资助项目696个,撬动社会配套资金6438万元,有效拓宽了公益慈善服务群众的渠道,形成政府、市场与社会协同共治的"善治"平台,营造"人人可慈善、人人为慈善、人人做慈善、人人分享慈善"的浓厚氛围。

在打造一系列品牌活动、营造良好社会氛围的同时,广州又将慈善文化植入城市发展的血脉。一是将慈善文化纳入精神文明建设的重要内容,将每年6月定为"慈善为民月",吸引1000多万人次参与各类慈善活动;广州慈善捐赠榜共上榜999家单位、677名达人。二是将慈善纳入城市形象宣传的重要内容,设计"善城广州"标识、吉祥物,谱写"广州慈善之歌",推出慈善刊物《善城》。三是将慈善文化纳入学校教育的重要内容,编印慈善读本,开展"读一本慈善读本、上一堂慈善文化课、做一件慈善事"活动。

资料来源:张昕,廖培金.广州社会组织战疫在行动[EB/OL].(2022-04-22). https://www.mca.gov.cn/n152/n166/c44336/content.html.

思考题:

1. 广州市创建慈善之城,为何将"慈善文化"植入城市发展?
2. 在慈善城市创建过程中,政府与民间是如何结合的?
3. 广州市营造的"慈善文化"与传统慈善文化有何区别?

慈善管理学

即测即练

第四章

慈善管理体制及法律规范体系

中华人民共和国成立后,为与计划经济体制相配套,我国政府对各类社会事务全部统管。十一届三中全会召开后,国际、国内环境都发生了变化,特别是我国社会主义市场经济的探索和实行,政府职能由"以政治职能为核心"转变到"以经济建设为中心"上来。同时,党和政府也开始意识到单靠政府力量执行社会救济等职能也是有限的,应当将部分社会救济责任、脱贫攻坚任务等下放到民间,发挥社会能量。大量慈善组织的涌现以及广泛的社会参与对我国慈善事业的行政管理体制提出了从未有过的挑战。于是,中国慈善管理体系与法律规范体系也在改革中不断前行和完善,从无到有,建立起了一套具有中国特色的慈善管理体系和相应的法律规范体系。

第一节 中国慈善管理体制

中央全面依法治国工作会议在2020年11月召开,在会议之中,"习近平法治思想"正式提出,不仅具有非常深刻的法治和政治价值,而且具有十分重大的实践和理论意义。从我国革命、建设、改革的伟大实践出发,"习近平法治思想"着眼全面建设社会主义现代化国家、实现中华民族伟大复兴的奋斗目标,深刻回答了"新时代为什么实行全面依法治国?怎样实行全面依法治国?"等一系列重大问题,是一个体系完备、内涵丰富、逻辑严密、论述深刻且博大精深的法治思想理论体系。坚持走中国特色的社会主义法治道路,是全面推进依法治国的前提和基础。道路决定命运,道路决定前途。中国特色的社会主义法治道路,其本质上是中国特色的社会主义道路在法治领域最为具体的体现。要想全面推进依法治国,首先必须走对路。

中华人民共和国成立后,我国慈善立法经历了"消亡""复苏""创制"[①]等历史时期,但从形式法治和实质法治的角度看,可以《慈善法》的颁布区分为实质意义上慈善法阶段和形式意义上慈善法阶段。这两个阶段,我国慈善组织管理制度在思想理念、制度规范以及慈善组织分类管理方面有了非常大的变化。中国的慈善管理也随着改革开放的不断深化而不断发展,我国政府关于慈善领域的相关政策也开始不断放宽,由政府统管进入政府和民间力量等多元主体依法运作的法治时代。

---

① 吕鑫.当代中国慈善法制研究:困境与反思[M].北京:中国社会科学出版社,2018:87.

一、中国慈善管理体制概述

(一) 中国慈善管理体制的概念

1. 管理体制

管理体制是指管理系统的结构和组成方式,即采用怎样的组织形式以及如何将这些组织形式结合成为一个合理的有机系统,并以怎样的手段、方法来完成与实现管理的任务和目的。

具体来说,管理体制是规定中央、地方、部门、企业在各自方面的管理范围、权限职责、利益及其相互关系的准则。它的核心是管理机构的设置、各管理机构职权的分配以及各机构间的相互协调。它的强弱直接影响到管理的效率和效能,在中央、地方、部门、企业整个管理中起着决定性作用。

2. 慈善管理体制

慈善管理体制就是政府针对慈善事业管理而设计的系统结构和组成方式,即采用怎样的政府组织形式以及如何将这些组织形式结合成为一个合理的有机系统,并以怎样的手段、方法来实现慈善事业管理的任务和目的。

(二) 慈善管理体制的定位和功能

1. 慈善管理体制的定位

2004年党的十六届四中全会提出:"健全社会保险、社会救助、社会福利和慈善事业相衔接的社会保障体系。"2007年中国共产党第十七次全国代表大会提出:"要以社会保险、社会救助、社会福利为基础,以基本养老、基本医疗、最低生活保障制度为重点,以慈善事业、商业保险为补充,加快完善社会保障体系。"这些纲领性文件为中国慈善事业做了一个基本定位。2013年十八届三中全会《中共中央关于全面深化改革若干重大问题的决定》指出建立公共资源出让收益合理共享机制,完善慈善捐助减免税制度,支持慈善事业发挥扶贫济困积极作用。2020年十九届五中全会《中共中央关于制定国民经济和社会发展第十四个五年规划和二〇三五年远景目标的建议》提出要发挥第三次分配作用,发展慈善事业,改善收入和财富分配格局。中国慈善事业是以"补充社会保障,完善社会保障体系"为核心的民间公益事业,并日益成为中国社会发展不可或缺的重要组成部分。

2. 慈善管理体制的功能[①]

转型期的中国慈善事业必须借鉴发达国家的管理体系,理顺政府与慈善组织之间的关系,改革和完善双重管理体制,提高管理水平,以发挥其为改革开放保驾护航不可或缺的功能。

第一,第三次分配。慈善事业是对财富和资源进行的第三次分配。第三次分配理论既是慈善事业赖以立足的基础,也是慈善事业自身所具有的重要功能之一。纵观世界各国,慈善事业的社会地位不断得到加强,日益成为社会分配和社会资源重组的一个重要途

---

① 施昌奎.转型期慈善事业运营管理模式研究[M].北京:中国经济出版社,2009:170.

径。在中国，慈善组织的分配功能还具有更加突出的意义，具体来说，一次分配注重效率，二次分配注重公平，是中国收入分配体制改革的基本原则。目前财政再分配调控手段未能充分发挥其应有的功效，不仅对收入分配差距的调控能力弱化，甚至在某些领域还存在逆向调节问题，如一方面对高收入阶层缺乏基本的调节和监控手段，致使高收入群体的逃税、避税行为出现；另一方面对低收入阶层缺乏有效保护。同时，财政转移支付对低收入群体倾斜不够。基于社会责任的慈善事业，在一定程度上弥补了这两种分配方式的不足，促使财富和资源在社会各阶层之间流动和重新分配。

第二，帕累托改进。"帕累托改进"是一个经济学范畴的概念，简单地说，就是在一些人没有失去利益的情况下，至少有一部分人获得了好处。慈善的作用在于在总财富一定的情况下，能够增进社会整体福利。福利经济学指出，同一般商品一样，人们从一个单位财富中所获得的满足感随着财富的增加而不断减少，在这里，边际效用递减规律同样适用于财富。举个例子，100元对一个亿万富翁和一个普通职工的意义是完全不同的。所以，慈善家把一部分财富转移给低收入阶层，对整个社会来说，所增加的效用要大于减少的效用，从而会增进全体人民的福利。在经济学上，这是一个不折不扣的"卡尔多式"的社会改进。

第三，社会稳定器。慈善事业有利于促进社会和谐发展，成为社会稳定器。这点源于慈善事业的再分配作用：①慈善事业有利于促进城乡之间、地区之间、民族之间的和谐发展。目前中国城乡之间发展差距较大，东、西部发展不平衡，各民族经济和社会发展不平衡，西部乡村和一些少数民族地区发展落后，慈善事业为改善贫困乡村和西部地区的初级教育、初级卫生及其他基本生活设施发挥了重要作用。②慈善事业有利于促进各阶层之间的相互理解、交流和互助。在中国建设社会主义市场经济的过程中，阶层分化的趋势更加明显。发展慈善事业是处理阶层关系的重要手段，是强化阶层理解、合作和交流的黏合剂，是社会健康和持续发展的重要基础，是推动社会健康持续发展的重要保障。慈善事业对阶层关系的调解，为社会主义和谐社会的建设提供了新的社会整合机制。阶层差距是社会冲突的压力阀，阶层差距无限扩大必然导致社会不安定。从效果上看，慈善事业是移富济贫的事业。它主要通过志愿捐赠的方式来实现较富有的阶层帮助贫困的阶层，实现阶层之间的良性互动。所以，慈善事业越是发展，对缩小阶层差距、缓解社会矛盾的作用就越大。③慈善事业有利于发挥民间和第三部门的作用。虽然政府在社会保障和社会救济方面始终发挥着主导作用，但构建社会主义和谐社会需要调动各个方面的积极性，在发展慈善事业方面，民间和第三部门的作用日益重要。

第四，弥补政府和市场失灵。市场不仅会失灵，而且市场经济的逻辑本质上是一种优胜劣汰的社会达尔文主义，财富的集中不仅是获取规模效益的需要，也是市场竞争的必然结果。这一机制正是保证经济效率的前提，但同时又容易造成贫富不均和社会分化。特别是在社会转型时期，政府和社会都面临着很多艰难的问题。在国家和社会逐渐二元分化的发展过程中，由于中国的民间社会发育极不成熟，社会的不健全在很大程度上阻碍了社会功能的正常发挥，而国家剥离给社会的很多权力和职能，社会自身也无法承担，这在客观上助长了社会的不稳定。慈善事业作为不同于国家和市场的第三股力量，或者说作为第三部门，承担了许多国家剥离给社会的职能，这就维护了社会的稳定，从而有助于解决在某些方面"市场失灵"和"政府失灵"所带来的社会问题。

二、我国慈善管理体制的历史沿革

(一)改革开放后慈善管理体制的探索

我国慈善管理体制的探索是从组织机构层面和制度层面先后进行的。

1. 组织机构层面

民政部门要认真履行主管部门职责,切实担负起慈善事业牵头统筹、政策制定、行业规范和监督管理责任。

中华人民共和国民政部于1978年正式设立,下设农村社会救济司、城市社会福利司两个与慈善事业相关的机构。第七次全国民政会议明确规定:生产救灾、社会救济和社会福利作为民政工作的主要任务。紧接着大量有官办色彩的福利团体相应成立,如中国儿童少年基金会于1981年成立、中国宋庆龄基金会于1982年筹建、中国残疾人福利基金会于1984年成立、社会福利与社会进步研究所于1986年成立、中国残疾人联合会于1987年组建并由民政部代管,在短期内我国的慈善事业迎来了一个发展的小高潮。

1988年7月,民政部作为国务院负责社会行政管理的职能部门,在国家机构编制委员会第二次会议上获得了确认,在其下设立救灾救济司、社会福利司、社团管理司、国际合作司四个机构主管慈善事业,其主要任务包括两个方面:一是管理社会行政事务,调整人际关系,缓解社会矛盾,推进社会行政管理的法制化;二是通过发展社会福利与社会保障事业,推进公共福利事业的社会化。至今,民政部已经发展成为内设办公厅(国际合作司)、政策法规司、规划财务司、社会组织管理局(社会组织执法监督局)、社会救助司、基层政权建设和社区治理司、区划地名司、社会事务司、养老服务司、儿童福利司、慈善事业促进和社会工作司、机关党委(人事司)、离退休干部局13个司局的国务院组成部门。

此外,组织、宣传、财政、公安、教育、体育、工信、人社、交通、城管、国资委、商务、文广新、卫健、税务等部门要根据职责分工做好相关工作。还有中国共产党领导的群众性团体组织,如中华全国总工会、中华全国青年联合会、中华全国妇女联合会、中国残疾人联合会、中国共产主义青年团等。这些群团组织在行使本组织职能的同时,也会对组织内部困难群体进行帮扶,进而形成一种惯性制度,充分发挥群团组织优势,密切联系群众,实现慈善发展常态化、多元化和全民化。这些制度惯例也在相关慈善领域中起着管理规范的作用。

通过多年的组织建设,最终形成一个各级党委、政府及有关部门按照职责和任务分工,加强沟通、密切配合、细化措施,合力推进慈善事业发展的格局。

2. 制度层面

《基金会管理办法》和《社会团体登记管理条例》分别在1988年9月和1989年颁布,这是中国的民间社会组织走上制度构建之路的开端:清理整顿和双重管理体制的形成。

首先是对民间组织进行清理整顿和依法登记。1989年下半年,国家正式开始对社会团体和基金会进行统一登记和清理整顿,1990年发布了《国务院办公厅转发民政部关于清理整顿社会团体请示的通知》。这一行动的目的在于消除1989年政治风波造成的自由化倾向,以及社会团体设立过多过滥,业务交叉,清理整顿有利于加强政府的统一管理,维护社会的正常秩序。在清理整顿之后,统一登记注册的民间组织数量从1990年的10 855家增加到了1991年的82 814家和1992年的154 502家,分别增长了6.63倍和13.2倍。① 1997年,登记的民间组织已突破18万家,而民办事业单位却未纳入中国的现行慈善事业管理体制管理。因此,为了构建一个能够将各种类型的民间组织纳入管理的体制,1998年国务院颁布了《社会团体登记管理条例》《民办非企业单位登记管理暂行条例》。之后,民间组织的发展出现了短暂的回落,但其后两年总量达到了近25万家。② 清理整顿虽然给部分民间组织带来了消极的影响,但总体而言,它们的作用是积极的。

其次是双重管理体制在这个阶段正式形成,即规定由登记机关和业务主管部门共同对社会团体进行监管。双重管理体制是推行统一登记制度时各政府部门互相妥协的结果,当时民政部门的职权和社会影响力都比较小,如果直接让民政部门管理数量庞大的民间组织,显然捉襟见肘,同时也保留归口管理部门的部分权限,此外这也是出于对社会团体可能出现的政治风险问题,需要各政府部门共同承担的考量。总体来说,在当时的社会政治经济环境下,双重管理体制发挥了比较大的制度优势。当然,随着之后社会、经济的发展以及公民慈善意识的萌芽,双重管理体制也遇到了实际的困境,这也是之后形成"公益慈善类"组织无须主管部门,打破双重管理体制格局的原因。

自从我国进行改革开放以来,大量的民间组织相继建立,这在一定程度上对我国社会的政治经济生活产生了重要的影响,使得加强社会主义建设逐渐受到国家的重视。中国慈善事业作为社会团体的一个重要组成部分,获得了良好的发展契机。然而,目前我国的慈善事业缺乏统一的行政管理,在管理发展体制上也不够健全,为其获得进一步的发展带来了严峻的挑战,为此必须通过一系列的措施来不断完善我国慈善事业行政管理体系。

(二)中国现行的慈善事业管理体制

通过对我国慈善事业行政管理体制的相关制度进行梳理,我国慈善事业行政管理的组织机构也已基本显现出来。目前,涉及慈善事业管理的主要有中央和地方各级民政部门、税务部门、精神文明建设指导委员会办公室、共青团,以及其他相关组织部门。

1. 中央和地方各级民政部门

民政部门是我国慈善事业行政管理的核心部门,主要负责慈善组织和志愿者政策制定、注册登记、监督管理等重要职能。涉及慈善事业行政管理的部门主要为民间组织管理局以及社会福利和慈善事业促进司。

1)民间组织管理局

民间组织管理局的机构职能是拟订社会团体、基金会、民办非企业单位登记管理办法,并按照管辖权限进行登记管理和执法监察;承担境外非政府组织在华机构的登记管

---

① 王名.中国民间组织30年——走向公民社会[M].北京:社会科学文献出版社,2008:22.
② 王名.中国民间组织30年——走向公民社会[M].北京:社会科学文献出版社,2008:23.

理和执法监察工作；承担民间组织信息管理工作；指导和监督地方对社会团体、基金会、民办非企业单位的登记管理工作。管理局下设办公室、政策法规处、登记处、社团管理一处、社团管理二处、基金会管理处、民办非企业单位管理处、涉外民间组织管理办公室、执法监察办公室。民间组织管理局下设一个民间组织服务中心（民政部直属事业单位），受民政局的委托对社会团体、基金会、民办非企业单位进行登记和年检、评估、业务培训和相互交流。民间组织服务中心下设办公室、登记服务处、管理服务处、培训宣传处和人才服务处。

2) 社会福利和慈善事业促进司

社会福利和慈善事业促进司的主要机构职能是拟订社会福利事业发展规划、政策和标准；拟订老年人、孤儿和残疾人等特殊群体权益保护政策；拟订社会福利机构管理办法和福利彩票发行管理办法；管理本级彩票公益金；拟订社会福利企业扶持政策；组织拟订促进慈善事业发展政策；组织和指导社会捐助工作。该司下设：福利彩票（综合）处、慈善和社会捐助处、老年人福利处、残障人福利处、儿童福利处。

3) 各级地方民政部门

地方民政部门主要负责非全国性的慈善组织的登记注册、监督管理工作和所管辖区内社区志愿者的注册登记管理工作。机构设置基本同民政部相统一，主要有社会团体管理局、社会福利和慈善促进处。

2. 中央和地方各级税务部门

根据我国税法的规定，各级税务主管部门负责对慈善组织的免税申请进行审核、免税手续的登记办理、逃税行为的追缴以及慈善组织注销时剩余财产的清查工作。

3. 中央和地方各级精神文明建设指导委员会办公室

由于志愿服务属于精神文明建设的范畴，因此精神文明建设指导委员会有权对志愿服务的组织和协调工作进行管理和指导。

中央精神文明建设指导委员会是党中央指导全国精神文明建设工作的议事机构。其主要职责是：督促检查各地、各部门贯彻落实党的十四届六中全会精神和中央关于精神文明建设的一系列方针、政策的情况，协调解决精神文明建设（主要是思想道德和文化建设方面）的有关问题；总结推广交流先进经验；深入调查研究，为中央决策提供建议。中央精神文明建设指导委员会下设办公室，负责处理中央精神文明建设指导委员会的日常工作。办公室设在中央宣传部，由中央宣传部代管。同样，各省市的文明办也设在宣传部下，部分城市的文明办下设志愿服务工作处，承担了组织、协调全市志愿服务的工作（如上海、湖南）。此外，部分城市的文明办也是市级志愿者协会（联合会）的指导协调机关。

4. 中央和地方各级共青团

1) 共青团中央青年志愿者工作部

共青团中央青年志愿者工作部，又称为共青团中央青年志愿者行动指导中心。其主要负责我国青年志愿者的相关指导、管理、协调工作。其具体的职能有：管理、指导和协调全国青年志愿者行动，开展各专项青年志愿者服务活动；研究青年志愿者工作理论，制定青年志愿者工作规章和制度，推进青年志愿者服务立法工作；组织青年志愿者培训；

负责青年志愿者组织和管理者之间的交流和学习;具体负责关爱"留守学生""大学生志愿服务西部计划""社区志愿者"以及"三支一扶"等项目的开展;指导和监督地方各级团组织对注册志愿者的登记管理工作以及其他项目开展情况。

2) 各级共青团

在共青团中央的领导下,市(地、州、盟)、县(市、区、旗)、乡(镇、街道)以及大中专院校团组织、志愿者组织负责各级青年志愿者活动政策的拟定、志愿者的登记注册;负责志愿者的培训、交流活动的开展;承办或协办各类全国性的志愿项目;设计开展地方性的志愿项目和活动;发展青年志愿者队伍等工作。

5. 其他相关组织部门

涉及慈善事业管理的不仅有以上的四个部门,在各地方实际的管理当中,根据慈善事业涉及的各个不同的领域,如社会发展和改革委员会、环保部门、卫生部门、工会、残联、妇联、青联以及各种社会建设专项领导小组都能够对慈善组织进行管理和指导。

总的来说,我国现行的慈善事业行政管理体制的组织机构涉及的部门众多,虽然各部门有所分工,也在很大程度上对慈善事业的发展起到了促进作用,但是各部门职能交叉、责任主体不清,存在明显的各部门都在管,以及各项标准政策无法统一的情况。

第二节 中国慈善管理法律规范体系

改革开放 40 多年来,依法管理是我国慈善行业规模化发展的方向,慈善行业法律制度政策也在不断的补充之中走向完善。其主要由综合性法律法规、引导性政策、社会组织管理、社会组织党建、慈善组织、慈善信托、购买服务、慈善募捐、社会工作、志愿服务 10 个方面近 120 部法律法规组成,大体可以分为规范性法规和支持性法规两大体系。

一、中国慈善管理法律规范体系概述

改革开放以来,随着我国公益慈善的发展,各级党政部门努力推动法律政策的调整和相关体制改革,虽然面临重重阻力,但随着慈善事业的逐渐复苏,支撑公益慈善事业发展的新制度环境也建立起来,中国慈善管理的政策法规也一步步从无到有,大体经历了三个阶段。

复苏阶段,这一时期,全国范围内的慈善活动开始形成一定的规模,同时也促使与慈善活动相关的国家政策法规不断出台;规范性文件阶段,随着公益慈善事业的蓬勃发展,尤

扩展阅读 4-1 中国慈善管理法规发展大事记

其是慈善事业救助功能的展现,党和国家给予其充分的重视与肯定,开始出台一系列的法律、规范文件等促进公益慈善事业健康发展;法制阶段,全国范围内的公益慈善井喷式发展,但也出现了一些不规范甚至是违法的事件,严重影响了公益慈善的形象与功能。经过10 多年的法规建设,慈善立法的机遇已经成熟,慈善事业开始进入法治时代。

二、中国慈善管理的规范性法规体系

这一部分主要包括组织登记、志愿者登记和监督管理三个方面的相关法律和规范文件。

(一) 组织登记

慈善组织,是指依法成立、符合《慈善法》规定,以面向社会开展慈善活动为宗旨的非营利性组织。慈善组织可以采取基金会、社会团体、社会服务机构等组织形式。设立慈善组织,应当向县级以上人民政府民政部门申请登记,民政部门应当自受理申请之日起30日内作出决定。符合《慈善法》规定条件的,准予登记并向社会公告;不符合《慈善法》规定条件的,不予登记并书面说明理由。《慈善法》[①]公布前已经设立的基金会、社会团体、社会服务机构等非营利性组织,可以向其登记的民政部门申请认定为慈善组织,民政部门应当自受理申请之日起20日内作出决定。符合慈善组织条件的,予以认定并向社会公告;不符合慈善组织条件的,不予认定并书面说明理由。

在中国,慈善组织只有经过依法登记,才能取得法定地位,才能依法享有在国家法律、法规的范围内,参加社会活动的权利,才能享有通过正当途径筹集资金的权利,也才能使依法取得的名称、荣誉、财产、知识产权等权益受国家法律的保护。[②]

根据我国慈善组织的形式的不同,相关的文件主要包括《中华人民共和国民法典》《社会团体登记管理条例》《基金会管理条例》《社会团体分支机构、代表机构登记办法》《民办非企业单位登记管理暂行条例》《国务院机构改革和职能转变方案》。

(二) 志愿者登记

中央层面的慈善志愿者相关制度,主要有2013年由共青团中央以及中国青年志愿者协会联合修订的[③]《中国注册志愿者管理办法》、由民政部出台的《民政部关于进一步推进志愿者注册工作的通知》、《民政部关于印发〈中国社会服务志愿者队伍建设指导纲要(2013—2020年)〉的通知》、《志愿服务记录办法》(2012)、《民政部办公厅关于推广使用全国志愿服务信息系统的通知》以及《中央文明办 民政部 教育部 共青团中央关于规范志愿服务记录证明工作的指导意见》(中央文明办、民政部、教育部、共青团中央,2015)、《关于支持和发展志愿服务组织的意见》(中央宣传部、中央文明办、民政部、教育部、财政部、全国总工会、共青团中央和全国妇联8个部门,2016)、《志愿服务条例》(国务院,2017)等。

《中国注册志愿者管理办法》主要对注册志愿者的定义、权利义务、资格条件、注册程序、管理培训、激励表彰、权益保障等内容做了规定。其中第8条规定:"市(地、州、盟)、

---

① 《慈善法》,中华人民共和国第十二届全国人民代表大会第四次会议于2016年3月16日通过,自2016年9月1日起施行,第八条、第十条。
② 齐炳文.民间组织:管理、建设、发展[M].济南:山东大学出版社,2000:123.
③ 共青团中央关于修订印发《中国注册志愿者管理办法》的通知:中青发〔2013〕23号[Z].2013.

县(市、区、旗)、乡(镇、街道)以及大中专院校团组织及其授权的志愿者组织为志愿者注册机构。"第 13 条规定:"社区和机关团体、企事业单位、中学的团组织、志愿者组织(含志愿者服务站、服务队、服务团队等),经所在地注册机构同意可以开展志愿者注册工作","共青团中央、中国青年志愿者协会负责全国注册志愿者工作的规划、协调和指导"。这意味着各级团组织是注册志愿者的主要注册管理机关。

然而,由民政部发布的《民政部关于印发〈中国社会服务志愿者队伍建设指导纲要(2013—2020 年)〉的通知》(2013)中提到了"建立健全省(自治区、直辖市)、市(地、州、盟)、县(市、区、旗)三级社会服务志愿者队伍工作体系,形成党政领导、民政负责、部门协同、社会参与的工作格局"。这意味着,民政又将志愿者的注册管理工作揽到了自己的职能范围之下,主要差别是民政部主管的是社会服务志愿者,也就是在全国城乡社区和民政类社会服务机构服务的志愿者。

可见,关于志愿者,政府部门存在多头管理现象,这样会造成志愿服务的时长统计复杂和不统一,政策也容易混淆。

(三) 监督管理

慈善组织,尤其是获得募捐资格的慈善组织,它们汇聚众多慈善人士的资源,责任重大,一旦出现慈善资源被不当使用的情况,将会严重透支慈善人士的善心,进而对慈善活动产生长远影响,因而必须加强监督。

关于这方面的法律规定,《慈善法》第 92 条到第 97 条统一起来就形成了我国现行的慈善监督体系。县级以上人民政府民政部门对慈善组织、有关单位和个人进行监督和指导,应当建立慈善组织及其负责人信用记录制度,并向社会公布。民政部门应当建立慈善组织评估制度,鼓励和支持第三方机构对慈善组织进行评估,并向社会公布评估结果。慈善行业组织应当建立健全行业规范,加强行业自律。任何单位和个人发现慈善组织、慈善信托有违法行为的,可以向民政部门、其他有关部门或者慈善行业组织投诉、举报。民政部门、其他有关部门或者慈善行业组织接到投诉、举报后,应当及时调查处理。国家鼓励公众、媒体对慈善活动进行监督,对假借慈善名义或者假冒慈善组织骗取财产以及慈善组织、慈善信托的违法违规行为予以曝光,发挥舆论和社会监督作用。

此外,在《社会团体登记管理条例》《公益事业捐赠法》《基金会管理条例》《关于规范基金会行为的若干规定(试行)》《关于加强和完善基金会注册会计师审计制度的通知》《民办非企业单位登记管理暂行条例》《社会组织登记管理机关行政处罚程序规定》《社会团体年度检查暂行办法》《民办非企业单位年度检查办法》《基金会年度检查办法》《关于慈善组织开展慈善活动年度支出和管理费用的规定》《慈善组织信息公开办法》《慈善组织保值增值投资活动管理暂行办法》之中规定了具体要求,主要包括年检制度、信息公开制度、财产管理制度、法律责任制度等。

1. 年检制度

这主要是指法定登记管理机关会对已经登记的慈善组织执行法律、法规和政策的情形,开展业务活动的情况,机构及负责人员的变动情况以及财务管理情况等按照法定的程序和内容进行年度检查,以确认慈善组织是否具有继续开展活动的资格的行政监管行为。

由慈善组织将年检材料直接报送登记机关审查。① 登记管理机关主要工作职责是审查慈善组织是否存在各类组织年检办法中的各项违规情况,如存在相关情况,登记管理机关将责令其限期整改,整改后仍旧不合格的组织将按照规定进行处理并由登记管理机关在报刊上公示。

2. 信息公开制度

《慈善法》第69条到第76条、《基金会管理条例》以及《基金会信息公布办法》中对慈善组织的信息公开形式和内容做了规定:县级以上人民政府民政部门应当在统一的信息平台,及时向社会公开慈善信息,并免费提供慈善信息发布服务。慈善组织和慈善信托的受托人应当在前款规定的平台发布慈善信息,并对信息的真实性负责。民政部制定的《公益慈善捐助信息公开指引》也为各类公益慈善组织和机构公开信息提供了参考性标准和具体的标准。

3. 财产管理制度

《慈善法》第51条到第60条、《社会团体登记管理条例》和《基金会管理条例》都对慈善组织的财产管理,包括财产来源、财产使用、工作人员待遇、法定支出比例和投资做了相关的说明。慈善组织应当积极开展慈善活动,充分、高效运用慈善财产,并遵循管理费用最必要原则,厉行节约,减少不必要的开支。慈善组织中具有公开募捐资格的基金会开展慈善活动的年度支出,不得低于上一年总收入的70%或者前三年收入平均数额的70%;年度管理费用不得超过当年总支出的10%,特殊情况下,年度管理费用难以符合前述规定的,应当报告其登记的民政部门并向社会公开说明情况。

4. 法律责任制度

根据《慈善法》第98条到第109条、《社会组织登记管理机关行政处罚程序规定》,慈善组织如果违反法律或严重违反章程,登记管理机关有权依照法律的规定,对慈善组织或组织负责人给予行政处罚。登记机关可以作出的行政处罚主要包括警告、责令限期改正、责令撤换直接负责的主管人员、责令停止活动、吊销登记证书、责令补缴税收减免、退还捐赠、没收非法财产、没收非法营业所得、罚款和撤销登记。

总体而言,随着我国慈善事业的规范性法规制度从无到有到逐步完善,慈善管理制度始终处于不断发展的状态,我国这个阶段的慈善组织规模管理策略,呈现出重准入、轻后续监管的管理理念。此外,我国慈善事业登记制度也存在着种种弊端,主要的不足包括民政和税务的政出多门、团委和民政对于志愿者的登记管理职能错综复杂,这些亟须在体制上进行改革予以理顺。②

三、中国慈善管理的支持性法规体系

这一部分主要包括政府财政支持、平台建设、慈善组织税收优惠、志愿者保障机制等方面。其主要是给予慈善组织的优惠政策和相关制度,一个国家的慈善支持培育制度对

---

① 根据十八届三中全会关于《中共中央关于全面深化改革若干重大问题的决定》(2013年11月)第48条激发社会组织活力的规定:"……重点培育和优先发展行业协会商会类、科技类、公益慈善类、城乡社区服务类社会组织,成立时直接依法申请登记。"

② 陈洁.完善中国慈善事业行政管理体制研究[D].上海:上海师范大学,2014.

该国慈善事业的发展能起到十分大的作用,国家慈善支持力度和政策的合理完善是慈善事业充分发展的必要条件。

(一)政府财政支持

2012年,民政部和财政部联合发布了《民政部 财政部关于政府购买社会工作服务的指导意见》,明确了政府购买社会工作服务的含义、重要性、原则、主要目标、购买主体、购买对象、购买程序和监督管理制度。这为加强我国财政对慈善事业的购入力度、带动建立多元化的社会服务投入机制提供了制度基础。2013年国务院办公厅颁布的《国务院办公厅关于政府向社会力量购买服务的指导意见》对服务的购买主体、承接主体、购买内容、购买机制、资金管理和绩效管理都作出了说明。2014年财政部、民政部《关于支持和规范社会组织承接政府购买服务的通知》对社会组织在购买服务中的重要性、支持力度、应具备条件等做了说明。2020年财政部《政府购买服务管理办法》对政府购买服务的具体范围、应遵循的原则、购买主体和承接主体、合同及履行、监督管理和法律责任等做了具体规定。

(二)平台建设

成立于2006年10月的中民慈善捐助信息中心(China Charity Information Centre)是由中华人民共和国民政部主管的民办非企业单位。该中心以行业自律为目标,推动慈善组织公信力标准的制定,引导建立第三方评估体系和行业自律机制,逐步建立慈善捐助信息统计、披露和公示制度,及时向社会发布相关慈善捐助活动信息,组织开展国内国际慈善交流活动。2017年6月1日,依据理事会决议,其向登记管理机关民政部社会组织管理局申请注销登记。同年,中国社会组织网成立,通过宣传有关法规政策、公开办事程序、提供便民措施等手段,提高民间组织登记管理工作的透明度和工作效率,服务社会公众和各类民间组织,为各级登记管理机关、民间组织以及有关研究机构之间加强工作交流和理论探讨提供新的平台。

2021年,民政部启用新版"中国社会组织政务服务平台"(http://chinanpo.mca.gov.cn/),进一步推进"互联网+"政务服务。平台以"我要看、我要查、我要办"为建设主线,融合业务咨询、组织查询、登记办事于一体,优化了在线政务服务事项。平台集成了全新的社会组织信用信息公示系统、社会组织政策法规库,方便公众办事查询。平台底层通过接口方式与国家政务服务平台进行了系统衔接、数据共享,实现了政务服务一体化。公众通过该平台可查询社会组织基础信息、行政许可信息、年检(年报)信息、评估信息、表彰信息、行政处罚信息、失信信息以及涉嫌非法社会组织名单,并可进行在线投诉举报。

此外,还有基金会中心网。基金会中心网由国内35家知名基金会联合发起,于2010年7月8日正式上线。基金会中心网自成立之初,在客户服务和品牌传播方向努力,着力开发了三大产品:信息产品、研究产品、交流产品,并尽力将服务细化,形成了自己的产品线。中心所有产品都建立在数据采集和数据处理的基础上,数据来源主要是各基金会官方网站和各级民管机构,内容摘自基金会年报、审计报告、项目报告和机构动态等。基金会中心网为政府、基金会、研究、媒体、非营利机构、公众等提供了较好的服务。它建立了基金会行业信息披露平台,为相关机构和个人提供行业发展所需的能力建设服务,促进行业自律机制形成和公信力提升,培育良性、透明的公益文化。

(三) 慈善组织税收优惠

通过税收对慈善行为进行激励是中外各国普遍采用的方式,我国这方面的法律法规主要有《企业所得税法》《中华人民共和国个人所得税法》《公益事业捐赠法》《财政部 国家税务总局关于非营利组织企业所得税免税收入问题的通知》《财政部 税务总局关于非营利组织免税资格认定管理有关问题的通知》《全国性社会团体公益性捐赠税前扣除资格初审暂行办法》《财政部 国家税务总局 民政部关于公益性捐赠税前扣除有关问题的通知》《财政部 国家税务总局关于向宋庆龄基金会等6家单位捐赠所得税政策问题的通知》等。

慈善组织在缴纳所得税之前可以将国家政府层给予的补助资金和社会捐赠的收入予以扣除;对于增值税、财产税等也都有相关的规定。企业向法定组织捐赠可享受的税收优惠从全额到收入的12%以内的部分根据不同的具体情况予以在税前扣除,这在国际上已经处于较高的水平;个人向慈善组织捐赠而享有的税收优惠从全额到个人所得额的30%以内根据不同的情况准予扣除。

(四) 志愿者保障机制

慈善活动需要有大量的志愿者、志愿服务组织和其他组织自愿、无偿地向社会或者他人提供公益服务。为了激励和保护志愿者和志愿组织,我国制定了一系列的法律法规,主要有《志愿服务条例》《关于支持和发展志愿服务组织的意见》《志愿服务记录办法》《中央文明办 民政部 教育部 共青团中央关于规范志愿服务记录证明工作的指导意见》《民政部办公厅关于推广使用全国志愿服务信息系统的通知》等。这些规范性文件对于志愿者的条件、行为规范和权利义务做了说明和规定,设置了奖励制度和工作保障制度,为我国志愿服务的发展提供了法律支持和保障。

总之,我国的慈善事业支持制度建设取得了辉煌的成绩,但是随着社会的快速变迁,大量的新问题又不断涌现,慈善事业的发展亟待国家更多的投入和支持。

第三节 国外慈善管理体制及法律规范体系

互帮互助是人类在社会生活中的优秀品质之一,也是人类屹立于地球生物链顶端的必要条件之一。早在原始社会末期就出现了基于恻隐之心或宗教信仰的人类慈善行为。目前西方学术界对于慈善组织的管理体制及法律规范体系研究已经比较深入,其也是近年来西方发达国家在公益慈善领域的主要研究方向。

一、国外慈善管理发达国家的体制及其特点

慈善事业管理的主体主要来源于两个方面:政府和民间。二者相互结合,以不同的管理权限形成众多具有地方特色的管理体制,其中最具特色的主要有合作伙伴型、民间主

导型和政府主导型。①

(一) 英国的慈善体制：合作伙伴型

英国是老牌的资本主义发达国家，慈善事业可以追溯到400多年前。1601年推出的《慈善用途法》列举了许多慈善条款，其中有些条款沿用至今。十八九世纪是英国社会大动荡的时期，工业革命不仅大大增加了土地阶层和中产阶级的财富，也引起了社会剧变，社会矛盾尖锐。为了平息社会对立情绪、缓和阶级矛盾，一些人道主义者、科学主义者以及福音派基督教等纷纷支持慈善事业。英国许多最负盛名的慈善组织就是在这一时期建立的，如巴纳多儿童救济院(Barnado's)、全国预防虐待儿童学会(NSPCC)、皇家防止虐待动物学会(RSPCA)、救世军和沙夫茨伯里学会等。

1853年，英国慈善委员会成立。慈善委员会一开始只对年收入低于50英镑的慈善组织行使权力，这使它实际上只对大部分乡村捐助负责，而对由少数几家不受委员会管辖的慈善团体所掌握的大量土地、投资和财富则无所作为。但慈善委员会的建立有助于形成统一的国家政策，改进那些过时的捐助方式，并对滥用捐助的行为实施惩罚。

20世纪80年代以来，英国志愿部门发展迅速，尤其是募捐活动十分活跃。1983年，慈善募款管理人学会(Institute of Charity Fundraising Managers, ICFM)成立，旨在促进职业募款人的工作和实践。慈善募款管理人学会的会员资格逐渐成为获得职业募款职位的先决条件。随后，"百分之一俱乐部"也宣布其成立目的是鼓励英国公司至少捐出0.5%税前利润给慈善团体和志愿组织。

20世纪80年代，英国保守党政府逐渐通过购买服务的方式让慈善组织提供服务。1995年，工党政府重新上台，布莱尔政府积极推行公共部门的所谓"现代化"改革，重新界定政府部门、私人部门和慈善公益部门的关系。布莱尔政府推行的"现代化"改革，一方面是要建立一个强大、活跃的慈善公益部门，另一方面是促使政府和慈善公益部门积极合作。这种合作的一种标志，是双方于1998年11月签署了《政府与志愿及社区组织合作框架协议》。随后，双方又签署了《地方各级政府与志愿及社区组织合作框架协议》(以下简称《协议》)，积极推动政府与慈善组织之间的合作。

《协议》是通过广泛征求志愿部门和政府部门的意见后起草的。它是一个有关政府和志愿部门关系的备忘录，而不是一种具有法律约束性的文件。其权威性源自政府和志愿部门通过协商过程对其的认可。《协议》表达了政府和志愿部门承诺作为伙伴一起为了改善社会、培育和支持志愿和社区活动而努力。《协议》的基本思想是：志愿社区部门对于建立一个民主的、包容的社会是不可缺少的。作为独立的、非营利的组织，志愿社区部门赋予社会独特的价值，并扮演了一个不同于国家和市场的角色，使个人能够对公共生活作出贡献。

为了具体指导政府各部门及地方各级政府与志愿和社区部门之间的伙伴关系，《协议》强调了如下的共享原则：①志愿行动是民主社会的基本要素；②一个独立而多样的志愿社区部门对于社会的福祉至关重要；③在制定和提供公共政策和服务中，政府和志

---

① 施昌奎.转型期慈善事业运营管理模式研究[M].北京：中国经济出版社,2009：137-148.

愿社区部门发挥着独特而互补的作用；④以合作伙伴的身份追求共同的目标和目的具有特殊的价值，双方应展开有意义的协商、建立关系、完善政策制定、增强与提高服务及项目设计和提供的质量；⑤政府和志愿社区部门承担着不同的责任，双方都需要正直、客观、公信度、开放、诚实和领导能力；⑥志愿社区组织为了推进其目标，有权开展游说活动；⑦政府应扮演好资助者的角色。

这个协议虽不具有法律约束力，但其通过一系列原则成为英国政府各部门和地方政府与慈善公益组织之间合作的指南及工作备忘录。协议充分肯定慈善公益组织在英国社会的巨大作用，并强调政府与慈善公益组织在价值观上的一致性和功能上的互补性。

(二) 美国的慈善体制：民间主导型

1. 美国民间慈善捐赠活跃、慈善组织众多、实力雄厚

美国是个移民国家，慈善事业的历史比国家的历史还长。在国家独立之前，美国的慈善事业一直由民间组织来完成，这种传统一直延续到今天，从而形成一种民间主导的慈善模式。据历史记载，哈佛大学的创始人约翰·哈佛(John Harvard, 1607—1698年)于1643年组织了首次筹资活动，这次活动筹集到了500英镑，被誉为"美国首次成功的筹资活动"。美国独立战争期间，义务献血活动开展得很普遍。南北战争时期，交战双方都在为胜利募集资金、出售债券。第一次世界大战和第二次世界大战期间，慈善捐赠活动更是如火如荼。第二次世界大战期间，美国民众的慈善捐款为世界反法西斯战争的胜利作出了巨大的贡献。

美国现代慈善理念始于美国铁路大王卡内基，他创立了卡内基国际和平基金会。1889年，卡内基发表了《财富的福音》，率先提出富人不应"将财富留给家人，而应在有生之年作为公共信托资金来处置"。卡内基的慈善理念被众多的美国富人所遵从。1891年，小约翰·D.洛克菲勒(John D. Rockefeller, Jr.)雇用专职人员来帮助他管理公益事业，并于1913年设立洛克菲勒基金会，成为美国公司基金会的楷模。2007年，当时的世界第二大富豪、美国75岁的投资家巴菲特决定向比尔·盖茨夫妇所创立并掌管的慈善基金会捐出其85%以上的财富——约375亿美元，创下世界个人捐款之最。美国基金会2006年6月19日公布的一项研究报告显示，与2004年相比，美国2005年慈善捐赠增加6.1%，为2 602亿美元，约占美国当年生产总值的2.1%，人均捐款额为870美元。

美国的非营利部门非常发达，一些服务在其他国家一般由政府机构提供，在美国却由一些非营利机构来提供，美国的非营利部门创造了超过8.5%的GDP。美国大约每12人中就有1人在非营利部门就业，也就是说，非营利部门就业人口占就业人口总数的8%左右，其中慈善组织就业人口占就业人口总数的5%。2004年，美国人捐赠给非营利部门2 485亿美元，比上一年增长5%，呈现"小政府、大社会"的格局，政府与组织之间形成了良性的合作伙伴关系。

美国慈善公益组织蓬勃发展的原因有三个：其一是制度因素。由于经济职能和社会职能分离，因此形成了众多的慈善公益组织，以满足弱势群体的多样化需求。其二是"比较优势"。慈善公益组织具有比较优势，大部分慈善组织来自民间，贴近社区，它们能够更敏感地回应来自社区或民间各种各样的需要，比政府来做更能节约成本，效率更高。其三

是文化观念上的差异。美国民众历来具有民主自治的传统,他们深信自发的慈善公益组织比政府机构更能满足其需要。

2. 慈善组织有着相对独立的行业管理和社会监督

美国的慈善组织可以不注册而存在,但要获得免税优惠等政策就必须备案注册,其运营执照不需要向任何政府部门登记获批准。政府的监督不得干扰这些组织的管理方式、人员编制和财务运作,慈善组织的约束主要来自行业组织和行业管理。

同时,美国存在着大量针对非营利组织,特别是慈善组织的民间监督机构,如美国慈善事业信息局、商务改善局(Better Business Bureau)的慈善事业咨询服务处。虽然这些机构的评估不能涵盖所有的慈善组织和慈善组织的所有方面,但是这些机构的评估报告还是得到了广大市民的热烈拥护。人们可以根据这些评估报告来判断慈善组织的优劣,从而正确指导自己的捐赠行为。同时,这些评估报告还为问责制的建立奠定了很好的基础。社会舆论和媒体的广泛宣传与监督,也促使所有的慈善组织更加注重资金运营效率,防范来自机构内外的各种风险,特别是来自慈善组织内部的道德风险。

(三) 新加坡的慈善体制:政府主导型

新加坡长期为英国的殖民地,政治与社会制度传承自英国。独立后的新加坡具有一个"强势而高效"的政府,因此,政府的作用是无处不在的。在社会管理方面,更是处处都有政府的影子。非营利组织在新加坡的发展可以分为三个阶段:殖民时期华人组织的兴起,独立之后的衰落,20世纪80年代中期的重新崛起和改良团体的出现。20世纪50年代,新加坡尚未独立,许多非营利组织把注意力集中在移民人口的福利、宗教和社会需求上。政府关注的是商业和贸易。1965年,新加坡独立,"强势而高效"的政府带来了国家经济的快速增长,并制订了详尽的经济发展和社会投资计划,向公众提供了必要、全面的社会服务,因此非营利组织大大减少。三大"准政治组织",即社区中心、公民协商委员会和居民委员会作为政府与公众的沟通桥梁,负责提供福利和社会服务。进入20世纪80年代中期,随着社会走向成熟和公民受教育程度的提高,大量非营利组织、慈善组织又开始出现,这些组织中的大多数都与政府建立了非正式但友好合作的关系。

新加坡非营利组织可分为20大类,包括:社会团体、经济团体、职业团体、专业团体、教育团体、体育团体、学术团体、艺术团体、同乡团体、宗教团体、武术团体、医药团体、福利团体、联谊团体、互助团体、老年团体、妇女团体、国际团体,以及各种基金和基金会。这些非营利组织统称为社团,新加坡社团有官方和民间两种。官方社团的任务由政府规定,资金的拨付、负责人的任免也由政府负责。

新加坡慈善组织几乎全部都隶属社会服务全国委员会,这一委员会既是慈善组织的代言人,同时也行使监管权。其下属的一个分支机构"公益金"成立于1984年,当时只有18个慈善组织申请资助。通过公益金捐款的方式多种多样,最常见的是征得人们同意后,每月从他们的工资或信用卡里扣除一定金额,对公益金的捐款可以抵扣所得税。由公益金代表所属组织募款,不仅可减少组织间不必要的竞争,也降低了筹款成本。

二、国外慈善管理发达国家的法律规范体系概述

国外慈善事业起源于英国,后又在英、美不断发展壮大,其立法体系也是如此。

(一)英国慈善管理法律规范体系概述[①]

1.《慈善用途法》与《托管人管理法》

追溯其根源,英国是最早制定慈善法的国家,1601年英国就制定了世界上最早的一部慈善法。这部诞生于1601年的法律叫作《慈善用途法》(又称《伊丽莎白一世法》),它的序言部分比较详细地提到了当时英国社会主要的公益慈善行为,包括:救济老年人、弱者和穷人;照料老人、受重伤的士兵和水手;兴办义学和赞助大学里的学者;修理桥梁、码头、避难所、道路、教堂、海堤和大道;教育孤儿;兴办和支持劳动教养院;帮助穷苦的女仆成婚;支持、资助年轻的商人、手艺人和体弱年衰者;援助囚犯赎身和救济交不起税的贫困居民等。

应该说,《慈善用途法》序言的这种列举,并不是措辞严谨的法律条款,却是第一次在法律中明确了慈善事业的主要范围,具有开创性意义。其深远的影响力一直持续到今天,是英国近现代整个慈善法体系中关于慈善事业法律解释的历史起点。

除了颁布于400多年前的著名的《慈善用途法》以外,英国于19世纪制定了关于慈善组织理事会定位及其管理原则的法规——《托管人管理法》(2000年修订)。内政部、文化部和独立于政府之外、直接受议会领导的英国慈善委员会,分别作为慈善组织与政府间的协调机构、资助机构、登记注册及监督部门,发挥了重要的作用。

2. "帕姆萨尔裁决"

英国是习惯法国家,法官可以将过去的判例作为审理案件的法律依据。由于法律中没有对慈善事业的明确定义,所以法官要判定一个组织是否属于慈善组织,只能根据法律的精神、当时社会的普遍认识和经验来判断。很长一个时期,英国法官在判定一个组织是否为慈善组织时,除了依据1601年《慈善用途法》序言外,麦克纳坦爵士在1891年就"帕姆萨尔上诉案"作出的判决也成为英格兰及威尔士法官的另一依据。

1891年7月20日,在英国议会上院的6名大法官审理"特殊用途所得税官员诉帕姆萨尔"一案的上诉时,麦克纳坦爵士做了长篇发言,论述了如何从法律意义上正确理解慈善或者慈善用途的问题。当时,人们对慈善的理解是约定俗成的,找不到成文的法律定义,人们的理解似是而非、莫衷一是。麦克纳坦爵士根据1601年《慈善用途法》的规定,总结历史经验,提出了四大慈善事业目的,用以说明慈善或慈善用途问题:扶贫济困、推动教育进步、促进宗教发展和任何惠及社区的其他目的。

应该说,与1601年《慈善用途法》序言繁杂的叙述相比,这一分类简明扼要、通俗易懂、便于把握,特别是"任何惠及社区的其他目的"包容性强,可以涵盖很多领域的慈善行为。"帕姆萨尔裁决"对日后英国的慈善法体系和政府相关部门的管理工作产生了巨大而持续的影响。可以说,这一裁决是英国慈善事业法制史上的一个重要里程碑。

---

① 高文兴.英国"三修"慈善法[N].中国红十字报,2015-11-24.

3. 第二次世界大战以后慈善法的发展

进入 20 世纪,英国民间的社会慈善事业得到了长足发展,慈善组织和其他非营利组织已经成为独立于政府和企业的第三部门。它们的存在和活动,深刻且广泛地影响了英国社会以及普通民众的日常生活。新的社会实践和社会生活,再次对慈善立法提出了新要求。

于是,英国分别在 1954 年和 1958 年制定了《慈善信托法》和《娱乐慈善法》;在 1960 年出台"1960 年慈善法",对此前的有关慈善法律进行了高度整合;1992 年,出台旨在加强公益慈善事业管理的"1992 年慈善法",次年又加入许多新规定,出台"1993 年慈善法"。

这些法律扩大了慈善事业的范围,把有助于社会和公众的休闲娱乐事业,如体育俱乐部等也列为公益性慈善事业。但从对慈善定义等问题来看,这些法律还只是修修补补,并没有什么革命性的变革。

4."2006 年慈善法"

对已经陈旧的慈善"定义"进行大胆改革的历史任务,最终是由"2006 年慈善法"完成的。根据"2006 年慈善法"的定义,只有那些为公众利益服务的具备慈善目的的事业才能被认可为民间公益性事业。"具备慈善目的的事业"被定义为如下 13 项:扶贫与防止贫困发生的事业;发展教育的事业;促进宗教的事业;促进健康和拯救生命的事业;推进公民意识和社区发展的事业;促进艺术、文化、历史遗产保护和科学的事业;发展业余体育运动的事业;促进人权、解决冲突、提倡和解以及促进不同宗教与种族之间和谐、平等与多样性的事业;保护与改善环境的事业;扶持需要帮助的青年人、老年人、病人、残疾人、穷人或者其他弱势群体的事业;促进动物福利的事业;助于提高皇家武装部队效率的事业;其他符合本法律相关条款规定的事业。

根据该法律,除了豁免的或者其他特定的慈善组织外,任何慈善组织都应进行注册,且须有法律上认可的慈善目的和对象。一旦获得这一地位,慈善组织的理事会、理事必须保证所有资源和活动直接指向慈善目的。"2006 年慈善法"还要求所有慈善组织证明它们在某种意义上能够给公众带来益处。

(二)美国慈善管理法律规范体系概述

美国没有专门的慈善法,但美国著名律师贝奇·布查特·阿德勒所著的《美国慈善法指南》[1]系统地解释了美国的慈善法律,她的研究范围包括慈善事业的外部监督机构、慈善事业社会公信力的监督、慈善的税收捐赠、慈善基金会资金的管理等。

里贾纳·E.赫茨琳杰和丹尼斯·尼特豪斯参考了英国证券交易的成功经验,提出了"披露分析发布惩罚"的方案,她们认为公益慈善组织应当制定严格的规制与强制性的责任机制来进行有效的监管。[2]

---

[1] ADLER B B, WARWICK M. The rules of the road: a guide to the law of charities in the United States[M]. Washington, District of Columbia: Council on Foundation, 1999.

[2] HERZLINGER R E, NITTERHOUSE D. Financial accounting and managerial control for nonprofit organizations[M]. Mason, OH: South-Western Educational Publishing, 1994.

里昂·E. 艾利什和卡尔拉·W. 西蒙合作的《建设有利于非营利组织发展的法制环境》①则从政府制定反腐败规则的视角论述了非营利组织的监管,认为政府应当与非政府组织发展伙伴关系,建立一个财政支持、税收优惠的法律环境。卡尔拉·W. 西蒙的《强化公民社会过程中法律的角色》②,也从立法的层面讨论了如何通过法律的形式对非营利组织进行激励和规制。

美国专门研究非营利组织的刊物《非营利与志愿部门季刊》(*Nonprofit and Voluntary Sector Quarterly*)对我们国内该领域的研究非常有借鉴意义,Elizabeth A. Bloodgood,Joannie Tremblay-Boir 和 Aseem Prakash 三人合作的 *National Styles of NGO Regulation*③ 以日本和美国为例,提出了不同的社会行政体制应当选择不同的慈善行政管理方式。日本作为社团体系(corporatist)的代表,应当加强对公益慈善组织的规制以维护社会的政治秩序。而对美国而言,其作为多元社会(pluralist)的代表,则建议减少对慈善组织的规制,因为在这样的社会体制中,慈善组织被视为公民与政府之间一个正规的交流渠道。

(三)新加坡慈善管理法律规范体系概述

自 1965 年独立以来,一直沿用英美法系的新加坡唯一与非营利组织有关的法律是《慈善组织法》。该法对慈善组织没有进行明确的定义,只笼统地将其归纳为:任何一个机构,无论其是否为法人,只要基于慈善目的而建立,并因从事慈善事业隶属于新加坡高等法院管辖,即可称为慈善组织。根据 1891 年收入税特别目的委员会诉帕姆瑟尔一案麦克诺顿勋爵的判定,"慈善目的"被划为四大类:扶贫、促进教育、推动宗教事业和其他有益社区的活动。

新加坡慈善组织的登记并非仅仅履行一定的手续。只要未拥有登记豁免权,慈善组织的受托人必须为该组织办理登记手续,否则将构成违法行为。

新加坡的慈善组织没有资格申请全部免税待遇,但可以每年申请免除所得税。其所得税申报不由所得税审计官而由新加坡国内税务局的慈善事业组负责评估。这一小组帮助新加坡专门负责慈善事务的官员依据慈善组织法行使其职能。该小组的职责包括对慈善组织进行登记、防止其滥用权力、依据慈善组织法赋予专门负责慈善事务的官员以发布命令的权力,以及评估确定慈善组织的所得税申报。慈善组织在特定年份享受所得税免税待遇必须基于以下条件:从事任何贸易或商业活动的慈善组织,从中获得的收入必须全部用于慈善目的才可享受免税待遇;除非特批,否则慈善组织必须在任一财政年度都将不低于 80% 的收入(捐款或捐物)用于新加坡国内的慈善事业;如果慈善组织不能将 80% 或更高的收入用于新加坡国内的慈善事业,则未被用于慈善事业的那部分收入应依

---

① SIMON K W, IRISH L E. Legal mechanisms to encourage development partnerships[R]. International Center for Not-for-Profit Law,1998.

② SIMON K W. The role of law in encouraging civil society[R]. International Center for Not-for-Profit Law,1999.

③ BLOODGOOD E A,TREMBLAY-BOIR J,PRAKASH A. National styles of NGO regulation[J]. Nonprofit and voluntary sector quarterly,2014,43(4):716-736.

法纳税。

新加坡制定了各种各样的法律和行政法规,目的在于防止滥用和耗尽慈善组织的资金和针对国外慈善事业募集的捐款。设定80%的募捐款项必须用于国内慈善活动,是为了控制过度的海外募捐,也是为了避免新加坡公众有限的捐款被用于一些并不值得捐款的慈善活动,特别是海外慈善活动。

新加坡规定,慈善组织必须任命一个足够规模的董事会,以公司名义组建的慈善组织,董事人数不少于3人;董事、会计或助理会计的任期不超过两年。如果专门负责慈善事务的官员认为慈善组织中存在管理不善和不法行为,经新加坡总检察长批准可终止或撤销任何慈善组织的受托人、董事、成员或工作人员的资格,这一决定有利于防止慈善组织的资产遭滥用。管理不善和不法行为包括参与慈善活动的人员得到的酬劳或用于慈善活动的支出过高。

除有权享受免税待遇的慈善组织或以公司名义登记的慈善组织以外,慈善组织受托人必须对账目进行详细记录,并且在每一财政年度准备一份财务报告或收支报告,以保证随时能够以较高的准确度公布或解释慈善组织的收支情况及其财政情况。本年度的账目需由经过批准的公司审计员根据相关条款进行审计。此外,慈善组织的账目也可由独立审计员进行审计。慈善组织的受托人还必须每年准备年度报告,总结一年中开展的活动,并附有财务报告和审计公司或独立审计员的审计报告。

三、国外慈善事业规范管理体系

西方慈善事业的发展已经比较成熟,在其完善的法律规范引导下日益规范,至今已经形成三种常见的管理体系:"盎格鲁-撒克逊"体系、"基金会+社区服务"体系和"欧洲大陆"体系。

(一)"盎格鲁-撒克逊"体系

"盎格鲁-撒克逊"体系的主要特征是政府立法、民间填补空白,主要盛行于英国、美国等国家或地区。

英国的工业革命在带来社会快速发展的同时,也带来了现代社会的经济风险。因此,为了降低经济风险对社会的冲击,《济贫法》诞生了,并在此基础上建立了英国特色的"国家济贫制度",对城市中的弱势群体进行救济。此后,英国的大量民间社会服务机构在宗教组织的支持下很快遍布全国,并联合成立"慈善组织协会"开展各种社会服务,如对于贫困的失业者、病人、事实孤儿、身心障碍者提供"社会诊断""社会治疗",并进一步发展成"睦邻运动"。

扩展阅读4-2 "睦邻运动"

英国开创了国家层面贫困立法、民间慈善填补空白的公益慈善体系:"盎格鲁-撒克逊"体系。

(二)"基金会+社区服务"体系

基于自由市场经济的观念,美国在继承"盎格鲁-撒克逊"体系的基础上,发展了"基金会+社区服务"的公益慈善体系。美国崇尚"小政府、大社会",在社会保障方面坚持政府只管老人和穷人,而其他领域交给民间非营利的慈善公益组织。美国的基金会异常发达,社区志愿服务体系非常完善。譬如,美国的企业和成千上万的普通公众,每年通过各类基金会作出大量的慈善公益捐助,或活跃于社区,深度参与社区的志愿服务。美国普通民众的小额捐赠和志愿参与推动了美国公益慈善事业的发展。

扩展阅读4-3 美国税收政策对非营利组织的影响

美国的"基金会+社区服务"公益慈善体系,根植于美国的税收制度。美国社会给予公民和企业两种选择:交税,捐款。其一,公民和企业可以将自己收入的一部分作为税收交给政府,然后通过"税收—财政—公共支出"的途径用于公益事业或福利事业;其二,公民和企业也可以将自己收入的一部分作为社会捐款捐给慈善事业,通过"社会捐款—慈善基金—慈善事业"的途径用于公益事业或福利事业;其三,美国法律鼓励非营利组织接受社会捐赠,企业和个人捐助慈善和公益事业可以获得免税待遇,并用高额的"遗产税"和"赠予税"来防范或限制资产转移。交税或捐款由个人或企业根据偏好差异作出选择。

(三)"欧洲大陆"体系

"欧洲大陆"体系的主要特征是重视福利制度的建设。1873年,德国的俾斯麦建立社

扩展阅读4-4 汉堡制和爱尔伯福制

会保险制度后,以社会保险为核心的社会福利制度开始在欧洲流行,并演变为国家制度层面保障公民基本生活需求的社会保障制度和社会服务层面的职业化、专业化的社会工作。例如,德国的"汉堡制"(Hamburg System)将汉堡全市划分为60个区,每个区设1名监督员,负责对该区贫民进行调查和救济;汉堡市政府设立一个中央办事机构,联络各社会救济机构协同工作,综合管理全市的救济业务;而后来的"新汉堡制"则废除了分区,由社区负责社会福利制度的具体实施,发挥民间社会福利组织的作用。"汉堡制"的特点是社会

扩展阅读4-5 我国慈善行业法律制度政策目录汇编

工作者以社区为依托,综合运用多种专业社会工作方法来解决贫穷这一社会问题。德国的这些尝试,对社会福利和社会救助制度的发展产生了深远影响。

第二次世界大战后,由英国牵头,欧洲国家纷纷建立福利制度,成为福利国家,社会工作也纳入统一的国家制度框架之内。

复习思考题

1. 我国涉及慈善事业管理的部门有哪些?
2. "盎格鲁-撒克逊"体系和"欧洲大陆"体系各自的主要特征是什么?
3. 2021年山东某房地产开发公司,和山东某基金会签署《合作框架协议》,协议约定公司有偿捐赠800万元给基金会,用于开展临沂某镇的"新农村扶贫"公益项目,资助贫困老人和留守儿童,但约定基金会和当地政府协商,由房地产开发公司负责新农村的专项建设中的基础设施建设及其他旅游配套经营性建设项目。
问题:本案中有哪些违法行为?《合作框架协议》是否有效?
4. 某基金会捐赠的一批老人颈椎康复治疗仪设备,由于设备质量原因导致受助老人

被烫伤，老人将基金会以及治疗仪的生产商起诉至法院，要求基金会和生产商承担赔偿责任。法院查明基金会在接受捐赠过程中，未审查仪器的安全性，并未要求捐赠人提供相关的产品质量证明，在公益宣传中，提及公司生产的治疗仪器安全可靠、质量无忧等情形，判决基金会和公司共同承担责任。

问题：该基金会应不应该承担责任？

 典型案例

基金会的违法行为

慈源基金会（化名）是民政部注册的全国性公募基金会，业务范围以募集资金、支持各类青少年活动为主，该基金会在开展"慈行天下"活动时，接受某公司捐赠普洱茶300箱，签署捐赠协议承诺：基金会收到物品后，向该公司颁发基金会合作单位奖牌、荣誉证书，并指定该公司为基金会活动协办单位，借此提高该公司知名度，树立品牌的公益形象。此后，该基金会另和当地某营利性公司签署捐赠协议，约定无偿捐赠给该营利性公司普洱茶100箱、红豆杉70盆、图书100册，并未约定捐赠用途。

思考题：
该基金会有哪些违法行为？

 即测即练

第五章 慈善组织管理

视频 5-1 慈善组织难吗

慈善组织发展是实现共同富裕的有效途径,也是助力慈善事业发展的主要力量。以慈善组织为主的社会组织发展日渐成熟,慈善组织在经济社会发展中发挥的作用在不断壮大,社会地位也日益突出。中国慈善组织对完善社会保障体系、促进社会公平公正、完成脱贫攻坚、落实社会主义精神文明建设作出了突出贡献。

《慈善蓝皮书:中国慈善发展报告(2021)》数据显示,截至 2020 年底,全国社会组织总量为 89.44 万个,较 2019 年增长 3.21%。其中,社会团体 37.5 万个,社会服务机构 51.1 万个,基金会 8 385 个,分别较 2019 年增长 0.81%、4.93% 和 10.62%。但是慈善组织总量和占比仍显偏低,截至 2020 年 9 月底,全国登记认定的慈善组织总数为 7 825 个,较 2019 年增长 4.33%,不足全国社会组织总量的 1%。慈善组织占社会组织的比重虽小,但通过科学地开展慈善组织管理活动,提高管理质量,激发慈善组织巨大热情,可以凝聚无穷力量,展现慈善组织管理在慈善事业发展中发挥的魅力。

第一节 慈善组织管理概述

在中国优秀传统文化的影响下,改革开放和社会主义市场经济的发展带动中国特色慈善事业的建立与发展,现已成为我国基本经济制度、民生保障制度、社会治理制度的有机组成部分,同时也是参与第三次分配、助力共同富裕不可或缺的重要力量。[1] 慈善组织是慈善事业的重要载体,是动员慈善资源的关键主体,慈善组织的数量、规模、能力、公信力和透明度等因素直接影响慈善事业产生的效益。若慈善组织能力强、公信力高,就会促进慈善事业健康可持续发展;相反,则不仅阻碍慈善事业发展,也会给第三次分配带来负影响。

一、慈善组织的概念

(一)慈善组织的定义

国内学术界对于慈善组织的概念界定根据自身研究内容有所侧重。基于慈善组织的

---

[1] 宫蒲光:助力共同富裕是中国特色慈善事业的核心要义[EB/OL].(2022-03-02). http://www.yueyang.gov.cn/cszh/48302/48312/content_1915608.html.

使命，可以将其界定为以实现灾害救治及传播公益慈善理念为目标的公益组织。① 根据慈善组织成立的合法性，可以将其界定为在身份合法并获得政府认同的前提下，通过制定一系列规章制度和结构体系，且拥有获取用于传递社会正能量所需的足额资金支持的组织机构。② 基于慈善组织的功能，可以将其界定为弥补政府与市场机制在公共利益领域的失灵、提供多元化公共产品和服务的民间志愿性组织。③ 2016年9月，《慈善法》首次在国家政策文本中给予明确规定，即"依法成立、符合本法规定，以面向社会开展慈善活动为宗旨的非营利性组织"。④

社会组织与慈善组织的组织形式相近，但仍存在差别。在《慈善法》颁布之前成立的社会组织可以根据《慈善组织认定申请书》和《慈善组织认定符合有关规定的承诺书》等材料提交申请认定为慈善组织。⑤《慈善法》实施后新设立的社会组织，如果创立之初，没有民政部门的登记证书标明其慈善组织属性，后期须符合条件才能被认定为慈善组织。慈善组织与非营利性组织是既有联系又有区别的：非营利性组织是自主从事非营利活动的社会组织，但非营利性组织的外延大于慈善组织，即所有的慈善组织都是非营利组织，但并非所有的非营利组织都是慈善组织。

本书所指的慈善组织，是为了公共利益，由价值观相同且自愿组成的相对稳定的团队，在满足社会需求的前提下，不以营利为目的，提供一系列专业性强、服务精准的公益服务的独立法人组织。其目的是促进政治稳定、经济绿色低碳发展、文化繁荣、社会和谐、生态文明等国家治理现代化进程，促进共同富裕目标的实现。

（二）慈善组织的特征

1. 非营利性

慈善组织属于非营利性组织。非营利性是慈善组织与企业、公司等营利性组织区分的根本标志。但非营利性并不意味着慈善组织不能从事任何经营性活动，而是指其利润不得分配给成员或发起人，必须用于慈善事业，以保证其公益目的以及财产不会被私人所利用。

2. 以面向社会开展慈善活动为宗旨

开展慈善活动是慈善组织生存发展的前提，同样也是慈善组织体现自身价值所在。慈善组织正是通过开展慈善募捐、捐赠和慈善服务等慈善活动，才能为社会公众提供财物和服务，真正帮助和支持弱势群体等慈善客体，实现其组织使命。

《慈善法》第3条对慈善活动进行了规定："慈善活动，是指自然人、法人和其他组织以捐赠财产或者提供服务等方式，自愿开展的下列公益活动：（一）扶贫、济困；（二）扶老、救孤、恤病、助残、优抚；（三）救助自然灾害、事故灾难和公共卫生事件等突发事件造

---

① 杨朝聚.我国非营利组织的行政化与其影响[J].华北水利水电学院学报(社会科学版),2007(6):57-59.
② 郑功成.当代中国慈善事业[M].北京:人民出版社,2010:53-59.
③ 刘文光.我国公益慈善组织发展中存在的问题及其对策分析[J].行政与法,2009(1):4-6.
④ 中华人民共和国慈善法[J].中华人民共和国全国人民代表大会常务委员会公报,2016(2):207-217.
⑤ 中华人民共和国民政部.慈善组织认定需要提交什么申请材料?[EB/OL].(2020-04-03).http://www.mca.gov.cn/article/fw/xzsp/cszz/cjwt/202004/20200400026545.shtml.

成的损害；(四)促进教育、科学、文化、卫生、体育等事业的发展；(五)防治污染和其他公害，保护和改善生态环境；(六)符合本法规定的其他公益活动。"①

(三) 慈善组织的分类

依据慈善组织的性质，慈善组织可分为基金会、社会团体、社会服务机构三大类。

1. 基金会

慈善组织的基础形态便是基金会。基金会主要是指依法成立的，将自然人、法人或者其他组织捐赠的财产用于公益事业，并向社会公众开展慈善活动的非营利法人。基金会依据其是否具有公开募捐资格，可划分为公募基金会和非公募基金会。

2. 社会团体

《社会团体登记管理条例》将社会团体定义为"中国公民自愿组成，为实现会员共同意愿，按照其章程开展活动的非营利性社会组织"。依法成立、以面向社会公众开展慈善活动为宗旨的社会团体即慈善组织。

3. 社会服务机构

《社会组织登记管理条例(草案征求意见稿)》将社会服务机构定义为"自然人、法人或者其他组织为了公益目的，利用非国有资产捐助举办，按照其章程提供社会服务的非营利法人"。2016年9月《慈善法》的施行，正式将民办非企业单位更名为社会服务机构，相较于民办非企业单位，社会服务机构这一命名更能准确反映此类组织的社会组织性质和社会服务功能。②

(四) 慈善组织与其他各类组织的关系

在我国政府相关政策法规中，民间组织与社会组织概念趋同，后者是前者的优化，这些组织由民政部直属的社会组织管理局专门负责。但到目前为止，暂无专门的法律对社会组织的概念予以界定，学术界依据它们的不同属性和特征进行概括。有的称之为非营利组织，强调其非营利属性及利润的不可分配，与公司、企业等市场主体追求自身利益最大化有显著差异；第三部门强调它们构成与国家、市场相平行的第三系统。慈善组织则是社会组织中的特殊群体，所有的慈善组织都属于社会组织，而社会组织不一定属于慈善组织，它们的组织类型都包括基金会、社会团体以及社会服务机构。

如图5-1所示，在现有三类社会组织中，《基金会管理条例》规定基金会的定义是"以从事公益事业为目的"，与《慈善法》中规定的

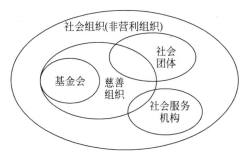

图5-1 慈善组织与各类组织关系

---

① 中华人民共和国慈善法(主席令第四十三号)[EB/OL]. (2016-03-19). http://www.gov.cn/zhengce/2016-03/19/content_5055467.htm.

② 中华人民共和国中央人民政府.登记管理暂行条例拟修订 民办非企业单位将更名为社会服务机构[EB/OL]. (2016-05-26). http://www.gov.cn/xinwen/2016-05/26/content_5077129.htm.

"以面向社会开展慈善活动为宗旨"相契合。因此本书认为,目前我国基金会归属于慈善组织。

社会团体包括互益性和公益性两种类型,前者不隶属慈善组织,如行业协会、商会等均服务于会员等群体利益;而以慈善即社会公共利益为宗旨的社团法人,则属于慈善组织,如慈善总会系统。该系统在社会团体中所占比例最高,但其资格是按照公募基金会的条件来获取,属于民政部门的业务指导和监督管理机构。

社会服务机构是指利用民间资产创办,开展公益性社会服务项目的社会组织,主要包括非营利的科学研究院(所)、民办院校及医疗机构、社工服务中心等。在社会服务机构中,向公众和社会脆弱群体提供慈善救助服务的机构是慈善组织。

二、慈善组织管理的概念

(一)慈善组织管理的定义

慈善组织吸纳社会捐赠等资源来开展慈善活动,并且对于业绩没有明确的要求。因此,其更需要管理的介入,通过良好的管理充分调动组织资源分配,实现资源价值利用的最大化。管理大师彼得·德鲁克(Peter Drucker)对管理有一个经典的定义,即"管理通过他人完成正确的事情"。[1]

王振耀等将现代慈善管理定义为协调不同类型的慈善捐赠、不同规模的人员的慈善专业化管理。现代慈善往往表现为组织慈善、专业慈善、金融慈善等。[2] 杨道波认为我国现行慈善组织管理主要对基金会、民办非企业单位和社会团体三大类从慈善组织登记管理、组织内部监督管理、信息公开等多个方面进行以重点监管代替全面监管的分类管理。[3]

综上,本书对慈善组织管理的定义是:在完善组织结构的基础上,有着明确的组织使命,并且高效地调动和使用慈善资源,以实现组织目标的过程。慈善组织管理的内容为:慈善组织运作管理(包括组织文化和效能管理)、慈善项目管理、慈善人力资源管理和善款筹集及使用管理(包括组织筹款、财务和信托管理)四大方面。

基于此,慈善组织管理的目标有切实可行的运作模式,有能够保证慈善资源价值最大化的运行机制。[4]

(二)慈善组织管理的职能

周三多在《管理学》中提道:决策、组织、领导、控制、创新这五种职能是一切管理活动最基本的职能。所以,本书依此亦将慈善组织管理的职能归为决策职能、组织职能、领导职能、控制职能、创新职能五大类。

---

[1] 徐本亮.社会组织管理精要十五讲[M].上海:上海社会科学院出版社,2018:1-4.
[2] 王振耀,田小红.现代慈善与国家治理现代化[J].社会治理,2015(1):41 48.
[3] 杨道波.我国慈善组织规模分类管理法律制度的实践与完善[J].聊城大学学报(社会科学版),2020(2):94-99.
[4] 安树彬,赵润琦.当代慈善学[M].西安:陕西人民出版社,2017:120-122.

1. 决策职能

慈善组织中不论是高层管理者或者中层、基层管理者,都离不开计划活动。计划是为了达成既定目标所必经的行为。计划等级根据管理层等级决定,即高层管理者制订慈善组织整体目标和规划,而基层管理者针对负责的项目制订具体目标和计划。在各层级管理者制订目标的过程中,需掌握所拥有和负责的资源,做到心中有数,下一步对资源进行支配和协调,此过程即决策。决策是计划和修正计划的前提,而计划又是实施决策的保证,计划和决策密不可分。

2. 组织职能

决策之后的计划需要依靠人来完成,管理的组织工作是慈善组织运转的必要条件。若想让合作发挥最大的作用,首先应在了解员工特点的基础上,根据组织的目标和职能将其安排在合适的岗位或设置新岗位。其次,应通过组织规章制度将各成员间的职责和关系明确化,由此打造一个有机的组织管理结构框架,调动整个组织的协调运转。组织工作的优劣在很大程度上决定着计划和管理活动的成败。组织职能是管理活动的根本职能,是其他一切管理的保证和依托。

3. 领导职能

前两项工作即使做到完善,仍不能确保组织目标的实现。组织成员在年龄、认知、性格、需求等方面的差别导致合作中必然会出现摩擦,这时需要有权威的领导者在成员间充当润滑剂,通过协调、沟通、缓和矛盾。领导者还需分析每个成员的认知、行为,有针对性地激发每个成员的主观能动性,形成统一的团队意识,为共同的目标而努力。当然,领导这一职能贯穿在整个管理活动中,是必不可少的一环。

4. 控制职能

在执行计划中难免受到外部因素的影响,使实际活动偏离计划。控制职能就是确保活动进行中所有的行动紧紧围绕目标进行,实际活动符合计划中的行动。各层级管理者都需要有高度防患于未然的意识,及时比对计划与执行情况,发现实际活动过程存在的问题,分析原因,并及时找到有效的解决措施,确保目标的实现。

5. 创新职能

随着科技的发展,社会经济迅速发展,市场需求瞬息万变,管理者每天都会遇到新情况、新问题。创新是现代管理者成功的关键,如果墨守成规就无法应对新的挑战,无法满足组织利益相关者的需求和获得其信任。慈善组织管理的创新包括目标创新,技术创新,制度创新,组织机构、结构创新以及环境创新。

各项慈善组织管理职能相互交叉、相互渗透,循环推动着慈善工作和活动的前进。从决策开始,管理工作便进入新的一轮管理循环,依次经过组织、领导,最后到控制结束。创新在此循环中位于轴心位置,是推动循环的原动力(图 5-2)。

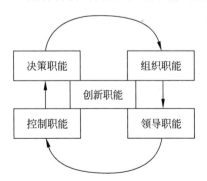

图 5-2 慈善组织管理职能关系

三、我国慈善组织管理的历史沿革

(一)慈善组织管理的萌芽阶段(1949年以前)

我国自古就有"乐善好施""积德行善"的优良传统,因此我国慈善事业可追溯到几千年以前。在我国古代,政府积极介入慈善救助活动,当时虽未设立专门的慈善机构,但国家从中央到地方均设立了专门或兼职的官吏,负责救助灾民、老幼病残、鳏寡孤独等群体。① 南北朝时,建立六疾馆,专门收容贫病者。它标志着中国慈善活动正在迅速地兴起和发展,同时也表明中国慈善救济与福利制度正经历由以设官为主向因事设署(机构)、以署(机构)定职的方向发展变化。② 6世纪后,佛教带着"慈悲为怀"的观念潜移默化地影响着人们的行为。9世纪中期以后,政府从佛教组织的手中承接了慈善组织的管理工作,养病坊也由官方掌控,开销由公款支付,事务管理由地方有名望的耆老任职。佛教组织对社会的影响因而消减,但政府承担的社会责任相对增加了。③ 明清时期出现了以传统道德规范为指导的慈善组织,如善堂、善会等。民间慈善及其组织也发展和兴盛起来。

近代西方慈善组织频频来华活动,对于新兴慈善组织成立具有启蒙作用。受西方慈善理念启示,大量新型近代慈善组织开始涌现,如红十字会、世界红卍字会、华洋义赈会、中华慈善团、上海慈善团、香山慈幼院等。这些组织大多已经开始接受西方化的组织结构、制度建设和资本运作,活跃于救荒、医疗、教育、济贫等相关领域。④

我国现代意义上的慈善组织管理兴于民国时期,基于慈善事业长足发展以及现代法治建设实际需要,慈善组织管理不断被提上日程。⑤ 1912年,中华民国成立,官方政府开始构建公益慈善的管理体系与制度,制定民间慈善团体管理办法,《监督慈善团体法》《社会救济法》以及其他附属立法陆续颁布。1929年颁布的《监督慈善团体法》开始按照慈善组织的资金规模,对慈善组织设立方式实施分类管理。20世纪30年代之后直至中华人民共和国成立前,影响力较大的近代慈善组织都已基本形成,并专注于能力提升和社会影响力的提升。慈善组织的民间活动,已成为该时代扶困救济的重要构成。⑥

(二)慈善组织管理的初级阶段(1949—1978年)

1949年中华人民共和国成立后,党和政府各部门为了巩固和维持政权,对社会组织进行了整顿、改造、重组,转化或新成立了一些政治团体、人民团体与社会团体,形成了分散设立、多头管理的局面。1950年10月和1951年3月,政务院和内务部分别颁布了《社会团体登记暂行办法》和《社会团体登记暂行办法施行细则》,这是中华人民共和国最早的

---

① 陈为雷.中国慈善组织内部治理研究[M].北京:中国社会出版社,2019:17-20.
② 周秋光,曾桂林.中国慈善简史[M].北京:人民出版社,2006:78.
③ 梁其姿.施善与教化:明清的慈善组织[M].北京:北京师范大学出版社,2014:23-24.
④ 赵倩,吴云青.近代慈善组织发展特点及其当代启示[J].知识经济,2019(18):39-40.
⑤ 杨道波.我国慈善组织规模分类管理法律制度的实践与完善[J].聊城大学学报(社会科学版),2020(2):94-99.
⑥ 赵倩,吴云青.近代慈善组织发展特点及其当代启示[J].知识经济,2019(18):39-40.

有关社会组织管理的制度规范,其主要功能和目的在于清理当时存在的不符合新国家制度要求的社会团体。[1] 该时期慈善组织带有强烈的行政色彩,严重缺乏独立性。20世纪60年代至70年代,由于特定历史事件的影响,慈善组织管理工作基本陷入停滞状态。

(三)慈善组织管理的法制化阶段(1979—2016年)

改革开放初期,慈善组织仍然遵循"谁审批、谁管理"的原则,导致慈善组织管理呈现多头混乱管理局面。1981年,中国儿童少年基金会的成立标志着我国慈善事业的复兴。1988年国务院机构改革时,民政部专门设置社会团体管理司,在《基金会管理办法》(1988)等政策发布后,慈善组织开始分离,实现归口管理,社会管理体制逐渐建立并不断被调整。[2]

1998年,国务院重新修订《社会团体登记管理条例》并颁布了《民办非企业单位登记管理暂行条例》,此时的慈善组织开始进入双重管理体制时期,即业务主管单位和登记管理机关双重审核、双重负责、双重监管。进入21世纪以后,中国慈善组织呈现出多元化的发展趋势,慈善组织类型多样,数量极大增长,服务领域和开展的慈善活动多种多样。[3] 2005年民政部对双重管理进行改革,直到2013年《中共中央关于全面深化改革若干重大问题的决定》开始实行直接登记管理。回顾慈善组织近年来的发展情况,2016年《慈善法》的实施,极大地促进了慈善组织的发展。以2015年为分水岭,2011—2015年慈善组织总量发展较为平缓,4年间慈善组织共增长了2 220个,平均每年增长555个。[4]

(四)慈善组织管理的科学化阶段(2016年至今)

《慈善法》实施以后,2016—2020年慈善组织总量发展迅速,至2020年,慈善组织数量较2015年慈善组织总量增长了4 846个,增幅为88.69%,平均每年增长969个。由此可见,《慈善法》的实施,降低了慈善组织的设立门槛,使慈善组织得以迅速发展。[5] 全国慈善信息公开平台显示,截至2020年底,登记注册的慈善组织达到10 310个,与2019年的9 485个相比,总量增长了825个,增幅为8.7%。其具体变化趋势如图5-3所示。

由图5-3可见,一方面,我国东部地区经济发展较快,外部条件较为成熟,有利于慈善组织的快速发展;另一方面,中部、西部地区的发展具有一定的后发优势,慈善组织未来

---

[1] 孙照红.政府与社会关系70年:回顾与前瞻——基于社会组织管理制度的分析[J].中共杭州市委党校学报,2020(2):56-61.

[2] 周俊.走向"合规性监管"——改革开放40年来社会组织管理体制发展回顾与展望[J].行政论坛,2019,26(4):133-139.

[3] 陈为雷.中国慈善组织内部治理研究[M].北京:中国社会出版社,2019:17-20.

[4] 黄晓勇,徐明,郭磊,等.社会组织蓝皮书:中国社会组织报告(2020)[M].北京:社会科学文献出版社,2020:127-129.

[5] 同[4].

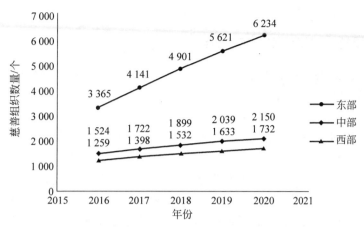

图 5-3 东、中、西部慈善组织数量变化趋势

资料来源：2020 年慈善组织发展报告。

还有较大的发展潜力和发展空间。[1]

我国慈善组织的管理正朝着有序、合规的方向发展。我国大部分地区仍沿用"双重管理"制度，但也在逐渐创新与改进，慈善组织正在走向"合规性监管"。合规性监管指以促进监管对象自觉寻求"合规性"为目的的监管。合规性也称合法性，指"实体的行为在某一社会结构的标准体系、价值体系和信仰体系及定义体系内是合意的、正当的、合适的"。[2]当下中国慈善组织的公信力、专业性和制度建设仍饱受质疑，因此，不能一味地强调政府完全剥离，而是需要结合中国历史视野和现实宏观体制背景进行革新。

第二节 慈善组织登记备案

《慈善法》出台后，慈善组织有了明确的定义，慈善组织依托于基金会、社会团体、社会服务机构（原民办非企业单位）而存在，而非独立于上述组织的第四类社会组织。在《慈善法》实施后，慈善组织合法身份的产生就有了两种途径：《慈善法》实施之前的存量社会组织需在民政部门认定为慈善组织；《慈善法》实施后的增量社会组织则直接在民政部门登记为慈善组织。

一、慈善组织的认定和登记

《慈善法》实施之后，为了方便慈善组织开展活动，民政部在原有登记证书的基础上突出慈善组织的印记，对社会团体、基金会、社会服务机构三种组织统一设计了新的格式相似的三种登记证书，在其醒目位置标明"慈善组织"属性，为慈善组织制定了统一的"身份证明"。《慈善法》施行以后，存量社会组织认定为慈善组织时将换发新的证书，增量慈

---

[1] 黄晓勇，徐明，郭磊，等.社会组织蓝皮书：中国社会组织报告（2020）[M].北京：社会科学文献出版社，2020：129-131.
[2] SUCHMAN M C. Managing legitimacy: strategic and institutional approaches[J]. Academy of management review,1995,20(3):571-610.

组织将直接发放新的证书,两者之间存在一定的差异。

(一) 存量社会组织认定为慈善组织

存量社会组织是指在《慈善法》实施之前,在民政部登记后成立的合法的社会团体、基金会、社会服务机构。

1. 认定条件

《慈善法》公布前设立的基金会、社会团体、社会服务机构等非营利性组织申请认定为慈善组织,应当符合下列条件:①申请时具备相应的社会组织法人登记条件;②以开展慈善活动为宗旨,业务范围符合《慈善法》第3条的规定;申请时的上一年度慈善活动的年度支出和管理费用符合国务院民政部门关于慈善组织的规定;③不以营利为目的,收益和营运结余全部用于章程规定的慈善目的;财产及其孳息没有在发起人、捐赠人或者本组织成员中分配;章程中有关于剩余财产转给目的相同或者相近的其他慈善组织的规定;④有健全的财务制度和合理的薪酬制度;⑤法律、行政法规规定的其他条件。①

2. 办理流程

存量社会组织的认定需按照《慈善组织认定办法》,在各省(自治区、直辖市)党委和政府统一领导下,按照审慎推进、稳步过渡的原则进行认定。2017年四川省民政厅根据《慈善法》和《慈善组织认定办法》相关规定,顺利完成了首批共14家省级慈善组织的登记、认定工作,换发了标注有"慈善组织"字样的社会组织法人登记证书。② 其中,存量社会组织认定为慈善组织的流程如图5-4所示。

图5-4 存量社会组织认定为慈善组织的流程

(二) 增量社会组织登记为慈善组织

《关于改革社会组织管理制度促进社会组织健康有序发展的意见》规定,提供扶贫、济困、扶老、救孤、恤病、助残、救灾、助医、助学服务的公益慈善类社会组织,直接向民政部门依法申请登记。

登记管理机关应当依据《慈善法》第8条、第10条的规定受理慈善组织的设立申请,并根据申请人所选的基金会、社会团体或社会服务机构(民办非企业单位)组织形式,按照

---

① 申请慈善组织认定办事指南[EB/OL].(2016-09-01).https://chinanpo.mca.gov.cn/xwxq?newsType=2351&id=7483&search=%E6%85%88%E5%96%84%E7%BB%84%E7%BB%87%E6%B3%A8%E5%86%8C%E7%99%BB%E8%AE%B0.

② 胡和.四川省首批14家省级慈善组织登记(认定)工作完成[J].中国社会组织,2017(8):62.

有关登记管理条例规定的条件要求发起人提交申请材料。申请材料中,应当明确以下内容:设立申请书应当明确提出设立慈善组织的意愿,以及该组织符合《慈善法》规定的慈善组织宗旨、业务范围等情况的说明;章程中有关财产管理使用的一章中要增加项目管理制度的规定,终止和剩余财产处理一章中要增加"清算后的剩余财产,应当按照慈善组织章程的规定转给宗旨相同或者相似的慈善组织;章程未规定的,由民政部门主持转给宗旨相同或者相近的慈善组织,并向社会公告"的规定。

二、慈善组织公开募捐备案

慈善募捐是慈善活动的重要环节,是慈善组织筹集慈善财产的主要方式,也是开展慈善活动的前提和基础。根据慈善组织的性质、规模不同,慈善组织筹集资金的方式分为公开募捐和非公开募捐。《慈善法》实施后规定符合条件的慈善组织可以申请公开募捐资格,具有公开募捐资格的慈善组织虽在筹集资产时可以向公众开展募捐活动,有一定灵活性,但在信息披露方面也会负有更重的义务。

《慈善法》第 24 条规定:"开展公开募捐,应当制定募捐方案。募捐方案包括募捐目的、起止时间和地域、活动负责人姓名和办公地址、接受捐赠方式、银行账户、受益人、募得款物用途、募捐成本、剩余财产的处理等。募捐方案应当在开展募捐活动前报慈善组织登记的民政部门备案。"《慈善组织公开募捐管理办法》第 11 条规定:"慈善组织应当在开展公开募捐活动的 10 日前将募捐方案报送登记的民政部门备案。材料齐备的,民政部门应当即时受理,对予以备案的向社会公开;对募捐方案内容不齐备的,应当即时告知慈善组织,慈善组织应当在 10 日内向其登记的民政部门予以补正。"

(一)慈善组织公开募捐备案受理条件

慈善组织公开募捐活动备案需满足以下受理条件。

(1)慈善组织公开募捐活动备案应当在其登记的民政部门管辖区域内进行,确有必要在其登记的民政部门管辖区域外进行的,应当报其开展募捐活动所在地的县级以上人民政府民政部门备案。

(2)具有公开募捐资格的慈善组织申请公开募捐活动备案的,应当在民政部门统一指定的平台上发布募捐信息。

(3)开展公开募捐,应当制订募捐方案。

(4)募捐方案应当在开展募捐活动 10 日前报慈善组织登记的民政部门备案。[1]

(二)慈善组织公开募捐备案过程

民政部门对募捐方案进行的事前备案,是出于对慈善组织有关活动进行事中事后监管的需要,不是行政审批。为此,《慈善法》和《慈善组织公开募捐管理办法》都并未规定未

---

[1] 慈善组织公开募捐管理办法[EB/OL].(2016-08-31). https://www.gov.cn/gongbao/content/2017/content_5181091.htm.

经备案不得开展公开募捐活动。但是,如果慈善组织"未依法报备募捐方案",按照《慈善法》的规定要追究其法律责任。慈善组织在开展公开募捐活动前应向登记的民政部门备案,在异地开展公开募捐活动的还要提前向当地的民政部门备案。由于不是行政审批,所以在备案的程序、材料上都比较简便(图 5-5)。①

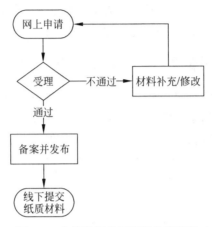

图 5-5 慈善组织公开募捐备案流程

资料来源:西双版纳傣族自治州人民政府门户网站。

三、慈善组织的终止和清算

为建立健全慈善组织退出机制,各省(区、市)民政部门纷纷出台了慈善组织终止和清算的相关规定,其中上海市制定的《上海市慈善条例》《上海市慈善组织认定和取消认定暂行办法》对上海市慈善组织的退出和清算进行了规范和细化。

(一)慈善组织的终止

《慈善法》第 17 条规定了慈善组织终止的五种情形:一是出现章程规定的终止情形的;二是因分立、合并需要终止的;三是连续二年未从事慈善活动的;四是依法被撤销登记或者吊销登记证书的;五是法律、行政法规规定应当终止的其他情形。比如,有的因严重违法受到行政处罚被剥夺了法人资格;有的慈善组织使命改变,不再具备公益性了,但仍然具有非营利性;有的连非营利性也不具备了,虽然组织的法人能力仍然存在,但由于注册管辖适用于不同的法律体系,故也只能先终止再重新注册新的法人。②

《上海市慈善组织认定和取消认定暂行办法》规定了慈善组织取消认定的四种情形:一是不再从事慈善活动的;二是慈善活动的年度支出和管理费用不符合国务院民政部门关于慈善组织的规定的;三是被民政部门列入活动异常名录或者严重违法失信名单的;

---

① 马昕,朱火红.慈善组织公开募捐资格和公开募捐活动管理——《慈善组织公开募捐管理办法》解读[J].中国社会组织,2016(18):11-12.

② 慈善组织的登记、认定和终止[J].大社会,2016(4):69-71.

四是有其他违反法律、法规、国家政策行为的。①

（二）慈善组织的清算

存在《慈善法》第17条规定的慈善组织终止情形的,应当按照慈善组织终止的有关规定处理。

慈善组织申请取消慈善组织认定的,应当成立清算组,对慈善组织的财产进行清算,并向社会公告。清算后的剩余财产数额高于其认定为慈善组织时的净资产数额的,保留认定为慈善组织时的净资产数额,其余按照慈善组织章程规定或者决策机构的决议用于慈善目的;无法按照慈善组织章程的规定或者决策机构的决议处理的,由民政部门主持转给宗旨相同或者相近的慈善组织,并向社会公告。

《上海市慈善组织认定和取消认定暂行办法》规定,申请取消慈善组织认定的基金会、社会团体、社会服务机构,应当向登记的民政部门提交下列材料:

(1) 申请书;
(2) 按照本办法第10条规定召开会议形成的会议决议;
(3) 注册会计师出具的财务审计报告;
(4) 慈善财产清算报告;
(5) 法律、法规、规章等规定的其他材料。

有业务主管单位的,还应当提交业务主管单位同意的材料。具有公开募捐资格的慈善组织申请取消慈善组织认定的,还应当提交公开募捐资格注销申请书。②

第三节　慈善组织内部治理

慈善组织管理需要了解慈善组织的外部环境,顺势发展,依法管理,但更需要内部管理,提高内部治理效能,发挥慈善组织主观能动性,变不利环境为有利环境,变危机为机遇。

一、慈善组织的法人治理

（一）法人的概念与慈善组织法人的分类

法人是具有民事权利能力和民事行为能力、依法独立享有民事权利和承担民事义务的组织,或者说是具有民事权利主体资格的组织。③根据2021年1月1日起正式实施的《中华人民共和国民法典》,以取得利润并分配给股东等出资人为目的成立的法人,为营利法

扩展阅读5-1　慈善组织法人治理的内涵的发展

---

① 上海市民政局.上海市民政局关于印发《上海市慈善组织认定和取消认定暂行办法》的通知[EB/OL].(2022-08-03). http://mzj.sh.gov.cn/MZ_zhuzhan2739_0-2-8-15-55/20220803/203fe0c0a8674918bcaa9cebb1acf255.html.
② 同①。
③ 郁建兴,王名.社会组织管理[M].北京:科学出版社,2019:65-69.

人；为公益目的或者其他非营利目的成立，不向出资人、设立人或者会员分配所取得利润的法人，为非营利法人。

《中华人民共和国民法典》规定的非营利法人包括事业单位、社会团体、基金会、社会服务机构等。慈善组织法人至少涵盖了其中社会团体、基金会和社会服务机构三个类别。

社会团体要取得法人资格，必须满足以下三个条件。

(1) 有必要的财产和经费。社会团体需要一定的财产和经费开展活动，其来源包括：国家拨给，其他组织或公民个人提供，集资等。但不管来自何种途径，这些财产和经费应由社会团体独立支配使用，并能以之来承担民事责任，这样才符合法人资格的要求。

(2) 有组织名称、组织机构和场所。社会团体的性质的差异决定了其名称的差异，进而组织机构和活动场所也有所不同，如××工会委员会、××协会等。

(3) 能够独立承担民事责任。社会团体如果不能独立承担民事责任，就不具备法人资格，其民事责任必须由具有法人资格的上级单位或机关来承担。

基金会的法人资格需满足以下条件：①有明确的公益目的；②原始基金（非公募基金会）不低于200万元人民币，且原始基金必须为到账货币资金；③验资证明和住所证明；④成立公益基金会的申请，应当向登记管理机关提交相关文件；⑤有规范的基金会名称、章程、组织机构以及与组织目标技能要求相适应的专职工作人员。

社会服务机构的法人资格需满足以下条件：①不以营利为目的；②有明确的社会服务范围；③有规范的名称、章程；④有与开展服务相适应的合法财产；⑤有与其业务活动相适应的组织机构、场所、工作人员；⑥有独立承担民事责任的能力；⑦法律、行政法规规定的其他条件；⑧社会服务机构注册资金不得低于3万元人民币。若社会服务机构在省级以下地方人民政府民政部门申请登记，其注册资金具体标准无全国统一规定，而是由各省级人民政府制定。

(二) 慈善组织法人治理的定义

狭义的慈善组织法人治理是指非营利性团体的高层政策领导或管理的活动和过程，通常情况下是董事会的主要职能，更具体一些是董事会会议、执行董事或董事会主席以及委员会的职责。广义的慈善组织法人治理，还包括社会组织与政府、企业、其他社会组织、捐助人、志愿者、服务对象、社会公众、媒体等利益相关者的治理。

本书对慈善组织法人治理的定义是：社会团体、基金会和社会服务机构等慈善组织的理事会和高级管理层承担起按照法规政策和章程健全法人治理结构和运行机制以及党组织参与社会组织重大问题决策等制度安排，完善会员大会（会员代表大会）、理事会、监事会制度，健全内部监督机制和规范机制，落实慈善组织民主选举、民主决策和民主管理，独立承担法律责任等一系列职责。

在慈善组织法人治理的基础上，通过完善慈善组织的章程，党建引领慈善组织发展，慈善组织内部进行战略管理，使慈善组织的结构更为健全，有利于提高慈善组织项目开展的效率和确保项目成果的质量，从而实现慈善组织的目标和愿景。

(三) 慈善组织法人治理的特殊性

慈善组织法人治理具有法人组织治理的核心要素与功能,即通过建立合理的组织架构、权力配置与制衡机制,确保所有人对经营者的监督与激励。同时,慈善组织的目标与性质决定了其法人治理具有一定的特殊性,主要表现在以下两个方面。

扩展阅读5-2　慈善组织法人治理的重要性

1. 产权结构的特殊性

在慈善组织中,所有人、经营者和受益人三方是分离的。法人治理目的在于对代理者进行有效的激励和监督。法人组织中主要有两种代理者:董事会(理事会)是法人所有者的代理者,高级管理层是董事会(理事会)的代理者。在社团法人中,慈善组织所有者的剩余控制权和剩余索取权受到了一定的限制,在基金会、社会服务机构等捐助法人中,捐赠人甚至不再是组织的所有者,让渡了大部分的剩余控制权和所有的剩余索取权。这使得慈善组织的所有者和捐赠者缺乏充分的经济动机来监督董事会(理事会)与高级管理层。慈善组织也不得向包括理事会和秘书处在内的任何组织成员分配利润。换言之,慈善组织的理事会和秘书处在行使法人控制权时,并不与组织所有者分享剩余索取权,无法像企业中的董事会和高管那样,获得分红、股权激励等经济收益。因此,如果仅从经济角度来看,权责不匹配制约着慈善组织所有者对其代理人进行激励和监督的能力。

2. 组织使命的引领作用

组织使命是对组织成立宗旨、价值观和愿景的集中论述。组织目标是对组织使命的持续践行,由于慈善组织无法像营利法人组织那样设立诸如利益、产值、销售额、股票市值等明确、可量化的经营性指标,慈善组织在法人治理中要比营利法人组织更依赖于组织使命的引领,以确保治理方向的正确性。由于缺乏类似公司企业中的那些强有力的经济绩效考核奖惩手段,慈善组织在治理中无法仰赖成员的"逐利"动机。同时也必须看到,人们加入社会组织的主要目的在于追求非经济性的目标。这一方面要求慈善组织中包括其代理人在内的组织成员必须具有更强的责任心和奉献精神,另一方面慈善组织也可以通过一些非经济性收益(如荣誉、声望、自我价值实现等)来替代经济收益对成员进行有效激励。因此,对组织使命、集体与公共利益的宣扬与追求,在社会组织法人治理中就显得格外重要,是增强组织成员认同感、凝聚力和工作积极性的根本保障。

二、慈善组织章程

(一) 慈善组织章程的定义

章程,是组织、社团经特定的程序制定的关于组织规程和办事规则的规范性文书,是一种根本性的规章制度。章程与规则的关系类似于宪法和法律。慈善组织章程是指慈善组织必备的由慈善组织会员(理事)或发起人共同制定并对慈善组织、会员、理事、监事、高级管理人员具有约束力的调整慈善组织内部关系和业务活动的自治规则,是以书面形式固定下来的反映全体会员(理事)共同意思表达的基本法律文件。慈善组织章程记载了组织名称、住所、资金、宗旨、活动地域等基本信息,对慈善组织的业务范围、治理结构、财务管理,以及组织终止等重大事项进行规定。①

(二) 慈善组织章程的内容

完善的慈善组织章程可以鼓励和引导慈善组织发展,保护慈善组织及其成员的合法权益,提高慈善组织规范化程度,促进慈善组织发挥积极作用。不同慈善组织章程的内容也有所不同。

《社会团体登记管理条例》②规定社会团体的章程应当包括下列事项:名称、住所;宗旨、业务范围和活动地域;会员资格及其权利、义务;民主的组织管理制度,执行机构的产生程序;负责人的条件和产生、罢免的程序;资产管理和使用的原则;章程的修改程序;终止程序和终止后资产的处理;应当由章程规定的其他事项。

《基金会管理条例》③规定基金会章程应当载明下列事项:名称及住所;设立宗旨和公益活动的业务范围;原始基金数额;理事会的组成、职权和议事规则,理事的资格、产生程序和任期;法定代表人的职责;监事的职责、资格、产生程序和任期;财务会计报告的编制、审定制度;财产的管理、使用制度;基金会的终止条件、程序和终止后财产的处理。

虽然国家民政部社会服务机构没有对社会服务机构章程的内容作出明确规定,但地方政府为了加强社会服务机构的监管、规范社会服务机构的发展,纷纷对本地社会服务机构章程的内容作出了规定,下文分析河南省鹤壁市发布的《社会服务机构章程示范文本》④。

扩展阅读 5-3 河南省鹤壁市社会服务机构章程示范文本

河南省鹤壁市发布的《社会服务机构章程示范文本》中规定,社会服务机构章程中应载明下列事项:名称、性质及宗旨;举办者、开办资金及业务范围;理事会的组成、职权和议事规则,理事的资格、产生程序和任期;监事的职责、资格、产生程序和任期;法定代表人;资产管理、使用原则及劳动用工制度;章程的修改;终止和终止后资产处理;信息公开;党建工作;附则。

(三) 慈善组织章程的主要功能

(1) 加强党对社会组织的领导,充分发挥党组织战斗堡垒作用,为慈善组织提供制度保障。慈善组织章程中党的建设和社会主义核心价值观有关内容从源头上确保了社会组织正确的政治方向和鲜明的价值导向,对推进社会组织健康有序发展,引导社会组织发挥正能量具有重要意义。

(2) 明确理事会、监事会、秘书处的职责,完善慈善组织治理结构。规范慈善组织理事会、监事会和秘书处的权责,形成决策机构、监督机构与工作人员之间权责分明、各司其职、有效制衡、科学决策、协调运作的工作体制和机制。

---

① 徐勇. 社会组织章程自治及其对策分析[J]. 中共南京市委党校学报,2016(6):74-79.
② 社会团体登记管理条例[EB/OL]. https://www.gov.cn/gongbao/content/2016/content_5139379.htm.
③ 基金会管理条例[EB/OL]. (2005-05-23). https://www.gov.cn/zwgk/2005-05/23/content_201.htm.
④ 鹤壁市民政局. 社会服务机构章程示范文本[EB/OL]. (2018-12-12). https://hbmzj.hebi.gov.cn/mzfw/mjzz/mbfqydw/art/2022/art_8ddd85fb6d724f408eaae9a863ac7338.html.

（3）加强项目管理，堵塞管理漏洞。慈善组织项目管理是慈善组织监管的重要环节，应通过制定和修改慈善组织章程，使慈善组织项目的各个环节更加规范、高效。

三、慈善组织的战略管理

（一）慈善组织战略管理的定义

战略是为实现组织使命和目标而采取的途径与方式。我国学者王名认为，非营利组织本身的使命决定了组织的业务相对稳定，而且非营利组织的最终目标不是回报董事，而是满足公共利益，其在操作过程中受到了非营利性这个特征的约束，因此用战略管理的策略来推动非营利组织的发展显得格外重要。[①]

本书认为慈善组织战略管理是为实现组织的使命和目标，制定战略决策、实施战略方案、控制战略绩效的动态管理过程。战略管理包含处理组织的外部环境、使命和目标，战略管理途径有三个主要的特征：界定目标和目的；提出能够协调组织与环境的行动计划；设计有效的执行方法。[②]

（二）慈善组织战略管理的过程

为了使战略管理过程更为直观，我们把战略管理活动分为描述历史背景、环境评估、提出议题议程、制定战略，评估可行性和实施战略六个阶段。

1. 描述历史背景

在描述历史背景过程中，战略管理小组要识别出慈善组织外部环境变化与其承受压力之间的关系，并在此基础上确定组织的愿景和目标。

系统主要包括四个组成成分：社会需求、项目、资源和管理实践。具体来说：①慈善组织的社会需求包括监督主体向组织提出要求和组织察觉到服务对象的要求两个部分；②项目是慈善组织所提供的服务及其所指向的服务对象；③资源是组织执行项目时可以使用的手段，包括财务手段、人员手段和物质手段；④管理实践指组织的能力和战略，组织行政机制就是以它们为中心而构建的。其方向的变化可以相应地分为四类：①市场从按需求提供服务转向按配额提供服务；②资源由政府预算转向社会捐赠；③项目中由针对低收入群体的非专业化服务，转向针对地方工商企业的专业化服务；④管理实践由被动反应转向采取主动姿态。

2. 环境评估

当今世界正面临百年未有之大变局，各种技术革新、模式革新层出不穷，管理方式发生深刻变化，这就要求各类型慈善组织结合外部环境趋势变化以及内部自身要素的变化，制定和修订慈善组织战略，确保社会组织向正确的战略方向发展前行。

（1）内部环境。慈善组织内部环境决定了组织内部控制存在和发展的空间，内部控制环境决定着其他控制要素作用的发挥。资源、战略和绩效是慈善组织内部环境的三个

---

① 王名.非营利组织管理概论[M].北京：中国人民大学出版社，2002：81-102.
② 吴东民，董西明.非营利组织管理[M].北京：中国人民大学出版社，2003：174-181.

方面：资源是指慈善组织的资金、信息、人力、品牌和文化内涵；战略包括慈善组织整体战略、项目战略以及业务流程；绩效包括绩效指标、当前绩效结果以及历史绩效。

扩展阅读5-4 外部环境评估方法PEST

（2）外部环境。慈善组织外部环境主要包括社会环境、主要资源控制者和竞争者。社会环境主要包括政治环境、经济环境、文化环境、技术环境和法律环境；主要资源控制者包括政府和捐赠者；竞争者主要包括竞争者未来的目标、假设、现行战略和潜在的能力。

3. 提出议题议程

议题是组织面临的困难，对组织运作方式和组织实现其目标使命的能力有重大影响，而且组织成员无法达成一致，议题既可以是组织内部的，也可以是外部的，或二者兼有。一般情况下，慈善组织的战略管理小组找出当前阶段需要解决的许多问题，在发现问题的基础上创建一个问题议程。组织外部环境的动态变化和其自身的动态变化，使战略问题议程需要定期进行更新和修正，纳入新的议题，删除不合时宜的议题。

问题议程在战略管理中起到承上启下的作用，因为余下的活动较多集中于确定处理主要议题的实质性活动，但是较少关注历史背景。

4. 制定战略

在第四阶段中，战略管理小组确定可行的战略行动，以处理每个议题。第四阶段要从最重要的议题开始，不同的议题会使慈善组织产生对优势（strengths）、劣势（weaknesses）、机会（opportunities）、威胁（threats）（SWOT）的不同配置。SWOT重要性的变化使战略管理小组认识到组织内外作用于组织的动态因素。为了确定组织将采取的战略行动，战略管理小组需要一份清单，上面列出了组织需要优先考虑的议题，以及组织的优势、劣势、机会和威胁。

5. 评估可行性

对慈善组织战略的可行性评估不同于传统的可行性评估。

首先，需要探讨新的战略会对其利益相关者造成何种影响，各利益相关者将如何影响新战略的执行。慈善组织需要关注与战略有政治、财政、管理、职业利益或利害关系的人和组织，对其重要性进行排序，并预测它们将采取何种行动应对战略的制定和实施。

其次，可行性评估还需评估组织执行战略所需的资源，即对慈善组织所需的财政资源，所需的政治法律管理、职业资源和那些能分配这些资源的人进行评估。通过利益相关者和资源分析决定组织成功执行战略所需要的组织与利益相关者及资源供应者之间的共同协议，高层管理者对建立这样的共同协议负主要责任，而操作性和技术性的工作则被委以下属，第五阶段的可行性评估要确定组织必须加以管理的关键人物和权力中心，并明确执行过程中必不可少的资源。

6. 实施战略

要对每一类资源进行分析，以决定每类资源中各种资源的数目和比例，尤其是对"要素匮乏"与"核心支持"两类资源中的资源数目进行对比。一般情形下，依赖于匮乏资源的战略是危险的，组织必须采取相应策略管理资源：第一，改变目标用户，其资源可以从辅助支持转变为核心支持，这个方法可能需要组织外部权威网络的同意；第二，内部资源再分配，重新制定预算，将一些不重要项目的预算调整到战略发展项目上来；第三，请求那些拥护组织战略的重要利益相关者为组织筹划资金,或从其他项目中再争取分出一部分资金,从而使组织的战略变得可行。一般来说,争取关键用户和组织权威网络中重要人物的支持,是战略实施的关键。

四、慈善组织结构

我国慈善组织的结构设计并不复杂,在部门设计上一般采用职能制、直线制,层级上偏向于高耸型设计,上下级分工明确。① 其通常具备的部门有理事会、监事会、秘书处、办事机构(包括宣传部、资金部、项目部等)等。

(一)会员制慈善组织治理结构基本框架

会员制慈善组织主要是指以社会团体为组织形式的慈善组织,此类组织由会员组成,图 5-6 所示为中华慈善总会组织架构。

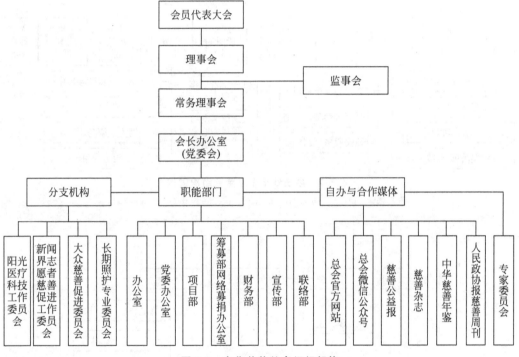

图 5-6 中华慈善总会组织架构

资料来源:http://www.chinacharityfederation.org/n.html?id=8c1e57f3-67bc-4c07-8a13-4b29f1b46d46.

会员大会或会员代表大会是该类慈善组织的权力机构,拥有最高决策权,选举产生理事会;理事会或常务理事会是该类慈善组织的执行机构,由会员大会或会员代表大会产生,对会员大会或会员代表大会负责,并执行会员大会或会员代表大会的决议;监事会是该类慈善组织的监督机构,负责监督组织财务和章程的执行情况;秘书处是该类组织的日常办事机构,由秘书主持开展组织日常事务,处理组织各类日常事务。

---

① 李莉,宋蕾放.中国慈善组织结构的"趋同性"分析及反思——基于制度学派的视角[J].学会,2011(11):3-9.

(二)非会员制慈善组织治理结构基本框架

采用非会员制组织形式的慈善组织主要包括基金会和社会服务机构(原民办非企业单位),图 5-7 所示为中国红十字基金会组织架构,图 5-8 所示为中联肝健康促进中心组织架构。

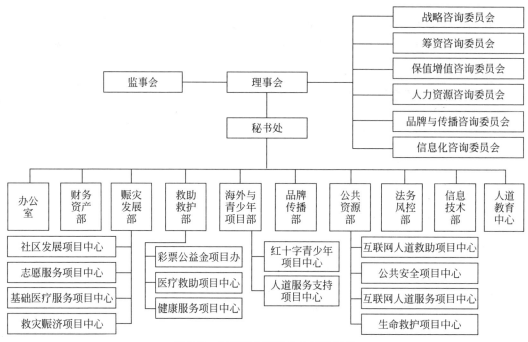

图 5-7 中国红十字基金会组织架构

资料来源:https://crcf.org.cn/article/category/about_zuzhijiagou.

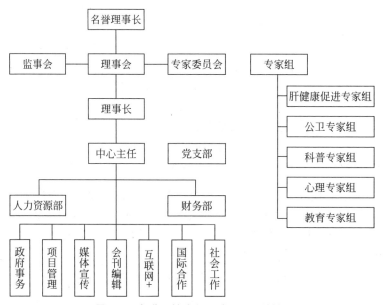

图 5-8 中联肝健康促进中心组织架构

资料来源:http://www.liver.org.cn/portal.php? mod=view&aid=15.

对于无会员的慈善组织,其权力机构的职能由理事会行使,故该类慈善组织的权力机构为理事会,规模较大的组织会在决策机构下设若干专业委员会,以提高决策效率和效果;对于监督机构,非会员制慈善组织会设置监事会、审计委员会;对于执行机构,非会员制慈善组织根据组织的使命和需求进行不同配置,如社会服务机构的执行机构由组织负责人直接领导,而基金会则由秘书长领导秘书处开展组织日常事务管理。

会员制和非会员制慈善组织法人治理结构的共同之处是都有理事会和监事会,这两个机构也是法人治理结构的核心组成部分。

理事会的核心职能包括确定宗旨、战略规划和监督控制。理事会的首要职责是确定适用于本组织的宗旨或使命,能够在组织中具有普遍适用性并具有强大凝聚力,将其贯彻到组织运行的全过程。以此为基础,董事会必须站在战略的高度对组织的活动进行规划,既要以宗旨为导向立足长远进行远景规划,又要根据具体的内外环境提出短期规划,从而使各个部门在具体事务的运作过程中有章可循。此外,理事会还直接领导执行部门,并对业务人员执行决策的情况进行监督和控制,对高级管理人员进行业绩评价与考核,对于执行人员违反组织章程和法律的行为给予处罚和寻求法律救济,对于监事怠于行使职权的行为可以独立的诉讼主体地位进行司法诉讼。

监事会作为监督机构,其基本职能是代表捐助人监督理事会和执行部门等机构以及个人的决策和执行行为,确保其依法合理地行使职权而不滥用职权。监事会监督的重点是财务审计监督。具体来说,其主要包括两项内容:第一,检查和审计组织的财务状况,监事会有权对组织的财务会计报表进行查核,由自身或聘请专业会计人员予以审计,包括资产负债表、损益表、财产情况变化表等内容;第二,监督理事和执行人员的业务活动,检查其是否遵守章程和法律、行政法规,并对其报酬状况进行审查。与理事会相同,当违法状况出现时,监事会有权以独立的诉讼主体地位提起诉讼。[①]

第四节 慈善组织绩效管理

随着慈善组织数量的增加及规模的扩大,有必要通过慈善组织绩效管理制度激励慈善组织的发展。本节主要介绍慈善组织绩效管理的定义、必要性和意义,慈善组织绩效管理的过程和评价方法,以及慈善组织绩效考核与评估。

一、慈善组织绩效管理概述

(一)慈善组织绩效管理的定义

绩效包括个人绩效和组织绩效两个方面,是组织在不同方面和不同层面的有效输出。个人绩效的实现是组织绩效目标实现的基础,但不能保证组织绩效的有效实现。绩效的界定主要体现在三个方面:第一,绩效是组织和个人输出的结果;第二,绩效是组织和个人的行为,其目的是实现组织的目标;第三,绩效与员工潜能有密切关系,强调关注员工

---

① 郭大林.我国慈善组织管理能力提升的障碍与突破[J].天津大学学报(社会科学版),2015,17(2):177-182.

素质,关注员工和组织的未来发展。

慈善组织绩效管理是指慈善组织的管理者和员工(志愿者)为了实现慈善组织的目标和使命,共同参与的绩效计划制订、绩效辅导沟通、绩效考核评价、绩效结果应用、绩效目标提升的持续循环过程,绩效管理的目的是持续提升个人、部门和组织的绩效,对组织发展具有重要意义。

(二)慈善组织绩效管理的必要性

1. 节约管理者的时间成本

慈善绩效管理可以使员工明确自己的工作任务和目标,通过赋予员工必要的知识来帮助他们进行合理的自我决策,减少员工之间因职责不明而产生的误解。通过帮助员工找到错误和低效率的原因来减少错误和提升效率;通过找出通向成功的障碍,以避免日后付出更大的代价。领导不必介入员工正在从事的各种事务,进行过细管理,从而节省时间去做自己应该做的事情。从这一认识出发,我们可以认为绩效管理是一种为防止问题恶化而进行的时间投资。[①]

2. 减少组织内冲突

慈善组织绩效管理集中于讨论组织员工的工作成就和进步,鼓励员工就绩效展开自我评价以及与组织交流对绩效的看法,而不是就组织低下的绩效进行批判。组织内的问题发现得越早,就越容易解决,冲突的发生就是因为管理者在问题变得严重之前没有及时处理。管理者应该改变其观念,把绩效管理看成员工与组织的合作过程,进而减少组织内冲突,增强组织合作力。在此基础上,员工因对工作及工作职责有更好的理解而受益。所以,绩效管理是一项管理投资,其途径是减少组织内冲突。

3. 适应慈善组织结构调整和变化

大多数慈善组织结构调整是社会状况改变的反映,其表现形式如缩小规模、适应性、高绩效工作系统、战略性业务组织、授权、减少管理层次等。慈善组织的组织结构调整要求组织的管理思想进行相应改变,如让员工参与到组织决策中,以提高他们对工作的投入度;给员工更大的自由裁决权,以提高员工的主动性;给员工更多的培训和学习机会,不断增加他们的知识储备等。这一切在绩效管理系统顺利实施的情况下,才得以实现。

(三)慈善组织绩效管理的意义

1. 有效推进组织战略的实施

当慈善组织计划提高组织执行力的时候,必须将绩效管理当作提高执行力的核心工具。慈善组织借助绩效管理程序,将组织战略转化为具体、可视的定性目标和定量目标,组织目标借助科层制,自上而下层层分解成各级部门和员工实际的行动计划。在此程序下,组织成员的目标与组织目标不会发生较大偏离,而是保持动态一致。慈善组织可以通过定期和不定期的考评和评估来保证目标结果的实现。绩效管理是最好的指挥棒,它可

[①] 马作宽.组织绩效管理[M].北京:中国经济出版社,2009:21-22.

以把组织引导到与目标相匹配的方向上。

2. 形成一个好的预警系统

通过自下而上、周期性地提交绩效报告和评估报告,慈善组织绩效管理可以清楚、及时地反映整个慈善组织重要项目的实施情况,实现组织对绩效目标的监控实施。在评估的过程中,绩效管理小组一旦发现问题就可以及时发出信号,对问题进行修正,使项目回归正常轨道,避免问题严重化。因为提前确定了重要的信息节点,通过在这些节点获得重要信息,慈善组织得以更好地控制项目的预期发展。

3. 增强慈善组织竞争力,推动慈善组织的整体发展

如同企业绩效考核对企业的作用,慈善组织的绩效管理与慈善组织竞争力也是正相关的。合理有效的慈善组织绩效考核体系,不仅可以帮助慈善组织选拔优秀的人才,还可以增强慈善组织的公信力,慈善组织以此获得更多的外部资源。面对慈善领域越来越多的竞争者,慈善组织不得不通过绩效管理进行自我完善以提高自身管理水平,并持续不断地争取利益相关者对组织的资源支持。

二、慈善组织绩效管理的过程和评价方法

(一)慈善组织绩效管理的过程

绩效计划阶段、绩效执行阶段、绩效考核评估阶段和绩效改善阶段是慈善组织绩效管理的四个阶段,但这四个阶段并不是一个单向的过程,而是一个 PDCA(计划、执行、检查、处理)循环(图 5-9)。

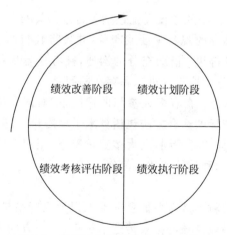

图 5-9 慈善组织绩效管理 PDCA 循环

1. 绩效计划阶段

绩效计划是绩效管理循环的起点,是关于工作目标和标准的契约,也是管理人员和员工对目标和标准达成一致意见形成契约的过程,其具体表现形式是一份用于指导员工行为的计划书。此阶段组织的主要任务是制定绩效指标和设定绩效标准。

2. 绩效执行阶段

慈善组织绩效管理可以提供一条管理者与员工之间真诚合作的途径,通过构建双方

的信任，减少问题的产生，所以在执行阶段首先要通过培训和渗透，使组织所有成员明白绩效管理旨在组织的成功与进步以及组织目标的实现，而不是仅关注效率低下的问题。要在组织中开展绩效标准的培训、绩效信息收集方法的培训、绩效考核指标培训、绩效考核方法培训、考核者误差培训和绩效反馈培训。绩效培训的主要内容要根据不同组织的情况而确定，并没有统一的模式，每一次的培训内容可以针对不同的问题来进行计划和安排。

除绩效培训之外，持续的绩效沟通也是必要的。管理者和员工就工作进展情况、工作中潜在的障碍和问题、工作中产生的问题和解决问题的措施，以及就出现的问题管理者如何向员工提供帮助等进行沟通，为工作人员实现组织目标提供条件。

3. 绩效考核评估阶段

慈善组织绩效考核可以分成社会性考核、使命与战略规划考核、项目考核和组织能力考核四个维度。社会性考核主要强调提高责任感与社会公信度；使命与战略规划考核以明确发展方向、促进持续发展为导向；项目考核重在促进效率的提高；组织维度和类指标有着较为直接，甚至是一一对应的关系，考核维度直接体现了类指标的原则要求。当然，并不是所有的考核维度都具有这种特征。

对于慈善组织而言，绩效考核的程序并不是固定不变的范式，慈善组织在绩效考核过程中应根据本组织特点作出安排，但绩效考核仍要根据以下流程开展。

(1) 绩效考核前的准备。为了使考核工作有条不紊地开展，必须确定有经验、有知识、有能力的考核者，建立一套合理的考核体系，让被考核者了解相关信息并对考核者进行考核培训。

(2) 绩效考核的实施。绩效考核实施包括：储存相关的考核信息；回顾被考核者在各个绩效维度给考核者储存的观察画面或印象，并且将其与标准绩效维度进行对比；考核被考核者并确定其考核等级；借助充分的沟通，被考核者从各个绩效维度了解到考核的结果，认识到自己在工作中取得的进步和存在的问题。

(3) 绩效考核结果综合。在有多人参与的情况下，对同一项目的绩效考核结果不一定相同。不同项目考核指标的综合方法包括算术平均法和加权平均法等。但由于慈善组织考核的目标、层次及具体职务不同，在大多数情况下，组织对不同绩效考核指标的综合一般采用加权平均法，且这种计算方法较简便。

4. 绩效改善阶段

在绩效改善阶段需要将绩效考核信息准确无误地反馈给员工，帮助员工认识到自己与标准绩效的差距。将绩效考核的结果传达给员工后，一方面要表扬和称赞员工在上一个绩效周期内取得的进步，如优秀业绩和其他值得肯定的行为；另一方面应将面谈重点放在诊断不良业绩上，就不良业绩产生的原因、解决的困难与员工进行讨论，因为这可能是阻碍员工发展、影响其业绩提高的难点，不良业绩的改善能解决员工的能力欠缺、态度不端正的问题。

要做好绩效改进，首先必须明确绩效考核强调的是人与标准比，而非人与人比；其次，绩效改进不是一蹴而就，而是将其作为部门日常管理工作的一部分；最后，帮助下属改进绩效、提升能力是主管人员的责任之一，也是组织目标实现的一个重要部分。管理人员要制订绩效改进计划,即采取一系列具体行为改进员工的绩效,包括做什么、谁来做、何时做。

(二)慈善组织绩效管理的评价方法

1. 平衡记分卡

平衡记分卡(Balance Score Card,BSC)是一种绩效评估方法,由哈佛商学院的罗伯特·S. 卡普兰(Robert S. Kaplan)和复兴全球战略集团创始人大卫·P. 诺顿(David P. Norton)在1992年对在绩效测评方面处于领先地位的12家企业为期一年的研究后设计而来。平衡记分法从财务、顾客、内部流程、学习与成长四个方面来评估组织的管理。2003年,保罗·尼文(Paul Niven)将平衡记分卡应用到非营利组织的绩效评定中,根据非营利组织的特点,在原有平衡记分卡基础之上,设计出专门用于非营利组织绩效评定的方法,在平衡记分卡中增加了愿景和策略两个方面(图5-10)。

扩展阅读5-5 平衡记分卡内涵

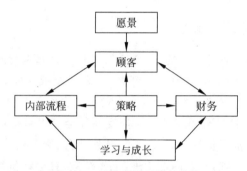

图5-10 慈善组织平衡记分卡

资料来源:NIVEN P R. Balanced Scorecard step-by-step for government and nonprofit agencies[M]. Hoboken,NJ:John Wiley & Sons Inc.,2012.

2. "3E""3D"评估方法

"3E"指的是效果性(effectiveness)、效率性(efficiency)以及经济性(economy)。[1] "3E"评估注重的是效果、效率和经济,所以更适用于营利性组织,且"3E"评估在绩效评价时不注重过程只注重结果。因此,"3E"评估会导致组织长期只注重结果,忽略自身建设和发展,被经营过程中的弊端蒙蔽双眼,进而只能在短期内得到发展。

"3D"指的是发展(development)、设计(design)以及诊断(diagnosis)三个指标。[2] "3D"评估能够将评估重点放在提升组织自身工作能力方面,但是其局限性在于不能对组织的绩效进行定量分析,所以在评估时很难形成横向比较,最终也无法确定组织奖惩的依据。

3. APC评估方法

APC(问责、绩效、组织能力)评估方法是针对中国社会组织客观存在的、迫切需要解

---

[1] CHECKLAND B P. Systems thinking,systems practice[M]. Hoboken,NJ:John Wiley & Sons Inc.,1981:271-284.
[2] 夏炜,叶金福,蔡建峰,等.非营利组织绩效评估理论综述[J].软科学,2010,24(4):120-123.

决的问题提出的适合中国社会组织发展的评估框架。邓国胜教授提出从问责（accountability）、绩效（performance）以及组织能力（capacity）三个方面对社会组织进行评估。[①] APC 理论侧重于建设社会组织能力和问责体系，问责指的是组织对社会公众的交代，非营利组织需要对其使用公共资源的途径、产生的社会影响和其所带来的社会效益对社会公众进行公开，社会公众可以直接了解到非营利组织的所有活动和支出是否符合法律法规的规定，是否存在背离公共责任的情况。

三、慈善组织绩效考核与评估

考核与评估是指运用科学的方法，收集、分析慈善组织的绩效信息，对慈善组织绩效结果进行考量的过程。一般而言，慈善组织绩效考核是组织内部对绩效实施情况的了解和掌握，慈善组织绩效评估则是第三方机构对慈善组织绩效实施效果的考量，第三方机构评估包括政府评估、行业协会评估和第三方专门机构评估，前文已经对慈善组织绩效考核进行了说明，下文主要就慈善组织绩效评估展开。

（一）慈善组织等级评定制度

由中华人民共和国民政部发布的于 2022 年 1 月 1 日起施行的《全国性社会组织评估管理规定》将社会组织评估结果分为 5 个等级，由高至低依次为 5A 级（AAAAA）、4A 级（AAAA）、3A 级（AAA）、2A 级（AA）、1A 级（A）。社会组织评估等级有效期为 5 年。其中，第 10 条指出："全国性社会组织评估应当反映社会组织坚持和加强党的全面领导，参与经济建设、社会事业、基层治理、服务国家、服务社会、服务群众、服务行业等方面的情况。评估内容主要包括基础条件、内部治理、工作绩效、社会评价等。"[②]

以基金会为例，评估采用 1 000 分制，评估结果设 5 个等级。以下是北京市基金会评估等级的划分：

评估得分 951 分以上为 5A 级（AAAAA）；

得分 901～950 分为 4A 级（AAAA）；

得分 851～900 分为 3A 级（AAA）；

得分 801～850 分为 2A 级（AA）；

得分 700～800 分为 1A 级（A）。

各地评估等级分数的划分略有差异，如广东省的 1A 是指 700 分及以下，以当地划分规则为准。

（二）慈善组织评估的框架及指标

早前，我国并未针对慈善组织进行法律层面的立法工作，而是以《社会团体登记管理条例》《基金会管理条例》及《民办非企业单位登记管理暂行条例》对慈善组织分别进行管

---

① 邓国胜.非营利组织"APC"评估理论[J].中国行政管理，2004(10)：33-37.
② 中央人民政府.民政部关于印发《全国性社会组织评估管理规定》的通知[EB/OL]．(2021-12-02). https://www.gov.cn/zhengce/zhengceku/2021-12/11/content_5659896.htm.

理。《慈善法》颁布之后，在法律层面上对慈善组织进行了整合，展现了我国对慈善组织的法律要求。在以往由官方主导的评估中，出于行政管理的目的，在指标的具体设计上以考察硬性条件的完成度为主，较为粗放，使用的具体指标如"程序""情况""方式"等词的表述方式不精准，客观可操作性较弱。

据此，本指标体系将《慈善法》法条逐条拆解并细化在具体指标中，并借鉴了国外关于财团法人、非营利法人及慈善法的相关法律规定，结合国外非营利组织评估中的成功经验，对其进行了本土化设计。目前，我国针对慈善组织的法律规定中，有部分法条原则性或指导性较强，可操作性较弱，无法在指标中进行细化。为了方便评估人员的操作，保持评估过程的客观性与公正性，在某些具体指标的细化上，本指标体系对国外与慈善组织相关的法律规定及国外行业协会评估指标进行了借鉴及转化。

我国慈善组织仍处于发展阶段，存在的问题无法简单地用法律规定予以衡量，以评估促进慈善组织的合规性与法治化治理固然重要，但针对目前我国慈善组织存在的主要问题进行指标设计，以提升我国慈善组织的自治能力及发展能力也不容忽视。因此，本指标针对我国慈善组织内部治理能力不足、国际化程度较低、公信力及信息透明度较低、服务效率较低等问题，进行了评估指标的设计。

慈善组织评估指标体系的设计共包括6个一级指标、40个二级指标以及139个三级指标。一级指标具体为法人治理、基础条件、财务情况、组织运转、信息公开和综合评价。其中，法人治理、基础条件、财务情况、组织运转主要考察慈善组织的"组织性"，即组织内部自治程度及管理情况；信息公开和综合评价主要考察组织"面向社会"的特征，重点评估组织的透明度及问责机制；财务情况、组织运转主要考察组织的非营利性和合规性，重点评估组织慈善募捐活动的合规程度、对慈善财产的运用以及资产管理情况；组织运转、信息公开和综合评价主要考察组织在设计慈善项目和整体的发展过程中是否符合慈善宗旨，是否具有公信力。

1. 法人治理与基础条件

慈善组织是一个法人组织，因此，评估最重要的部分是组织能否实现有效的法人治理、内部权力制衡，章程的设立是否符合法律的规定、符合慈善宗旨，从而明确组织后续能否有效运转。组织所具备的基础设施条件是组织有效推动慈善项目的开展、慈善服务的提供以及后续志愿者培训活动的基础。因此，在慈善组织评估指标体系的设计中，这两项指标十分重要，其中法人治理从章程、法定代表人、会员大会/理事会、监事会、诚信自律、换届6个角度评估慈善组织法人治理结构的合理性；基础条件从办公用房、工作人员构成、会员管理、专职人员、志愿者、秘书长、证书管理、印章管理和档案管理9个方面评估慈善组织基础条件的有效性和规范性。

首先，内部治理的结构和基础条件能够从组织内部环境出发，反映组织权力设置是否平衡与合理，评估组织内部各部门间协作运转的能力与效率，展现组织开展慈善活动的基本能力。

其次，从管理的角度看，慈善组织的持续稳定发展需要科学的决策与运营，而科学的决策与运营来自合理的决策层与管理层。若慈善组织结构简单、运行粗放、权力配置混乱、管理低效，其治理层面的不良因素将直接影响组织的决策能力与水平，并对组织的社会公信力造成负面影响,而评估组织是否已建立起完善的内部治理结构和自律机制,是促进组织良性发展和内部权力平衡的重要手段。

最后,由于部分慈善组织没有会员,组织结构、财产管理方法等都由章程加以规定,如果对其法人治理的权力分配及监督机制评估不足,将导致组织内部的权力滥用与财产滥用问题。

因此,只有考察组织内部成员大会、理事会、监事会间的义务与权责,才能有效促进组织完善治理,建立独立的理事会和有效的监督机构,从而进一步保障慈善组织发展的合规性和可持续性,提升慈善组织内部监督与自治能力。

2. 财务情况

财务指标主要解决慈善组织资金使用的合理分配以及财务合规问题,防止组织滥用、挪用慈善财产。其下设财务会计制度、财务登记合规、财务工作人员、会计核算、票据使用、经费使用、资产管理、财务审计、财务报告、年度检查 10 个二级指标。对财务情况的评估要求慈善组织建立合理、有效、完善的财务与会计管理制度,要求组织在整个运行过程中对一切与所开展的慈善项目相关的各项直接运行费用及财务支出均依照章程及法律法规的规定,符合慈善宗旨,督促组织进行高效、低成本的资产管理,进而评估慈善组织提供服务和活动的效率、成本及发展能力,以及慈善组织管理层对慈善财产的使用的合规性以及与宗旨的符合度。同时,评估慈善组织资产管理情况与经费使用情况,组织用于服务支出、员工薪酬、行政管理费用、筹资费用的合理性,能够确认和反映慈善组织向受益人提供服务的效率与组织运营的效果,促进慈善组织财务使用的合理、高效、节约以及合规。

3. 组织运转

组织运转是评估指标体系的重心,是慈善组织评估的核心组成部分,涉及慈善发展规划、募捐活动、慈善捐赠的合规性、慈善项目设立、慈善项目实施、志愿者管理、社会职能、沟通机制、宣传渠道与效果 9 个二级指标,从宏观上考量了慈善组织的发展规划以及项目整体设立和实施的情况,并兼顾对志愿者管理和组织社会职能的评估。在对组织运转的评估中,需要着重考察两个方面:第一,组织运转是否符合法律法规和组织章程的规定;第二,组织的运转是否具有效率,有助于慈善事业的发展。因此,除了关注一般的运转指标外,此体系中还对志愿者管理、社会职能、沟通和宣传进行了更细化的规定,因为在将来的发展中,志愿者将逐步成为慈善服务事业的主力军,而完善的志愿者管理制度、志愿者保险制度、培训活动和为志愿者提供的基础条件将成为吸引公众参与慈善事业的前提。同时,加强与政府及媒体间的信息沟通与合作,是慈善组织为确保信息有效地在内、外部传递而实施的获取信息并传递信息的重要活动,它能保证慈善组织的内、外部信息有效流动,提高慈善组织的管理效率,并为救灾捐赠等活动营造良好的舆论氛围。

4. 信息公开

在国外的慈善组织评估中,透明度一直是被关注的重点,我国社会目前对慈善组织透明度的关注也日渐提升,这一方面由于组织的信息公开程度与情况是社会公众了解组织的主要渠道,另一方面在于信息公开是对慈善组织进行社会监督的有效手段,也是促进组织内部自我监督的必要措施。此指标下设信息公开制度、信息公开情况、募捐情况及项目实施情况 4 个二级指标。

慈善组织具有公开性的特点,其面向社会募集捐款、开展慈善活动、提供慈善服务,信息公开是慈善组织与社会间沟通的桥梁,是慈善组织公信力的基石。首先,信息公开为公众了解慈善组织提供了直接、方便、可靠、有效的途径,能够提升公众的判断能力、激发公众的慈善热情;其次,信息公开有利于促进组织内部完善治理、监督机制,推动慈善组织内部的民主程度与公正程度,进而提升慈善行业整体的公信力;最后,对慈善组织信息公开程度的考察有助于遏制慈善组织内部监管体系薄弱、财务报告不规范、与公众信息不对称、利用关联方交易等不良行为,督促慈善组织履行慈善宗旨,防止组织出现不道德或不诚信的行为。

总体而言,对组织信息公开情况的评估有利于提升组织的整体自治能力和自我监督能力,提升行业内部的监督水平,提升慈善行业的整体公信力,全面反映组织公共受托责任的履行情况,帮助捐赠人正确地评价组织的效率和效果,重塑组织的公信力,激发和提高公众对慈善事业发展的热情与投入。

5. 综合评价

综合评价主要是对监督情况的评估反馈,是慈善组织对其内部控制的健全性、合理性和有效性进行的监督检查与评估,形成书面检查报告并作出相应处理的过程,包括内部评价、行政机关评价、社会效果评价3个二级指标。多角度、多主体的评价可以从不同层面获得组织的内部信息并及时反馈给内部管理人员,以便迅速找到组织发展的困境所在。同时,以此为基础进行改良并进行二次内部评价,通过获得的新信息再进行反馈改良,以此循环,能够促进组织的良性发展,为慈善组织的可持续发展奠定良好的基础。

复习思考题

1. 什么是慈善组织?慈善组织有什么特征?
2. 什么是慈善组织管理?它的职能是什么?
3. 简述慈善组织管理的发展历程。
4. 慈善组织的内部治理包括哪几个部分?
5. 简述慈善组织绩效管理的过程和方法。

典型案例

中国肝炎防治基金会

中国肝炎防治基金会(以下简称"肝基会")于1996年6月经中华人民共和国民政部批准成立,是面向国内外公众募捐、具有独立法人地位的全国性公募基金会。其宗旨是:积极募集资金与物资,开展公益活动,推动中国肝炎防治事业,提高全民族健康素质。2015年以来,肝基会在习近平新时代中国特色社会主义思想指引下,认真贯彻党中央和国务院关于卫生健康工作的方针政策,落实健康中国行动和《中国病毒性肝炎防治规划(2017—2020年)》的要求,严格执行《慈善法》《基金会管理条例》等法律法规和《中国肝炎防治基金会章程》,坚持"预防为主、防治结合"的方针,凝聚社会各界力量,以肝炎防治为中心,坚持公益原则,助力健康扶贫,紧盯重点难点,加快人才培养,强化大众教育,开展国际合作,狠抓自身建设,有力地促进了中国肝炎防治事业的发展。5年来(2015—2019年),肝基会共计募集善款(物)3.25亿元,支出2.15亿元,较上届(2009—2014年)分别增加57.29%和18.50%;开展76个公益项目,受益人群达5 500多万人。自购了办公用房,晋升为4A级社会组织,中国肝炎防治基金会的发展建设迈上了新台阶。

随着国家治理体系和医药改革不断深化,基金会的发展也迎来了新的机遇与挑战。2015—2019年,肝基会积极适应形势,及时调整思路,在人员少、任务重、压力大、要求严的情况下,加强党支部建设,发挥理事专家作用,完善管理制度,为长远发展奠定了坚实的基础。

一、加强党的领导,发挥支部作用

按照党中央"两个全覆盖"要求,2017年4月,国家卫健委社会组织党委批准成立了中国肝炎防治基金会党支部。党支部成立以来,带领全体党员和员工坚决贯彻执行党的各项方针政策,不折不扣落实国家卫健委直属党委和民政部社会组织管理局的各项要求,根据《民政部关于在社会组织章程增加党的建设和社会主义核心价值观有关内容的通知》,及时修订了《中国肝炎防治基金会章程》,参与肝基会重大事项的决策,把党的领导和监督贯穿到实践工作的全过程,充分发挥基层党组织的战斗堡垒作用和党员先锋模范作用,推动公益事业发展,落实"三会一课",加强学习,扎实搞好党日活动,极大地激发了工作热情,增强了党组织的凝聚力和战斗力。2020年5月,完成党支部换届选举,李增德副秘书长当选新一届党支部书记。

二、突出理事作用,强调专家指导

肝基会是凝聚专家团队的平台,也是统筹社会资源、服务大众、奉献爱心的专业平台,肝基会的每一步发展都离不开理事、专家的指导与支持。在日常工作中充分发挥专家作用,在重大项目中设立管理委员会和学术委员会,重点项目方案请专家反复论证,执行方招投标请专家把关,以确保项目的公益性和科学性。刘晓峰副主席对肝基会工作坚强领导,大力支持和亲力亲为;各位副理事长、理事利用各自的学术和社会影响力为公益事业筹集资金、出谋划策,投身宣传教育、能力建设、科学研究、学术交流,为基金会发展作出了积极的贡献。200多位知名肝病专家积极参与肝基会组织的各项活动,与各位理事、监事、专家一起组成消除肝炎威胁的中国力量,是肝基会更好地服务政府、服务社会、服务患者的重要依托。肝基会组织结构如图5-11所示。

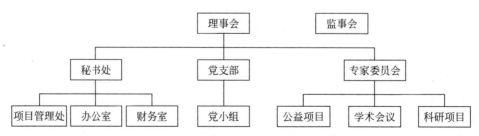

图5-11 肝基会组织结构

三、完善管理制度,科学高效运作

加强内部治理,高效规范运行,不仅是国家对社会组织的基本要求,也是肝基会发展建设的原则遵循。在多年的实践中，肝基会逐步摸索出政府主导、专家指导、企业捐资、专业支持、社会参与的项目运作机制，严格执行国家卫健委和民政部的工作部署，拾遗补阙，"防、治、教、研、管"整体推进；严格落实《慈善法》和社会组织管理的相关法律法规，在实践中不断完善财务、人事、行政办公、项目管理等各项管理制度；工作中严格执行国家有关财政税收法规政策，提高财务管理能力，从严控制行政支出，完善审批制度，确保资金安全，通过了民政部历年年度审计和2019年抽查审计；鼓励工作人员参加继续教育和各类业务培训，秘书处现有卫生专业高级职称3人、在读博士1人、海外留学归国硕士1人，招聘了专职会计1人，人员结构得以优化，专业技能增强。认真落实国家八小时工作制，严格考勤，坚持每周召开工作例会、每月安排工作计划、每季进行形势分析、半年和年终进行工作总结，较好地落实了各项工作制度，工作秩序、工作效率和敬业精神得到提高。2019年，肝基会接受民政部社会组织等级评估、抽查审计和示范项目审计，专家和审计人员从基础条件、内部治理、工作绩效和社会评价四个方面，给予了较高评价和充分认可。

资料来源：中国肝炎防治基金会官网(http://www.cfhpc.cn/Article/Index)；中国肝炎防治基金会换届会议在京举行[EB/OL].(2020-12-23).https://www.sohu.com/a/440069296_100068.

思考题：
1. 上文涉及慈善组织内部治理的哪些内容？
2. 肝基会属于哪种慈善组织结构？其各部分职能是什么？
3. 肝基会还可以通过哪些方式促进组织治理？

 即测即练

第六章

慈善项目管理

慈善项目是慈善组织践行宗旨、募集款物、开展慈善活动的重要载体,是服务国家、服务社会、服务群众、服务行业的有效途径。无论是具有较大影响力、形成品牌效应的"大而强"项目,还是专注某一领域、不断精耕细作的"小而美"项目,都应做到制度健全、管理完善、运作规范,以及有一批懂法规、懂管理、懂业务的项目工作人员。可以说,规范、有效的慈善项目是慈善组织的发展之基、成功之锚、立命之本。我国应该着力打造公益平台,把慈善项目的实施和运行纳入党和国家的规划领域,为社会主义精神文明建设开拓新篇章。

第一节 慈善项目管理概述

社会组织、政府、企业或个体通过各种慈善项目在参与民生保障、调节收入分配、弥合贫富差距等方面发挥了不可替代的作用,在社会基本公共服务补充供给及相关社会问题解决等方面扮演越来越重要的角色,已经成为进一步参与社会治理现代化的重要力量。加强慈善项目管理,是提升慈善价值的主要手段。

一、慈善项目管理的概念

(一)项目管理的定义

"项目管理"来源于美国的"曼哈顿计划",是第二次世界大战的产物。对于项目管理方法的初步沿用,早在20世纪50年代后期就已开始,比如关键路线法(CPM)、计划评审技术(PERT)和60年代的阿波罗载人登月计划,经过多年发展逐渐形成自身体系。在这以后,越来越多的欧美学者开始将其作为科学来进行系统的研究。

扩展阅读6-1 曼哈顿计划

项目管理作为管理学领域的一个分支学科,可以界定为:在项目活动过程中运用专门的知识、技能、工具和方法,使项目能够在资源限定的条件下,实现或超过设定的需求和期望的过程。项目管理是整体监督和控制某些能够成功实现一系列目标的有关活动。因此,项目管理就是为了满足或者超过项目有关各方对项目的要求与期望,运用各种相关技能、方法与工具开展的计划、组织、领导、控制等方面的活动。

(二)慈善项目的定义

慈善项目是在慈善领域形成的,由政府、企业、社会组织或个人等多元主体发起的,为社会大众或社会中某些特殊群体的利益而实施的项目,其对象不仅仅是狭义的扶贫济困,还包含了医疗卫生、文化教育、环境保护、社会福利服务等多领域中的救助、互助和志愿服务。

广义的慈善项目是指为满足社会公众及某些特殊群体的需求而开展的与促进科教文卫事业发展相关的项目。狭义的慈善项目是指由慈善组织根据目标人群的需要,不断整合社会公共资源,创造更多的社会效益。① 慈善项目的形式主要有常态的慈善项目和事件性的慈善项目两大类。常态的慈善项目通常包括官办政府部门、社会组织、企业和公民个人等主体开展的包含了扶贫济困/教育文化、医疗救助、科学研究以及环境保护等内容的慈善项目。事件性的慈善项目主要是针对自然灾害、公共卫生事件等重大突发事件以及个人救助型的慈善募捐而展开。慈善机构的生存和发展的根本动力在于,不断开发研究慈善项目来满足社会对于慈善的多样化需求,充分调动社会力量募集更多的慈善资金,以保证慈善使命的完成。

(三)慈善项目管理的定义

慈善项目管理,实际上就是将项目管理的知识、方法、手段、工具等引入慈善项目的管理过程中来。

所谓慈善项目管理,就是指慈善项目的管理者,在有限的资源约束下,通过运用相关的知识、方法、手段和工具,对慈善项目涉及的全部工作进行有效的管理,即从慈善项目的策划开始到该项目结束的全过程进行组织、招标投标、实施、品牌塑造与传播、评估、风险等管理,以实现慈善项目的预期目标。

二、慈善项目的分类

(一)按实施主体分类

按实施主体,慈善项目大致可分为政府主导型的慈善项目和社会主导型的慈善项目。

政府主导型的慈善项目即由政府作为资助方,在政府推动作用下按照特定的理念引领慈善项目的开展与实施。我国在传统型政府向"小政府,大社会"的新型模式转变过程中兴起的各类基金会都带有明显的体制性特征,尤其是依托政府自上而下建立的全国性和地方性的公募基金会。这些组织与机构所发起的慈善项目具有明显的官方色彩,是政府主导型项目的典型代表。

社会主导型的慈善项目即草根公益组织以及各类非公募基金会发起的项目。这类慈善项目受到政府影响和干预相对较少,针对特定的目标,独立、自主地促进项目运营。以南都公益基金会的"银杏伙伴计划"为例,该项目为有可能成为公益慈善行业精英的年轻人提供资金支持并且倡导建立人才成长系统。其在操作的复杂化、项目的程序设计等方面均依托一批专业、具有宏观把控分析能力的项目实施主体进行全程考量与运作。②

---

① 王名,邓国胜.公益项目评估——以"幸福工程"为案例[M].北京:社会科学文献出版社,2003.
② 杨团.慈善蓝皮书:中国慈善发展报告(2018)[M].北京:社会科学文献出版社,2018.

（二）按救助对象分类

按救助对象，慈善项目大致可分为助学项目、助残项目、助孤项目、助孕助婴项目、扶贫赈灾项目、公共卫生健康项目、促进文化艺术发展项目、促进妇女发展项目、环境保护与动物保护项目、促进科学技术与科技人才培养项目、促进政策倡导项目进城乡社区发展的小额信贷项目、国际交流项目、促进公共福利项目等。以爱德基金会实施的小额信贷项目为例，贷款农户中的妇女们通过参与项目增加收入、提高能力，因此其具备促进妇女发展项目的特征。项目开展对象并不一定是项目的内容，它们可能在很多方面存在交叉。例如沃尔玛公司开展的"母亲创业循环项目"采取了两项措施：一是捐赠资金助力，二是从培训到销售提供全过程的支持。

扩展阅读6-2 新时代，新慈善，新乡村

三、慈善项目管理的特点

慈善项目管理具有以下特点。

（一）目的性

慈善项目管理的目的性要通过开展相应的管理活动，去保证该项慈善项目按照预期的设想得以顺利完成，从而实现预期或既定的目标。

（二）独特性

慈善项目管理的独特性是这种项目管理不同于一般的企业生产运营管理，也不同于常规的政府的管理内容，是一种完全不同的管理活动，其管理的对象、内容、手段和方式都与前两者存在明显的差异。

（三）整合性

慈善项目管理的整合性是指慈善项目的管理者，必须协调好该项目相关利益方的关系，将目标和活动整合在一起。这是因为慈善项目需要投资者、管理者、实施者和服务对象多方之间共同参与、相互配合，才能达成预期的目标。

（四）创新性

慈善项目管理的创新性包括：其一，慈善项目的创新，即为适应新时代社会需求，创新慈善项目满足社会需求，例如慈善项目的设计创新。其二，任何一个慈善项目的管理都没有一成不变的模式和方法，都需要通过过程管理创新去实现有效管理，例如信息技术嵌入慈善项目管理手段和方式的创新。

第二节 慈善项目的策划

美国哈佛企业管理丛书中指出："策划是一种程序，在本质上是一种运用脑力的理性行为。"策划是基于人类的实践活动进行的，策划的过程体现了人类的智力与创造。策划水平的高低不仅反映出人类智能水平的发展,更反映出社会的整体发展水平。总体来看,项目策划在项目的整个生命周期中占据了十分重要的地位。

一、慈善项目策划的定义

慈善项目策划是指在慈善项目管理实施之前,通过对项目的目标进行分析,结合项目的具体特点,对项目的管理措施、手段和方法等管理活动进行系统性、整体性的分析论证,制定具体可行的管理制度和纲领性的文件。①

慈善项目策划过程需要平衡广泛的相关要素制订项目管理计划,其中包括项目的目标、范围、时间、成本、人力资源、沟通、风险、采购以及质量等众多因素。针对每个要素的计划过程,构成了项目规划中的子程序,这些要素和子程序最终构成了项目管理计划。但是,不同的项目需要侧重关注的要素和子程序是不同的,因此,"计划的工作量应与项目的范围和信息的实用性相匹配"。② 换句话说,我们需要依据不同的项目类别和要求作出具体策划。

二、慈善项目策划前的需求分析

通过对项目产品(服务)的社会需求、公众需求等公共需求和投资者自身需求的综合分析,确定慈善项目方向,为项目开展提供必要的准备工作。

(一)需求信息的获取渠道

一般而言,慈善项目需求信息的获取渠道包括(但不限于)以下几个方面。

1. 媒体报道信息

媒体报道信息主要指电视、广播、报纸杂志及网络等新媒体所报道的信息。媒体报道所发布的需求信息具有较为广泛的社会影响力,能够较为迅速地引起社会关注。

2. 政府部门公布的各类信息

政府部门会针对职能领域范围内的事项公布相关数据信息、政府文件与工作报告等。该渠道发布的信息颇具权威性,并且具有潜在的政策倡导与资源支持机会。

3. 研究机构的研究报告与成果

高校、研究所等学术研究机构以及咨询团体等智囊机构,都会针对某些特定问题进行研究,并且得出研究成果与报告。这一渠道发布的相关信息较为严谨、客观,并往往具有一定的预见性,能判断或预估未来某一问题的发展形势与结果。

4. 实地考察与调研

通过开展实地考察与调研而获取的信息真实、客观,不仅有助于关注到少数群体或特别需求,而且有助于确立异质性较强的慈善项目。

(二)需求分析的主要依据

慈善项目策划前的需求分析的依据主要有宏观需求分析、微观需求分析等。

---

① 李健,毕向林.公益慈善项目管理[M].西安:西安交通大学出版社,2018:26.
② 殷焕武.项目管理导论[M].北京:机械工业出版社,2010:246.

1. 宏观需求分析方面

(1) 调研慈善项目对国家和地区经济(或行业经济)的发展规划及其对远景的预测,这是慈善项目需求分析的基本前提,它会直接影响到项目最终能否通过审批。按照马克思的观点,经济是基础,文化是上层建筑。我们认为,文化有更重要的意义。经济越发达,人们越注重精神上的需求,越需要文化的熏陶。因此,慈善组织要注重做好文化教育方面的建设,以保证经济的正常发展。

(2) 调研慈善项目所面对的国家或地区经济的发展现状及其预测,将直接影响到项目产品的需求结构和需求水平。如仍有不少地区存在着肆意破坏环境的现象,因此,唤醒人们的环保意识,关注人们对环保的需求,也是慈善项目应做到的。也可以通过公益组织、非营利组织实行社会收入的第三次分配,帮助弱势群体改善他们的生活,从而有效地促进社会的稳定发展。

(3) 调研项目所面对的国家和地区的有关法律法规和社会习俗。不同国家和地区对不同的项目都会制定相关的鼓励、限制及禁止政策,这些政策将直接影响到项目需求的生存能力。如人口老龄化突出的时期,应突出关注老年人的需求,老年人相关问题是慈善组织应长期关注的问题之一。

2. 微观需求分析方面

(1) 对人的需要进行一个总体的认识。关于人的需要的认识,学界历来有很多观点。比如,马克思曾把人的需要分为"自然需要"或"必不可少的需要"(即食物、衣物、取暖、居住等自然需要)、"精神需要"和"社会需要"。[①] 美国经济学家约翰·肯尼斯·加尔布雷思(John Kenneth Galbraith)认为,人的需要分为两种:自然需要和心理需要。美国心理学家马斯洛认为,人为了满足一定的需要会采取一定的行动,而这种需要的满足进而又为满足新的需要产生新的行动。这是一个不断激励的过程。他把人的需要分为五个层次,只有在较低层次的需要满足后,才会有较高层次的需要。

(2) 对服务对象"顾客"分析。需要与需求的不同之处表现在:需要是人们为了满足自己的生存和发展,对获得物质财富和精神财富的愿望、要求或欲望;需求是在商品经济条件下通过市场、有支付能力的购买而实现的愿望,它是需要的体现。从商业需求理论来看,顾客需求可被划分为三个层次:没有或不敢有所要求、具有显性需求、具有潜在需求。

而随着社会生活的发展,顾客需求呈现出以下几种趋势:①快速化。尽可能在最短时间内让顾客得到产品或服务上的满足。②健康化。现代人对健康越来越关心。③简便化。生活节奏的加快,使顾客对商品的购买、携带、使用和处理也要求方便。④多样化。不仅商品品牌要多,而且商品的功能也要多。⑤专业化。随着商品(服务)日益丰富,顾客在寻求商品(服务)时,迫切需要从专家那里进行咨询,以降低购买的盲目性。⑥保障化。出于对人身、财产安全的考虑产生更高的要求。

---

① 尹世杰,蔡德容.消费经济学原理[M].北京:经济科学出版社,2000:31.

（三）需求分析的方法

慈善组织在进行需求分析时,需要依据科学的方法和技术手段,客观、全面地分析慈善项目的真实需求,下面介绍几种具体的方法。

1. 组织镜像法

这是一种从顾客群体那里获得他们对本组织印象和意见的方法。我们称之为一种间接的调查方法,因为此方法是从"顾客"对本组织的印象或意见中推测"顾客"的真实要求。

2. 实地调查法

实地调查法是指由慈善组织派出调查人员或小组,跟踪服务对象即"顾客"接受服务的全过程,并观察问题、征求意见。这种方法的好处是,调查人员可以观察到"顾客"的实际态度和反应,并能有针对性地获取顾客的反馈信息。其缺点是受时间限制。

3. 角色转换法

这种方法由慈善组织有关成员设身处地地分析"服务对象"的需求,关键在于要把参与讨论的人员角色转换为"服务对象"角色,不受本组织现有状况和既存模式的限制。

4. 三角测量

为了找到各种观点下的真实需求,可以使用三角测量评估数据的方式,三角测量技术能从两个以上的来源交叉验证数据,假如一项研究仅使用一种数据收集方式/观点,那么研究结果就可能带有很强的倾向性;如果调查员运用两种方式/观点,结果有可能是彼此冲突的;但如果运用三种方式/观点回答问题,那么,其中两种就有可能是一致的并相互强化。假如结果产生了三种矛盾的答案,那么研究人员就需重新设定问题,或重新考虑研究方法。

这种三角测量模式能使研究结果减少误差,减少研究偏见的同时避免单一方法或观点产生的问题,从而大大提高结果的可靠程度及可信度。若使用三角测量模式寻找分析需求,我们推荐美国社会学家乔纳森·布雷德绍(Jonathan Bradshaw)提供的一种方式,他认为需求评估应思考社区内四种需要,再从各种需求里辨识真实性。

布雷德绍提出的四类社会需求如下。

(1)标准化需求。将现况与一组专业或专家标准做比较。这些需求通常由专家认定,如医师、工程师、公共卫生专家等,例如卫生专家或许会指出,家庭用水内排泄物物质比例高于卫生部规定标准。

(2)相对需求。将现况与他人情况做比较。最常见的是对比人们获取资源多寡的情况,因为需求常常是一个相对概念,必须考虑人际相对情形,如甲社区相比乙社区获得同类资源的情况。

(3)感知需求。属于社区本身的想法与梦想,民众自我想法应列为优先,感知需求可能主观性强,也可能是较为适宜的需求。因为感知需求会受到个人知识与期望的影响,所以有时该需求可能不切实际或者无力负担,例如母亲或许对环境卫生状况不满,认为脏乱差的环境导致混乱与容易生病,但是她可能不知道改变现况的可能选项。

(4)外显需求。其可通过观察社区行为推断出来。例如若某项服务等待人数众多,意味着需将该项需求列为优先考虑。有时外显需求与感知需求相符,有时则因政治文化差异,或是从来没有人提出过,所以并没那么显而易见。例如一般家庭或许不会直接口头表达对肮脏环境的不满,但从观察丢弃家庭废弃物的地点便可见端倪。

对慈善组织来说,这些方法可以单独使用,也可以同时使用。此外,慈善组织在平时要做好服务对象的档案建设,收集好数据,还应注意通过其他途径了解需求信息等。

三、慈善项目的可行性分析

慈善项目可行性分析,是指在慈善项目决策前,针对该项目实施的可能性、有效性、如何实施、相关技术方案及财务效果进行具体、深入、细致的技术论证和经济评价,以求确定一个在技术上合理、经济上合算的最优方案。

(一)慈善项目可行性分析的重要性

1. 项目可行性研究是科学决策的主要依据

慈善项目成立与否,投资效益如何,都要受到技术、经济、社会等各种因素的影响。对慈善项目进行细致的分析和可行性研究,就是从各个方面对项目进行评价,从而积极主动地采取有效措施,避免或减少不确定因素造成的损失,实现项目决策的科学化。

2. 可行性分析是慈善项目策划的基础

按照惯例,项目策划文件的编制要严格按照经过批准的可行性研究报告的内容进行,不得随意改变可行性分析报告中规定的方案、标准、规模以及资金数额等指标。如果项目策划中需要采用新技术、新设备,必须再次进行可行性分析论证。所以,项目可行性分析是一个非常重要的程序,是我们慈善项目策划的基础。

3. 可行性分析是实施项目和安排各项工作的前提

只有经过慈善项目可行性分析论证,被确认为技术上可行、经济上合理、效益显著的有价值的项目,才有可能获得主管部门的批准,从而得到所需要的各种资源,获得顺利实施的保证。可行性研究报告还是项目经理安排各项工作的主要依据。

4. 可行性分析是慈善项目评估的基础

慈善项目评估是在可行性分析的基础上进行的,通过对可行性分析报告论证、分析、评价,确认项目是可行的,并且优选出最优方案,以便为上级或者项目主管作出最后的正确决策提供参考。

5. 筹集资金必须以可行性分析的结论为基础进行

可行性分析描述了项目的财务状况、经济效益、社会效益等数量指标以及筹资方案和项目风险等内容。因此,捐赠机构或者个人就可以通过对可行性分析报告的审查和评价,决定其向项目捐赠的额度和资金发放额度。

(二)慈善项目可行性分析的过程

慈善项目可行性分析的过程,又被称为慈善项目论证。可行性分析报告是指在详细调查、周密研究,进行技术、经济和环境分析以及方案比较之后得出项目是否可行结论的书面报告。其目的是回答项目可行与否,如果可行,采用何种方案,并给出充分的理由说服投资者及有关人士。

慈善项目可行性分析是整个项目实施的基础。如果慈善项目本身就没有可行性，硬要拿来实施，最后只能导致失败，浪费大量的资源、资金和时间。所以说，慈善项目可行性分析的地位极其重要。

（三）慈善项目可行性分析的主要内容

慈善项目的可行性分析主要包括以下几个方面。

（1）经济的可行性。其主要探讨的内容为慈善项目的收益及贡献，并包括财务回报率及财务能力状况的分析。

（2）政治的可行性。其主要涉及关于慈善项目是否符合当前相关法律法规的要求，是否符合政治体系价值等问题。

（3）社会的可行性。其探讨慈善项目的社会效应及项目可能产生的社会影响，包括项目与社会文化、社会成熟度、公众的认可与接受方面的匹配程度。

（4）技术的可行性。其指支撑技术实施的技术知识体系、项目管理程度等方面是否完备，以及是否具备保证慈善项目成功实施的组织结构及人力资源。

慈善项目的可行性论证角度是多元的，而且会因项目主体、类型、领域的不同而有所区别。

（四）慈善项目可行性分析的步骤

一个完整的项目可行性分析，应包括以下几个步骤。

（1）对资金使用方向进行设想，即探讨该慈善项目资金使用方向，并对现有的各类项目进行调查，提取经验数据，进行项目估算。

（2）对慈善项目进行初步设计，称为初步可行性研究。

（3）进一步编制计划，为决策提供技术、经济和社会依据。

（4）最终可行性分析，即对技术经济社会可行性方案进行审议、评价和优选，从而作出最优的项目决策。

在慈善项目的具体论证中，有几个决定项目可行与否的关键要素。

第一，"问题是什么"对于问题本身的界定很重要。许多情况下，不是找错了问题的解决方式，而是在一开始界定问题时就发生了错误。所以识别需求、确认问题是进行慈善项目管理的起点，而问题本身所有具有的意义、可办性、问题所涉及目标群体复杂性、多样性等方面都直接决定了项目可行与否。

第二，慈善项目实施的外部环境与内部资源分析。项目的可行性受到组织内部条件与外部条件的影响，在进行论证时，需要综合权衡内部资源与外部环境，对实施项目的条件作出清晰判断。

第三，问题解决方案的可行性。根据内外部影响要素分析，明确解决方案的优势与弊端。同时，结合组织战略与目标等价值因素，评估问题解决方案的可行性。

慈善项目问题的界定过程，就是确立慈善项目主题的过程。这一过程以相关信息与资料为基础，发现现实差距与需求，并论证其慈善项目运作的必要性与紧迫性。

在慈善项目的问题选择与论证时，需要平衡考虑以下因素：①问题产生了怎样的结果？其影响范围与程度如何？②问题的差异性程度如何？数量与规模的覆盖面是多少？③该问题与组织的核心价值观是否一致？④该问题的可办性如何？是否存在可行性解决方案？政治、经济、技术、组织等方面的可行性如何？

（五）慈善项目的利益相关者分析

在弄清楚慈善项目议题后，还需要进行慈善项目的干系人分析。慈善项目的干系人即项目的利益相关者，是指积极参与项目或其利益可能会受到项目实施或完成的积极或消极影响的个人或组织（客户、发起人、执行组织或公众）。任何组织的发展都离不开利益相关者的投入或参与，慈善组织追求的是利益相关者的整体利益，而不仅仅是某些主体的利益。

识别利益相关者并理解其影响力对于慈善项目分析至关重要。不同的利益相关者在项目中扮演的角色不尽相同，其责任和职权也各不相同。如不能及时识别项目相关者，并了解他们的期望，可能会导致慈善项目成本增加、时间延长，甚至慈善项目的失败。项目负责人必须平衡干系人的不同利益，并确保以专业、合作的方式分析干系人。

（1）慈善项目的内部影响要素分析，包括那些将对项目有效实施产生影响的组织及成员。其具体包括：组织文化、结构与流程；组织战略目标与基本制度；组织项目管理系统；现有人力资源状况；组织财务资源与管理等。

（2）慈善项目的外部影响要素分析包括：政治氛围与社会文化；政府法律、政策与制度；现有行业标准；项目相关干系人的不确定因素；地理、气候、交通等环境要素。此外，在一些情况下，项目在具体的计划与实施过程中可能还需要相应的技术支持，因而技术要素也是项目的重要影响因子，包括技术设备、技术标准、技术能力等方面。

四、撰写慈善项目策划书

慈善项目策划书是资助方、主办方、参与方掌握公益慈善活动的重要窗口，要做到专业、严谨。[①] 这里就慈善项目策划书的撰写给出以下参考内容。

（一）封面

项目的名称、申请（执行）方；
通信地址；
电话、传真、电子邮件（E-mail）地址；
联系人（负责人）；
公证方、主管方、银行账户、律师、监督机构等。

另外，如果是向某个机构、社会筹款的话，还需要添加一封附信，这封信要以"某机构某人"作为开头，以示申请方对该机构的重视与尊重。

---

① 彭小兵，陈培峰. 公益慈善事业管理[M]. 北京：电子工业出版社，2018：133-135.

（二）项目概况

项目概况是最先被阅读、浏览的部分，主要包括：组织概况，如背景消息、使命与宗旨等；项目要解决的关键问题与对策；项目申请方的资质能力和以往运作项目的成功经验，内容应简练、清晰。

项目概况一般被放在策划书的前半部分，但实际上，往往要在写完策划书的所有内容后才能动手写。

（三）项目背景、存在的问题与需求

项目背景、存在的问题与需求用来说明项目的起因与逻辑之间的因果关系。这部分用来详细介绍某一群体的社会需求，或面临的问题，设计这个项目来解决这些问题的原因；说明问题的严重性与紧迫性，最好能提供一些数据和真实的典型案例。其内容通常包括：项目范围（问题与事件、受益群体）；导致项目产生的原因与社会条件；启动项目的理由；项目能在多大程度上解决该问题以及其他长远战略意义。

（四）目标与产出

在使资助方（如支持方、参与方等）确信社会问题的存在后，应明确提出解决方案。如果还有其他的机构合作伙伴，也要提前说明。通常，资助方会鼓励项目合作。目标陈述力求做到清楚、简洁；目标要切合实际；不要承诺项目实现不了的目标。

（五）受益群体

慈善项目策划书应对项目的受益群体作出详细的描述。许多活动资助方都希望受益群体也能自始至终地参与到慈善项目之中，尤其是在项目活动的设计阶段，受益群体的参与能够帮助公益组织准确把握群体的需求，制订恰当的目标。

（六）解决方案与实施方法

解决方案与实施方法部分用来解释如何达到目标，即采用什么方法、开展什么活动来实现这些目标。可以同时列举出其他相关的方法，并对它们进行比较，也可以说明采用这种方法可能存在的风险与挑战，还可以引用专家的观点和其他失败或成功的案例。

此外，提出执行该解决方案所需要的条件、资源与人员要求，包括：谁？在什么时候？使用什么样的设备？做什么样的事情？做这些事情的人要具备什么样的能力和技能？等等。

（七）项目进度计划及时间表

项目进度计划及时间表用来详细地描述各项任务的先后顺序、起始时间。可以设计一个时间进度一览表来表示项目进度计划，这样就能一目了然地告诉资助方"在什么时候做什么"，以及各项活动之间的关联或因果关系。

(八) 项目组织架构

项目组织架构是为达成上述目标,所需要的工作流程、执行团队和管理结构。如果是两个或多个机构合作共同完成项目,还要说明各机构的分工。工作流程要说明各项工作的先后顺序、逻辑关系等。执行团队应包括所有项目组成员:志愿者、专家顾问、专职人员等,以及他们与这个项目相关的工作经验、专业背景、学历。项目的管理结构,包括项目总负责人、财务负责人及其他各分项目的负责人。

(九) 费用与效益

投入:叙述和分析预算表中的各项数据,包括成本、人员、设备的费用等;写明需要多少经费支持。

产出:除公益慈善组织的合理收入外,重点是社会效益。社会效益比较难量化,但应尽量找一些数据来分析社会效益。

(十) 监督与评估

监督的执行机构和人员(可以是理事会、资助方式或其他第三方机构)、监督任务等都应该写在项目策划书中;同时还可以有项目团队的自我评估计划。

有两种可供参考的监督与评估方式:一种是衡量结果;另一种是分析过程。选择何种方式取决于项目的性质和目标。

(十一) 附件

在重要的项目策划书中,那些篇幅太长而又不适合放在正文中的内容,应在正文中标明、注释或提及后作为附件列上,如机构介绍、年报、财务与审计报告、名单、数据、图表等。

第三节 慈善项目的实施

慈善项目实施是指从项目的设计、前期准备、策划、实施、成果交付,一直到项目完结所进行的一系列工作。在项目实施阶段,管理团队要组建管理机构、制订项目实施计划,还需要对项目的资金、人力资源进行及时的监督与管理,以保证项目按照实施计划如期完成。

慈善项目实施是指慈善项目的执行者制订项目实施计划,动用人力、物力资源完成项目的目标,并在这一过程中,对项目的实施过程进行监督管控,最后完成交付的整个过程。①

一、慈善项目实施的一般流程

慈善项目实施的一般流程包括制订慈善项目实施计划、明确实施步骤及措施、实施控制等。

---

① 项目实施[EB/OL]. https://wiki.mbalib.com/wiki/%E9%A1%B9%E7%9B%AE%E5%AE%9E%E6%96%BD.

(一)制订慈善项目实施计划

由于资源的有限性,通常慈善项目需要把整个项目分成若干个阶段,分期、分批实施,即根据项目战略和总体结构,确定各个分项目的实施次序和时间安排。

(二)明确实施步骤及措施

在制订慈善项目实施计划的过程中,通常从以下几个方面来考虑:①实施迫切性。如果有一些实施步骤对整个项目的组织和安排具有显著的推动作用,那么就要优先考虑实施。②实施的成本。如果一些步骤或者分项目的实施能够达到节省成本的目的,那么就要优先考虑实施。③潜在的效益。如果一些项目实施步骤或者分项目能够带来潜在的收益,比如提高项目实施团队的积极性、激发团队成员的归属感和创造性,那么,应该优先考虑实施。④监控管理的需要。在项目实施过程中,需要采用任务分解方法,对各个分任务进行统筹考虑,并遵循关键路径法。如果项目实施过程中,其他分项目的实施以某些关键任务为前提,那么就要优先考虑实施关键任务。

(三)实施控制

项目实施控制的对象是项目实施的全过程,管理和控制项目实施全过程,监督项目实施的人力成本、财力成本,对比项目计划,找出偏差,分析成因,实施纠偏措施的全过程。

二、慈善项目决策分析

决策分析,一般指从若干可行的方案中通过决策分析技术,如期望值法或决策树法等,选择其一的决策过程的定量、定性分析方法。

(一)慈善项目决策模型

鉴于组织资源的有限性,任何组织都需要在众多项目机会中进行选择。项目审查和选择过程中需要考虑的因素包括以下几个方面:①风险因素,也就是对企业来说不可预知的因素,包括技术风险、金融风险、安全风险、质量风险和法律风险等;②商业因素,即反映项目市场潜力的因素,包括投资的预期回报、回收期、潜在的市场份额、长期市场优势、初始现金费用、产生未来业务以及新市场的能力等;③内部操作因素,即涉及项目对企业内部操作的影响要素,主要包括发展与培训新雇员的需要、人员数量或结构的改变、物理环境的改变、由项目带来的生产和服务流程的变化等;④其他因素,包括专利保护、对企业形象的影响、战略符合等方面。同时,项目管理领域也发展出相应的项目审查与选择模型。

通常而言,项目选择模型包括数量模型和非量化模型两大类,使用较为普遍的项目选择模型主要包括检查表模型、简化评分模型、层次分析法模型、风险回报模型、财务模型(投资回收期、净现值、内部收益率、期权模型)等。

慈善项目不以营利为目的,基本目标在于慈善公益。所以,很多适用于营利性组织的项目选择模型无法完全应用于慈善项目的选择。在项目选择的评价标准方面,慈善项目更加注重社会效益，因而选择的评价指标侧重点在于定性指标的设定与选择，如社会影响力、社会事业贡献、受助者影响等。而慈善项目选择的影响因素或是选择指标往往涉及项目使命、项目优先性与必要性、项目事业贡献、项目社会影响、项目创新等定性描述指标。

在具体的慈善项目选择方法上，慈善项目多使用专家评议等主观性评价方式。其做法主要是由同行和业内专家组成评选委员会，委员会根据项目评选标准对项目各备选方案或不同项目给出综合评分或优先顺序，然后通过评分统计或会议讨论形成最终的评选结果。此外，一些选择模型也可应用于慈善项目的决策之中，如检查表模型、简化评分模型等。

（二）慈善项目决策方法

慈善项目决策方法主要包括不确定型决策、风险型决策、群决策、多目标决策等。其中，不确定型决策是指在决策环境不确定的条件下，决策者无法预先估计或计算出发生概率；风险型决策是指在决策环境不确定的情况下，决策者可以预先估计或计算出各自然状态发生的概率，又被称为随机型决策或统计型决策；群决策是为充分发挥集体的智慧，由多人共同参与决策分析并制定决策的整体过程；多目标决策即系统方案的选择取决于多个目标的满足程度，或称为多目标最优化。

1. 不确定型决策

满足以下四个条件的决策我们称之为不确定型决策：①存在着一个明确的决策目标；②存在着两个或两个以上随机的自然状态；③存在着可供决策者选择的两个或两个以上的行动方案；④可求得各个方案在各状态下的益损矩阵。

在不确定决策问题中，决策人采取行动的结果不仅取决于行动本身，而且取决于大量外部不确定因素，这些因素是决策人无法控制的。一般来讲，假设决策人知道实际上出现的是哪种状态，即知道外部因素的真实值，那么他就可以确定采取任何一种行动的后果；同时，再假设决策人虽不知道实际上出现的是哪种状态，但他知道哪些状态可能会出现。

2. 风险型决策

风险是指当某时间出现的实际情况（实际值）与预期状况（预期值）有背离，从而产生的一种损失，这种背离的出现是不确定的，是以一定的概率随机发生的，而不是事先能够准确预料的。风险型决策是决策者在了解到不同自然状态发生的概率之后所进行的决策。与不确定型决策不同的是，风险型决策问题中各种自然状态发生的概率是可以获知的或是已知的。

满足以下五个条件的决策被称为风险型决策：①存在着一个明确的决策目标；②存在着两个或两个以上随机的自然状态；③存在着可供决策者选择的两个或两个以上的行动方案；④可求得各方案在各状态下的收益矩阵（函数）；⑤决策者可以确定每种自然状态出现的概率。

3. 群决策

慈善项目关系到群众的利益，更应提倡民主，发挥集体智慧，由众人参与决策。无论是代表大会、领导班子、还是咨询机构，在决策理论中都称为群（group），其建立了一个由不同知识结构组成的、运用科学理论方法和手段、可以互相启迪、具有丰富知识的信息综合体,来保证决策的科学化。群所做的决策称为群决策(group decision making)或多人决策。现在群决策已经成为现代决策科学和运筹学的一个重要分支,其理论和方法是处理现实世界中重大和复杂的定性决策问题的有力工具。

下面我们来举个群决策问题的例子。比如在项目招标中:设有一计划开展的项目需要进行公开招标以选择最佳的实施方案,对此,要确定有不少于两个参与竞标的投标方案,并聘请不少于两位有关专家组成招标评选组。评选过程是:依据每一位专家对各投标方案的偏好,按照某一评选规则汇集成评选组群体对投标方案的偏好,然后,按照评选组的偏好,从所有投标方案中评出中标方案。这里采用的就是群决策的方法。

4. 多目标决策

决策分析是在若干可选的方案中选择和决定最佳方案的分析过程,多目标决策方法是其中比较复杂的一种,它是从 20 世纪 70 年代中期发展起来的。多目标决策方法现已广泛地应用于工艺过程、工艺设计、配方配比、水资源利用、环境、人口、教育、能源、企业高速发展系统设计和评价、经济管理等领域。

单纯一个目标的决策问题并不多见,决策者面对的大多是含有多个复杂目标的决策问题。可见,多目标是客观的需要,但目标多了又会对决策者造成一定的困难。

多目标决策的解决方法主要可以归纳为以下几种。

(1) 综合指标法。综合指标法是把有明显客观联系的不同目标换算为一个有科学含义的综合指标,然后按综合指标的高低来评估各方案优劣的方法。这实际上等于把多目标决策化为单目标决策,就可以按单目标决策的一般方法处理了。例如用综合的总产值指标来代表各种产品分别增产的许多目标,用总销售额指标来代表各种产品分别增产的许多目标。在这里,总产值、总销售额都是综合指标,它们本身都是有经济学含义的。

(2) 主要目标法。主要目标法是这样一种方法:仅让一个决策目标(应该是主要目标)作为优化的目标,而把其他目标降为约束条件。这也等于把多目标决策直接变成单目标决策。例如要建设一个发电厂,既希望发电量大,又希望它建造费用低,还希望它运行成本低,最后还希望它对环境污染少。这本来是四个目标的决策问题,如果我们从这四个目标中选定一个作为主要目标,假定选定的是发电量大,那么余下的三个就降为约束条件。

(3) 目标排序法。目标排序法是在把决策的全部目标按其重要性大小排序的基础上,先根据最重要的目标从全部备选方案中选出一部分方案;然后按第二位的目标从所选出的这部分方案中再做选择,从中选出更小的一部分方案;接着再从第三位的目标去选择,如此按目标的重要性位次一步一步选择下去,直到选出最合适的一个方案为止。本方法的优点是简单明了,缺点是只适用于目标不太多而方案极多的情况。

(4) 综合评分法。综合评分法先分别按每个目标给各备择方案按其优劣评定一定的分数,然后按一定算法对各备择方案计算出一个综合分数,最后按此综合分数的高低来选择方案。这实际上是计算一个人为的综合指标,这个综合指标没有直接的科学意义,本方法也称为多属性效用理论,是很常用的一种多目标决策方法。

(5) 逐步淘汰法。逐步淘汰法要先定出淘汰方案的标准,该标准可以是一项或几项指标。淘汰时先按这些指标的最高(或最低)要求来淘汰方案,凡是居于淘汰之列的方案均应淘汰；经过这样淘汰之后，如果还剩下一定数量的方案，那么就应放宽指标标准，再做淘汰；这样逐步放宽标准，逐步淘汰方案，直到只余下一个方案而无法淘汰为止。法国人鲁瓦（B. Roy）创建的"优劣系数法"可作为本方法的代表。

（6）两两对比法。有时按某个目标直接对许多方案进行排队比较困难，尤其是对难以定量测定的目标更是如此。此时可先对这些方案做两两对比，定出其高低或优劣，然后在两两对比的基础上再做综合评价。

三、慈善项目团队建设

（一）合理设定团队共同目的和具体目标

团队最基本的特征就是共同的目标，这是团队凝聚力的源泉，同时也是团队成功与否的关键要素。成功的团队通常会用大量的时间和精力来讨论、修改和完善一个在集体层次上和个人层次上都被大家接受的目标。成功的团队还会把他们的共同目标作为激发团队每一个成员的强大动力，并引导团队行进的方向。除了共同目标之外，团队的具体目标也很重要。

（二）选择适度的团队规模和有效配置技能结构

最佳的团队规模一般都比较小。如果团队的成员过多，他们就很难开展工作。这是因为：首先，成员过多，在相互交流时会遇到很多阻碍，在讨论问题时难以形成一致意见和看法；其次，成员过多还会导致"搭便车"的现象，造成凝聚力、忠诚度和相互信赖的缺乏，而这些对于高效团队而言是必不可少的。

有关团队成员的合理技能结构，美国组织行为学家罗宾斯提出了他的建议：一个团队要想有效运作，需要三种不同技能类型的人：第一，具有技术专长的成员；第二，具有解决问题和决策技能的成员，他们能够就解决问题的各个建议进行权衡并作出有效的决策；第三，具有善于倾听、反馈、解决冲突及其他人际关系技能的人员。如果一个团队不具备上述三种不同技能的人，就不可能充分发挥其绩效潜能。因此，对具备不同技能的人进行合理配置是极其重要的。

（三）选拔适合的团队成员

人们历来这样建议，组织应挑选那些具有完成任务所需知识、技能和能力，并且其价值体系与组织文化相吻合的人作为团队成员。然而，团队成员还起到其他作用。因此，挑选进行协作的团队成员时需要考虑更多的因素。以下是挑选团队成员的一些建议。

（1）挑选过程要与团队类型相吻合。
（2）对团队协作进行分析，以确定完成任务和进行协作需要哪些知识、技能和能力。
（3）注意一定程度上的多样性，使团队具有不同的代表性也很重要。
（4）要周密考虑由谁负责评估未来团队成员的知识、技能和能力。
（5）考察候补人选的个人工作意愿。

(四)团队成员的培训

有关团队成员的培训一般围绕四种不同类型的技能。

(1) 制订目标的技能。

(2) 人际技能,特别是人际的沟通、支持和信任。

(3) 解决问题的技能,它让团队成员能确定问题、找到解决方法,并对解决方法进行评估。

(4) 明确角色的技能,它使团队成员清楚他们的角色要求和责任。

研究表明,培训对团队绩效的提高并无明显效果,然而,培训往往对团队成员如何评估自己团队产生积极影响。我们应该注意的是:多数此类研究都是针对现存的、团队成员一起工作了很长时间的团队。所以,这些团队已形成固定的结构、角色和规范,他们很难有所改变。培训可能对新成立的团队更有作用。

(五)团队领导

团队领导对团队有效运转非常重要。团队领导可以自然涌现,也可以根据具体技能或资格而指派。虽然自我管理团队的领导工作由团队成员来完成,但对自我管理团队领导角色也具有重要的作用和意义。成功的团队领导必须起到以下三个作用。

第一,充当联系团队内外的纽带。本质上来说,团队领导是将团队和外部世界联系起来的纽带,这要求团队领导将团队内部和外部的信息都收集并系统化。作为纽带,团队领导还要代表团队并捍卫团队利益。

第二,为团队确定方向。团队领导要根据外部信息和个人想法确定团队行动方向。这就意味着领导者必须根据管理高层所制定的组织长期战略来制定一些短期行动策略。因此,团队领导必须将长期战略化解为一些让团队成员遵循的方向、目标和行动计划。

第三,担当起团队工作协调者的角色。此角色是团队工作和动态的管理者。它的主要职责有:认识和了解每个成员的专长,并决定如何最佳地将各团队成员的不同专长结合起来;监控团队的绩效和运转,如发现问题,就进行必要的调整;确保团队在一个有效运转的氛围中运转。

(六)建立适应团队绩效考评的薪酬体系

慈善项目团队需要建立与团队工作相适应的绩效考评和薪酬奖励体系。如果人们建立团队一起有效地工作,那薪酬体系就必须有团队特色。如果仅仅是因为个人绩效而得到高的薪酬,那团队成员就没有动力去彼此互动和支持。具体的建议包括以下几点。

首先,针对团队的薪酬体系应多样化,有些部分要反映团队绩效,其中一种薪酬方式就是利益分享,也就是员工的薪酬基于团队产生的利润。

其次,如果团队需要跨职能的工作和知识,那团队成员就应该得到以技能或知识为基础的薪酬,这种薪酬取决于员工所获得的技能和知识而非根据具体工作。

最后,基于团队的薪酬应集中在团队可调控的一些绩效上。

虽然许多组织都已经变得越来越趋向于以团队为基础来加以构建,然而它们却并没有注意改变自己的绩效考评体系,以适应这种新的组织现实。这么做的主要原因是团队工作不可避免地会带来社会惰化的问题,而针对个体的绩效考评体系则可以解决这个问题,避免社会惰化在团队中蔓延,影响整个团队的氛围和绩效。但这种方式也使组织中真正的高效团队难以有效地建立和运行,组织也不会得到团队工作所产生的协同效应,组织实际上还是在工作群体和潜在团队这两个阶段之间徘徊。

(七) 高层管理者的有效支持

有效的团队协作需要来自组织高层的支持。下面几个管理方法可以帮助管理高层促进团队有效协作和运转。

(1) 制订清晰的愿景和战略计划,在此基础上提出团队目标。
(2) 让员工积极参与组织的各级决策过程。
(3) 要使人们清楚地明白使用团队方式的决定,并将此决定与商业目标联系起来。
(4) 积极地为团队提供支持体系并经常予以检查。

(八) 有控制的授权

团队之所以能很有效地运作,很大程度上应归功于团队内部成员享有充分自主的决策权。有控制地授权,使成员在一定范围内自行决定和处理工作,有利于激发团队成员的积极性、提高团队绩效。授权是组织运作的关键,也是团队管理者的重要任务,但是充分而广泛的授权并不等于不需要领导的管理,领导可能在更多风险和更具挑战性的任务之间进行平衡。授权应分阶段有计划、有控制地进行,避免混乱。团队领导应以灵活方式逐步放权,并不断对团队的绩效进行评估。

(九) 适当的资源

如果一支团队不能得到它所需要的基本资源,它就不可能进行有效的运作。这些资源既包括财政资源、人力资源,同时也包括工作场所、机器设备及时间等,它们都应该由团队的组织提供。为了使团队有效地完成所承担的任务,作为团队的组织就必须保证团队及时地获得其所需的资源。同时为使团队运行更加有效、工作效率更高,团队成员需要掌握确切、可靠的有关信息。因此,在组织中建立一个开放、共享的信息系统,保证团队成员自由地获得所需的信息,是保证团队有效性的基本条件。

四、慈善项目实施的控制

慈善项目实施控制是以实现制定的计划和标准为依据,定期或不定期地对项目实施的所有环节进行调查、分析、建议和咨询,发现慈善项目活动和标准之间的偏离,提出切实可行的实施方案,由项目管理层决策的过程。

慈善项目实施的控制是跟踪、审查和报告项目进展,以实现项目管理计划中确定的绩效目标的过程。慈善项目计划付诸实施之后,一定会遇到意外情况,使项目不能按照计划轨道进行,出现偏差。正因为如此,才需要慈善项目团队和进度进行控制。实施控制的主要作用包括以下几点。

（1）及时发现实施过程偏离计划的问题。慈善项目控制就是监控和测量项目实际进展，捕捉、分析和报告项目的执行情况，若发现实施过程偏离计划，就要找出原因，采取行动，使慈善项目回到计划的轨道上来。慈善项目计划中的某些目标在付诸实施之后才会发现无法实现。即使勉强实现，也要付出很高的代价。遇到这种情况，就必须对项目计划进行修改，或重新规划。

（2）实施主动控制。慈善项目控制要有明确的控制目标和目标体系，还要注意预测慈善项目过程的发展趋势，一旦发现项目出现偏差，能够及时有效地解决问题，围绕项目总目标实现综合控制。

（3）为项目顺利实施提供决策依据。慈善项目纵然设计完善、计划妥当、资源充分、执行确实，仍会面临难题，这些问题可能在慈善项目生命周期内任何时候发生，故慈善项目团队必须时时审视项目设计、计划与执行，确认内容仍然有效，也得判断当项目表现与原本计划大不相同时，是否需要矫正，为项目顺利实施提供决策依据，这也正是慈善项目监测、评估与控制的用意。

第四节　慈善项目评估

慈善项目评估主要是评估项目生命周期的各个阶段，分为项目前评估、项目中评估和项目后评估。评估的目的是及时掌握慈善项目开展程度，实现全过程控制，及时发现问题、解决问题，通过评估选择最优方案，为决策提供依据。为此，对慈善项目进行评估，首先要明确概念，界定内涵、外延，才能准确设计评估指标体系，探索评估方法，得出信用度高的评估结论，确保评估起到积极作用。

慈善项目评估的概念有广义和狭义之分。从广义上说，慈善项目评估是政府部门为满足社会公众或某些弱势群体的利益诉求而实施的服务项目效果评估，即分别从项目的成本效益、社会价值等维度，综合运用多种评价方法，对慈善项目的综合效果进行全方位的测量和评价，建立慈善项目评估指标体系和标准体系的过程。项目涵盖敬老养老、帮助残疾人、关爱孤儿、救济贫困、助学、助医、赈灾以及环保、发展艺术文化等领域。从狭义上说，慈善项目评估是民间团体自发组织的非营利助人活动效果的评估。

一、慈善项目评估的意义

（一）慈善项目评估可以更好地起到监管作用

对慈善项目的评估，不仅可以对慈善项目的质量进行控制，更加重要的是通过对项目的执行过程进行评价，对项目的效益、作用和影响进行系统的评估和对比，从而对项目整体进行相对客观中立的监督和监管，这对慈善项目的顺利开展和目标达成至关重要。

（二）慈善项目评估可以有效地推进工作顺利开展

比尔·盖茨在其2013年度的公开信中强调了项目评估的重要性："过去的一年里，我深深感到通过注重对结果的考量，我们可以有效改善人类生活，如果我们设定的目标明确,并且可以找到持续评估改进的方法,我们就可以朝着标杆直走,取得惊人的进步。"这段话印证了慈善项目评估的重要意义,对慈善项目的评估不仅是项目评估这个层面,更多的是能够推动每一个慈善组织,进而推动我国慈善事业的全面进步。无论是《慈善法》的出台,还是2015年民政部发布的《民政部关于探索建立社会组织第三方评估机制的指导意见》,都在直接或者间接地推动着慈善项目评估工作的进一步落地。

(三) 评估指标体系建构是慈善项目评估的重要环节

评估者工作最大的挑战在于如何将研究方法和评估内容与项目环境及相关人员需要回答的问题进行具体分析。慈善项目不同于一般经济项目或工程项目,其所追求的是社会效益而非经济效益,具有非营利性、周期性等特点。因此,项目评估指标体系需要评估者在可操作原则指导下根据项目的具体情况明确各项评估指标,并进行阐释与描述。

(四) 评估报告能够为慈善项目的运行提供评估参考

评估报告能够全面展现出项目运行的实际情况和项目实际效果,可以为项目运行方提供参考,更好地修正项目运行,为今后的项目开展提供参考。评估报告能够为慈善组织提供行业角度的管理建议,帮助慈善行业从行业发展的角度审视每一个慈善项目,从而从整体性的角度把握项目的选取,促进慈善的长远发展。慈善项目评估过程和评估报告能够监督慈善项目运行,从而达到保障慈善项目的效果。评估过程的公开、透明和引入更多的公民参与,能够起到更好的监督和约束作用,从而为广大人民群众提供高质量的慈善项目服务。

二、慈善项目评估的具体内容

慈善项目评估的具体内容主要包括以下方面。

(一) 慈善项目的资源条件评估

首先,要对慈善项目的资源条件进行科学评估,也就是项目的可行性评估。要对慈善项目的规模及产品方案进行评估,进行初步的可行性分析;之后具体到方案的各项经济技术指标,看精确的估算值,如对产品成本收益的估算,对销售收入及税金的估算,对利润的预测,对财务效益的评估等。

(二) 慈善项目的财务情况

主要计算分析全部投资回收期、投资利润率、投资利税率、资本金利率、财务净现值、财务净现值率、财务内部收益率等评价指标。

(三) 慈善项目的社会效益

社会效益评价的方法有识别、评价和预测三种,内容涵盖项目对自然环境、社会环境、经济发展、人口年龄、市场经济、政治制度、文化习俗的影响。

三、慈善项目评估的指标体系

评估指标体系建构是慈善项目评估的重要环节。一般的经济效益可以通过各项财务指标进行衡量和评估,而社会效益则不易量化,资料的收集和分析受人为的主观因素影响较大。因此,在构建公益项目评估指标体系时,需要评估工作人员在可操作原则的指导下,根据项目的具体情况明确各项评估指标,并进行阐释与描述。

(一)慈善项目事前评估指标体系

(1)项目可行性。慈善项目的可行性是指在慈善项目开展之前,对其可行性进行的专项评估,主要包含项目与目标群体需求一致性、是否开展过项目专项可行性评估、项目与公益慈善组织目标的一致性等。

(2)项目必要性。慈善项目的必要性是指项目开展的迫切性、项目目标群体需要的紧急程度以及同类项目的存在情况等。

(3)项目预算。慈善项目的预算是指项目预算计划情况以及项目的资金情况。主要从全面预算绩效管理的角度,对慈善项目的整体预算进行把握。

(4)社会效益性。慈善项目的社会效益性是指最大限度地利用有限的资源满足社会上人们日益增长的物质文化需求,包括项目实施后对社会的科技、政治、文化、生态环境等方面所作出的贡献。

(二)慈善项目事中评估指标体系

(1)项目进度。慈善项目的进度主要是看项目是否按照预期的进度展开,是否发生项目延后且进行原因分析,是否存在项目进度提前及原因分析等,对项目开展进行过程控制和把握。

(2)项目财务。慈善项目的财务主要看项目是否在预算计划内执行,是否有超出预算计划的情况,是否有出现不足预算计划的情况并进行及时记录、分析和处理。

(3)项目人力、物力。慈善项目的人力和物力方面的评价,即是否有充足的人力、物力确保项目正常展开,在人力、物力的量上和质上有双重保障。

(三)慈善项目事后评估指标体系

(1)项目的社会影响力。慈善项目的社会影响力主要指目标群体的满意程度、项目的影响范围和程度、其他社会民众对项目的认知情况,是对项目开展社会影响情况的总体评价。

(2)项目的公信力。其包括目标群体对项目的信任程度、其他社会群体对项目的信任感、政府行业对项目的认可度,主要是对社会各界对项目的整体信任程度进行评价。

(3)项目运行。慈善项目的项目运行评价主要包括项目运行的进度、项目运行的透明度、项目运行的专业度,分别从这三个角度对项目运行情况进行总体评价和把握。

(4)项目的经济效益。慈善项目的经济效益主要指成本和效益情况、项目的资金流。对慈善项目的经济情况进行总体上的把握。

四、慈善项目评估的主要方法

选择科学的评估方法是实施评估的关键环节。项目评估方法有很多,只有选择符合慈善项目评估的方法,才可以为慈善项目发展提供推动力,不恰当的评估方法会阻碍慈善项目的进程。为此,设计慈善项目评估系统,应理顺评估的主要步骤,对当前主要评估方法评述后,探索适合慈善项目评估的方法。

(一)成本效用分析法

效用的评价本身很难用绝对的数字衡量,因此更多地使用相对值法进行测量,如采用利用率、移动率等相对值进行表征,主要分析的是效用的单位成本,主要有三种情况:成本相同的时候,选取效用高的方案;效用相同的时候,选取成本低的方案;当效用和成本均加大时,应选择单位成本追加低的方案。除了效益和效用,还有成本效果评估,具体用在项目评估当中,可以根据评估目标的不同,选取相应的评估方法进行分析。

(二)层次分析法

层次分析法本质上是一种决策思维方式,它把复杂的问题分解为各个组成因素,将这些因素按支配关系分组形成有序的递阶层次结构,通过两两比较的方式确定层次中诸因素的相对重要性,然后综合人的判断以决定决策诸因素相对重要性总的顺序。

(三)德尔菲法

德尔菲法本质上是一种反馈匿名函询法。它区别于其他专家预测方法的特点是匿名性、多次反馈、小组的统计回答。其大致流程是:在对所要预测的问题征得专家的意见之后,进行整理、归纳、统计,再匿名反馈给各专家,再次征求意见,再集中,再反馈,直至得到一致的意见。

(四)全面质量管理法

全面质量管理法是为了保证产品质量而进行全面质量管理时所采用的各种技术和方法,主要包括以下内容。

1. 数理统计

数理统计基本原理是从一批产品中抽取一定数量的样品,经过测试,得到该批产品的质量数据,再运用统计推断方法对总体的质量情况作出预测,揭示其质量变化规律。其中用于寻找主要影响因素的方法有分层法、因果图法、主次排列图法等;用于找出影响因素之间内在联系与特性规律的方法有相关分析法、正交实验法等;用于工艺过程中质量控制与预测的方法有直方图法、控制图法、抽样检验法。

2. PDCA 循环图

PDCA 循环图由计划(plan)、执行(do)、检查(check)和处理(action)四个阶段构成循环质量管理。每完成一次循环,就解决一批质量问题。将本次循环中遗留的问题再转入下一个循环去解决,使产品质量不断得到提高。

3. 现代质量管理

现代质量管理是一些由现代科学技术与质量管理相结合的方法,如关系图法、系统图法、矩阵图法、过程决策规划图法(PDPC)、矩阵数据分析法、矢线图法等。这些方法用到了系统理论、矩阵数学、网络以及电子计算机等新的科学技术。

复习思考题

1. 慈善项目管理的定义是什么?
2. 慈善项目策划书包括哪些内容?
3. 简要分析慈善项目实施过程中的项目团队的形成过程。
4. 慈善项目评估的方法主要有哪些?

典型案例

衣家村的路

山东烟台栖霞市衣家村孤悬于大山深处,交通不便,没有水源。因为自然条件差,300年来人口始终没有增加,一直是100多人。村里青年几乎都外出了,留守的村民最年轻的也有50多岁。全村85%的果园在山上,因为没有水源和路,2016—2017年连续干旱,樱桃树旱死40%。

扩展阅读6-3 衣家村的路

这样一个让人一筹莫展的村庄,在党支部领办合作社之后,大变了模样。2018年,一条长5.5公里、宽5.5米的环山路直达山顶,山顶新修了蓄水池,350亩(1亩≈666.67平方米)果园用上了滴灌设备。该村只用4个月时间,修筑5.5公里上山路,铺设20多公里滴灌管路,改变"户户单干、扛水上山、背果下山"的局面,走上抱团发展、村集体和群众双增收的"聚变"之路。人们在山路边、果园里,一边劳动,一边谈笑风生。人和村庄,都变得容光焕发。

成功的道路不是一帆风顺的。从2009年到2017年,衣家村8年时间没找到脱贫发展的好办法,农民收入连续七八年也没有增加。一个偶然的机会,衣家村党支部书记衣元良读了习近平总书记的《摆脱贫困》,萌生了把村民集中起来为村庄修路的想法。他对村主任和会计说:"再不把老少爷们组织起来干点事,再过几十年,我们这个村子就消失了。"在两个月的时间里,村委召开多次村民大会,对村民进行"战前动员"。经过艰苦努力,终于打动了群众,2017年9月6日,衣家村合作社正式取得营业执照,全村57户村民中有53户加入。衣家村资源贫瘠,没有企业来投资,即使把土地集中起来,也吸引不到资金。怎么办?经过探索,衣家村发明了"创业股+原始股"的办法。所谓创业股,也就是劳动力入股,老百姓可以到合作社打工,不管男女老幼,男工一天120元,女工一天80元,满2 000元折合成1个股份,将来可以享受分红,还可以用于购买合作社提供的苗木、管道、水费、化肥等。一个合作社、一张工票,把分散的群众组织了起来。这样一支队伍,靠着一锤一锤地碎石、一锨一锨地整平,出了8 000多个工,用了7个月的时间,硬是开辟出一条长5.5公里、宽5.5米的环山路。其后短短的几年内,衣家村旧貌变了新颜。风展红旗如画,山下流水潺潺,到处莺歌燕舞,高路耸入云端。一个偏远的贫困村,就这样走出了脱贫攻坚的新路,实现了跨越式的新发展。

资料来源:走向我们的小康生活|衣家村:"跟着好当家人奋斗,日子肯定越来越好"[EB/OL].(2020-07-24).http://www.agri.cn/zx/xxlb/sd/202007/t20200724_7467043.htm.

思考题:
乡村振兴项目如何做到激活乡村社区潜能,充分实现自我造血?

 即测即练

第七章

慈善组织人力资源管理

人力资源是组织中的首要资源,对它的有效管理能够极大地提升组织运行的效能。当前中国慈善组织的发展趋势使其更加迫切地需要提高人力资源管理的水平:一方面,慈善组织和各类志愿者群体的数量和规模都在快速地增加,这对慈善组织人力资源管理的规范化和专业化提出了更高的要求;另一方面,中国政府也开始重视慈善组织以及参与其中的志愿者群体在社会运行中的积极作用,出台了相关政策来规范慈善组织的运行和对志愿者的激励与保障,这意味着慈善组织的人力资源管理工作将面临外部制度变迁的影响。在这些趋势的共同作用下,慈善组织需要增强人力资源管理的能力,建立规范化和符合制度演进要求的人力资源管理体系,这是当前慈善组织面临的重要挑战。

第一节 慈善组织人力资源管理概述

在当代,大多数组织将员工称为人力资源而非劳动力,将相关的管理工作称为人力资源管理而非人事管理,这些变化的出现是因为员工在组织中的地位提升了,其对组织发展的重要性在不断提高。慈善组织与其他类型的组织都需要有效地认识和使用组织中的人力资源,并且慈善组织也需要了解自身的人力资源管理制度的内在特点。

一、人力资源

(一)人力资源的含义

1. 人力资源的定义

管理学大师德鲁克在1954年出版的《管理的实践》中,首次在管理学领域正式提出并明确界定了"人力资源"的概念,指出:人力资源是所有可用资源中最富有生产力、最多才多艺、同时也是最丰富的资源。[1]

德鲁克提出这一概念的背景是员工素质的变化。他在1959年《明日的里程碑》一书中提出了知识型员工的概念,他认为当时的美国社会中每个员工都是自己工作的专家,对工作拥有比其管理者更加深入和丰富的了解。因而每个员工都是知识型的员工,每个员

---

[1] 德鲁克.管理的实践(珍藏版)[M].齐若兰,译.北京:机械工业出版社,2009.

工的工作更加难以进行直接的监控,并且员工的价值创造能力对组织具有重要的意义。由此可见,德鲁克提出人力资源时代的员工已经在组织的运营和生产过程中处于更加重要的位置,这与20世纪早期泰勒时代的情况已经截然不同了。德鲁克提出,人力资源的特性包括:具有协调、整合、判断和想象的能力;同时人力资源作为一种特殊的资源对于自己要不要工作,拥有绝对的自主权。

国内学者赵曙明认为人力资源是包含在人体中的一种生产能力,是表现在劳动者身上,以劳动者的数量和质量为载体的资源;董克用认为人力资源就是人所具有的对价值创造有所贡献,并且能够被组织所利用的体力和脑力的总和。

综上,本书认为,人力资源是一定时期内组织中的劳动者所拥有的能够为组织所用,并且对价值创造起重要作用的教育、能力、技能、经验、体力等的总称。

2. 人力资源的数量与质量

人力资源是创造财富的重要资源,对它的衡量需要从数量和质量两个方面来进行。

人力资源的数量可以用潜在人力资源数量与现实人力资源数量两部分来计量。潜在人力资源数量由六个部分构成,即适龄就业人口、未成年就业人口、老年就业人口、失业人口、暂时不能参加社会劳动的人口和其他人口。现实人力资源数量则由三个部分构成,即适龄就业人口、未成年就业人口和老年就业人口。影响人力资源数量的因素包括人口的总量和人口的年龄结构。人口结构与人力资源的关系如图7-1所示。

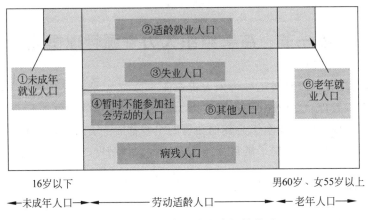

图7-1 人口结构与人力资源的关系

人力资源的质量取决于劳动者的素质,主要由体能素质和智能素质构成。劳动者的体能素质可以分为先天的体质和后天的体质;智能素质主要包括经验知识与科技知识,科技知识又可以进一步细分为通用知识和专业知识。

随着生产方式的现代化,人力资源的质量比数量更加重要。人力资源的数量能表示可以推动物质资源的人的规模,人力资源的质量则反映推动类型和层次、复杂程度和多大数量的物质资源。从人力资源内部替代性的角度来看,人力资源质量对数量的替代性较强,而数量对质量的替代作用较差,甚至不能代替,这一点在现代化的生产中尤为明显。人力资源的素质结构如图7-2所示。

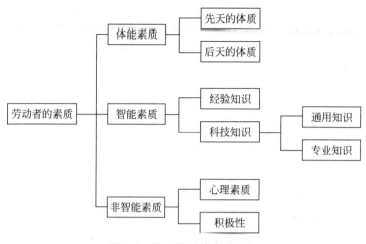

图 7-2　人力资源的素质结构

（二）人力资源与人力资本理论

德鲁克在管理学领域提出人力资源概念的同时，经济学领域中也出现了人力资本的概念。20 世纪 60 年代，美国的两位经济学家西奥多·舒尔茨（Theodore Schultz）和加里·贝克尔（Gary Becker）共同提出了人力资本理论。

1. 人力资本理论的提出

人力资本是与物质资本相对应的概念。物质资本指物质产品上的资本，包括厂房、机器、设备、原材料、土地、货币和其他有价证券等；而人力资本则是体现在人身上的资本，即对生产者进行教育、职业培训等支出及其在接受教育时的机会成本等的总和，表现为蕴含于人身上的各种生产知识、劳动与管理技能以及健康素质的存量总和。

1960 年，舒尔茨在美国经济协会的年会上做了题为《人力资本投资》的演说，阐述了许多无法用传统经济理论解释的经济增长问题，明确提出人力资本是当今时代促进国民经济增长的主要原因，并认为"人口质量和知识投资在很大程度上决定了人类未来的前景"。① 根据舒尔茨的观察，1945 年第二次世界大战结束以后，战败国德国和日本受到很大的打击，其工厂、设备等物质资本遭到了极大的破坏，当时很多人认为这两个国家的经济恐怕要很久才能恢复到原有的水平。但实际上只用了 15 年左右，德国和日本的经济就奇迹般地恢复了，仅仅依靠外部的物质援助是无法解释这一现象的，因为其他受到援助的国家并未出现这一快速发展的情况。舒尔茨认为大量的高素质技术工人和知识人员是这两个国家迅速恢复的重要原因，而传统的经济学理论只关注了物质资本的作用，忽视了人的素质也是可以作为资本而存在的，因而未来的发展更加需要的是对人进行投资。

舒尔茨认为，人力资本是需要通过投资才能够获得的，并且投资的收益要高于物质资本，这些投资体现在对知识的学习和技能的培训中、在对健康的投资中、在对人口迁移的投资中，以及干中学的成长中。这些方面的投资对应了个体对知识能力的直接投资，提高

---

① 舒尔茨. 论人力资本投资[M]. 北京：北京经济学院出版社，1990.

投资后的收益回收期和迁移到能够获得更高投资收益的地区等不同类型。[①]

2. 人力资源与人力资本的联系

人力资源与人力资本的联系主要体现在：人力资源与人力资本都是以人为基础而产生的概念，研究的对象都是人所具有的智力和体力。而且，现代人力资源理论大多是以人力资本理论为根据的。

如果结合德鲁克的人力资源概念和舒尔茨与贝克尔两位学者的人力资本理论，可以发现他们在相近的年代基于不同的考察提出了各自的理论，但理论的核心都在于劳动者的知识技能在生产过程中起到了更加重要的作用，成为创造财富的关键。虽然这只是对发达国家的观察，并且主要探讨的是知识技能等客观要素对生产和财富创造的影响，但对于资本含义的扩展和人的价值的理解也具有重要的意义。

（三）人力资源的作用

人力资源的作用主要体现在以下三个方面。

1. 人力资源是财富形成的关键要素

人力资源是能够推动和促进各种资源实现配置的特殊资源。因此，人力资源是最重要和最宝贵的资源。它不仅同自然资源一起构成了财富的源泉，而且在财富的形成过程中发挥着关键性的作用。

2. 人力资源是经济发展的主要力量

随着科学技术的不断发展、知识技能的不断提高，人力资源对价值创造的贡献越来越大，社会经济发展对人力资源的依赖程度也越来越高。

3. 人力资源是组织的首要资源

人力资源的存在和有效利用能够充分激活其他物化资源，从而实现组织的目标。在组织的运行中，人是唯一具有能动性、"活"的资源，因而人力资源能够处于首要的位置。

二、人力资源管理

（一）人力资源管理的含义

将人力资源管理作为组织的职能管理活动，可以追溯到社会学家 E. 怀特·巴克（E. Wight Bakke）于 1958 年出版的专著《人力资源功能》，该书首次将人力资源管理作为组织管理的职能进行讨论。[②]

从人力资源管理功能的视角，可以对各类组织中普遍存在的人力资源管理作出如下的界定：人力资源管理是指组织通过各种政策、制度和管理实践，吸引、保留、激励和开发员工，调动员工工作积极性，充分发挥员工潜能，进而促进组织目标实现的管理活动。

（二）人力资源管理的功能

人力资源管理的基本功能就是人力资源管理在组织管理实践中的基本作用。人力资

---

① 董克用，李超平. 人力资源管理概论[M]. 5 版. 北京：中国人民大学出版社，2019.
② 彭剑锋. 人力资源管理概论[M]. 3 版. 上海：复旦大学出版社，2018.

源管理的功能具体体现在吸纳、维持、开发、激励四个方面：吸纳功能是指吸引并让优秀的人才加入本组织；维持功能是指让已经加入的员工继续留在本组织；开发功能是指让员工保持能够满足当前及未来工作需要的知识和技能；激励功能则是指让员工在现有的工作岗位上创造出优良的绩效。

就这四项功能之间的相互关系而言，吸纳功能是基础，它为其他功能的实现提供了条件，如果不能将人员吸引到组织中来，其他功能就失去了发挥作用的对象；激励功能是核心，是其他功能发挥作用的最终目的，如果不能激励员工创造出优良的绩效，其他功能的实现就失去了意义；开发功能是手段，只有让员工掌握了相应的工作技能，激励功能的实现才会具备客观条件；维持功能是保障，只有将吸纳的人员保留在组织中，开发功能和激励功能才会有稳定的对象，其作用才可能持久。

在组织实践过程中，人力资源管理的这四个功能也可以归纳为选、留、育、用四个字。这四个方面的人力资源管理既是一个流量与存量的管理，即组织需要保持一定数量和结构的人力资源，并且通过人员的流动进行变化和调节，也是一个价值管理，即组织需要对现有的员工进行开发，提高其创造价值的能力，同时也需要留住具有高价值的核心员工。人力资源管理的功能如图7-3所示。

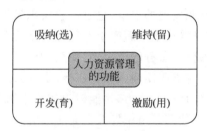

图7-3　人力资源管理的功能

三、慈善组织人力资源管理

从目前的趋势来看，中国的慈善组织正处于快速发展时期，组织数量和人员数量都在大量增加，慈善组织数量与规模的扩大意味着其需要根据组织发展的需要进行更加细致、规范的管理。所以，中国的慈善组织要顺应社会需求的发展，在社会服务、社会治理中发挥更大的作用，必须加强人力资源的开发与管理，根据慈善组织的特殊情况构建适配的人力资源管理体系。

（一）慈善组织人力资源管理的含义

慈善组织人力资源管理既具有前面人力资源管理定义的特点，也存在着自身的特殊性，包括慈善组织的目标常常具有非营利或公益性的特点、组织中存在着志愿者这一不属于员工的工作群体等。慈善组织的人力资源管理需要利用现代人力资源开发与管理理论，借鉴企业和政府人力资源管理的经验和方法，为实现组织目标和宗旨，不断获得人力资源，并对所获得的人力资源进行整合、调控、开发和使用。

为此，慈善组织人力资源管理的含义可以界定为：慈善组织通过各种政策、制度和管理实践,以吸引、保留、激励和开发组织中的员工和志愿者,调动他们工作的积极性,充分发挥其潜能,使他们能够有效地协作配合,进而有效地实现慈善组织目标的管理活动。

从发达国家的人力资源管理实践来看,人力资源管理进入慈善组织是必然趋势。这种必然趋势既是人力资源管理发展的结果,也是慈善组织自身发展的需求。但过去人力资源管理一向在企业或政府中使用,慈善组织较少涉及。这主要是因为:首先,慈善组织对管理存在认识误区,往往将管理重心放在组织物质资源和资金资源的处理上,忽略了对人力资源的管理。其次,慈善组织更多谈到的是志愿、奉献、爱心、公益等概念,许多慈善组织认为志愿的成分大于雇用,不愿意采用以雇用为基础的人力资源管理。最后,相对于其他类型的组织,慈善组织的规模大多较小,慈善组织从业人员数量较少,对人力资源管理的需求也较小。

(二) 慈善组织人力资源管理的特点

慈善组织在人力资源管理的机制与方法上具有较多的相似性,但同时慈善组织又大多具有非营利性的特点,这种组织特性使其人力资源管理也具有一定的特殊性。

1. 价值驱动和使命驱动

价值观是慈善组织生存和发展的根本,也是慈善组织发展的内在动力。慈善组织主要是基于利他主义、人道主义等价值观而产生的以追求社会公益为使命的现代组织。慈善组织是面向社会公众提供公共服务的组织,它使用的资源主要来源于社会。慈善组织的人力资源管理只有使员工建立起使命感和责任感,使员工自觉为实现组织的使命、承担组织的责任、完成组织的价值目标而努力,才能树立慈善组织的良好形象,促进更多的社会资源向慈善组织靠拢,从而使慈善组织发挥更大的作用。

因此,慈善组织的工作人员若要长期在慈善组织工作和发展,必须首先认同慈善组织的价值追求、责任意识和使命。这体现在慈善组织的成员选拔、培训开发、考核、激励、保障等多个环节上。例如,在成员选拔上,需要对组织成员的价值取向和专业技能提出双重要求,特别是需要成员具有较高的思想觉悟、道德品质;在培训开发上,由于慈善组织对成员道德素质要求较高,因此培训内容除了一般意义上的技能培训与岗位培训,也需要侧重于使命感和责任感的培养,从而使成员价值观与组织的价值理念有效衔接起来。总之,慈善组织的价值理念会贯穿整个人力资源管理的过程。

虽然慈善组织中并非任何一个员工都能够满足道德素质和价值观的要求,但具有这些价值理念的员工能够更好地契合慈善组织,也更加符合其作为慈善组织成员的社会身份。

2. 非物质性激励为主的激励机制

慈善组织是不以营利为目的的组织,这就决定了在企业行之有效的物质激励方式在慈善组织存在使用的限制,但是这并不意味着慈善组织不能进行物质激励,慈善组织的人力资源管理应根据自身特点妥善使用物质激励。

慈善组织自身吸纳了众多不计报酬的志愿者,慈善组织的成员之间、成员和组织之间的直接经济利益相关性较为薄弱,员工工作的动力往往更多地来自对慈善组织工作价值的追求,而不是物质或薪酬的激励。在这种情况下,慈善组织对人力资源的激励应该顺势而为,建立以非物质激励为主的激励机制。但是,考虑到慈善组织有一定数量的正式员工,他们以慈善组织的工作为谋生的职业,因此必须建立对他们的基本物质保障,设计合理的薪酬体系,同时对于慈善组织所需要的重要人力资源,要保证其工资水平不能过于偏离其在劳动力市场中的平均水平。

(三)慈善组织人力资源类型的特殊性

慈善组织的特点在其人员构成上有明显的体现,它的主要人员可以分为管理者、正式员工、志愿者和外部合作者四种。如表 7-1 所示,这四种类型的人员具有较多的内在差别。

表 7-1 慈善组织中不同类型人员的特点

人员类型	考察要素	评价方式	获取收益
管理者	胜任力	内部评价	核心人力资本
正式员工	KSAOs(knowledge, skills, abilities, other characteristics,知识、技能、能力和其他性格特点)或胜任力	内部评价	一般人力资本
志愿者	服务能力与服务意愿	内部简单评价	公益宣传、成本节约
外部合作者	社会影响力	社会评价	公益宣传、社会认可

1. 管理者与正式员工的管理特点

这两类人员的招聘工作与其他类型的组织比较类似,都是以职位的要求作为招聘和评价的标准,主要通过内部的职位评价来确定人员的具体素质要求。其中对管理者的招募与配置要求较高,需要将胜任力作为考察其与岗位适配的重要标准;正式员工属于在慈善组织中长期工作的专业人员、行政人员和其他相关的工作人员,对其考察的重点主要在于知识、技能和职业道德等方面,既可以选择 KSAOs 模型,也可以选择胜任力作为选拔的标准。雇用这两类人员可以为组织提供重要的人力资本,是组织运行的主要部分。

2. 志愿者的管理特点

与之前的两类人员不同,对志愿者的管理则较为困难,原因在于:首先,志愿者的数量较多,并且这类人员的工作时间常常具有短期性或不连续性,很多志愿者只短暂地参与志愿服务;其次,志愿者的工作属于义务性的劳动,获得的工作报酬不是以市场价格作为基础的。这些特点决定了慈善组织需要根据志愿者的意愿和志愿服务项目的情况来确定管理安排,如时间安排等。其对志愿者的管理,既要保证志愿者的服务热情,又要能够对其进行有效约束,还要考虑志愿者的长期服务和发展,这就要求对志愿者的人力资源管理必须妥当、合理、公正。

这类人员能够为组织带来的收益主要来自两个方面:一是运行成本的节约,可以使组织以低于市场的价格获得人员的使用权;二是志愿者的参与过程也可以成为对公益活动的体验与宣传,慈善组织可以以此对公益活动和慈善组织进行宣传,扩大公益项目的传播和慈善组织的影响力。同时,志愿者一般从事的是外围的具体工作,对其知识能力的要求常常与其从事的公益活动有直接的关系,志愿者的岗位和工作内容常常复杂性较低,因而对其的评价方式也可以相对简单。

同时,需要注意的是志愿者中包括了提供简单服务的一般性志愿者,这是志愿者群体的主要构成部分,和具有较高专业化技能的技能型志愿者相比,未来的慈善组织将更加需要这类人员的加入。

3. 具有社会影响力的外部合作者

慈善组织中还存在一种比较特殊的人员,即具有较高社会影响力的公众人物。引入这类人员的目的主要在于借助他们提高公益活动的知名度和公众对公益活动的认可度,所以这类特殊人员的社会形象就成为合作评价的关键,并且评价的标准来自社会大众对其形象的认可与评价,而非之前几类人员的内部职位评价。一般而言,这种外部合作常常是双赢的,公益项目借助这些人员提高自身的社会影响力和知名度,而这些公众人物也可以借助公益活动来塑造和提升自身的社会形象。

如图7-4所示,本书对上述各类人员按照来源和价值性进行了重新划分,这一划分的目的在于提供新的分类视角,突出人员类型的特点,使慈善组织可以进行针对性的分类管理。从图中可以发现,慈善组织的管理重点在于具有更高价值性的人员类型上,如内部的各类管理者与项目经理、外部稀缺的技能型志愿者和重要的合作者;同时来自外部的志愿者和合作者具有不稳定性和一些社会风险,所以需要时刻注意;而内部的、具有一般价值的员工则可以主要借鉴其他类型组织的通用的人力资源管理方式来予以管理。

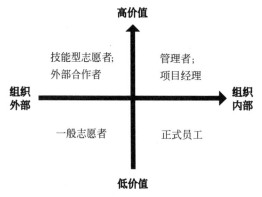

图 7-4 慈善组织中的人员类型划分

第二节 慈善组织人力资源管理的职能体系

随着慈善组织在近年来的快速发展和规模的扩大,规范性、能够适配于慈善活动的人力资源管理工作将变得日益重要。各类组织的人力资源管理存在着共性,都可以划分为不同的职能,并且这些职能之间存在着内在的联系,只有职能之间的有效契合才能够保证整个人力资源管理体系的效能。

本节首先介绍人力资源管理体系中的职能构成,然后根据慈善组织人力资源管理的特殊情况具体介绍各项职能的工作内容。

一、慈善组织人力资源管理体系的构成与特点

慈善组织的人力资源管理具有自身的独特性,其与企业或其他组织的人力资源管理的差别主要不是来自体系,而是在具体的职能和工作对象上,即慈善组织在人力资源的具体管理职能与执行工作上与其他组织存在一定的差异,志愿者这一特殊群体也是差异的来源之一。虽然不同类型的组织之间的目标差异也会对其有所影响,但这并非慈善组织的特例,政府组织、企业组织和慈善组织之间都具有不同的组织目标和价值取向,并且都会对各自的人力资源管理制度产生影响。

同时,随着慈善组织规模的扩大,其人力资源管理体系会更加强调向已经发展较为完善的其他组织的人力资源体系学习和借鉴,因而在整个体系上将会与其他组织有更多的相似性。

(一)人力资源管理职能体系的构成

人力资源管理的基本职能包括人力资源规划(human resource plan)、工作分析、员工招聘、绩效管理、薪酬管理、培训与开发、职业生涯规划与管理以及员工关系管理八个方面。看待八个方面职能的关系,应当持有一种系统的观点,认识到这些职能之间并不是孤立存在的,而是相互联系和影响的有机系统,因而人力资源管理领域的学者常常提倡使用人力资源系统的视角来看待职能之间的关系和内部适配性,如图7-5所示。

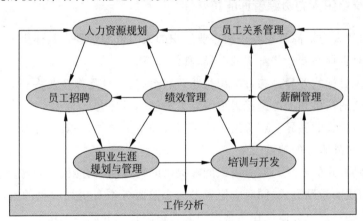

图 7-5 人力资源管理的职能体系

1. 工作分析是其他各项职能的基础

人力资源的各项管理活动都需要依靠工作分析获得的职位基础信息来进行。人力资源规划中,预测组织所需的人力资源数量和质量,基本的依据正是工作分析与胜任素质模型;预测组织内部的人力资源供给,要用到职位说明书。员工招聘,发布的招聘信息也就是一个简单的职位说明书,而录用甄选的标准则主要来自职位说明书中的任职资格要求与胜任素质模型。绩效管理中,员工的绩效考核指标是根据职位的工作职责来确定的。在培训与开发过程中,培训需求的确定也要以职位说明书中的任职资格与胜任素质模型为依据。薪酬管理中,确定员工工资等级依据的信息主要就是职位说明书的内容。

2. 绩效管理在整个系统中居于核心的地位

绩效管理处于整个人力资源管理体系的核心,其他的人力资源管理活动大多具有优化和支持绩效管理的作用。

预测组织内部的人力资源供给需要,对现有员工的工作业绩、能力等作出评价,这些都属于绩效考核的内容。人员招聘也与绩效考核有关,通过对来自不同渠道的员工的绩效进行比较,从中得出经验性的结论,从而优化招聘渠道。录用甄选和绩效管理之间则存在着一种互动的关系,一方面可以依据绩效考核的结果来提升甄选过程的有效性,另一方面甄选结果也会影响到员工的绩效。员工现实情况信息的获得也要借助绩效考核,因此培训与开发和绩效管理之间存在一定的关系;此外,培训与开发对员工提高绩效也是有帮助的。绩效考核的结果会对员工的浮动工资产生重要的影响,这就在绩效管理和薪酬管理之间建立了一种直接的联系。通过员工关系管理,建立起一种融洽的氛围,将有助于员工更加努力地工作,进而有助于实现绩效的提升。

人力资源管理的其他职能之间也存在着密切的关系。招聘计划的制订要依据人力资源规划;培训与开发要受到甄选结果的影响;员工关系管理的目标是提高员工的组织承诺度,而培训与开发、薪酬管理则是达成这一目标的重要手段;培训与开发同时也是非货币报酬的一种重要形式。

(二)慈善组织人力资源管理的特殊性

慈善组织的人力资源管理与一般企业组织的人力资源管理在具体事务上具有一定的相似性,但同时也存在着一些鲜明的差异,具体如下。

第一,组织目标的差异。慈善组织是非营利组织,本身不像企业将利润作为最主要的运营目标,社会的认可和支持是慈善组织更为关注的目标。

第二,人员构成的差异。慈善组织除了正式的员工之外,一般也拥有一定数量的志愿者作为运营和对外服务的辅助力量。

第三,激励方式的差异。慈善组织能够提供的物质回报有限,因而与企业组织相比会更加强调非物质的激励方式,同时志愿者参与志愿服务本身更加看重的是经济收入外的其他收益。这些特点也会体现在慈善组织人力资源管理的职能工作上。

二、慈善组织中的工作分析

慈善组织的工作分析与其他组织是类似的,但大多数独立的慈善组织规模偏小,因而组织内部的岗位间任务分工常常比较简单,甚至可能不存在较为清晰的工作任务划分。随着近年来慈善组织的规模扩大,其整体的人力资源管理工作需要向规范化的方向发展,而通过工作分析来促进内部分工的规范化是其发展的重要基础。

(一)工作分析的含义

工作分析是指在详细了解组织内的职位或工作岗位后,以特定的格式把与该职位或岗位有关的重要信息描述出来,使其他人能快速了解职位或岗位的过程。具体来说,工作分析就是要为相关的管理活动提供与工作有关的各种信息,这些信息可以用 6 个 W 和 1 个 H 加以概括:

who,由谁来完成这些工作任务?
what,这一职位或岗位的具体工作内容是什么?
when,岗位的工作时间安排是如何要求的?
where,工作任务需要在什么地点完成?
why,这些工作任务存在的目的是什么?
for whom,这些工作任务的服务对象是谁?
how,如何来完成这些工作任务?

(二)职位说明书

工作分析的成果是形成职位说明书,其中包括职位描述和职位规范两部分。职位描述是以书面叙述的方式来说明工作中需要完成的各类任务,以及工作中所使用的设备与工作条件等方面的信息。职位规范,也被称为胜任资格,是用来说明承担这项工作的员工所需要具有的特定技能、工作知识、能力及身体和个人特征的最低要求。

工作分析的目的在于正确理解职位,保证组织期望得以贯彻与实现。为了保证任职者尽可能地多为组织做工作,理想的情况是组织期望、管理人员传递、员工的自我知觉完全一致。为达到这种效果,需要对职位进行科学、客观的分析,形成职位说明书。这样管理者与员工就能正确理解该职位,也就保证组织期望得以贯彻与实现。

三、慈善组织中的人力资源规划

慈善组织的人力资源规划职能与其他类型组织是一致的,需要注意的是,慈善组织除了正式员工的人力资源规划之外,也需要对志愿者群体进行人力资源规划,因为志愿者是正式员工的重要补充,能够缓解慈善组织在公益活动中人员需求的短期波动,并且其志愿性的特点也能降低慈善组织的整体人工成本。

(一)人力资源规划的含义

人力资源规划也被称为人力资源计划,是指在组织发展战略和经营规划的指导下,对组织某个阶段的人员供给和人员需求进行预测,而后根据预测的结果采取对应的管理举措平衡组织内部的人力资源的供需,满足组织对人员的需求,为组织的发展提供合质合量的人力资源,为达成组织的战略目标和长期利益提供人力资源支持。人力资源规划的流程如图 7-6 所示。

准确地理解人力资源规划的含义,必须把握以下三个要点。

(1) 组织的人力资源规划应在组织的整体发展战略和经营规划的指引下开展。

(2) 人力资源规划应包括两个活动:一是对组织在特定时期内的人员供给和需求进行预测,二是根据预测的结果采取相应的措施平衡供给与需求。

(3) 对组织人力资源供给和需求的预测需要同时从数量和质量两个方面来进行。

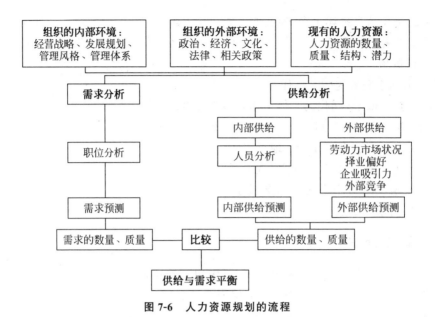

图 7-6　人力资源规划的流程

(二) 人力资源规划与其他职能的关系

人力资源规划与人力资源管理其他职能有着密切的联系。

(1) 与员工招聘的关系：人力资源规划预测到的组织内部供需关系决定了未来招聘工作的方式，当内部供给小于需求时，组织需要通过外部招聘的方式来满足人员的需要。

(2) 与员工配置的关系：组织可以根据人力资源规划预测出的未来人员需求来进行内部的人员重新配置，制订员工配置计划，从内部实现人员供给和需求的平衡。

(3) 与培训开发的关系：培训开发可以满足组织人力资源规划中对人员质量的需要，以人力资源规划为指引设计组织未来的培训规划，提升组织内部员工的素质水平。

(4) 与解聘辞退的关系：对未来组织人员供需关系的预测会影响组织进行人员替换的数量和程度，当某一时期内组织内部需求小于内部供给时，就可能需要解聘辞退部分员工以实现供需的平衡；反之，组织在人员的解聘辞退上会采取更加谨慎和保守的态度，避免造成人员数量的不足。

(5) 与薪酬管理的关系：组织可以根据未来的人力资源需求的预测来制订薪酬计划，人力资源需求的预测包括质量和数量两个方面，这两方面都会对组织的薪酬体系和薪酬成本产生影响。因而组织可以根据人力资源的需求预测来对自身的薪酬总额进行预测，也可以根据薪酬总额对薪酬水平进行调整。

(6) 与绩效管理的关系：在人力资源规划过程中，绩效管理中的绩效考核是进行人员需求和供给预测的一个重要基础，通过对员工工作业绩以及态度能力的评价，组织可以对员工的状况作出判断。

四、慈善组织中的招聘

在招聘方面,慈善组织人力资源管理工作的特殊性体现在:需要对志愿者这一特殊群体进行招募。从性质上而言,志愿者并不属于具有雇佣关系的员工,也不是通过员工的招聘渠道进行招募的,而是通过各类志愿网站和其他渠道来进行的,具有自身的招募特点;同时志愿者更加关注慈善项目或慈善组织与自己的价值理念是否契合,因而在整体的招聘工作上与组织中的正式员工存在着区别。本节在这一部分主要介绍正式员工的招聘流程,志愿者招募工作的特点将在下一节进行介绍。

(一)招聘的含义

招聘是指在组织总体发展战略规划的指导下,制订出相应的职位空缺计划,并寻找符合职位要求的人员来填补这些职位空缺的过程。其主要包括招募(recruitment)、甄选(selection)与录用三部分。

(1)招募:组织采取多种措施吸引候选人来申报组织空缺职位的过程,这一工作中需要吸引足够数量和质量的工作候选人,形成工作候选人的备选库,以满足后续人员甄选的需要。

(2)甄选:组织采用特定的方法对候选人进行评价,并挑选出最合适人选的过程,这一过程需要组织根据职位的特点和自身的情况,采用合适的甄选方法和程序,在时间和成本的预算约束下,为岗位选择能够适配的人选。

(3)录用:组织作出决策,确定入选人员,并进行初始安置、试用、正式录用的过程。

(二)员工甄选的含义

员工甄选是通过运用一定的工具和手段对已经招募的求职者进行鉴别和考察,评价他们的人格特征与知识技能水平,预测他们未来的工作绩效,并最终挑选出组织所需要的、恰当的职位填补者的过程。准确理解员工甄选的含义,需要把握以下几个要点。

(1)员工甄选应包括评价求职者的知识、能力和个性,以及预测求职者未来在组织中的绩效两方面工作。

(2)员工甄选要以空缺职位所要求的任职资格和条件为依据来进行。

(3)员工甄选由人力资源部门和直线部门共同完成,最终的录用决策由直线部门作出。

如图7-7所示,对求职者的甄选一般包括最初的简历筛选、笔试和面试等环节,这些环节通过不同的方式剔除掉不合适的求职者,越靠前面的甄选环节,筛选成本越低。其中,简历筛选是剔除明显不符合要求或是存在问题的求职简历,并根据结果发出笔试或面试的通知;笔试不是必须具备的环节,组织可以通过笔试来了解求职者的知识水平等方面的情况,笔试一般会在面试之前进行;面试主要是对求职者的知识技能进行进一步的确认,并了解求职者的具体情况以及内在的心理特点。

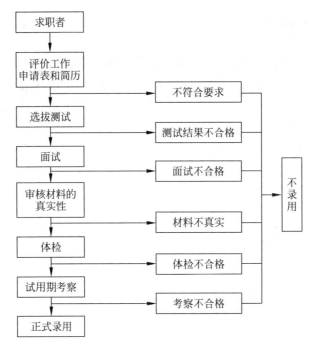

图 7-7 员工甄选的主要流程

五、慈善组织中的培训与开发

慈善组织培训与开发的流程与其他类型的组织是类似的,其中需要注意的情况是如何看待对志愿者的培训。慈善组织应当注重对志愿者的培训工作,目前许多慈善组织将志愿者视为免费的劳动力,因而不愿意对其进行人力资源的投资,但事实上许多初次参与的志愿者需要经过相关的培训才能对志愿服务有基本的了解,并且未来的志愿服务对志愿者的技能会有更高的要求,这强化了培训的意义。此外,培训活动也可以成为慈善组织进行价值宣传的重要途径。

(一)培训与开发概述

培训与开发是指组织通过各种方式使员工具备完成现在或者将来工作所需要的知识、技能,改变他们的工作态度,以改善员工在现有或将来职位上的工作业绩,最终实现组织整体绩效提升的一种计划性和连续性的活动。组织培训的作用机制如图 7-8 所示。

需要注意的是,培训(training)和开发(development)是两个在含义上既有重叠又有区别的概念。其相同点在于:两者的目的是相似的;实施的主体都是组织;两者使用的一些方法也是相同的。其区别在于以下四个方面。

(1)关注点不同,培训关注现在,而开发关注未来。

(2)培训的内容多与现在的工作内容相关,而开发则可能与现在的工作内容联系并不紧密。

(3)培训对工作经验要求更多,而开发对工作经验要求较少。

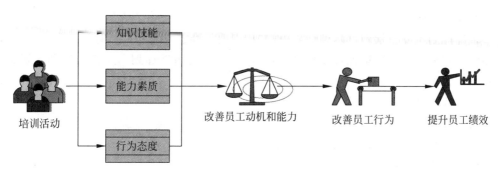

图 7-8　组织培训的作用机制

(4) 培训带有一定的强制性,而开发活动则更多与员工的发展意愿相关。

(二) 培训的需求分析与培训计划

1. 培训的需求分析

培训的需求分析是确定培训必要性的步骤,是一个组织确定是否有必要进行培训以及需要什么样的培训的过程。组织之所以会存在培训的需求,是因为组织目前出现了问题或者将来可能出现问题,这些问题能够通过培训的方式来解决,因而其就是产生培训需求的"压力点"。只有存在相应的需求,培训与开发才有必要实施。培训的需求分析是整个培训与开发工作的起始点,它决定着培训活动的方向,对培训的质量起着决定性的作用。

培训的需求分析可以通过组织、任务和人员这三个层面的分析来确定组织培训的需求。

(1) 组织层面的需求分析。组织分析是在组织层面展开的,它包括两个部分的分析内容:一是对组织未来的发展方向进行分析,通过未来的发展方向来确定今后的培训重点和方向,主要根据组织的经营发展策略来分析;二是对组织的整体绩效进行分析,找出存在的问题并分析问题产生的原因,如果原因来自员工的知识和技能的不足,可以以此确定组织目前的培训重点。

(2) 任务层面的需求分析。任务分析就是工作分析,它最主要的目的就是确定新员工的培训需求。其具体程序如下。

① 通过工作分析,撰写详细的工作说明书。
② 列出工作中包含的具体任务,如应做的事、实际做的事等。
③ 确定工作所要求的态度、能力、知识、技能和其他特征。
④ 指出哪些态度、能力、知识、技能和特征可以通过培训加以改进。
⑤ 对这些可以通过培训加以改进的方面进行重要性和紧迫性程度排序。

(3) 人员层面的需求分析。人员分析包括两个部分:一是对员工个人的绩效作出考核与分析,找出其中存在的问题,并分析问题产生的根源,进而确定解决当前问题的培训需求。二是根据员工的职位发展,将员工现有的知识、技能和态度与未来职位的要求进行比较,以确定解决将来问题的培训需求。人员分析与任务分析的差别在于,任务分析是通过人与岗位的适配关系来寻找培训的需求,而人员分析着眼于员工的绩效和未来发展的需要。

2. 培训计划

培训计划主要包括制订培训计划、做好培训前的准备等工作。从时间跨度来看,培训计划可以划分为中长期培训计划、年度培训计划和单项培训计划。完备的培训计划应当包括以下几点。

(1) 培训的目标(why)。

(2) 培训的内容(what)。

(3) 培训的对象(whom)。

(4) 培训者(who)。

(5) 培训的时间(when)。

(6) 培训的地点及培训的设施(where)。

(7) 培训的方式方法以及培训的费用(how)。

(三) 培训的评估

根据唐纳德·柯克帕特里克(Donald Kirkpatrick)的四层次评估模型,可以通过四个方面来考察员工的培训效果。

(1) 反应层:受训人员对培训的态度,对培训活动的满意程度。

(2) 学习层:经过培训后,被培训者对培训讲授内容的掌握程度。

(3) 行为层:经过培训后,被培训者在接受培训以后工作行为是否有所改进。

(4) 结果层:经过培训后,被培训者或者组织的绩效是否得到改善和提高。

培训效果评估的四层次模型如表 7-2 所示。

表 7-2　培训效果评估的四层次模型

评估层次	评估重点	评估方法	评估主体	评估时间
反应层面	学员对培训活动的整体性主观感受	问卷调查;访谈;观察	培训主管机构	培训进行中或培训刚刚结束后
知识层面	了解学员真正理解、吸收的基本原理、事实与技能	测试;问卷调查;现场模拟;座谈	培训主管机构	培训结束后
行为层面	了解学员接受培训后行为习性是否有所改变,并分析这些改变与培训活动的相关性	绩效考核;观察;访谈	培训主管机构;学员上级主管;同事及下属;直接客户	培训结束后 3 个月或下一个绩效考核期
结果层面	了解学员个体及组织的绩效改进情况,并分析绩效变化与组织培训活动之间的相关情况	投资回报率;绩效考核结果;组织运营情况分析	培训主管机构;学员上级主管;组织企管部门	下一个绩效考核期或一年后

六、慈善组织中的绩效管理

慈善组织的人力资源管理在绩效管理中的特点表现为:慈善组织与以利润导向为主

要目标的企业组织不一样,它更加强调服务社会的公益性目标。因而在绩效管理中,企业组织更加注重财务绩效指标,尤其是其中的利润率等指标,而慈善组织更加关注资金募集及其合理的使用、募捐者和服务对象的满意度等绩效指标,关注社会的认可。同时,在慈善组织绩效整体目标的引导下,慈善组织中的员工与志愿者的绩效指标体系会更多地设置或强调具有人文关怀的绩效指标。

因而,慈善组织与其他组织的绩效管理流程是比较相似的,绩效管理的内涵也是一致的,差别主要来自各自组织目标影响下的具体绩效指标,组织的目标将在绩效管理的过程中分解为各个层级和活动中员工的具体工作绩效指标。

(一)绩效的含义与特征

绩效是指员工在工作过程中所表现出来的与组织目标相关并且能够被评价的工作结果、工作能力和工作态度。绩效有三个方面的特征。

(1) 多因性:指绩效受到多个内外部因素的影响,因而分析绩效水平高低及其变化时需要仔细分析原因的具体类型。

(2) 多维性:指员工的绩效往往是体现在多个方面,一般可以从工作结果、工作能力和工作态度三个维度来进行员工绩效的评价。

(3) 动态性:指绩效的内容与标准会发生变动,当外部环境和内部工作方式变化时也会带来员工工作绩效要求的变化,这种动态性决定了绩效常常是针对某一特定时期而言的。

(二)绩效管理

1. 绩效管理的含义

绩效管理指制订员工的绩效目标并收集与绩效有关的信息,定期对员工绩效目标完成情况作出评价和反馈,以确保员工的工作活动和工作产出与组织保持一致,进而保证组织目标完成的管理手段与过程。

2. 绩效管理与其他职能的关系

绩效管理是组织管理的重要工具,是人力资源管理系统的核心。绩效管理是组织所有管理者的责任,绩效管理的实施贯穿于管理者的整个管理过程,与人力资源管理其他职能的关系十分密切。

(1) 工作分析是绩效管理的基础。

(2) 绩效管理为人力资源规划中的供给质量和需求质量预测提供了有效信息。

(3) 绩效管理可以实现对招聘渠道的优化,招聘的质量也与高绩效呈现正相关关系。

(4) 绩效管理有助于确定培训开发的需求点。

(5) 绩效管理通过与薪酬挂钩可以使薪酬发挥出更大的激励作用并增进员工的公平感。

(6) 绩效管理有助于实现更高水平的人岗匹配。

七、慈善组织中的薪酬管理

慈善组织中的薪酬管理的特点表现为：慈善组织的公益目标决定了其不能像某些企业那样给予员工较高的薪酬，同时在激励上更加强调非物质的方式；而慈善组织中的大多数员工和其他组织一样需要依靠工作来获得与其匹配的收入，因而慈善组织的正式员工也需要健全的薪酬管理。

此外，志愿者虽然不通过志愿服务获得薪酬，但其在提供服务的过程中支付的成本需要得到补偿，其相关的工作条件需要得到保障。

（一）薪酬

1. 薪酬的含义

探讨薪酬的含义需要区分薪酬和报酬。薪酬是指组织为员工的工作与服务支付给员工的各种直接和间接的经济收入。报酬是指员工从组织那里得到的作为个人贡献回报的他认为有价值的各种东西。因而可以发现，报酬的含义要广于薪酬，报酬可以是直接的，也可以是间接的；可以是物质性的，也可以是精神性的。薪酬主要是报酬中的外在的和物质性的部分。

2. 薪酬的构成

具体的薪酬构成包括三部分。

（1）基本薪酬：组织根据员工所承担的工作或者所具备的技能而支付给他们的较为稳定的经济收入，基本薪酬一方面是为了确保员工的基本生活费用，另一方面也与某些工作的结果不易量化衡量有关。根据确定的基础不同，可以将其分为职位薪酬体系与能力薪酬体系。

（2）可变薪酬：组织根据员工、部门或团队、组织自身的绩效水平支付给员工的具有变化性的经济回报，这部分薪酬的目的在于通过变动的收入提升对员工的激励作用。

（3）间接薪酬：给员工提供的各种福利，可以分为国家法定福利与组织自主福利，这部分薪酬同样对员工起到了较强的保障性作用。

（二）薪酬管理

薪酬管理是指组织在经营战略和发展规划的指导下，综合考虑内外部各种因素的影响，确定薪酬体系、薪酬水平、薪酬结构、薪酬形式，明确员工所应得的薪酬，并进行薪酬调整和薪酬控制的过程。其中，薪酬调整是指组织根据内外部各种因素的变化，对薪酬水平、薪酬结构和薪酬形式进行相应的变动；薪酬控制是组织对支付的薪酬总额进行测算和调控，目的是维持组织正常水平的薪酬开支，避免给组织带来过重的财务负担。

影响组织薪酬管理的因素主要有三类。

一是组织外部因素，包括：①国家法律法规与相关政策；②劳动力市场的供求关系；③员工所在地的物价水平；④其他组织的薪酬状况。

二是组织内部因素，包括：①组织的整体经营战略；②组织目前的发展阶段；③组织的财务状况。

三是员工个人因素,包括:①员工目前的职位;②员工的工作能力与绩效水平;③员工的工作年限。

影响组织薪酬管理的主要因素如图 7-9 所示。

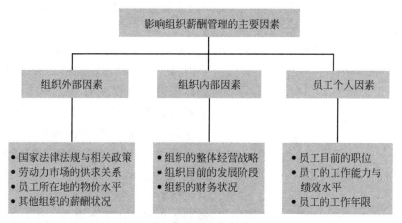

图 7-9　影响组织薪酬管理的主要因素

以上是人力资源管理体系中的各项具体职能,虽然各项职能在工作内容上存在着较大的差异,但职能之间存在着紧密的内在联系,有效的人力资源管理体系需要人力资源管理的各项职能形成有效的协同,同时人力资源管理体系也需要与其他管理业务具有协同作用,并能够适应外在环境的变化。

第三节　志愿者的激励与管理

习近平总书记指出:"志愿服务是社会文明进步的重要标志",志愿者的志愿服务要"成为人民有信仰、国家有力量、民族有希望的生动体现",要推进"志愿服务制度化常态化"。① 在公益活动中,志愿者是重要的参与群体,他们的参与程度和参与意愿对于慈善活动的传播和有序运行具有重要的意义,因而需要重视对志愿者的激励和人力资源管理工作。

视频 7-1　志愿服务,习近平总书记这样说

一、慈善组织中的志愿者管理

(一)志愿者与志愿者管理

1. 志愿者

志愿者是指不为获取任何物质报酬的情况下贡献时间和精力,为改善社会服务与促进社会进步而提供服务的个体或群体。联合国将志愿者称为不以利益、金钱、扬名为目的,而是为了近邻乃至世界做贡献的活动者。

---

① 习近平致中国志愿服务联合会第二届会员代表大会的贺信[EB/OL].(2019-07-24). https://www.gov.cn/xinwen/2019-07/24/content_5414384.htm.

志愿者是慈善组织中一类特殊的人力资源,这种特殊性直接影响了对其的管理方式,志愿者管理与企业组织的人力资源管理又有着不同之处。志愿者往往是由于慈善组织开展服务的需要而被临时招募起来的一群人,他们的能力、素质、价值观念等各个方面都存在着差异,对慈善组织的认知参差不齐,参与志愿服务的动机也千差万别。

2. 志愿者管理

如图 7-10 所示,志愿者是慈善组织人力资源的一部分,因而志愿者的管理应当是一个内含于人力资源管理的子系统,是慈善组织整体人力资源管理的一个特殊部分;同时志愿者的管理与慈善组织的人力资源管理也内含于整体的慈善组织管理之中,是其组成部分。因而,可以将志愿者管理定义为慈善组织或其他类型的组织根据自身的需要,有计划地对志愿者进行招募、培训、激励和绩效管理,以改善志愿者的工作态度与工作行为,使其志愿服务的作用最大化,并促进组织目标实现的过程。

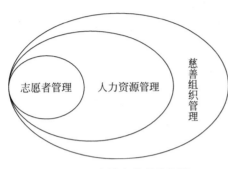

图 7-10 志愿者管理的位置

对志愿者进行管理,有以下几方面的必要性。

(1) 从志愿服务组织的发展看,人力资源短缺是目前大量的社会组织和志愿服务组织存在的问题,有效地动员和管理志愿者是缓解人力资源现状不足的重要手段,因此需要对志愿者进行管理。

(2) 如果志愿者不能被有效管理,在志愿服务过程中甚至会出现一些负面影响,如每年都会有一些志愿服务的负面信息被曝光,这对于志愿服务领域和慈善组织都是有损害的。

(3) 志愿者是社会组织和志愿服务组织的重要资源之一,如果能有效地管理志愿者,志愿者不仅会成为组织的人力资源提供者,也会成为组织的支持者甚至是捐赠人,这对于组织的外部形象有着积极的价值,因此需要重视对志愿者的管理。

同时,需要注意的是,志愿者的有效管理需要考察志愿服务组织与志愿者双方的需求,如表 7-3 所示,尽量做到有效地满足双方的需求,实现双赢和共同发展。

表 7-3 志愿服务组织与志愿者的需求

志愿服务组织的需求	志愿者的潜在需求
a. 为完成任务提供更多的帮助 b. 建立广大的支持者和成员团队,丰富和发展志愿服务组织 c. 赋权社群成员,让社群成员对自己的事务发出声音 d. 帮助发展志愿服务组织的核心团队 e. 建立和发展新领导者的储备团队	a. 获得同伴支持、结交新朋友 b. 做正面的和有建设性意义的事情 c. 个体权利的体验,表达自己的场所 d. 寻找解决共同问题的方法 e. 获得其他就业机会的工作经历 f. 学习新知识和技能 g. 获得乐趣,探索和发展自己其他方面的机会 h. 获得提供给未来雇主的推荐或介绍

（二）中国志愿者的发展及其管理情况

当前中国的志愿服务组织与志愿者的数量都出现了大幅度的增长，2021年中国的志愿者总量累计达到2.70亿，志愿服务组织（队伍）数量达到123万家，志愿服务参与率达到7.71%；并且志愿者服务在公益活动中日益创造更多的价值，超过1亿名活跃志愿者贡献服务时间42.07亿小时，折合人工成本价值约1 954亿元。① 但与此同时，慈善组织依然存在着管理粗放和不规范的问题，这些问题导致了慈善组织难以有效地激励志愿者并引导其深入参与到公益活动中，影响了慈善组织的运营效率。根据《中国慈善发展报告（2019）》的数据，志愿者在参与服务过程中面临管理不规范（39.44%）、缺少必要培训（38.65%）和缺乏激励机制（33.91%）等管理问题，社会组织普遍缺乏有效的志愿者管理制度和工具。② 《中国慈善发展报告（2022）》的数据则表明，第一，志愿者获得保障和支持的覆盖面不足，尽管超过85%的组织都提供了培训服务，但是志愿者获得培训仅占54.55%；第二，59.50%的组织没有给志愿者发放津贴补助，有21.49%的志愿服务组织是由志愿者来承担全部的服务成本；第三，尚有23.14%的组织没有专职工作人员，另有23.14%的组织仅有1～2名专职人员，志愿服务项目运作能力和水平不足43.55%，组织治理与管理规范不足42.74%。③

视频7-2 志愿服务的中国脚步

这些数据显示了当前志愿者管理中存在的普遍问题，虽然近几年中国慈善组织的管理意识和管理水平在提高，对志愿者的培训、激励和保障也在改善，但从整体上来看依然存在着较多的问题和较大的提升空间。造成这些问题的根源在于：许多慈善组织的管理者和工作者存在思维的局限，认为在从事公益事业的组织中，其成员与企业所雇用的员工存在着本质的区别，因而存在规避人力资源管理的心态；大多数慈善组织重物轻人，将管理的重心放在了组织的物质资源和财务资源上，忽视了对组织中人力资源，尤其是志愿者资源的有效管理。这种长期存在的错误理解以及由此导致的对人力资源管理的忽视给慈善组织带来了种种问题，如员工和志愿者流动率高、组织效率低下等。

因此，志愿者对于慈善组织而言，不应当被视为免费或廉价的劳动力，而应被视为组织的重要资源。若不能对志愿者进行有效的管理，不仅是慈善组织人力资源的浪费，更是社会志愿服务资源的浪费。④

二、志愿者的动机与激励机制

（一）志愿者动机的含义

动机本意是"推动"或"有指向的行动"，是心理学的一个基本概念，后来逐渐扩展到其

---

① 杨团,朱健刚.慈善蓝皮书:中国慈善发展报告（2022）[M].北京:社会科学文献出版社,2022.
② 杨团.慈善蓝皮书:中国慈善发展报告（2019）[M].北京:社会科学文献出版社,2019.
③ 同①。
④ 张远凤.德鲁克论非营利组织管理[J].外国经济与管理,2002,24(9):2-7.

他学科,如经济学对消费动机的研究等。现代心理学家一般界定"动机是由目标或者对象引导、激发和维持个体活动的一种内在心理过程或内部动力",动机能够对人产生引导、激发和维持等作用。可以认为,动机是人们采取行动的内在动力,尽管不是所有的动机都能够产生行为,但是行为的背后一定存在着动机。

视频 7-3 今天,我们为什么要学雷锋?

对于志愿者而言,志愿者动机是引导他们产生志愿想法、激发他们做出志愿行为并且持续从事志愿服务的原动力。从志愿者的激励与管理角度而言,只有正确、有效地满足志愿者的需要,才能够激励其持续地提供志愿服务,与企业组织不同,在企业组织中获得经济性回报是员工提供劳动的主要动机,并且这种动机也可以在较大程度上适用于慈善组织中的大部分员工,但对于志愿者而言,其所希望满足的则主要是经济性之外的动机,因而对其的激励与管理方式也需要进行针对性的调整。

(二)志愿者动机的类型

在员工管理中,只有充分了解员工的动机与需求,才能给予其切实有效的激励与管理,因而对志愿者的有效管理需要建立在对其动机深入了解的基础之上。关于志愿者激励的研究大概可以分为两个阶段:双因素或三因素模型阶段与多因素模型阶段。

1. 双因素或三因素模型阶段

最初的研究开始于 20 世纪 80 年代,研究可以称为双因素或三因素模型阶段。1981 年,史密斯提出志愿者激励的双因素模型:利他取向(如无形的奖励,帮助他人时的良好感觉)和利己取向(如有形的奖励)。这一分类也得到了同时期其他研究者的实证证明。1987 年,费奇通过对大学生志愿者的研究,提出了三因素激励模型,即利他取向、利己取向和社会取向;同时,豪威尔和梅也对参与志愿服务中年纪较长者的动机进行了研究,指出促使年纪较长者参与志愿活动的激励取向有三种,即利他取向、社会取向和物质取向。这一阶段是志愿者动机研究的起始阶段,对于志愿者参加公益活动的动机归纳也较为概括。

2. 多因素模型阶段

到了 20 世纪 90 年代,多因素的志愿者激励解释模型逐步出现。

(1)志愿者功能清单模型。在多因素的解释模型中,最具代表性的就是克莱莉和斯奈德等人提出的"志愿者功能清单"(volunteers functions inventory,VFI)。这两位学者于 1991 年提出了志愿者功能清单模型,并随后通过一系列的实证研究对这一清单进行了验证,他们指出激励志愿者从事志愿活动的动机是多种多样的,并认为参与志愿活动一共有六种功能。

① 价值(values):是指志愿个人参与志愿活动是基于某种重要的价值观,如利他精神和人道主义。

② 认知(understanding):是指志愿者希望能够进一步认识世界或获取一些平时没有掌握的技能。

③ 提升(enhancement):是指一个人可以通过志愿活动获得心理上的成长。

④ 职业(career):是指志愿者希望通过参与志愿活动获得与职业相关的好处。

⑤ 社交(social):是指志愿活动使个人扩大社会接触和自己的社会关系。

⑥ 保护（protective）：是指个人通过参与志愿活动从而抵消负面情绪如罪恶感或解决自己的问题。

他们指出，价值、认知和提升是最重要的三种功能，职业、社交和保护较为次要。不同的参与者追求不同的目标，一个参与者也可以追求多个目标，并且对不同群体来说，每种功能对他们的重要性也有所不同。

（2）志愿者激励清单模型。2002年，麦可温和雅克布森在志愿者功能清单模型的基础上提出了志愿者激励清单模型（volunteers motivations inventory，VMI），艾斯蒙德和杜洛普在他们的基础上将VMI的激励因素归纳为十个。

① 价值（values）。

② 认知（understanding）。

③ 社交（social）。

④ 保护（protective）。

⑤ 认可（recognition），即志愿者个人的技能和贡献被认可。

⑥ 职业发展（career development），即志愿者个人希望通过志愿活动结识人以及获得对未来工作有用的经验和技能。

⑦ 社会互动（social interaction），即志愿者希望建立社交网络以及享受同他人互动的过程。

⑧ 自尊（self-esteem），即志愿者增加自我价值感和自尊感。

⑨ 反应（reactivity），即志愿者基于"治愈"以及解决过去和当前问题而参与志愿活动。

⑩ 互惠（reciprocity），即志愿者相信"种什么因，得什么果"，在帮助他人和认真从事志愿工作的过程中也会给志愿者带来一些益处。

可以发现，这一模型的部分内容与原来的VFI有较多的重合，它在后面的因素中进行了更多的补充。

（3）费雪与谢弗的志愿者参与动机模型。费雪和谢弗对年纪较长志愿者的参与动机进行了研究，并将其分为六类。

一是利他，希望对那些需要帮助的人提供帮助以及对社会作出贡献。

二是社会交往，希望同帮助的人产生互动、参与社交以及结交新朋友。

三是理念，从事某项个人认为非常重要的事情。

四是地位奖励，受一些间接奖励激励，如自我宣传、名誉以及在社区中的地位。

五是物质奖励，受一些有形的利益所激励，如奖品、免费乘车券以及一些独有的特权等。

六是时间，是否参与志愿活动取决于个人是否有足够的时间。①

从这些激励志愿者的因素模式中可以发现，激励志愿者参加公益活动的因素十分多样，所以公益项目的组织者和招募者应该更加深入地了解如何有效地通过这些理论来制定相应的政策以激励不同类型的潜在志愿者。同时，目前对志愿者动机的认知也发生了变化，过去对志愿者动机的认知过于偏向利他的方面，片面强调无私的奉献，但通过对志愿者动机的研究可以发现，这类动机仅仅是志愿者整体动机的一部分。在当前，应该同样重视

---

① 陆海燕.国外关于志愿者激励的研究及其启示［J］.武汉理工大学学报（社会科学版），2014,27（3）：428-432.

和关注志愿者提供服务时的非利他动机,以此来吸引更多的潜在志愿者加入服务活动中。

三、慈善组织志愿者激励管理设计

(一)基于志愿者参与动机的激励管理

与正式员工相比,志愿者参与志愿服务的动机更加复杂多样,并且动机主要集中在了非物质性的动机方面。因而,慈善组织需要了解志愿者的参与动机,并以此为基础构建提升和增加志愿者参与意愿与参与行为的管理机制,在满足志愿者参与需要的基础上,使其能够长期持续地参与志愿服务活动。本书在参考相关文献的基础上,构建了以志愿者参与动机为核心的管理过程模型,如图 7-11 所示。

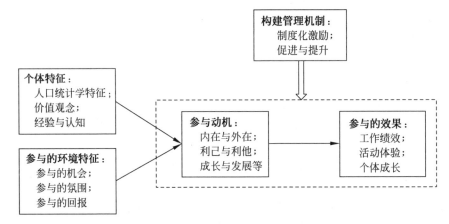

图 7-11 以志愿者参与动机为核心的管理过程模型

(二)基于志愿者参与动机的管理策略设计

志愿者的参与动机是多样的,并且参与动机获得满足的志愿者与那些参与动机没有获得满足的志愿者相比,前者在志愿活动中会获得更大的满意感,而且如果满意感和参与志愿活动所获得的收益相关,那么他们继续提供服务的可能性也会增大。此外,针对参与群体的不同,如学生、参加工作的成人以及年纪较长的人,我们所应采取的激励措施也有所区别(表 7-4)。

表 7-4 志愿者的参与动机和与其匹配的管理策略[1]

动 机	管 理 策 略
利他	宣传一些关于社区需求以及志愿活动相关的信息
社会交往	组织团队项目,使志愿者能够组成一个团队从事志愿活动
理念	提供激励匹配项目,即公司向由员工选择的项目提供资金捐献,员工则相应地提供一定数量的志愿活动时间
地位奖励	通过报道、奖励、奖状等认可员工的志愿行为

---

[1] 陆海燕.国外关于志愿者激励的研究及其启示[J].武汉理工大学学报(社会科学版),2014,27(3):428-432.

续表

动　　机	管 理 策 略
物质奖励	鼓励志愿活动的参与行为能够发展与工作相关的技能或有利于公司，在工作绩效评估时认可志愿参与行为
时间	提供一定的时间让员工能够参与志愿活动

将激励措施与参与动机相匹配的过程，在招聘志愿者时就应当开始，针对志愿者不同的动机，采取不同的管理策略。

对志愿者的激励是一项长期性的工作，在当前志愿组织快速发展和志愿者活跃程度较低的情况下，志愿服务组织应当始终关注其对志愿者激励工作的成效，促进志愿者的长效持续参与，实现志愿者与志愿服务组织的共同进步与发展，进而推动中国社会文明的进步。

四、志愿者与正式员工之间的关系管理

正确处理好志愿者与员工的关系，无论是对于志愿服务项目的开展，还是对于志愿者的积极参与，以及员工的工作绩效，都有重要影响。

（一）志愿者与正式员工的互补关系

从志愿服务的过程来看，志愿者和慈善组织员工能够实现优势互补。慈善组织的员工对慈善组织的价值观、目标、愿景等有着较高的认同，熟悉志愿服务项目或慈善组织其他相关事宜，并且是慈善组织稳定的人力资源。志愿者往往具备自己的一技之长，这能够扩展员工的技能范围；志愿者还能够给慈善组织带来新的观察问题的视角和维度，志愿者义务地贡献自己的时间和精力。

但是，志愿者本身对慈善组织的价值观、目标、志愿服务的开展等并不熟知。因此，志愿者和员工必须建立团队合作的意识，共同推动志愿服务的开展。这也是慈善组织实现服务成本最小化的需要。而且，志愿者和员工和谐的工作关系的建构，能够使志愿者更好地理解志愿服务的价值和理念，从而有可能在未来将参与慈善组织作为自己的职业选择，发展成为慈善组织稳定的人力资源。

（二）志愿者与正式员工的关系管理

要建立志愿者和员工融洽的合作关系，可以从以下三个方面入手。

1. 员工管理

要使员工建立对志愿者的正确认识，尊重志愿者的奉献；要使员工建立与志愿者平等合作的理念，接纳志愿者成为同事；要使员工参与到志愿者管理中，通过与志愿者的广泛接触，了解志愿者，并为志愿者提供相应的保障等。

2. 志愿者管理

要使志愿者在认可员工的组织身份的同时建立平等的观念，不能因为员工可能具备的权威性而使志愿者屈居隶属地位；要使志愿者学会与员工进行有效沟通，在学习员工

的专业知识和技能的同时,也应该将自己的专长和分析视角展现出来;要使志愿者通过自身服务能力的提升赢得员工的尊重。

3. 慈善组织的管理机制

慈善组织要建立员工与志愿者沟通的渠道和机制,使他们能够及时地进行沟通和交流,在互动中增进了解和认识;同时,要建立纠纷协调机制,当志愿者和员工发生冲突或纠纷时,能够有合适的渠道寻求问题的解决方法。

五、中国志愿者服务的网络化发展

随着互联网技术的发展和各类互联网应用的推广,志愿服务组织也开始了网络化建设的进程。通过志愿服务的网络平台,志愿服务组织能够将志愿服务活动更加快速、有效地组织起来,同时志愿者也能够更加便捷地参与到志愿活动中,提升了整个社会的志愿服务效能。以下是中国国内影响力较大的几个志愿服务网络平台。

(一)中国国内的主要志愿服务平台

1. 中国志愿服务网

中国志愿服务网是中国民政部设立的志愿服务官方网站,其所依托的全国志愿服务信息系统是面向各行业志愿服务管理部门,是面向广大社会公众、志愿服务组织、志愿服务队伍的社会化服务平台。

通过该网络平台,社会公众可以便捷地注册为志愿者参与志愿服务;志愿者可以参与自己感兴趣的志愿队伍和项目,记录、转移、接续自己的志愿服务时间;志愿队伍可以按照规范的流程发布项目、招募管理志愿者、开展服务,实现供需有效对接;全国各行业、各区域志愿服务数据实时或定时汇集,党政管理部门可以全面了解志愿服务情况、开展数据决策分析。

我国志愿服务信息系统的设计思路如图 7-12 所示。

图 7-12 我国志愿服务信息系统的设计思路

2. 中国青年志愿者网

中国青年志愿者网是共青团中央志愿者工作部、中国青年志愿者协会秘书处和中国青年报社合作建设的志愿者公益网站。该网站作为共青团信息化支持平台、志愿者活动信息发布和展示平台、注册志愿者开展互动与自我展示的网络平台，在中国志愿者工作及宣传上发挥了重要作用。

中国志愿者信息管理系统已经开发完毕并在全国各地逐步授权使用，注册系统功能包括志愿者在线注册、志愿服务信息发布平台、需求机构信息接收、志愿者机构人员管理，实现多角色一站式的现代管理体系。消息中心实现站内短消息、邮件群发、定向手机短信等手段的交流方式。此外，志愿中国和中国志愿者两个网络平台也是由共青团中央与其他机构合作建立的志愿服务网站，志愿汇是网站移动端的 App。

3. 中华志愿者协会

中华志愿者协会（China Volunteers Association，CVA）是由民政部、中央文明办、全国妇联、中华全国总工会、教育部、共青团中央、中国红十字会、卫生部八部委共同发起成立的公益性、全国性社会团体组织。协会由志愿者以及关心和支持志愿服务事业的单位或组织自愿组成。协会接受业务主管单位民政部和社团登记管理机关的业务指导和监督管理，同时接受中央精神文明建设指导委员会办公室的业务指导。

中华志愿者协会是全国性的公益性组织，协会积极弘扬志愿服务精神；推动志愿者队伍建设；打造志愿服务项目品牌；加强志愿服务政策理论研究；健全志愿服务工作机制。同时逐步建立志愿者组织的社会认同和激励机制，保障志愿服务事业的社会化和可持续发展，改善社会风气和人际关系，推动志愿服务体系和多层次社会保障体制的建立和完善，大力推进我国社会主义精神文明建设。

4. 志愿云

志愿云是中国志愿服务联合会发布的信息管理系统，它的出现起始于 2008 年北京奥运会。当时奥组委为了应对大量志愿者的招募和管理的问题，开发了北京奥运会志愿服务注册管理系统。

奥运会过后，随着志愿服务在全国各地蓬勃展开，奥运会志愿服务注册管理系统适应实际需要，综合国内各省、各地市志愿者管理系统的优点，同时结合志愿者信息系统标准，在 2007 年、2010 年和 2013 年三次大的改版后趋于完善，并从此前的面向赛会到面向全北京市，再到跨省市面向全国。

2014 年 11 月 24 日，中国志愿服务联合会"志愿云"信息系统正式上线发布。截止到 2023 年 7 月，志愿云实名志愿者总数超过 1.92 亿人，志愿服务组织的总数超过 78 万个，志愿项目总数超过 471.2 万个，服务时间总数超过 26.45 亿小时。[①]

（二）国内志愿服务网络平台发展的特点

以上介绍了当前中国国内较大的几个全国性志愿服务平台，这些平台的快速发展一

---

① 志愿云-志愿服务制度化建设解决方案（志愿者/志愿项目/志愿团体管理）[EB/OL]．https://www.zhiyuanyun.com.cn．

方面是由于中国社会志愿服务意识的提升,是社会进步的体现;另一方面中国政府的推动与支持也是这些志愿服务组织及其网络平台快速发展的重要动力。

在"互联网+"时代,大量的社会活动都有了线上发展的趋势,这意味着网络平台不仅仅是一个信息展示与交流的平台,开始更多地转为线上管理的平台。随着信息终端从电脑变为智能手机,基于网络的实时管理的效果在不断地提高,个体可以随时和网络管理平台进行联系,个体的工作、学习和生活方式都发生了重大的变化,各类组织的管理方式也随之进行了变革。

在这一进程中,中国的志愿服务组织通过网络服务的信息平台获得了快速的发展,如中国志愿服务网的全国志愿服务信息系统、中国志愿服务联合会的志愿云系统等,而目前它们也正在进行向移动端平台的转型,这不仅需要通过制作智能手机的志愿服务 App 来进一步地贴近志愿者,还需要进行能够适应这一技术变化的管理方式的调整,进而更为高效地招募和管理志愿者,提高组织对志愿者管理的整体效能。

同时需要认识到的是,志愿服务平台的网络化发展属于技术工具的变革,它是组织管理的传递者,其本身是无法进行管理的,因而志愿服务组织在这一进程中依然需要通过对志愿者群体特点和参与动机的深入了解来建立激励与管理机制,并在网络服务平台及其移动端 App 的设计中体现出对志愿者的关怀与激励,使志愿者更加便利地参与到志愿服务中来,提高志愿服务组织的整体运行效能。

 复习思考题

1. 人力资源与人力资本产生的共同背景是什么?
2. 慈善组织的人力资源管理的特点是什么?
3. 慈善组织内部的人力资源可以分为哪些类型?
4. 慈善组织的人力资源管理体系包含哪些职能?
5. 根据志愿者参与志愿服务的动机,思考志愿者的激励与管理的特点。
6. 应如何有效协调慈善组织中志愿者与正式员工之间的关系?

 典型案例

子贡救人的启示

春秋时期的鲁国有一条法律,鲁国人在国外沦为奴隶,如果有人能把他们赎出来,可以到国库报销赎金。有一次,孔子的弟子子贡(端木赐)在国外赎了一个鲁国人,回国后拒绝收下国家补偿金。孔子知道后说:"子贡做错了。从今以后,鲁国人将不会从别国赎回奴仆了。向国家领取补偿金,不会损伤到你的品行;但不领取补偿金,鲁国就没有人再去赎回自己遇难的同胞了。"

孔子的另一位学生子路救起一名溺水者,被救者为了表示感谢送了子路一头牛,子路收下了。孔子知道后高兴地说:"鲁国人从此一定会勇于救落水者了。"

资料来源:吕不韦.吕氏春秋[M].陆玖,译注.上海:中华书局出版社,2011.

思考题：
1. 谈谈你对孔子救人应收取回报的看法。
2. 根据案例，从志愿者动机的视角阐述志愿服务激励机制与保障机制的必要性。

 即测即练

第八章

慈善募捐管理

慈善组织的正常运转,公益慈善活动的顺利开展,公益慈善事业的发展壮大,都离不开各种社会资源的支持,尤其是需要募集大量资金和各种物资时。因此,如何筹集开展公益(慈善)活动所需的各种资源,对于公益慈善活动和项目的顺利开展具有十分重要的意义。这不仅关系到慈善组织自身的生存与发展,也关系到整个公益慈善事业的发展。

第一节　慈善募捐管理的概念与要素

巧妇难为无米之炊,开展任何公益慈善活动或项目,都必须筹集必要的各种资源。参与公益慈善事业的各种社会组织和个人,都应在法律允许的前提下,通过各种手段和方式筹集公益慈善活动或项目所需的各种资源,这就涉及我们要谈的慈善募捐了。相关测算数据显示,2022年全国社会公益资源总量为4 505亿元,较2021年增长0.81%。其中,社会捐赠总量为1 400亿元,彩票公益金总量为1 190亿元,全国志愿服务贡献价值折现为1 915亿元,分别较2021年增长-4.63%、13.66%和-2.00%。[①] 尽管我国的公益慈善资源非常丰富,但相对于美国等发达国家而言,差距十分明显。一方面,募集的慈善资源总额存在明显差距。据统计,2022年度,美国慈善捐赠总额高达4 993.3亿美元,大约是中国慈善捐赠总额的24倍。另一方面,美国2022年社会捐赠总额的64%来源于个人捐赠[②],而中国个人捐赠占社会捐赠的比例则仅为25%左右。[③] 此外,我国的慈善捐赠大都流向慈善会系统和基金会,而从事一线工作的很多社会服务机构则募捐乏力,缺乏资金扶持。因此,增强各类社会服务机构的募捐能力,就显得尤为重要。

当前,面对百年未有之大变局,各类慈善组织都面临着前所未有的困难与挑战,如何实现资金保障,就显得十分重要,这不仅关系到项目的推进和团队的维持,更关系到慈善组织的生存与发展。因此,无论从哪个层面上看,各类慈善组织都应重视募捐工作,提升自己的募捐能力,从而为自身的生存与发展赢得更有效的支持和更宽松的空间。

---

① 报告推荐|慈善蓝皮书:中国慈善发展报告(2023)[EB/OL].(2023-10-26). https://www.pishu.com.cn/skwx_ps/ps/mobiledetail?ArticleID=602270&CatalogID=11392&SiteID=14.

② 2022年,美国个人慈善捐赠总额下降6.4%[EB/OL].(2023-06-25). https://mp.weixin.qq.com/s/YhT6yEbrHswEmTRCgnie0w.

③ 2020年度中国慈善捐赠报告(精简版)[EB/OL].(2022-11-26). http://www.charityalliance.org.cn/news/14364.jhtml.

一、基本概念

（一）筹资、筹款与募捐

1. 筹资

筹资，即资金筹集，英文为 fund raise、fund raising 或 raise cash。这一概念源于经济学领域，原本是指企业根据生产、对外投资的需要，通过筹资渠道和资本市场，运用筹资方式，有效地筹集企业所需要资金的财务活动。简单来说，筹资就是企业为进行生产建设和经营活动而筹措和集中所需资金的工作。① 而随着社会组织的发展，筹资这一概念开始扩展到所有社会组织身上。因为任何一个社会组织，要想生存和发展，正常地开展活动，实现组织的宗旨和目标，都必须筹措足够的资金和物资，以此作为开展组织活动的基础，尤其是对于非商业的社会组织而言，慈善组织亦不例外，所以，大致来说，所谓慈善筹资，是指慈善组织为了满足自身生存、发展和开展慈善活动的需要而进行的筹集资金的活动或工作。而且，随着人们对慈善筹资活动的理解和认识不断加深，人们对慈善筹资中的"资"的理解也发生了变化，有人认为，"资"不仅包括资金，也包括物资和其他各种资源。所以，广义来说，慈善筹资既包括筹集资金，也包括筹集物资和各种资源。

2. 筹款

在汉语中，还有一个与筹资类似的词汇——筹款。筹款，即筹集款项。从现有的文献来看，"筹款"一词出现于清朝之后，主要是指商人、政府、官员为了满足自身的各种需要而筹集各种款项的行为。而其中政府及其官员的筹款行为，有时则带有慈善救济或募捐的性质。如《清会典事例·户部·救灾》："其委员所带司库拨银五千两，如有不敷，即由该道库筹款拨给，务令实惠均沾。"②《二十年目睹之怪现状》第六十四回："遇着急于筹款的时候，恐怕报捐的不踊跃。"③《文明小史》第二十一回："孔制台听他说东府比兖州开通些已不自在，又且要他筹款更觉得冒失，只为碍著师生情面，不好发作。"④ 由此可见，近代的汉语语境中，筹资的主体一般是商业组织，属于商业组织的一种财务管理行为。而筹款的主体则主要是政府、官员和商人，政府及其官员的筹款属于一种财政行为或政府行为，往往是出于军事、救灾、文化、教育等目的，部分带有公益慈善的性质，而商人的筹款则既有商业的性质，也有慈善救济的性质，同时还有辅助政府的性质。同时我们也可以看出，在近代的汉语语境中，筹资主要是面向政府、市场和社会公众，而筹款则是面向市场和社会公众的。现代社会中，商业组织和行政组织更愿意使用"筹资"一词，一般是指筹集资金。其他一些社会组织，尤其是公益慈善组织，慈善筹资和筹款混合使用，但筹资的范畴要比筹款的范畴大，筹款仅指筹集资金，而筹资虽大多是指筹集资金，但广义上的理解还包括筹集物资、劳务和各种资源。

---

① 袁建国，周丽媛. 财务管理[M]. 7版. 大连：东北财经大学出版社，2017：33.
② 会典馆. 钦定大清会典事例[M]. 北京：中国藏学出版社，2006：卷二百七.
③ 吴趼仁. 二十年目睹之怪现状[M]. 成都：四川文艺出版社，1998：184.
④ 李伯元. 文明小史[M]. 南昌：百花洲文艺出版社，2010：129.

3. 募捐

在公益慈善领域,我们还经常使用一个专有的词汇——募捐。邓国胜认为,募捐也称为筹款、劝募等,是指公益慈善组织基于使命或宗旨,向社会大众、企业、政府或基金会募集所需经费的活动。[①] 褚蓥认为,所谓募捐,指的是社会组织以非营利目的,通过各种劝募手段,引导、说服或鼓励捐赠人捐赠的行为。它包括两层含义:第一,劝募。所谓劝募,指的是社会组织以非营利目的,向捐赠人劝说捐款的行为。第二,捐赠。所谓捐赠,指的是捐赠人主动赠予的行为。[②]

《慈善法》第21条规定,本法所称慈善募捐,是指慈善组织基于慈善宗旨募集财产的活动。慈善募捐,包括面向社会公众的公开募捐和面向特定对象的定向募捐。

综上所述,本书认为,在我国,狭义来讲,慈善筹资或募捐,是指慈善组织根据自身的宗旨与使命,通过各种手段和方式,面向政府、商业组织、社会大众、基金会以及其他社会组织筹集资金的过程与行为,因此也可以称为慈善筹款。广义来讲,慈善筹资或募捐的主体还有个人,这是因为有的国家法律允许个人进行公开的慈善筹资或募捐,而有的国家如我国则明文禁止个人进行公开募捐。此外,慈善筹资还包括筹集物资、劳务和其他各种资源的过程与行为。多数情况下,我们是从狭义来理解慈善筹资的,此时慈善筹资即慈善筹款。本章也主要是从慈善筹款的意义上阐述的。

(二)慈善募捐的形式

所谓慈善募捐的形式,就是慈善组织关于慈善募捐活动的整体安排。根据慈善募捐形式的历史变迁,我们可以将慈善募捐的形式划分为三种类型。[③]

1. 传统慈善募捐形式——眼泪慈善募捐

传统慈善募捐阶段与传统社会组织阶段相并行。在这一阶段,传统慈善募捐形式契合于传统社会组织阶段熟人社会的特点,即以人情关系为基础开展慈善募捐。

所谓眼泪慈善募捐,指的是以煽情的形式打动捐赠人,以获取捐赠的一种慈善募捐形式。这种形式成功的基础在于两点:第一,稳固的熟人关系。第二,煽情的内容。

这种慈善募捐形式直接成本较小,效果直接,因此获得了多数传统社会组织的偏爱,但却存在四个巨大的问题。

第一,传播负能量。

第二,令被募人承担心理负担,被迫捐赠。

第三,令整个社会组织领域为道德所绑架。

第四,慈善募捐形式落伍,类同于乞讨。

2. 近代慈善募捐形式——项目慈善募捐

(1)基本含义。所谓项目慈善募捐,是指社会组织以项目为基础,采用类似于企业营销的形式,开展社会传播,提升该项目品牌价值,并开展捐赠客户维护工作,最终推动捐赠

[①] 邓国胜.公益慈善概论[M].济南:山东人民出版社,2015:125.
[②] 褚蓥.社会组织募捐管理[M].北京:中国社会出版社,2016:2.
[③] 褚蓥.社会组织募捐管理[M].北京:中国社会出版社,2016:2-11.

人捐赠的一种慈善募捐形式。这种慈善募捐形式有以下要点。

第一,以项目为基础。

第二,开展社会传播。

第三,传播的目的是提升项目品牌价值。

第四,应开展捐赠客户维护工作。

第五,上述工作的目标是推动捐赠人捐赠。

(2) 与个案慈善募捐的区别。

第一,个案慈善募捐是以个案为基础的慈善募捐,缺乏整体战略。而项目慈善募捐则是从机构整体战略入手,开展大规模的整合营销。

第二,个案慈善募捐经常是毫无章法的随意性慈善募捐,缺乏策略性。而项目慈善募捐则是以品牌建设为切入点,有策划、有步骤的战略性慈善募捐。

第三,个案慈善募捐是以道德"胁迫"捐赠人,迫使对方捐赠。而项目慈善募捐则是以客户服务为依托,打造让客户满意的服务体系,从而令捐赠人主动捐赠。

第四,个案慈善募捐是以煽情为手法,传递负能量。而项目慈善募捐则拒绝眼泪,注重正能量和机构核心价值观的传播,最终实现品牌资产和社会捐赠的双丰收。

(3) 问题。项目慈善募捐拒绝营利性因素进入慈善募捐领域,而是以纯粹的非营利的形式开展营销类活动,导致慈善组织募捐效果有限,无法最大限度调动社会资源,难以实现市场与社会共赢。

3. 现代慈善募捐形式——善因营销

(1) 基本含义。所谓善因营销(cause related marketing),是由社会组织,特别是慈善组织与企业合作开展的营销活动。

(2) 作用。

第一,推动企业的品牌建设和产品销售。

第二,提升社会组织的知名度和影响力,并带来真实的资金回报。

善因营销发展的最高阶段是构建社会组织与企业双方的战略性结盟,实现双方的资源互补。善因营销的出现,彻底改变了社会组织与企业的合作模式,从传统的单方面捐赠,转向合作互利。正是由于这一原因,善因营销运用日益广泛,各类经典案例层出不穷。

此外,也有人按照公益营销的视角将其分为交易式募捐和服务式募捐。交易式募捐是指为了某次慈善活动或达成某个募捐目标而开展的募捐活动,只关注一次性募捐活动,较少强调捐赠者服务、反馈功能,与捐赠者较少联系。服务式募捐是指以优质的服务和良好的项目运营来满足捐赠者的需求,在提高捐赠者满意度的情况下,引导捐赠人持续捐款,并形成口碑传播的一系列募捐活动。

我国慈善募捐形式的现状主要是个案慈善募捐、项目慈善募捐已日益增多,善因营销开始萌芽。市场化的项目慈善募捐和善因营销已经逐步为社会组织所接受和运用,从而成为一种主流趋势。

(三) 慈善募捐的方式

慈善募捐的方式即慈善募捐活动战术上的安排,是慈善募捐活动所采用的具体的手段与方法。对慈善募捐,不同的学者的划分方式各不相同。比较有代表性的是菲利普·科特勒(Philip Kotler)与布鲁斯·R.霍普金斯(Bruce R. Hopkins)两位美国学者的分类,我们将会重点介绍霍普金斯的分类方式。

1. 科特勒的分类

科特勒根据募捐市场的不同分类,将慈善募捐的方式划分为四种类型(表8-1)。[①]

表 8-1 慈善募捐方式的四种类型

无名小额捐款市场	会员及其友人市场	富裕民众市场	巨富捐赠者市场
商店捐款箱	周年纪念	会议	遗嘱
直接邮寄	艺术表演	聚餐	委员会亲自拜访
挨户劝募	拍卖	高级主管的信函	纪念活动
街头募捐	餐会	接待会议	感恩参会
电视广播	优待	高级主管电话拜访	
网络募捐			

2. 霍普金斯的分类

霍普金斯将慈善募捐的方式划分为以下三种类型。[②]

(1) 年度募捐计划(annual giving programs)。年度募捐计划是非营利组织日常性的募捐活动,具体的方式有很多种,非营利组织在募捐时会使用其中一种或多种。

① 邮寄募捐:通过邮寄信件的方式筹集善款。

② 电话募捐:通过打电话的方式向所有可能的募捐对象筹集善款。

③ 电视募捐:一般是由专业人士通过电视节目或公益广告等形式筹集善款。

④ 义演、义卖及义展:通过志愿者的演出、捐赠物品的拍卖和展览来筹集善款。义演和义展一般是靠门票来筹集善款,义卖一般是靠卖出物品来筹集善款。

⑤ 支持型团体组织:这是一种由非营利组织设立的辅助性组织,它的一个重要功能就是每年向会员收集会员费和善款,以供非营利组织运作所需。

⑥ 捐款人俱乐部、协会:这种组织与支持性团体组织类似,只是重在增进捐款人与非营利组织的关系。

⑦ 年度募捐运动委员会(Annual Giving Campaign Committee):它指的是非营利组织针对会捐赠善款的捐款人发动的亲自上门的募捐活动。

⑧ 纪念品募捐(commemorative giving):指的是非营利组织向捐赠人提供纪念品,以换取捐款的行为。

⑨ 礼品募捐:通过赠送小礼品以换取捐款的行为。

⑩ 杂志、报纸的广告募捐:通过在杂志和报纸上刊登广告来筹集善款。

⑪ 上门募捐和上街募捐:上门募捐即挨家挨户请求捐赠,上街募捐即在街头随机向公众募集善款。

⑫ 抽奖与奖券(sweepstakes and lotteries):通过抽奖的方式筹集善款。

---

① 科特勒.非营利事业之策略性指南[M].张在山,译.台北:授学出版社,1991:38.
② HOPKINS B R. The Law of fundrasing[M]. Hoboken, NJ: John Wiley & Sons, Inc., 2008: 22-23.

⑬ 拉斯维加斯和蒙特卡洛之夜（Las Vegas and Monte Carlo night）：邀请富人参与博彩活动，以筹集善款。

⑭ 直接寄送义卖品（mailing of unsolicited merchandise）：向被劝募人直接寄送义卖品，以换取善款。

⑮ 入场募捐（in-plant solicitation）：经营者允许劝募人员进入工作场所筹集善款。

⑯ 联合募捐（federated campaign）：各非营利组织联合起来，举办全国性或跨地区的募捐活动筹集善款的方式。

（2）特殊目的募捐计划（special-purpose programs）。特殊目的募捐大都是一次性的、临时性的募捐，针对的都是大额捐款人。他们都有自己的审核标准。审核不通过，就无法获得其捐款。其包括以下几种方式。

① 私人大宗捐款（major gifts from individuals）：通过组建专业团队，向能够提供大额捐赠的捐款人劝募以筹集善款。

② 政府机构、私有基金会和公司的捐款（grants from government agencies, foundations, and corporations）：通过详细规划，向政府机构、私有基金会和公司提交策划书以筹集善款。

③ 资本募集运动（capital campaign）：非营利组织集中开展的一系列募捐活动。

（3）财产管理募捐计划（estate planning programs）。财产管理募捐计划是捐赠人将自身的全部或部分财产交给慈善组织运营，以获取运营收益，并约定在一定条件下将财产捐给慈善组织，或提前约定在捐赠人死后将财产捐赠给慈善组织的方式。

① 遗赠（wills and bequests）。遗赠指的是捐赠人提前设定遗嘱，约定在死后将部分或全部的财产捐赠给非营利组织的方式。

② 集合收入基金（pooled income funds）。集合收入基金是指捐赠人将资产投入基金，交给慈善组织运营，所得的收益按比例归捐赠人使用，并约定在捐赠人死后，全部资产就归慈善组织所有。

③ 慈善剩余财产赠予（charitable remainder gifts）。它指的是捐款人将大宗物品交给非营利组织运营，由非营利组织每年按一定比例（一般不低于5%）给捐赠人回报，并约定在期满后，财产的剩余价值全部归非营利组织所有。

④ 人寿保险/财产转移信托（life insurance/wealth replacement trust）。它指的是人们将资金交给非营利组织，用于购买非营利组织的信托基金中的股份，然后在捐款人死后由非营利组织将运营收益交给其继承人。

3. 我国相关法律的分类

《慈善法》按照面向对象的不同分为公开募捐与定向募捐。

（1）开展公开募捐，可以采取下列方式：

① 在公共场所设置募捐箱；

② 举办面向社会公众的义演、义赛、义卖、义展、义拍、慈善晚会等；

③ 通过广播、电视、报刊、互联网等媒体发布募捐信息；

④ 其他公开募捐方式。

慈善组织采取前款第一项、第二项规定的方式开展公开募捐的，应当在其登记的民政部门管辖区域内进行,确有必要在其登记的民政部门管辖区域外进行的,应当报其开展募捐活动所在地的县级以上人民政府民政部门备案。捐赠人的捐赠行为不受地域限制。

慈善组织通过互联网开展公开募捐的,应当在国务院民政部门统一或者指定的慈善信息平台发布募捐信息,并可以同时在其网站发布募捐信息。

(2) 慈善组织自登记之日起可以开展定向募捐。

慈善组织开展定向募捐,应当在发起人、理事会成员和会员等特定对象的范围内进行,并向募捐对象说明募捐目的、募得款物用途等事项。

开展定向募捐,不得采取或者变相采取本法第23条规定的方式。①

二、慈善募捐管理的概念及其要素

(一) 慈善募捐管理的概念

关于慈善募捐管理,学术界并没有一个明确而统一的概念。有的学者认为,与慈善募捐相关的一切管理内容就是慈善募捐管理。② 有的学者则认为,慈善募捐管理就是让募捐工作得以有序管理,具体内容就是慈善组织需具备的条件以及募捐员工需要做的事情。③

我们这里根据管理学的一般原理做一个粗略的界定。

广义的慈善募捐管理是指在特定的时空背景下,政府有关部门、慈善组织和相关个体为了规范和保证慈善募捐活动的有序进行,实现预先制订的慈善募捐目标,协调有关慈善募捐行为的活动与过程。

狭义的慈善募捐管理是指在特定的时空背景下,慈善组织基于自身的使命、价值与特定目标,协调有关慈善募捐行为,实现慈善募捐目标的行为与过程。

(二) 慈善募捐管理的要素

1. 慈善募捐管理的主体

慈善募捐管理的主体有两个:一个是政府部门,另一个是事实上的慈善组织。

(1) 政府部门。在我国,与慈善募捐管理有关的政府部门主要有民政部、国家税务总局、财政部、工业和信息化部、国家广播电视总局、国家互联网信息办公室等部门及其下属机构,这些政府部门在慈善募捐管理中的作用主要是制定相关政策与法规,为慈善募捐活动提供政策指导与支持,并予以监管,以保证慈善募捐活动合法合规进行,使其获得社会

扩展阅读8-1 公益组织与慈善组织的法律界定

的认可。

(2) 事实上的慈善组织。之所以说是事实上的慈善组织,是因为在慈善募捐领域,学术界和新闻媒体采用了很多相似的名称,如公益组织、慈善组织、公益机构、公益团体、公益慈善组织等,给人一种非常模糊的感觉,因此在这里简单梳理一下相关概念。严格来说,在我国,公益组织或慈善组织并不是一个明确的学术概念,而是一个法律或法规上的概念。

---

① 《慈善法》第21条、第23条、第28条。
② 褚蓥.社会组织募捐管理[M].北京:中国社会出版社,2016:前言.
③ 克莱恩.成功筹款宝典[M].招晓杏,张嘉,译.广州:广东人民出版社,2016:329.

按照我国的法律,慈善组织是指依法成立的、以面向社会开展慈善活动为宗旨的非营利性组织。而所谓的公益性社会团体、公益性社会组织和公益性群众团体,则是指依法设立或登记,按照规定条件和程序取得公益性捐赠税前扣除资格的慈善组织、其他社会组织和群众团体。慈善组织是从其活动性质和宗旨的角度来界定的,而公益组织即公益性社会团体、公益性社会组织和公益性群众团体则是从税收优惠的角度来界定的。两者的内涵并不一致,但又有交叉的内容。而我们这里所讨论的慈善募捐所涉及的社会组织一般是指前者,即慈善组织。

在我国,慈善组织大致可以分为两种:一种是事实上的慈善组织,一种是经过法律认定的慈善组织。事实上的慈善组织即依法成立,以面向社会开展公益活动、服务社会为宗旨的非营利组织。人们一般称之为公益机构或慈善组织。而经过法律认定的慈善组织,即符合《慈善法》和《慈善组织认定办法》的相关规定,经民政部门认定的社会组织,这种慈善组织会获得民政部门颁发的慈善组织登记证书,即在原有的基金会法人登记证书、社会团体法人登记证书和民办非企业法人登记证书的基础上,加注为慈善组织。这种经过民政部门审核认定的慈善组织才是法律意义上的慈善组织。由此可见,事实上的慈善组织是从其宗旨和从事活动的性质来界定的。而法律意义上的慈善组织则是其中经过民政部门审核认定的,后者属于前者的一部分。之所以谈这个问题,是因为我国很多登记或注册的社会组织从事的是慈善活动,但并未被民政部门认定为慈善组织,它们很多也参加了慈善募捐活动,所以,从我国的现实状况而言,开展慈善募捐活动的慈善组织一般是指事实上的慈善组织。

在我国,事实上的慈善组织主要是以社会团体、基金会和民办非企业经营单位三种形式存在的社会组织。当然有些社会组织带有官方背景,但其本身是一个独立的法人或机构。这些事实上的慈善组织的慈善募捐管理,主要是进行有效的慈善募捐规划与分析,确定合适的慈善募捐方式方法,确保慈善募捐活动的有效性和持续性,从而实现组织的募捐目标。

2. 慈善募捐管理的内容

(1)慈善募捐对象或慈善募捐渠道分析。慈善募捐的对象即潜在的捐赠者,是慈善募捐行为的对象,即慈善资金或资源的来源,也称为慈善募捐的渠道。我们可以简单把主要的慈善募捐对象分成四大类:政府部门,基金会,企业,个人或社会公众。

政府部门既是慈善募捐管理的主体,也是慈善募捐管理的客体。慈善组织可以通过政府部门获取一定的资金或资源。政府部门一般通过公开招标购买社会服务或进行公益创投来为慈善组织提供直接的资金支持,另外也会通过提供免费的办公场所、税收优惠、贷款、政策导向等措施向其提供间接的支持。

基金会一般会通过产品采购、项目支持、标准服务、联合劝募等方式资助慈善组织,最常见的就是项目支持与联合劝募,所以慈善组织大多通过参与项目创投和联合劝募活动获取相应的慈善资金或资源。

企业是社会捐赠的主体,与企业合作不仅可以获得所需的资金、物品、人力等资源,还可以借助企业的品牌达到宣传的效果,扩大机构的知名度和影响力。同样,对于企业而言,为了塑造良好的企业形象和企业文化,它们也愿意和慈善组织合作。在项目的选择上,其也更倾向于选择与企业目标相符合的组织。

个人或社会公众也是慈善募捐的重要对象。这既包括大额筹款的大额捐赠人,也包括一般的小额捐赠者,即普通的社会公众。在欧美等发达资本主义国家,个人捐赠是社会捐赠的主体,占社会捐赠总额的比例在60%以上。我国个人捐赠所占的比例虽然不高,但无论是基于内在动机,还是基于外在影响力,只要有好的项目和品牌营销,社会公众还是非常愿意捐款的。互联网技术的应用和发展,更是降低了面向个人慈善募捐的门槛,使得捐赠人数不断增加,成为慈善组织募捐的一种重要形式。

(2)慈善募捐的流程。慈善募捐的流程,即慈善募捐活动的具体安排。根据慈善募捐活动的具体开展过程,我们大致可以将慈善募捐活动划分为四个阶段,即组建募捐团队、前期分析、活动执行与后期管理。组建募捐团队,就是根据慈善组织的现实状况和募捐活动的具体要求,从慈善组织内部和外部挑选成员,组建开展具体募捐活动的团队。前期分析阶段,劝募者应该做好分析策划工作,具体包括组织需求分析、组织情境分析、潜在募捐来源分析、募捐资源及转化机制分析、运作成本分析和运作周期分析,并在上述分析的基础上,设计合适的筹款项目,撰写项目策划书或填写项目申请书。活动执行阶段,根据前期分析的结果,通过相应的筹款方式,为前期设计的项目筹集资金,也就是说开展具体的筹款活动。后期管理阶段的工作内容则包括:募捐后期分析、向捐赠人致谢、信息披露、捐赠人信息录入与分析、募捐材料整理归档和客户长期维持与更新等内容。

(3)慈善募捐的基础。慈善募捐活动是一项长期的、专业化的活动,除了要根据流程管理的具体安排做好各项工作外,也需要慈善组织做好日常的一些基础性工作。比如,凝练和宣传自身的宗旨和使命,完善自身的治理体系和治理能力,进行品牌建设和品牌管理,做好公关与传播工作等。

以慈善组织的宗旨与使命而言,慈善组织首先要讲清楚组织存在的根本价值是什么,即慈善组织是为了解决什么样的社会问题而设立的,服务对象或受益人是谁,通过什么方法来解决这类社会问题。其次,慈善组织要阐述清楚它所做的一切具体活动的终极目标是什么,奉行什么样的价值观。

三、慈善募捐管理的特点

(一)依法治理

任何慈善组织的募捐活动都必须遵守相关法律法规的要求,各国的国情不同,具体要求自然也不相同。就我国的现实状况,慈善组织开展募捐活动,主要要遵守《慈善法》《慈善组织公开募捐管理办法》《公开募捐平台服务管理办法》《慈善组织互联网公开募捐信息平台基本管理规范》《慈善组织信息公开办法》以及公益性捐赠税前扣除的有关政策。因此,慈善募捐管理的主体,都应以法律为准绳,依法治理募捐活动。政府部门应完善相应的法规,监管各类慈善募捐活动。慈善组织也应遵纪守法,在各项法规的指引下,依法募捐。

扩展阅读8-2 壹基金财务管理制度中的预算管理

(二)切合实际

任何慈善募捐活动都不是凭空产生的,都是在遵守法规的基础上,根据本组织的内外环境、慈善募捐对象、项目分析等内容进行综合考虑而产生的。每个组织的内外环境各不相同,可选择的慈善募捐策略、慈善募捐项目和慈善募捐对象也各不相同。这就要求各个公益慈善组织必须通盘考虑,从必要性和可行性方面进行有效的前期分析,并根据慈善募捐活动的开展状况进行必要的总结和调整,从而对慈善募捐活动进行有效的管理。

(三)方式多样

不同历史时期、不同国家和地区、不同的公益慈善组织募捐的方式或手段都是不同的。根据美国学者科特勒和霍普金斯的总结,其有几十种之多,如街头募捐、网络募捐、义卖、义演、电话募捐、纪念品募捐等,此外还有近几年来兴起的活动式募捐、月捐、工作场所捐赠、联合劝募等。具体采用哪种方式或方法,则由不同的慈善募捐主体根据不同的状况进行必要的选择。因此,作为慈善募捐管理的主体而言,政府和慈善组织也应根据各地的不同状况和各种具体募捐方式的特点,制定有效的监管手段。政府主要是引导和监管,而慈善组织则主要是加强团队建设,双方各司其职、协调合作,采用不同的方式和手段使得慈善募捐活动良性运行和协调发展。

四、慈善募捐管理的作用①

(一)有利于慈善组织的生存和发展

1. 生存

慈善组织日常运营,离不开大量资金的支持,其支出如员工的薪水、办公设施的维护与更新等,不胜枚举。如果筹集不到资金,那么慈善组织就将无法开展工作,而如果慈善组织工作无法开展,那么所有燃眉之急就无法得到解决,这是摆在每一个慈善组织面前的严酷现实。

可以运用年度预算来实施募捐管理。该方法可以使预期开支数额、已募款项或承诺款项一目了然;它还可以明确显示,为了满足本预算年度的开销,还需要争取什么样的额外资金支持。

通过对已募款项或承诺款项进行登记,以及在管理委员会例会上筹划并讨论账户管理问题,慈善组织可以对募捐过程进行监督。如果收入不能如期进账,那么就需要采取一些行动了——在募捐方面投入更多的精力、削减开支、推延计划中的项目,或者同意从储备金中拿出一部分以填补财政赤字。

2. 扩张和发展

如果慈善组织希望自己在未来持续发展,那么就必须扩张和发展自己的业务,如提高服务质量、拓展自身的业务范围、承担相关的研究任务以及大胆尝试和创新等,这一切都需要更多的资金投入。因此,慈善组织必须筹集资金。

如果要起草一份商业规划,或者至少为未来几年准备一份"草拟预算",以便为理想中

---

① 诺顿. 全球筹款手册:NGO及社区组织资源动员指南[M]. 张秀琴,江立新,译. 北京:中国人民大学出版社,2005:1-4.

的开发或扩张活动做好准备工作,慈善组织就要为这一理想去安排必要的募捐资源了。切记募捐过程总是比设想的要长,越是从长计议,募捐成功的可能性也就越大。

3. 降低依赖性

许多慈善组织都依赖于某一个或为数不多的几个捐助人为其提供主要资金来源。这种状况容易使慈善组织产生依赖性。如果某一项拨款被撤回,那么慈善组织就会遭受财务危机。而且,这也会使慈善组织难以自主决定自己的日常事务,因为它总是不得不屈服于主要捐助人的意志。

吸引更多的捐助人以及实施创收,从而拓宽自己的募捐渠道,可以降低慈善组织的依赖性。如果慈善组织过于依赖某一种资金来源,那么就要作出决断:是与慈善组织目前的捐助人协商某种长期的拨款合作方式呢?还是开发可替代的慈善组织收入来源?

(二)有利于慈善组织组建自己的支持者队伍

募捐并不仅仅关乎钱,它也与支持者的数量紧密相关。每一种支持都是至关重要的。可以说服支持者进行多次乃至更多的慷慨资助,支持者也可以成为慈善组织的志愿者或者是说服自己的朋友为慈善组织提供支持。支持者已经成为一种指标,它体现了慈善组织所拥有的吸引力,并能助慈善组织的公关与劝募工作一臂之力。

需要考虑的是组建何种类型的支持者队伍,哪些人会对慈善组织所做的工作感兴趣。是商人、学生、妇女、退休人员、医生、律师,还是其他特殊人群?另外,还有必要考虑:如何更好地接近他们以及何种信息才会引起他们的反应。

(三)有利于慈善组织的可持续发展

募捐不仅仅是为慈善组织日常的运营和未来的扩张提供必要的资源,它还必须要有利于慈善组织未来的发展,为慈善组织的可持续发展提供必要的支持。

实现这一目标的方法有很多。其中之一,就是构建稳定而积极有效的拨款机制,争取那些自认为与慈善组织休戚相关且对慈善组织至关重要的人的支持,并争取那些愿意持续给予慈善组织长期支持的人的支持。因此,有效的募捐管理就显得尤为重要。成功的募捐活动,可以为慈善组织提供稳定而持续的资源支持,从而使慈善组织的内部资本,如办公设施、捐款本金得到有效盘活,实现保值增值,进而帮助慈善组织开创新的项目。

(四)有利于慈善募捐活动良性运行和发展

不同的历史阶段,不同的国情,都使各种慈善募捐活动各具特色,既形成了丰富的募捐理论和方法,也产生了各种各样的实际问题。如何找到适合自己的募捐形式与方式,这就需要各个慈善组织提升自己的慈善募捐管理能力,这是一个长期的过程,涉及多个方面,可以说是一项持久的工作。同时,对于慈善募捐活动中出现的问题,慈善组织也应加强研究,完善制度建设。比如完善财务规范、提升公信力等。而作为政府而言,除了引导慈善组织加强行业自治外,最关键的是要通过政策制定、倡导、执行和监管,保护合法,处罚违法,保证慈善募捐活动良性运行和协调发展,从而激发社会公众和各类组织的积极性,形成稳定而持久的良性慈善募捐机制。

第二节 慈善募捐的渠道分析

很多慈善组织已经意识到,如果过于依赖某一个资方/渠道,一旦这个资方/渠道的资金供应中断,慈善组织的发展就会受到严重影响,有的甚至会直接面临生存压力。而探索、挖掘"多元化"的筹款渠道的确可以用来抵御单一资源所带来的风险,但是不是所有的拓展渠道都适合你的组织。什么样的渠道更符合慈善组织的定位和目标?在拓展筹款渠道的时候,慈善组织需要时刻提出这样的问题,因为盲目地追求"多元化"不仅会浪费时间,还会影响机构的发展。在考虑什么筹款渠道适合自己时,除了明确慈善组织的定位之外,还需要了解哪些信息能够帮助慈善组织进行选择和判断。

一般来说,慈善组织的资金主要来源于以下四种渠道,即政府部门、企业、基金会和个人。这四种筹款渠道的特点和筹款要求各不相同,我们接下来将分别予以阐述。[①]

从资助规模上看,基金会最大,政府部门和企业次之,个人较小,这与我国社会捐赠的现状基本吻合。从资助效率来看,基金会和企业较高,政府部门次之,个人较低。从资助的稳定性来看,基金会最高,政府部门和企业次之,个人较低。从对慈善组织的要求来看,政府部门最高,一般对其评估等级要求 3A 级以上。基金会和个人次之,企业相对较低。从对项目的要求来看,四种渠道各有侧重。

一、政府部门

在国内,政府部门既是慈善组织的管理者,也是慈善组织所需资金的主要提供者之一。它们的资金预算充足,总额度在几十万到百万级别。其通常会以资金补助与购买服务的方式资助慈善组织。

政府部门资助具有以下特点。

第一,从资助形式上看,主要有两种:一种是直接支持,包括资金支持、非资金支持(如场地、减免税、贴息贷款)等。另一种是间接支持,包括购买服务、政策偏向等。

第二,从资助规模上看,政府部门资助的资金预算比较充足,资助总额从上万元到百万元的都有,主要看政府部门的财力和公共支出的比例安排。

第三,从资助的稳定性来看,项目多以年度为单位,稳定性较强。但由于款项到位速度较慢,需要慈善组织自身有一定的资金保证,能承受一定时间的垫资。

第四,从信息接触渠道来看,政府部门资助慈善组织主要通过三种形式,即公开招标、邀请招标和竞争性谈判。

第五,从资助的限制条件来看,政府部门购买项目或服务的费用,只包括项目经费,不包含行政经费,资金使用的要求较多,慈善组织的自由支配度较低。因此,如果仅依赖政府部门渠道,慈善组织的日常运营需求很难满足。

---

① 1.1 如何选择适合自己的筹款渠道[EB/OL].(2021-01-06). https://appvyfzwakk1041.pc.xiaoe-tech.com/detail/i_5ff561a7e4b03f0e53fcad52/1? from＝p_5f5867e0e4b0c551037513eb&type＝6&parent_pro_id＝.

值得注意的是,政府部门对机构的要求门槛比较高,更倾向于在民政系统注册、成立时间较长、成熟度高,并且有一定规模和资质的慈善组织;从对项目的要求来看,更倾向于民生类项目,比如低收入家庭成员、灾区群众、大重病患者、老人儿童、残疾人等,所以慈善组织如果申报这一类的项目,会更有可能获得政府部门资助。

当然这也不是绝对的,在社会分工不断细化的今天,每一个组织都具有其他组织所没有的特性和优势。慈善组织只要认清自身的优势,充分展现自身的专业和服务,政府部门就可能成为慈善组织的资助方。尤其是在当前,在国家治理体系和治理能力现代化的进程中,涉及社区基层治理的项目和服务也比较受政府部门的青睐,所以,如果慈善组织在这方面有所积累和探索,也可能获得政府部门的资助。

还需要注意的一点是,政府部门购买一般不包含或极少包含机构的行政管理开支,并且这一限制不易改变。所以,如果慈善组织选择政府部门资方,要考虑引入其他渠道的资金来保证组织自身的日常运营。

二、企业

从社会捐赠主体来看,企业也是捐赠的"主力军",尤其是在我国,企业捐赠在社会捐赠总额中的比例超过60%。那么,企业是通过哪些方式进行资助,又有什么特点呢?

企业资助的特点主要有以下几点。

第一,从资助形式上看,除了直接捐赠、义卖、培训指导、物资捐赠、硬件支持等,还可以提供专业服务、媒体公关、志愿者等潜在资源。

第二,从资助规模上看,企业资助预算通常有限,单个筹款规模相对较小,但不排除个别的大额捐赠。

第三,从资助稳定性上看,大部分企业还在探索阶段,资金稳定性会受企业CSR(企业社会责任)战略的影响。

第四,从信息接触渠道来看,慈善组织与企业的接触主要是通过以下几种形式:一是企业合作伙伴、基金会合作伙伴等推荐;二是在行业活动等场合接触,如慈展会、行业论坛、项目交流展示会等;三是参加企业CSR的网络论坛、企业慈善年会等。

第五,从限制条件来看,大部分企业只提供资金用于公益项目,很少用于慈善组织自身发展。

对于自身资源并不丰富的慈善组织而言,与企业合作不仅可以获得所需的资金、物品、人力等资源,还可以借助企业的品牌达到宣传的效果,扩大机构的知名度和影响力。同样,对于企业而言,为了塑造良好的企业形象和企业文化,它们也愿意和慈善组织合作。在项目的选择上,其也更倾向于选择与企业目标相符合的慈善组织。

一般大企业会有专门的CSR部门,或者在各自的网站上公开CSR政策。认真地了解和解读企业CSR政策法规,对于任何想从企业筹集款项的慈善组织都非常重要。

要注意的是,企业资助除了直接的捐赠和支持,还可以提供专业服务、媒体公关、志愿者等潜在资源。在与企业资方合作的时候,可以放宽思路,寻求更多元的合作形式。

三、基金会

基金会作为公益生态的重要组成部分,也是资金的主要提供者,成为慈善组织最容易接触和最常选择的渠道。根据资金的使用方式,基金会通常分为"资助型""运作型"和"混合型"。[①] 资助型基金会,简单来说就是面向服务型慈善组织提供资金和各种资源支持,本身并不参与一线服务,只是提供各类资源,并进行项目检测与评估。运作型基金会,则是运用自身所具有的各种资源,亲自组建团队,开展各项公益项目与活动。混合型基金会则是兼具上述两种基金会的特点。这里主要介绍"资助型"及"混合型"基金会的资助。

基金会的资助主要具有以下特点。

第一,从资助形式上看,主要有以下几种,即产品购买式、项目支持式、标准服务式、联合劝募式。产品购买式,即直接通过购买某种公益产品提供资助,如购买爱心包裹。项目支持式,即通过公开招标,选择优秀项目予以资助。标准服务式,则是直接参与到项目执行过程,通过项目培训、能力建设等方式支持慈善组织发展。联合劝募式,一般是具有公募资质的基金会联合众多慈善组织(多为没有公募资格的慈善组织),集中筹款,如腾讯99公益日,很多基金会的上线筹款项目都是与众多慈善组织合作的。

第二,从资助规模上看,不同资助形式的资助规模各不相同,从几万到几十万不等。

第三,从资助稳定性上来看,基金会受组织使命及法律约束,每年具有相当数量的捐赠预算,稳定性很高。

第四,从信息接触渠道来看,慈善组织主要通过以下场合或活动接触基金会:一是公益项目公开招标、基金会官方网站、行业公开网站等;二是基金会慈善晚宴等;三是行业活动,如慈善大会、行业论坛、公益项目交流展示会等。

第五,从限制条件来看,基金会对项目的每一步都会包含诸多要求,需要慈善组织在项目中建立可执行的项目质量管控机制。

一般来说,基金会都有明确的关注领域以及发展方向,并且处于不同的战略发展阶段会出现不同的资助侧重。慈善组织在选择基金会筹资时,需要进行充分的资方调研,尽量选择和慈善组织的项目有着一致目标的基金会。

如果慈善组织的项目拥有以下特质,基金会在选择资助项目时,这些项目也会更容易获得青睐。

(1) 项目范围符合基金会自身关注的领域或战略发展方向。
(2) 项目设计合理、高效,能看到可量化的产出成果。
(3) 项目执行能够解决基金会关注的社会问题,并且按时反馈结果。
(4) 项目具备一定的可持续性、可复制性和推广潜力。

需要注意的是,由于基金会对慈善组织有更多的理解和认识,它们的资助形式与规模也体现得更为多元,资金也有较大空间可用于慈善组织自身的发展。

---

① 李庆.战"疫"中资助型基金会的行动价值[N].公益时报,2020-03-17(8).

四、个人

网络筹款等创新形式的发展,使得面向个人筹款的门槛大为降低,同时也增加和提升了个人捐赠的渠道与可能性,这使得近几年来慈善捐赠的人数不断增加,其捐赠数额所占比例也在逐年上升。

个人资助的特点主要有以下几个方面。

(1) 从资助形式上看,既有线下捐赠,也有线上捐赠,线上捐赠的数额逐年上升。

(2) 从资助规模来看,目前国内个人慈善捐助的规模仅次于企业捐赠,但人均捐赠金额较小。

(3) 从资助稳定性上看,个人捐赠主观意志强,存在波动性与事件性等特征,稳定性较差。

(4) 从信息接触渠道来看,个人主要通过网络公益平台、传统媒体、大型事件及活动接触慈善募捐信息。

(5) 从限制条件来看,品牌的影响力尤为重要,个人更愿意为其熟悉和信任的组织和项目捐赠。因此对于大多数非知名的慈善组织而言,需要投入较多的精力进行组织和项目的宣传,逐步建立组织的品牌,提升组织的透明度与公信力。

由于很多慈善组织没有公开募捐的资质,这类慈善组织往往会选择与具有公开募捐资质的慈善组织进行合作,以联合劝募的形式向社会公众募集资金。对于个人资方而言,他们的出发点往往是人性本身的感动和爱心,缺乏捐赠的稳定性与持续性。因此面向个人进行慈善募捐,慈善组织就需要多了解捐赠者捐赠前的动机与捐赠后的感受,并制定相应的策略,将更多"一次性捐赠"转化为"长期捐赠"。

五、渠道分析

当我们了解了各个渠道的资方的特征后,就可以结合慈善组织自身的情况,综合判断其适合哪些资方渠道——哪些需要花更多的精力深耕?哪些只是辅助的资金渠道,不用花费大量的时间拓展?

综合判断什么筹款渠道适合慈善组织,可以从以下六个维度进行评分。

(1) 是否与这个渠道的资方有过合作历史?如果没有,接触到这种类型的资方可能性大吗?

(2) 专业能力是否符合该渠道资方的要求?

(3) 是否匹配该渠道资方的合作要求?

(4) 与该渠道资方合作可能获得的捐赠规模有多大?

(5) 进行持续合作/资助的可能性大吗?

(6) 该渠道资方能够提供的附加价值大吗?

第三节 慈善募捐的流程分析

前面的章节已经介绍过了,慈善组织的募捐活动从流程上大致可以分为四个环节,即组建募捐团队、前期分析、活动执行和后期管理。本节将介绍上述环节的具体内容,重点介绍慈善组织在募捐的不同阶段应该做哪些工作、注意哪些细节。由于不同募捐方式的具体安排与活动内容各不相同,所以我们将主要介绍各种慈善募捐活动共性的内容,即组建募捐团队、前期分析和后期管理三个阶段。

一、组建募捐团队

成立一支专门的募捐团队是慈善组织开展募捐活动的第一步,也是慈善组织开展募捐活动非常重要的一步。之所以这样说,一是因为我国慈善组织募捐的职业化和专业化水平比较低,慈善组织的任何一名成员都可能会参与到慈善募捐活动中去。二是只有成立一支专业有效的募捐团队,才能准确地进行市场定位、选择合适的筹款策略,进而较好地完成募捐活动,实现募捐目标。

组建募捐团队有各种不同的形式,这里我们主要介绍三种类型。

(一)志愿者募捐委员会

所谓志愿者募捐委员会,指的是由外部志愿者组成的募捐活动团队。这种方式最为省钱省力,因为志愿者本身就是客户的一个组成部分,他们通常比慈善组织更了解客户的需求,组建后就可以自行运作。

慈善组织需要做的事情是:选择合适的志愿者,提供指导意见,协调内部关系,做好财务管理。

1. 难点

(1)团队组建之初,难以找到合适的成员。

(2)难以找到合适的团队领导者。

2. 慈善组织提供的服务

(1)提供项目信息。

(2)跟踪项目各阶段衔接。

(3)跟踪项目,并向慈善组织负责人进行汇报。

(4)其他内容。

(二)活动指挥部

所谓活动指挥部,指的是全部由慈善组织内部成员组成的募捐活动筹备团队。这种团队组成方式的优点是有利于实时管理募捐活动的各个流程,将募捐活动的流程管理做到最优。其缺点则是要耗费大量精力,以及大量人力、财力。而且,由于传统慈善募捐活动筹备的时间一般较长,故而在这样做时,慈善组织应制作成熟的计划,要有专业人士参与。

(三)联合委员会

所谓联合委员会,指的是慈善组织将活动项目外包,同时与承办机构的人员组成联合指挥机构。这种方式比较适合中小型慈善组织。这种团队组成方式的特点是投入大,但却节省时间。同时,这种方式存在一定风险,即承办机构未必理解慈善组织的客户的需求,其活动未必真的能达到预期。

在项目外包的过程中,慈善组织需要与对方公司签订严格的法律协议,并经专业律师审核。此外,慈善组织在将项目外包之前,须先考虑自身的财务风险,并考虑未来财务公开时,捐款者可能对项目成本作出的反应。[1]

二、前期分析

(一) 对慈善组织需求的精准把握

1. 为什么要分析需求

对慈善组织需求的分析,重在发现募捐的真实动机,以判定募捐的战略,选择合适的技巧。虽然募捐应以获得善款为最主要的目的,但可附带众多的其他目的。这些目的就是募捐必要性因素。

2. 必要性因素与需求分析

(1) 慈善组织的需求由必要性因素决定,必要性因素包括以下几个。

① 资源补给需求。
② 资源拓展需求。
③ 行业竞争需求。
④ 环境改变需求。
⑤ 提升工作人员专业水平、强化慈善组织管理水平的需求。

(2) 募捐的需求分析多为定性分析,可以从以下方面开展。

① 是否缺少资金或其他资源,如技术、办公场所、设备?
② 是否需要拓展慈善组织的客户资源?
③ 是否面临激烈的行业竞争,需要占领市场空间?
④ 是否受到外部环境的影响,需要改变机构整体战略?
⑤ 是否需要提升慈善组织成员的专业水平?
⑥ 除上述目的以外,还希望达到何种募捐效果?

(3) 基于需求的募捐策略选择。

① 出于资源补给需求的募捐,应将更多的精力用于资源转化之上,比如向老客户募捐。
② 出于募捐拓展需求的募捐,应将更多的精力放在资源发掘方面,比如向陌生客户募捐。
③ 出于行业竞争需求的募捐,应将更多的精力放在提高慈善组织曝光度方面,比如结合社会热点。
④ 出于环境改变需求的募捐,应抓住时机,举行一些短平快或顺应形势的募捐活动,例如开展公益营销。
⑤ 出于提升工作人员专业水平、强化组织管理水平的需求的募捐,应采用结构复杂的募捐活动,并聘请外部专家参与。

---

[1] 褚蓥.社会组织募捐管理[M].北京:中国社会出版社,2016:145.

(4) 必要性分析报告。进行完需求分析后,慈善组织应形成一份必要性分析报告,这份报告的基本结构如下。

标题——一般为"××组织关于开展××募捐活动的必要性分析"。

引言——说明开展活动的内容与形式,并对其必要性依据做一个概述。

正文——分项列出募捐活动的必要性依据。

对策和建议——募捐的形式选择、规模大小、需置入的内容等。

附件——附上分析的基础性材料,如行业研究报告、慈善组织的审计报告等。[①]

(二)技巧性的募捐可行性分析

1. 可行性分析的组成

可行性分析,即从行业环境、组织情况、资金能力、资源状况等方面对募捐项目的主要内容和配套条件进行分析,并提出该项目是否可以开展,以及开展的建议的综合性分析方法。

慈善募捐活动的可行性分析包括如下三个方面。

(1) 行业与组织情况分析,即内外情况可行性分析。

(2) 募捐资源及转化机制分析,即资源可行性分析。

(3) 运作成本与周期分析,即财务可行性分析。

有时还会加上风险控制可行性分析。

2. 行业分析、市场定位分析与组织情境分析

(1) 行业分析。行业分析又称为细分市场分析,是以市场调查的数据和情况为基础来展开的分析。所谓细分市场,指由特定的目标对象组成的市场。细分市场调查的目的是划定战略目标,为下一步的市场定位做准备。市场调查包含多种方法,如人口统计细分、地理分群、心理测试等,这里仅介绍最常用的人口统计细分法,采集如下数据。

① 客观标准:年龄、收入、职业、消费习惯、品牌选择等。

② 主观标准:性格、价值取向、信仰、知识层面、生活方式等。

采集到数据后,研究者应分析细分市场的以下内容。

第一,细分市场成因:细分市场存在之根据。

第二,细分市场的规模:细分市场是否有足够容量,能否满足社会组织生存和扩张的需求。

第三,细分市场的特点:细分市场的主要特征,及其与上述存在根据之间的联系。

(2) 市场定位分析。所谓市场定位,指的是一个机构在市场上选择并占据的空位。第一,定位会对机构运营模式产生影响。第二,定位在影响机构运营模式的同时,还会进一步对机构的其他方面产生影响,比如盈利水平。

定位理论是艾·里斯(Al Ries)和杰克·特劳特(Jack Trout)提出来的,其包括四项核心内容:差异定位、定位分析、有效定位和定位聚焦。

① 差异定位。差异定位指的是慈善组织的自身市场定位应与其他组织有所不同。

---

① 褚蓥.募捐成功宝典[M].北京:知识产权出版社,2013:23-24.

这主要有两个方面的原因。

一是选择性记忆,即人们出于需求、重复、新奇等原因而自动忽略一些事物,记住一些事物。这种记忆是有选择的,不是普遍性的。根据统计,对于经常接触的事物,比如洗发液的种类,普通人能记住的数量一般不会超过 7 个,而对于不经常接触的事物,比如新冠病毒的种类,人们能够记住的就更少。所以,社会组织领域的市场空间是有限的,能容纳的慈善组织数量也是有限的。

二是"赢者通吃"经济,即作为行业龙头的慈善组织能够轻松占据绝大多数的市场份额,而其他慈善组织则受影响力等因素制约,只能分得少部分市场份额,甚至被挤出市场。这主要是由于先入为主规则和锁定效应的共同作用。先入为主规则,使先进入某一领域的慈善组织能够抓住市场机遇,更易成为行业领头羊。而锁定效应,则是指一个在市场上拥有一定规模的机构或项目更易成为市场标准,更易被人们所熟悉和信任。

因此,慈善组织要想做好差异定位,就要做到以下几点:第一,最先进入市场,因为熟悉带来信任,信任带来购买或捐赠。第二,找寻空位,即找寻其他慈善组织所未能占据的空白市场。第三,集中优势,快速占据所发现的市场空位。

② 定位分析。最常用的分析方法是语义分析法。所谓语义分析法,指的是对竞争者定位维度进行分析的方法。这种分析方法包括如下几个步骤。

一是建立分析维度。研究者应征集 10~15 人,并通过询问的方式,收集竞争者的定位维度。

二是剔除冗余项。应通过合并同类项、剔除无效项的方式,减少分析维度。

三是开展调查。开展客户调查,请其对所得定位维度打分并统计得分。

四是定位分析。研究者应分析竞争者定位维度中的强弱势分布,根据竞争对手的状况,准确定位。

③ 有效定位。所谓有效定位,指的是市场空位真实存在且有一定的规模。

一是需求真实,非主观假想。这就需要慈善组织开展相关调查,了解市场定位的有效性。

二是定位宽泛,不过于狭窄。过于狭窄会影响慈善组织的发展,所以除了考虑空位的有效性外,还要考虑空位的容量维度。

④ 定位聚焦。所谓定位聚焦,指的就是慈善组织应将自身定位聚焦在某一个领域中,不能过度延伸。

一是避免定位偏移。所谓定位偏移,指的是慈善组织偏离自身定位开展业务,导致定位整体走偏的情况。

二是避免定位泛化。定位泛化有两个根本性缺陷:第一,定位泛化过度延伸品牌,对品牌形象产生不良影响。第二,同时运营多项业务,增加慈善组织运营成本。

(3) 组织情境分析。这是针对慈善组织的内在架构、人员配置、部门协作等作出的分析。该分析应重点关注慈善组织的管理架构、服务水平、志愿者团队等情况。

所谓情境分析,就是要收集资料,并开展 SWOT 分析。所谓 SWOT,就是慈善组织的内在优势、劣势、机会、威胁。

① 内在优势与劣势评估。慈善组织内在优势与劣势,是由募捐团队对于慈善组织的运作绩效、现有政策、组织管理的要素、财务来源与限制以及发展趋势的评估。

其中,需要重点关注的因素如下。

一是运作绩效:服务对象的负荷、服务成果、市场占有率、生产力、管理潜能、志愿者的发展、组织创新的程度。

二是财务来源与限制:收益的所有来源、支出的配置、服务收费的比例、现金流量管控和组织预算的有效性、募捐方案的成本效益比、捐款人与潜在捐款人名单的可靠性、志愿者与职工时间成本等。

② 外在机会与威胁的评估。

一是市场条件:收集有关服务对象、需求、受益及动机等可能变动的信息。

二是社会需要的服务是什么?我们目前与潜在的构成要素(服务对象、捐款人等)是什么?组织发展的可能性怎样?

三是环境趋势:大环境的趋势则包括人口变迁、年龄、困难群体、家庭及社会经济状况、经济条件、政府的行动(税收、支出比重、新出台法规等)、科技的变化等。

四是社会环境发生了怎样的变化?要如何调整以适应环境的条件?

五是实际与潜在的对手:竞争性对手包括现存的潜在竞争对手的规模、效率性、项目、资源依赖度和未来发展定位等。

六是服务对象的现状调查:工作的效果怎样?

③ 其他需要讨论的问题。

第一,理事会、志愿者团队及各专业委员会成员强大吗?

第二,志愿者团队了解募捐计划和程序吗?

第三,重要影响人和秘书长了解募捐的基本程序吗?

第四,工作人员支持募捐计划吗?

第五,有适当的预算支持募捐吗?

第六,有没有捐赠者的档案资料?

第七,有没有具有丰富经验的志愿者及工作人员参与募捐活动?

第八,有没有撰写令人瞩目、感动的案例?

第九,有没有募捐及发展计划?

第十,有没有财务计划?

第十一,有没有组织中长期规划?

3. 潜在募捐来源分析

(1) 慈善组织要想进行成功的募捐,就必须对捐赠人进行细致和有针对性的研究。只有这样做,慈善组织才能集中精力、有的放矢地开展募捐工作。通过这种研究工作,慈善组织不仅可以了解当前的募捐形式,也可以与捐赠者建立良好的信任关系,提供针对性的建议。

(2) 慈善组织该如何鉴别合适的捐赠人,以确定募捐对象呢?

需要把慈善组织潜在的募捐资源按照优先顺序排列出来,并按照以下方法进行分析:

① 潜在捐赠人类型(个人、企业、政府、事业单位等);

② 潜在捐赠人的需求和期望;

③ 潜在捐赠人的联系方式;

④ 潜在捐赠人捐赠周期；

⑤ 捐赠人对慈善后期管理的要求；

⑥ 捐赠人的平均资助额；

⑦ 捐赠者所提供的资金是否能满足项目所需；

⑧ 是否有其他捐赠资金来源；

⑨ 捐赠的拨付周期是多久；

⑩ 捐赠方捐赠的使用期限；

⑪ 其他问题。[①]

4. 运作成本分析与运作周期分析

（1）运作成本分析。运作成本分析是从成本和预期收入的角度来判断募捐活动成本是否合理，以最终确定是否值得开展该募捐活动。

① 募捐成本计算。最有效的方式就是制作项目预算。

② 预期收入计算。

第一，概率计算法。根据国外学者的统计，不同类型的客户有不同的募捐成功率。因此只要参照该成功率，将其乘以拟募捐额，就可以得出预期收入值了。

第二，经验估算法。根据以前的捐赠数据，估算本次募捐活动的收入情况。这种估算方式采用如下方程式：

$$预估的捐赠收入 = 上一次标准募捐活动的收入 - 已知流失客户的捐赠额 + 新客户的捐赠额$$

第三，特定比例算法。这种估算法仅适合大额人际捐赠，且本组织的理事会成员应是大额捐赠者之一。其采用下列方程式：

$$理事会成员捐赠额 \div 15\% = 预估本年度大额捐赠额$$

第四，多因素计算法。在募捐开始前对影响募捐的多个因素进行分析，以判断募捐最终收入。

第五，平行数据类比法。在本组织没有同类募捐活动经验的情况下，采集同类慈善组织同类活动的募捐数据，然后根据本组织情况做一定的调整，最终取得合适的预期募捐收入值。

③ 在计算出预期收入值后，应计算每一元收入所需成本，即平均成本。如果平均成本过高，就不应开展此类募捐活动。至于平均成本是否过高，应对比合理募捐成本。

（2）运作周期分析。运作周期分析的主要目的是判断开展本次募捐活动在经济上是否值得。判断的根据是拿本次活动的收入与在同样时间内开展其他经常开展的活动所能取得的收入做比较。如果所得是正值，则值得开展；反之，则不值得开展。

$$活动预期净收入 - 活动周期 \times 单位时间其他募捐活动收入 = 募捐活动超额值$$

$$活动预期净收入 = 募捐活动预期收入 - 活动预算成本$$

[①] 褚蓥.社会组织募捐管理[M].北京：中国社会出版社，2016：117-119.

5. 募捐资源与转化机制分析

慈善募捐的过程实际上是一个资源转化的过程,可以用下面这个模型予以概括:

充足的资源＋合理资源转化机制＝善款

基于这个模型,我们可以对慈善募捐相关的两项进行分析:一是慈善募捐的资源种类和充足情况分析;二是资源转化机制合理性的分析。我们认为,慈善组织只有具备上述两方面的条件,才能进行成功的募捐。

(1) 资源种类分析。

① 基本类型。

第一,人际资源:组织和相关各方掌握的人际关系的资源。

第二,人才资源:募捐专业人才、财会人才、营销人才等各类人才的资源。

第三,资金资源:慈善组织自有资金的资源。

第四,品牌资源:慈善组织的美誉程度的资源。

第五,体制资源:包括官办或准官办组织,也包括政府支持的其他民间组织所具备的行政力量的资源。

第六,信息资源:对募捐活动有巨大影响的信息的资源。其常见的包括:捐赠者名单,捐赠人的性格、年龄、职业、联系方式等信息,同类组织同类活动募捐情况,募捐活动新创意等。

第七,创意资源:好的募捐活动的设计与策划的资源。

第八,项目资源:能打动人的慈善项目的资源。

第九,人力资源:志愿者和普通员工的资源。

② 根据资源发挥的作用的不同,又可将之分为三类。

第一,基础资源,是资源转化的根基所在。

第二,中间资源,是资源转化过程的催化剂,是促进资源转化的中间体。

第三,辅助资源,是辅助基础资源转化的一种资源。

(2) 资源转化机制分析。募捐资源转化形式为综合型,即募捐活动以某种基础资源为内核,辅以一种或多种辅助资源,与基础资源结合成资源共同体,一种或多种中间资源为催化剂,通过募捐活动将资源共同体转化为善款。

募捐资源转化的过程有两种,即一次性转化和渐进性转化。前者是资源一次性完成转化,如慈善晚宴募捐;后者是资源分批次地完成转化,如网络募捐。

(3) 募捐资源分析报告。募捐资源分析完成后,应制作募捐资源分析报告,这份报告应以图表分析为主,并附上资源转化的示意图。报告应着重解决以下两个问题:一是本组织的资源及转化机制是否满足本次募捐活动所需;二是目前还存在什么问题,应如何解决。[1]

6. 撰写项目申请书

撰写项目申请书是慈善募捐的重要环节。劝募人需要向潜在的筹资对象说明为何你的项目或组织值得资助,这就需要劝募人撰写一份详细的项目申请书,有时也称其为项目

---

[1] 褚蓥.募捐成功宝典[M].北京:知识产权出版社,2013:32-40.

计划书或项目建议书。项目申请书没有固定的格式,既有面向慈善组织内部汇报申请的,又有面向外部申请资助的。一般来说,项目申请书包括以下内容。①

(1) 封面。虽然封面只是外在的一种形式,但也是能够更好地表现项目内容的。资助方往往可以据此了解一个慈善组织,形成第一印象。专业而严谨的封面,绝对会吸引资助方的关注。

项目申请书如果是对内的话,会有两个封面。第一个封面是概述申请书的内容,具体包括以下内容或要素:简述(组织的使命和历史);项目概述(要达到的目的、寻求的支持和组织的作用);联系人姓名、电话号码和电子邮箱;组织主管领导签字。第二个封面是申请书的封面,主要包括以下内容:项目名称;潜在捐赠人名称;组织的名称、通信地址、联系方式、联系人、账户信息、律师、审计机构、日期等。如果是对外向某一机构如基金会申请资助的话,只需要申请书的封面即可。另外,最好在封面前面附加一个简单、个性化的介绍信,以显示慈善组织对资助方的尊重。

(2) 目录。其显示主要内容和附件名称。

(3) 项目简介。其主要包括以下内容:要解决的问题陈述;解释项目如何处理问题(包括经验与预期的成果);把项目与捐赠人的目的联系起来;组织提到的途径如何独特,介绍项目的可行性;申请项目的预算总额。

这部分非常重要,因为资助方的审核人员可能会接收到大量的项目申请书,可能没时间细看每一份申请书,他们会初筛一遍。初筛时,主要就是浏览项目简介,就像看文章的摘要一样。项目简介就成为资助方初筛的决定性标准。在这一部分,除了上面所提到的内容外,一般应突出以下要素:慈善组织的概括、使命与宗旨;项目针对的问题、解决问题的路径与方法;慈善组织具备的条件与优势。虽然这一部分在前面,但一般是在计划书写完后,才动手写这一部分。

(4) 问题/挑战陈述。这部分一般包括以下内容:明确说明问题及其成因,应客观陈述;说明捐赠人的资助将产生的影响、带来的益处;以建设性的方式论证问题的严重性,如多少人会受到影响,捐赠人帮助解决这个问题,结果将会怎样等。

说明问题时,最好辅之以具体的数据和案例,一方面凸显慈善组织自身对问题的了解;另一方面便于在情感上打动资助方,进而引起它们的共鸣。

(5) 项目计划和具体预算。这部分主要是说明明确的、具体的项目实施计划及相应的预算。需要注意以下几个方面。

一是要详细地介绍项目的总目标、分目标、计划、任务与评估目标的标准。

二是要详细地描述项目的受益群体,包括直接受益群体和间接受益群体,并突出受益群体自始至终是如何参与到这个项目中的。

三是在说明解决方案与实施方法时,既要充分说明慈善组织选择的方法是最有效、最合理的,又要说明实施时可能面临的困难与风险。

四是要详细地描述出各阶段的任务与时间安排,可以用一个时间进度表表示,帮助资助方了解任务安排与相互关系。

---

① 教你如何编写项目建议书[EB/OL].(2021-06-23). https://www.oh100.com/a/201804/1294294.html.

五是要说明为了实现上述目标,需要什么样的执行团队和管理结构,应清楚地说明项目团队成员与职责,如果是多个慈善组织合作,还要说明各自的分工。

六是要说明项目实施的监控与评估,包括监控的执行机构与人员、监控任务、自我评估计划等。

(6)附件。其主要包括以下内容:

① 描述慈善组织的历史、使命、结构和项目领域;
② 介绍慈善组织项目取得的成就;
③ 陈述慈善组织为什么对申请中要解决的社会问题感兴趣;
④ 确认其他支持来源;
⑤ 提及其他人对慈善组织的认可;
⑥ 阐述慈善组织的公信度、专业能力和资金管理能力。

三、后期管理

(一)募捐后期管理的内容

慈善募捐的后期管理主要包括以下内容。

(1)募捐后期分析。
(2)向捐赠人致谢。
(3)信息披露。
(4)捐赠人信息录入与分析。
(5)募捐材料整理归档。
(6)客户长期维持与更新。

(二)募捐后期分析工作

1. 撰写捐赠报告书

其内容应包括:参与募捐活动的总人数、收入金额、总成本、金额/人数比例、募捐的净余额、每一捐赠的平均成本、回收率等。

2. 成本效益分析

(1)含义。所谓成本效益分析法,即通过比较募捐活动的全部成本和募捐活动的全部收入来评估募捐活动价值的一种方法。

(2)基本步骤。

第一,核算募捐活动的成本;
第二,确定募捐活动的收益;
第三,评估可节省的成本;
第四,评估难以量化的效益和成本。

(3)注意。募捐的成本,除了直接的时间与金钱外,还包括间接成本,如招募志愿者和志愿者培训的成本、接触潜在捐款人的成本、与潜在捐款人面谈的时间成本、拓展社会影响的时间和资金等。

3. 募捐效果分析

募捐效果分析,重在对募捐效果的监控,为调整募捐方式提供数据支持,尤其注重对募捐数据的深度挖掘。该分析包括以下三个方面。

(1) 客户捐赠金额类别分析。客户捐赠金额类别分析要求对客户的捐赠金额大小进行分类,并对不同类别的金额做对比分析。如果客户捐赠的金额普遍过低或过高,就有必要调整募捐方式。可能出现的结果包括以下三种。

第一,多数客户的捐赠金额低于预期金额。对此应缩小募捐活动规模、简化募捐方式或调整客户人群。

第二,多数客户的捐赠金额高于预期金额。对此应扩大募捐活动规模。

第三,少数客户的捐赠金额高于预期金额。针对这部分客户,应重新设计募捐项目,扩大募捐活动规模。

(2) 客户捐赠情况分析。

① 募捐活动深度挖掘分析。募捐活动深度挖掘分析,顾名思义,重在挖掘该募捐活动的潜力。该分析要求对活动参与人数、捐赠人数、捐赠人数占比、总收入、单笔平均捐赠收入、支出、单笔收入所需费用、净收入等数据做深度挖掘。

② 大客户深度挖掘分析。大客户深度挖掘分析注重对大客户潜力的挖掘。该分析判断的依据是客户的本次捐赠是否与其捐赠潜力相符,如存在明显不符,则应调整募捐策略,以深度挖掘捐赠者的潜力。

(3) 捐赠现金流量分析。

第一,单个客户的捐赠持续情况。

第二,本组织的收入稳定情况。

同时,该分析也可以作为对募捐者绩效考核的一个依据。

4. 募捐流程总结

流程管理分为三个环节:目标管理、过程管理和成果评估。其中,前两个方面之前已详细讨论,此处将重点讨论成果评估。

在商业领域,常见的成果评估的方法是采用平衡记分卡,即从财务、流程管理、顾客评价及学习与成长四个角度,设定目标或指标,然后根据实际情况来判断这些目标完成情况,再对其中完成效果较差的部分作出改进。在将这四个目标用于慈善组织时,可将其调整为资源扩展、捐赠者满意度、流程管理和学习与成长。

资源扩展指标主要关注三个内容:①资金收入;②成本与收入的比例;③其他资源扩展情况。

捐赠者满意度指标主要关注三个内容:①捐赠者满意度;②既有捐赠者忠诚度;③新捐赠者增加率。

流程管理指标主要关注三个内容:①创新管理;②项目营运;③日常管理。

学习与成长指标主要关注三个内容:①人才培育与知识发展;②信息系统与数据库;③组织文化、团队、协调与领导力。

在平衡记分卡以外,还应采取非定量的总结方式,如座谈、辅导、培训等。慈善组织较常采用的非定量的总结方式是以座谈会的形式,即邀请参与募捐活动的志愿者和管理者在一起,就自身的所见、所闻、所想,谈谈对整个募捐过程的心得体会。其着重讨论如下几个方面的内容:①募捐过程中的成功之处;②募捐过程中的失败之处;③对失败之处的改进措施;④募捐方式和管理的可创新之处。[1]

(三) 信息管理工作

1. 信息管理工作的基本内容与意义

信息管理工作的基本内容包括向捐赠者致谢、信息披露、捐赠者信息录入与分析、募捐材料整理与归档和客户长期维持与更新。

这项工作如果做得好,就可以抓住一大批客户,还可以在社会上树立起不错的口碑;反之,则会损害组织的声誉,让组织辛苦培养的客户通通流失。

2. 向捐赠者致谢

向捐赠者致谢的重要意义,不仅在于向对方传达感激之情,更在于培育其与本组织之间的联系,建立稳固的人际关系。慈善组织致谢需要注意如下几点。

第一,致谢要及时。致谢一般要在收到捐赠后的 7 天内,否则会使致谢效果大打折扣。

第二,致谢要有真情实感的流露。首先,要突出对方的捐赠对本组织的意义。其次,尽可能采用个性的感谢方式,避免"批量感谢"和官方口吻。

第三,致谢之余不忘简单地介绍本组织的情况。

第四,应建立多层级致谢体系,如官网公开致谢、邮件致谢、电话致谢、邀请参加致谢晚会或晚宴、颁发奖状、奖章和奖杯、给予专项基金命名权、给予建筑或碑石的命名权等。

第五,除了致谢以外,还要定期联络。较重要客户至少每 6 个月联系一次。在邀请对方前来时,可以邀请其携家眷或朋友同来。

3. 信息披露

(1) 内容。

① 财务状况,包括所有善款的收支情况,以及单笔捐赠的使用情况。

② 社会项目进展和结项情况。

③ 社会组织自身的信息。

(2) 信息披露的要求。

① 及时性:捐赠者希望得到第一手的信息,而不是项目全部完成后好久才慢吞吞地把信息传给捐赠者。

② 真实性:披露的信息应该真实,不应有虚假的内容。

③ 完整性:信息完全,不存在遗漏;信息正确,不存在纰漏。

④ 持续性:捐赠者希望能够掌控全局,而不是被动地跟进。

(3) 信息披露方式。

① 传统的信息披露方式。

---

[1] 褚莹.募捐成功宝典[M].北京:知识产权出版社,2013:48-56.

一是在网络(网站、微博等)公开披露;

二是通过公共媒体披露;

三是向民政部提交年度报告,通过民政部门公开;

四是在指定地点放置公开材料,由公众查阅;

五是由公众申请公开。

② 更为有效的信息披露方式。向每一位捐赠人单独寄送信息披露函(包括电子邮件),详细列明善款的使用情况和其捐赠的那笔款项的去向。针对大客户,还应考虑派专人电话告知,以使大客户感受到自身的重要地位。

4. 捐赠人信息录入与分析

第一,客户情况,包括客户的姓名、地址、性别、配偶、捐赠能力等。

第二,对客户的新判断,包括客户对公益事业的热情、是否可以与之建立固定联系、是否可以培养成组织的固定捐赠者、适合采用什么样的募捐手段等。

第三,当前募捐情况、下一步计划及专家建议,包括当前对捐赠者采用的募捐手段、效果如何、下一步需要做什么调整、专家的意见等。

5. 募捐材料管理

募捐完成后,应按照组织内部的档案管理办法做好档案归档工作,以便在下次开展类似活动的时候,可以调出该部分档案进行分析研究。

档案归档前应制作详细目录,以项目为单位,以活动前、中、后期为二级单位,包括研究报告、审批手续、财务、总结材料、附录等部分。

6. 客户长期维持与更新

(1) 维持客户的体系。

① 定期与客户交流,进行长期的感情投入。

② 定期邀请客户参加组织的活动。

③ 定期向客户致信,感谢之前的捐赠,并提醒客户已经很长一段时间没有关注本组织并捐款了。

④ 邀请客户加入本组织的荣誉会员,并发送会员卡。

⑤ 建立层级捐赠体系,即设定不同金额层级的客户组。

⑥ 定期寄送组织或项目情况的更新文件,让客户及时了解组织的最新动态。

(2) 客户流失的原因及应对。

① 原因。导致客户流失的原因可能有以下几项:

一是客户感觉自己未受到重视;

二是组织对客户提出的捐赠金额过高;

三是组织对客户提出的捐赠请求太频繁;

四是客户对组织提出的项目不感兴趣。

② 应对。即使做好了上述工作,客户流失仍是无法避免的,所以慈善组织要不断发掘新客户。对于将要流失的客户,可以采用如下方法:

一是聆听客户的意见,了解对方为何拒绝捐赠,并根据其批评意见作出改变;

二是对其过去的捐赠行为表示赞扬;

三是告知对方,你的组织希望继续获得他们的支持。①

第四节 慈善募捐的技巧

通过对慈善募捐不同渠道的分析,我们可以看出,不同的募捐渠道,对于募捐的要求是不一样的,其关注点和兴趣点也并不一样。这就需要慈善组织在基于相关信息的准确分析的基础上,针对不同的募捐渠道采取不同的策略和技巧,这样才能取得募捐的成功。本节我们就具体谈一下,针对不同的募捐渠道,慈善组织应该采取什么样的劝募技巧,来进行成功的募捐。②

一、慈善组织与政府合作的技巧

(一)了解政府购买服务的核心

对于许多慈善组织来说,政府购买服务的系统和逻辑让人有些"摸不透",有时很难像了解基金会那样,通过公开、透明的信息渠道来了解政府购买。不管基金会和政府的话语体系有何不同,二者在提供资金的时候所关心的核心目标还是一致的,那就是要解决社会问题。

思维方式、语言系统、工作方法,都是外在的、附加的信息,在合作的建立之初,慈善组织最应该关注的就是政府部门想要解决什么问题,并在此基础上进行思考和沟通。

目前的政府购买服务主要包括三个不同的内容方向。

1. 政策导向性购买

当决策层下发了政策,政府部门就会购买相应的服务。作为慈善组织,首先需要做的,是站在对方的角度,思考政府需要什么样的服务,因为政府购买所关注的是成果和绩效。其次,慈善组织还需要找到正确的部门。政策下发之后,往往涉及多个政府部门的联动。如果慈善组织工作人员所接触的部门并不是购买的责任主体,那么最后可能就无法获得资金。因此,找到能够落实政策的核心部门,是非常重要的一步。

除了"找对部门",慈善组织还要对政策作出正确的解读。例如,一个政法系统下的综治办需要购买城市社区治理服务,有一个项目前来沟通,但是沟通的重点在于文化保护和环境保护。虽然这个项目非常好,但是并不符合政府部门"社区治理"的诉求。而另外一个关注"文化"的项目,就提出通过举办"文化节"的方式,让村委和党委与居民对话,解决两委跟居民之间的紧张关系。这个项目显然更加符合政府的目标和需求,沟通也会进行得更加顺利。

---

① 褚蓥.社会组织募捐管理[M].北京:中国社会出版社,2016:139-142.
② 回顾|公益组织如何与政府部门建立持久良好的伙伴关系[EB/OL].(2021-10-13). https://mp.weixin.qq.com/s?__biz=MzU5MjgyNzEwNQ==&mid=2247492334&idx=1&sn=c92b655b3a6948f336336a65b1dcb771&chksm=fe1b6560c96cec763458da28051da9338cb9e43e2ad87cd9979765c22aa55d157cfac0312d4c&mpshare=1&scene=23&srcid=1013z8if-qaREQqBx2qpTxUyY&sharer_sharetime=1655946419993&sharer_shareid=2d83bc6ded46454788d0273690bd909d#rd.

另外,慈善组织还需要注意由于"政策结束"导致的项目中断或结束。如果政策到期,进入收尾的阶段,就很难再投入更大的资金了。例如广州市的垃圾分类是明确的"三年规划",从 2018 年 3 月开始实施,2020 年开始进入收尾阶段,投入资金会开始变少。

所以,如果慈善组织想要用政策推动服务的话,就一定要关注政策的有效期和适用期。

2. 服务补位

政府部门会通过购买社会服务,帮助自身职能发挥更好的作用。关于服务补位,慈善组织需要明确职能部门的核心服务。比如,民政会关注兜底对象,司法会关注社区矫正和安置帮教,公安会关注禁毒,残联会关注如残疾人社区回归等。

如果慈善组织的服务能够与政府职能贴合在一起,能够精准对焦政府职能,就比较容易进入政府购买的服务范围当中。特别是当慈善组织的服务属于补位型,那么这个服务就具有长期性和可持续性,更容易获得重复购买。

不过这里还有一个注意点,就是在职能补位的时候,要避免把"介入补位"变成"融入和融化"。以司法矫正为例,如果社会工作介入后,开始承担日常监控的工作,成为司法部门的"编外人员",那么慈善组织的服务就失去了原本的价值和意义。

3. 政绩诉求

在推动政策执行的过程中,其实各级政府都面临一定的政绩压力。政府部门不仅希望社会服务能够解决问题,也希望项目能够做出亮点、做出特色,成为可推广的模式。

这个类型的政府购买,要求公益服务具有较高的创新性。因此,如果慈善组织难以确保自己在短期做出非常突出的成效,就尽量不要去触及这个部分。否则一旦无法满足政府部门的诉求,项目就可能面临"夭折"的风险。

(二)保持核心竞争力

有人提出,如果慈善组织一直随着政策的变化而调整自己的项目,就有可能丧失服务的持续性,甚至丢失自身的定位。如何才能在"贴合政策"与"保持核心竞争力"之间找到平衡呢?

其实,政府和慈善组织的工作具有相似的起因,也追求相似的结果,但是两者之间的差别在于中间的策略。政府是行政化的,是从上到下的,可能会更关注硬件。慈善组织可能是从下到上,更关注可持续性、居民参与和居民意识的改变。从一定程度上来说,政府和慈善组织这两种不同的"工作过程"是相互合作、彼此互动的。保留其专业性的那些慈善组织所倡导和践行的专业工作方法,正是政府所看重的。

当然,慈善组织还是要保持自己的核心定位,同时注重与政策相结合,而不是完全跟着政策走。即使政策会有不同的变化,但是慈善组织仍然可以建立起一套核心策略方法,打造独特的核心竞争力。

比如说,一个慈善组织非常善于做社区动员类的工作,而政府正在推动楼宇党建工作,慈善组织就可以和政府购买方沟通,利用自身基层活化和激发居民社区自治的能力,来帮助楼宇党支部发挥其真正作用。

(三) 真诚和技巧缺一不可

第一,在沟通的过程中,要把"慈善组织能够帮助政府解决什么问题"当作切入点和沟通重点。

有的从业人员会在沟通初期强调慈善组织的工作策略和方法,但其实这是一个误区。政府购买方更重视的,其实是合作的"结果",也就是问题的结局。只有从"解决问题"的角度切入,达成信任和共识,才能进一步探讨专业策略,才有空间保持工作的专业性和独立性。

第二,慈善组织应该保持和政府各个层级工作人员的沟通。

有人常常会把政府沟通想象成高层的事情,认为只有领导才能参与和政府的沟通。实际上,在政府沟通的过程中,领导虽然是决策者,但是政府各个层级、各个部门的工作人员才是服务的执行者。

慈善项目的每一位团队成员都是政府沟通的对接者,都要积极、及时地和政府工作人员分享信息、更新进展。只有慈善组织的各位执行者和各个层级的政府人员保持良好的沟通,信息才能准确、通畅地传达到领导层。如果沟通出现了断层,那么不但信息有效性会大打折扣,而且彼此的信任也容易被打破。

第三,慈善组织成员在和政府沟通过程中,要使用对方听得懂的语言。

在沟通的过程中,我们每个人都可能会偷懒,会使用我们最习惯的语言。可是实际工作中,慈善组织和政府机构的语言体系存在着很大的差异。例如社工经常使用的专业词汇"个案",背后可能代表多次见面和极大的工作量。但是政府工作人员有可能对这个词并不熟悉,会误认为"个案"仅仅意味着几个小时的工作量。为了避免这样的误解,劝募人员应该在和政府的沟通中更加注意自己所使用的语言,使用对方能够准确理解的语言。

(四) 想创投成功就要先做好项目成效和管理

那么对于有意愿却没有经验的慈善组织来说,如何才能顺利参与到政府购买服务当中呢?

如果慈善组织还比较年轻,经验积累不够深厚,可以尝试参与创投,因为创投在选择项目的时候,更加看重慈善组织的创新能力,而不是背景。

如果慈善组织的累积足够深厚,可以参与政府的招投标。以广东省为例,政府本身有专门的招标网站,渠道比较公开,资金量也很大,有的地方还会举办类似招商会的社会服务对接会。慈善组织可以在会议现场了解政府部门的购买意向和政策重点,也可以介绍自己的组织和服务。

在创投或者评估的过程中,占大比重的永远是项目成效和项目管理的部分。如果创投采取100分制,那么方案设计和成效管理的部分则会占比超过50%。能否有效回应政府需求,能否解决政府部门关心的问题,是评委关注的重点。

二、向基金会劝募的技巧

之前已经介绍了基金会资助的一些基本特点,那么在了解了基金会的需求和资助的特点的基础上,慈善组织应该如何向基金会劝募呢？这里我们总结了如下几个小技巧。

(一) 充分了解基金会的发展战略、资助模式以及开放申请的项目

向基金会筹款,必须投其所好,即设计的筹款项目必须符合基金会的战略,是基金会感兴趣的项目。这就需要慈善组织的工作人员通过多种途径去收集信息,寻找机会去接触和拜访基金会的项目官员。首先,可以登录基金会的官网,了解基金会的相关信息,尤其是与项目有关的信息。一般有官网的基金会在其官网上介绍自己的发展战略和资助模式。慈善组织要了解基金会的发展战略和资助模式是否适合自己,慈善组织的宗旨和使命是否与基金会的发展战略相吻合。当然,也可以从其他一些网站如基金会中心网收集相关信息,进行辅助分析。其次,要了解基金会近期开放申请的项目有哪些,哪些项目根据慈善组织自身的状况可以承接,或者说有承接的可能性,这些开放申请的项目有什么具体要求,慈善组织是否具备。最后,可以通过举办项目发布会、专题研讨会等形式,邀请基金会的相关人员参加会议,介绍有关基金会项目资助的事情。

(二) 在与基金会资助官员的交谈中注意对方感兴趣的信息

基金会的捐赠与资助往往是有明确指向的,对于某些感兴趣的问题有自己的思考或想法,往往对于解决这类问题已经有了初步的思路或想法,或者说倾向于某种解决问题的思路或途径。因此,在向基金会筹款时,要找到它们感兴趣的点或者信息。这就需要慈善组织的工作人员广泛收集相关信息,与对方的资助官员多接触,注意对方言谈中流露出的感兴趣的信息。例如,同样是致力于解决环保问题的基金会,有的倾向于做污染防护,有的倾向于做环境教育,它们解决问题的思路各不相同,这就是关键的信息点。在此基础上,慈善组织基于自身的宗旨、使命和实际情况,有针对性地设计对方感兴趣的项目,从而提高募捐成功的概率。

(三) 在陈述项目时注意逻辑性以及前后的连贯性

这实际上是与项目建议书的协作密切相关的,因为劝募人员在向基金会的资助官员陈述项目时,是按照项目建议书的逻辑介绍的。我们可以通过一些工具如问题树来梳理筹款项目所要解决的问题。所要解决的问题的具体表现是什么样,是由什么原因造成的,具体来说这个原因有哪些方面的因素。劝募人员在向基金会资助官员介绍项目时,要详尽地说明我们为什么要做这个项目、怎么做这个项目、具体的过程是怎样的,这样会显得介绍比较有条理,前后连贯而又符合问题阐述的逻辑。

(四) 描述目标产出时使用 SMART 原则

所谓 SMART 原则,是指在描述筹款项目的目标和产出时,要使用符合 SMART 原则的语言进行描述。S 即 specific,具体的,即劝募人员在向基金会资助官员阐述筹款项目时,对于该筹款项目所要达成的目标和产出要用具体而又明确的语言进行描述,不能似是而非、模糊不清。M 即 measurable,可衡量的,即该筹款项目所要达成的目标和产出必须是可以衡量的,也就是说可以通过具体的指标或数据进行衡量。A 即 achievable,可实

现的,即这个项目在基金会的资金资助下,慈善组织通过调动自身所能调动的一切资源,以及自身的努力是可以实现的。R 即 realistic,现实的,即慈善组织为此项目所设定的目标和产出是基于现实状况设计的,是符合现实状况的,是能够解决受益人的现实问题,满足受益人的现实需求的。T 即 time bound,有时限的,即该筹款项目所要达成的目标和产出是要求在一定的时间范围内完成的,每一时间段要完成什么样的目标,都是预先设计好的,并且可以通过一定的监控手段保证该项目按照预期的计划在特定的时间范围内予以完成。

(五)得到资助后要及时答谢和跟进

学会感谢是慈善组织得到基金会资助时应该做的事情,这并不是说得到基金会资助后的慈善组织不会感谢,而是有些慈善组织不会主动感谢、感谢不及时。为什么会有这种情况出现呢？这当然与整个行业专业化、规范化水平不高有关,更关键的是一些慈善组织自我感觉良好,出现了一些认知偏差。这些慈善组织往往有一种道德优越感,认为别人给你捐钱就是应该的,而没有感觉别人给你捐钱是在帮你。在这种心理的影响下,出现了端起碗来吃饭、放下筷子骂娘的现象。一些慈善组织千方百计地拿到基金会的资助后,在项目执行的过程中抱怨基金会,如项目审批流程长、官僚主义等问题。

因此,慈善组织在得到相应资助后,要学会主动感谢,并及时跟进。一是要尊重资助方的要求,如保密协议、Logo(标志)的使用规定等。二是要遵守时间规划,主动、及时、定期地向资助方报告项目的进展情况。只有做好相关的工作,才能进一步得到基金会的认可,从而建立长期而稳定的资助关系。

三、对企业募捐的技巧

企业是我国社会捐赠的主力军,企业捐赠占我国社会捐赠总额的比例约为 60%,尤其是民营企业的捐赠额,占我国企业捐赠总额的比例高达 60%。因此,企业是慈善组织的重要筹款渠道或筹款对象。在向企业募捐的时候,慈善组织需要注意以下几个方面。

(一)熟悉企业捐赠的特点

从我国企业捐赠的实际状况来看,我国的企业捐赠具有鲜明的特点。一方面,我国的企业捐赠大多集中于相对比较传统的领域,如灾害救助、文化教育、儿童关怀、扶老助残等。另一方面,我国企业乐于向具有官方背景的慈善组织如红十字会、慈善总会捐赠,或者是直接跟资助对象结对子。这两种方式所占的比例高达 90% 以上,换句话说,我国企业不大愿意向非官方或者民间的慈善组织捐赠。

(二)了解企业捐赠的动机和关注点

从企业参与公益慈善活动的动机来看,企业形象需要、政府号召和领导者的慈善意识是三大主要动机。但不同类型的企业捐赠动机存在明显差别。一般来说,国有企业参与公益慈善活动主要是为了提升企业形象和响应政府号召。民营企业主要是受领导者慈善意识影响。跨国企业主要是受其战略安排和企业文化与价值观的影响。总的来说,其普遍关心以下几个方面：一是是否能够提升其品牌形象；二是是否能改善其与政府、媒体、客户等利益相关方的关系；三是是否能实现企业的使命和价值观；四是员工能够参与；五是是否符合企业家个人的偏好。

（三）掌握向企业募捐的技巧

1. 充分认识目标企业

如何了解一个企业呢？主要看一个企业的CSR报告和年报。这两个报告一般是放在其官网上的，我们可以登录其官网下载查看。尤其是对于上市公司，年报是必须公开的。大企业一般会有CSR报告，这个CSR报告主要是讲一个企业的社会责任是什么。当然，一些中小型企业不一定有这两个报告，这就需要慈善组织通过其他渠道收集企业的相关信息。

2. 分析目标企业关注的公益领域及议题

企业捐赠一般有一定的倾向，除了愿意捐给具有官方背景的慈善组织外，在捐赠的领域方面，一般有自己的考量，愿意捐给跟自己的兴趣点相同或近似的项目。因此，慈善组织向企业募捐时，需要考虑目标企业关注的公益领域及议题，这一点慈善组织可以通过关注目标企业以往的捐赠历史来了解。

3. 寻找慈善组织业务与企业业务间的契合点

每个慈善组织都有自己的定位和细分市场，有自己特定的服务领域。因此，在向企业劝募时，慈善组织就要寻找跟自身服务领域有关联的企业，也就是说这个企业比较关注这一领域，或者曾向这一领域捐赠或派遣志愿者捐赠，或者成立的基金会关注这一领域。

4. 提供清晰、可靠的公益合作方案

所谓清晰，就是说慈善组织一定要通过面谈，以文字、图片、图表、视频等方式，让目标企业清楚慈善组织需要企业提供什么样的资源，或者需要企业做什么。所谓可靠，就是要让目标企业觉得慈善组织提供的公益合作方案是切实可行的，能够做到互利共赢。

5. 熟悉企业的财年安排

对企业进行劝募，必须熟悉企业的财年安排，以便企业将慈善捐赠纳入年度的财政预算中。不能等到企业的财政预算已做完，再去联系企业，给企业带来麻烦。因此，对目标企业劝募时，要在它做预算的时候联系。例如，跨国企业一般来说11月底就基本做完来年的预算了，12月审批，来年1月开年会开始内部动员，所以慈善组织10月份就要与跨国企业互动，争取在11月份企业做完来年预算之前做完劝募工作。

6. 利用目标公司中的人际关系，以个别企业员工作为切入点

最好能找到目标企业中的内部员工帮你引荐，这能使慈善组织的劝募工作事半功倍。因为内部员工相对比较熟悉企业的内部结构与运作程序，他能打探到相关的组织信息。而且通过熟人引荐，容易取得相关负责人的信任。

7. 让企业有参与感

可以邀请企业参与相关的培训工作，让企业的员工到项目点去做志愿工作，从而增强目标企业的参与感，让企业能够亲身体验到筹资项目开展的意义，进而增强其捐赠的主动性和积极性。

8. 目标一开始设置在 10 万元以下

对企业进行劝募,一般一开始的劝募金额不要设置得太高,因为有的企业资金预算确实有限,而且一开始企业对劝募的慈善组织也不熟悉,一般在 10 万元以下。等到项目做出成效或企业资金预算充足后再慢慢提升劝募金额。

9. 避免同时邀请企业的竞争对手捐赠

一旦邀请其竞争对手同时捐赠,被目标企业知晓后,必然会引起目标企业的反感,进而导致其劝募失败。所以慈善组织在对目标企业劝募时,应事先做好调研工作,避免此类尴尬事件出现。

10. 了解企业内部的架构和决策流程

不同类型企业的架构和决策流程是不一样的。民营企业比较简单和直接,只要取得大老板或者负责人的同意就行。跨国企业相对比较复杂,要走流程,需要经过不同部门的审批,但其相对来说也有好处,那就是同意了就基本上不会反悔。

11. 用企业熟悉的沟通方式去对话

从实践来看,与跨国企业联系时,首先要做个 PPT(演示文稿),用英文写一封邮件,写完以后再打电话。如果一开始就打电话,它们会要求你先发个邮件。因为它们认为有些东西电话说不清楚,它们习惯于用文字。它们之所以愿意用邮件沟通,一是清晰,二是文档便于保存。与国有企业联系一般用 Word,通常用一两页 A4 纸,四号字体,不能用特别小的字体,发传真联系,一般不要发 PPT。因为一些国有企业甚至是 CSR 部门的负责人是没有对外公开邮箱的,往往用腾讯 QQ 邮箱。民营企业一般不习惯看邮件,所以可以直接打电话联系。而国有企业喜欢见面聊。跨国企业不喜欢直接见面,要预约,因为它们的时间观念特别强。①

四、对个人劝募的技巧

个人捐赠有不同的动机,有的出于个人经历,有的是认同慈善组织的使命和愿景,还有的是想获得税收优惠。这就要求劝募人员了解和掌握不同个体的心理状况,并以此为基础,采用必要的技巧进行劝募。

(一)掌握影响客户心理的四大原理

在慈善募捐中,常见的影响客户心理的四大原理分别是互惠、对比、从众和承诺。

1. 互惠

所谓互惠,指的是人们会尽量以相同的方式回报他人的善意。正因如此,一些慈善组织便会利用互惠原理进行募捐。例如,在大客户募捐中,慈善组织可以先邀请大客户参与活动,使其了解和熟悉慈善组织的宗旨、使命和业务范围,明确慈善捐赠的价值与意义。再者,逢年过节时慈善组织登门拜访,给大客户赠送小礼物等。通过这种方式,客户就会受到互惠原理的影响。由此,在下一步的劝募过程中,慈善组织便容易取得成功。

---

① 筹资管理和技巧系列课程[EB/OL]. http://www.yixiuxueyuan.com/modules/3.

据统计,在邮件中附上一份小礼物,成功率会提升到35%。

在谈判中,互惠原理也能发挥作用,这就是所谓的互惠式让步谈判技巧。所谓互惠式谈判技巧,指的是首先拒绝对方要求,然后做一个象征性让步,让对方感觉自己赢得了胜利,从而获得一个有利于自己的位置。或者,先提出一个明显不会被接受的要求,受到对方拒绝,然后作出一个让步,提出一个略简单的要求,以获得成功。通过这一系列动作,双方都往后撤了一步,因此也就实现了互惠,容易达成一致。

2. 对比

所谓对比,指的是人们会对事物的属性进行比对,从而产生一系列的心理反应。例如,在向大客户募捐时,客户会对劝募人出具的项目预算表进行核查,从而得出预算是否合理的结论。

有效利用心理学中的认知对比原理,能有力地引导募捐的过程。如劝募过程中,准备捐赠金额较高和较低的两套方案。劝募时,先给劝募对象看捐赠金额较高的那套方案,然后再给对方看捐赠金额较低的那套方案,对方多半会选择后者。因为经过对比,他们会觉得后者更加实惠。

在谈判中,认知对比原理也能发挥作用,这就是所谓的反手搏击让步谈判技巧。所谓反手搏击,指的是在客户请求降低捐赠金额时,运用对比原理,让客户主动收回请求的一种谈判技巧。

3. 从众

所谓从众,指的是人们通常愿意与社会主流的价值观和行为标准保持一致。特别是在人们面临不确定、模糊的情境时,更容易参照别人的观点和行为,或者说"随大流"。在募捐上,社会认同法则的效果同样显著,主要表现在三个方面。

第一,在大客户募捐中,客户的决策绝非一个人的事情,而是群策群力的产物。

第二,运用他人的力量,效果显著。如受益人的感谢信、推荐信更具有说服力。

第三,在大客户募捐中,混入赞美策略,效果会更好。如其他参与人的赞美,会给捐赠人带来心理上的满足感和愉悦感。

4. 承诺

所谓承诺,指的是人们对自己说出口的观点,总是力图保持一致。由此,引出一个"登门槛"效应,即先提出小要求,让人们作出承诺,再提出普通人难以接受的高要求,测试人们的反应。其运用于募捐之上,即"参与为先,募捐随后"。这也就是说,在进入募捐阶段之前,应先让客户参与活动。在这个过程中,除了让客户了解慈善组织的情况之外,还应找机会让客户主动作出承诺。如先作出小额捐赠承诺,再提出大额捐赠。

(二)掌握客户劝募流程中的必要技巧

1. 电话沟通

(1)需注意的细节。

第一,给对方一个理由,即见面详谈的合适理由。

第二,恰当地选择时间,可以提供给对方明确的时间选项。

（2）通常会犯的四个错误。

第一，通话时谈项目。

第二，通话时谈捐款。

第三，把资料发给对方。

第四，答应对方再约时间。

前三点会导致劝募对象取消面谈的机会，而第四点则可能导致劝募不了了之。

2．善于倾听

在劝募实践中，倾听而不是倾诉，是劝募成功的首要技巧。善于倾听，使你有时间仔细揣摩对方的心理，寻找正确的劝募时机；使你有空间再次辨析对方的需求点，拿捏恰当的突破口。这里涉及一个现象——弗洛伊德口误，即在舒适的氛围中，如果让一个人自由地谈论，无论其之前的防备之心多么强烈，也定会在某个时刻释放出自己的潜意识，脱口说出自己的真实想法。

而且，倾听也能使对方感觉自己受到尊重。为了鼓励对方多说话，一个小技巧就是提出开放式问题，即不以是或否作为回答的问题。提出开放式问题，便给了对方滔滔不绝的机会。由此，对方可以畅所欲言，从而说出自己对项目的看法。

3．场地选择

适合的募捐地点是客户的办公室、会议室。如果是在客户家里向对方劝募，起居室、餐厅或厨房则是理想的地点。

客户会议室的陈设可以向劝募人透露很多信息。

首先，会议室的桌子的形状透露出这家公司的作风。例如，长方形——崇尚家长式作风；圆形——民主；正方形——封闭和保守。

其次，会议室的装饰风格也透露出这家公司的文化。无论是简约实用型的还是个性张扬型的，都能体现这家公司的文化。

在进入对方的会议室之后，劝募人要合理地选择自己的座位，应选择坐在对方的左手边或者与对方各占一个角落，尽力避免与对方面对面。

4．劝募三步法

在会见客户前，应该把项目所有的优点都总结出来，逐条列出。在每一条下面，应该列出对这一要点的详细说明，作为这一条的支撑材料。然后重复下面三个阶段，直到找到募捐对象满意的东西。

一是展示，即介绍项目的概况。

二是讲解，即逐条介绍你所提炼的项目要点。

三是验证，即每讲完一条，应向对方确认这一要点对对方是否有意义。如果对方说"很有意义"，并且表现出想要继续听下去的样子，那么这显然是对方感兴趣的点。这时应围绕这一点，详细地说明四个问题：①他能够得到什么；②他需要付出什么；③需要多久才能够实现你说的内容；④为了保证这些内容能够实现，你能作出什么样的承诺。如果对方表示没兴趣，或者只是敷衍地说"还行"，那这个要点显然不是对方感兴趣的，你应该继续进入下一个要点。如果事先准备充分的话，通过这种循环往复的过程，劝募人总能找到一个让对方真正感兴趣的要点。

5. 请求签约

在展示结束后,要立刻要求客户签协议,这是一个最好的机会。当遇到客户要求再考虑一下回头给予答复时,最有效的对策是"门把手"技巧,即劝募人应事先预备一个谈判的条件,遇到这种事情,便可以随机应对。

6. 失败对策

第一,向对方真诚致谢。如果对方是一家公司,除了致谢外,还有必要询问对方拒绝的原因,并告知对方自己来年还会来募捐,希望到时能再次获得接待。

第二,跌倒也要抓把沙。应该要求对方向你推荐其他客户。这里涉及顺从法则,即人们对自己喜欢的朋友提出的要求总是难以拒绝,而劝募人员打着对方朋友的旗号,便和对方的朋友之间产生了潜在的联系。出于这种联系,人们总是容易产生天然的顺从心理。因此,劝募人在要求对方介绍客户时,不能仅满足于拿到对方的通讯录,应该尽可能要求对方帮你打电话,直接向熟人推荐。①

复习思考题

1. 如何理解慈善募捐管理的概念?
2. 慈善募捐有哪几种形式?
3. 如何做好慈善募捐的前期分析工作?
4. 慈善组织如何做好募捐能力建设工作?

典型案例

被处罚背后:龙晶睛与其所创民非的出格与争议

2022年1月,长沙市民政局对长沙市善吟共益服务中心(以下简称"善吟共益")涉嫌违规公开募捐进行了调查处理,并依法下达行政处罚决定书(长民罚决字〔2021〕1号)。向社会公开的行政处罚决定书显示,长沙市善吟共益助学服务中心的法定代表人正是龙晶睛。

上述处罚决定书显示,当事人通过互联网媒体发布二维码收款信息,面向社会公众进行资金募集,应认定为公开募捐行为,而当事人并未取得公开募捐资格。在发现当事人未取得公开募捐资格而开展公开募捐行为后,长沙市民政局已于2021年9月27日责令当事人立即停止募捐活动,其收款二维码已于9月29日停止使用。

长沙市民政局决定,对当事人予以警告的行政处罚,责令当事人于60日内将违法募集的11 845.4元退还捐赠人,向当事人提出行政指导意见,要求当事人全面整改,依法规范慈善活动,完善内部管理制度,规范财务管理,加强信息公示公开。

上述行政处罚消息一经公开,龙晶睛再度身陷舆论风波。

"我们要坦然面对这次处罚,它是我们机构成长过程中一个警示。"龙晶睛在接受澎湃新闻(www.thepaper.cn)采访时称,此后她和团队将规范所有工作流程,信息公开,做到

---

① 褚蓥. 社会组织募捐管理[M]. 北京:中国社会出版社,2016:105-111.

合法合规。

一、公益运营模式引争议

根据此前媒体公开报道,龙晶睛是湖南长沙人,16岁时出国读书,2011年暑假回国后,前往湘西好友村支教。2018年,她从哥伦比亚大学社会工作学院硕士毕业后,放弃高薪工作,回国做了一名全职公益人,发起和创办了善吟共益。

公开资料显示,善吟共益成立于2018年9月,是一家致力于推动乡村教育的非营利性组织,也是在民政部门注册的慈善类民办非企业(社会企业),不具有公募资质。此后的慈善和公益活动,善吟共益主要通过无锡灵山慈善基金会予以公开募捐。

2021年3月,善吟共益官方网站上线,不久后便在官方网站挂上收款二维码。9月16日,有网友向长沙市民政局投诉称,善吟共益在没有公开募捐资质的情况下募捐193万元。9月24日,长沙市民政局回复称,经初步调查,善吟共益在网站上挂有中心账号及募捐二维码的情况属实。长沙市民政局的行政处罚决定书显示,其通过募捐二维码违法募集11 845.4元。

"如果按照现行法律的规定,违法事实很清楚。"浙江工业大学法学院福利与法治研究中心副主任李德健对澎湃新闻称。

《民办非企业单位登记管理暂行条例》第21条规定:"民办非企业单位接受捐赠、资助,必须符合章程规定的宗旨和业务范围,必须根据与捐赠人、资助人约定的期限、方式和合法用途使用。民办非企业单位应当向业务主管单位报告接受、使用捐赠、资助的有关情况,并应当将有关情况以适当方式向社会公布。"

《慈善法》也规定,如果不具有慈善公开募捐资格的话,除非跟其他有公募资格的慈善组织、基金会联合募捐,否则不得自行进行慈善公开募捐。

李德健也指出,根据《民办非企业单位登记管理暂行条例》的规定,民办非企业单位可以是慈善目的,也可以是非慈善性的其他非营利目的。因此,如果某民办非企业单位并未登记或认定为慈善组织却自称公益机构,则存在模糊其与慈善组织差异的情况,容易误导公众。当然,对于善吟共益而言,它既是一家民办非企业单位,也同时具备慈善组织资格。但即便如此,该组织尚未获得慈善公开募捐资格。因此,其不得仅凭慈善组织身份就在实质意义上自行单独开展慈善公募活动或从事其他可能误导公众的行为。这恰好也是龙晶睛和善吟共益引发众多争议的关键所在。

比如,龙晶睛借助短视频平台的传播和流量渠道,为外界构建了田园诗歌般的支教生活,她本人很快成为公益网红,并以最快的速度获得一般慈善组织难以企及的关注度。

上述以传播效果为导向的公益模式,很快引来争议。

2021年4月,善吟共益发起了一项短期"爱心暑托班",为期5天的活动包含湘西少数民族非遗采风和农耕体验,只有两天给孩子们上课。活动结束会提供中英版支教证明,报名者需要交5 000元。

这个短期支教引发很大争议。有网友称,如此短的时间,既很难给当地孩子带去帮助,还收取了高昂的报名费。还有网友称,这个短期支教项目是以"支教"之名,行旅游之实,让支教变了味道。

龙晶睛辩称,善吟共益旗下有几个支教项目,既有长期支教老师项目,并不收费,还给每位老师包吃包住,并提供生活补贴、交通等各方面费用开支,即使收取费用的支教项目,也并没网上传言那么多。"爱心暑托班的 5 000 元报名费,是由合作平台私自发布。"龙晶睛称,由于该活动未能成行,因此最终未能收取任何人、任何机构的费用,但因对项目管理不善,她和团队要对此承认错误。

龙晶睛在如何把握公益和商业的界限方面也引发争议。

在善吟共益成立一年后,又成立了湖南省善吟创益文化传播有限公司(以下简称"善吟创益"),法定代表人龙晶睛,注册资本 200 万元。此举难免会引发外界的联想,也有网友认为其可能存在利益输送。

"从业务上,这两家机构完全是分开的。"龙晶睛称,善吟创益主要做公益项目咨询策划,所有涉及公益传播和策划,包括对接企业或者基金会时的技术类服务,所收款项都会进入到公司账户。善吟共益从没向公司购买过传播服务,公司只收取第三方服务费用。

"身兼民办非企业单位和公司的法定代表人,在现实中颇为常见,也很正常。有人可能认为这其中存在关联交易和利益冲突。但是,因为无论是针对三大类社会组织的民政监管,还是针对公司的市场监督局监管,我国已有相对较为健全的监管手段,因此,两家机构并存现象本身在合法性上并无太大问题,监管者与其他利益相关者只需通过信息公开等既有监督手段确保不存在不当的关联交易与利益冲突等违法违规行为即可。"李德健称。

长沙市民政局的行政处罚决定书也显示,目前只针对善吟共益的非法募捐予以警告,尚未发现该机构其他违法违规行为。

"作为慈善类民办非企业的内部治理,如何充分发挥理事会、监事职能,使其在重大事项的决策中发挥出应有的作用,包括让党支部扮演政治引领作用,这是一个组织健康运营的关键。"深圳国际公益学院副院长黄浩明对澎湃新闻称。他认为,此前善吟共益出现了如此多的管理问题,极有可能理事会、监事的职能未能完全发挥出来。

二、公益和传播边界之辩

由于公益和商业边界的模糊,外界对龙晶睛及善吟共益的运营和管理模式存有疑虑,而她以传播为导向的公益模式,也一直存在争议。

龙晶睛称,读大学本科时,她已组织并参加短期支教和做公益四五年了,并开始计划如何才能真正帮助到乡村孩子。当她后来在一家公关公司实习时,看见国际上很多知名公益广告,立马感觉它是"很好的公益传播形式"。

从那时起,她就决定以后成立一家机构,专注于做公益传播,以此解决社会难题。她确定了自己介入公益事业的模式——以传播为导向。

2021 年 9 月,不少网络媒体发布了一篇名为《龙晶睛,你火了!》的文章,此文在教师节推出,她作为"最美支教女教师"的形象脱颖而出。此文推出不久,随之而来的便是质疑和抨击。

"很多网友到我和机构的社交媒体账号留言抨击,包括跑到支教老师的社交媒体账号下面进行攻击,很多自媒体也都在关注此事。"龙晶睛回忆说。面对突如其来的舆论风波,起初,她和团队成员只是感到"很反常"。

"我们确实是全心全意为孩子们着想,觉得'清者自清',不用去理会莫名其妙的质疑,也不想花精力去应对舆论,感觉会耽误真正想要做的事,还是想要把工作做好。"龙晶睛称。

但随着时间的推移,她才发现自己已身陷舆论风波。"大家心里还挺难过,没想到会演变成今天这个样子。"龙晶睛称,她仔细阅读网友抨击和评论时发现,他们既有道理,也有误解。

"我认为第一个误解,可能在别人认知里,以为我过去10年都在大山里支教,这是最根本的一个误解。第二个误解,当我说我是一名短期支教老师,同时也是机构发起人时,部分网友认为短期支教并不能给孩子们带去什么实质性的帮助。第三个可能是宣传方面,可能有些比较高质量的短片和剪辑,确实吸引了不少人关注,让他们(部分网友)觉得可能一名乡村老师也好,或者一名支教老师也好,不应该也最好不要有花里胡哨的东西、来跟拍什么的。"龙晶睛称。

有网友批评称,龙晶睛此举未能把握好公益和传播的界限。对此,她却有不同的理解。

"如果没直观的东西去吸引大家的眼球,就很难有人来关注乡村教育,也招不到支教老师。"龙晶睛称,他们最初的动机很简单,主要是招募支教老师实在是太困难了,机构体量特别小,没人知道他们是谁。

"我们通常10个人都招不到,但乡村学校又特别需要老师,我们不知道怎么办,开始发朋友圈,让身边人去转发,但效果不理想,1 000个阅读量,仅有1个人来报名,在转化率如此之低的情况下,选出合格的支教老师就更难了。"龙晶睛称,她很快发现短视频的价值,它作为一个公域流量,能准确地告诉别人自己在做什么,也能吸引对支教感兴趣的参与者报名。

"以个人人格化的 IP(知识产权)来运营账号,也许能更快速获得支持。"龙晶睛称。

她开始是以个人自媒体账号发布视频,并亲自上镜,但此举也引发很多网友不满,指责她把自己放在"C位",让乡村孩子成为"陪衬"。

"其实我们后台有几百个G的素材都是记录其他老师和孩子们的画面。如果说我想要更加快速地获取关注和流量,通常的做法是多放孩子们和家庭比较惨的状态,以此博取社会同情。事实上这么做的人,他们所获取的关注和流量比我要多十几倍,而那些画面,我才觉得是真正对孩子们不好的。"龙晶睛反驳道。

也有网友指出她在镜头前的妆容过于精致,与乡村落后的支教环境形成鲜明的反差;还有人指出她和团队拍摄乡村孩子上课视频,会分散学生的注意力,影响正常授课,认为她动机并非支教,而是作秀。

"我是个女孩子,化妆是我的日常生活。"龙晶睛称,她每天要做很多事,经常到凌晨才睡觉,第二天要早起,不化妆确实也会很憔悴。

对于大家的批评,龙晶睛称,今后会考虑把更多镜头给予其他支教老师。

"固然公益传播很重要,但传播不能解决一切问题,把一项公益事业做大做好的话,对管理人员的综合性和专业性要求更高。"黄浩明说。

经历了两次舆论风波,龙晶睛仍会坚持做公益。"我要深入思考如何才能做得更好。"

资料来源:被处罚背后:"最美支教"龙晶睛与其所创民非的出格与争议[EB/OL].(2022-01-24). https://www.thepaper.cn/newsDetail_forward_16390701.

思考题:

1. 什么是合法的公开募捐?
2. 没有公募资质的慈善组织如何进行募捐?
3. 如何做好公益传播?

即测即练

第九章

慈善组织财务管理

马克思在《资本论》中指出:"过程越是按社会的规模进行,越是失去纯粹个人的性质,作为对过程的控制和观念总结的簿记就越是必要。"这一观点指出会计及财务管理在核算和监督等意义上,对社会总体性发展的重要意义。实践中,引导资本向善、财富向善客观要求慈善组织在其内部与外部治理过程中,灵活因应组织自身发展阶段与整体环境特点,不断向科学的现代财务管理制度迈进。可以说,完备科学的慈善组织财务管理制度是新时代慈善事业发展的基础和重要支柱。本章主要介绍慈善组织财务管理的概念与特点、目的与作用、基本内容和作为其显在结果的财务信息披露与财务报告分析等内容。

第一节 慈善组织财务管理的概念与特点

慈善组织从初创到发展成熟的过程中,财务管理也伴随组织成长而成熟,财务管理需求也随组织发展内外部压力增加而增大。慈善组织财务管理的目标不仅是值得关注的财务实践问题,而且是重要的理论问题。本节我们从了解慈善组织财务管理的基本概念入手,逐步深入挖掘慈善组织财务管理的特点和原则,以形成全景式的体认。

一、慈善组织财务管理的概念

财务,广义上讲,主要指的是国民经济各部门、各单位在物质资料生产与再生产过程中客观存在的资金运动及资金运动过程中所体现的经济关系。[①] 狭义上,多从微观经济部门的资金流动管理的角度来理解,相应地,企业财务指企业生产经营中存在的资金运动及其所形成的与各方面的经济利益关系。具体而言,也可将财务理解为以监督资金使用和提高企业价值为目的,关于某一部门或组织资产的购置、投资、融资和管理的决策体系,如从金融市场筹集资金;因提供产品、劳务而与其他单位进行结算,主要是取得销售进款;因购买设备、材料、商品或劳务与其他单位结算,主要是清偿采购债务;支付职工工资、福利及费用;向银行等机构筹措款项,并到期偿还;投资活动及收益分配;依法缴纳税款;企业内部各部门间结算等。

相应地,财务管理,是指有关资金获得、运行、使用及其评价的系统性管理工作,亦可简单地理解为对组织经营发展所形成资金关系及其运动体系的管理。除此理解方式以外,不同的学者对财务管理的认识角度有所差异,因之对财务管理的界定也不尽相同。如

---

① 夏征农,陈至立.大辞海:经济卷[M].上海:上海辞书出版社,2003:925.

一部分学者认为,财务管理是组织企业管理活动、处理财务关系的一项经济管理工作,是对企业的资金进行规划和控制的一项管理活动;另外一些学者则认为,财务管理是以公司理财为主体,以金融市场和商品市场为背景,研究组织资本取得与使用的学问。[①]

结合以上分析,我们认为,慈善组织财务管理是指为实现慈善组织的愿景使命、宗旨和目标,对活动过程中所需要的款项进行筹集、运营和投资,以及对活动和项目的主要计划安排、相关预算控制、分析评价等进行的全方面综合管理活动。其具体内容包括:财务预算及财务收支计划;接受捐赠的各项收入、资产增值及其他一切合法收入;资金使用、资产运作及其他一切支出;财产、物资管理;会计凭证、会计档案管理;财务报告与财务信息披露;财务监督和检查;其他反映慈善组织动态的一切财务活动。慈善组织财务管理与组织治理有着密切关系,在组织健康和可持续性发展进程中起到基础和重要支柱作用。其中,收入管理和支出管理是慈善组织财务管理的两大重要支柱,慈善组织收入管理主要是对收入项目、收入类型以及收入进度等方面进行的管理,支出管理则主要是对项目、标准、范围以及支出绩效评价等进行的管理。

二、慈善组织财务管理的特点

慈善组织财务管理的特点是由慈善组织本身特点、慈善资金特点以及慈善组织活动的特点共同决定的。例如,慈善组织活动范围的广泛性、灵活性、多样性等特点,决定了其资金流动和使用具有鲜明的特殊性,如市场不是主要收入来源、缺乏明确的责任制、运营业绩不能用利润指标来衡量和所有权形式特殊等。[②] 具言之,慈善组织财务管理具有以下特点。

(一)管理目标非营利性

一般意义上,企业财务管理的目标是利润最大化、企业价值最大化或所有者财富最大化。而慈善组织不以营利为目的,也不向资金提供者提供经济回报,盈利更不得在组织成员间进行分配,组织活动目标主要是奉行其使命、实现其宗旨。因此,实践中慈善组织财务管理往往不涉利润指标,当然这也会产生诸多问题:责权不明确,指标相对重要性难以达成一致,组织项目绩效目标也难以确定。

(二)资金使用的限制性

从慈善组织资金性质来看,各种类型的慈善组织的资金主要来源于社会捐赠和财政补贴等,资金使用和分配也具有无偿性,决定了各慈善组织获得的经费也具有公益性的特点,但是其往往具有时间和使用方式的限制。例如,基金特征是按资金来源方的意愿完成一定任务,实现社会效益。体现在财务管理中,我们称此类资金为限制性净资产,《民间非营利组织会计制度》将其明确界定为:资产或者资产的经济利益的使用和处置受到资源提供者或者国家有关法律、行政法规所设置的时间限制或(和)用途限制。

---

① 莫冬燕. 非营利组织财务管理[M]. 大连:东北财经大学出版社,2018:24.
② 谢晓霞. 公益慈善组织财务管理[M]. 西安:西安交通大学出版社,2021:21.

（三）资金来源的多元性

慈善组织的资金来源呈现出多元化的特点。慈善组织的资金主要来源于社会捐赠和公共部门支持，也有很少一部分资金来源于产品和服务收入，如纪念品销售、服务收费和组织成员的会费等。当然，随着国家对公益慈善事业倡导扶持力度加大，慈善组织的资金来源将会越来越呈现出多元化的趋势，但社会捐赠、财政拨款和政府购买服务等方式仍然是慈善组织主要的资金来源渠道。

（四）预算地位的中心性

预算管理是整个慈善组织财务管理的基础和重要支柱，在慈善组织财务管理中起着统揽性作用——不仅可以对组织内部的人、财、物以及信息资源进行整合配置，还可以不断提高组织的创新能力以及与外部环境的融合互利能力。各类慈善组织的预算得以确定后，一方面成为其内部治理的重要抓手，另一方面也会成为财政、民政、税务和审计部门对其进行依法管理的核心依据。

三、慈善组织财务管理的原则

慈善组织财务管理原则是其开展经济活动、处理财务关系的准则，主要包括以下四个方面。

（一）依法理财原则

依法理财原则是慈善组织财务管理所应遵循的最重要的原则，是防范组织财务风险的基本依循。慈善组织的财务管理要严格遵守《慈善法》《中华人民共和国会计法》《社会团体登记管理条例》《基金会管理条例》《民间非营利组织会计制度》《民政部 财政部 国家税务总局关于印发〈关于慈善组织开展慈善活动年度支出和管理费用的规定〉的通知》（民发〔2016〕189号）等国家相关法律法规、财务制度以及非营利组织和基金（资金）类会计标准，树立牢固的法律意识和风险思维，规范各类慈善组织财务行为和财务管理活动，使各项财务管理工作在法治轨道上有序运行，以切实防范社会公信力损失和财务失衡等诸多风险。[①]

（二）量入为出原则

坚持量入为出，加强成本控制是慈善组织财务管理工作必须长期坚持的原则，具体到每种类型的慈善组织而言，量入为出原则下包含的具体内容则不尽相同。例如，《基金会管理条例》第29条明确规定："公募基金会每年用于从事章程规定的公益事业支出，不得低于上一年总收入的70%；非公募基金会每年用于从事章程规定的公益事业支出，不得低于上一年基金余额的8%。基金会工作人员工资福利和行政办公支出不得超过当年总

扩展阅读9-1 民间非营利组织会计制度

---

① 胡烨. 浅谈慈善组织财务管理的问题及对策[J]. 中国总会计师，2021(8)：154-155.

支出的10%。"①慈善组织在开展日常业务活动时，应以预算为依据，充分实现资源的有效配置，努力挖掘资金潜力，区分轻重缓急，不盲目投资，合理安排资金使用，使有限的资金发挥最大的效益，尽力办好可办能办之事。

（三）效益均衡原则

坚持以社会效益为主，兼顾经济效益。在实践中，一些慈善组织在资金来源不足的情况下，会采用商业化运作模式以补充运营资金，这就使得慈善组织产生了一定的营利收入，但这必须以实现其社会目标和保障项目运营为前提。一般而言，慈善组织以生产精神产品和提供社会公益服务为主，它的一切活动都必须把社会效益放在首位，通过提供公益产品和服务来增进社会福利，承担着一定的政府福利职能，应当充分体现社会公益性特征，以充分利用慈善组织现有人财物力，达到社会效益的最大化，更好地满足社会的需求。

（四）预算主导原则

随着慈善组织财务预算制度的改革和创新，全流程预算、零基预算与绩效预算逐步替代传统的基数预算，预算的主导功能更加强化。具体而言，预算主导原则有两大重点内容，一是风险控制，慈善组织可能遇到的财务风险，如资不抵债、公益资金结构发生变化、财务目标偏离等，需要通过在预算编制和执行中建立风险预警机制、完善内部控制等途径来消除或弱化风险；二是保障专款专用，慈善组织的特性使得其必须严格按照组织目标和原则明确资金的用途、范围和标准，确保组织资金用于相应的公益或互益项目。

第二节　慈善组织财务管理的目的与作用

慈善组织财务管理的复杂性决和特殊性决定了财务目标的系统性和层次性。因此，慈善组织财务管埋的目标也应该包括基本目标和具体目标两个层次。其目标、内容和性质与企业财务管理具有明显的区别。

一、慈善组织财务管理的目的

财务管理的复杂性决定了财务目标的系统性和层次性。因此，统合来看，慈善组织财务管理的目标也应该包括基本目标和具体目标两个层次。其中，慈善组织财务管理的基本目标是慈善组织财务活动所希望实现的结果，决定着财务管理的基本行为导向，进而决定着财务管理的具体目标，后者则是非营利组织财务管理的基本目标在财务管理实践过程中的具体化。我们将慈善组织财务管理的基本目标概括为：以最小的财务资源投入，提高筹资效率和最大化资金社会效用，产出最大数量和最优质量的社会公益或互益产品和服务。相应地，其具体目标包括3个方面。

---

① 基金会管理条例[EB/OL].(2005-05-23).https://www.gov.cn/zwgk/2005-05/23/content_201.htm.

(一) 建立健全组织治理

慈善组织财务管理制度是慈善组织进行财务活动、处理财务关系时应遵循的基本制度,该制度及其实践活动的基本要求即确定组织内部各部门之间的财务关系及其职责权限,使其互相配合、互相制约、协调一致地组织财务活动,以此推进慈善组织内部治理结构的科学化、治理体系的完备化和治理过程的协同化。[①]

(二) 提升资金使用绩效

慈善组织财务管理的终极目标是提升组织的资金效益。值得注意的是,这里所讲的效益并非营利效益,而是通过发挥自身的社会事业职能,节约使用资金、控制费用和成本等管理手段,以最低投入提供优质、科学、灵活、健全的社会服务和公益性产品,以满足社会需求,最终实现资金使用效果和配置效率同步提升的目的。

(三) 提升组织的公信力

公信力是慈善组织赢得组织声誉、维持免税地位、吸引志愿者、获取社会资助和财政支持以及实现组织终极目标的必要前提。良好的财务管理工作有利于慈善组织公信力的提升,如合理安排组织内部财务工作、建立健全组织内部控制体系、理顺组织双重管理关系、提高信息披露质量、加强与社会民众的沟通互动等[②],尤其对后两项而言,财务报告不仅是对捐赠人的交代,而且能增加组织的公信力,帮助组织树立良好的社会形象。

二、慈善组织财务管理的作用

(一) 有利于实现资源优化配置

慈善组织财务管理最直接的作用在于维护慈善组织财产安全,对慈善组织的经济活动进行系统、科学、完备的管理、控制和监督,合理编制慈善组织预算并严格执行;如实反映基金会的财务状况,加强财务核算,开展财务分析,参与组织决策,规范财务信息披露;按照合法、安全、有效的原则实现慈善组织资产的保值、增值,且确保资金的使用符合组织章程及捐赠者的意向等。在此过程中,财务管理对慈善组织的人员、信息、资产、声誉等一系列的资源进行统筹。财务管理还可结合组织内部控制和外部发展环境的现实状况进行科学研判,制定组织的发展规划及其落实手段,为慈善组织的稳健与科学发展提供有力保障。

(二) 有利于加强社会协同管理

目前慈善组织的财务管理中非常重要的部分即以权责发生制为基础,以实际发生的交易或者事项为依据,如实反映慈善组织的财务状况、业务活动情况和现金流量等信息。

---

① 李勇,何定勇.公共危机治理:不确定性、慈善组织参与及协同治理[J].中国非营利评论,2021,27(1):218-238.
② 石国亮.慈善组织公信力的影响因素分析[J].中国行政管理,2014(5):95-100.

财务管理披露的信息应当能够满足捐赠人、会员和监管者等信息使用者的需要。且信息应当口径一致、相互可比,以此为基础,建立健全财务监督管理体系制度,如内部牵制、财产清查和内部审计。其中,内部牵制是指慈善组织内部的各机构、各环节相互牵制、相互监督;财产清查是指慈善财产、物资进行核对,检查内部制约的执行情况;内部审计是指对慈善组织内部牵制制度落实情况、开展慈善活动情况进行的审计,保证慈善财产的规范、有效使用。此外,民政、媒体、群众和第三方机构也在各自职责范围内有权对慈善组织财务状况行监督管理,以此形成内外互相衔接的有机体系,不仅有利于组织风险防控管理,而且将社会需求和组织内部需求有效衔接,强化社会协同管理。

(三) 有利于降低组织道德风险

慈善组织由于其资金来源的广泛性,慈善资金在发挥其救济弱势作用的同时,也存在资金效益低下乃至资金挪用现象等问题,究其背后原因,一方面是慈善组织财务管理专业化能力的缺乏,在运作项目时对救济对象以及项目的管理较为粗糙、效益较低;另一方面也是由慈善资金的独特性质决定的——慈善资金的产权主体是虚拟的,基金会和捐款人都难以对其形成完全产权,其结果必然诱发道德风险的产生,而财务管理体系中"分权"和"制权"相结合的机制可以对道德风险进行有力的约束与制衡。

三、慈善组织财务管理与企业财务管理的区别

(一) 财务管理的目标不同

企业财务管理目标通常包括利润最大化、股东财富最大化、每股盈余最大化、相关者利益最大化、企业价值最大化。尽管表述不一样,但各种财务管理目标都以股东财富最大化为基础,这是因为:一是股东的投入是企业创立和发展的基础;二是股东承担最大的义务和风险,相应需享有最高的收益。从优先次序的角度来看,以股东财富最大化为核心和基础,还应考虑利益相关者的利益——股东权益是剩余权益,其他利益相关者的要求先于股东被满足,且必须是有限度的。

与之相对应,慈善组织财务管理的目标一般被描述为:获取并有效使用资金以最大限度地实现慈善组织的社会使命。需要注意的是,在运行过程中,慈善组织也会产生收入乃至收益,但与企业明显不同的是,慈善组织即使有收益,也不能将收益分配给其发起人、会员、捐赠者或组织员工,这是由慈善组织的职能定位及其最终目标决定的。另外,由于在慈善组织财务管理中,"顾客"并非其主要资金来源,外部的捐赠或财政拨款一般是其主要收入,而这些捐赠者的主要目的不是期望获得同等或成比例的回报,而是希望慈善组织为整个社会或特定团体提供更多的公共性服务或商品。

(二) 财务管理的内容不同

在企业财务管理中,其主要内容可以被概括为投资管理、筹资管理、营运资金管理、成本管理、收入与分配管理。其中,投资管理包括购置固定资产、无形资产等对内投资和购买股票、债券、出资新组建公司或与其他企业联营等对外投资;筹资管理包括科学预测筹

资的总规模、选择筹资渠道和筹资方式、确定合理的筹资结构等；营运资金管理即对于流动资产和流动负债资金收付的管理，包括如何节约资金成本，如何提高资金使用效率，如何进行流动资产的投融资，如何管理流动负债等；成本管理主要包括成本预测、成本决策、成本计划、成本控制、成本核算、成本分析到成本考核的全部过程；收入分配管理则包括作为对成本费用弥补的初次分配和作为对收入初次分配的结果进行再分配的利润分配。

慈善组织的财务管理目标决定了其财务管理的主要内容是收支管理以及预算管理。慈善组织的收入来源重点包含民间捐赠、服务收费和政府补贴等渠道。民间捐赠大部分来自个人、基金会和企业的捐款，这是慈善组织独特的收入来源，也是其与公共部门及私人营利机构相区别的标志之一。慈善组织尽管不以营利为目的，但为了自身的生存与运作，会提供有偿的服务。此外，政府补贴也是慈善组织收入的主要来源，这更加决定了慈善组织支出所注重的是社会效益，即是否能够实现某些社会使命。以上这些收支管理都是以逐步科学规范的预算管理为统筹的，换言之，预算管理是慈善组织财务管理乃至内部治理的基础和重要支柱。

（三）管理对象性质不同

一般认为，企业财务管理的管理对象及其财务管理模式主要受到企业经营性质、业务范围、企业生命周期、企业战略、企业所处市场环境、企业规模、信息网络系统等影响，但是其间接的管理对象一般包括厂房设备、人力资源、存货储备、产品及市场策略等。同时，企业财务管理主要对股东负责，这也是由企业的一般性质与经营目的决定的。而对于慈善组织而言，由于资金所有权的模糊性，不存在可以明确界定并可以出售、转让、赎买的所有者权益。慈善组织成员不能对其捐赠出的资产权益进行转让、出售，但慈善组织在某些情况下必须按照资产提供者的要求来进行运作、管理和处置，而慈善组织财务管理对象即以此种形式运行或者以此为目的运行的资金。

第三节 慈善组织财务管理的基本内容

如前所述，慈善组织财务管理可以分为预算管理、日常资金管理、项目资金管理、筹资管理与投资管理和财务监督管理等内容，本节主要对在慈善组织财务管理中具有主导性地位的预算管理、日常资金管理和财务监督管理的主要程序和方法展开论述。

一、慈善组织的财务预算管理

（一）慈善组织财务预算管理的内涵

预算一般是指经过法定程序批准的政府、机关、事业单位和社会团体等主体根据事业发展计划、任务和现实需求而编制的未来一定期限内收支预期、匡算与计划。相应地，慈善组织预算管理对应的是组织决策管理、决策控制和决策实施等目标，内容上则包含了组

扩展阅读9-2 预算管理五原则的释析

织某一时间段内的发展宗旨、目标、方针、政策、规则、程序、规划等。慈善组织财务预算管理的原则主要包括政策性原则、公开性原则、合理性原则、可靠性原则和全面性原则。

按照内容而言,慈善组织财务管理可以分为经营预算、决策预算和财务预算三类。其中,经营预算指的是与慈善组织日常业务直接相关的一系列预算,如销售预算、采购预算、费用预算、人力资源预算等;决策预算也称为专门决策预算,一般指的是慈善组织重大的或不经常发生的、需要根据特定决策编制的预算,如资本支出预算;财务预算指的是与慈善组织资金收支、财务状况或活动成果等有关的预算。值得注意的是,财务预算作为全面预算体系的最后环节,它是从价值方面总括地反映慈善组织经营预算与专门决策预算的结果,故亦称为总预算。

(二)慈善组织财务预算管理的程序

慈善组织预算管理的程序应该由若干部门、事项、时间节点按严密的逻辑关系互相衔接形成完整循环,以此方可保证其预算的权威性和法治性。其中,按照预算管理的关键环节划分,其主要包括编制前准备、编制与审核、执行与调整、评价与反馈等四大内容,而预算监督则纵贯其中。

1. 预算前的准备阶段

(1)确定预算编制的总体及各分项的基础。如相关政策依据、现实依据以及提出下一预算年度的预算目标等问题。

(2)确定预算编制的总体及各分项的收支标准。

(3)确定预算编制各部门的协调关系和职责分工,加强内外协作,畅通信息交换机制。

2. 预算的编制和审批阶段

按照《中华人民共和国预算法》(以下简称《预算法》)所确定的"两上两下"的法定程序。

(1)"一上":慈善组织根据本年事业发展计划及预算决算数据,提出建议方案和预算草案,经组织决策权力机构审议后上报送主管部门。

(2)"一下":主管部门审核慈善组织上报的预算建议数,根据财力及社会经济发展需求,下达预算控制数。

(3)"两上":慈善组织根据上级主管部门下达的控制数,编报正式预算草案上报主管部门待其审核。

(4)"两下":主管部门对报送的正式预算进行审核,确定正式预算。

3. 预算的执行及调整

此阶段的重点是慈善组织预算的正式执行、监督、控制与调整。

(1)落实各项预算收入及时足额到位以及预算支出按照进度执行。

(2)按照实际需求履行预算调整的法定程序。预算调整主要分为两种情况:一是活动任务发生变化;二是经营环境、发生变化。预算调整必须按法定程序及权限进行。

4. 预算执行过程中及执行后进行评价、审计与反馈阶段

其主要包括:预算项目执行的具体部门或负责人提交的项目进展情况报告、预算管理单位提交的预算执行情况的决算报告、审计监督部门提供的预决算审计报告。慈善组织可以通过举行汇报会、听证会、专家审议会等,预算管理和项目执行等部门负责人参与询证,以此实现对预算执行后的评价。

(三) 慈善组织财务预算管理的方法

1. 零基预算法

零基预算法全称为"以零为基础编制预算法",其具体指的是组织不以历史期经济活动及其预算为基础,以零为起点,从实际需要出发分析预算期经济活动的合理性,经综合平衡,形成预算的预算编制方法。① 自20世纪80年代以来,这一技术在世界各国政府和企业的管理实践中获得广泛的应用,是一种对单位每一事业计划的预算费用都以零为基础重新加以分析计算的预算方法。零基预算法是在对预算期内所有预算项目进行严格审核、分析、测算、评估的基础上进行编制预算的方法。按照《管理会计应用指引第202号——零基预算》第三章第6条至第10条的相关规定,其应用程序按照明确预算编制标准、制订业务计划、编制预算草案、审定预算方案等步骤进行。其主要内容如下。

(1) 收集分析资料。预算编制人员通过收集和分析以前年度、对标单位、行业等财务预决算信息,结合慈善组织内部管理需要形成组织各个预算项目的编制标准,并进行综合分析评价、修订完善预算标准。

(2) 预算主要编制部门依据组织愿景、战略、规划和年度目标制订预算期内的目标,结合各个部门的任务,综合分析预算期内各项活动的合理性,并制订详细、具体的计划,以此作为预算编制的基础。同时,各个部门初步提出预算方案草案和资金使用匡算等。

(3) 预算责任部门以业务计划为基础,以零为起点,根据预算编制标准编制本部门相关预算项目,统筹考虑公用支出、专项支出等具体项目的支出费用和收入情况,审核各部门的预算方案。

(4) 在审核业务计划合理性基础上,逐项评价各预算项目目标、作用、标准等内容,按战略相关性、过程控制性、资源限额效益性、融合性、全变性等原则进行综合分析,汇总形成慈善组织预算草案,上报慈善组织预算管理委员会等专门机构审议后报决策机构及其主管部门审批。

2. 滚动预算法

滚动预算法也称永续预算法、连续预算法,具体指的是慈善组织根据上一期预算执行情况和新的预测结果,按既定预算编制周期和滚动频率,对原有预算方案进行调整和补充、逐期滚动、持续推进的预算编制方法。按照预算编制周期和滚动频率,可以分为中期滚动预算和短期滚动预算,前者预算编制周期为3年或5年,预算滚动频率为年度;后者预算编制周期为1年,预算滚动频率为1个月或1个季度。

若实行短期滚动预算方法,慈善组织应按月进行调整(如在2022年1月至12月的预算执行过程中,需要在1月末根据当月预算的执行情况,修订2月至12月的预算,同时补充2023年1月的预算;到2月末可根据当月预算的执行情况,修订3月至2023年1月的

---

① 管理会计应用指引第202号——零基预算[EB/OL]. http://kjs.mof.gov.cn/zhengcefabu/201808/P020180828399303596996.pdf.

预算,同时补充 2023 年 2 月的预算);若实行中期滚动预算,则慈善组织应该按年进行调整,考虑到时间较长和不确定因素等原因,实行中期滚动预算法一般以 3 年为宜。

3. 绩效预算法

随着 20 世纪 80 年代新公共管理运动的兴起,美国、新西兰和英国等国家开始探索和改革绩效预算管理,如美国实行的《政府绩效与结果法案》,即通过财政拨款与绩效紧密关联的方式加强对联邦政府支持项目管理的尝试。[①] 简单而言,绩效预算指的是以事业目标和事业计划为主导,依据组织职能和发展计划制定实施方案,并在成本—收益分析基础上确定实施方案所需费用的一种预算编制方法。[②] 绩效预算的最大特点是通过突出投入与产出的钩稽与效率关系,强调"绩效"的地位,建立起财政拨款或其他投入资金与用款主体财务绩效考核相互挂钩的机制。

在具体绩效预算编制方面,首先是对慈善组织的总体计划或目标进行拆分,并细化到具体的项目,同时结合慈善组织部门层级划分,将带有具体预算目标的项目分解至不同部门,各层次部门因预算管理目标的不同在预算科目的选择上有所不同。同时,各部门综合运用上述滚动预算法、零基预算法等进行预算制定,并最终汇总为总预算。应该注意的是,绩效预算管理的重点并不是总预算的完成,而是在预算执行完之后的绩效评估、反馈与应用及其对预算的修订等。

二、慈善组织的日常资金管理

(一)慈善组织日常资金管理的内涵

日常资金管理是指及时对组织的流动资金及日常财务收支进行管理,以保证各项资金收支平衡、运用合理。日常资金管理应遵循专款专用原则,尊重捐赠人意愿。

(二)慈善组织日常资金管理的制度

1. 岗位设置与人员分工

(1)出纳人员应负责现金的收支和保管、收支原始凭证的保管和签发、日记账的登记。出纳不得登记现金总账,也不得兼任稽核、会计档案保管和收入、支出、费用、债权债务账务的登记工作。

(2)会计人员应负责总分类账的登记、收支原始凭证的复核及收付款记账凭证的编制工作。

(3)内审人员应负责收支凭证和账目的定期审计和现金的突击盘点及银行存款账户的定期核对。

(4)会计主管应负责审核收支、保管和使用组织及组织负责人印章、定期与银行对账并编制银行存款余额调节表。

(5)组织负责人应负责审批收支预算、决算及各项支出,但是重大支出项目应由组织

---

① 徐芳芳. 基于协同治理的政府预算绩效管理研究[J]. 经济体制改革,2022(2):158-164.
② 夏征农,陈至立. 大辞海:经济卷[M]. 上海:上海辞书出版社,2003:418.

集体审批。

2. 日常资金管理制度具体内容

（1）现金管理制度。慈善组织应根据实际情况，在符合《民间非营利组织会计制度》的基础上建立现金管理制度，主要包括以下内容。

① 库存现金一般不得超过 35 天的日常需要量，如有特殊需要，超过时限可在 5 天到 15 天的日常需要量之间间性调整。

② 不得坐支现金。严格执行现金收支"两条线"。

③ 不得以"白条"抵库。

④ 日记账必须日清月结。

⑤ 定期（每月、季、年末）、不定期地进行现金盘点工作。

（2）银行存款管理制度。慈善组织应根据实际情况，在符合《民间非营利组织会计制度》的基础上建立银行存款管理制度，主要包括立银行存款账户、银行账户管理、转账结算、收付款凭证填报、汇票支票等凭单账务处理、银行存款余额核对与处理等。

（3）存货管理制度。其主要包括：存货收付制度、仓储管理员管理制度、存货的存放制度、存货盘点制度以及存货的减值账务处理制度等。

（4）报销管理制度。慈善组织应根据实际情况，在符合《民间非营利组织会计制度》的基础上建立报销管理制度，主要包括以下内容。

① 报销的流程管理制度。报销前应将原始凭证分类汇总、粘贴后，填写支出凭单，在支出凭单上注明摘要和用途、报销金额（大小写必须相符）、单据张数。报销的发票，必须是合法的原始凭证，发票上印有税务局或财政局收费专用章和收款单位财务专用章，各种印章必须清晰。发票上要填写购货单位名称、购货品名、单价、数量、金额和日期。

② 将填好且按规定审核、核准的支出凭单（附原始单据）交部门负责人审签。

③ 将部门负责人审签的支出凭单（附上原始单据）报会计审核，审核无误后交由理事会或相关管理部门核准后报销。

④ 根据自身情况，设立一次性报销限额和财务办理报销时间，对于超过一次性报销限额的，通常需要提前一个工作日通知财务。[①]

三、慈善组织的财务监督管理

（一）慈善组织财务监督管理的内涵

慈善组织财务监督，是指根据国家有关方针、法律、政策和财务制度的规定，对慈善组织的财务活动和其他有关的经济活动所进行的监察和维护。财务监督是保证慈善组织财务活动有序进行的重要手段，也是保证慈善组织管理者履行其受托责任的条件之一。慈善组织财务监督具有重要的现实意义，由于对现有法制缺乏真正的落实、双重管理体制影响、慈善组织自律意识淡薄、大众监督机制缺失等，慈善组织形象受损、公信力大幅度下降，已经严重影响到慈善事业的健康发展。

---

① 莫冬燕.非营利组织财务管理[M].大连：东北财经大学出版社，2018：101-119.

慈善组织财务监督的具体内涵包括：一是多元的监督主体，如政府部门、社会公众、独立的第三方评估机构、新闻媒体、慈善组织自律系统等外部利益相关系统，也有理事会、监事会、董事会以及相关部门的主要负责人等内部利益相关系统[①]；二是监督客体，即被监督对象，通常指慈善组织资金运动过程中涉及的各项经济活动及负责人；三是监督内容，包括对慈善组织财务活动、财务关系、资源利用的监督。

慈善组织财务监督机制的目标指的是：确保其服务的供应，保护服务对象的利益，保护捐赠者的利益，维护内部员工的利益，保持公平有序的竞争环境，在政府提供资金时确保资金的利用效益，保护与慈善组织竞争中的中小营利性商业组织的利益等。

（二）慈善组织的财务外部监督管理

政府在慈善组织外部监督管理体系之中有着重要的责权，法律监督和行政监督是其主要形式。其中，法律监督是对慈善组织财务管理的系统约束；行政监督则是由民政、财政、审计、税务、纪检监察等一系列独立行政机关实行。

1. 法律监督体系

纵观我国慈善组织所处的法律监督体系，以法律体系和行政法规为核心，而部门规章和地方性法规则是对不同部门不同区域的补充。

第一，法律。如《慈善法》对慈善组织的职能定位和利益相关方的权责以及内部财务治理进行了规定；《公益事业捐赠法》和《中华人民共和国民法典》对关系到慈善组织财产来源的捐赠问题进行了规定；《中华人民共和国个人所得税法》《企业所得税法》对相关纳税原则进行了规定；《中华人民共和国信托法》（以下简称《信托法》）对公益信托进行了规定；《中华人民共和国会计法》对慈善组织的会计核算与财务管理进行了规定；《中华人民共和国审计法》对审计监督的内容进行了规定。

第二，行政法规。其主要包括《基金会管理条例》《民办非企业单位登记管理暂行条例》《社会团体登记管理条例》《事业单位登记管理暂行条例实施细则》《个人所得税法实施条例》和《企业所得税法实施条例》。例如《基金会管理条例》第五章"监督管理"部分对基金会登记管理机关、基金会业务主管单位、基金会、境外基金会代表机构、会计主管部门、捐赠人和会员等主体监督管理职责进行了明确规定。

2. 行政监督体系

政府对慈善组织的行政监督是行政监督主体依据法定权利和程序对非营利组织及其工作人员的行为实施督导和控制的一种机制。我国的慈善组织需要同时受到登记管理部门和业务主管部门的监管，构成一种双重管理体制。此外，我国慈善组织的监督主体还包括财政、税务和审计等其他行政部门。

（1）登记管理部门。民政部是我国绝大多数慈善组织的注册登记部门，市场监督管理部门也会受理部分慈善组织的注册登记。整体而言，我国对慈善组织的设立设置了较高的登记门槛，注册登记部门首先要对非营利组织进行财务会计制度审查和从事事业性质的审查，具备完善的财务会计制度、从事非营利事业等审查条件通过的，注册登记部门

---

① 吴显华，欧阳凤莲. 构建和完善我国慈善组织财务监督机制[J]. 财政监督，2012(9)：45-47.

方可予以注册登记,否则不予注册登记。该举措作为慈善组织主管部门对其进行监督的第一道门,能够对风险起到良好的预防效果,从源头上更好地规避慈善组织财务风险,大大提高了慈善组织注册登记的合法性和规范性。此外,在慈善机构注册登记后的日常运营过程中,登记管理部门还负责对慈善机构各年度的经费收支等财务情况进行年度检查。

(2)业务主管部门。我国慈善组织同时受到登记管理部门和业务主管部门的有效监管,实施的是一种"双重管理机制"。慈善组织成立后,业务主管部门对慈善组织的监管就变成了一个重要的环节,其财务监管尤为重要,主要体现在以下两个方面:一是对慈善组织公益活动是否依据法律法规和有关章程有效开展的指导监督;二是对年度工作报告的财务会计报告、注册会计师审计报告等项目的合法性和有效性进行审查。

(3)其他行政部门。其主要包括财政部门、税务部门和审计部门。财政部门作为我国慈善组织会计事项的最高监管机关,主要负责行使对慈善组织会计领域的有效监管。在财政部门对慈善组织的有效监管之上,税务部门的监督重点是对慈善组织非营利性质活动的审查、税收优惠政策条件的审查,以及会计资料真实性与合法性的审查。审计部门则对慈善组织的财务资料具有更大的调取权限,有权对审计问题进行调查取证,并将审计结果向相关政府部门和社会公告。

3. 社会财务监督体系

(1)以注册会计师审计为主的社会监督。国家可以完善对慈善组织的相关审计制度,强制要求慈善组织每年至少接受一次以注册会计师审计为主的外部审计。同时,慈善组织自身也应加强聘请外部审计机构对组织进行财务审计的意识。

(2)其他外部利益相关者的监督。可以发挥其他外部利益相关者对慈善组织的监督作用。金融机构作为非营利组织的债权人,可以通过了解慈善组织的内部财务状况监督其资金运营情况。捐赠人作为慈善组织重要的资金提供方,可以通过了解组织资金的运作、查阅组织财务资料、对有疑问的地方提出质疑对组织进行监督,以提高资源的使用效率。社会公众作为资源的享有者,可以通过监督其资源的利用情况对慈善组织进行财务监督。新闻媒体可以通过宣传、披露与曝光等形式增强公众对慈善组织的了解,为延长和纵深监督体系奠定基础。还有其他一些外部利益相关者,如研究人员可以通过对慈善组织的研究成果,间接地发挥监督作用。

(三)慈善组织的财务内部监督管理

1. 慈善组织理事会

慈善组织理事会对慈善组织有管理财务决策权的同时,更有对慈善组织管理者进行财务监管的职责。慈善组织理事会的监管职责主要体现在:一是慈善组织理事会有权对管理者的财务决策实施有效的监管,对不恰当甚至不正确的财务决策行为予以及时纠正;二是慈善组织理事会有权对管理者正确行事其财产权利实施有效监管,维护良好的慈善组织社会形象,力求实现社会公益最大化;三是慈善组织理事会有权对不称职的管理者予以解聘,并追究损害组织利益相关者的法律责任。为了进一步实现慈善组织理事会的财务监督效果,更加有效地实施慈善组织监督管理活动,慈善组织理事会应当构建符合自身实际发展需要的监督评价和控制体系,充分利用由财务、会计、法律等专业人士组成的审计委员会以及内部审计机构开展工作。

2. 慈善组织监事会

慈善组织的内部财务监管,除慈善组织理事会的监管举措外,离不开利益相关者的有效监管,这就形成了利益相关者代表组成的内部自律性监管机构,即慈善组织监事会。慈善组织理事会和管理者履行日常的财务职责,而慈善组织监事会恰恰是要对慈善组织理事会和管理者财务职责履行过程与结果实施有效且专门的监督。由此可见,慈善组织监事会这一制度安排,侧重对慈善组织理事会和管理者的监督管理,避免因后者出现不负责行为对组织及其利益相关者的正当利益造成损害。在制度安排上,为了更好地实现慈善组织监事会的财务监督权,一是慈善组织监事应当列席理事会会议,并就组织中的财务有关问题提出意见和建议;二是慈善组织监事会需要对理事会的财务活动进行定期检查,并有权就检查事项要求理事会作出相关说明;三是慈善组织监事会对慈善组织财务运行过程作出有效监督,防止管理者出现财务违规行为;四是慈善组织监事会有权就重大财务问题提议召开理事会。

3. 慈善组织独立董事

为进一步增强董事会的独立性,慈善组织可以从组织外部引入拥有不同专长的独立董事,构架完善的组织治理结构,加强构建对管理者强而有效的监督管理体系。为了保证慈善组织独立董事监督权力的有效实现,慈善组织赋予了独立董事特殊的财务权力,诸如向董事会提议聘用或解聘会计师事务所、提议召开董事会、向董事会提请召开临时股东大会、独立聘请外部审计机构和咨询机构等。咨询公司、律师事务所及会计师事务所等第三方独立机构往往是非营利组织独立董事的主要来源,而独立董事行使财务监督权的途径主要包括通过直接参加理事会会议影响慈善组织的财务决策和在审计、财务等专业委员会中任职,通过承担额外责任,以发挥对理事会和管理者的制约作用。

第四节 慈善组织的财务信息披露与财务报告分析

慈善组织财务信息披露是对慈善组织各项资产通过财务报告及时、准确、完整地呈现,能够可靠地反映其财务状况,而慈善组织财务报告分析则是对披露的信息背后的含义进行挖掘的过程。本节将介绍慈善组织财务信息披露概况以及相应披露出的财务报告分析基本方法。

一、慈善组织财务信息披露概念及方式

慈善组织财务信息披露主要指慈善组织为维护社会利益相关方对其财务信息的知情权和促进慈善组织健康发展而向各位信息使用者提供信息的活动。慈善组织有义务向公众公开基本财务信息,自觉主动披露年度捐赠报告。无论是被动或主动作出相关财务信息披露,都应保证所披露的财务信息真实、有效,否则便失去了披露的意义。[①] 2018年9月1日起施行的《慈善组织信息公开办法》明确了慈善组织应当真实、完整、及时地建立信

---

① 刘慧凤. 公益慈善组织社会信任危机根源与对策——基于会计学视角的分析[J]. 财会通讯,2013(3):29-31.

息公开制度，在民政部门提供的统一信息平台上向社会公开年度工作报告和财务会计报告、慈善项目情况、慈善信托情况、重大资产变动及投资、重大交换交易及资金往来、关联交易行为等情况。

其中，财务信息主要以会计报表、财务管理报表及专项财务报告、财务公告的方式呈现。会计报表是综合反映企业资产、负债和所有者权益的情况及一定时期的经营成果和财务状况变动的书面文件，是会计核算的最终产品。其主要包括资产负债表、业务活动表、现金流量表。实践中，慈善组织财务部于每季度月底提交上季度的资产负债表和业务活动表，于年末提交全年的现金流量表。此外，财务管理报表包括但不限于：预算执行情况表；收入统计表；项目支出统计表；资产负债类科目明细表等。

除《慈善组织信息公开办法》外，我国现有关于慈善组织信息披露方式的规定主要集中在《民办非企业单位的登记管理暂行条例》《公益事业捐赠法》《基金会管理条例》《社会团体登记管理条例》等法规条例中。如《基金会管理条例》明确捐助人有权查询捐赠资产的管理和使用情况。同时规定，基金会登记机构履行对基金会的监督管理职责，基金会每年3月31日之前向基金登记机构报送包括财务会计报告、审计报告、开展募捐、接受捐赠和提供捐助活动情况，以及人员和机构变动情况等内容在内的年度工作报告，接受年检。

扩展阅读9-3 非营利组织财务报表

另外，《公益慈善捐助信息公开指引》规定可采取多种方式披露信息，包括机构出版物（如年报、通讯等）及其官方网站、大众媒体（如电视、报纸、电台、杂志等）、现场披露（如披露周、新闻发布会等）、定期以邮寄或发送电子邮件等形式提供公益慈善项目报告、专项基金的年度报告，以及其他可行方式。^① 条例规定有义务公开信息的个人或组织可以选择多种途径，如报刊、广播、电视节目或者越来越普及的互联网等都可以作为信息披露的载体，使得信息使用者更加便捷地获取所需信息。

扩展阅读9-4 慈善组织年报披露样式

二、慈善组织财务报告分析的内涵及意义

慈善组织财务报告分析指的是，以财务报表和其他财务相关资料为主要对象，系统性地评价和分析慈善组织的财务状况和经营活动的能力与水平，以进一步了解过去、评价现在和预测未来。慈善组织财务报表分析的意义是其目的外在表现，是不同财务信息使用者赋予的。不同慈善组织财务信息的使用者分析结论不同，财务分析对其的意义也不同。主要包括以下四个方面。

（一）对管理者的意义

对慈善组织本身的内部管理者而言，通过对慈善组织的财务报告进行分析，能够充分了解组织财务状况和报告期内的业务成果以及组织未来的发展前景与潜在的问题，提供更加明晰的内外部发展图景。由于管理人员掌握着大量的内部信息，对财务分析结果作

---

① 民政部正式发布《公益慈善捐助信息公开指引》[EB/OL].（2011-12-16）. http://www.gov.cn/gzdt/2011-12/16/content_2022026.htm.

出的反应最为迅速和直接,因而,管理者对财务信息的要求也更加具体、详细、深入。

(二) 对监管者的意义

对国家有关部门和社会监督部门而言,通过对慈善组织的财务报告进行分析,能够更好地掌握慈善组织业务活动和财务收支状况,尤其是有助于检查慈善组织对国家财政资金的运用情况,考察慈善组织对财经纪律、法规、制度和纳税等遵守情况,同时还可以在宏观层面对不同类型、不同规模、不同地区的慈善组织进行比较分析,并以此作为确定慈善组织发展相关培育、激励和规制政策的依据,便于进行宏观调控。

(三) 对捐赠者的意义

捐赠者是向慈善组织提供资金的人,通过对慈善组织的财务报告进行分析,可以掌握慈善组织的重点发展方向及其主要活动领域。同时,捐赠者也可以获得自己所关心的慈善组织资金的使用及其业务开展情况的具体信息,进而合理地进行捐赠并同时参与到慈善组织的财务监督过程中,促使捐赠的效用达到最大化。

(四) 对债权人的意义

债权人是提供资金给组织并得到组织未来一定期限内按时还本付息承诺的人,他们关心的是组织的偿债能力。通过对慈善组织的财务报告进行分析,债权人可以从财务报告中获得他们关心的慈善组织的偿债能力信息,为债权人的借贷决策提供依据。

三、慈善组织财务报告分析的方法

根据慈善组织财务分析目的及其资金活动特征,借鉴企业财务分析的方法常用到的财务报告分析方法主要包括偿债能力分析、营运能力分析、盈利能力分析、发展能力分析和现金流量分析。

(一) 偿债能力分析

偿债能力反映慈善组织偿还本身所欠债务的能力。偿债能力分析根据债务的到期时间,分为短期偿债能力分析和长期偿债能力分析。

1. 短期偿债能力分析

短期偿债能力评价的是慈善机构对流动负债的清偿能力,如表 9-1 所示。

表 9-1 短期偿债能力常用指标

指标	公式
营运资金	营运资金=流动资产-流动负债
流动比率	流动比率=流动资产÷流动负债
速动比率	速动比率=速动资产÷流动负债
现金比率	现金比率=(货币资金+交易性金融资产)÷流动负债

（1）营运资金。

$$营运资金 = 流动资产 - 流动负债$$

① 经济含义：流动负债"穿透"流动资产的"缓冲垫"。

② 主要分析结论。

第一，营运资金＞0，流动资产抵偿流动负债后还有剩余，说明财务状况稳定，不能偿债的风险较小。

第二，营运资金＜0，部分非流动资产以流动负债作为资金来源，不能偿债的风险很大。

第三，营运资金为绝对数指标，不便于不同慈善组织之间的比较。

（2）流动比率。

$$流动比率 = 流动资产 \div 流动负债$$

① 经济含义：每1元流动负债有多少流动资产作为保障。

② 主要分析结论。

第一，流动比率高并不意味着短期偿债能力一定很强。各项流动资产的变现能力不同，且变现金额可能与账面金额存在较大差异。

第二，营业周期、存货和应收账款的周转速度是影响流动比率可信度的主要因素。营业周期短、应收账款和存货周转速度快的慈善组织，其流动比率低一些是可以接受的。

第三，流动比率必须与同行业平均水平、本组织历史水平对比，才能判断高低。

第四，流动比率容易人为操纵，且没有揭示流动资产的构成内容，只能大致反映流动资产整体的变现能力。

（3）速动比率。

$$速动比率 = 速动资产 \div 流动负债$$

① 经济含义：每1元流动负债有多少速动资产作为偿债保障。

② 主要分析结论。

第一，速动比率并不是越高越好，速动比率过高，会因占用现金及应收账款过多而增加机会成本。

第二，影响速动比率可信性的重要因素是应收账款的变现能力。

第三，速动比率未剔除应收账款对偿债能力的影响。

（4）现金比率。

$$现金比率 = (货币资金 + 交易性金融资产) \div 流动负债$$

① 经济含义：每1元流动负债有多少现金资产作为偿债保障，最能反映慈善组织直接偿付流动负债的能力。

② 主要分析结论：现金比率过高意味着慈善组织过多资源占用在盈利能力较低的现金资产上，从而影响慈善组织的盈利能力。

2. 长期偿债能力分析

慈善组织在长期内，不仅需要偿还流动负债，还需要偿还非流动负债，因此长期偿债能力衡量的是对慈善组织所有负债的清偿能力，如表9-2所示。

表 9-2　长期偿债能力常用指标

指　　标	公　　式
资产负债率	资产负债率＝负债总额÷资产总额×100%
产权比率	产权比率＝负债总额÷所有者权益×100%
权益乘数	权益乘数＝资产总额÷所有者权益＝1＋产权比率
利息保障倍数	利息保障倍数＝息税前利润÷应付利息

(1) 资产负债率。

$$资产负债率＝负债总额÷资产总额×100\%$$

① 经济含义：资产总额中通过负债取得的比例，可以衡量慈善组织清算时资产对债权人权益的保障程度，这一比率越低，表明慈善组织长期偿债能力越强。

② 主要分析结论。对该指标进行分析时，应结合以下几个方面。

第一，营业周期：营业周期短，资产周转速度快，可适当提高资产负债率。

第二，资产构成：流动资产比重大的慈善组织可适当提高资产负债率。

第三，慈善组织经营状况：兴旺期间的慈善组织可适当提高资产负债率。

第四，客观经济环境：利率较高时，应降低资产负债率。

第五，资产质量：如资产质量较优，可适当放松资产负债率的标准。

第六，行业差异：不同行业的资产负债率有较大差异。

(2) 产权比率。

$$产权比率＝负债总额÷所有者权益×100\%$$

① 经济含义：债权人提供的资本与所有者提供的资本的相对关系，即慈善组织财务结构是否稳定，以及债权人资本受股东权益保障的程度，或者是慈善组织清算时对债权人利益的保障程度。一般来说，这一比率越低，表明慈善组织长期偿债能力越强。

② 产权比率与资产负债率的关系——同向变动。产权比率与资产负债率对评价偿债能力的作用基本一致，只是资产负债率侧重于分析债务偿付安全性的物质保障程度，产权比率则侧重于揭示财务结构的稳健程度以及自有资金对偿债风险的承受能力。

(3) 权益乘数。

$$权益乘数＝资产总额÷所有者权益＝1＋产权比率$$

① 经济含义：股东每投入1元钱可实际拥有和控制的(资产)金额，即资产总额相当于所有者权益的倍数，慈善组织存在负债时，权益乘数大于1，慈善组织负债比例越高，权益乘数越大。

② 资产负债率、产权比率、权益乘数的关系——同向变动。产权比率与权益乘数是资产负债率的另外两种表现形式，是常用的反映财务杠杆水平的指标。

(4) 利息保障倍数。

$$利息保障倍数＝息税前利润÷应付利息$$

① 经济含义：每1元利息费用(应付利息)有多少倍息税前利润作为偿付保障。其中，息税前利润＝净利润＋所得税＋利润表中的利息费用。

应付利息是指本期发生的全部应付利息，既包括财务费用中的利息费用，也包括计入固定资产成本的资本化利息。

② 主要分析结论：分析时需要比较慈善组织连续多个会计年度（如 5 年）的利息保障倍数，以说明慈善组织付息能力的稳定性。

（二）营运能力分析

营运能力主要指资产运用、循环的效率高低。一般而言，资金周转速度越快，说明慈善组织的资金管理水平越高，资金利用效率越高，慈善组织可以以较少的投入获得较多的收益。因此，营运能力指标是通过投入与产出之间的关系反映的。

1. 应收账款周转率

（1）计算公式：

应收账款周转率（次数）＝营业收入／应收账款平均余额

＝营业收入／[（期初应收账款＋期末应收账款）÷2]

应收账款周转天数＝计算期天数／应收账款周转次数

＝计算期天数×应收账款平均余额／营业收入

（2）主要分析结论。应收账款周转率反映应收账款的周转速度及管理效率，可同时反映短期偿债能力和营运能力，周转次数多（或周转天数少），表明：

① 慈善组织收账迅速、信用管理严格。

② 应收账款流动性强，增强慈善组织短期偿债能力。

③ 减少收账费用、坏账损失，相对增加慈善组织流动资产的投资收益。

2. 存货周转率

（1）计算公式：

存货周转率（次数）＝营业成本／存货平均余额

＝营业成本／[（期初存货＋期末存货）÷2]

存货周转天数＝计算期天数／存货周转次数

＝计算期天数×存货平均余额／营业成本

（2）主要分析结论。

① 一般来说，存货周转速度越快，存货占用水平越低，流动性越强，存货转化为现金或应收账款的速度越快，从而增强慈善组织的短期偿债能力及盈利能力。

② 存货周转率与慈善组织经营特点有关，应注意行业的可比性。

③ 存货周转率只反映存货整体周转情况，不能说明慈善组织经营各环节的存货周转情况和管理水平。

④ 应结合应收账款周转情况和信用政策进行分析。

3. 流动资产周转率

（1）计算公式：

流动资产周转率（次数）＝营业收入／流动资产平均余额

＝营业收入／[（期初流动资产＋期末流动资产）÷2]

流动资产周转天数＝计算期天数÷流动资产周转次数／

＝计算期天数×流动资产平均余额／营业收入净额

（2）主要分析结论。在一定时期内，流动资产周转次数越多，表明以相同的流动资产完成的周转额越多,流动资产利用效果越好;流动资产周转天数越少,表明流动资产在经历生产销售各阶段所占用的时间越短,可相对节约流动资产,增强慈善组织盈利能力。

4. 固定资产周转率

(1) 计算公式:

$$固定资产周转率（次数）= 营业收入 / 平均固定资产$$
$$= 营业收入 / [（期初固定资产 + 期末固定资产）÷ 2]$$

(2) 经济含义。固定资产周转率高,说明慈善组织固定资产投资结构合理,利用效率高;反之,则表明固定资产利用效率较低。

5. 总资产周转率

(1) 计算公式:

$$总资产周转率（次数）= 营业收入 / 平均总资产$$

(2) 经济含义。用来衡量慈善组织资产整体的使用效率。分析应结合各项资产的周转情况,以发现影响慈善组织资产周转的主要因素。

(三) 盈利能力分析

盈利能力分析常用指标包括营业毛利率、营业净利率、总资产净利率和净资产净利率(权益净利率)。

1. 营业毛利率

$$营业毛利率 = 营业毛利 ÷ 营业收入 × 100\%$$
$$= （营业收入 - 营业成本）÷ 营业收入 × 100\%$$

其反映产品每1元营业收入所包含的毛利润是多少,即营业收入扣除营业成本后还有多少剩余可用于弥补各期费用和形成利润。营业毛利率越高,表明产品的盈利能力越强。

2. 营业净利率

$$营业净利率 = 净利润 ÷ 营业收入 × 100\%$$

其反映每1元营业收入最终赚取了多少利润,用于反映产品最终的盈利能力。

3. 总资产净利率

$$总资产净利率 = 净利润 ÷ 平均总资产 × 100\%$$

其反映每1元资产创造的净利润,衡量慈善组织资产的盈利能力。总资产净利率越高,表明慈善组织资产的利用效果越好。

4. 净资产收益率

$$净资产收益率 = 净利润 ÷ 平均所有者权益 × 100\%$$

其反映每1元权益资本赚取的净利润。净资产收益率越高,股东和债权人的利益保障程度越高。

(四) 发展能力分析

发展能力分析常用指标主要包括营业收入增长率、总资产增长率、营业利润增长率、资本保值增值率和所有者权益增长率。

1. 营业收入增长率

$$营业收入增长率=本年营业收入增长额÷上年营业收入×100\%$$

营业收入增长率大于零,表明慈善组织本年营业收入有所增长。该指标值越高,慈善组织营业收入的增长速度越快,前景越好。

2. 总资产增长率

$$总资产增长率=本年资产增长额÷年初资产总额×100\%$$

总资产增长率越高,表明慈善组织一定时期内资产经营规模扩张的速度越快。但在分析时,需要关注资产规模扩张的质和量的关系,以及慈善组织的后续发展能力。

3. 营业利润增长率

$$营业利润增长率=本年营业利润增长额÷上年营业利润总额×100\%$$

4. 资本保值增值率

$$资本保值增值率=扣除客观因素影响后的期末所有者权益÷期初所有者权益×100\%$$

该指标主要反映慈善组织资本的运营效益与安全状况。该指标越高,表明慈善组织的资本保全状况越好、所有者权益增长越快、债权人的债务越有保障、慈善组织发展后劲越强。

5. 所有者权益增长率

$$所有者权益增长率=本年所有者权益增长额÷年初所有者权益×100\%$$

所有者权益增长率越高,表明慈善组织的资本积累越多,应对风险、持续发展的能力越强。

(五)现金流量分析

1. 获取现金能力的分析

获取现金的能力可以通过经营活动现金流量净额与投入资源之比来反映。

(1)营业现金比率。

$$营业现金比率=经营活动现金流量净额÷营业收入$$

其反映每1元营业收入得到的现金流量净额,其数值越大越好。

(2)全部资产现金回收率。

$$全部资产现金回收率=经营活动现金流量净额÷平均总资产×100\%$$

2. 收益质量分析

收益质量是指会计收益与公司业绩之间的相关性。

(1)净收益营运指数。

$$净收益营运指数=经营净收益÷净利润=(净利润-非经营净收益)÷净利润$$

净收益营运指数越小,非经营收益所占比重越大,收益质量越差。

(2)现金营运指数。

$$现金营运指数=经营活动现金流量净额÷经营所得现金$$

其中:

$$经营所得现金=经营净收益+非付现费用$$

现金营运指数小于1,说明一部分收益尚未取得现金,停留在实物或债权形态,而实物或债权资产的风险大于现金,应收账款不一定能足额变现,存货也有贬值的风险,所以未收现的收益质量低于已收现的收益。

 复习思考题

1. 论述慈善组织财务管理与企业财务管理的区别。
2. 简述日常资金管理中岗位职责设置基本内容。
3. 简述慈善组织财务报告分析的意义。
4. 试析慈善组织财务内部监督管理体系的构成。

 典型案例

韩红基金会风波

2020年2月,某微博用户向北京市民政局公开举报"韩红基金会"涉嫌财务违法,包括未依规公开年度工作报告、未获得公募资格情况下进行公募、未依法及时公布对外投资相关信息、未依法向社会公布善项目实施情况等违法事实。一时间,该举报在互联网上一石激起千层浪,引起广泛社会关注,"韩红基金会"也被推上了互联网舆论的风口浪尖。

北京市民政局积极组织开展调查,根据其发布的《北京市民政局关于对举报韩红爱心慈善基金会有关问题调查结果通报》,其部分调查结果节选如下。

(1) 韩红基金会已将2012年—2018年的年度工作报告逐年在原"社会组织公共服务平台"(现已合并至北京市民政局官网)公布,同时将2018年年度工作报告及财务会计报告在全国慈善信息公开平台"慈善中国"公布。

(2) 自成立至2020年2月,韩红基金会共获捐赠总收入5.31亿元,其中2020年1月以来为疫情防控募捐所得3.29亿元。2013—2018年,其在官网二级页面开通了公益项目在线支付渠道;2017—2018年,其官方微信公众号开通了公益项目在线支付渠道。以上两项捐赠渠道于2018年年底关闭,并在2019年8月获得公开募捐资格后重新开通。

(3) 韩红基金会在其年度工作报告、官方微信公众号、官方网站和微博账户等媒体公布了大部分公益项目,在"慈善中国"等平台上公布了其公益慈善重大项目。尚未发现其有未公开慈善项目的情况。

随着官方通报的发布,此波围绕慈善组织财务引起的舆情逐步平息,但是其经验与意义却值得每一位慈善人的深思。

资料来源:《北京市民政局关于对举报韩红爱心慈善基金会有关问题调查结果通报》《北京韩红爱心慈善基金会财务管理制度》。

思考题:

请结合以上材料讨论民政局在调查此起基金会财务信息披露网络舆情中适用的法律及其相关规定。

即测即练

第十章

慈善信托管理

2001年,《信托法》出台,"慈善"与"信托"组合而成的"慈善信托"开始进入大众的视野。2016年颁布的《慈善法》明确指出,慈善组织在"合法、安全、有效"原则下,可以对慈善财产进行投资,实现保值增值,以惠及更多、更广的受益对象。慈善财产保值增值需求提出了如何将"慈善"与"金融""财富管理"有效结合的问题。完善慈善信托的组织治理机制,规范慈善信托财产的投资和风险管理,实现"慈善"与"金融""财富管理"有机结合,对提升慈善捐赠的激励性、扩大慈善财产规模、保障慈善事业可持续发展具有重要意义。

第一节 慈善信托管理概述

君子之泽,五世而斩。

——《孟子·离娄章句下》

慈善信托源于13世纪英国的用益(use)制度,经过几百年的发展,已经成为发达国家和地区的企业与民众从事慈善事业的主要途径。我国慈善事业源远流长,但直到2001年《信托法》出台,"慈善"与"信托"组合而成的"慈善信托"才开始进入人们的视野。随着《慈善法》的出台,以及第三次分配、共同富裕等发展理念的提出,慈善信托成为学界和社会关注的热点之一。

一、慈善信托的概念辨析

(一)信托

信托(trust)是信用委托的简称。信托是由委托人依照契约或遗嘱的规定,为自己或第三者(即受益人)的利益,将财产上的权利转给受托人(自然人或法人),受托人按规定条件和范围,占有、管理和使用信托财产,并处理其收益的一种财富管理制度。

现代信托源于中世纪英国的用益制度。在中世纪早期,英国实施土地保有制,土地的保有人不能随意处分土地权益。如:保有人不能按照自己的意愿遗赠土地,只能由其长子继承;禁止对教会捐赠土地;在发生继承权时要征收继承金;在保有人去世而继承人未成年时,领主要行使监护权。按当时法律制度,虽然保有人不能通过遗嘱来安排土地的归属,但在世时可以转让土地。于是,保有人发明了这一方式:一方面将土地移转给他信任的人(受托人);另一方面,约定这个转让是为受益人的利益而进行的。受托人虽然得到土地,但只是代为管理,在将来的某一时刻,如受益人长大成人时,要向受益人转移土地(图 10-1)。

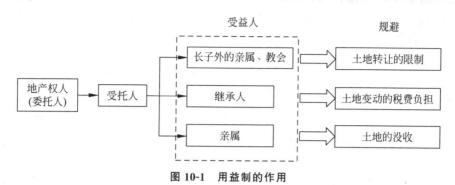

图 10-1 用益制的作用

资料来源:王道远,周萍,翁两民,等.信托的逻辑——中国信托公司做什么[M].北京:中信出版集团,2019:4.

用益制度在规避法律限制的同时也面临道德风险。根据英国普通法,用益制度的财产权是完整的转让。受托人就是土地所有人,能够对土地进行完整处分。但事实上,受托人只是名义上的所有人,他为受益人持有土地。现实中受托人可能背信弃义,将土地据为己有,而不是按照约定交给受益人。此时,衡平法就发挥作用了。普通法忽略了"为受益人利益而转移"这一约定,认为受托人就是完全的所有人,但衡平法承认受益人的利益,认为受益人对土地有"实质上的所有权",受托人不能将土地占为己有,从而出现了"普通法上的所有权"和"衡平法上的所有权"两个术语。委托人让受托人"代持"土地,将运营利益给予受益人的这一做法被称为用益制。

中世纪土地制度瓦解后,用益制度进一步发展为信托制度。在普通法系下,受托财产实现了"一权三分",委托人享有财产所有权,受托人享有财产管理和处分权,受益人享有衡平法上的受益权。

我国在 2001 年引入信托制度。《信托法》将信托定义为:"信托,是指委托人基于对受托人的信任,将其财产权委托给受托人,由受托人按委托人的意愿以自己的名义,为受益人的利益或者特定目的,进行管理或者处分的行为。"信托制度包括如下四个内涵:以信任为基础,以财产为前提,以受托人为核心,以委托人意愿为目的。

(二)公益信托

公益信托(public trust)是从目的层面为了与私益信托相区别而提出的概念。私益信托是指出于私益目的,委托人为指定的特定受益人的利益而与受托人设立的信托。一是英美法系国家常见的民事信托;二是世界各国普遍存在的各种商业信托。受益人的特定性要从委托人与受益人的关系界定,如果受益人与委托人之间有经济利益关系,委托人设立信托的目的是获取一定的利益,那么这种信托可视作私益信托。例如,雇员受益信托是企业为本企业职工设立的,它的受益人有时是全体企业职工,但这种信托仍属于私益信托,因为企业为职工设立信托的目的是使职工更好地为企业服务,最终使企业获利。

公益信托源于滥觞罗马法中的公共财产的信托。在罗马法中,空气、水、海洋、海滨等属于共有财产,任何人都有权使用。公共信托原则最初用于限制主权者将水体下面的土地、潮间地和其他一些公众共同享有的利益转让给私人，以保障公民对自然资源享有的公共利益。由此可见，公益信托的法源主要是《信托法》。学界对公益信托的界定并不统一，结合各派观点将之界定为："出于公益目的，即社会公众之利益，为促进社会发展与进步而设立的信托"。

（三）慈善信托

在普通法系下，慈善信托（charitable trust）与公益信托是同一个词。大陆法系国家在引入信托制度过程中，一定程度上对公益信托与慈善信托进行了理论和法理的区分。公益信托的法源主要是《信托法》。慈善信托的法源是《慈善法》和《信托法》，本质上属于公益信托。

《慈善法》第44条明确规定，慈善信托属于公益信托，是指委托人基于慈善目的，依法将其财产委托给受托人，由受托人按照委托人意愿以受托人名义进行管理和处分，开展慈善活动的行为。

在现实中，慈善信托与公益信托概念在多数情形下可以等同使用，主要源于两者的五个相似点：一是目的类似。以我国为例，2001年《信托法》第60条根据我国社会发展的需要列举了我国公益信托的范围。2016年《慈善法》第3条对于慈善活动给定的范围与《信托法》第60条高度重合，除了增加了"救孤，优抚"两个内容及未直接包含"艺术"以外，基本相同。二是信托目的的完全公益性。三是都实现了所有权、管理权和收益权的分离。四是都具备信托管理的连续性与透明性。五是都体现对委托人意愿的尊重。两者的差异主要源于法律基础差异引起的宏观管理和微观治理差异。例如，公益信托采取审批制，主管部门为公益事业主管机构，慈善信托采取更简化的备案制，主管单位为民政机关。公益信托必须设监察人，慈善信托则可以自愿设立。慈善信托受托人必须是慈善机构或信托公司，且可以变更受托人，公益信托受托人可以是自然人，也可以是法人，受托人变更必须由管理机构决定。慈善信托备案后可享受税收优惠，公益信托税收优惠在《信托法》中没有规定。信息披露内容和时间间隔两者也类似，但慈善信托备案即可，而公益信托则需要监察人认可和管理机关核准。

（四）慈善信托管理

慈善信托管理包括宏观管理和微观管理。慈善信托宏观管理指法律和主管机关对慈善信托主体的指导和监督。《慈善信托管理办法》（银监发〔2017〕37号）第6条明确慈善信托宏观管理的主管机关为国务院银行业监督管理机构及其派出机构、国务院民政部门及县级以上地方各级人民政府的民政部门。其管理的内容包括：慈善信托的设立、备案、财产的管理和处分、变更与终止、促进措施、监督管理和信息公开、法律责任及附则等。

慈善信托微观管理指以受托人为核心的信托财产管理和处分主体基于信托合同对慈善信托业务进行运营和治理。一是慈善信托存续管理，包括财产保管、财产投资、受托人与监察人的沟通、信托利益分配与费用提取、税收处理等；二是慈善信托项目实施管理，包括受益人选择机制、慈善支出管理、慈善效果评估等；三是慈善信托的备案信息披露；四是慈善信托的变更与终止管理。

二、慈善信托的特点

（一）基于慈善目的设立

慈善目的是区分慈善信托和其他信托的首要标准。在各国对慈善信托定义中，慈善目的是慈善信托首要和核心要素，也是享受税收和其他政府支持政策的前提条件。我国《慈善信托管理办法》第7条规定：设立慈善信托，必须有合法的慈善信托目的。以开展下列慈善活动为目的而设立的信托，属于慈善信托：①扶贫、济困；②扶老、救孤、恤病、助残、优抚；③救助自然灾害、事故灾难和公共卫生事件等突发事件造成的损害；④促进教育、科学、文化、卫生、体育等事业的发展；⑤防治污染和其他公害，保护和改善生态环境；⑥符合《慈善法》规定的其他公益活动。

各国在慈善法等相关法律列出慈善目的的领域，一般将教育、医疗、环保、科技、文化事业纳入慈善信托目的的范畴，但由于国情不同，在具体条目上有所差异。例如，美国、日本和欧洲国家的慈善事业起源于宗教，而我国则未包含宗教事业；英国和我国将扶贫列为慈善目的，但日本则没有将其纳入慈善目的之列。

（二）受益人非特定性

公益信托与私益信托最大的区别是：私益信托是为了某个人或某些特定人的利益，而公益信托的受益对象并非特定。私益信托中的受益人往往是与委托人有着某种情感或物质利益关系的人，委托人的信托行为更多的是其内心本能的反应，通过使特定的人受益而满足自己的情感需求，是一种"私"的行为。而属于公益的慈善信托受益人存在不确定性，委托人与受益人之间并不存在情感基础，委托人的信托行为是一种"无私"的行为。慈善受益人的不特定性可以保证慈善目的的公益性和纯粹性，防止利用慈善信托进行不合理避税和利益输送。

（三）慈善信托财产必须全部用于慈善目的

虽然我国《慈善法》中并没有对慈善信托的慈善目的的纯粹性作出要求，但是由于慈善信托属于公益信托，《信托法》中"公益信托的信托财产及其收益，不得用于非公益目的"的规定也适用于慈善信托，慈善信托的慈善目的是纯粹的、排他的。

（四）慈善信托设立应进行备案

慈善信托除了要签订书面合同确定有关信托事项之外，受托人还应当在慈善信托文件签订之日起7日内，将相关文件向受托人所在地县级以上人民政府的民政部门备案。未按照前款规定将相关文件报民政部门备案的，不享受税收优惠。

（五）慈善信托的受托人只能由慈善组织或者信托公司担任

理论上，公益信托的受托人可以是自然人，并非一定要由法人来担任。但我国《慈善法》第 46 条明确规定,慈善信托的受托人,可以由委托人确定其信赖的慈善组织或者信托公司担任。《慈善法》将受托人的范围缩窄至只包含慈善组和信托公司这两类机构,这有助于慈善信托获得更规范的发展。

三、慈善信托管理的优势

(一) 资产管理的专业优势

①信托公司逐步积累了丰富的资产管理经验,锻造出一支高素质的专业人才队伍。②慈善与现代信托机制进行"嫁接",可以发挥专业投资人的资产管理能力,提高慈善资金在存续期的收益率,实现慈善资金的保值增值。除资金信托,财产权信托业务近年来快速发展,为股权、不动产等多元化的慈善财产管理奠定了良好的基础。③较之公益基金会只能接受现金和实物捐赠,以信托公司为受托人设立慈善信托,信托财产可以包括各类有价财产和财产权(如股权、股权收益权、房产等),显然其接受捐赠的形式更加多样。从这一角度看,设立慈善信托不仅有利于扩大受赠财产范围,还可在一定程度上帮助更多社会公众灵活参与公益活动,发挥公益普惠功能。

(二) 尽职管理的受托优势

信托公司是专业的受托机构,在信托财产的风险控制、运营管理、信息披露、财务核算、收益分配等一系列受托管理流程方面,已经建立了一套较完整的制度体系。

(三) 运营成本优势

①信托公司担任慈善信托受托人,履行诚信、谨慎管理的受托职责,可以获得合理报酬。②公益信托收费标准低,信托公司开展慈善信托业务,受托人管理费和信托监察人报酬每年度合计不得超过慈善信托财产总额的 8‰。而《慈善法》规定,具有公开募捐资格的基金会开展慈善活动,可在不超过年度支出 10% 的范围内列支管理成本。③慈善信托资产管理和投资存在规模经济优势。

(四) 产品设计优势

扩展阅读 10-1 TOT:一个慈善信托与财富管理融合的产品设计

现代慈善管理是一项专业化程度很高的事业。《慈善法》明确了慈善信托的受托人是慈善组织和信托公司。其重要的原因是机构受托具有专业优势,其中产品设计优势为其核心优势。慈善组织信托在项目资源、项目实施和社会影响力实现方面具有专业优势,有助于慈善目标的实现。信托公司在资产管理方面比较专业,可以设计符合捐赠人目标和慈善财产特征的保值增值方案,有利于增强慈善物质基础和慈善事业的可持续性。

第二节 慈善信托组织管理

习近平总书记指出："要通过组织慈善活动,动员社会力量,筹集社会资金,开展多种形式社会救助,协助政府发展慈善公益事业,更好地推进社会保障化,维护社会的稳定。"①

慈善信托管理包括信托财产管理、投资和项目执行等内容,涉及多个利益相关者之间的权利义务分配和各个主体之间协作机制。

一、慈善信托管理的总体架构

慈善信托的必备参与主体一般包括委托人、受托人和监察人。基于委托人的要求和受托人管理需求,有时会引进其他参与方,如引入银行、财富管理公司等专业财产保管机构作为保管人;引入专业资产管理机构作为投资管理人;引入社会组织和政府相关职能部门作为项目执行人或执行顾问。

慈善信托管理的总体架构如图 10-2 所示。

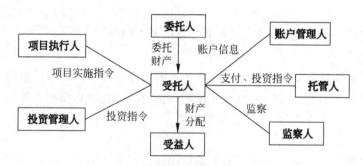

图 10-2 慈善信托管理的总体架构

资料来源:李泳昕,曾祥霞.中国式慈善基金会[M].北京:中信出版集团,2019:172.

二、慈善信托的委托人管理

(一)慈善信托委托人的概念

慈善信托的委托人是有意愿开展慈善,并以自己合法持有的财产设立慈善信托的自然人、法人或依法成立的组织。显然,慈善信托的委托人必须是具有完全民事行为能力的自然人、法人或依法成立的组织。

(二)慈善信托委托人权利和义务

在普通法系下,信托关系一旦设立,如果不是自益信托,委托人就退出了信托关系。但是大陆法系国家引进起源于判例法背景下的信托制度时,在法律条款中突出对委托人

---

① 摘自 2002 年 8 月 22 日习近平在福建省慈善总会第一次代表大会上的讲话。

的规定。

1. 法定权利

（1）选定受托人权利。《慈善法》第 46 条规定："慈善信托的受托人，可以由委托人确定其信赖的慈善组织或者信托公司担任。"

（2）变更受托人权利。《慈善法》第 47 条规定："慈善信托的受托人违反信托义务或者难以履行职责的，委托人可以变更受托人。变更后的受托人应当自变更之日起七日内，将变更情况报原备案的民政部门重新备案。"

（3）慈善信托运营知情权。《慈善法》第 48 条规定："慈善信托的受托人应当根据信托文件和委托人的要求，及时向委托人报告信托事务处理情况、信托财产管理使用情况。"

（4）选择信托监察人的权利。《慈善法》第 49 条规定："慈善信托的委托人根据需要，可以确定信托监察人。信托监察人对受托人的行为进行监督，依法维护委托人和受益人的权益。信托监察人发现受托人违反信托义务或者难以履行职责的，应当向委托人报告，并有权以自己的名义向人民法院提起诉讼。"

（5）享受国家税收优惠的权利。《慈善信托管理办法》（银监发〔2017〕37 号）第 44 条规定："慈善信托的委托人、受托人和受益人按照国家有关规定享受税收优惠。"

从法理上讲，慈善信托的委托人还享有撤销权、解任权、终止权等权利，但现行相关法律并未对这些权利作出明确规定，未来尚需在细则上明确。

2. 约定权利

慈善信托的重要优势就是充分尊重委托人的意愿，除法定权利外，慈善信托的委托人可以在信托合同中事先约定一定的合法权利。例如，在实践中，委托人可以通过信托合同约定参加某些信托事务决策、在特定情形下召开委托人大会终止慈善信托。

3. 委托人的义务

慈善信托委托人的第一项法定义务是承诺保证其财产来源合法。《信托法》第 7 条规定："设立信托，必须有确定的信托财产，并且该信托财产必须是委托人合法所有的财产。"并补充说明此法中"本法所称财产包括合法的财产权利"。自然人需承诺保障慈善信托财产合法，且有明确转移财产的权利。机构委托应保证其委托行为已经过权力机构的决议批准，保证财产来源的合法性。委托人的另一法定义务是根据信托合同约定向受托人转移财产所有权的义务。机构委托人应保证其享有签署信托文件的权利，在内部已经完成签署行为所必需的授权手续，并完成信托财产所有权的转移。自然人根据信托合同约定向受托人转移财产所有权。在慈善信托中，法律对受托人是否收取报酬及报酬收取比例没有明确限制，如果委托人和受托人在信托合同中约定了报酬，则有按约定支付的义务。

（三）委托人视角下慈善信托管理的优势

自然人和机构可以通过第三方从事慈善行为，可以捐赠给慈善基金会等社会组织，也可以通过慈善信托进行。从委托人角度看，慈善信托管理相对基金会管理有以下优势。

1. 可以更好地体现委托人意愿

信托合同可以确定慈善目的、信托存续期限、信托财产管理和运用方向、受益人筛选方式与范围、委托人与受托人的权利义务等，从而使慈善行为更符合委托人的意愿。财富管理与慈善事业的结合，还可以实现委托人的多项目标（图10-3）。

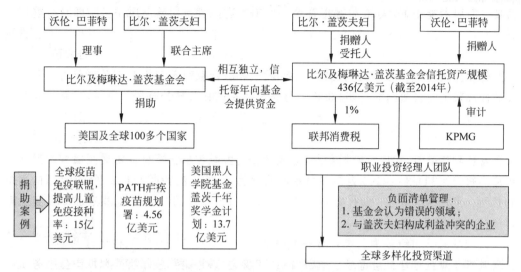

图 10-3　比尔及梅琳达基金会与信托结构

资料来源：财富的高阶玩法——慈善信托[EB/OL].（2019-09-06）.http://www.jnlc.com/article/20190906247183.shtml.

2. 设立简单，运行成本低

慈善信托的设立只需签订书面合同并备案，无委托人数目和资金门槛要求，无须设置专门的工作场所和工作人员。

3. 实现财产独立和风险隔离，同时具有一定的决策权

委托人财产、慈善信托财产、受托人财产独立。慈善信托需要设立专门账户进行管理，信托账户之间相互隔离。同时，委托人可以通过慈善信托合同约定条款获得一定信托管理的决策权。如果捐赠给基金会，捐赠者则几乎没有基金管理决策权。

4. 运作灵活

法律对慈善基金会每年支出比例有明确的要求。如果没有持续捐赠，捐赠人很难实现捐款的留本和永续运作。慈善信托对财产支出没有要求，管理限制较少，可以进行更多保值增值投资。委托人可以选慈善组织或信托公司为受托人，也可以采取双信托人模式，通过专业化分工和优势互补，实现资金的保障增值，有利于慈善目标的实现和放大。

5. 管理规范

慈善信托受民政部和国家金融监督管理总局的双重监管，在内部治理、外部监管、财产管理和基金运作上有更多的保障。基金账户管理、受益人选择更规范、更透明。

三、慈善信托的受托人管理

（一）慈善信托受托人的概念与分类

慈善信托受托人指在信托关系中以信托意图被授予慈善信托财产并承担受托义务的

当事人。

《信托法》中关于受托人的规定,只要求是完全具备民事行为能力的自然人,也可以是具备受托经营能力的法人。《慈善法》第46条规定:"慈善信托的受托人,可以由委托人确定其信赖的慈善组织或者信托公司担任。"这不仅将自然人排除在外,也排除了慈善组织和信托公司之外的其他法人。这种立法的基础在于,慈善组织和信托公司公信力强,便于监管。慈善组织擅长慈善活动执行,而信托公司在慈善资产管理、保值增值方面具有专业技能和经验。此外,国家立法确定由慈善组织和信托公司担当受托人,也有利于他们相互合作、取长补短,从而推动慈善信托模式创新和慈善事业的发展。

1. 慈善组织

慈善组织是我国慈善事业开展的主要力量,也是慈善信托的主要受托机构。慈善组织应当符合下列条件:①以开展慈善活动为宗旨;②不以营利为目的;③有自己的名称和住所;④有组织章程;⑤有必要的财产;⑥有符合条件的组织机构和负责人;⑦法律、行政法规规定的其他条件。

我国的慈善组织分为三类:第一类是基金会,可以细分为公募和私募两类;第二类是民政部下属的中华慈善总会及地方各级慈善会;第三类是社会团体和社会服务机构(原民办非企业单位)(图10-4)。慈善组织在慈善项目资源、慈善项目实施及社会影响力等方面具有优势,有利于更好地实现委托人的慈善目标。

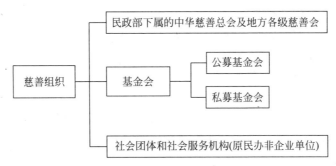

图10-4 我国慈善组织的类型

2. 信托公司

慈善信托的另一受托人是信托公司。信托公司是中国银行保险监督委员会颁发金融牌照的专业金融机构,主要从事融资类、投资类及事务管理类信托业务。

信托公司主要服务高净值客户,在"达则兼济天下"的理念下,这部分群体有较强的开展慈善的意愿。信托公司在提供专业化财富管理服务时,可以挖掘其慈善意愿,并提供慈善信托服务。信托公司作为受托人可以发挥自身财富管理优势,帮助信托财产保值增值和风险控制。

(二)慈善信托受托人的权利

在普通法系下,衡平法推动形成了"双重所有权"理论,催生并促进了信托业的发展。大陆法系坚持"一物一权原则",使得大陆法系国家在引入信托制度过程中出现诸多困扰。我国是大陆法系国家,法理上受托人并不是基于信托合同获得了慈善财产的所有权,而是以受托人身份享有信托财产管理处分权利。

在我国法律体系下,所有权具有绝对性,慈善信托受托人依法享有以下法定权利:对委托人的信托财产请求权;对信托财产的占有、管理和处分权。

除法定权利外,还可以通过在合同中获得约定权利。例如,依合同收取慈善信托管理费请求权、辞任权等。2008年汶川地震后,银监会办公厅下发《中国银监会办公厅关于鼓励信托公司开展公益信托业务支持灾后重建工作的通知》(银监办发〔2008〕93号),指出信托公司和监察人的收费不得超过信托总规模的0.8%。除报酬请求权外,在某些情形下,慈善信托的受托人还应该有退出权利,事实上也享有辞任的权利,但在《慈善法》中没有规定。

(三)慈善信托受托人的义务

慈善信托受托人的义务也分为法定义务和约定义务。信义是慈善精神和信托精神的内核,因此慈善信托的法定义务也称为信义义务。《慈善法》第47条和第48条对受托人的信义义务进行了规定。信义义务就是两个法条中的忠诚和谨慎义务,受托人应该忠诚、谨慎地为委托人管理慈善财产和执行慈善活动。受托人违反信义义务会造成被解聘或要求赔偿损失的后果。

信义义务不依赖于慈善信托合同约定,是法定义务。信义义务可以分为积极义务和消极义务。其中,积极义务主要表现为主动管理慈善财产,按照委托人意愿执行慈善事务,将慈善资产及其收益给付给慈善信托目标受益人;消极义务是自然需要遵守的义务,主要表现为不得侵吞慈善财产等。

1. 积极信义义务

(1)申请慈善信托登记备案义务。《慈善法》第45条规定:"受托人应当在慈善信托文件签订之日起七日内,将相关文件向受托人所在地县级以上人民政府民政部门备案。未按照前款规定将相关文件报民政部门备案的,不享受税收优惠。""应当"表明是法定义务。

(2)诚信义务。《慈善法》第48条和《慈善信托管理办法》第24条都规定,慈善信托受托人管理和处分慈善信托财产,应当按照慈善信托目的,恪尽职守,履行诚信、谨慎管理的义务。

(3)尽责管理慈善财产义务。其具体包括:①对慈善信托独立建账,分别管理,不得与自有财产或其他信托混同。《慈善信托管理办法》第27条规定:"受托人必须将慈善信托财产与其固有财产分别管理、分别记账,并将不同慈善信托的财产分别管理、分别记账"。②要严格按照慈善信托合同的约束来管理财产,对慈善财产的处置和是否需要投资,及如何进行投资,要首先遵守委托人的意愿,然后,遵守"合法、安全、有效"慈善资产管理原则,并确保投资收益全部用于慈善目的。③在确定受益人或确定资助项目中应严格遵照慈善信托合同约定和委托人的意愿,不得为自己谋取私利或为了第三人的利益而损害慈善目的。

(4)账户管理义务。《慈善信托管理办法》第28条规定:"对于资金信托,应当委托商业银行担任保管人,并且依法开立慈善信托资金专户;对于非资金信托,当事人可以委托第三方进行保管。"第29条规定:"受托人应当自己处理慈善信托事务,但信托文件另有规定或者有不得已事由的,可以委托他人代为处理。受托人依法将慈善信托事务委托他人代理的,应当对他人处理慈善信托事务的行为承担责任。受托人因依法将慈善信托事务委托他人代理而向他人支付的报酬,在其信托报酬中列支。"

(5) 慈善活动执行义务。开展慈善活动是慈善信托受托人最重要的义务。慈善信托的执行义务可能是直接将慈善资产交付给受益人,也可能是运作具体的慈善项目。受托人可以亲自执行慈善项目。如果受托人缺乏相应的经验,应依照委托人的意愿聘请独立第三方公益机构协助慈善活动的执行。但是,责任主体仍是受托人,第三方公益机构的报酬从信托报酬中列支。

(6) 慈善活动执行情况汇报义务。委托人对慈善活动的开展及慈善信托资产使用具有知情权,受托人应每年至少向委托人提交一次报告,说明善款使用情况及慈善活动的成果。

(7) 信息披露义务。根据《民政部 中国银行业监督管理委员会关于做好慈善信托备案有关工作的通知》(民发〔2016〕151号)的规定,慈善信托受托人有根据慈善信托文件约定、慈善法规定,在民政部门统一指定的平台上发布真实慈善信息;向社会公开信托事务处理情况及财务状况;向受益人告知其资助标准、工作流程和工作规程等信息的义务。受托人应当于每年3月31日前将信托事务处理情况及财务状况向其备案的民政部门报告,并通过民政部门提供的信息平台向社会公开。个别地区民政部门不仅要求受托人在民政部门提供的信息平台上公开慈善信托年报,还应在自有信息平台上发布慈善信托年报信息。

(8) 清算义务。慈善信托由于信托合同约定的事由出现而应该终止时,受托人应该承担慈善资产的清算义务。《慈善信托管理办法》第41条规定:"自慈善信托终止事由发生之日起15日内,受托人应当将终止事由、日期、剩余信托财产处分方案和有关情况报告备案的民政部门。"第42条规定:"慈善信托终止的,受托人应当在30日内作出处理慈善信托事务的清算报告,向备案的民政部门报告后,由受托人予以公告。"

2. 消极信义义务

消极信义义务指慈善信托受托人不得利用信托财产为自己牟利,禁止将信托财产转归为固有财产,原则上禁止与受托人自我交易。《信托法》第26条规定:"受托人除依照本法规定取得报酬外,不得利用信托财产为自己谋取利益。受托人违反前款规定,利用信托财产为自己谋取利益的,所得利益归入信托财产。"在慈善信托中,虽然受托人是慈善财产所有人,但其所有权是受限制的,必须依照慈善信托合同约定,为实现慈善信托目的和不确定受益人的利益而管理财产。此外,如果受托人违背慈善信托目的为第三人谋取不当利益也是禁止的,虽然《信托法》和《慈善法》都没有明确规定这一点。《慈善信托管理办法》第26条对这一不足进行了补充:"慈善信托财产与受托人固有财产相区别,受托人不得将慈善信托财产转为其固有财产。任何组织和个人不得私分、挪用、截留或者侵占慈善信托财产。"该规定就包含第三人。

3. 约定义务

约定义务是指委托人与受托人在慈善信托合同约定的义务,该义务在《信托法》和《慈善法》中没有明确规定。例如,在法律中没有规定受托人帮助委托人申请慈善信托税收优惠的义务,双方可以在信托合同中约定。

四、慈善信托受益人管理

从法理看,受益人不确定性是慈善信托和其他信托的关键区别。慈善信托的受益人既可以是具有完全民事行为能力的人,也可以是限制民事行为能力或无行为能力的人。例如,《中华人民共和国民法典》规定,可以为胎儿保留继承的份额,因此,可以推定我国法律承认胎儿的相关经济利益保护,胎儿可以作为慈善信托的受益人。

受益人不特定管理主要包括以下三个层面:一是通过科学设计保证慈善目的的公益性,防止为私益而设立慈善信托。二是受益人与委托人和受托人不存在私益关系。《慈善信托管理办法》第10条规定:"慈善信托的委托人不得指定或者变相指定与委托人或受托人具有利害关系的人作为受益人。"三是受托人要根据信托文件中规定受益人的范围、受益人选定程序和方法,从符合条件的社会公众中选择确定。

扩展阅读10-2 外贸信托2017年度中国银行满堂红教育慈善信托的受益人管理

五、慈善信托的其他参与人管理

(一)监察人

慈善信托监察人是委托人根据需要确定的,对受托人行为进行监督,依法维护委托人和受益人的权益的个人或组织。在实践中,慈善信托监察人多由律师事务所或会计师事务所担任。

慈善信托属于公益信托。根据《信托法》对公益信托的规定,监察人的权利包括:监督权、知情权、受托人解任权、信托事务管理报告及清算报告认可权等。另外,慈善信托的监察人还拥有独立起诉权利,这也是其重要职责。《慈善法》第49条规定:"信托监察人发现受托人违反信托义务或者难以履行职责的,应当向委托人报告,并有权以自己的名义向人民法院提起诉讼。"

(二)项目执行人

信托公司作为慈善信托单一受托人情形下,可以主要承担信托账户的管理和信托财产的管理运作业务,而将具体负责慈善项目的设计和执行委托给慈善组织实施。在这种模式下,慈善组织就是慈善信托的项目执行人。信托公司委托项目执行人模式与"信托公司+慈善组织"双信托模式的主要区别是,前者中信托公司是慈善信托义务的责任人,而后者中由信托公司和慈善组织共同承担责任。

(三)托管人

慈善信托的托管人一般为银行,主要职责是开立专户保管慈善信托财产,根据指令划拨资金,并对慈善项目资金使用进行监督,促进慈善信托财产的独立。

第三节 慈善信托的设立与设计管理

2016年3月4日,习近平看望出席全国政协十二届四次会议民建、工商联界委员并参加联组讨论时指出,"广大民营企业要积极投身光彩事业和公益慈善事业,致富思源,义利兼顾,自觉履行社会责任"。

慈善信托具有极强的制度优越性和扩展性。制度优越性源于信托财产风险隔离和专业化财产运用等特征。制度的扩展性则源于以受托人为核心的多元主体受托治理结构弹性,以及与慈善目标和财富传承需求的高度契合性。慈善信托设立、财产运用、项目设计管理是一项政策性、专业性、创造性极强的工作。

一、慈善信托设立管理的要求

受托人是慈善信托管理的核心。慈善信托项目的设立管理要求受托人准确把握相关法律法规的要求,在此前提下根据的委托人的目的、财产、要求设计慈善信托项目,签订慈善信托合同,并到主管部门备案。

(一)匹配慈善目的,确保慈善信托的完全

目的合法是设立慈善信托的首要条件。受托人首先告知委托人,并向其解释《慈善法》第3条规定的六大类慈善活动目的的范围。其次,根据委托人从事慈善活动的具体目的和将信托的财产情况,与《慈善法》规定的六大类慈善活动目的之一匹配,确保慈善目的完全公益性要求。

慈善信托目的的完全公益性体现在两个方面:一是信托目的完全公益性。慈善信托的信托目的必须全部属于慈善目的,不能包含任何非慈善目的。慈善信托如有多个信托目的,则每一个目的都必须是慈善目的。二是信托财产完全公益性。用于设立信托的全部财产,必须全部用于公益目的,这是各国信托法、慈善法对公益信托的基本要求。《信托法》第63条规定:"公益信托的信托财产及其收益,不得用于非公益目的。"《慈善信托管理办法》第23条规定:"慈善信托财产及其收益,应当全部用于慈善目的。"

(二)告知委托人慈善信托当事人法定要求和职责

慈善信托设立时的法定当事人包括委托人、受托人和受益人。受托人必须告知委托人和受托权利、义务和承担的职责,并依据法律和委托人意愿明确受益人的范围和遴选方案。其中,确保受益人的非特定性是慈善信托项目设计重点考虑的内容,也是慈善信托与其他信托的根本区别。

受益人非特定是指具体承受信托利益的受益人,即最终享受信托利益的人不特定。例如,委托人设立慈善信托,拟通过捐赠给一所大学,奖励本学校的优秀大学生。虽然接受捐款的学校是特定的,但最终享受信托利益的优秀学生需要一定程序遴选,哪些优秀学生入选成为最终受益人是非特定的,符合受益人非特定原则。

《慈善信托管理办法》规定:"慈善信托的委托人不得指定或者变相指定与委托人或

受托人具有利害关系的人作为受益人。"委托人可以在信托文件中规定受益人的范围、受益人选定程序和方法,据此受托人从符合条件的社会公众中选择确定,但不能是委托人在信托文件中指定的具体人。此外,虽然监察人、托管人等当事人设立并非法定必需,但受托人在与委托人签订信托合同,设立慈善信托前要告知委托人这些当事人的职能及设立的作用意义。虽然受托人未告知并不影响慈善信托合同的法律效力,但提前告知和协商并在合同中明确,有利于慈善信托未来的治理。

(三)明确慈善信托财产和财产权利

《信托法》《慈善法》和《慈善信托管理办法》规定,设立慈善信托,必须有确定的信托财产,并且该信托财产必须是委托人合法所有的财产。设立慈善信托对信托财产的要求体现在三个方面,即信托财产的确定性、合法性、可处分性。

1. 信托财产的确定性

信托财产的确定性,意味着信托财产已经存在。如果委托人设立信托时的财产是一种或有财产或财产权,慈善信托不能成立。委托人虽然确定在未来期待可以取得一定财产或财产权,但只有在现实取得财产或财产权之后,才能作为信托财产设立慈善信托。

《信托法》第11条将信托财产不能确定作为信托无效情形之一加以规定。信托法律关系中信托财产的确定是要求信托财产从委托人自有财产中隔离和指定出来,而且在数量和边界上应当明确,即信托财产应当具有明确性和特定性,以便受托人为实现信托目的对其进行管理运用、处分。信托财产的确定性具有非常重要的意义,因为受托人必须明确地知道,委托人的哪些财产被纳入慈善信托,哪些财产没有被纳入慈善信托。这不仅关系到慈善信托的成立,也直接涉及受托人的责任。如果一项财产被纳入慈善信托,而受托人没有处理这项财产,那么受托人可能构成违反信托,并对此承担责任。

2. 信托财产的合法性

信托财产的合法性是指委托人用于设立信托的财产应当是合法取得并占有的财产。委托人对该财产享有占有、使用、收益和处分的权利,其他任何人不得主张权利。《信托法》第11条对信托无效的情形做了规定:"委托人以非法财产或者本法规定不得设立信托的财产设立信托"。

3. 信托财产的可处分性

信托财产的可处分性包含两层意思:一是设立慈善信托的财产应当是委托人有权自由处分的财产。委托人有权自由处分,可以是委托人有权单独处分,也可以是与其他权利人共同处分。委托人处分共有财产的,应当经权利共有人同意。二是设立信托的财产必须是可流通财产。《信托法》第14条规定:"法律、行政法规禁止流通的财产,不得作为信托财产。法律、行政法规限制流通的财产,依法经有关主管部门批准后,可以作为信托财产。"根据我国有关法律、行政法规的规定,目前禁止流通的财产主要包括矿藏等专属国家所有财产;限制流动的财产主要包括军用武器、黄金、文物等。

(四)慈善信托财产的类型

(1)货币资金。以资金设立慈善信托,是我国慈善信托的最常见方式。受托人可以为单个委托人受托管理慈善资金,也可以将不同委托人的资金集合在一起受托管理慈善资金。委托人可以一次性交付信托资金,也可以分次交付信托资金。

(2)企业股权。以股权设立慈善信托,对于扩大慈善信托财产范围、满足社会各界多样化的慈善需求、推动慈善活动从传统消耗型模式向自生型路径转变,具有重要的创新和探索意义。我国实践中设立慈善信托的股权都是非上市公司股权。一般需要确定股权的公允价值,进而确定信托的股权的价值。

扩展阅读 10-3 公允价值及其在慈善信托中的应用

(3)艺术品。以艺术品设立慈善信托,开辟了一个新的慈善资金来源。2017 年,万向信托作为受托人,成立并备案了全国第一单以艺术品作为信托财产的慈善信托"万向信托-艺酷慈善信托"。该信托由一家机构委托人和一位自然人委托人共同设立,首期信托财产为委托人收藏的著名画家曹彬画作 41 幅。信托成立后,个人及机构可通过委托艺术品作为信托财产的形式加入该慈善信托,由万向信托统一进行管理,通过艺术品市场另类投资、慈善画展、艺术品慈善拍卖的形式实现信托财产的保值增值。①

(4)金融产品。中国银行外贸信托满堂红教育慈善信托是中国对外经济贸易信托有限公司联手中国银行推出的我国首个混合财产慈善信托。"满堂红教育慈善信托"采用的是"高净值客户+商业银行+信托公司"三方合作模式,由高净值客户作为委托人将其拥有的现金和金融产品设立慈善信托,用于发展教育事业,这是金融领域与慈善事业的一次创新融合。②

(5)信托受益权。2017 年,万向信托作为受托人设立"幸福传承慈善信托",信托财产为委托人持有财产管理信托的信托受益权。这是我国首个双层信托模式的慈善信托,第一层信托为营业信托,主要目的是保值增值;第二层信托为慈善信托,接收第一层信托的全部收益。双层信托安排,可以让第一层信托的管理人专心做投资,更好地提升信托财产保值增值效果;可以让第二层信托专注于做慈善,其资金来源由第一层信托解决,免除了因投资和资金来源而产生的后顾之忧。

(6)不动产。在慈善信托的发源地英国,不动产是最主要的信托财产。在我国尚未出现以不动产设立的信托。

(五)按照设立形式要求,准备慈善信托备案文件

我国慈善信托设立采取准则主义和备案制。设立慈善信托不再像公益信托一样必须获得公益事业管理机构的许可,委托人只需要和受托人达成合意即可成立。但要获得税收优惠则必须到民政部门备案。

《慈善法》第 45 条规定:"设立慈善信托、确定受托人和监察人,应当采取书面形式。"《民政部 中国银行业监督管理委员会关于做好慈善信托备案有关工作的通知》(民发〔2016〕151 号),要求慈善信托采取书面形式。备案要求的具体文件包括:①参与备案申

---

① 黄隽.艺术品财富管理的途径[EB/OL].(2018-01-08).https://www.sohu.com/a/215251136_115443.
② 林雪梅.中国银行推出混合财产慈善信托[N/OL].海峡都市报,2017-12-08(A21).http://dzb.hxnews.com/2017-12/08/content_454849.htm.

请书；②提供委托人身份证明（复印件）；③担任受托人的信托公司的金融许可证或慈善组织的社会组织法人登记证书（复印件）；④参与信托合同、遗嘱或者法律、行政法规规定的其他书面信托文件。

信托文件至少应载明以下内容：①慈善信托的名称；②慈善信托的慈善目的；③委托人、受托人的姓名、名称及其住所；④不与委托人存在利害关系的非特定受益人的范围；⑤信托财产的范围、种类、状况和管理方法；⑥受益人选定的程序和方法；⑦信息披露的内容和方式；⑧受益人取得信托利益的形式和方法；⑨受托人报酬；⑩如果设置监察人，监察人的姓名、名称及其住所。

二、慈善信托的设立程序

（一）确定慈善信托项目的具体目的

慈善目的是慈善信托的最基本要求。为确定慈善目的，受托人需要对慈善信托委托人开展尽职调查工作。一种情况是委托人具有明确的慈善目的，需要受托人辨别该慈善目的是否符合法律规定。《慈善法》所列的慈善目的非常广泛，基本能够涵盖委托人提出的各类慈善目的。实际操作中，受托人还应当在了解委托人业务的基础上，仔细判断慈善项目是否存在变相商业营销，确保项目的完全公益性，设计受益人选择范围和遴选方法，确保受益人的非特定性。

在某些情况下，委托人仅有行善的想法，没有具体的慈善目的。此时，受托人需要深入了解委托人的真实想法，并综合考虑信托财产规模等因素，引导委托人适当聚焦慈善目的，制定可行的慈善项目方案，保障慈善目的可实现。

（二）设计慈善信托项目的治理结构

慈善信托的治理结构是在与委托人及备案主管民政部门的反复沟通中逐步完善的。在我国的实践中，慈善信托一般由信托公司和慈善组织合作，治理结构主要包括"基金会＋信托""信托＋项目执行""共同受托人"三种模式。

受托人在设计治理结构时需要重点需要考虑三个因素：一是税收优惠。委托人是否有足够的利润用于抵扣捐赠支出，是否需要采用分期抵扣的方式享受税收优惠等。二是项目可操作性。在针对具体慈善项目发起的慈善信托中，应当考虑慈善信托的后续运营管理与慈善组织现有慈善项目的工作流程相衔接。三是委托人意愿体现。慈善信托可以设立决策委员会，制定重大事项的决策机制，让委托人可以积极参与慈善信托的后续管理，确保慈善财产的运用严格按照委托人的意愿进行。

（三）慈善信托财产的确权与交付

依照信托的谨慎原则，受托人需要对慈善信托财产的确定性、来源及其权利的合法性、可处分性进行确认。信托财产确权后，委托人应在法律法规要求的时间完成财产交付。如果委托人是自然人，拟设立慈善信托的财产是夫妻共有财产，还需征得配偶的同意。

(1) 货币资金的交付。委托人要在法律法规要求的时间将货币资金转账至受托人在托管银行开立的信托资金专户,完成信托资金交付。

(2) 金融产品的交付。委托人以金融产品设立慈善信托,委托人应将该金融产品的投资者名称变更至受托人名下,并将变更后的资产收益凭证、法律文件交付给受托人。

(3) 股权信托财产的交付。①已上市公司股份和非上市公众公司股份设立慈善信托的,慈善信托成为公司的新股东,相应股份应按照《中华人民共和国公司法》《中国证券登记结算有限责任公司证券登记规则》《中国证券登记结算有限责任公司证券非交易过户业务实施细则(适用于继承、捐赠等情形)》《非上市公众公司股份登记存管业务实施细则(试行)》等法规要求,在中国证券结算有限公司办理过户登记。②以有限责任公司股权设立慈善信托的,其股东变更应经过超半数股东的同意,自变更之日起 30 日内向市场监督管理部门申请变更登记,并提交新股东的主体资格证明。

以股权设立慈善信托的还要进行股权价值评估。针对不同类型、不同发展阶段的公司股权,要选择不同的方法评估其公允价值,具体实践中可以由注册会计师事务所对其审计和评估并出具相应报告,由律师对其财产合法性出具法律意见书。

以股权设立慈善信托的,还要重新处理因财产转移引起的企业所得税、个人所得税、印花税的变动处理。

(4) 其他非货币财产的交付。委托人以不动产设立慈善信托,应当出具不动产权属证书。以版权、专利等知识产品产权设立慈善信托,应出具相应的登记证明。以限制流通的产权(权利)设立慈善信托的,如文物、金银等,必须在设立信托前依法经主管部门批准取得该项财产(权利)的授权后,才可成为信托财产。

(四) 签署文件及备案

签署信托文件之前,受托人需要履行必要的决策程序。对于信托公司来说,慈善信托作为新业务,其风险特征与传统通道业务和主动管理业务都不相同。即使同样是慈善信托,由于信托财产、慈善目的、合作对手不同,慈善信托的风险也不尽相同。因此在受托人内部需要就慈善信托进行充分讨论,充分考虑慈善信托后续环节将面临的问题,并在信托文件中作出详细约定。

信托文件签署前,还应当获得拟备案民政部门的认可。慈善信托的本质是一种慈善方式,因此信托文件的重点内容与传统营业信托不尽相同。受托人应当就慈善目的实现、慈善财产管理、慈善信托决策机制等作出明确的约定。

三、慈善信托的项目设计

(一) 慈善信托的项目设计概念和要点

《慈善法》第 56 条规定:"慈善组织应当合理设计慈善项目,优化实施流程,降低运行成本,提高慈善财产使用效益。"慈善信托项目设计是受托人依法在委托人意愿的基础上进行项目目标构思、策划,并对项目构成、项目过程、项目环境进行深入分析,结合项目主体自身状况提出实施方案的一系列技术工作。

对于不断发展的慈善信托,受托人要以慈善信托为契机,充分挖掘慈善信托的业务价值。一是深入研究客户需求,以专业的产品设计能力及资源整合能力,提供一揽子、一站式综合管理服务方案。二是研究企业客户痛点,深入挖掘商业价值及社会责任需求的结合点与连接点,以慈善信托提升机构客户黏性。三是深入研究慈善组织投资管理与资金运用痛点,以慈善信托孵化培育长期资金客户。四是深入挖掘高净值客户精神传承诉求,整合各类慈善资源,补齐慈善事业专业运作短板,培育专业化慈善信托产品设计创新能力及管理能力。[①]

(二)传统慈善信托设计的实践

慈善信托设计实际是受托人与委托人多次深入交流,对慈善信托治理架构、治理过程取得意思一致的过程。在慈善信托结构中,委托人和受托人是核心,财产管理和受益人选择是管理的主要内容。由于委托人和受托人是慈善信托的双核心,下面基于单人委托和多人委托、单独受托和联合受托两个维度,介绍我国代表性模式慈善信托受托设计实践。

1. 慈善组织作为委托人,信托公司作为受托人

这种慈善信托模式又称为"捐赠+信托公司"模式,属于信托公司单独受托模式,慈善组织主要承担募捐者和委托人的角色。该类慈善信托架构设计如下:慈善组织募集资金,并以慈善组织的名义将募捐资金委托信托公司设立慈善信托,信托公司作为受托人管理信托财产,并向慈善组织确定的受益人分配慈善财产。

此慈善信托设计多用于委托人为各级慈善总会或政府扶贫、教育、环保等公共管理机构情形(图10-5)。例如,"长安慈——民生001号慈善信托"由内蒙古自治区慈善总会作为委托人,长安国际信托股份有限公司作为受托人,民生银行呼和浩特分行作为托管行,并为信托资金的安全、保值增值、持续运转提供全方位服务。该信托的首期捐赠者为盛银和睿科技有限公司,信托财产本身和增值最终都用于慈善。

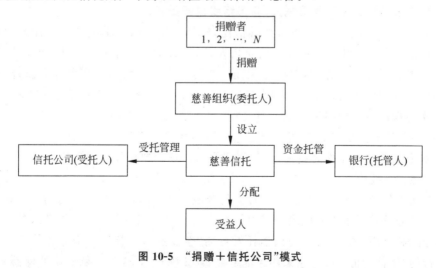

图10-5 "捐赠+信托公司"模式

---

① 樊融杰.慈善信托的可持续发展之路[N].中国银行保险报,2021-11-23.

2. 热心公益的人士作为委托人,信托公司作为受托人

这种慈善信托模式又称为"信托＋项目执行"模式,属于信托公司单独受托模式。该类慈善信托架构设计如下:热心公益的人士直接作为委托人,信托公司作为受托人,依法成立慈善信托。信托公司通常还可以委托慈善组织作为项目执行人,由其向受益人推荐并实施慈善项目。信托公司根据慈善项目的进展、资金使用计划向受助对象或受助活动支付信托利益(图10-6)。兴业信托发行的"幸福一起慈善信托计划"、中诚信托发起的"2016年度博爱助学慈善信托"都采用这一模式。此类信托的委托人可以是一人,亦可以是多人,一般为高净值人士。

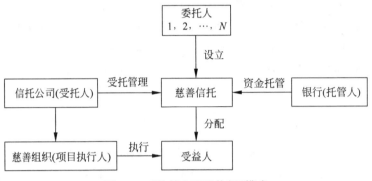

图10-6 "信托＋项目执行"模式

这种模式的优点是:①可以充分发挥慈善组织的慈善项目运营经验(如建设希望小学中与地方政府、主管部门的沟通协调,对贫困地区教师培训组织等工作);②信托公司作为受托人,根据信托文件确定的用款进程给付资金,对闲置资金可以进行合理投资,使慈善活动分工精细化、业务专业化;③有助于拓宽信托公司开展的慈善活动类型,包括有一定建设期限、运营过程的慈善项目,或者是长期的、持续的、系统的慈善项目。

3. 热心公益的人士作为委托人,慈善组织担任受托人

慈善组织与信托公司合作开展慈善信托是主流,慈善组织单独作为受托人的慈善信托较为罕见。慈善组织作为慈善信托受托人,独立开展慈善活动,实现慈善信托业务创新,主动提高慈善基金运作的信息披露要求,并使自身慈善活动受到更好的监督,有利于树立慈善组织透明、专业的形象。但因各地对慈善组织能否开立慈善信托专户尚有不同意见,故在实践操作中,慈善组织作为单独受托人的实践模式,在我国仍在不断探索中。"北京市企业家环保基金会2016阿拉善SEE公益金融班环保慈善信托"属于此类慈善信托。

4. 热心公益的人士作为委托人,慈善组织与信托公司担任共同受托人

这种慈善信托模式又称为"双受托人"信托,其信托架构设计如下:由信托公司与慈善组织共同担任受托人,与委托人(通常为高净值人群)签订慈善信托文件,约定各自的职责、权益、义务及需要承担的风险。其中信托公司主要负责受托管理,慈善组织主要负责财产的分配和运用(图10-7)。万向信托发行的"企业慈善信托——华龙慈善信托"、中信信托发行的"中信:北京市企业家环保基金会2016阿拉善SEE华软资本环保慈善信托"等便采用这一模式。双受托人的形式是较为创新的慈善信托实践模式,受慈善信托税收优惠政策没有落实到位的影响,在国内常被采用。

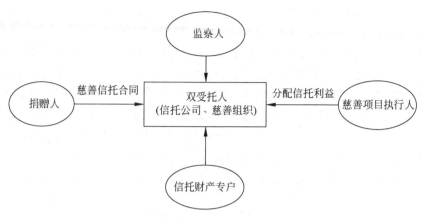

图 10-7 "双受托人"模式

这种模式设计的好处有两点：①通过治理结构整合，而非实现专业分工。信托公司长期经营信托业务，在信托财产的受托管理、风险控制、保值增值和分配清算等方面具有很强的专业能力。慈善组织是专业从事慈善事业的机构，在慈善项目管理、慈善活动执行、慈善资源组织等方面具有突出优势。两者作为共同受托人，充分体现了"专业机构做专业的事"的理念。②建立长期合作关系。在"双受托人"模式中，慈善组织与信托公司均处于受托人的核心地位，共同对慈善项目的开展情况负责，有助于二者建立长期合作伙伴关系，持续合作开展慈善信托活动。

该模式也存在天然的弊端：慈善信托存续期长，甚至是永续，即使双方权利、义务划分约定清晰，现实中也常常出现受托人之间推诿责任或主动揽权及利益相争问题。

(三) 慈善信托项目设计新探索

随着慈善、信托相关法律法规及其配套政策的不断完善，共同富裕理念的提出并被纳入国家发展战略，慈善信托与家族财富管理、社区基金及数字经济相结合的探索不断涌现。

1. 家族信托（财富管理）与慈善信托结合

这种模式主要用于满足高净值人群，不仅关注家族财富传承，也关注以家族名义从事慈善活动的意愿。该模式的交易结构设计为：委托人首先设立家族信托（民事信托），约定信托财产的本金及受益分配给家族成员；部分本金及受益（一般约定受益率的一个比例或每年固定的金额）单独设立慈善子信托（图10-8）。

该模式的特征：一是专业财富管理机构（如：家族办公室）成为家族财富传承的核心，既有利于家族财富保值增值，又可以通过信托协议条款设置，限制家族受益人动用本金和受益的权力，防止"败家子"。例如，洛克菲勒家族信托协议约定，受益人在30岁之前只能获得收益分红，不能动用本金，30岁以后在获得信托委员会同意的前提下，才能动用本金。"败家子条款"的设置，一方面可使子女生活无忧，同时可以防止子女由于经验不足或挥霍无度、不善理财而败坏家产。受益人死亡后，其自动传给其子女。这样既保证家族财富不间断传承，客观上也为慈善信托资金注入和可持续运营提供保障。二是在慈善

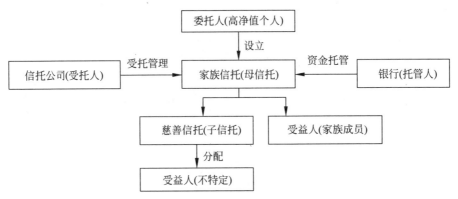

图 10-8　家族信托与慈善信托结合模式

项目及受益人选择方面,委托人家族成员可以通过参加慈善信托决策机构等方式,参与慈善项目决策过程,从而有效、持续地实现家族意愿和慈善目的及家族慈善精神的代际传承。

2. 定制化慈善信托

定制化慈善信托设计创新主要体现在项目执行过程。在"双碳"战略影响下,出于履行社会责任,及由社会责任扩展的环境、社会、治理(ESG)责任,或者品牌宣传、影响力投资目的,抑或仅仅出于公益情怀,而制定长期慈善战略的企业不断增加。在这种情形下,受托人需要根据委托人需要,与不同的主体合作,制定不同的慈善项目,并与不同的慈善组织和其他主体合作执行项目(图 10-9)。

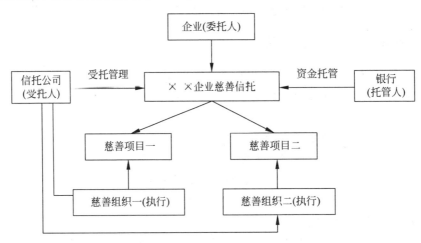

图 10-9　定制化慈善信托框架

(1)"慈善信托+地方政府"精准扶贫。慈善信托扶贫的常见模式是将慈善信托本金及其投资收益捐给贫困地区的群众。为保障资金的精准运用,信托公司一般会与地方政府合作,由地方政府提供受益人名单及资助标准,信托公司确认后由地方政府将信托利益支付给困难群众(图 10-10)。该模式的优点,一是操作简单,二是效果直接精准。

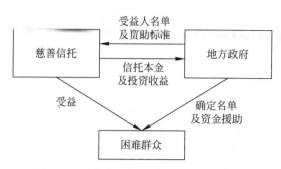

图10-10 "慈善信托＋地方政府"精准扶贫

（2）"慈善信托＋金融机构"杠杆撬动扶贫。慈善信托作为金融扶贫的重要方式,可与贫困地区的商业银行、担保公司等金融机构合作,以信托资金为基础,撬动更多的配套贷款,从而扩大扶贫资金规模,放大慈善信托的扶贫效果（图10-11）。

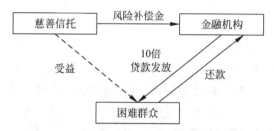

图10-11 "慈善信托＋金融机构"杠杆撬动扶贫

（3）"慈善信托＋保险"保障扶贫。贫困地区基础薄弱,自然条件较差,贫困人口抗风险能力较弱。慈善信托与保险公司合作,不仅可以为贫困地区困难群众生产生活提供风险保障支持,帮助其防范和化解风险,避免因灾因病致贫返贫,而且可以通过信托资金购买贷款保证保险方式,为贫困地区小微企业融资增信,降低融资成本,解决贫困地区小微企业融资难和融资贵问题（图10-12）。

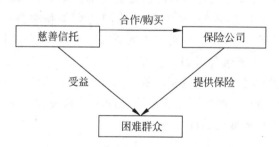

图10-12 "慈善信托＋保险"保障扶贫

（4）"慈善信托＋企业"就业扶贫。发挥贫困地区龙头企业或致富能人的带动作用,是产业扶贫的重要方式。慈善信托可以通过融资和投资方式支持贫困地区龙头企业或致富能人发展,以此带动贫困地区困难群众增加就业和收入（图10-13）。

（5）"慈善信托＋合作社"组织和分红扶贫。成立规模化、标准化、市场化运作的专业合作社,是提高贫困地区农户生产的规模经济和抵御风险能力的有效途径。慈善信托可以通过捐赠出资入股合作社,为合作社提供资金支持和向困难群众捐赠合作社分红的方式间接和直接发挥扶贫作用(图10-14)。

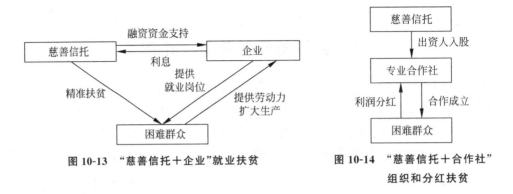

图10-13 "慈善信托+企业"就业扶贫　　图10-14 "慈善信托+合作社"组织和分红扶贫

(四) 慈善信托设计的趋势

1. "管财"与"管事"分离

信托公司是金融机构,专长是"管钱";各类社会公益组织的专长是"管事",即具体运作公益事业。将投资管理和事务管理分离,一方面保证善款得到专业、有效的运作;另一方面也保证资助项目的管理运作带有纯粹的公益目的,不被公众误解。

2. 构建整体构架而不是执行实体

目前,国内慈善事业运作中比较关注事务执行实体,而不是整件事的管理构架,慈善信托应注重从持续资产管理机制出发,构建开展慈善事业的整体构架。执行主体可以通过竞争性选择,可以是公益组织,也可以是商业组织或个人,不必拘泥于组织形式,应创造个性化的资助。

3. 保留"以商业方式"开展慈善资助的空间

慈善信托所涉及的具体项目在运作时需要好的商业模式,可以设计为与当地的利益相关者分享慈善带来的经济效益,从而调动他们的参与积极性。例如慈善信托可以100%持有一家商业公司,通过设立旨在解决社会问题、增进公众福利,而非追求自身利润最大化的"社会企业"来实现慈善目的,支持商业模式运作的同时也不改变慈善信托自身的公益属性。慈善信托对投资方向及长期资本回报的容忍度可以根据慈善信托法律法规规定的方向进行调整,所产生的经济回报由当地的利益相关者分享或留在慈善信托中继续支持慈善事业,从而形成良性循环。

第四节　慈善信托治理与运营管理

慈善信托的有效运行依赖有效的协同治理。以受托人为核心的治理主体主要承担财产保管、资产投资、风险管理、项目实施、信息披露和慈善信托变更与终止等事项。同时,受托人、监察人等依据信托合同履行义务,取得信托报酬。

一、慈善信托治理框架

(一)慈善信托治理概念界定

慈善信托治理可以定义为高级管理层、理事会与利益相关者之间的一种权利职责分配和问责机制,一般由权力机构(委托人或委托人代表委员会)、决策机构(理事会或董事会)、执行机构以及监察机构组成(图10-15)。①

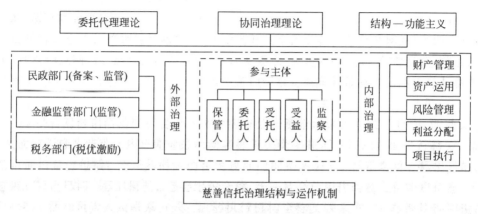

图 10-15 慈善信托治理框架

从内部治理主体看,慈善信托治理是典型的多元治理。慈善信托因委托权、产权和受益权分属于不同的当事人,不同的产权主体围绕同一财产形成捐赠人(委托人)、受赠人(受托人)、受益人之间的委托代理关系。

从内部治理内容看,慈善信托治理职能模块较多。慈善信托属于信托的一种,治理职能也包括财产管理、资产运用、风险管理、利益分配和项目执行等。慈善信托协同治理,需要对各个主体或部门相关资源进行整合,业务进行整体性协同安排。

从公共治理角度看,为保证慈善信托的完全公益性,控制信托财产投资风险,慈善信托的受托人需要到民政部门备案,依法接受监督并公开治理和运营信息,同时,接受金融监管部门和税务部门的监管,并办理税收优惠事务。

(二)慈善信托的治理机制

慈善信托的治理机制,是以慈善目的为导向,以治理结构为基础,在委托人、受托人、监察人、受益人之间形成的权利义务关系行为规范、激励机制、约束机制,以及处理组织内外各类关系、平衡利益和协调资源的各种制度安排。其中,受托人是慈善信托治理的核心。以受托人为核心,慈善信托治理机制可以分解为六个方面。

1. 委托人与受托人的关系

委托人与受托人是设立慈善信托不可或缺的两位当事人。慈善信托一旦设立,委托人的财产便实现了转移,委托人与受托人形成稳定的信托关系。其具体包括:委托人对

---

① KAREN S. A new governance framework[J]. Hospitals and health networks,2001,75:48-50.

受托人具有监督权；委托人对受托人的权利的约束；信托变更一般需要委托人同意。

2. 委托人与监察人的关系

慈善信托监察人由委托人指定，受委托人信任，对受托人的行为进行监督。慈善信托监察人的责任主要体现在以下两个方面。

一是代表委托人的利益，监督受托人是否按照信托文件约定的方式管理和处分信托财产。从这一角度来说，监察人的职责类似家族信托的保护人。当发现受托人违反信托义务或者难以履行职责时，监察人应当向委托人报告。

二是代表受益人的利益，监督受托人处理信托事务是否损害社会公共利益。从这一角度来说，慈善信托监察人尽管由委托人指定，但也必须保持独立性。当慈善信托的受托人处理信托事务损害受益人利益时，甚至委托人与受托人不正当交易侵害社会公共利益时，监察人有权以自己的名义向人民法院提起诉讼。

3. 受托人与监察人的关系

监察人对受托人的行为进行监督，维护委托人和受益人的权益，应当建立相应的受托人监督工作机制。信托事务不同，受托人接受监察人的监督工作机制也不同。一般来说，其主要有以下三种类型。

一是重大事项的事前报告。慈善项目及受益人选定、信托财产重大投资运用、慈善信托提前终止等事项，一般需要向监察人履行事前报告义务，获得监察人认可后方可执行。

二是一般事项的事后报告。受托人根据信托合同约定进行的低风险投资运用、支付信托税费等日常管理事项，可以向监察人履行事后报告义务。

三是信息披露文件的审核与认可。受托人披露慈善信托年度报告、清算报告之前，监察人有权审阅、核实信托财产有关的信托账目、资金划拨凭证以及处理信托事务的其他文件，并对信息披露报告出具监察意见。

4. 受益人选定的决策

受益人选定是慈善信托运行的核心。从目前实践来看，慈善信托受益人选定的决策机制主要有三种：一是由受托人自主选定受益人，实施慈善项目；二是由受托人与项目执行人合作选定受益人；三是成立决策委员会决定受益人。

5. 受托人与投资管理人的关系

在一些慈善信托中，委托人要求指定第三方担任投资管理人，负责慈善信托闲置资金投资管理。体现在交易结构中，是受托人与投资管理人签订协议，由投资管理人代为处理部分信托事务。

根据《慈善信托管理办法》的规定，受托人依法将慈善信托事务委托他人代理的，应当对他人处理慈善信托事务的行为承担责任。因此，受托人应当对投资管理人的行为进行监督和必要约束，以保障慈善信托资金投资安全。投资管理人的资产配置方案及投资标的应当经过受托人自主确认，由受托人根据投资标的风险按照主动管理业务或者低风险业务进行内部决策，必要时事前还需征得监察人或者决策委员会的同意。

6. 受托人内部决策机制

即使慈善信托通过决策委员会表决信托事务，受托人自身也要就意见表决进行内部决策。受托人根据信托事务的风险特征采用适应的内部决策机制。慈善信托的风险主要来自两个方面：一是慈善目的风险，慈善信托受益人并不是一开始就确定的，而是在运行阶段按照设立时信托文件约定的方式和程序选定的，存在违反受益人"非特定性""非关联性"原则的风险。二是投资运用风险，受托人需要加强投资风险管理，避免出现信托财产损失。

慈善信托的上述风险特征，决定了慈善信托不是简单的消极信托，受托人并不简单依照信托文件的约定进行事务处理，而是要有自己的风险判断和把握。因此，受托人内部需要根据信托事务的风险程度，适用不同的风险决策流程。对于受托人自主选定受益人、信托财产投资于外部金融产品或委托人推荐的标的、慈善信托非正常终止等重大事项，受托人应当按照主动管理信托事务流程进行决策。

二、慈善信托财产管理

让慈善财产在安全的前提下获得更多投资收益，是受托人尽职管理的体现。根据《慈善法》和《慈善信托管理办法》的规定，慈善信托财产保管需遵循以下规定。

（1）慈善信托财产及其收益，应当全部用于慈善目的。

（2）受托人管理和处分慈善信托财产，应当按照慈善信托目的，恪尽职守，履行诚信、谨慎管理的义务。

（3）受托人除依法取得信托报酬外，不得利用慈善信托财产为自己谋取利益。

（4）慈善信托财产与受托人固有财产相区别，受托人不得将慈善信托财产转为其固有财产。任何组织和个人不得私分、挪用、截留或者侵占慈善信托财产。

（5）受托人必须将慈善信托财产与其固有财产分别管理、分别记账，并将不同慈善信托的财产分别管理、分别记账。

（6）对于资金信托，应当委托商业银行担任保管人，并且依法开立慈善信托资金专户；对于非资金信托，当事人可以委托第三方进行保管。

（7）受托人应当自己处理慈善信托事务，但信托文件另有规定或者有不得已事由的，可以委托他人代为处理。受托人将慈善信托事务委托他人代理的，应当对他人处理慈善信托事务的行为承担责任。受托人因依法将慈善信托事务委托他人代理而向他人支付的报酬，在其信托报酬中列支。

（8）慈善信托财产运用应当遵循合法、安全、有效的原则，可以运用于银行存款、政府债券、中央银行票据、金融债券和货币市场基金等低风险资产，但委托人和信托公司另有约定的除外。

（9）受托人不得将其固有财产与慈善信托财产进行交易，或者将不同委托人的信托财产进行相互交易，但信托文件另有规定或者经委托人同意，并以公平的市场价格进行交易的除外。

（10）委托人、受托人及其管理人员不得利用其关联关系，损害慈善信托利益和社会公共利益，有关交易情况应当向社会公开。

（11）受托人应当根据信托文件和委托人的要求，及时向委托人报告慈善信托事务处理情况、信托财产管理使用情况。

（12）慈善信托的受托人应严格按照有关规定管理和处分慈善信托财产，不得借慈善信托名义从事非法集资、洗钱等活动。

（13）受托人应当妥善保存管理慈善信托事务的全部资料，保存期自信托终止之日起不少于15年。

（14）受托人违反法律、行政法规和信托文件的规定，造成慈善信托财产损失的，应当以其固有财产承担相应的赔偿责任。

信托合同也可以对慈善财产的管理方法作出一般性的约定，如可以投资于货币基金、银行理财等。对于以股权财产设立的信托，受托人还应当根据信托文件的约定行使股东权利，了解企业经营情况，时刻关注影响信托财产的收益和处置的因素。标的股权召开股东大会，受托人就股东大会议案进行表决，也需要履行必要决策程序，并且征求监察人的意见。

三、慈善信托投资与风险管理

（一）慈善信托投资管理

习近平总书记在中央政治局第十三次集体学习时指出，"金融是国家重要的核心竞争力，金融安全是国家安全的重要组成部分，金融制度是经济社会发展中重要的基础性制度"。随着我国慈善事业的兴起，慈善基金的运营管理、慈善资产的保值增值问题成为人们关注的重点，具体讲就是"慈善"如何与"金融"或"财富管理"结合。信托是现代金融的重要制度之一。慈善信托为慈善事业加上了金融翅膀，有利于利用现代投资手段和工具，扩大慈善资产的规模，从而惠及更多受益对象或提高对受益人的资助强度。

慈善信托的闲置信托财产可以根据委托人意愿和慈善项目需要进行灵活投资运用，这不仅是慈善信托制度优越性的体现，也是财产所有人选择以慈善信托方式开展慈善活动的重要考虑因素。在遵循合法、安全、有效原则的基础上，慈善信托的闲置财产主要有三类投资运用方式，分别实现不同的投资目的，适用不同的决策机制和投资效果评估机制。

1. 以现金管理为主的低风险投资

对闲置信托财产开展现金管理投资是慈善受托人基本的尽职管理责任。对于信托财产规模较小的慈善信托，或者信托期限较短的消耗型慈善信托，以现金管理为目标的投资是闲置信托财产管理的主要方式。现金管理投资的最主要目标是保证资产的安全性和流动性，满足慈善信托定期或不定期慈善支出的需要；同时获得一定的盈利，实现信托财产一定程度的保值增值。

根据《慈善信托管理办法》的规定，现金管理投资的标的主要包括银行存款、政府债券、中央银行票据、金融债券和货币市场基金等低风险资产。这些都是安全性和流动性最高等级的金融资产，投资的保值作用也比较明显。

慈善信托财产开展低风险投资的决策和管理都相对简单。慈善信托的受托人无论是慈善组织还是信托公司，都可以运用信托财产开展低风险投资。为了保证财产投资运用的灵活性，可以将投资决策全权委托给受托人，受托人做好充分的信息披露和履行告知义务。

2. 追求保值增资的平衡投资

信托财产规模较大、信托期限较长的慈善信托，委托人出于对慈善活动的可持续性期望，对投资收益的要求往往也更高。通过合理投资，不动用慈善财产本金，只将投资收益用于慈善支出，实现慈善活动的可持续性，在国外非常普遍。诺贝尔基金会、比尔及梅琳达·盖茨基金会、福特基金会都是不动本慈善的典型代表。在这种情形下，低风险投资不能满足委托人的财产增值要求，需要更加平衡的资产配置来实现信托财产的收益目标。

3. 兼顾慈善和社会企业投资收益

社会企业投资是一种新兴的投资方式，是用商业手段解决社会问题的积极尝试。社会企业投资的目标往往是双重的，一是实现投资回报，二是产生慈善效果。比如以低于市场回报的条件投资贫困地区的小微企业，通过发展特色产业实现贫困群众就业和增收的慈善效果，可被认定为一笔社会企业投资。根据投资标的特点不同，社会企业投资目标有时候偏重慈善，有时候偏重投资。

（二）慈善信托风险管理

1. 通过慈善信托财产运用原则管理风险

出于对信托财产安全性的重视，《中国银监会办公厅关于鼓励信托公司开展公益信托业务支持灾后重建工作的通知》（银监办发〔2008〕93号）规定，信托公司管理的公益信托财产及其收益，"只能投资于流动性好、变现能力强的国债、政策性金融债及中国银监会允许投资的其他低风险金融产品"。不过，《北京市慈善信托管理办法》在第13条规定："除合同另有特别约定之外，慈善信托财产及其收益应当运用于银行存款、政府债券、中央银行票据、金融债券和货币市场基金等"。

《慈善法》第54条规定："慈善组织为实现财产保值、增值进行投资的，应当遵循合法、安全、有效的原则，投资取得的收益应当全部用于慈善目的。慈善组织的重大投资方案应当经决策机构组成人员三分之二以上同意。政府资助的财产和捐赠协议约定不得投资的财产，不得用于投资。慈善组织的负责人和工作人员不得在慈善组织投资的企业兼职或者领取报酬。前款规定事项的具体办法，由国务院民政部门制定。"

2. 通过对慈善信托财产投资运用的限制管理风险

慈善信托和商事信托在投资权方面的区别在于备用性规则：慈善信托的备用性规则是若无法律的授权、信托文件的同意或者委托人的同意，原则上受托人只能进行安全和低风险的投资。目前对信托财产投资运用的限制，法律并无完整、清晰的规定，《北京市慈善信托管理办法》的第14条规定：受托人不得利用信托财产从事以下活动：①提供担保；②借款给非金融机构；③进行可能使本慈善信托承担无限责任的投资；④进行违背慈善信托目的的投资；⑤为自己或他人牟取私利；⑥国家法律、行政法规和信托文件禁止的其他行为。

3. 通过信托财产的支出限制控制风险

受托人在对信托财产进行支出时，应当遵照信托文件的约定，特别是要严格执行信托文件中约定的年度慈善活动支出数额或比例；慈善信托财产及其收益，必须全部用于慈善目的,而不能用于非慈善的目的;支出信托财产的时候,受托人不得为自己或利害关系人牟取私利。

虽然从信托法原理上看慈善信托不受反永续规则(Rule Against Perpetuities)的限制,也就是说慈善信托原则上可以永续存在,《信托法》和《慈善法》关于慈善信托的规定也并无信托财产支出比例的要求,但是,慈善信托财产一直积累而长期不用于慈善目的,实际上也是违反慈善信托制度的基本宗旨的。法律和法规虽然不便于为慈善信托具体确定每年的支出比例,但是,实践中的慈善信托最好在信托文件中约定每年支出比例的区间,避免受托人自我强化其存在感。

四、慈善信托受益人选定管理

慈善组织作为单独或联合受托人参与慈善信托管理,有利于提高慈善项目选择项目和非特定受益人遴选的精准性,有利于提高慈善资产的利用效率。慈善信托项目实施管理核心是受益人选定。

(一)慈善信托受益人选定范围

慈善信托的受益人必须非特定,在实践中要遵循公开、公平和公正三原则,根据信托文件约定的受益人选定方法和程序,确定具体的慈善项目和受益人。在实际操作中,委托人、慈善项目执行人都可以提出具体的受益人名单。但慈善信托不是商业信托的通道业务,受托人要对慈善项目和受益人进行严格把关,通过查询相关支持文件等手段,确保慈善项目符合本信托的慈善目的、受益人与委托人不存在利害关系、慈善支出的金额和比例符合信托文件的约定等。即使慈善信托设立决策委员会决策受益人事项,在不符合慈善信托目的的情况下,受托人也应当具有一票否决的权利,不得指定慈善组织管理人员的利害关系人作为受益人。

(二)慈善信托受益人选定机制

从目前实践来看,慈善信托受益人选定的决策机制主要有三种:一是由受托人自主选定受益人,实施慈善项目。这种情况的受托人一般由慈善组织担任,或者由信托公司与慈善组织共同担任,委托人高度信任受托人的慈善项目实施能力。二是由受托人与项目执行人合作选择受益人。项目执行人初步筛选慈善项目,向受托人推荐受益人名单。受托人对相关资料再度审核,并进行自主确认。这种决策方式在受托人为信托公司的慈善信托中很常见。三是成立决策委员会决定受益人。决策委员会可由若干名委员组成,委托人、受托人、监察人各委派1名常任委员,相关领域专家可担任非常任委员。慈善信托受益人名单经决策委员会审议通过后,受托人方可据此进行信托利益分配。决策委员会可灵活设置决策规则,但一般来说,事项通过必须包括受托人一票。①

---

① 如何搭建合理的慈善信托治理机制[EB/OL].(2017-11-22).https://www.sohu.com/a/205899422_739521.

五、慈善信托的变更管理与清算管理

（一）慈善信托的变更管理

1. 可变更事项

根据信托文件约定和原委托人的同意，可以变更如下事项：增加新的委托人；增加信托财产；变更信托受益人范围及选定的程序和方法；国务院民政部门和国务院银行业监督管理机构规定的其他情形。

2. 变更期限

慈善信托的受托人应当在变更之日起 7 日内按照《慈善信托管理办法》第 18 条的规定向原备案的民政部门申请备案，并提交发生变更的相关书面材料。如当月发生两起或两起以上变更事项，可以在下月 10 日前一并申请备案。

3. 变更受托人

慈善信托的受托人违反信托义务或者难以履行职责的，委托人可以变更受托人。需要指出的是，除非信托文件另有规定，慈善信托的受托人不得自行辞任。变更受托人的具体情形包括：受托人违反信托义务或者难以履行职责；依法解散、注销或法定资格丧失；被依法撤销或者被宣告破产。

变更后的受托人应当在变更之日起 7 日内，将变更情况报原备案的民政部门重新备案。

（二）慈善信托的清算管理

根据《慈善信托管理办法》的规定，慈善信托终止的情形包括：信托文件规定的终止事由出现；信托的存续违反信托目的；信托目的已经实现或者不能实现；信托当事人协商同意；信托被撤销；信托被解除。

终止清算阶段，受托人的责任主要有四个方面：第一，确定终止日期，受托人应当于终止事由发生之日起 15 日内，将终止事由和终止日期报告备案的民政部门；第二，制定处置方案，在信托财产处置前将处置方案报告备案的民政部门；第三，处置清算，受托人根据处置方案的约定处置信托财产，或经民政部门批准后运用于近似目的；第四，信息披露，根据《慈善信托管理办法》的规定，自慈善信托终止事由发生之日起 15 日内，受托人应当将终止事由、日期、剩余信托财产处分方案和有关情况报告备案的民政部门。慈善信托终止的，受托人应当在 30 日内作出处理慈善信托事务的清算报告，向备案的民政部门报告后，由受托人予以公告。慈善信托若设置信托监察人，清算报告应事先经监察人认可。

第五节　慈善信托备案管理

慈善信托备案是慈善事业设立登记、信息披露和监督管理的重要措施。《慈善法》将公益信托时代的审批制转变为备案制，备案不是信托关系的成立要件，是慈善信托获得相关税收优惠的前提。

税收优惠不仅是对从事慈善事业的经济激励,也意味着政府和社会对慈善行为的认可,在慈善信托发展中起着重要的撬动作用,而且是监督慈善信托的利器。

一、慈善信托备案管理

(一)慈善信托备案的主体

受托人是慈善信托备案的主体,民政部门是备案登记或予以认定的行政部门。根据《慈善信托管理办法》的要求,受托人应当在慈善信托文件签订之日起7日内,将相关文件向受托人所在地县级以上人民政府民政部门备案。信托公司担任受托人的,由其登记注册地设区市的民政部门履行备案职责;慈善组织担任受托人的,由准予其登记或予以认定的民政部门履行备案职责。同一慈善信托有两个或两个以上的受托人时,委托人应当确定其中一个承担主要受托管理责任的受托人按照本章规定进行备案。备案的民政部门应当将备案信息与其他受托人所在地的县级以上人民政府民政部门共享。

民政部门应当在收到备案申请材料之日起7日内出具备案回执;不符合规定的,应当在收到备案申请材料之日起7日内一次性书面告知理由和需要补正的相关材料。

(二)慈善信托备案的材料要求

1. 慈善信托设立备案

慈善信托的受托人向民政部门申请备案时,应当提交以下书面材料:①备案申请书;②委托人身份证明(复印件)和关于信托财产合法性的声明;③担任受托人的信托公司的金融许可证或慈善组织准予登记或予以认定的证明材料(复印件);④信托文件;⑤开立慈善信托专用资金账户证明、商业银行资金保管协议,非资金信托除外;⑥信托财产交付的证明材料(复印件);⑦其他材料。以上材料一式四份,由受托人提交履行备案职责的民政部门指定的受理窗口。

2. 慈善信托变更备案

备案后,发生《慈善信托管理办法》第38条规定的部分变更事项时,慈善信托的受托人应当在变更之日起7日内按照第18条的规定向原备案的民政部门申请备案,并提交发生变更的相关书面材料。申请重新备案时,应当提交以下书面材料:①原备案的信托文件和备案回执;②重新备案申请书;③原受托人出具的慈善信托财产管理处分情况报告;④作为变更后受托人的信托公司的金融许可证或慈善组织准予登记或予以认定的证明材料(复印件);⑤重新签订的信托合同等信托文件;⑥开立慈善信托专用资金账户证明、商业银行资金保管协议,非资金信托除外;⑦其他材料。

3. 慈善信托终止备案

自慈善信托终止事由发生之日起15日内,受托人应当将终止事由、日期、剩余信托财产处分方案和有关情况报告备案的民政部门。慈善信托终止的,受托人应当在30日内作出处理慈善信托事务的清算报告,向备案的民政部门报告后,由受托人予以公告。

二、慈善信托税收优惠的内涵、价值和原则

（一）慈善信托税收优惠的内涵

税收优惠是政府为了达到在一定时期的政治、经济和社会发展目标，通过税收制度和税法，在税收方面对某些纳税人给予鼓励、激励和照顾，促进与政府目标一致的事业发展的政策措施。

（二）慈善信托税收优惠的价值

按照价值目标的导向，税收优惠的价值目标可分为三大类：实现公益目的、实现社会目的、实现经济目的。慈善信托所蕴含的社会内容恰好在"为了社会目的的税收优惠"所关涉的范围之内；慈善信托所承载的"平衡个人利益与社会利益"的基本法律价值与"为了社会目的的税收优惠"所表达的"以纳税人为本、平衡协调和社会责任本位"的价值追求则是刚好契合。慈善信托税收优惠的具体价值至少包括以下几点。

第一，对慈善信托实行税收优惠，体现了国家和社会对慈善行为的认可与支持。从慈善信托运作过程来看，委托人出于慈善目的，将财产捐赠给慈善信托项目；然后，受托人对信托财产进行支配和管理，再将信托财产及信托收益转移给相关的受益主体。整个运作过程涉及了委托人捐赠财产和慈善信托产生的信托收益税收问题。慈善信托的资金主要来源于社会大众的捐赠，是否给予慈善信托税收优惠直接影响了社会大众的财富流向。现实生活中，国家只要在税收方面给予慈善信托一定的优惠，即表达了国家对其的鼓励和肯定，这样必然会对人们的慈善行为起到相当的引导作用。

第二，对慈善信托实行税收优惠，有助于政府职能的实现。公民对私益的需求可以通过自身力量实现，但对公益的需求则必须靠政府提供。然而，政府本身不是经营者，就税收基本原理而言，国家征税的目的是满足社会公共利益的需要，向人们提供公共产品。由于机构本身的复杂性以及不直接参与市场经济，政府与市场一样存在失灵的可能，社会民间力量便需要发挥其应有的价值，矫正政府失灵之处。慈善信托的基本功能决定了其可以满足这个层面的需要。为此，给予慈善信托税收优惠正是不浪费税收征纳资源，服务于公共利益的需要，能够帮助政府实现社会公共职能。

第三，对慈善信托实行税收优惠，有助于公益慈善事业的发展。国家直接从事公益慈善事业，成本较为昂贵，还有可能影响公益慈善事业的发展速度和效率。但如果对慈善信托实行税收优惠政策，就提升了社会公众设立慈善信托的积极性，就等于社会大众直接将财物和资金用于发展慈善事业，也意味着社会在一定程度代替政府完成了对慈善事业的投入。完善相关配套税收优惠措施，必然会促进慈善事业的进一步发展。

（三）慈善信托税收优惠的原则

完善、合理的慈善信托税制有利于确保慈善信托在宽松和公平的环境下稳健发展；不合理的慈善信托税制则可能造成慈善信托经营困难、风险增大，甚至造成资源配置的扭曲。因此，慈善信托优惠政策制定和实施必须遵循一定的原则。

第一,既有惠泽的力度、能调动社会大众的积极性,又应当有效规避委托人利用慈善信托实现其私益目的或进行避税的问题。

第二,统一关于公益慈善类税收优惠的相关规定,避免税收优惠不一致现象的产生。

第三,沿袭有关公益捐赠税收优惠的管理经验,保证慈善信托税收优惠方案的科学性和实际可操作性。

第四,简化征税环节,避免各个征税环节和各个税种的重复叠加,形成有效的运作机制。

三、慈善信托税收优惠管理的内容

(一)慈善信托税收优惠的对象

理论上,慈善信托的税收优惠涉及两类对象:一是信托财产的捐赠机构和个人;二是慈善信托机构。实践中,其差异较大。英国对两类对象都给予税收优惠。在我国,以信托公司作为受托人不能为委托人开出捐赠票据,只有和基金会或其他慈善组织合作,信托公司才能享受税收优惠。

(二)慈善信托税收优惠的认定

1. 主体条件认定

一要满足信托成立的基本要件;二要满足信托目的的慈善性;三要为了社会公共利益;四要信托具有绝对的公益性。

2. 程序条件认定

各国主要通过两种方式来对慈善信托给予税收优惠:一是登记和备案重合制度。例如,英国所有在慈善委员会登记的"注册慈善组织"可以直接提交给税务部门,享受税收优惠。未注册的慈善组织,需要向税务部门提交符合要求的证明材料之后才能享受税收优惠。二是登记备案制。把登记(备案)作为获得有关税收优惠的前置条件。如日本要求满足了登记条件的慈善信托,还需经过有权机关的认定后才可享受税收优惠。

(三)慈善信托税收优惠的税种

在通常情况下,慈善信托财产的机构可以享受企业所得税和个人所得税优惠。慈善信托作为慈善组织可以享受财产转让税、所得税(一般将股息收入除外)、增值税、资本利得税、遗产税和印花税等税种的豁免或一定比例的优惠。此外,对于收益和资本,无论是利息收入、租金收入或投资所得,只要继续用于慈善,一般可以全额免税。

四、我国的慈善信托税收优惠管理

当前,我国尚无明确的慈善信托税收制度。实践中,慈善信托机构一般依据《慈善法》《信托法》及其他相关法律法规的相关规定,通过一定的交易结构设计,可以为慈善信托委托人实现所得税税前抵扣税收优惠。在具体操作中,信托公司作为受托人不能为委托人开出捐赠票据,因此需要与具有开票资格的基金会合作,主要有两种合作模式。在不同模式中,慈善基金会扮演的角色不同,对信托公司的要求也有不同。

(一) 基金会作为委托人开具捐赠发票

在该模式下,财产所有人先将财产捐赠给慈善基金会,然后,基金会作为委托人,用捐赠财产设立慈善信托。信托公司作为受托人,按照基金会的意愿使用信托财产。信托公司的加入增加了慈善资金运用的监督环节,有利于提高资金使用透明度和专业水平。基金会在接受捐赠的同时开具捐赠发票,解决捐赠者的纳税抵扣问题。

(二) 基金会作为项目执行人开具捐赠发票

在该模式下,捐赠者作为委托人直接设立慈善信托。信托公司担任受托人,并聘任委托人认可的基金会作为慈善项目执行人。慈善信托的财产通过该基金会,由其定向用于慈善项目使受益人受益,并由其直接向委托人开具捐赠发票。在这种操作模式下,信托财产通过慈善基金会定向用于慈善项目,对信托公司来说是一种比较省力的方式。但需要注意的是,虽然慈善信托的资金经过基金会,但基金会不是慈善信托的受益人。

复习思考题

1. 简述慈善信托的特征和优势。
2. 简述慈善信托受托人的义务和权利。
3. 简述慈善信托受益人非特定的含义。
4. 简述慈善信托监察人的义务和权利。

典型案例

财富管理与慈善信托结合

老李是某集团公司老总,今年70岁,身价超过2亿元人民币。他幼年丧父,母亲改嫁,由祖父母在亲戚和邻里的帮助下抚养其长大,直到高中毕业(学校曾多次减免其费用)。20世纪80年代,老李闯深圳,从学徒起一步步创立了今天的事业。老李是个感恩的人,很想回报家乡。老李还是个体育迷。老李怕自己的后代吃自己吃过的苦,但又怕自己的遗产养出败家子孙。近年来,老李向红十字会和体育事业累计捐款8 000万元。对于慈善,老李有自己的想法,也关注过比尔·盖茨和王永庆家族财富管理与公益慈善的模式,但其苦于主业十分忙碌,无暇,也无专业知识管理和运营基金。后来他想过百年后把自己的所有资产捐出去,但又担心辛苦打拼的事业受到冲击,想让小儿子继承自己的职位和事业,又怕其能力不足,难以承受。大儿子有能力,但志在研究,对老李这一行不感兴趣。老李期望自己的事业和慈善精神在自己百年后仍能持续下去。经过多次深入交流,财富管理机构建议他设立慈善信托。

资料来源:李泳昕,曾祥霞.中国式慈善基金会[M].北京:中信出版社,2019:166-167.

思考题:
假设你是某信托公司的部门经理。

1. 利用本章学习的知识,向老李阐明建立家族慈善信托符合其多重目标。
2. 帮老李设计慈善信托管理的框架,并用图表示出来。

 即测即练

第十一章

慈善信息管理

当前,人类社会已进入信息化、网络化和经济全球化的新时代,信息与物质和能源共同构成了现代社会的三大支柱资源。慈善信息作为国家重要战略资源,如何管理、使用成为慈善管理中的重要内容。

第一节 慈善信息管理概述

2018年4月20日,习近平总书记在全国网络安全和信息化工作会议上的讲话提出:"要运用信息化手段推进政务公开、党务公开,提高透明度,及时回应群众关切,接受人民监督。"因此,在信息化时代,如何运用信息化手段推进慈善信息的公开,增强透明度,提高社会公信力,是慈善信息管理的一个重要课题。

一、相关概念

(一) 信息和信息管理

1. 信息

一般认为,信息(information)是具有新内容、新知识的消息(如书信、情报、指令等)。[①] 信息与数据(data)既有联系又有区别。数据是对情况的记录,数据的含义不仅限于数值数据,还包括非数值的数据,如声音、各种特殊符号、图像、表格、文字等。信息来源于数据,是经过加工处理后对组织的管理决策和管理目的实现有参考价值的数据。

信息是组织的一种资源,具有如下特点。

(1) 影响和决定组织的生存。

(2) 能够为组织带来收益。

(3) 获取和使用信息要支付费用和成本。

(4) 信息具有很强的时效性,延迟的信息可能起到相反的作用。

(5) 信息的使用者应当考虑信息的费用与它为改善管理所带来的功效相比是否合算。[②]

根据信息的上述特点,可以看出,在与组织有关的工作中,如改进计划、人员配备、指

[①] 邓荣霖,杨文士.管理者手册[M].北京:企业管理出版社,1996:260.

[②] 同①。

导工作与领导工作方面,都要利用信息资源。因此,必须加强对信息资源的管理。虽然管理信息费用是有成本的,并且可能成本还会很高,但如果不对信息资源进行管理,可能会付出更高的代价。

2. 信息管理

信息管理始于"信息资源管理"(information resources management,IRM)一词。"信息资源管理"一词在20世纪70年代后期出现于美国的政府部门,随后迅速扩展到其他很多部门,如企业、科研机构和高校,逐渐成为一门新兴学科、一门管理理论。"信息资源管理"中的"信息资源"是信息活动中各种要素的总称,包括信息、信息技术以及相应的设备、资金和人等。①

信息管理是人类为了有效地开发和利用信息资源,以现代信息技术为手段,对信息资源进行计划、组织、领导和控制的社会活动。② 简单地说,信息管理就是人对信息资源、信息活动的管理。对信息管理的定义可从以下几方面来理解。

(1) 信息管理对象是信息资源和信息活动。一般来说,信息资源概念是把信息资源等同于知识、资料和消息,即只是指信息本身的集合。信息活动是指信息资源的利用。其是以信息资源的传递、检索、分析、选择、吸收、评价、利用等活动为特征,用来实现信息资源的价值,达到信息管理的目的。③ 如果只是对信息资源进行管理而忽略与信息资源紧密联系的信息活动,信息管理就不全面,因此信息活动也应作为信息管理的对象。

(2) 信息管理是组织管理活动中的一部分。在组织中,信息资源与组织的人、财、物一样,是其经营与发展的重要资源,对这些资源管理的主要目的是合理地配置和有效地控制,以满足和实现本单位的目标和任务。④ 信息作为一种资源,只有通过对其进行有效管理,才能实现其潜在的价值。因此,信息管理是组织管理活动中的一部分。

(3) 信息管理是一种社会规模的活动。信息管理反映了信息管理活动的普遍性和社会性,是涉及广泛的社会个体、群体、国家参与的普遍性的信息获取、控制和利用的活动。⑤

(二) 慈善信息管理

1. 慈善信息及慈善信息管理

何谓慈善信息?简单地说,慈善信息就是慈善组织及其相关利益群体进行慈善活动时产生的有关信息。

扩展阅读11-1 《关于公益慈善组织信息公开的提案》

慈善信息管理是与慈善信息息息相关的概念。所谓慈善信息管理,是指在整个慈善事业管理过程中,人们收集、加工和输入、输出慈善信息的总称。

---

① 李海东,许志强,邱学军.信息资源检索与利用[M].北京:中国铁道出版社,2020:4.
② 杜栋,蒋亚东.企业信息资源管理[M].北京:北京交通大学出版社,2006:125.
③ 林自葵.物流信息管理[M].北京:清华大学出版社,2006:46.
④ 杜栋.信息管理学教程[M].北京:清华大学出版社,2004:30.
⑤ 同③。

慈善信息管理的过程包括信息收集、信息传输、信息加工和信息储存。慈善信息收集就是对原始慈善信息的获取。慈善信息传输是慈善信息在时间和空间上的转移,因为慈善信息只有及时、准确地送到需要者的手中才能发挥作用。慈善信息加工包括慈善信息形式的变换和慈善信息内容的处理。慈善信息储存是将获得或加工后的慈善信息保存起来,以发挥其潜在的作用。

慈善信息管理是一门学科,它涉及很多因素,如信息技术、信息资源、参与活动的人员等,是一种多学科、多要素、多手段的管理活动。从管理角度看,它具有一般管理活动的特点;从技术角度看,它要运用许多技术手段和管理手段。因此,信息管理活动有着明确的目标和任务。它总是指向一定目标,达到一定的效果,并完成预定的任务。

2. 慈善信息管理不同层次

慈善信息管理是一个多层次管理的活动,一般可分为微观、中观和宏观三个不同层次。

一是微观层次。微观层次的慈善信息管理所研究和处理的是具体的慈善信息产品的形成与制作过程,主要面向具体的慈善信息产品。这一层次贴近普通人对信息管理的理解。

二是中观层次。中观层次的慈善信息管理从社会组织系统角度出发,认为信息系统是一个完整的组织内部的信息处理和交流的环境与平台。中观层次的慈善信息管理所关注的问题是如何规划与运营好慈善组织内部信息资源。中观层次面向的是具体的慈善信息系统。

三是宏观层次。当慈善信息产品进入社会慈善信息市场,就要加强对慈善信息市场的监管,加强对慈善信息服务的管理,就要从政策、法规和条例等方面进行规范。如何通过对慈善信息市场、行业的有效管理,提高其慈善信息管理水平,这是宏观慈善信息管理所要研究的问题。宏观层次是从整个社会系统角度来研究一个国家或地区的慈善信息管理。

二、慈善信息管理的特征

(一)慈善信息管理的管理类型特征

从管理的角度看,慈善信息管理是管理的一种类型,因此具有管理的一般性特征。在管理基本职能、管理对象、管理目的等方面,慈善信息管理同样具备。其具体特征如下。

1. 慈善信息管理对象是信息资源和信息活动

慈善信息管理对象不是人、财、物,但它要对反映人、财、物的属性、特征和状况的信息,以及为了开发和形成信息资源而开展的信息活动进行规划、组织和管理。

2. 慈善信息管理贯穿于整个慈善管理活动之中

在慈善管理活动中,会产生描述和反映慈善活动的慈善信息。相关部门可以通过这些慈善信息进行分析,来评估慈善管理过程的绩效,并利用慈善信息来实施管理控制,因此,慈善信息管理始终贯穿于慈善管理的全过程。

3. 慈善信息管理是一种控制过程

慈善管理活动过程本身是一种控制过程,是对慈善信息要素进行决策、计划、组织、协调与控制，从而有效地生产慈善信息，满足社会需要的过程。

（二）慈善信息管理的时代特征

当今，随着信息化、网络化和全球化的发展，人类进入一个新的时代，这一时代深深影响和改变了慈善信息的管理。

1. 慈善信息管理的对象迅速增加

信息化时代的到来，一是大大增加了信息管理的对象。此外，经济全球化的发展也使慈善信息管理的对象迅速增加。随着信息管理对象的增加，慈善信息管理手段的难度和复杂度也大大地增加，因此就要不断地优化慈善信息管理的手段。二是慈善信息管理所涉及的知识与技术领域不断扩大。现代慈善信息管理工作不仅需要各种各样的理论知识，如经济理论、管理科学、社会科学和心理科学，还需要计算机、通信、网络和多媒体等信息管理与信息开发技术。这就对慈善信息管理人员提出了更高的要求。

2. 慈善信息管理技术不断进步

在慈善信息管理对象剧增的同时，信息技术的快速发展为我们存储和管理海量慈善信息创造了条件。同时，各种信息技术如大数据、人工智能等的出现为人们提供了收集和使用信息的新方法、新技术，改善和提升了信息管理能力；反之，慈善信息管理技术又促进了信息管理技术的不断进步。

3. 信息开发运用方法更加科学

过去，人们在传统管理中主要是依靠经验来处理各种信息，所需要的只是简单的算术运算和统计。而在信息时代，人们则将各种现代数学方法大量运用于信息化管理。科学方法的应用，使信息的流动性和共享性以及知识的外溢性成为实现信息共享与数据挖掘的重要手段。信息价值将更多地依赖于对数据的深度挖掘，而不能仅仅停留在表层语义上对信息的简单使用。

4. 信息成为慈善组织最具价值的资源

随着各种信息收集、开发技术的发展，当今慈善信息成为慈善组织最具价值的资源。对这些慈善信息的挖掘和利用，可以为慈善行业、慈善家、公益慈善组织和社会公众提供各种有用的信息。比如其为慈善行业提供重要参考，帮助慈善家了解如何更加有效地捐赠，协助公益慈善组织更好地运营，帮助它们了解政府的慈善管理政策和措施，也使社会公众更加有效和透明地了解公益慈善。

三、慈善信息管理的原则

所谓原则是指经过长期检验所整理出来的合理化现象，是人们观察问题、处理问题的准绳。慈善信息管理原则是指人们在慈善信息管理活动中必须遵循的一套管理思想或行为准则。

具体来看，慈善信息管理原则包括以下方面。

（一）系统

系统原则是指以系统的观点和方法，从整体上、全局上、时空上认识慈善管理客体，以求获得满意结果的管理思想。其包括整体性、历时性和满意化三个原则。

1. 整体性

整体性原则是指把慈善信息管理客体作为一个有机整体来认识，按整体规律去处理问题。

2. 历时性

历时性原则要求注重慈善信息管理客体的产生、发展过程及其未来趋势，将客体视为变化着的系统，从形成过程的规律和发展趋势来认识客体，即从时间的方向上来认识系统的整体性特征。

3. 满意化

满意化原则要求对慈善管理客体进行优化处理，从整体观念出发，调整整体与局部的关系，拟定若干可供选择的调整方案，然后根据本系统的需要（目的）和可能（条件），选择满意度最高的方案。

（二）整序

整序是指对所获得的慈善信息按"关键字"进行排序。慈善信息管理遵循整序原则的原因：一是信息量大。如不排序，查找慈善信息速度慢且困难。二是未排序的慈善信息只能反映单条信息内容，不能定量地反映慈善信息的整体在某一方面的特征。整序之后，信息按类（某一特征）归并，易显示该特征下信息总体的内涵和外延，也便于发现信息中的冗余和缺漏，方便检索和利用。

整序方法主要有分类整序法和主题整序法等。分类整序法是指以信息内容的学科类别为信息标识、以学科层次结构体系为顺序的方法。主题整序法是指以能够代表信息单元主题的词语（主题词）为标识，再按词语的字顺为序的方法。

（三）激活

激活原则是指对所获慈善信息进行分析和转换，使慈善信息活化，以便为慈善管理者服务。慈善信息只有在被激活之后才能成为资源并产生效用。慈善管理者应学会激活信息，激活能力是慈善信息管理能力的核心。

慈善信息的激活方法主要有综合激活法、推导激活法和联想激活法等。

1. 综合激活法

综合激活法是指以综合的方法，对已拥有的慈善信息进行扩展、转换而获得新的慈善信息的方法。

2. 推导激活法

推导激活法是指根据已知的定理、定律或事物之间的某些联系，从已知的慈善信息进行逻辑推理或合理推导而获取新慈善信息的方法。

3. 联想激活法

联想激活法是指从已知的慈善信息联想到另一些信息，而这些慈善信息本身可能是激活主体所需要的新信息，或者可以将它们综合成新信息，或者可以从它们当中受到启发而产生新的信息的方法。联想和推导不同，它并未经过逻辑推理或合理推导，而是通过由此及彼的联想,有时甚至是非逻辑的思维过程,仅仅是因联想而得到启示。

(四) 共享

共享是信息的基本特征,不仅慈善组织需要慈善信息共享,社会也需要慈善信息共享,否则信息就不能发挥其潜在的价值。因此,共享原则是指为获得信息潜在价值,争取最大限度地利用慈善信息的一种管理思想。

(五) 贡献

贡献原则是指慈善信息管理者要善于最大限度地将组织及其成员所拥有的信息都贡献出来,供慈善组织及社会成员使用。贡献原则是实现信息共享的前提。

(六) 防范

防范原则,又称安全原则,是指为防止敏感慈善信息为别有用心的人或组织利用,要求信息管理者在信息管理活动中必须提升安全防范意识。

第二节 中国互联网公益慈善体系

2022年7月12日,国家主席习近平向世界互联网大会国际组织成立致贺信。习近平指出:"成立世界互联网大会国际组织,是顺应信息化时代发展潮流、深化网络空间国际交流合作的重要举措。希望世界互联网大会坚持高起点谋划、高标准建设、高水平推进,以对话交流促进共商,以务实合作推动共享,为全球互联网发展治理贡献智慧和力量。"

20世纪60年代以来,信息技术飞速发展,互联网应用加速普及。互联网在重塑很多经济部门的同时,也以同样的方式改变了传统慈善生态体系。互联网与传统公益慈善理念进行深度融合,逐渐创造出了一种新的公益慈善生态体系。

一、互联网慈善

互联网慈善(网络慈善)是随互联网发展而逐渐出现的一种公益慈善新业态,它不同于传统的慈善,其定义以及与传统慈善的区别如下。

(一) 互联网慈善的定义

何谓"互联网慈善"?按照联合国开发计划署2016年发布的《中国互联网慈善报告》,"互联网慈善"包括在互联网上发生的传统慈善和由于互联网而出现的新的慈善形态。[①]

而在中国,"互联网慈善"又称作"网络慈善",是借助网络平台开展的各类慈善活动的总称。其核心是通过网络募捐和捐赠等活动来实现慈善之目的。

互联网慈善可以分为狭义和广义两种。

狭义的互联网慈善主要指受《慈善法》规制的互联网募捐。

---

① 中国互联网慈善报告[R].上海:联合国开发计划署,2016.

广义的互联网慈善是指一切通过互联网平台开展的以帮助他人为目的的慈善活动。广义的慈善募捐不仅包括法定的互联网平台募捐活动,也包括其他各种利用互联网平台进行的慈善募捐与慈善服务等行为。[1]

互联网慈善是我国慈善领域的新形态,是中华传统文化与现代科技相结合下的慈善创新,它培养了中国慈善新理念、引领了慈善新习惯、形塑了慈善新时尚,推动着平民慈善、大众慈善的发展,也为全球慈善的发展贡献了中国样板。在2016年中国慈善法颁布的同时,"互联网+"已经成为中国越来越重要的现象并逐渐渗透到慈善领域。2022年中国互联网公益峰会发布的最新数据显示:"2021年通过互联网募集的善款接近100亿元,比2020年增长了18%。"[2] 2017—2019年,每年都有超过100亿人次点击、关注和参与互联网慈善。

2017—2019年上半年互联网募捐平台筹款情况如表11-1所示。

表11-1 2017—2019年上半年互联网募捐平台筹款情况[3]

时间	平台数量/家	募捐资金/亿元	同比增长/%	发布募捐信息公募慈善组织数量/家	网民关注和参与人次/亿
2017年	12	25.8		921[2]	62.0[3]
2018年	20	31.7	26.8	1 400	84.6
2019年上半年	20	18.0	83.7[4]	1 400	52.6

注:1. 表中数据来自民政部公开发布的信息。
  2. 921家依据在各平台上发布募捐信息的公募慈善组织数加总所得,部分组织有重叠,故该数据比实际的高。
  3. 62亿为捐款次数。
  4. 83.7%依据2019年上半年、2018年上半年数据计算得出。

(二)互联网慈善和传统慈善的区别

互联网慈善作为一种日益成形的公益慈善新业态,并不是"互联网+慈善"简单的两者相加。它是随着互联网技术的广泛应用和"互联网+"意识的普及而在传统慈善模式基础上发展起来的新事物,是信息技术在慈善领域的应用,并对慈善活动、慈善方式、慈善组织的形态和管理乃至民众的慈善理念等产生互动与反馈。[4] 互联网慈善和传统慈善区别主要如下。

1. 捐赠方不同

互联网慈善通过互联网使普通人聚在一起共同推动公益发展。互联网捐赠人通过网络进行捐赠而不是单独定向捐赠。与传统捐赠人相比,互联网捐赠人更年轻、更多元化。

2. 捐赠形式不同

传统捐赠往往是慈善家定期向一组受益人捐赠。与此相反,互联网捐赠可能包括贷

---

[1] 中国网络慈善发展报告[R]. 北京:中国社会保障学会,2020.
[2] 去年超100亿人次参与网络慈善[EB/OL]. (2022-06-10). http://www.charityalliance.org.cn/org/14433.jhtml.
[3] 康晓光,冯利. 中国慈善透视[M]. 香港:世界科技出版公司,2020:240.
[4] 同[1]。

款①、网上销售等各类金融工具或者包括时间和技能在内的非金融捐赠。网络捐赠可以针对某个具体项目或自然灾害等特定事件作出回应。此外,互联网促成了独特的慈善参与形式,包括通过社交媒体宣传慈善活动以及开展对话和辩论。

3. 中介机构不同

传统慈善活动主要是通过公益或非营利组织和基金会进行线下募捐活动,而互联网慈善改变了这些组织的作用。比如,这些组织可能会把很多筹款职能委托给互联网。将传统的线下募捐转为线上募捐,公益变得更高效、透明。此外,捐赠人还可以通过网络平台直接与接受捐赠者取得联系。甚至一些互联网企业也入局公益,如以腾讯、阿里巴巴为代表的互联网企业。2015年9月9日,腾讯发起了中国互联网史上第一个公益节日——"99公益日"。两年后,阿里巴巴发起另一个公益节日——"95公益周"。

4. 受益方不同

传统慈善的受益方有别于互联网慈善的受益方。传统慈善的捐赠方可能与受益方关系密切,比如对母校的捐赠。传统慈善通常将受益方视为社会困难群体,而互联网慈善的受益方则多种多样,更加多元化。

5. 信息流动不同

传统慈善的信息流动非常有限,且受到捐赠人和受益人之间的不平等关系的限制。互联网慈善为捐赠人和受益人提供了新的沟通渠道,尤其是从受益人到捐赠人的沟通渠道。在互联网时代,单行道式的传统慈善转变为迂回式慈善。通过互联网,慈善家在捐赠的同时也能够积极参与慈善活动。②

互联网慈善和传统慈善的区别如表11-2所示。

表11-2 互联网慈善和传统慈善的区别

项 目	传 统 慈 善	互联网慈善
捐赠方	更年长;个人或基金会	更年轻;网络化的个人
捐赠形式	定期捐赠;大额捐赠	规模和性质不同;可包含非财务捐赠;可能基于事件或项目
中介机构	公益或非营利组织和基金会	可以绕过基金会或涉及私人合作伙伴
受益方	个人事业;贫困群体	多种多样;可针对个人
信息	有限;"单行道式"	透明度更高;传播速度更快;"迂回式"

资料来源:中国互联网慈善:中国慈善版图的发展趋势[R].联合国开发计划署驻华代表处,2016.

二、中国互联网慈善体系

随着中国互联网慈善事业的发展,中国互联网慈善逐渐形成一个慈善生态体系

---

① SALAMON L M. New frontiers of philanthropy[M]. New York: Oxford University Press, 2014.
② Information for United Nations Development Programme. Internet philanthropy in China [EB/OL]. (2016-11-23). https://www.undp.org/china/publications/internet-philanthropy-china.

(philanthropic ecosystem)。按照美国教授施密特①的观点,互联网慈善体系是由信息系统、捐赠系统、管理与报告系统和评估系统四个部分组成。

(一)慈善信息系统

慈善信息系统(knowledge system)是指对慈善捐赠、慈善政策和慈善目标以及接收人需求和专家知识等信息的存储。它包含相关数据的理论数据库、专家学者意见等,能够告知、约束及激励非营利组织、捐助者与中介机构。②

目前,中国慈善信息系统已经形成,致力于为捐赠人提供相关信息,继而为中国互联网慈善创建一个更加开放和透明的环境。目前,国内慈善信息分享平台主要有基金会中心网(CFC)、中国发展简报(CDB)等。

基金会中心网

官网:http://en.foundationcenter.org.cn

基金会中心网是一家合法注册的公益慈善机构,是中国众多慈善基金会信息的主要来源。基金会中心网旨在通过获取最高质量的数据、新闻和分析,为慈善市场带来透明度,增强慈善的社会影响。该机构将行业专业知识与创新技术相结合,为媒体、企业责任、研究机构、政府的主要决策者和捐赠人提供关键信息。

中国发展简报

官网:http://www.chinadevelopmentbrief.org.cn

作为一家中国的非营利组织,中国发展简报是一个为公益组织、基金会、发展实践者、企业、研究人员和决策者提供媒体、传播、研究、咨询、网络和其他服务的双语中心,其使命是通过专家分析和信息的自由流通为中国民间社会赋权。成立20年来,中国发展简报已成为中国慈善组织的主要门户网站,推出的中国公益组织名录以及其他双语出版物和在线工作中心已成为中国慈善行业内外受欢迎的慈善信息来源。

在信息时代,中国慈善信息系统发展趋势是与全球连接和长期效应,慈善信息系统对整个中国慈善体系的改造能力应当被鼓励和监督。

(二)慈善捐赠系统

慈善捐赠系统(giving system)是指由参与提供和管理慈善捐赠的捐赠人和中介组成的网络。③ 通过互联网慈善捐赠系统,可以将慈善捐赠发起方、捐赠方、受益方和捐赠平台通过互联网连接起来。

1. 发起方

发起方是指率先发起慈善项目或募捐活动的个人或组织。借助互联网创造的新机

---

① 巴兹·施密特(Buzz Schmidt)现任美国达特茅斯大学的塔克商学院(Tuck School of Business at Dartmouth College)的客座教授,同时也是美国慈善研究公司(Philanthropic Research, Inc.)与指南星(GuideStar)的创办人、F. B.赫隆基金会(F. B. Heron Foundation)与非营利季刊(*Nonprofit Quarterly*)组织主席、科技浓汤(TechSoup Global)及慈善协会(Institute for Philanthropy)的董事会成员之一。
② 中国互联网慈善报告[R].上海:联合国开发计划署,2016.
③ 同②。

会,发起方可以突破捐赠体系过去的定义和限制,特别是互联网使得个人能够成为发起方。

2. 捐赠方

目前,利用包括社交媒体在内的不同界面,中国互联网捐赠系统吸引了越来越多的年轻捐赠人。公益筹款人联盟(China Association of Fundraising Professionals,CAFP)[①]在 2014 年公布的一份报告中分析了捐献方的性别、地域、年龄、学历和捐赠行为。研究发现,中国南方互联网捐赠人数最多(尤其是广东),以男性为主,平均学历低于大学专科,80 后、90 后为捐赠主力军。绝大部分的捐赠人每次捐赠金额在 0~10 元之间,医疗和疾病类项目最受欢迎。

3. 受益方

受益方可以分为个人和慈善组织,受益方式随受益方的需求而变。由于平台使用的分类方法不同,目前无法合并所有网络捐赠平台的数据。尽管如此,医疗和疾病类项目获得的关注和捐赠也最多,占所有在线捐赠的一半以上。因为重病和急症需要立即采取行动,所以这些令人动情的和紧急的捐赠呼吁在收到的捐赠数额和项目偏好方面均处于最高水平。

4. 捐赠平台

根据发起方性质以及筹款模式不同,在 2016 年 9 月以前,中国的网络捐赠平台可以分为网络捐赠平台、公益众筹平台和公益网店。按照捐赠来源和关注重点不同,网络捐赠平台又可以进一步分为两大类:第一类是阿里巴巴和腾讯等具有慈善捐赠功能的普通电子商务平台;第二类是 51Give 和泉公益等独立的慈善网络捐赠平台。

2016 年后,随着《慈善法》的颁布,中国的网络捐赠平台主要是民政部门统一或者指定的慈善信息平台和其自身网站。[②]

《慈善法》颁布后,中国互联网捐赠进入一个大发展时期。民政部 2021 年统计数据显示,"慈善组织互联网公开募捐信息平台"已达到 30 家。其中,腾讯、阿里巴巴在互联网公益上均有布局,在中国互联网公益发展进程中占据重要地位。

一是腾讯公益慈善基金会。腾讯公益慈善基金会由腾讯公司发起,是中国第一家由互联网企业发起成立的公益基金会。其秉承"致力公益慈善事业,关爱青少年成长,倡导企业公民责任,推动社会和谐进步"的宗旨,致力于互联网与公益慈善事业的深度融合,通过互联网领域的技术、传播优势,缔造"人人可公益,民众齐参与"的公益 2.0 模式,致力推动网络公益新生态的建设。[③]

二是阿里巴巴公益基金会(Alibaba Foundation)。阿里巴巴公益基金会由阿里巴巴集团及旗下子公司联合发起,是 2011 年 12 月在民政部注册成立的全国性非公募基金会。基金会以"天更蓝,心更暖"为愿景,联合阿里巴巴集团、合伙人基金会及生态伙伴力量,聚

---

① 公益筹款人联盟是由南都公益基金会、深圳壹基金公益基金会、中国扶贫基金会、浙江敦和慈善基金会、阿里巴巴公益与北京瑞森德筹款研究中心联合发起的,面向中国公益行业筹款专业人员创立的会员制平台。
② 《慈善法》第三章第 23 条规定:"慈善组织通过互联网开展公开募捐的,应当在国务院民政部门统一或者指定的慈善信息平台发布募捐信息,并可以同时在其网站发布募捐信息。"
③ 资料来源:腾讯公益慈善基金会介绍[EB/OL].[2023-11-29]. https://gongyi.qq.com/tccf/about.htm.

焦乡村振兴、共同富裕、绿水青山三大方向——以数字技术推进公益生态效率,以产业联动助力乡村振兴等公益实践,以平台能力带动人人公益,促进更多微小而美好的变化,实现更多人帮助更多人。阿里巴巴公益基金会坚持与时代同温、与社会共联,期待联合各方,为社会创造更多价值。①

(三)慈善管理与报告系统

慈善管理和报告系统(management and reporting system)主要任务是"目标设定、方案规划、绩效跟踪和项目报告"以及"相关行政工作"。② 管理和报告系统是公益慈善组织管理制度的核心,包括管理子系统和报告子系统两部分。

1. 慈善管理子系统

慈善管理子系统主要包括公益慈善组织的登记、注册、志愿者招募平台等。互联网的引入,大大简化了慈善组织的注册流程、提升了管理效率、提高了透明度,并允许开展有针对性的志愿者招聘和培训。

在中国,慈善组织管理子系统由政务和公益机构域名注册管理中心(英文简称CONAC,官网:http://www.conac.cn)进行运作。该中心负责管理每个公益组织注册的第一步:域名。

政务和公益机构域名注册管理中心的使命是提供基础互联网技术,促进中国电子政务和信息化服务的发展。作为该领域的政府指定机构,CONAC保护中国政府组织、公共机构和社会组织的合法权益,管理和规范这些组织的网络名称与电子身份证书;促进信息通信技术在中国的渗透和应用,促进电子政务的发展,向政府组织、公共机构和社会组织提供快速可靠的互联网接入。

另外,在志愿者方面,慈善组织需要明确对志愿者的要求和所需资质。更好的志愿者管理可以对公益组织向受益人提供的服务产生重大影响。公益组织在了解其对志愿者的需求后,不仅可以在机构网站、微博及微信上发布志愿者招募信息,也可以借助专门发布志愿信息的平台,以更有针对性地接触潜在志愿者群体,提高志愿者招募的效率和效果。以下是对中国公益志愿者申请和招聘网站列表,其中包括具有庞大用户群的普通网站和专门的志愿者招募网站,如表11-3所示。

表11-3 中国志愿者招募平台列表

平台	网站	类型
中国发展简报	http://www.chinadevelopmentbrief.org.cn	综合公益网站
中国青年志愿者网	http://www.zgzyz.org.cn	志愿者招聘网站
豆瓣	https://www.douban.com	社交活动网站
国际志愿者网络	http://www.intvolunteer.com	志愿者招聘网站
志愿北京	http://www.bv2008.cn	综合公益网站

---

① 阿里巴巴公益基金会网站。
② SCHMIDT B. Toward a successful internet-enabled philanthropy ecosystem:part 1[EB/OL].(2013-09-02). https://nonprofitquarterly.org/toward-a-successful-internet-enabled-philanthropy-ecosystem-part-1/.

续表

平台	网站	类型
中国志愿服务网	https://chinavolunteer.mca.gov.cn/	志愿者招聘网站
此心公益—北京义工联盟	http://www.iyigong.com/forum.php	志愿者招聘网站
人人网	http://www.renren.com	社交活动网站
中华义工网	http://www.zhyg.org	志愿者招聘网站
58同城志愿者	http://www.58.com/volunteer	志愿者招聘网站

资料来源：中国互联网慈善：中国慈善版图的发展趋势[R].联合国开发计划署驻华代表处,2016.

2. 慈善报告子系统

慈善报告子系统主要指公益慈善组织的慈善事业年度报告。在信息时代，互联网使在线撰写和出版电子年度报告成为可能，并提高了其效率和透明度。目前中国有9 250家（截至2022年11月19日）慈善基金会，根据国家社会组织管理局的规定，社会组织可以在虚拟平台上注册、上传、公布年度报告，此项规定提供了社会组织运营的透明度，确保了各类团体在日常工作中建立问责制，向公众提供登记组织的最新状况。

目前，中国慈善报告子系统主要指中国社会组织政务服务平台。[①] 中国社会组织政务服务平台以"我要看、我要查、我要办"为建设主线，融合业务咨询、组织查询、登记办事于一体，优化了在线政务服务事项。平台集成了全新的社会组织信用信息公示系统、社会组织政策法规库，方便公众办事查询。平台底层通过接口方式与国家政务服务平台进行了系统衔接、数据共享，实现了政务服务一体化。公众通过该平台可查询社会组织基础信息、行政许可信息、年检（年报）信息、评估信息、表彰信息、行政处罚信息、失信信息以及涉嫌非法社会组织名单，并可进行在线投诉举报。此外，中国社会组织政务服务平台可以帮助了解中国慈善组织的整体环境。

（四）慈善评估系统

慈善评估系统（evaluation system）是指由审计师和其他相关群体所组成的专注于告知、影响或保护慈善家的网络关系。[②] 慈善评估系统能够帮助捐赠人了解他们正在资助的项目和组织，一方面能提供更加安全的慈善环境，另一方面能提高受益人的治理和效率。中国的互联网慈善评估系统虽比全球同行起步晚，但正在趋向于提供更加全面和个性化的解决方案。

互联网慈善评估系统至少有两种评估角度：第一种是从主体的角度分类；第二种是从专业领域的角度分类。

1. 主体角度

从主体的角度对互联网慈善评估系统进行分类，至少有三种不同类型的评估：基金会评估、公司评估（如企业社会责任）和慈善组织评估。目前，中国已经建立了针对主要慈

---

① 中国社会组织政务服务平台. https://chinanpo.mca.gov.cn.
② 中国互联网慈善报告[R].上海：联合国开发计划署,2016.

善主体的评估体系,其中包括对基金会、慈善组织和受益人进行评估。

中基透明指数(FTI)是一套综合指标、权重、信息披露渠道、完整度等参数,以排行榜单为呈现形式的基金会透明标准评价系统。排行榜按照基金会最新透明分数每周更新一次,排名越靠前,代表基金会透明度越高。其指标体系总共包含60个指标,并根据德尔菲法对不同指标附不同权重,满分为129.4分。①

透明度是慈善基金会获得公众支持和理解的一个重要指标。中基透明度指数通过对照41个"透明度指标"的全面清单对中国5 000余家基金会进行排名,根据公开披露的有关活动、财务和治理信息的水平和质量对基金会进行分类,以满足数字时代对透明度的不断增长的需求。

通过中基透明指数,一方面,基金会可以了解自身透明程度在全国范围的位置,并根据标准增加自身透明度;另一方面,公众可以透明度指数为捐赠参考,促进慈善行业透明度的增加和公信力的增强。如今,中基透明度指数已成为中国慈善基金会的基准。

另外,在针对企业慈善活动(企业社会责任)的评估方面,2021年11月19日,中国网络社会组织联合会联合中国标准化研究院及部分平台企业研究制定了《互联网平台企业履行社会责任评估指标体系》团体标准。该标准为三级指标体系,一级指标有企业治理、劳动者权益、消费者权益、平台治理、公平运营、环境保护和社会促进7个指标。该指标体系能够较为客观地反映平台企业履行社会责任情况,对于指导平台企业加强社会责任建设,以及政府主管部门和社会评估认识平台企业履行社会责任情况具有重要参考价值。二级指标24个、三级指标49个。

2. 专业领域角度

"互联网+"的发展趋势涉及很多专业知识,可以帮助提高评估体系的专业性和针对性。其专业领域包括财务、人力资源、市场推广的细分评估。其中,互联网已经推动了财务评估方面的发展。

恩友是一家致力于为慈善组织提供财务管理服务的公司,"恩友"意为"NGO之友"。该公司是2008年由9位从事公益或商业财务管理工作或非营利组织自律、问责推动工作的个人发起设立的,是一个专门为公益组织提供财务管理服务的公司,发展至2017年,已在北京、广州、重庆、合肥、贵阳、杭州等城市设有办公室。② 在所有活动中,恩友利用专业知识为慈善组织提供服务。恩友为慈善组织开发了四套财务管理工具包,其中包括与壹基金和自律吧(USDO)共同开发的"NPM项目财务管理软件"和"USDO财务信息披露模板"。这些工具包已成为慈善组织财务评估的基准。

当然,目前慈善评估系统主要是对财务方面的评估,还需要进一步提高针对人力资源、项目管理和志愿者的评估。

---

① 中基透明指数[EB/OL]. https://baike.baidu.com/item/%E4%B8%AD%E5%9F%BA%E9%80%8F%E6%98%8E%E6%8C%87%E6%95%B0/2260514.

② 资料来源:恩友北京网站(https://www.nfriend.org/)。

第三节　互联网公益慈善品牌建设

21世纪,品牌不仅是市场主体进行竞争的主要手段,同时也是公益慈善组织赖以生存及持续发展的主要因素。面对日趋激烈的竞争,品牌是公益慈善组织提升内部管理、应对外部竞争的有效方式。

一、公益慈善品牌

所谓品牌,是一种识别标志、一种精神象征、一种价值理念,是品质优异的核心体现。公益慈善品牌是一个公益慈善组织及其项目有效性的体现和代表。公益慈善品牌主要包括公益慈善组织品牌和公益慈善组织项目品牌两种。

(一) 公益慈善组织品牌

所谓公益慈善组织品牌(机构品牌),是指一家公益慈善组织在社会和行业中的综合形象。构成这些形象的要素除了这个机构的名称、使命、价值观、工作领域、服务群体、工作方式等常规内容外,还包括这个机构的治理和管理水平、项目效果和影响、信誉等在行业中的形象。[1]

公益慈善品牌就是在社会上的慈善公益事业有杰出表现,得到公众广泛的认可和偏爱,产生巨大的效应,具有良好的形象和声誉的慈善组织、慈善企业和慈善个人的名称、术语、标记、符号或图案,以及公共产品或公益服务。例如红十字标志、李连杰壹基金、富力地产捐赠等。[2]

对公益慈善组织而言,品牌可以理解为人们对一个公益机构及其项目、理念和效果的一种评价和认知,是一种信任。当人们想到某一公益品牌的同时总会联想到爱、慈善、责任。[3] 若能在社会大众及合作伙伴心中建立起高价值的品牌资产——知名度、联想度、质量感知度及忠诚度,有助于提升其品牌吸引力和机构营运能力。

(二) 公益慈善项目品牌

公益慈善项目品牌是指在一定区域内具有良好品牌形象,较高知名度和美誉度,较强竞争力、引领力、创新力和公信力的慈善项目。[4]

公益慈善项目品牌除了非营利性质外,它与商业品牌一样,一个好的品牌意味着好的影响力和号召力,优秀的公益品牌能够得到更多爱心单位和个人的热心支持,从而快速汇

---

[1] 中国慈善联合会.慈善项目品牌建设指南[Z].2021.

[2] 杨明刚,商婷婷.秉承慈善新理念 建构公益大品牌——慈善品牌的内涵与基本特征初探[J].华东理工大学学报:社会科学版,2008,23(4):57-61.

[3] 马广志.公益进入品牌竞争时代[EB/OL].(2016-02-18). http://mzyz.cyol.com/content/2016-02/18/content_12188831.htm.

[4] 同[1]。

聚社会资源并保证这些资源得到合理利用,更好地实现公益价值。① 当然,公益慈善项目品牌的合法化保护能够有效避免他人侵犯、玷污、假冒自己的品牌,与商业品牌的合法化保护一样意义重大。

(三)公益慈善品牌和商业品牌的区别

公益慈善品牌是一个公益慈善组织及其项目有效性的体现和代表。它和商业品牌在本质上是有区别的。从品牌管理角度来看,公益慈善品牌和商业品牌有以下不同点。

1. 关注对象不同

公益慈善品牌关注的是使命而非消费者。商业品牌的初衷是通过最大限度地满足客户需求,实现客户购买,达到企业利润最大化。尽管公益慈善品牌也要满足对象需求,但对象需求的满足很难通过单一的购买服务来实现,比如有些需求对象不是个体而是一个群体、一种现象。这就需要考虑为什么要做这件事,做这件事的意义在哪里,这如何完成组织的使命,等等。比如儿童午餐、生物多样性保护、气候变暖等。所以,公益品牌的终结是看组织的使命(初衷)是否实现,商业品牌的终结是看客户是否选择。②

2. 定位不同

公益慈善品牌的定位是为了获取组织独特性和支持协作行为,商业品牌的定位是看是否获得市场上的竞争优势。虽然公益品牌也需要竞争,但其不是为了自己胜出,而是为了更好地实现组织使命,为了更加系统、全面地解决社会问题,就需要找到匹配的合作伙伴共同实现使命,并非为了区分竞争对手、击垮竞争对手。因为很多社会问题不是区域性、单一性的,单靠一个组织很难解决,需要多方协同才能解决。而商业品牌的目标是占有客户的心智,让消费者快速作出选择,从而取得相同产品的市场竞争优势。③

3. 管理控制方式不同

公益慈善品牌和商业品牌管理控制方式不同。商业品牌为了维护品牌强度,占领客户心智,往往是自上而下地控制,进行品牌建设和品牌管理,控制越强,品牌的强度越高;而公益品牌的特质,是天生地关注利益相关方,关注大家的协调参与,如依托各种渠道动员资源,依靠员工组织实施,依托志愿者提供服务,依赖公众信赖支持。公益品牌更容易找到与受众的共鸣点和更明确的共同体。人们对商业品牌的需求可能是设计、价格、耐用、服务等,对公益品牌的需求首先是情感,从情感再上升到价值观。公益品牌能更迅速接近品牌的本质。④

目前,国内公益慈善组织也开始注重品牌建设。如国内互联网公司腾讯、阿里巴巴分别打造出各自的公益慈善品牌。

2015年,腾讯发起了中国互联网史上第一个公益节日——"99公益日"。2015年9月9日,腾讯公益慈善基金会联合众多机构和名人明星共同发起内地首个互联网公益

---

① 李如玉.公益品牌的商标保护[J].中华商标,2021(3):20-22.
② 周晓翔."第三次分配"语境下建设中国特色公益慈善品牌迫在眉睫[EB/OL].(2022-03-22).https://www.infzm.com/contents/225392.
③④同②。

日：“腾讯 99 公益日。"自此，"腾讯 99 公益日"成为内地一年一度的全民慈善日,持续创下内地互联网募捐的新纪录。互联网公益创新展现出巨大想象空间,不但开启了平民慈善新机制,也在重塑着慈善行业生态。①

2017 年,阿里巴巴公益基金会推出首届"95 公益周"(9 月 5—10 日),共有 2.7 亿人次参与公益行动,远超预期目标的 1 亿人次,"人人 3 小时,公益亿起来"的倡议获得公众热烈响应,共同开启了人人公益的新时代。②

二、公益慈善项目品牌建设

公益慈善的基础是信任,建立互信机制是公益慈善事业的价值点和生命线。而公益慈善品牌的建设是建立互信机制的重要手段和内容。在信息时代,慈善组织要获得发展,必须有明确的使命目标和价值观、良好的项目效果和影响、较高的治理和管理水平,在行业中塑造一个正面、高效、可信的名声或形象,或向社会展示自己的公信力。这些都离不开慈善品牌建设。

(一)慈善项目品牌建设基本原则

一个优秀的公益慈善品牌不是短时间能形成的,创建和维护的过程相当不易,组织者对待品牌保护的态度往往能反映一个组织的运营现状及前景。因此,公益慈善品牌专业化对慈善组织极为重要。慈善项目品牌建设要遵守以下原则。

(1)公益性。公益性是指慈善项目的选择应基于社会责任,体现非营利性和具有社会效益性等特点,符合本慈善组织章程规定的宗旨和业务范围。

(2)规范性。规范性是指慈善项目品牌的建设过程中,每个环节、步骤、流程、岗位都应遵循相应的规范。

(3)有效性。有效性是指慈善项目品牌建设应达到既定的创建效果或目的。

(4)可辨识性。可辨识性是指慈善项目品牌在所有慈善项目中应易于被识别。

(5)公平性。公平性是指慈善项目应公平公正对待受助者和捐赠者,注重公平竞争。

(6)创新性。创新性是指慈善项目品牌应体现设计的新颖性、实施过程的创意性。

(7)可持续性。可持续性是指慈善项目品牌应服务社会、提升素质、立足发展。③

(二)公益慈善品牌建设

公益慈善品牌建设主要包括慈善品牌的定位、管理和传播。

1. 公益慈善品牌的定位

公益慈善品牌的定位在慈善领域扮演了重要的角色,正在成为整个慈善领域专业化的一部分。品牌定位经常成为公益慈善组织取得成功的因素。

---

① 资料来源:"2008—2018 中国公益慈善十年十大热点",有你更温暖![EB/OL].(2018-07-20).https://www.163.com/dy/article/DN5E01IM0518CQ6B.html.

② 以公益的方式,为世界带来更多平等的机会——蚂蚁金服公益平台 2017 年运营报告[EB/OL].(2018-02-16).https://mp.weixin.qq.com/s/d8Z3qktTTkYajGwGWCOoNA.

③ 中国慈善联合会.慈善项目品牌建设指南[Z].2021.

（1）对周围环境的分析。慈善品牌定位首先对周围环境进行分析，包括需求分析和差异性分析。

需求分析是通过调研收集社会大众对于慈善项目在物质和精神层面上的需求，获取社会大众的潜在需求。差异性分析是通过调研分析竞争品牌的品牌定位、竞争地位、优势劣势、发展动向，提炼慈善项目的品牌个性，寻求与竞争品牌相区别的差异点。根据慈善项目品牌的差异点，分析自身的优势或拥有的资源、能力，并根据现有资源准备与制订规模合适的品牌定位计划，确保品牌定位目标的实现。①

（2）确定品牌定位。慈善品牌定位就是确立慈善组织的使命目标和价值观。围绕慈善组织/项目的目标，结合实际，对差异性分析所获得的信息进行严格筛选、优化组合以及合理运用，形成慈善项目品牌定位。

确定慈善品牌定位后，还要根据实际情况和社会大众观念、需求变化，适时、适度进行品牌定位的调整与更新。其具体包括：品牌定位是否能有效地实施并维持；品牌定位所传达的信息是否被社会大众很好地理解与接受；品牌是否在社会大众心中形成一定的形象。②

2. 公益慈善品牌的管理

慈善品牌的管理主要包括品牌形象维护、危机管理和绩效评估等。

（1）品牌形象维护。慈善品牌形象维护包括对品牌形象采取一定的保护措施和品牌资产保护等。

对品牌形象采取一定的保护措施，包含对慈善项目品牌进行商标注册对慈善项目的知识产权申请专利或版权进行保护；以契约形式对慈善项目品牌进行使用授权；在管理架构设计及制度设计方面保护品牌；聘请专职人员或团队审查慈善项目的合作合同。③

品牌资产保护包括应建立、实施品牌资产的管理和保护过程，保证品牌资产的识别、使用、保护和处置处于受控状态，以确保品牌核心价值不受到品牌侵权的损害。品牌资产保护过程包括但不限于：对品牌资产保护状态的进行调查、评估，并做相应的分析；对侵害品牌资产权益事件予以处理；与有关机构就品牌资产保护事宜进行沟通；制定品牌资产保护的措施。④

（2）危机管理。慈善品牌危机管理应按照以下原则进行处理：承担责任原则，即勇于承担责任，将公众利益放在第一位；真诚沟通原则，即主动发布真实准确的信息，主动与媒体、公众沟通，获得理解；速度第一原则，即快速反应、果断行动，主动掌握话语权，降低舆论风险；系统运行原则，即组建专项公关小组，集中资源系统部署与决策；权威证实原则，即寻求坦诚合作的第三方支持，弱化负面舆论的影响。⑤

慈善品牌危机管理步骤如下。

一是制订预防措施。可根据预见的危机情况，对不同的危机预警等级建立相应的处理机制，确立危机预防措施和危机应对程序，建立一套针对危机的资源与信息管理体系，提前配置、预留一系列处理危机所需要的资源。

二是启动应急预案。发生危机事件时，启动应急预案，制订有针对性的解决方案，采

---

① 中国慈善联合会.慈善项目品牌建设指南[Z].2021.
②③④⑤同①。

取处置措施。

三是评估与学习。渡过危机后,应全面回顾危机处理表现和危机之后信誉恢复情况,评估危机管理的效果,同时从危机事件中吸取经验教训,整改慈善项目中产生危机或可能产生危机的内部管理或服务,优化危机管理。

四是恢复重建。应开展自身的恢复与重建工作,包括疏导员工情绪、恢复运营秩序、重启慈善服务、重建公众信任、维护媒体关系等。

（3）绩效评估。公益慈善品牌绩效评估是对慈善项目品牌建设的实施过程、成果等进行系统分析与判断,评估品牌建设的效果,为慈善项目品牌发展决策提供参考。其主要从品牌知名度、品牌认知、品牌美誉度、品牌联想、品牌忠诚、品牌维护、品牌创新等方面进行评估。慈善项目品牌绩效评估指标体系如表11-4所示。

表 11-4　慈善项目品牌绩效评估指标体系

一级指标	二级指标	三级指标
品牌知名度	品牌关注度	品牌的新闻搜索量
		品牌的热搜排行
		科研平台的期刊论文数量
	品牌传播	宣传渠道的数量
		媒体曝光率
	社交舆情	品牌提及频率
		帖子参与度（点击率、浏览量、转发量）
		帖子互动率（赞评转）
品牌认知	品牌形象认知	受众对该品牌形象的接受程度
	品牌价值认知	受众对该品牌的内涵的了解程度
		受众对该品牌的个性的了解程度
品牌美誉度	心理认可	对品牌核心价值的认同度
		对品牌个性的认同度
	情感偏好	偏好该品牌的比率
	社会评价	媒体好评率
		行业专家好评率
		同行好评率
品牌联想	联想数量	正面联想数量
		负面联想数量
	联想独特性	该慈善项目品牌与其他品牌的共有联想的占比
	联想强度	受众对品牌联想过程的整体性难易程度
		通过联想激发受众选择该品牌的比例
品牌忠诚	捐赠者	持续选择该慈善项目的比例
		向他人传播该品牌的次数
		慈善项目被提及率
	受助者	满意度
		慈善项目被提及率
	内部工作人员	员工的平均工作时长
		员工满意度

续表

一级指标	二级指标	三级指标
品牌维护	维护措施	品牌商标是否已经获得注册
	负面事件	品牌危机事件的数量
		品牌投诉率
品牌创新	创新投入	研发经费占品牌建设经费的比例
		研发团队人数占项目员工总人数的比例
		产学研合作比率
	创新产出	品牌创新内容所带来的募捐金额

资料来源：中国慈善联合会.慈善项目品牌建设指南[Z].2021.

3. 公益慈善品牌的传播

慈善品牌传播主要指通过不同的宣传手段提升机构在行业和社会中的可视度或知晓率。慈善品牌传播主要包括广告传播、主流媒体传播、事件传播、领导者传播和自媒体传播等渠道。

（1）广告传播。广告传播前应先对有潜力的社会需求进行研究，了解公众的关注点，再运用广告等手段宣传慈善项目品牌。慈善项目可委托广告经营机构通过传播媒介，以创意为中心，以慈善项目品牌名称、品牌标志、品牌定位、品牌个性为主要内容，对慈善项目品牌进行宣传。[1]

（2）主流媒体传播。慈善组织可通过报纸、广播、电视、网络等主流传播媒介，运用融媒体的运营模式，采用新闻报道、新闻发布会等方式，向公众传递有关慈善项目的各方面信息。

（3）事件传播。慈善项目在真实、不损害公众利益的前提下，可有计划地策划、组织、举办和利用具有新闻价值的活动，通过制造新闻热点，形成一定的影响力。在事件传播的过程中，慈善项目应与媒体、公众等进行良性的互动，避免引起不满与质疑，造成公关危机。

（4）领导者传播。慈善项目的领导者可通过各种媒体或方式将自己的个人形象传递给公众，在公众心目中确立一个理想的形象，扩大个人品牌的传播，从而引领组织品牌的提升。

（5）自媒体传播。自媒体传播是指利用自媒体平台，组建自己的自媒体运营团队，规划与设计慈善项目的自媒体传播方案，进行有序的品牌传播。开展自媒体传播，应做到信息的同步发布，满足公众对信息的即时需求。宜鼓励自媒体用户参与互动，增强社会大众的参与感。

慈善品牌传播的几个渠道中，自媒体传播的成本较低，传播内容可控，便于慈善组织与受众的沟通交流。

目前，中国互联网慈善处于成长阶段，还存在法律政策规范不足、募捐平台治理机制不够完善、网上个人求助性质模糊、网络慈善组织发展不平衡及失范现象时有发生等问

---

[1] 中国慈善联合会.慈善项目品牌建设指南[Z].2021.

题,需要引起高度重视。对待中国互联网慈善上述问题,一方面应当正视这些问题并强化法制规范与监管,另一方面亦应当看到其积极的社会功能并以宽容之心支持其在不断规范中向前发展。

第四节 慈善信息的平台管理

信息的公开和透明是提升公益慈善组织公信力的重要保障。慈善信息平台是实现慈善信息公开和透明的工具和载体。《慈善法》规定,慈善组织通过互联网开展公开募捐的,应当在国务院民政部门统一或者指定的慈善信息平台发布募捐信息,并可以同时在其网站发布募捐信息。因此必须有一套慈善平台建立、维护的规范和管理规则。

一、慈善信息平台建立标准

目前,《慈善法》明确规定,通过互联网开展公开募捐的慈善组织要建立健全三类信息平台,即国务院民政部门统一建立的信息平台、国务院民政部门统一指定的信息平台、慈善组织自建网站。对于慈善信息平台的建立和管理,2017年民政部根据《慈善法》和《公开募捐平台服务管理办法》的有关规定,制定、实施了《慈善组织互联网公开募捐信息平台基本技术规范》和《慈善组织互联网公开募捐信息平台基本管理规范》两项推荐性行业标准,对慈善信息平台的基本技术要求和基本管理要求做了明确的规定。

(一)慈善信息平台建立原则

1. 真实

慈善组织公开的是客观、确切的信息,不得伪造、编造、捏造慈善信息,不得对慈善信息进行误导性描述,慈善组织要对发布信息真实性承担主体责任。

2. 完整

除不允许公开的内容外,慈善组织严格按照法律法规的要求,全面、完整地公开有关信息,不得进行选择性公开。

3. 及时

慈善组织在信息公开制度中明确信息公开的时限,及时履行信息公开义务,并在相关信息发生变更时及时对外更新。

4. 便捷

慈善组织的信息公开方式应保证社会公众或其特定对象能够快捷、方便地查询其所公开的信息资料。

(二)慈善信息平台基本要求

按照2017年民政部颁布的《慈善组织互联网公开募捐信息平台基本技术规范》,慈善信息平台建设主要有合规性要求和基础功能要求。

1. 合规性要求

慈善信息平台的建立首先要符合以下规定。

(1) 互联网公开募捐信息平台(以下简称"平台")应具有独立法人资格。

(2) 平台企业应取得通信管理部门核发、在有效期内的《中华人民共和国增值电信业务经营许可证》(ICP 证)。ICP 证书上主体名称与平台主体名称应一致。

(3) 平台应在互联网信息服务备案,取得 ICP 备案编号和电子证书,并在有效期内。ICP 备案证书上主体名称与平台主体名称应一致。

(4) 平台信息系统的安全保护等级不低于《信息安全等级保护管理办法》规定的第三级,并取得有权机关出具的备案证明。

2. 基础功能要求

民政部社会组织管理局发布的《关于邀请开发全国慈善信息公开网站(一期)的公告》提出,慈善信息网站立足"履行《慈善法》第八章要求,满足行政机关、慈善组织、慈善信托、慈善服务等信息公开需求,逐步实现全国慈善组织登记管理智能化和信用信息共享交换"的定位。

(1) 平台对募捐活动展示要求。平台应有公开募捐活动汇总展示页面、活动详情页面,页面应无样式错乱。用户能通过活动名称等关键字在汇总展示页面进行检索。活动详情页面信息应包括:公开募捐活动在民政部门的备案编号;活动名称;募捐目的;活动进展;起止日期;募捐情况;慈善组织全称、统一社会信用代码及支付账户信息;受益人(对象);活动负责人及联系方式;活动执行机构全称及联系方式;募得款物用途;募捐成本;剩余财产处理方案;发票开具方式。

(2) 慈善组织展示要求。慈善组织在平台上进行页面展示,展示内容应包括:慈善组织全称、统一社会信用代码及支付账户信息;登记管理机关;住址及联系方式;慈善组织登记证书扫描件;公开募捐资格证书扫描件。

(3) 公开募捐活动捐款。为方便捐款,平台应开通在线募捐支付功能并提供技术保障,捐赠资金应直接进入慈善组织的银行账户或安全的第三方支付账户,不应截留或代为接受捐赠资金。其中,第三方支付账户服务提供者应具有《非金融机构支付服务管理办法》规定的支付业务许可证。

(4) 善款查询。平台应提供善款查询功能。捐赠人可在平台查询历史捐赠记录,包括:捐赠时间;参与捐赠的活动及活动进展;捐赠金额。

(5) 社会举报。平台应提供方便社会公众对慈善活动进行监督的功能。平台应在公开募捐活动展示页面提供举报功能。接到举报后,平台应与慈善组织、相关机关进行沟通,并在 5 个工作日内通过电话、邮件或短信等方式对举报人进行反馈;经确认举报属实的,平台应有技术能力配合相关机关进行处理,包括但不限于暂停募捐活动、下线募捐活动、通知捐款人及相关方等。

3. 其他功能要求

慈善平台应具有信息汇总、查询、统计的功能,能为捐赠人提供完整的公开募捐活动信息,方便捐赠人查询公开募捐活动进展、捐赠款项使用等情况。

此外,平台还应具有以下功能。

(1) 捐款、退款的规定。平台应在捐赠人进行支付前,向捐赠人展示权责协议,并在显著位置告知用户捐款、退款无法从平台上直接退回。

（2）提供发票的渠道。平台应为慈善组织履行开具捐赠票据的义务提供便利，并为用户提供发票申请渠道。

（3）慈善活动的反馈。平台应具有公开募捐活动的进展反馈功能。能提醒慈善组织及时主动向捐赠人反馈有关情况，要求慈善组织在反馈周期、反馈内容等方面符合《慈善法》《慈善组织公开募捐管理办法》等有关规定。

扩展阅读 11-2 民政部认定的第一二批慈善组织互联网募捐信息平台

（4）平台应提供客户服务。客户服务包括电话客服和网络客服，保证工作日内至少提供 8 小时服务。

（5）信息对接机制。平台还应在捐赠人明确同意的基础上，为捐赠人和慈善组织建立信息对接机制。

二、慈善信息平台的建立

慈善信息平台的建立主要涉及对象选择、信息展示、信息管理和资金管理四个方面。

（一）对象选择

在慈善信息平台上进行募捐的主体应是获得公开募捐资格的慈善组织，其他组织、个人包括平台本身没有公开募捐资格。

获得公开募捐资格的慈善组织加入慈善信息平台的要求如下。

（1）平台应验证慈善组织的登记证书、公开募捐资格证书。平台不应为不具有公开募捐资格的组织、个人提供公开募捐信息发布服务。

（2）平台应与慈善组织订立协议，明确双方在公开慈善组织登记信息、发布公开募捐活动信息、核验募捐事项真实性等方面的权利和义务。

（3）平台应明确公开募捐活动信息发布的选择标准、后续管理办法，并要求慈善组织提供经民政部门备案的公开募捐活动的募捐方案，包括募捐目的、起止时间、接受捐赠方式、银行账户、受益人、募得款物用途、募捐成本、剩余财产处理等信息；对未予提供以上信息的慈善组织，不应提供公开募捐信息发布服务。

（4）平台应配备相应服务保障措施，主要包括管理制度、硬件设施、办公场地、人员配备、经费保障等。

（二）信息展示

平台上的慈善信息展示应符合以下要求。

（1）平台应在页面显著位置公布慈善组织全称、统一社会信用代码、公开募捐资格证书、募捐方案、联系方式等募捐信息查询方法。

（2）平台应建立统一、公平的信息发布机制。平台为全国范围内的慈善组织提供服务，不因慈善组织的地域或规模发生服务差异，不应拒绝服务符合条件的慈善组织。应平等、公正地对待公开募捐活动。

（3）平台不应有竞价排名行为。平台应对公开募捐信息进行合理排序和展示，并提供公平、公正服务，不应有所谓的竞价排名行为。

（4）公开募捐信息展示页面的标题格式应统一为：慈善募捐|募捐活动名称|×××

平台简称。非慈善募捐信息不应采用此标题格式。

注：公开募捐信息展示页面包括移动客户端、基于移动互联网的即时通信工具及包含慈善募捐支付渠道的各类展示页面。

（5）公开募捐信息独立展示。公开募捐信息不应与商业筹款、网络互助、个人求助等其他信息混杂。平台应明确告知互联网公开募捐信息平台用户及社会公众。个人求助、网络互助不属于慈善募捐，真实性由信息提供方负责。

（6）个人求助信息发布要求。平台应有序引导个人与具有公开募捐资格的慈善组织对接，并加强审查甄别、设置救助上限、强化信息公开和使用反馈，做好风险防范提示和责任追溯。

（7）平台应与商业保持一定的距离。比如平台不应在公开募捐信息页面中插入商业广告，不应在平台公开募捐信息页面以外的位置展示包含"官方指定互联网公开募捐信息平台"等相关字样信息。平台不应在对外商业广告宣传中使用"官方指定互联网公开募捐信息平台"等相关字样信息。

（三）信息管理

（1）个人信息的安全管理。平台应采取技术措施和其他必要措施，确保其收集的个人信息安全，防止信息泄露、毁损、丢失。在发生或者可能发生个人信息泄露、毁损、丢失的情况时，应当立即采取补救措施，按照规定及时告知用户并向有关主管部门报告。

扩展阅读 11-3 民政部认定的第三批慈善组织互联网募捐信息平台

（2）慈善信息的管理。平台应记录、保存慈善组织在其平台上发布的信息。其中，登记证书、公开募捐资格证书相关信息的保存期限为自该慈善组织通过其平台最后一次开展公开募捐之日起不少于2年；募捐记录等其他信息的保存期限为自公开募捐完成之日起不少于2年。

（3）信息公开义务。平台应履行信息公开义务，至少每半年向社会公告一次平台运营情况，并接受社会质询，内容包括但不限于：合作的慈善组织名录、发布的公开募捐活动数量、募捐财物金额、平台运营收支状况等。

（4）发布信息的要求。平台上慈善组织所发布的信息应健康积极，不应包括以下内容：①损害国家的尊严或者利益，泄露国家秘密；②妨碍社会安定，损害社会公共利益；③危害人身、财产安全，未经允许泄露个人隐私；④妨碍社会公共秩序或者违背社会良好风尚；⑤含有淫秽、色情、赌博、迷信、恐怖、暴力内容；⑥含有民族、种族、宗教、性别歧视的内容；⑦妨碍环境、自然资源或者文化遗产保护；⑧法律、行政法规规定禁止的其他情形。经确认涉及重大敏感问题或风险因素，平台应及时配合有关部门进行处理。

（5）公开募捐活动若使用公众人物形象，平台应要求该慈善组织取得相应授权。

（四）资金管理

为保证慈善资金使用规范性和效率性，平台应采取相应的措施。

（1）平台宜开通在线募捐支付功能并提供技术保障，捐赠资金应直接进入慈善组织的银行账户或安全的第三方支付账户，不应截留或代为接受捐赠资金。第三方支付账户服务提供者应具有《非金融机构支付服务管理办法》规定的支付业务许可证。

（2）平台应在页面等显著位置向社会公开服务收费标准（或说明平台属于免费性质）、平台上各方权责等信息内容。

（3）平台向慈善组织收取服务费用的，应与慈善组织签订协议，并在每个公开募捐活动详情页面的明显位置告知捐赠人收费标准、收费方式。收费情况，平台应独立核算。

三、慈善信息平台的维护

慈善信息平台的维护涉及运行维护团队及其权限、运行维护日志和技术报告两个方面。

（一）运行维护团队及其权限

慈善信息平台应建立专门技术维护团队，并明确运行维护负责人。运行维护人员宜分为运行维护经理（主管）、普通运行维护人员。普通运行维护人员对于系统软硬件以及系统数据进行的任何访问或操作需要经过运行维护经理（主管）授权，访问或操作完成后应立即收回权限。

（二）运行维护日志和技术报告

慈善信息平台应设有运行维护日志。对于系统软硬件以及系统数据的操作应进行记录，记录内容至少包含操作者姓名、操作时间、操作对象、操作详情等。[①]

慈善信息平台应建立技术报告制度。按照《慈善组织互联网公开募捐信息平台基本技术规范》的规定，慈善组织向民政部报送的年中报告、年度报告，应包含慈善信息平台的技术报告。技术报告应包括以下内容：平台访问情况、平台技术改进情况和平台发生的安全事故情况、原因、影响时间以及解决方式，针对该类事故或风险的应对方案。[②]

第五节　慈善信息的公开管理

信息公开、透明是慈善组织的基本义务。慈善财产虽然来源于私有，但参与公共事务、涉及公众利益，一旦捐出，就成为社会公共财产。因此，公开、透明是慈善事业的基本要求。慈善信息的公开管理要件包括公开主体、公开方式、公开内容和公开范围四个方面。

一、公开主体

慈善组织是慈善信息公开的主体。《慈善法》将慈善信息公开的主要义务集中于慈善组织。慈善组织所拥有的各种资源主要源于捐赠，为了获取资源，慈善组织会主动向社会

---

① 慈善组织互联网公开募捐信息平台基本技术规范[EB/OL].[2023-11-30]. https://www.gov.cn/xinwen/2018-01/07/5254110/files/8f1dda9880d14fd88d0b73964682f248.pdf.
② 同①。

传递各种有利于提高自身知名度的信息,这种信息即自愿性信息公开;强制性信息公开是由慈善组织的公益性、产权特征决定的,为保证信息质量,强制性公开的信息必须按照法定要求进行公开。这两种公开方式相互补充、互相印证。

此外,政府、第三方独立机构和其他利益相关者也是慈善信息公开的主体。

二、公开方式

根据《慈善法》的相关规定,目前慈善组织主要有四种信息披露方式,即民政部门统一公开、慈善组织依要求公开、按照当事人申请公开和慈善组织自愿在社会化媒体上公开。前三者公开的范围是法律规定的信息,第四者公开的信息通常不受法律限制,但也要保证信息的真实性。

(一)民政部门统一公开

根据《慈善法》的规定,慈善组织在申请认定时和每一年度需要向民政部门提交申请文件;在每个纳税年度终结时,还需要向民政部门提交年度报告。这些文件都是需要在统一的信息平台上向社会公开的,公开的内容包括慈善组织登记事项、慈善信托备案事项、公开募捐资格、公益性捐赠税前扣除票据资格等。一般而言,民政部门统一公开的方式有两种:第一种是民政部门在统一的信息公开平台(通常是网站或报刊)上公布部分信息;第二种是个人向税务部门申请公开部分信息。

(二)慈善组织依要求公开

依要求信息公开,是指捐赠人、登记管理机关及相关政府机关可要求慈善组织公开信息;慈善组织应及时提供专门信息和报告。捐赠人有权根据捐赠合同监督慈善组织使用、管理捐赠财产的情况。对于捐赠人要求公开捐赠财产使用、管理情况的,慈善组织应当履行。

扩展阅读11-4 公益慈善捐助信息公开指引

依要求公开信息是为了满足社会对慈善组织信息的一般需求。一般需求可以通过慈善组织主动、公开的信息获得。

(三)按照当事人申请公开

慈善组织依申请公开信息,是慈善组织根据公民、法人或者其他组织的申请,依照法律规定,向申请人公开信息的行为。在一个成熟的慈善组织中,信息量大面广,涉及机构的各个方面,不可能将所有的信息事无巨细、一一主动公布。其中有一些信息只涉及部分人和事,只与特定的公民、法人和其他组织有关。为了保障公民、法人或者其他组织获取所需要的公益机构信息,规定慈善组织除了主动公开和按要求公开外,公民、法人或者其他组织还可以根据自身需要,向慈善组织申请获取信息。

依申请公开信息是为了满足社会对慈善信息的特殊需求。特殊需求可以通过依法申请来获得。

(四)慈善组织自愿在社会化媒体上公开

慈善组织自愿披露的信息主要是关于慈善组织的经营状况和发展空间的信息。自愿披露的提供可弥补强制性信息披露的不足,增加信息含量,从而全面反映慈善组织面临的机会和风险,保证了信息完整性,有助于信息使用者作出最佳决策。

目前我国虽然处于强制性信息披露的阶段,但慈善组织自愿性信息公开是未来该领域的发展必经阶段。

三、公开内容

为加强慈善业的政府监督和社会监督,慈善组织应公开其组织及其活动信息。

(一)慈善组织及其相关信息

1. 慈善组织基本信息

作为慈善信息公开的主体和第一责任人,慈善组织承担慈善信息公开的主要义务。慈善组织于基本信息形成之日起 30 日内,在统一信息平台将下述基本信息向社会公开(属于慈善组织登记事项的,由民政部门予以公开,慈善组织可免予公开)。

慈善组织公开慈善信息如下:

(1) 经民政部门核准的章程;

(2) 决策、执行、监督机构成员信息;

(3) 下设的办事机构、分支机构、代表机构、专项基金和其他机构的名称、设立时间、存续情况、业务范围或者主要职能;

(4) 重要关联方;

(5) 本组织的联系人、联系方式,自有网络平台;

(6) 本组织的信息公开制度、项目管理制度、财务和资产管理制度。

慈善组织宜同时将上述基本信息在自有网络平台上进行信息公开,并可以额外公开以下基本信息:慈善组织的组织架构;慈善组织的资格证书;慈善组织的工作团队介绍。

2. 年度工作报告和财务会计报告

(1) 年度工作报告的信息公开。慈善组织应于每年 3 月 31 日前向登记管理机关报送上一年度的年度工作报告,同时将年度工作报告在统一信息平台上公布,接受社会公众的查询和监督。

(2) 财务会计报告的信息公开。慈善组织在报送上一年度的年度财务会计报告时,其中基金会和具有公开募捐资格的慈善组织的年度财务会计报告需经审计,同时将年度财务会计报告在统一信息平台上公布,接受社会公众的查询和监督。

3. 慈善项目信息

慈善组织在设立慈善项目时,要向社会公众公开慈善项目信息、慈善合作方和项目执行情况和款项使用情况、慈善项目受益人等信息。

(1) 慈善组织要向社会公众公开慈善项目的以下内容:①项目名称;②项目内容;③若慈善项目由慈善信托支持的,公布该慈善信托名称;④若慈善项目由公募组织开展公开募捐活动支持的,公布该公开募捐活动名称。

(2) 慈善组织与项目合作方合作开展项目的,或资助项目执行方执行项目的,慈善组织采取公平、公开的原则选择项目合作方与项目执行方,宜向社会公开项目合作方、项目执行方的选择要求。

(3) 当慈善项目结束时,慈善组织向社会公开项目的执行情况和款项使用情况,宜向社会公开以下信息:①项目评估报告;②项目审计报告;③项目结项报告。

慈善项目终止后捐赠财产有剩余的,且募捐方案未规定或者捐赠协议未约定的,慈善组织将剩余财产用于目的相同或者相近的其他慈善项目,并向社会公开。

(4) 对慈善项目受益人的信息公开。慈善组织向受益人公开以下信息:①慈善组织资助标准;②慈善组织工作流程;③慈善组织工作规范。

4. 作为慈善信托受托人的信息公开

慈善组织担任慈善信托受托人的,每年至少一次在统一信息平台向社会公开以下信息:①信托事务处理情况报告;②财产状况报告。

5. 重大事件信息

(1) 慈善组织向社会公众披露的重大财产活动包括:①重大资产变动;②重大交易及资金往来;③重大投资。

关于重大资产变动、重大交易及资金往来、重大投资的具体标准,由慈善组织在本组织章程或者财务和资产管理制度中进行规定。

(2) 关联交易。慈善组织向社会公众公开以下关联交易行为的具体内容和金额:①接受重要关联方捐赠;②对重要关联方进行资助;③与重要关联方共同投资;④委托重要关联方开展投资活动;⑤与重要关联方发生资金往来。

慈善组织与关联方发生关联方交易的,在会计报表附注中披露该关联方关系的性质、交易类型及交易要素等。

6. 定向募捐中的信息公开

慈善组织开展定向募捐的,向捐赠人公开的信息包括:①募捐情况;②捐赠款物管理使用情况。

7. 对志愿者的信息公开

慈善组织招募志愿者参与志愿服务时,向志愿者主动公开的信息包括:

(1) 与该志愿服务相关的全部信息,包括但不限于志愿服务服务的内容、方式、时间、地点、工作条件和安全保障措施;

(2) 志愿服务过程中可能发生的风险。

8. 接受捐赠情况

在不违反不予公开的内容情况下,慈善组织宜在自有网络平台公开慈善组织接受社会捐赠的情况,包括:①捐赠人;②捐赠金额;③捐赠时间;④捐赠用途。

同时,建议慈善组织按照月度、季度、年度的方式在自有网络平台上公开接受捐赠总额。

9. 公开募捐活动中的信息公开

公开募捐活动中的信息公开包括活动前、活动现场和活动后的信息公开以及网络募捐等。

(1) 活动前的信息公开。慈善组织开展公开募捐活动的,在该活动开始前向登记管理机关对募捐方案进行备案。

(2) 活动现场的信息公开。在开展公开募捐活动时,公募组织应在统一信息平台以及募捐活动现场或者募捐活动载体的显著位置公布以下内容：①公募组织名称；②公开募捐资格证书；③备案的募捐方式和公开募捐方案；④联系方式；⑤募捐信息查询方式；⑥合作开展公开募捐的个人或组织方的有关信息(如有)。

公开募捐活动周期超过 6 个月的,公募组织至少每 3 个月公开一次募得款物情况和已经使用的募得款物的用途(包括用于慈善项目和其他用途的支出情况)。

(3) 活动后的信息公开。在公开募捐活动结束 3 个月后,公募组织应在统一信息平台公开以下信息：①募得款物情况；②已经使用的募得款物的用途,包括用于慈善项目和其他用途的支出情况；③尚未使用的募得款物的使用计划。

10. 网络募捐信息

通过互联网公开募捐的公募组织,应在国务院民政部门统一或指定的慈善信息平台上发布募捐信息,同时宜在自有网络平台上发布相应的募捐信息。

(二) 利益相关者信息

按照《慈善法》第 70 条的规定,县级以上人民政府民政部门和其他有关部门应当及时向社会公开下列慈善信息：

(1) 慈善组织登记事项；

(2) 慈善信托备案事项；

(3) 具有公开募捐资格的慈善组织名单；

(4) 具有出具公益性捐赠税前扣除票据资格的慈善组织名单；

(5) 对慈善活动的税收优惠、资助补贴等促进措施；

(6) 向慈善组织购买服务的信息；

(7) 对慈善组织、慈善信托开展检查、评估的结果；

(8) 对慈善组织和其他组织以及个人的表彰、处罚结果；

(9) 法律法规规定应当公开的其他信息。[①]

四、公开范围

不是所有的慈善信息都要对外公开的。公益慈善组织在向不同对象披露信息时,需要把握不同的边界,掌握不同的度。公益慈善组织信息公开范围有可公开范围和不公开范围两方面。

(一) 可公开范围

公开透明是慈善事业的基本要求。慈善组织的信息公开包括依要求公开的信息和依

---

① 《慈善法》。

申请公开的信息两类。

依要求公开是慈善组织必须发布的信息。根据《慈善法》的规定,向政府部门披露年度工作报告等信息是任何慈善组织的义务。对于慈善组织而言,应该"以公开为原则、以不公开为例外"。例外情况如慈善组织要尊重捐赠人的意愿、保护受助人的隐私,这是公益透明的底线要求。另外,涉及慈善组织核心竞争力的信息,也不宜对外披露。

依申请公开则是社会公众主动希望知道什么,但不应该对依申请公开的信息做过多规定,而应着重规定公民、法人和其他组织对慈善组织的信息获取渠道,从而加强对知情权的保护。

另外,对外公开的慈善信息不宜太细。考虑到不同规模的慈善组织信息公开的成本。当信息公开内容越详细,来自公众的质询会越多,将会加重公益慈善组织的负担。

(二) 不公开范围

慈善信息公开是有层次和边界的,不是所有的慈善信息都要对外公开的。对于以下信息,慈善组织不宜进行信息公开,属于不公开范围的信息:

(1) 涉及国家秘密的信息;
(2) 涉及商业秘密的信息;
(3) 涉及个人隐私的信息;
(4) 未经捐赠人、志愿者、受益人、慈善信托的委托人同意公开的姓名、名称、住所、通讯方式等信息;
(5) 尚未经过其内部决策程序批准公开的内部工作信息;
(6) 相关知识产权的权利人未授权公开的信息;
(7) 尚在磋商谈判阶段、依照法律或合同规定应予保密的信息;
(8) 其他根据法律法规规定不得公开的信息。

上述(2)(3)(4)(6)项中所述信息,经权利人明示同意或双方事先约定可以公开的,可以予以公开。若信息权利人或利益相关人对是否同意公开信息的征询未有明示同意公开之表示,则视为不同意公开。

第六节 慈善信息的风险管理

2016年4月,习近平总书记在网络安全和信息化工作座谈会上的讲话中指出:在信息时代,网络安全对国家安全牵一发而动全身,同许多其他方面的安全都有着密切关系。

在信息化时代,慈善组织运作涉及日益复杂的社会环境,如金融环境、社会及其态度、自然环境以及法律、技术和知识的变化,这些都使慈善组织面临各种风险和影响,如政策风险、道德风险、技术风险、舆论风险等。因此,必须加强对慈善信息的风险管理。慈善信息风险管理包括慈善信息风险管理程序、慈善信息平台的风险管理等。

一、慈善信息风险管理程序

慈善信息风险管理的基本程序包括风险识别、风险分析、风险调整和风险管理效果评价四个环节。

(一) 风险识别

慈善风险识别是慈善相关组织、部门对所面临以及潜在的慈善风险加以判断、归类整理,并对慈善风险的性质进行鉴别的过程。

风险识别是对慈善安全风险进行技术分析,研究慈善风险传递的过程,模拟慈善危险发生和引起伤害的可能场景。常用的风险识别方法有流程图法、现场调查法、故障树分析法、历史记录统计法、聚类分析法、模糊识别法和专家调查法等。风险分析的理论和实践证明,没有任何一种方法是万能的,它们都有其特定的适用性。① 表 11-5 是各种风险识别方法的适用范围。

表 11-5 风险识别方法的适用范围

风险识别方法	适 用 范 围
流程图法	分阶段进行项目的风险识别
现场调查法	对动态风险因素进行识别与预测
故障树分析法	直接经验较少的风险识别
历史记录统计法	从定性方面对新项目的风险进行预测
聚类分析法	具有相同或相似属性的风险识别
模糊识别法	风险的性态或属性不确定的情况
专家调查法	从定性方面出发进行初步风险识别

资料来源:梁新元,王洪建,陈雄,等.产品缺陷风险分析和预期召回效益评估[M].成都:西南财经大学出版社,2019:148.

(二) 风险分析

慈善风险分析是指在风险识别的基础上,通过对所收集的大量的详细损失资料加以分析,运用概率论和数理统计,估计和预测风险发生的概率与损失程度。风险估测的内容主要包括损失频率和损失程度两个方面。②

管理部门对慈善风险进行分析时,要对信息公开的内容进行整理,并对信息公开的内容从以下两个方面进行审核。

(1) 确认是否存在不宜公开的信息以及获得相应授权。

(2) 对信息公开内容的真实、准确、完整性进行审核。

(三) 风险调整

慈善风险调整方法分为控制法和财务法两大类。前者的目的是降低损失频率和损失程度,重点在于改变引起风险事故和扩大损失的各种条件;后者是事先做好吸纳风险成本的财务安排。③

---

① 梁新元,王洪建,陈雄,等.产品缺陷风险分析和预期召回效益评估[M].成都:西南财经大学出版社,2019:148.
② 郝演苏.保险学教程[M].北京:清华大学出版社,2004:17.
③ 胡丁,张佩.保险学基础[M].成都:西南财经大学出版社,2011:9.

(四) 风险管理效果评价

慈善风险管理效果评价是分析、比较已实施的风险管理方法的结果与预期目标的契合程度,以此来评判管理方案的科学性、适应性和收益性。[①]

二、慈善信息平台的风险管理

目前,慈善信息平台是主要的慈善信息汇聚之处,因此,慈善信息的风险管理主要是对慈善信息平台的风险管理。其风险管理主要包括以下内容。

(一) 慈善平台的风险管理

1. 建立风险调整预案

慈善平台应建立风险调整预案,预案包括对慈善组织及其活动潜在的经营、财务、技术等风险进行巡查并稳妥应对。其具体要求如下。

(1) 若发现慈善组织在开展公开募捐时涉嫌违法违规行为,平台应及时向民政部门报告;若民政部门发现慈善组织在使用平台服务中涉嫌违法违规行为,要求协助调查的,平台应依法予以配合。

(2) 对于被撤销或受到停止活动等行政处罚的慈善组织,接到民政部门通知后,平台应立即停止该组织所有正在进行的公开募捐活动,依法配合民政等部门做好应对工作,并及时向捐赠人公布情况。

(3) 平台若了解到公开募捐活动信息存在不实或者其他危害捐赠人权益情况,应立即通知慈善组织依法处理,同时向民政部门报告,并配合有权机关通过合法、有效的程序解决问题,包括但不限于暂停募捐活动、下线募捐活动、通知捐款人及相关方等。

(4) 当发生重大自然灾害、事故灾难和公共事件等突发事件,需要迅速开展应急处置时,平台应配合政府有关部门及慈善组织行动,及时、有序引导开展募捐和救助活动。

(5) 平台不应无故停止运营。若确需阶段性中止运营,平台应征得全国慈善工作主管部门同意,并提前 30 个工作日与慈善组织进行沟通,提前 15 个工作日对外公告。[②]

2. 对隐私保护的风险管理

慈善平台应设置对捐赠人的隐私保护条款,并提供可选择的隐私保护选项;未经允许,不应公布或泄露其隐私信息。

对于所发布的受益人信息,平台应确认慈善组织已取得受益人授权或同意;对于儿童等群体应注意隐私保护,进行适当技术处理。

3. 公益性和行业责任的风险管理

慈善平台应承担起其公益性和行业责任,具体要求包括:

---

① 胡丁,张佩.保险学基础[M].成都:西南财经大学出版社,2011:9.
② 中华人民共和国民政部.慈善组织互联网公开募捐信息平台基本管理规范[EB/OL](2023-07-15). https://www.mca.gov.cn/n152/n165/c38597/content.html.

（1）平台不应进行非法的商业化运作或干扰慈善事业健康有序发展的行为。

（2）平台应在归集慈善募捐信息、数据规范通用等方面开展工作，促进信息互通、建立信任。

（3）平台应对慈善组织、捐赠人、受益人的信用情况进行客观、公正、合法的采集与记录，并可提交信用管理部门；平台可为慈善组织提供公平、公正的信用评价服务，不应利用信用信息从事非法牟利。

（4）平台可在法定许可范围内，开展有地域性、行业性、技术创新性的特色服务，更好地满足慈善组织及社会公众需求。

（5）平台应履行互联网信息平台的社会责任，强化社会品牌意识，不应为非指定平台涉足互联网募捐信息服务提供宣传、推广、搜索、在线支付等方面的服务合作或技术支持。[1]

（二）慈善信息平台监管

慈善信息平台监管主要由评价机制、社会监督机制和退出机制三部分构成。

1. 评价机制

慈善信息平台应开展自我评价，进行问题排查和持续改进，不断提升运营水平，并向社会公告。

平台应在自我评价基础上，定期制作年中报告、年度报告并报送全国慈善工作主管部门。

平台应接受全国慈善工作主管部门或其委托机构的质询、评价、约谈，如实提供材料，配合开展工作。[2]

2. 社会监督机制

慈善信息平台应建立与社会组织、媒体、公众的良性沟通机制，自觉接受社会监督，主动回应社会质疑。

（1）平台应在公开募捐活动展示页面提供举报功能，并在接到举报后5个工作日内通过电话、邮件或短信等方式对举报人进行反馈，并与相关方面沟通；若举报属实，应立即对活动进行下线处理。

（2）平台应与民政等部门建立沟通协调机制，宜将慈善募捐相关情况纳入信用信息管理和联合惩戒机制。

3. 退出机制

慈善信息平台的运营应符合《慈善组织互联网公开募捐信息平台基本技术规范》中指定、运行、服务、监管等层面的基本管理要求。未能满足要求，适用以下退出机制。

（1）获得指定30个工作日后，平台未能提供公开募捐信息服务的，由全国慈善工作主管部门取消指定并对社会公告。

---

[1] 中华人民共和国民政部.慈善组织互联网公开募捐信息平台基本管理规范[EB/OL](2023-07-15). https://www.mca.gov.cn/n152/n165/c38597/content.html.

[2] 同[1]。

（2）平台每半年接受全国慈善工作主管部门考核 1 次。考核未达标，或日常运营中出现违规行为的，予以约谈、限期整改。1 年内不达标或违规处理累计 2 次，或产生重大社会负面问题，或出现重大网络安全事故的，取消指定，2 年之内不得重新申报。涉及相关法律问题的，交有权机关依法处理。

（3）平台若因战略调整或业务变更、拟终止公开募捐信息发布服务的，应提前 30 个工作日向全国慈善工作主管部门提出退出申请；平台在退出之前，应对捐赠人、慈善组织进行妥善反馈，并移交相关材料、数据和资源。[①]

三、慈善风险管理对策与建议

慈善信息风险管理涉及政府、慈善行业、慈善组织以及社会媒体、大众等多个部门。因此要预先有与之相对应的慈善风险管理对策。

（一）政府的慈善风险管理

政府的慈善风险管理主要是建立慈善透明奖励机制和加强慈善信息平台建设。

1. 建立慈善透明奖励机制

当前，我国政府的慈善透明奖励机制还尚欠完善。对慈善组织的年度检查是主要的信息披露制度规定，也是大部分组织信息公开的主要动力。反观美国慈善公益组织，税收优惠是慈善组织信息披露的最重要的动力。若要获得免税资格，必须在设立时填写 990 表，向联邦税务局提交涉及组织目的、活动性质、财产收支情况等报告，经过审核批准后才能成为合法的免税组织，免税组织还需每年向税务局提交年度报告和有关审核证明。[②] 相比而言，我国慈善组织慈善透明奖励机制还需要继续改进。比如将信息披露与享受税收优惠、获得政府购买服务支持以及表彰奖励等政策优惠直接挂钩。

2. 加强慈善信息平台建设

推进慈善信息化建设、提升慈善透明度，慈善信息平台是一个重要手段。一个统一开放、功能完备的慈善信息平台，既可以实现捐赠者、慈善组织、受助者、社会公众的信息对称，提高慈善组织透明度，提升慈善资源配置效率，又可以对慈善组织的机构、财务和业务等信息进行动态监测与管理，实现政府监管、行业自律和社会监督的有机结合，提高政府监管水平。[③] 因此，政府部门应加快慈善信息化建设步伐，把建设公共、统一的慈善信息平台作为一项基本公共服务来谋划和推进，可通过政府购买透明设施和服务支持慈善组织透明度能力提升，满足整个慈善行业发展的需要。

（二）慈善行业的风险管理

目前，我国慈善行业还处于上升阶段，如何化解慈善行业风险是一个重要课题。慈善行业标准化建设和行业自律建设是化解慈善行业风险的重要手段。

---

① 中华人民共和国民政部.慈善组织互联网公开募捐信息平台基本管理规范[EB/OL].(2023-07-15). https://www.mca.gov.cn/n152/n165/c38597/content.html.
② 高静华.慈善透明的困境与治理策略[J].中国社会组织，2018(15)：53-55.
③ 同②。

1. 慈善行业标准化建设

慈善行业应进行标准化建设工作。当前,中国慈善领域只有少量国家标准,行业标准和团体标准处于空白状态。慈善行业性组织应尽快在民政部门的支持下,启动标准化建设工作。通过制定和实施慈善行业标准,加强诚信建设,推进行业公开透明,维护行业秩序是慈善领域行业性组织的职责所在。①

2. 行业自律建设

行业自律是一个行业自我规范、自我协调的行为机制,对于维护市场秩序、保持公平竞争、促进行业健康发展、维护行业利益具有重要作用。但目前我国慈善行业自律还处在起步阶段。因此,应大力发展区域性、地方性的行业组织,建立各类型慈善组织自律联盟。慈善行业也可以通过第三方透明评估认证推动行业自律。民政部门应鼓励第三方专业评估机构的发展,按照民政部门制定的评估规程和评估指标,对慈善组织在组织透明、绩效评估和信用评级三方面评估认证工作。通过扩大行业自律和第三方评级评估,引导慈善机构完善透明建设,提高社会公信力。②

(三) 慈善组织的风险管理

1. 建立信息披露制度

信息披露是慈善组织专业、可持续发展的重要体现,有利于提高组织公信力及社会影响力。通过建立信息披露制度,可以促进公益慈善组织内部治理制度更完善。目前,我国大部分慈善组织尚未制定信息披露制度。信息披露还面临着公益组织的财会人员技能薄弱、专业职能人员不足等困境,人员也成为一大限制。制度和人才缺乏阻碍了透明度的提升。不过,我国大型慈善组织可以尝试在制度上建立信息披露制度,在机构设置上增设网络信息部门、公共关系部门。

2. 以结果为导向

慈善组织最终应以结果为导向。良好的项目效果才是捐赠者和受益者最关心的内容,也是衡量项目好坏的最重要依据。因此,慈善组织应从关注捐赠和财务信息透明转向项目质量、效益的控制与评估,慈善组织只有以结果为导向,只有靠服务效益才能赢得公信力。

(四) 媒体和公众的风险管理

近年来,新媒体的普及和应用极大地影响了慈善组织及其运作方式,新媒体为慈善组织及其活动提供了方便、快捷的信息公开渠道,而且降低了社会公众的参与门槛。但应该清醒地认识到,作为传播工具的新媒体,对慈善事业也会产生负面影响。新媒体传播速度快、传播范围广,容易造成信息爆炸,甚至产生强大的破坏作用。因此,对媒体的监督作用不应过于高估。慈善事业的公开、透明最终应靠完善的慈善法律法规、有效的行业自律及专业的第三方评估监管。作为社会公器,媒体肩负着慈善启蒙、教育的责任。媒体应加强

---

① 高静华.慈善透明的困境与治理策略[J].中国社会组织,2018(15):53-55.

② 同①。

对社会舆论的理性引导,设置正面向上的慈善议题,对慈善事业的发展进行理性、客观的监督。

复习思考题

1. 何为慈善信息?
2. 简述慈善信息管理的含义和特征。
3. 简述慈善信息管理原则。
4. 简述互联网慈善的定义。
5. 简述中国互联网慈善体系的组成。
6. 简述公益慈善品牌的定义。
7. 简述公益慈善项目品牌建设的内容。
8. 简述慈善信息管理的主体、方式、内容和范围。
9. 如何进行慈善信息风险管理?

典型案例

某基金会违反信息公开要求导致受到行政处罚。某基金会未公布年度工作报告摘要、公益资助项目收支明细,违反了以下法律法规。《基金会管理条例》第30条:"基金会开展公益资助项目,应当向社会公布所开展的公益资助项目种类以及申请、评审程序";《基金会管理条例》第38条:"基金会、境外基金会代表机构应当在通过登记管理机关的年度检查后,将年度工作报告在登记管理机关指定的媒体上公布,接受社会公众的查询、监督";《基金会信息公布办法》第4条:"信息公布义务人应当向社会公布的信息包括:(一)基金会、境外基金会代表机构的年度工作报告;(二)公募基金会组织募捐活动的信息;(三)基金会开展公益资助项目的信息。基金会、境外基金会代表机构在遵守本办法规定的基础上可以自行决定公布更多的信息",被民政部处以警告的行政处罚。

思考题:
结合以上材料讨论信息公开及透明度管理对公益组织的影响。

即测即练

第十二章

慈善组织公信力建设

随着我国经济社会发展水平的大幅度提升,慈善事业成为全体社会成员共同关心的事业。党的十八届三中全会从全面深化改革的战略全局,提出"完善慈善捐助减免税制度,支持慈善事业发挥扶贫济困积极作用",强调"重点培育和优先发展行业协会商会类、科技类、公益慈善类、城乡社区服务类社会组织"。[①] 可见,慈善事业的发展关系到我国社会保障体制的完善,关系到社会主义和谐社会的构建。

自人类出现开始,就存在个人的、无组织的、自发的慈善。但是随着世界文明的发展,慈善越来越多地以组织化的形式进行,进入现代,组织化已经是慈善事业的重要特征。而在慈善组织的发展过程中,组织的发展不仅具有一般社会组织的发展脉络和特征,其公益性、社会性,也使得慈善组织的发展过程中,公信力成为一个突出的问题。可以说,公信力是慈善组织和慈善事业的生命线,慈善组织自身的发展需要以保障和践行公信力作为基本准则与前提条件;同时,也唯有通过以公信力为核心的评估指标测量才能反映出慈善事业的发展状况和慈善组织的成熟度。慈善事业的运营需要建立在社会公众的信任基础之上,如果失去了社会信任,慈善事业也就失去了发展的基础。

近年来,我国慈善组织的公信力不断引起舆论关注。2011年的"郭美美事件"使中国红十字会的公信力一度受到质疑,也使我国的慈善事业遭受重大的震荡。随后的宋庆龄基金会的"灰色慈善"事件、99公益日套捐事件、中华儿慈会小数点事件等,都反映了社会公众对慈善组织公信力的敏感性,也时刻提醒着慈善组织公信力的重要性。

第一节 慈善组织公信力建设相关概念

一方面,公信力是慈善组织的生命力源泉,慈善组织具有比个体志愿者更大的社会责任和品牌形象。

另一方面,慈善组织本身也隐藏着一种信任性的隐患。公益慈善是最需要人与人之间、组织之间、个人与组织之间建立信任纽带的一项事业。信任是公益慈善行为的前提条件,也是慈善组织最为根本的生存基础,如果慈善组织不能在提升信任方面取得较大进展,那么慈善组织的发展很有可能陷入一种岌岌可危的境地。那么,慈善组织的公信力到

---

① 党的十八届三中全会《决定》全文发布[EB/OL]. (2020-05-29). http://www.dangjian.cn/shouye/zhuanti/zhuantiku/dangjianwenku/quanhui/202005/t20200529_5637913.shtml.

底有哪些方面,慈善组织的公信力危机又从何而来、如何提升,这都是我们需要关注的核心问题。

一、慈善组织

弗里德曼将组织划分为政府组织与非政府组织,非政府组织又分为营利组织与非营利组织。① 非营利组织分为慈善组织和公共服务组织。慈善组织是指从事慈善活动的非营利组织。② 慈善组织是面向社会接收各种捐款,并帮助社会弱势群体的非营利性组织。慈善组织具有非营利性、非政府性、民间性、自愿性等特征。

二、信任

慈善组织的公信力来源于民众,公信力的基础是信任。亚里士多德曾经说过:"我信任你,风险在我身上。"信任是一种风险转嫁机制,对于普通民众而言,信任他人,则意味着自己承担一定的风险。公民个人选择信任某一个组织,则意味着将有一定的概率面临危险性后果。信任的基础取决于公民对未来的某一事件的后果的风险感知,公民可以根据自己的风险直觉评估这一风险,选择信赖外界或者直接回避风险。

(一) 信任是组织合法性的来源

关于信任的研究由来已久。《论语·颜渊》中曾提及"民无信不立",《礼记·中庸》中也曾提及:"上焉者,虽善无征,无征不信,不信民弗从。"可以看出,在我国古代,就已经有了对信任的重视。信任是从政者实施政策的群众基础,没有信任,就会失去民众的支持,政策就不会得到人民群众的响应。在西方,信任不仅涉及政治领域,卢曼的研究把信任推广到了更广阔的经济和社会领域。卢曼认为信任是社会的一种简化机制,是个体在面临不确定性时,选择自己信赖的对象让渡其自身权力,以便维持个体的时空特征。③ 弗朗西斯·培根(Francis Bacon)也说过,"人与人之间最大的信任就是关于进言的信任"。

(二) 信任是社会互动和合作的基础

信任是社会成员互动和合作的基础,也是社会组织存在的基础。从字典上来说,几千年的汉语中,"信"或者"信任"的基本释义始终围绕着"相信而敢于托付",而英文中"trust"一词究其词源也一直包含"信赖"和"托管"两重含义。从这里可以看出,信任就有托付的意思,意味着个体让渡自己的部分权利给他人或组织,并且对他人或组织未来的行为具有一定的预见性。如果信任的基础遭到破坏,那么社会成员之间的信息搜寻成本、合作的交易成本就会上升。

---

① 王君丽.关于界定中国事业单位与政府、非政府组织、非营利组织的文献综述[J].现代经济(现代物业下半月刊),2007(10):57-60.
② 陈东利.慈善组织的公信力危机与路径选择[J].天府新论,2012(1):4.
③ 卢曼.信任:一个社会复杂性的简化机制[M].瞿铁鹏,李强,译.上海:上海人民出版社,2005.

(三)信任作为一种心理机制,具有一些显著的特点

首先,信任必须具备一定的基础。从信任的心理结构来看,信任是一个复杂的心理机制。信任不是平白无故产生的,必须具备一定的心理基础。正如费孝通先生指出我国传统社会存在的差序格局一样,信任也具有一定的心理机制。其次,信任具有一定的心里结构。Mayer 等指出,正如我们信任某人的善心(benevolence)、正直(integrity)一样,我们对组织也的信任也是基于组织的这些品德维度。Mayer 总结出对组织的信任包含组织的能力、正直和善心三个维度,只不过是在分析把个体分析的层次上升到组织分析的层次。[①] 再次,信任往往具有一种惯性或惰性,个体对某一事物的信任或者不信任,会持续较长的时间,不会轻易改变。而且信任具有泛化效应,类似于心理学的晕轮效应。如果个体对某一组织信任,则对该组织的各项活动都会抱有不同程度的信任。最后,信任与不信任是个体心理结构上的两极谱系,很难找到中间状态。如果个体对某一组织失去信任,则不会有中间的状态。

Mayer 的信任界定较具有代表性,许多学者采用该概念来研究各个领域内的信任。该概念的另一个优势在于其把信任细化为三类:能力信任、正直信任和善心信任,使得学者在研究时更易操作。

三、公信力

公信力指的是社会对一个组织的认可及信任程度,这一概念源于英文单词 accountability,意指为某一件事进行报告、解释和辩护的责任;为自己的行为负责任,并接受质询。

在《现代汉语词典》(第 7 版)中,公信力被解释为:"使公众信任的力量。"这一解释基本上是将公信力三个字的字面意思组合起来,但是这一解释也从学术研究和日常应用两个角度直观地揭示出了公信力的组成要素。郑也夫在他的《信任论》中提出,对于公信力所下的判断是"对匿名者组成的制度系统的信任"。[②] 即个体不需要熟知系统中的详细环节,但是可以依据制度、系统或者机构的公信力来作出决策。

综合起来,可以把公信力定义为:公共权力在社会生活及活动中所表现出的一种公平、正义、效率、人道、民主、责任的信任力。

四、慈善组织的公信力

关于慈善组织的公信力,主要从两个角度进行探究。

(一)社会意识

这部分学者是从社会整体的角度进行定义的,其重点在于慈善组织公信力对于社会整合所起到的作用,在将慈善组织公信力作为分析工具的研究中非常常见。他们在定义

---

① SCHOORMAN F D, MAYER R C, DAVIS J H. An integrative model of organizational trust: past, present, and future[J]. Academy of management review,2007,32(2):344-354.

② 郑也夫.信任论[M].北京:中国广播电视出版社,2001.

慈善组织公信力时更重视"认同与信任"的主体,即社会公众的角色,如有学者提出,对于慈善组织来说,"其组织公信力指的是社会对此组织的认可及信任程度,是公众依托其实现某种公益价值的心理凭借"。① 这一定义的出发点在于慈善组织公信力产生的内在动因,在对公信力本身产生发展过程的考量中比较多用。

NPO学界对于慈善组织公信力的判定更加具体。清华大学公益慈善研究院院长王名教授指出,慈善组织公信力主要体现在法律约束和自律规范两个方面,可以通过社会对慈善组织的认可和信任程度来衡量。在相关研究中,这方面的表述大多是零碎的,但整体来说,NPO管理类研究中涉及的"慈善组织公信力"是指公众对慈善组织在进行慈善活动过程中所具备的为社会公众所认同和信任的影响能力,也是公众对慈善组织的普遍认同感、信任度和满意程度,是公众对慈善组织的一种评价。这个定义已经具有一定的操作性,许多学者正是由此出发进一步探讨出了测量慈善组织公信力的一系列评估指标。

（二）慈善组织的利益相关者

有一部分慈善组织从业者与管理学研究者在定义慈善组织公信力时,将注意力更多地放在了组织内部架构与运作逻辑上,往往是将慈善组织公信力的达成与组织使命相统一起来。从这一角度探讨慈善组织的公信力主要围绕组织的治理结构进行评价,比如理事会是否公正、员工是否具有慈善情怀、财务实力是否充裕、绩效评估是否客观等。在慈善组织的社会工作实务中,这样的定义显然是更加切实和可操作的。

所谓的利益相关者指的是对组织的政策和方针能够施加影响的群体与个人,慈善组织的利益相关者不仅包括慈善组织的创立者、员工、善款的捐赠者、受助对象、相关政府管理部门等,还包括对慈善组织的运转起到影响作用的组织和个人——一般社会公众、媒体、专业评估机构、其他社会组织等。一个有良好公信力的慈善组织,应该是一个在其利益相关者看来比较令人满意的组织。

慈善组织的公信力是上述慈善组织的利益相关者对其认可度和信任程度。但是,鉴于慈善组织的利益相关者的多元化特征,在操作化过程中,将研究的焦点放在外界对慈善组织的品牌认可和信任程度上,同时,也综合考虑其他主体的评价信息,如政府相关部门、员工等。

总体来说,慈善组织公信力的概念界定可以分为两类,即广义和狭义。广义的概念是指那些能够影响慈善组织获取资源的能力、利益相关者对慈善组织绩效的评价等。利益相关者既包括直接的利益相关者,也包括间接的利益相关者。从社会层面来讲,慈善组织公信力是公众对慈善组织的信任程度,这种信任既包括捐赠者和慈善对象对慈善组织的信任,还包括普通公众对慈善组织的信任。狭义的概念仅仅指直接利益相关者对慈善组织绩效等方面的评价。

---

① 张勇,周雪.非政府组织公信力建设路径——基于公共理性的研究视角[J].人民论坛:中旬刊,2011(23):66-67.

第二节 慈善组织公信力建设内容

公信力是慈善组织存在的合法性基础,是慈善事业发展的前提条件,也是影响慈善捐款的重要因素。对慈善组织自身而言,公信力是组织的生命线。习近平总书记曾经提到"打铁还需自身硬",这也指示出慈善组织投身公信力建设的方向,进而使慈善组织在社会经济 建设、社会主义精神文明建设中发挥更大的绩效。

一、慈善组织公信力建设的背景

当前我国慈善组织公信力建设之所以必要,是因为其是我国社会发展的过程的必然要求。

(一)慈善组织公信力建设的法治环境逐渐完善

我国的慈善组织立法逐渐完善,这必然要求慈善组织依法开展慈善活动,为建设公信力提供越来越完善的制度环境。郑功成教授曾经指出:"我国慈善机构不发达,慈善事业发展滞后,根本的原因不是经济发展的落后和慈善资源的不足,而是法制的欠缺。因此加快慈善机构与慈善事业的立法,在中国不仅具有必要性与重要性,而且具有紧迫性。"[1]随着《慈善法》的颁布,我国各地方、各部门也纷纷制定地方性法规,为慈善事业发展提供法律依据,慈善组织的公信力建设的法律制度环境已经逐渐完备。

(二)政府与民间力量协作的机制逐渐成熟

在我国慈善组织公信力建设的过程中,政府与民间力量的协作机制逐渐完善。20世纪90年代以来,我国的非营利性公益组织数量逐渐增加,形成一定的规模。比如2003年11月,中华慈善总会联合中国青少年发展基金会、中国国际民间组织合作促进会等共同签订了《中国非营利组织(NPO)诚信和行业自律呼吁书》,后来成立了中民慈善捐助信息中心、中国慈善信息平台等。在这一过程中,政府部门和民间非营利组织充分合作,为公益组织提供了资金筹集渠道,也为社会各界共同对慈善组织的公信力建设提供了平台。民间慈善力量在慈善组织公信力建设中的作用越来越重要。

(三)社会媒体对公信力建设的关注越来越多

社会媒体对慈善组织的公信力建设越来越关注。随着我国互联网的发展,自媒体的参与者和受众群体也逐渐增多,慈善与媒体之间的互动越来越便捷。一方面,各个慈善组织开始利用互联网和自媒体开展活动宣传与筹款,扩大了慈善组织发展的途径。另一方面,社会媒体又成为覆盖面更大、影响更广泛的监督形式,对慈善组织的运作给予多方位的报道和监督。在互联网时代,公众很容易借助社会媒体对慈善组织进行问责,如果处理不当,则会给组织的公信力带来巨大的影响。

---

[1] 李慎波.慈善立法:中国慈善事业的现实路径[J].法治与社会,2005(9):11-12.

二、公益慈善组织公信力建设的具体内容

慈善事业的本质是"建立在社会捐献经济基础之上的民营社会性救助行为,是一种混合型社会分配方式"。① 对于慈善组织而言,公信力建设的主要目标在于组织筹款、组织的资金运转等方面。鉴于慈善资金来源的特殊性,增强公众对其的信任程度对于慈善组织而言是命运攸关的大事。公信力是一个抽象化的概念,需要对其进行解构以发掘公信力的构成要素。

(一)慈善组织公信力的危机

公信力的培养和提升是一个不断系统化累积过程,任何负面事件都可以使慈善组织的公信力陷入危机。目前,我国慈善组织的公信力发展面临瓶颈,主要表现在以下几个方面。

1. 合法性缺失

慈善组织合法性缺失是公信力存在危机的首要表现。简单地说,"慈善组织合法性是慈善组织公信力的内核,而慈善组织公信力则是慈善组织合法性的外在表现"。② 任何类型的慈善组织都需要依照既定的评判准则取得相应的法律主体地位,也必须获得社会公众的普遍认可,这是保障慈善组织公信力的基础性和原则性条件。

但是,慈善事业的本质就应该是一种"民办型社会救助行为",这并不要求慈善组织本身具有官办性质。同时我国的很多慈善组织也都属于民办性质。民办性质的缺陷就在于其合法性缺少公共权力背书,主要体现在法律地位得不到保障、权责界定较为模糊。合法性缺失也致使一些慈善组织游离于政府监管之外,很难确保慈善组织的公信力。

然而,如果慈善组织完全由官方筹办,则影响公众对慈善组织行为本身的信任。比如中国"红十字会"一直以来都是一个官办组织。③ 这样的性质又导致很多民众质疑红十字会的慈善性质。比如上海卢湾红十字会的"天价餐费"事件,造成了公众对"红十字会"这一机构公益性的质疑。搜狐网的调查结果显示:对"中国慈善机构的公益性令人怀疑"这一论断,有 62.26% 的网民赞同。④

这也从一个方面反映出,中国的慈善组织在公益性和合法性之间一直不断拉锯,中国的慈善组织面临的困境就是在合法性来源和公益性行为之间寻找平衡点。

2. 诚信度不足

诚信度不足是导致我国慈善组织公信力危机的关键性因素。透明公开、诚实守信、责任等是社会公众对慈善组织最基本的要求,但是由于中国慈善组织的发展时间并不是很长,整个慈善组织的发展体系不太规范,再加上内外部监管机制的不成熟,特别是信息披露制度的不健全,缺乏一套综合性的关于慈善组织诚信度测评的指标体系,慈善组织的诚信度不足。《中国慈善透明度报告(2021)》显示,全国 1 000 家公益慈善组织的透明度平

---

① 郑功成.当代中国慈善事业[M].北京:人民出版社,2010.
② 上海市慈善基金会.慈善:创新与发展[M].上海:上海社会科学院出版社,2009.
③ 中国红十字会的坎坷前史:从民间组织到官方机构[EB/OL].(2020-03-12).https://baijiahao.baidu.com/s?id=1660958501916873791&wfr=spider&for=pc.
④ 刘一.从捐赠监管角度看我国慈善组织公信力[J].社会工作,2010(7):11-13.

均得分只有33分(百分制),受调查者中只有8%对慈善组织的透明度表示满意,而84%的受调查者持"不满意"的态度。① 诚信度不足已经导致中国慈善事业发展困难重重。

3. 慈善组织绩效水平不高

慈善组织绩效水平不高是导致其公信力缺失的重要因素。绩效的提升是任何类型的组织机构最根本的价值诉求,"零绩效"的组织显然没有任何存在的意义。慈善组织虽然异于一般的经济型组织,但是社会公众在评价其公信力的过程中,还是会以其运作绩效的高低作为关键性的测评指标,而且慈善组织自身也应当以提高绩效作为最根本的任务。反观中国慈善组织的绩效状况,由于受诸多因素影响,特别是慈善组织内部运作机制不健全、管理体系不完善、组织同人员的专业化和科学化水平不高等,我国慈善组织的绩效水平普遍不高,投入产出比偏低。

4. 专业化水平和自主性程度不足

专业化水平和自主性程度不足致使公众对慈善组织的信任度下降。一方面,我国慈善组织和慈善人员的专业化程度偏低。根据调查,我国当前慈善组织工作人员的构成中专职人员占60.03%,退休和兼职人员占39.97%,此外,大专以上的人员达66%,而本科人员则只有34%②,这导致对既定的慈善项目在策划、组织、执行和协调等环节中表现为能力不足。事实表明,当前慈善领域人员的能力素质和经验上的匮乏不能完全适应慈善事业未来的发展要求。另一方面,在中国当前的社会组织管理体制框架下,慈善机构和慈善活动需要接受民政部门与业务主管部门的双重领导,政府行政管理色彩浓厚,使得慈善组织难以独立自主的处理内部事务,只能通过依附于相关政府部门来获得自身的发展。

(二)慈善组织公信力的结构

对于慈善组织公信力的构成要素,不同的研究者的看法不尽相同。

1. 四要素说

杨思斌和吴春晖认为慈善组织的公信力主要包括合法性、运作能力、对慈善使命的恪守程度、诚信度四个因素。③ 合法性是指慈善组织具有社会规范及制度准许、承认的身份,在此基础上形成的被社会成员认可、接受的心理基础,包括制度合法性、行政合法性和社会合法性。运作能力主要包括筹款能力、管理能力、策划营销能力、服务能力和宣传能力等。慈善组织与其他社会组织最大的区别在于其天然地具有一种道德色彩,社会公众对其道德要求也更高。对慈善使命的恪守度是指慈善组织对奉献社会、服务大众这一慈善使命的恪守程度,较高的恪守程度是慈善组织赢得公众对其信任的基本保障。诚信度是指慈善组织对诚信原则的遵守程度,即以善意的方式行使权利、履行义务和责任、信守诺言和兑现承诺的程度。慈善组织的诚信主要包括对捐赠者诚信、对受捐者诚信和对社会公众诚信。从公信力构成的四个要素来看,合法性是慈善组织存在的法律底线,运作能力是公信力的核心要素,慈善使命的恪守程度和诚信度则是公信力形成的行为指标。王娜认为慈善组织公信力主要包括四个要素:公众对慈善组织的认知、捐赠方式、对慈善组

---

① 2011中国慈善报告:千家公益组织透明指数为33分[EB/OL].(2011-12-30).https://news.sohu.com/20111230/n330774138.shtml.
② 中国企业慈善路径之变[EB/OL].(2007-10-23).https://news.sohu.com/20071023/n252815298.shtml.
③ 杨思斌,吴春晖.慈善公信力:内涵、功能及重构[J].理论月刊,2012(12):158-162.

织的要求以及公众发现腐败后的态度。①

2. 五要素说

石国亮在考察美国慈善组织公信力时把慈善组织公信力构成要素分为五个：合法性、诚信、使命、效率和效果。② 并用金字塔结构呈现出这五个要素之间的逻辑关系。

合法性是慈善组织公信力的法律底线，也是其运作的基线；诚信是慈善组织最为基本的道德原则，而使命和效率、效益则是社会公众评价组织行为的基线。该观点是从法律基线、道德基线和行为基线三个基线水平来建构慈善组织公信力要素的。

3. 十要素说

我国非营利组织信息咨询中心制定了"中国非营利组织公信力标准"，认为公信力主要包括十个要素，它们分别是组织的合法性、组织使命、组织的资源利用和利益冲突、组织的内部治理、组织的协作和伙伴关系以及筹资、项目评估、财务透明、信息公开和道德诚信。③

三、慈善组织公信力的结构

综合学者对慈善组织公信力要素的研究，并结合 Mayer 关于信任概念的界定，我们发现诸多慈善组织公信力要素可以归纳为以下三个核心要素：慈善组织能力信任、慈善组织正直信任和慈善组织善心信任。慈善组织能力信任是指公众对慈善组织的运作能力的信任，包括对慈善组织筹款能力、管理能力、策划营销能力、服务能力和宣传能力等方面的信任。在慈善组织公信力的结构中，正直信任最为重要，其次为能力信任，最后是善心信任。首先，正直信任最为重要，慈善组织的正直、诚信最能赢得人们的信任。其次，能力信任也十分重要，如果人们相信慈善组织具有较高的能力，如筹款能力、管理能力、服务能力等，人们会倾向于认为慈善组织是值得信任的，因此会促使人们对慈善组织公信力评价较高。最后，善心信任对慈善组织公信力也很重要，慈善组织不同于其他社会组织的关键之处在于其善的使命，如果慈善组织能履行自己的慈善使命，捐赠者就会对其善心信任给予较高评价，自然也会对慈善组织的公信力评价较高。

广义的慈善组织公信力的结构及其影响因素如图 12-1 所示。

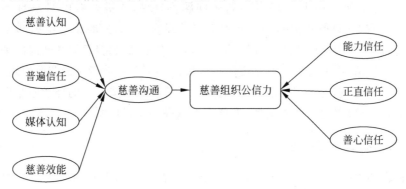

图 12-1　广义的慈善组织公信力的结构及其影响因素

---

① 王娜.慈善组织公信力研究[D].长春：长春工业大学，2011.
② 石国亮.慈善组织公信力重塑过程中第三方评估机制研究[J].中国行政管理，2012(9)：64-70.
③ 马丽娟.我国非营利组织公信力缺失的治理研究[D].南宁：广西大学，2008.

四、慈善组织公信力建设应处理好的几个关系

在我国慈善组织公信力建设过程中,需要政府、民众、媒体多方合作,在政策制定和组织运营方面,需要处理好下列关系。

(一)慈善组织和政府

根据慈善组织的资金来源来看,可以将慈善组织分为半官方、半民间慈善组织(如中国红十字会、省市级慈善会等)、民间慈善组织(如壹基金、河仁慈善基金会等)。《基金会管理条例》(2004)规定,"国务院民政部门和省、自治区、直辖市人民政府民政部门是基金会的登记管理机关","国务院有关部门或者国务院授权的组织,是国务院民政部门登记的基金会、境外基金会代表机构的业务主管单位"。这说明我国的慈善组织,在登记注册的环节、日常运作的管理环节都需要政府的监管,甚至有一些慈善组织就是官办组织。我国很多慈善组织的负责人和工作人员,直接来源于政府,多数慈善组织的行政色彩浓厚,他们以一种与政府相类似的逻辑运作。

慈善组织的"官民二重性"是其公信力的制度保障,也会成为建设公信力的约束条件。在我国,政府的认同、支持和监管是慈善组织的合法性基础,如果有政府作为管理机构为慈善组织的信用背书,那么慈善组织就无形中增加了公信力。相反,如果没有政府支持,社会公众往往对慈善组织的信任有所保留,慈善组织的公信力也就大打折扣。但是,政府过多地参与慈善事业也有一些弊端。比如政府对慈善组织的干预过多,就会对慈善组织的发展造成束缚,政府的行政性特征和慈善组织的非政府性特征本身就是互相矛盾的。如果政府干预过多,慈善组织的民间属性、非政府性就不能得到彰显,这也就违背了慈善组织的属性。总之,正如湖南师范大学慈善公益研究中心主任周秋光教授所言,"从历史上看,民办慈善比官办慈善要好。但我国的慈善事业曾中断40年,突然要复办,没有政府的支持是不行的。所以这个时候由官方来办,我认为是合理的、适宜的。但由官方办理多久才是恰当的?5年?10年?15年?这个问题不好说,关键要看民间办的条件是否成熟"。① 现实情况是,目前我国的民间慈善组织并不多,大部分的慈善组织都需要挂靠某些政府部门,但是如果从慈善组织发展的长远角度去考虑,慈善组织和政府的关系应该是"民办官助"。所谓"民办官助",就是政府把发展慈善事业的功能交给非政府组织,由民间团体承办,政府作为慈善组织的辅助者,通过为慈善组织创造良好的环境来帮助慈善组织发展。比如,政府可以完善慈善法规,为慈善组织提供监督机制等。

(二)慈善组织与捐赠主体

随着社会的发展,社会公众的慈善意识逐渐提高,与此同时,对慈善组织的要求也逐渐提高。近年来频频爆出的慈善组织内部管理不善、腐败和渎职事件等,导致社会公众对慈善组织产生了种种担心和疑虑。社会公众也把这种对慈善组织的不信任泛化,极大地

---

① 马广志.中国慈善应定位于"民办""官助"[EB/OL].(2011-09-02).https://www.chinatimes.net.cn/article/25074.html.

影响了社会公众的捐赠意愿。对捐赠者而言,他们有权利知晓捐赠善款的用途,也有权利指导服务对象的变化。如果慈善组织不能满足捐赠者的这一期望,那么慈善组织的公信力就会受到影响,进而损耗捐赠者的热情。

比如2011年,影响中国慈善界的"郭美美事件"对社会公众的捐赠热情是一个极大的打击。随着媒体的报道和事件的发酵,公众对中国红十字会这一"百年老店"的运作过程产生了质疑。这一事件之后,中国红十字会接受的捐款数额呈现断崖式下跌,自此也引发了慈善界的地震,让慈善组织的公信力这一重要因素进入公众的视野,刺激社会公众和媒体对慈善组织运作的持续性报道与关注。"郭美美事件"的影响说明了慈善组织与捐赠主体之间处理好关系的重要性。

公信力是慈善组织的生命线,公信力最终来源于社会公众。慈善组织只有做到取信于民、取信于社会,才能维持其强大的生命力,获得生存和发展。捐赠者是慈善组织的服务对象,就像顾客对于商家来说是上帝一样,捐赠者是慈善组织得以持续发展的依赖主体。慈善组织是捐赠者的善心得以落实的主要平台与载体,要维护捐赠者的慈善意识和捐赠意愿,慈善组织必须做到善款的妥善管理,以及对捐赠者的质疑作出及时回应。捐赠者和慈善组织之间是一个相互依赖、监督与被监督的关系。

(三)慈善组织与社会媒体

健康的慈善事业是在政府的倡导和支持下,由民间团体和个人组织与开展的活动。慈善事业的发展需要全社会形成一种合力,达成共识,共同为社会中的弱势群体提供救助。慈善事业也是一个需要奉献精神和高尚无私的救助情怀的事业。在慈善事业的运行过程中,社会媒体对慈善活动进行宣传报道,可以弘扬社会正能量、营造慈善文化氛围。社会媒体对慈善组织的理念、活动动态、组织制度等内容向社会加以推介,增强公众对慈善组织的认识与了解。同时,社会媒体也可以对需要援助的社会弱者信息进行公开报道,使慈善组织、普通社会成员、企业得到这些信息,从而在亟待援助者与慈善组织之间架起沟通的桥梁。同时,社会媒体也发挥着监督慈善事业的功能。社会媒体可以对慈善组织的行为进行监督,吸引社会公众对慈善组织的行为作出评判,减少慈善组织运作的不规范。随着网络新媒体的发展,QQ、微信、微博等一系列的社交工具,可以让信息传播的速度比以往更快捷、更全面。这也对慈善组织如何处理好与社会媒体的关系提出了挑战。

近年来,慈善组织的负面事件不断被社会媒体曝光,给慈善事业的发展带来了巨大的舆论压力。如果慈善组织不能改进自身管理体制,妥善处理社会媒体的危机沟通,则有可能演化为对该组织的灾难性事件,使得该组织的公信力一去不返。

社会舆论对于慈善组织的影响力不言而喻。卢梭曾充分肯定了舆论的巨大力量,认为它是正规法律以外的法律,"既不是铭刻在大理石上,也不是铭刻在铜表上,而是铭刻在公民的内心里;它形成了国家的真正宪法;它每天都在获得新的力量;当其他的法律衰老或者消亡的时候,它可以复活那些法律或者替代那些法律,它可以保持一个民族的创新精神,而且可以不知不觉以习惯的力量取代权威的力量"。[①] 目前有调查显示:81.5%的

---

① 卢梭.社会契约论[M].北京:商务印书馆,1987:73.

公众更倾向于舍弃慈善组织这一中间桥梁,直接对受赠者进行"一对一"精准捐赠。① 由此可见,负面事件造成的公信力缺失问题,已经直接影响到了公众对慈善组织捐款的积极性。

在慈善组织公信力建设进程中,慈善组织应当正确摆正与社会媒体的关系,不能将其视作敌对的一方,而应该将其视作促进推动自身规范化建设、提升慈善组织公信力社会形象的重要推动力量。社会媒体可将在公信力建设方面做得比较突出、有示范效应的慈善组织进行广泛的宣传与推介,但同样也可以将公信力不佳甚至存在腐败行为的慈善组织予以曝光,运用社会媒体的舆论力量促进慈善组织公信力建设。

第三节　慈善组织公信力的评估体系

完整、准确的信息是第三方机构对慈善组织公信力进行评估的基础和前提,而且"评估研究是一种应用性研究,它研究的是社会干预的效果"②,然而从我国目前的现实状况来看,慈善组织与政府部门、社会大众以及其他社会组织之间存在着严重的信息隔阂。慈善组织的运作情况,一方面慈善组织自身运作的不规范,造成信息的缺失;另一方面由于慈善组织运作的不透明,不仅社会大众无从知晓,其相应的监管部门也难以把握慈善组织的实际运作。政府和社会所了解的慈善组织的信息往往是不完整的或不真实的,这就对第三方机构对慈善组织的公信力进行评估造成严重的困难。

一、慈善组织公信力的评估理论

(一) 3E 理论

目前,我国慈善组织公信力第三方评估的理论和方法主要借鉴于国外的相关经验。国际上主流的评估理论主要有"3E"理论,即经济(economy)、效率(efficiency)与效果(effectiveness)。经济主要是指以最低的成本取得的收益;效率主要是指投入产出比,同样水准的服务所需要的成本;效果则是指慈善组织公共服务项目目标的实现程度。经济、效率和效果这三个指标,是企业、政府、慈善组织都应该普遍关注的问题。因此,利用"3E"理论来对慈善组织进行第三方评估,能够实现慈善事业的发展和慈善组织的完善,也能够提高运作绩效、重塑慈善组织的公信力。"3E"理论也因此在国内得到广泛推崇,成为我国目前慈善组织公信力评估的主要应用理论。

(二) "APC"评估理论

清华大学 NGO 研究所结合中国的国情,提出了"APC"评估理论,即对慈善组织的问责(accountability)、绩效(performance)和组织能力(capacity)进行全方位的评估。③ 慈善组织的问责、绩效和能力彼此之间是密切相关的,单纯进行绩效评估,易导致组织随项目

---

① 杨佳文.慈善组织公信力的提升路径研究[D].郑州:郑州大学,2018.
② 巴比.社会研究方法[M].邱泽奇,译.10版.北京:华夏出版社,2005.
③ 邓国胜.非营利组织"APC"评估理论[J].中国行政管理,2004(10):33-37.

结束而消亡的弊端;单纯进行问责评估,可能造成效率的低效;单纯进行能力评估,则可能会造成慈善组织公益性的缺失。"APC"评估理论能够很好地解决目前慈善组织评估中遇到的问题。

二、慈善组织公信力的评估体系

综合各种理论,我们认为,慈善组织的公信力的评估体系应该包括如表 12-1 所示的指标。

表 12-1　慈善组织公信力的评估体系

一级	二级	三级	极好5	较好4	一般3	较差2	极差1
使命	基本条件	法人资格审查					
		负责人的条件审查					
		年检					
	非营利性	利润分配情况					
		工作人员工资占收入的比重					
能力	筹资能力	高效透明的筹资程序					
		员工实现筹资目标的激励机制是否明确有效					
		理事吸引捐赠的能力					
		与政府的联系					
	人力资源	是否有专职的服务队伍、管理队伍					
		理事、员工的个人素质					
		志愿者系统					
绩效	项目成果	项目的投入、产出					
		项目的服务效率					
		项目的服务质量					
	公共关系	组织的社会影响					
	组织营销	竞争对手的活动					
		营销预算是否合理					
		非常清楚组织当前的资助者					
		清楚组织的潜在资助者					
	治理结构	理事会的结构是否合理					
		内部运作是否规范					
		有无专门的内部监督机构					
	财务	年度预算程序					
		财务透明度					
		成本控制					
问责		决策及时					
		决策时掌握的信息量足够					
		目标群体参与决策					
		人为因素造成决策失误的处罚					

该慈善组织公信力评估体系从使命、能力、绩效、问责四个方面进行评估,具体的评估工作主要从三级指标着手。慈善组织公信力的评估满分为150分,每个三级指标满分5分,按照慈善组织的实际运作情况评分,运作极好得5分,较好4分,一般3分,较差2分,极差1分。最后进行分数的汇总,以慈善组织的最后得分对慈善组织的公信力进行评估。这样设计既有利于评估工作的具体开展,可以对慈善组织公信力状况有一个整体上的把握;同时也利于找出慈善组织公信力存在不足的方面,这就为慈善组织运用评估结果,进行自身的改善奠定了基础。

第四节 提升慈善组织公信力的途径

提升慈善组织公信力并非一朝一夕可以完成,需要在时空维度上给予综合考量。自20世纪80年代开始,新公共管理影响力逐步渗透到西方国家的诸多公共事务之中。在私人化的趋势影响下,澳大利亚等国家的公共服务开始实施一种公私合作的模式,在交通、医疗、教育与卫生等领域将私人化的实践模式逐步推行。随之而来的是更大范围的新公共管理实践,更多的西方国家开始尝试用一种服务外包的形式,即将国家的公共服务部分交由慈善组织来代替公共部门完成。

经历40多年的新公共管理运动,如今新公共治理的范式对慈善组织的定位已经发生了很大变化。慈善组织不再被动地接受政府引导,而转变为政策制定的参与者和政策实施的倡导者。在这样的背景下,西方国家的慈善组织已经开始直接走向政策制定与政治舞台的前沿,将政策倡导作为一种重要的身份与角色。最为明显的例子便是美国与欧洲国家的环境运动倡议。正是由于西方国家的环境志愿组织积极投身于环境事业的关注与公众公共健康与卫生议题的关注,西方国家的环境运动才由早期的冲突性的环境抗争运动最终走向一种合作式的共同治理的样板。

对于中国来说,在公共服务领域的合作正处于一种初期的探索阶段,与其他组织的合作仍然以购买服务为主。中国慈善组织在与政府的合作治理中仍需较多的实践与时间,但是我们有理由相信,在这种多元性的世界治理格局大变革的过程中,慈善组织与其他志愿组织部门将更加自信地走向世界政治舞台,为世界未来的社会治理发展提供强有力的保证。中国当下公共生活的塑造面临诸多困境与限制,民间社会中对于中国社会未来治理的前景与发展方向都没有形成最基本的共识。丧失基本共识的民间社会极大地制约了当代中国社会中信任关系的形成与维系。同时,中国慈善组织的活力还没有完全被激发。然而,中国慈善组织公信力的危机并不能因为暂时或者短期之内的挫折而停滞不前。由于我国的慈善组织发展过程与西方不同,也面临着和西方国家不同的问题,因此在应对慈善组织的信任危机方面,不能一味地照搬照抄西方国家的慈善组织的应对方式和方法,需要结合我国的具体实践,走出一条我国特色的慈善组织发展道路。

一、提升组织透明度

透明度建设是慈善组织提升信任的重要方案。国外学者普遍认为,提升慈善组织的透明度是减少慈善组织信任违背行为的一种解决方案,透明度建设有助于恢复慈善组织的信任并减少声誉风险或损害。透明度可以分为两类:①组织在透明度方面的声誉;②透明沟通的努力。研究者通过实验研究考察了危机情况下两种信任透明度与利益相关者的行为意图之间的关系。结果发现,具有两种透明度的组织比没有表现出两种透明度的组织获得的信任和积极的行为意图的水平要高出两倍以上。

因此,可以说透明度对于慈善组织公信力提升具有重要的价值。在提升慈善组织公信力的过程中,如何提升慈善组织的透明度,不同的学者给出了不同的答案。可以从透明性的感知分析和话语分析视角来研究透明度问题。如 Albu 和 Wehmeier 以英国北岩银行(Northern Rock)为例,说明了银行如何在关键时刻提升透明度,如何让利益相关者在感知和话语层面体验到银行的透明度。① 慈善需要组织使用高质量的审计师。审计质量会影响捐赠者的决定,会影响捐赠者对慈善组织的信任水平。捐赠者对由高质量审计师核实的报告会计信息的变化更为敏感。慈善组织的声誉和审计师的选择是慈善组织向捐赠者传达财务信息可信度的替代机制,多使用社交媒体网站与公众沟通交流,以此来提升透明度。在国外,很多慈善组织活跃在 Twitter 和 Facebook 上,它们的透明度有所不同。研究者发现,那些发布更多信息的组织拥有更多的"赞"、更多的关注者和更多的总体推文,并且可以仅凭活动便被认为更加透明和可信。

因此,慈善组织需要更多地使用社交媒体网站与公众进行交流,定期进行沟通对话。以加强问责机制建设来提升透明度。Rawlins 的研究发现透明度问责制是透明度工作的重要内容之一。② Gibelman 等在对非政府组织"丑闻"的媒体报道进行内容分析的基础上,发现丑闻对公众的信任有较大影响,而提升信任的选择方案就是需要加强问责机制。③ Eisenberg 认为"公众有权了解慈善行为并要求高度负责"。④ 正如澳大利亚红十字会秘书长 Martine Letts 所指出的,"您收到公众的捐款,不仅要公开、透明,而且要负责"。⑤ 在日本,慈善组织为了获得社会公众的信任,不仅需要财务公开,组织负责人也需要"全透明"。慈善组织负责人的生活必须完全透明化,每日的行程都要在网络上公布,以此来推动慈善组织的透明度建设。

二、增强与社会公众的沟通

沟通在慈善组织公信力提升中起到至关重要的作用。信任、媒体认知、慈善效能感、慈善沟通对慈善组织公信力都有影响,慈善沟通对慈善公信力的直接影响最大。因此,慈善组织公信力提升需要特别重视组织的沟通能力建设。

---

① ALBU O B, WEHMEIER S. Organizational transparency and sense-making: the case of northern rock[J]. Journal of public relations research, 2014, 26(2): 117-133. DOI:10.1080/1062726X.2013.795869.

② FREDOTOVIC I. Testing a model of organizational transparency in higher education through faculty perceptions[D]. Miami: Barry University, 2018.

③ GIBELMAN M, GELMAN S R. Very public scandals: nongovernmental organizations in trouble[C]// International Society for Third-Sector Research Fourth International Conference, Dublin, July 7, 2000.

④ EISENBERG M A. Corporate conduct that does not maximize shareholder gain: legal conduct, ethical conduct, the penumbra effect, reciprocity, the Prisoner's Dilemma, Sheep's Clothing, social conduct, and disclosure[J]. Stetson law review, 1998, 27: 1-26.

⑤ 佚名."基金会公开透明仅仅是为了提高公信力吗?透明的内容都有什么?"[J].中国社会组织,2014(7):62.

慈善沟通在提升慈善组织公信力中的作用如图 12-2 所示。

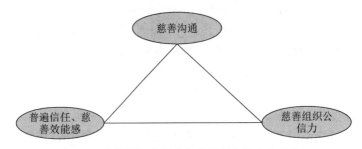

图 12-2　慈善沟通在提升慈善组织公信力中的作用

（一）建立顺畅的沟通渠道，注重日常沟通

随着互联网技术的普及和现代通信技术的快速发展，社会公众获得信息的渠道越来越多样化，由原来从传统的广播、电视、报纸、杂志获取信息，发展为从电脑、手机等网络终端获取信息，越来越多的人开始在互联网上接收、发布信息。在当今信息社会快速发展的态势下，慈善组织提升公信力需要建立顺畅的沟通渠道，通过多渠道开展与社会公众的沟通。一方面，要善用传统渠道，如广播、电视等，尽管这些渠道的受众人数有所减少，但广播、电视的权威性、官方性等特征可以为慈善组织公信力的提升提供良好的、具有公信力的平台。另一方面，要发展新的沟通渠道，如建立慈善组织自己的官方网络平台，链接腾讯公益、新浪公益等大型网络公益平台，建立和完善组织的微信公众号与微博，在网络社区、论坛和 QQ 空间等网络平台积极与公众进行沟通，多点、多线、立体化地建立沟通渠道网络，才有可能做到线上与线下的有效联动。沟通渠道建立好后，慈善组织需要设置专门的部门并配备专门的工作人员负责慈善组织的日常沟通。日常沟通主要涉及宣传慈善组织的使命、推介慈善组织的项目、公布慈善组织的善款流向和财务报表信息、表达对捐赠者的感谢、回答公众的问题等。只有把日常沟通做到位，才能营造出正直、诚信、专业、敬业的慈善组织形象，日后一旦发生负面事件，慈善组织才更有可能提升信任。Astley 等的研究发现，经常与公众保持沟通并及时调整自身行为的组织，在组织出现负面事件时更容易获得公众的原谅。[①]

（二）处理危机时，主动有效地开展沟通

慈善组织在发展过程中，如果出现负面的事件，产生了信任危机，慈善组织应善用沟通，阻止危机的扩大，把负面事件的"危"转变为慈善组织发展的"机"。

美国危机管理学家罗伯特·希斯（Robert Health）提出了 4R 危机管理理论，他根据危机的时间发展脉络把危机管理分为四个阶段：缩减、预备、反应和恢复。在危机发生之前，存在两个阶段，即缩减和预备。危机管理的关键阶段是反应阶段，反应阶段处于危机实际发生后，是策略阶段。当危机发生后，慈善组织要合理地运用危机沟通、媒体管理、决策制定等方法来提升危机管理的效果。当慈善组织发现社会公众对其产生怀疑时，应采

---

① ASTLEY W G. Sources of power in organizational life[R]. 1978.

取主动、积极和真诚的态度,坦诚地向社会公众公布相关信息,避免公众因为猜疑、质疑而对项目产生误解。正所谓"先发制人,后发制于人"。正面的声音如果跟不上,负面的信息就会肆意传播。因此,建立公开、透明的信息机制是慈善组织提升公信力的必然选择。

在危机处理中,慈善组织应注意以下三个问题:一是坦诚。坦诚是前提,信息报道的迅捷、采取措施的透明化是建立社会化信任的必要条件。二是多渠道沟通。尽可能使用文字、影像和网络等多种沟通方式,使更多的公众能接收到慈善组织发布的信息,尤其需要注重充分利用具有公信力的网络平台开展沟通。三是针对公众质疑的或负面事件的相关责任人,要给予其惩罚和组织制度上的改变,并向社会公布相关信息。

三、加强自身能力和价值观建设

慈善组织还需要加强自身内部的建设,慈善组织应从公信力的组成部分着手展开提升。慈善组织公信力包括三个主要成分,即能力信任、正直信任和善心信任。因此,提升公信力应分别开展能力建设和价值观建设,其中价值观建设就包括正直和善心建设。慈善组织完成这两方面的建设实际上就是完善慈善组织的信任展示机制的建设。能力信任是慈善组织公信力的基础。只有当公众相信慈善组织是具有能力的,能够有效地把捐赠者捐赠的善款妥善地运用于救济困难群体时,公众才会做出相应的捐赠行为。慈善组织应从专业人才能力建设、组织内部结构建设、社区服务能力建设、组织治理能力建设、社会资源动员能力建设等方面全方位地开展工作。

(一)加强专业人才能力建设

慈善事业涵盖广泛的工作内容,主要包括慈善活动策划、慈善宣传、善款筹集、资金监督与管理等。专业人才需要提升以上领域的工作能力。原来我国高等教育培养体系中尚未设立公益慈善专业,只有与慈善领域相近的专业,如金融、社工、应用心理学、传播学等。这些专业学生毕业进入慈善领域工作时,还需要接受继续教育,掌握公益慈善的相关知识和技能,才能真正成长为一名合格的专业慈善从业人员。目前,北京师范大学珠海分校、南京工业大学浦江学院、山东工商学院等高校先后开设了慈善专业本科教育,北京社会管理职业学院等4所学校相继开办公益慈善职业教育。当前,我国慈善组织应加强组织内的培训和继续教育,不断提升从业人员的专业能力。

(二)完善组织内部结构建设

慈善组织内部完善的部门设置,部门之间的合理分工与和合作是慈善组织高效运行的保障。组织结构反映出慈善组织的机制层面,属于慈善组织的运作方式,侧重于业务的开展和各个部门的职责分配。目前,我国慈善组织结构普遍具有"趋同性"特征,在部门设计上扁平化程度低,偏向于直线型、高耸型设计。结构上相对比较健全的慈善组织一般包括会员大会、理事会、顾问委员会、秘书处、秘书处下设的办事机构等。很多慈善组织在组织结构上与政府相应的职能部分有一定的对应关系,这种结构上的呼应使得慈善组织在组织形式上呈现出类科层化的特征。由于慈善组织的结构具有类科层化的特征,一些具有官办背景的慈善组织运作具有较强的行政化色彩。要完善我国慈善组织内部结构建设,需要在慈善组织内部结构上进行改革,学习西方发达国家慈善组织结构建设的经验,在组织结构建设上尽量做扁平化设计,削减管理层级,使下级部门对核心部门直接负责,这样组织沟通效率会更高,运行会更加高效。

(三)注重社区服务能力建设、组织治理能力建设和社会资源动员能力建设

慈善组织只有服务好社区和困难群体,才能得到捐赠者和受助者的尊重与支持,才能获得良好的公信力。组织治理能力主要指组织内部的监督和管理能力、应急能力等。组织内部应建立完善的监督管理制度,监管组织的正常运行,一旦出现违规行为,应立即处理。当出现慈善危机事件时,组织应具有应急预案,展开危机公关,及时、有效地与公众沟通,作出相应的惩罚与补偿,在机制上进一步完善,以避免类似事件的发生。资源动员能力是慈善组织动员社会资源,链接不同群体,组织动员社会力量的能力。具有较强资源动员能力的慈善组织,能筹集到所需的资源来实现慈善目标,发挥慈善的社会救助和公平、正义的功能。慈善组织应学习多种筹集资源的方法,通过系统的方法和技术吸引与动员更多的社会资源参与到慈善事业之中。

慈善公信力除了包含能力信任外,还包含正直和善心信任。一个慈善组织是否具有正直的品质与善心,主要取决于从业人员是否具有慈善使命感、是否具有善的价值观。如果说能力建设是慈善公信力提升的基础,那么正直和善心建设则是慈善组织公信力的保障。慈善组织的正直和善心建设构成了价值观建设。慈善组织由于自身角色的特殊性,它是补充社会分配和实现正义的重要社会组织形式。因此,公众对慈善组织会寄托更多的信任,会相信慈善组织是向善的、正直的、公平的、正义的。如果一个慈善组织不能在价值引领上满足公众的这些需要,这个慈善组织势必会丧失公信力。因此,慈善组织在提升公信力的过程中,尤其应加强自身的价值观建设,把价值观的引导和教育渗透在日常工作与生活中,通过慈善组织从业人员的价值观折射出慈善组织自身的价值观。而且慈善组织在策划慈善项目或慈善活动时,应严格遵循正直、诚信、公正、向善的价值观。

四、建立健全慈善监督管理制度

维护和重建慈善组织公信力,需要在宏观上加强和完善相应的制度建设。从外部制度因素来说,需要建立健全慈善监督管理相应的法律法规和政策制度,完善慈善组织外部约束机制的建设。

(一)制定与《慈善法》配套的完善的慈善法律体系

尽管我国已经出台了《慈善法》,但是相关配套的法规制度还不健全。许多慈善事业和慈善组织的细节问题在法律与制度层面的规定还不明确。我们在发展相应法律制度时,可以借鉴国外的先进经验。以英国为例,英国作为当今世界上慈善事业较为发达的国家之一,其慈善法律体系相对健全,能对慈善事业和慈善组织的发展给予规定和指引。从17世纪初的《慈善用途法》,到20世纪中期的《慈善信托法》《娱乐慈善法》《慈善法》,再到21世纪初即2006年由英国女王颁布的《2006年慈善法》,英国已经形成了一套完备的慈善法律体系。《2006年慈善法》对慈善委员会、慈善组织注册、慈善资金募捐、慈善组织监

督,慈善组织审计等细节作出了详细的规定,它解决了原有慈善法律的种种问题,为英国慈善事业的健康发展提供了法律保障。①

(二)建立严格的监督管理制度

我们可以借鉴慈善事业发达的国家的经验,如英、美两国。英国在国家层面设有专门的慈善组织的慈善委员会,该委员会对慈善组织的登记注册实行严格的规定和管理,信息公开、透明。凡是受理注册的慈善组织都需要接受慈善委员会的监管。同时,英国还建立了第三方监管机制,通过第三方评估来保护公众和捐赠者的利益,维护慈善组织的公信力。② 美国的慈善机构在公众信任度的排行中一直名列前茅,主要原因就是美国建立了比较完备、成熟的监管制度。③ 美国的慈善监管制度体系主要分为两个部分:一个是政府对慈善组织的监督,另一个是社会层面的监督。

五、加强慈善文化建设,普及慈善教育

培育适合现代慈善事业的慈善文化,是提升慈善公信力的重要内容。慈善文化是人类在长期的慈善行动和慈善事业发展过程中形成的思想价值观念和行为规范的总和。④ 慈善文化内涵丰富,其核心是利他主义价值观。中国自古以来就具有慈善文化的思想基础。中国古代的重民、保民的民本主义思想,儒家仁义学说,佛教的因果报应说与慈悲观念,道教的承负思想等都是慈善思想的体现。随着社会的发展,现代慈善事业的发展也需要慈善文化的跟进。加强慈善文化的宣传,塑造公众的现代慈善价值观,增强公众的参与意识,是慈善文化建设的重要内容。⑤

培育现代慈善文化需要从两个层面进行:一个是慈善组织文化,另一个是社会慈善文化。慈善组织文化是每个慈善组织内共享的价值观念,它引导并规范着慈善组织成员的行为,同时也规范着慈善组织的行为。社会慈善文化是一个国家文化的重要组成,也是慈善组织文化的源泉。现代慈善是全民参与的慈善,人人可慈善,慈善是一种生活方式,也是公民的一种责任与义务。⑥ 正如学者王振耀所指出的,"慈善是给予而非索取。现代的给予还要更进一步,不仅是给予不图回报,而且反而是施者向受者感恩,是捐赠者感谢贫困者为其提供了奉献爱心的机会"。⑦

国家要从宏观层面采取措施弘扬现代慈善文化,培育公民的慈善意识和观念,激发民众参与慈善的行为。可以利用多种渠道宣传慈善文化,一种是利用广播、电视、报刊、互联网等媒体积极开展慈善宣传,普及慈善知识,传播慈善观念,提升人们的慈善意识。我国"99公益日"就是一个很好的宣传慈善文化的节日,"99公益日"的宣传吸引了更多的公众

---

① 潘乾,尹奎杰.英国慈善组织监管法律制度及其借鉴[J].行政论坛,2014,21(1):96-100.
② 吴正锋,许克祥.国外慈善组织公信力建设及其经验借鉴[J].产业与科技论坛,2014,13(10):230-231.
③ 甄茜.非牟利体系:启动美利坚[N].南方周末,2002-01-10.
④ 毕天云.社会福利场域的惯习:福利文化民族性的实证研究[M].北京:中国社会科学出版社,2004.
⑤ 胡玛希.我国慈善组织公信力研究[J].传播与版权,2017(6):148-149.
⑥ 张奇林.中国慈善事业发展研究[M].北京:人民出版社,2014.
⑦ 王振耀.现代慈善的十大基本理念[J].当代社科视野,2011(6):60.

参与慈善、关注慈善,同时也提升了公众的慈善意识。另外一种是在国家教育体系中融入慈善文化的教育。从基础教育到高等教育,应注重加强慈善文化内容的融入,学生参与慈善公益活动的行为应列入道德考察。高等教育应加强慈善文化理论的研究。一个国家培育了良好的现代慈善文化,公民具有较高的现代慈善意识和慈善观念,就会为慈善组织的发展营造良好的外部环境。在这种文化环境下,公众会自觉担当社会监督的责任,行使他律的监督职能,监督慈善组织的行为。而慈善组织在现代慈善文化的引导下,也会自觉规范和约束自身的行为,使得其自律能力有所提升。这样,慈善组织的公信力提升必然会取得良好的效果。

复习思考题

1. 评估慈善组织公信力可以有哪些指标?
2. 建设慈善组织的公信力,需要处理好哪些关系?
3. 慈善组织的评估的 3E 理论和 APC 评估理论的具体含义是什么?
4. 提升慈善组织公信力的途径有哪些?

典型案例

案例 1:中国慈善信息平台的开通和使用

中国慈善信息平台是受民政部委托,由中民慈善捐助信息中心研发、建设的一个全国性慈善行业信息平台,是为推动全国慈善行业信息化、透明化、专业化与效率最大化而开展的一项基础设施工程。

2017 年 9 月 1 日,民政部组织开发的全国慈善信息公开平台(一期)正式对外提供信息发布服务。

主要功能

该平台的目标,是实现对全国慈善行业信息的全面、快捷、准确地采集、监测、发布与传播。该平台的主要功能有以下几个方面:①为慈善组织提供信息发布的平台,包括信息填报、信息发布、组织评估、项目传播等;②为政府部门提供监督管理的平台,包括审计评估慈善组织的财务状况、查询慈善组织资金去向等;③为捐赠人和社会公众提供检索和查询服务,包括检索慈善项目信息、查询善款使用途径、阅读慈善组织财报等;④为民政部提供的中华慈善奖在线申报评选功能。

发展历史

2006 年,中民慈善捐助信息中心注册成立,这是一个全国性、专业性的慈善信息平台。

2008 年的汶川地震激发我国社会捐赠高潮,我国官方和民间慈善组织收到了大量的社会善款,随之而来的问题是如何管理和监督这些善款。为了回应这一诉求,民政部委托中民慈善捐助信息中心研发了"5.12 汶川地震抗震救灾捐赠信息管理系统"。同年 6 月,系统正式上线,民政部联合多个部门发布了《关于汶川地震抗震救灾捐赠资金使用有关问题的意见》(以下简称《意见》)。《意见》明确要求各个慈善组织利用该系统进行善款统计。

该系统采集、发布了庞大的汶川地震慈善信息,其中仅注册用户就达到3 000余家,捐赠信息将近1 000万条。这是中国慈善信息平台的前身。

在之后的几年里,中民慈善捐助信息中心对该系统进行了多次升级。比如为了应对2010年的青海玉树地震,推出了"4.14玉树地震捐赠信息管理系统"。2011年,中民慈善捐助信息中心重新研发升级,构建了一个涵盖全方位慈善业务的国家级信息平台。

2013年,该平台已经包括"慈善组织信息发布管理系统""慈善项目信息发布管理系统""慈善培训业务管理系统"三个子平台。

根据相关通知,慈善组织应按时发布年度工作报告和财务会计报告,及时公布慈善项目实施情况。凡组织公开募捐活动的,必须获得公开募捐资格,并履行募捐备案程序。

重要事件

目前,中国慈善信息平台已初步具备信息发布、报送与统计、信息查询与共享、舆情监测、数据库管理、在线申报评选等功能。中国慈善信息平台"慈善组织信息发布管理系统"陆续在河南郑州市、江苏省等地试点使用,对当地的民政系统、红十字会系统与慈善会系统进行平台使用培训,取得了良好的效果;同时,平台在中国慈善联合会会员和参考中民慈善捐助信息中心培训的学员中推广使用,也取得了较好的效果。截至2017年底,中国慈善信息平台,已收录2 000家慈善组织、2 000多个家慈善企业、5 000多慈善项目、1 000多条慈善人物的信息。

根据试点工作中获得的反馈和建议,中国慈善信息平台得以进一步提升和完善。

中国慈善信息平台的建设,得到了各级政府的大力支持。

在为期两天的"中国公益慈善创新型人才"第三期培训中,来自全国各地的60余名慈善业务主管部门领导,集中学习和掌握了中国慈善信息平台(2013版)的相关知识和方法(图12-3、图12-4)。至此,中国慈善信息平台正式向全国范围公开推广应用。

图 12-3

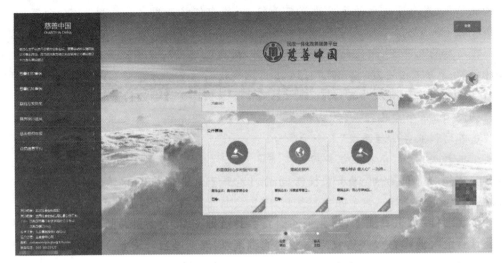

图 12-4

未来规划

中国慈善信息平台将不断完善升级,建设成一个能够满足我国公益慈善行业快速发展需求的国家级全国性慈善公共信息平台,全方位为行业服务。未来的中国慈善信息平台将实现以下目标:为全国数十万计慈善组织提供信息发布和资源对接服务;为各级政府提供宏观把控全国慈善事业发展情况的信息统计与监测与评估平台;为捐赠人、受助人提供慈善资源对接的业务合作平台;为公众提供了解、发现、参与公益慈善活动的最佳途径;为慈善从业人员提供在线学习、培训的平台;为理论学术界提供最全面的慈善信息数据库。

中国慈善信息平台功能模块方面,在现在的各个模块基础上,未来将逐步开发"慈善企业信息发布管理系统""慈善人物数据管理系统""慈善法律信息管理系统""慈善在线捐赠系统"等模块,并不断完善政府、慈善组织、慈善企业、慈善人物等不同平台用户互相之间的业务关联,确保系统更好地为慈善行业提供全面、整体的服务。

资料来源:慈善中国一体化平台登录说明[EB/OL]. https://cszg.mca.gov.cn/yhzy.html.

案例 2:"99 公益日"出现疑似"刷单"套捐

腾讯公益发起的为期 3 天的第三届"99 公益日"配捐活动吸引了一些媒体的关注,有媒体报道其存在套捐嫌疑。

腾讯"99 公益日"的活动规则为:2017 年 9 月 7—9 日,每日上午 9 点配捐开始后,用户为公益项目每捐出一笔额度大于 0.99 元的善款,即可获得腾讯基金会随机比例的配捐。每人每日获得配捐金额的上限为 999 元,捐款次数不受限。

为此很多爱心人士早早建好微信群,互相提醒,等待着配捐的开始,"献献爱心,感觉今天可翻倍。""现在中国的公益环境本身就处于起步阶段,这也是一种宣传、一种刺激。"

宣传刺激效果明显。据了解,每日募款金额将以基金会为单位进行排名,当日进入前 99 名的基金组织将有机会参与当晚"惊喜时刻"活动,由爱心企业按 1:1 比例进行配捐。

按照计划,"惊喜时刻"每日配捐额度为666.66万,配完即止。为了竞争配捐额度,参与活动的公益项目总数达到了6 239个。

一位不愿具名的活动志愿者对媒体记者表示,9月8日下午五六点,突然发现多个排名靠前的基金会组织项目下,有账号多次进行小额捐赠操作,且来自同一账号的捐赠记录最短间隔时间仅为3秒。

对此,腾讯公益在9日下午发出声明,称接到疑似"机器刷单"举报,并已联合腾讯安全部门、第三方力量启动调查。声明中说,凡查实恶意刷单的都会取消配捐,情节严重的还将受到"停止募捐资格、记入黑名单、上报主管部门、通报媒体"等处罚。

由于巨额配捐的吸引力,公益行为"原动力产生了异化",让"99公益日"变成了"资源大战日",从而导致一些代捐、套捐行为的产生。

互联网专家王越表示:"我们可以理解它们在探索一种互联网+公益的一种可行性,是用项目制阶段性方式来探索。但是也应该防止它们从这里找到惯性,突击式、阶段性的方式可能产生效果很大,日常行为就放松弱化了。其实应该把互联网+公益的经验模式总结出来,划入常规运营,每天都可以正常发挥,而不是阶段性的。"

通过互联网来实现各种创新方式与线下连接的模式会越来越多,在这一创新过程中,平台方、监管者和参与企业都应尽到自己的义务,"防患于未然","有时候为了得到更多流量或者获取更多眼球,所以平台方应加强自律;第二,推进各个细分领域互联网全行业实名制网民身份的认证;另外一个参与者就是企业,对他们进行信用加强建设"。

资料来源:"99公益日"出现疑似"刷单"套捐[EB/OL].(2017-09-11).https://www.rmzxb.com.cn/c/2017-09-11/1785493.shtml.

思考题:
中华慈善信息平台的建设,给我们什么启示?

  即测即练

第十三章

慈善管理创新

视频13-1 习近平总书记谈创新

一直以来,党和国家高度重视创新在民族振兴与社会经济发展中的驱动作用。创新在国家发展全局中处于核心位置,是我们实现健康持续发展的重要抓手和赋能之源。

我们国家的慈善事业发展由于受到国家、历史、文化等因素的影响,经历了艰难曲折的发展历程。20世纪90年代末以来,慈善事业进入快速发展阶段[①],更需要立足本国的时空背景条件、国情和社会发展阶段性特征,迈入快速、高质量、可持续的健康发展道路。实现这一目标,关键在于创新,也就是慈善管理的创新。为此,应大力总结国内外慈善管理创新方面的先进理念与实践经验,同时破除一切障碍走出一条以创新为机制途径的慈善管理创新之路。本章主要目的在于界定慈善管理创新的相关概念,明晰慈善管理创新的特点和作用,重点阐述慈善管理创新的主要维度,并通过代表性案例加深对慈善管理创新的理解与思考。

第一节 慈善管理创新概述

习近平总书记在2018年5月召开的中国科学院第十九次院士大会、中国工程院第十四次院士大会上指出,"自主创新是开放环境下的创新,绝不能关起门来搞,而是要聚四海之气、借八方之力"。慈善管理同样需要创新,无论是作为一种实践活动,还是学科发展,都应广泛凝聚各层面、各维度的力量,以创新的理念和实践来推动慈善事业的发展。为此,首先要明确慈善管理创新的相关概念内涵和特征,为创新发展提供理论支撑。

一、创新与慈善管理创新的概念

(一)创新的概念

1. 创新的定义

回溯中国传统文化的悠久历史,可以看到在中国传统文化典籍中,创新一词很早就开始使用。创新亦作"剏新",明朝袁可立在《登莱巡抚袁可立请讨篡逆疏》有言:"撤毁民家,剏建两宫,土木之营,十年未已。"创新从字面意思看指的是创立或创造新的。《广雅》有言,"创,始也"。新,与旧相对。《魏书》有"革弊创新",《周书》中有"创新改旧"。《南史·

---

① 李健. 第三次分配视阈下慈善捐赠监督与管理研究[J]. 社会科学辑刊,2022(2):29-38,F0002.

后妃传上·宋世祖殷淑仪》有言,"据《春秋》,仲子非鲁惠公元嫡,尚得考别宫。今贵妃盖天秩之崇班,理应创新",翻译过来的意思是:据《春秋》记载,仲子不是鲁惠公的原配正妻,尚且得以建成独自的宫庙,现在贵妃乃是在国家官员中的高位,理应建造新庙。

创新作为一种学术概念,兴于经济学领域,可追溯至美国经济学家约瑟夫·熊彼特(Joseph Schumpeter)。在其1912年《经济发展理论》著作中,创新被界定为把一种新的生产要素和生产条件的"新结合"引入生产体系,包括引入新产品、引入新的生产方法、开辟新市场、获得新的供货来源以及新的组织形式。总之,熊彼特对于创新概念的界定范围较广,主要涉及技术层面的创新和非技术层面的组织创新。20世纪60年代,在新技术革命获得飞速发展的背景下,美国经济学家华尔特·罗斯托(Walt Rostow)提出了"起飞"六阶段理论,将"创新"概念聚焦于技术层面,"技术创新"被置于创新的主导地位。概言之,创新作为学术概念首先出现于经济学领域,其内涵涉及技术层面的创新,也涉及组织层面的非技术创新。

创新的概念在其他学科也受到了关注。在管理学领域,当代著名管理学大师德鲁克认为企业家精神是以有目的的创新为基础,创新是一个经济或社会术语,而非科技术语,创新就是改变资源的产出。[①] 创新就是展现企业家精神的特殊手段。在哲学领域,创新被视为一种人的创造性实践行为,人类通过对物质世界的利用和再创造,制造新的矛盾关系,生成新的物质形态,借此增加利益总量;在社会学看来,创新的核心在于"新",创新的本质在于突破,即突破旧有思维定式和常规,基于既有信息与条件,产生满足发展需要的新思想、新事物的活动;尤其是在管理学领域,随着科学技术的迅猛发展、市场环境的瞬息万变、人们需求的日益复杂,组织管理倘若不进行创新,很难应对社会变迁出现的各方面挑战,创新逐渐被视为一项重要的管理职能,管理的本质在于协调,管理的实质在于创新。

2. 创新的特点

在充满竞争、外部环境快速变迁的时代,无论是政府、企业、社会组织还是个体,都需要在某些方面进行创新。比如,政府需要创新方能更有效率地加强社会治理和公共服务。企业家要具备企业家精神,要有开拓创新的能力和勇气,如此才能引领企业向前发展。个体同样需要创新,要在生活、工作中采取创新性的做法来更好地生活和更高效地完成工作。什么才是创新?对于创新内涵和外延的理解可以从创新的特点加以判断和把握。总的来说,创新具有如下特点。

(1) 新颖性和变革性。新颖性是创新的首要特征,创新是革旧立新,对不合理的部分进行扬弃,确立新的内容。创新和发明不同,发明是通过试验产生新技术,是一种科技行为,而创新本质上是一个经济概念,把新的理念、机制、方法、技术等要素转变为经济上的成功。

(2) 价值性和目的性。创新要以效益为目标,要产生较明显的社会经济价值,创新的目的性贯穿创新过程的始终。以企业发展为例,这种创新的价值目的性可以体现为通过新技术的引入,将科技转化为生产力。企业通过要素创新,使用新材料或者发现材料的新

---

① 德鲁克.创新与企业家精神[M].蔡文燕,译.北京:机械工业出版社,2018.

用途,或者用更先进、更经济的生产手段或设备提高效益。

（3）风险性和动态性。创新是基于组织内外部环境各要素的实际情况开展的实践,但是组织内外部各要素是动态变化的,因此创新可能取得预期成效,也可能面临失败的情况。这就需要我们从动态的视角看待创新,任何创新都不是一劳永逸的,需要从实际出发,不断地作出动态调整,如此方能有效应对组织内外部环境的变化。

（4）领域多维性。创新从领域层面可分为科技创新、文化创新、艺术创新、商业创新等。在不同的领域,创新呈现出不同的特征。比如,在学科领域,创新突出的表现是知识创新,在行业领域突出表现为技术创新,在职业领域突出表现为制度创新。

3. 创新的作用

创新的作用旨在回答为什么要创新的问题。实际上,创新的作用范围甚广,不仅有利于国家和民族的发展,有利于组织的发展,也有利于人类思维和文化的发展。归结起来,创新的作用如下。

（1）创新是经济社会发展的赋能之源。创新能推动社会生产力的发展,主要依靠科技创新实现。创新也能促进生产关系和社会制度的变革,主要依靠理论创新和制度创新。从民族振兴与国家发展的角度看,以改革创新为核心的时代精神是实现中华民族伟大复兴中国梦的必然要求。[1] 习近平总书记强调指出,"创新是一个民族进步的灵魂,是一个国家兴旺发达的不竭动力,也是中华民族最深沉的民族禀赋","惟创新者进,惟创新者强,惟创新者胜"。[2] 从发展的角度看,抓创新就是抓发展,谋创新就是谋未来,"创新是引领发展的第一动力"。[3]在党和国家提出的"创新、协调、绿色、开放、共享"五大发展理念[4]之中,创新居于首位。

（2）创新是组织发展的基础,谋取竞争优势的利器,摆脱发展危机的途径。创新工作是重要管理活动。组织作为一个有机体,也和所有的生物有机体一样,都是处于不断进化和演变过程之中的,任何组织管理只有维持工作显然是不够的,它无法实现组织的可持续发展。管理的创新职能就是要突出"物竞天择,适者生存"的基本规律对于组织的作用。创新对于组织来说是至关重要的,这是因为:首先,创新是组织发展的基础,是组织获取经济增长的源泉。在过去的一个世纪中,人类的经济获得了迅猛的增长,20世纪大部分时期的增长率超过了第一次工业革命时期。这种发展和增长的根源就是熊彼特所说的创新。创新是经济发展的核心,创新使得物质繁荣的增长更加便利。其次,创新是组织谋取竞争优势的利器。当今社会,各类组织的迅速发展,使组织间的相互竞争成为普遍现象。特别是全球化的深入,使工商业的竞争更加激烈。要想在竞争中谋取有利地位,就必须将创新放在突出的地位。竞争的压力要求企业家们不得不改进已有的制度,采用新的技术,

---

[1] 十二届人大一次会议闭幕会 习近平发表讲话[EB/OL].（2013-03-17）. http://www.china.com.cn/v/zhuanti/2013lh/2013-03/17/content_28267875.htm.

[2] 习近平在欧美同学会成立100周年庆祝大会上的讲话[EB/OL].（2013-10-21）. http://www.gov.cn/ldhd/2013-10/21/content_2511441.htm.

[3] 抓创新就是抓发展 谋创新就是谋未来[EB/OL].（2015-03-06）. http://dangjian.people.com.cn/n/2015/0306/c117092-26647414.html.

[4] 中共中央关于制定国民经济和社会发展第十三个五年规划的建议[EB/OL].（2015-11-03）. http://www.gov.cn/xinwen/2015-11/03/content_5004093.htm.

推出新的产品,增加新的服务。有数据表明,在创造性思维和组织效益之间具有直接的正相关性。最后,创新是组织摆脱发展危机的途径。我们所说的发展危机是指组织明显难以维持现状,如果不进行改革组织就难以为继的状况。发展危机对于组织来说是周期性的,组织每一步的发展都有其工作重心的转变和新的发展障碍。在创业期间,管理目标更主要是对需求快速、准确的反应,资金的充裕和安全问题;进入学步期和青春期,组织管理的目标更多在于利润的增加和销售量及市场份额的扩大;组织成熟期后,管理目标转向维持已有市场地位。相应地,在各阶段组织会出现领导危机、自主性危机、控制危机和硬化危机。组织只有不断创新再创新才能从容渡过各种难关,持续健康地发展。

(3) 创新还能推动人类思维和文化的发展。创新为人类思维和文化发展注入不竭动力,创新推动着人类思维方式的变革。思维方式的变化,归根到底是由人的实践方式决定的。不同的实践活动决定着思维活动的不同性质和思维方式的不同内容。实践基础上的理论创新和理论指导下的实践创新,使得人类思维的能力和水平不断提高。人类文化的发展是通过创新实现的。

(二) 慈善管理创新的概念

1. 慈善管理创新的定义

慈善管理创新,顾名思义,就是慈善领域的管理创新,因此,可以先从一般意义上的管理与创新的关系入手加以理解,然后再聚焦于公益慈善领域,更加具体地分析慈善管理与创新的关系。

管理和创新的关系首先表现为创新是管理职能的重要组成部分。在管理学看来,管理包含决策、组织、领导、控制、创新五大职能。其中,决策职能即计划(planning),涉及目标的制订及完成目标所需行动的确定。组织职能包括组织(organizing)和用人(staffing),即将合适的人安排在合适的岗位,配以规章制度保证组织协调运转。领导职能包括指导(directing)、指挥(commanding)、领导(leading)、协调(coordinating)、沟通(communicating)、激励(motivating)和代表(representing),可见,强大的领导力和先进的理念对组织的发展何等重要。控制职能包括监督(supervising)、检查(checking)和控制(controlling),其功能在于使实践活动符合决策计划。创新职能被认为是管理者成功的关键,管理的本质是协调,而管理的实质在于创新。[①]

管理和创新的关系还体现为创新职能在整个管理职能体系中的位置。目前,将创新视为一种管理职能逐渐成为一种共识。究其原因,社会变迁、科技发展、社会关系日趋复杂,人们的需求越发多元,新问题层出不穷,倘若管理领域不进行积极主动的创新,就难以及时有效地应对扑面而来、瞬息万变的需求与挑战。因此,我们还会看到创新职能在管理职能体系中占据越发重要的位置。需要指出的是,创新职能在整个管理职能中占据轴心的位置。一般而言,一项管理工作是从决策职能开始,经由组织职能、领导职能和控制职能完成一个循环,开启新一轮管理循环。其中,管理的创新职能体现为其他四种管理职能的创新,换言之,管理的创新职能是从其他管理职能的创新中获得其存在的意义与价值,

---

① 周三多.管理学——原理与方法[M].7版.上海:复旦大学出版社,2018:8-11.

创新职能成为管理循环的原动力。① 管理的创新体现于决策、组织、领导、控制等各个管理职能层面,创新成为卓有成效的管理者成功的关键。在管理学看来,创新不是单一的概念,它是由许多维度或者内容构成的多元结构,主要包括目标创新、技术创新、制度创新、组织机构和结构创新以及环境创新。②

上述对管理与创新的关系的分析,为我们探讨慈善管理与创新的关系提供了参考。在本书第一章中,我们对慈善管理概念进行了清晰的界定,概言之,慈善管理就是以慈善事业为领域的管理活动,慈善管理的载体是组织,包括慈善组织、企事业单位、国家机关、政治党派、社会团体以及宗教组织等。慈善管理的对象是相关资源,包括组织内外的相关资源。组织外的相关资源既包括国外的资源,也包括国内慈善组织、企事业单位、国家机关、政治党派、社会团体以及宗教组织等一切可以调用的资源。组织内部相关资源主要包括原材料、人员、资金、土地、设备、顾客和信息等。因此,慈善事业的健康有序发展,离不开各类慈善管理主体的协力配合,离不开对组织内外部资源的科学分配和协调,离不开整个管理过程中体现出的艺术性。如何实现对慈善相关资源的科学与艺术性的管理?如何切实有效地实现各慈善管理主体的组织目标?创新是解决上述问题的重要途径。慈善管理意义上的创新,贯穿于各种职能活动和各个组织层次之中,是各项管理活动的灵魂和生命。基于上述对管理与创新、慈善管理与创新关系的深入分析,慈善管理创新的概念可以界定如下。

我们认为,慈善管理创新包括狭义与广义两个层面。狭义的慈善管理创新,就是以公益慈善组织为公益慈善事业的运作主体,在一定的环境下,为了实现规划的目标和价值使命,在决策、组织、领导、控制等管理职能活动以及科学分配、协调相关资源方面采取的创新理念与创新实践。对于公益慈善组织而言,项目是组织发挥功能的最核心方面,也是公益慈善组织募集资金比较有效的方式。因此,对于公益慈善组织而言,管理创新层面颇具代表性的表现便是项目的创新,即通过不断完善、精准化慈善组织提供的服务项目或产品,以及其他管理活动的变革和改进来表现其存在。对一个有活力的慈善组织来说,创新无处不在、无时不在。创新是公益慈善组织各项管理活动的灵魂和生命,也是公益慈善组织在有限的公益慈善资源条件下实现可持续发展的必然要求。广义的慈善管理创新,则不仅包括公益慈善组织在管理层面的创新,还包括国家、社会、企业、社区、公众、个人等在发挥各自职能、实现优势互补、共同推进慈善事业不断完善与发展的过程中体现出的创新理念与创新实践;从慈善管理创新的维度或者内容构成的角度,主要包括慈善理念创新、慈善组织创新、慈善项目创新、慈善治理模式创新等。

2. 慈善管理创新的特点

基于对创新的特点以及慈善管理创新概念的理解,结合慈善事业发展的现状与需求,我们认为慈善管理创新应具有如下特点。

(1) 价值性和目的性。慈善管理创新要实现特定的慈善价值和目的,从宏观层面看,是要实现慈善事业可持续、高质量的发展;从微观层面看,是要实现慈善项目的有效运作

---

① 周三多.管理学——原理与方法[M].7版.上海:复旦大学出版社,2018:12.
② 周三多.管理学——原理与方法[M].7版.上海:复旦大学出版社,2018:11.

并取得良好的成效。要实现慈善管理创新的价值和目的,需要不同责任主体立足自身专长,抓住机遇,做出与众不同的事。创新需要知识和聪明才智,需要立足自己的长项,需要专一,从分析机遇入手,做与众不同的事。以目前一些城市开展的慈善小镇建设为例,就是抓住了国家乡村振兴的战略机遇期,立足乡村的自然、人文等资源禀赋,结合慈善组织、乡镇政府、市场化设计与运营团队等各种参与者的专业优势,促使慈善项目高质量发展。

(2)整体性和系统性。慈善管理创新应视为一个系统,系统内部各主体密切关联,任何一个组成部分产生阻力,整个系统的运转就会受到影响。慈善管理创新不仅仅是基金会、社会团体等社会组织的责任,而是从整体的视角出发,将政府、企业、社会组织、社区、公众、个体都纳入创新体系中来,不同的责任主体和利益相关者都需要采取创新性的实践,更新创新性的理念,多方联动,协力推动慈善事业高质量发展。比如,一个旨在推动边远山区乡村振兴的慈善项目的落地运作,既需要社会组织创新性的设计,也需要政府采取创新性的做法为慈善项目提供各种支持,还需要制度和组织层面的创新来提高受助方也就是村民的自我管理与运营的能力。否则,一旦社会组织撤出,该项目的后续可持续运作就会面临挑战。

(3)阶段性和动态性。慈善管理创新应具有渐进性,分阶段开展。并不存在彻底的创新,慈善管理创新不是一劳永逸的过程,应结合慈善事业发展的现状和亟待解决的问题,立足社会经济发展的阶段性特点和国家的发展战略作出动态调整。比如,中国从2015年起开启脱贫攻坚战,实施精准扶贫与脱贫,2017年党的十九大提出乡村振兴战略,提出了产业兴旺、生态宜居、乡风文明、治理有效、生活富裕的乡村振兴战略总要求。我们会看到许多代表性的公益慈善项目紧密对接国家战略,其中的创新性实践和理念产生了良好的成效。

(4)多维度性。慈善管理创新作为管理学领域创新的重要表现,其构成是多样的,应包括慈善理念的创新、组织机构和结构的创新、项目创新和制度创新等几个方面。其中,慈善理念的创新主要是指在开展慈善事业时要有创新的思维和理念做行动指引。组织机构和结构的创新,是指不同组织之间、国内组织与国外组织之间、组织内部各部分之间的协调、协同和协作。项目创新,指的是通过目标创新、技术创新等手段,实现慈善项目的创新与落地。制度创新,指的是慈善体制机制的创新、慈善事业治理模式的创新等。

3. 慈善管理创新的作用

只有充分认识到慈善管理创新的重要作用,才能增强我们在慈善管理实践中坚持创新的自觉性。归结起来,慈善管理创新的重要作用如下。

(1)慈善管理创新是促进公益慈善事业快速发展的需要。从管理学的角度看,维持和创新对系统的生存和发展都具有重要性。一方面,维持是系统顺利运行的基本手段与保证。系统是众多要素构成的、开放非平衡系统,系统的社会存在是以社会的接受为前提的,一旦系统跟不上社会变化,其产品和服务不再被社会需要,或者内部资源转换功能退化,系统向社会索取的资源超过对社会的贡献,系统就会走向消亡。因此,系统要想持续而有生命力地发展,就需要不断调整改变资源的取得和组合方式、方向和结果,不断向社会提供新的贡献。创新的主要内涵和作用便体现于此。更确切地说,维持和创新作为管理的两个基本职能,它们互相联系、缺一不可。创新是维持基础上的发展,维持则是创新的逻辑延续；维持是为了实现创新的成果，创新则是为更高层次的维持提供依托和框架。①

中国公益慈善事业由于受到国家、历史、文化等因素的影响，经历了不同的发展阶段，其间也经历过短暂的停滞期，虽然我国有着悠久的慈善传统和文化，但慈善作为一种事业，其产生和形成却是改革开放以来的新现象，与欧美国家相比，我国的公益慈善事业还处于初步发展阶段。以社会捐赠总额为例，虽然慈善组织近年来有较快增长，但捐赠总额仅占GDP的0.2%，与美国2%的比例相比还有较大距离。② 显然，中国公益慈善事业的发展，无论是从慈善资源丰富程度看，还是从慈善文化的普及程度看，与社会经济发展并不同步，与社会对慈善的需求也不同步。这是一种矛盾和张力之所在，需要我们聚焦矛盾，展开创新，方能激发中国公益慈善事业的发展活力。从管理学的角度去分析，公益慈善事业作为一个系统，是由政府、企业、社会组织、社区等多方责任主体共同参与、多方联动、相互协作的，需要基于有限的资源，提高资源的效益，有针对性地满足国家、社会经济发展、社区、公众乃至个体对公益慈善的需求。仅仅发挥管理的维持功能是远远不够的，更需要立足当前中国经济社会发展的阶段性特征，基于中国目前的时空背景，在创新这一管理职能上加大力度。

（2）慈善管理创新是提升社会治理能力、促进社会和谐的需要。2004年，党的十六届四中全会决议明确指出要"健全社会保险、社会救助、社会福利和慈善事业相衔接的社会保障体系"，这是在党的文件中第一次将"慈善事业"作为社会保障体系的重要组成部分。党的十七大提出要健全党委领导、政府负责、社会协同、公众参与的社会管理格局，我国国民经济和社会发展"十二五"规划纲要也明确指出要按照党委领导、政府负责、社会协同、公众参与的社会管理格局的要求，加强社会管理法律、体制和能力建设。2017年，党的十九大报告指出要加强社会保障体系建设，完善慈善事业制度。2019年，党的十九届四中全会提出，"重视发挥第三次分配作用，发展慈善等社会公益事业"。国家"十四五"规划纲要提出"全体人民共同富裕取得更为明显的实质性进展"的愿景目标，并指出要"发挥慈善等第三次分配作用，改善收入和财富分配格局"。2021年8月17日，习近平在主持召开中央财经委第十次会议时指出，要在高质量发展中促进共同富裕，正确处理效率和公平的关系，构建初次分配、再分配、三次分配协调配套的基础性制度安排。综上可见，公益慈善事业的高质量发展有助于提升社会治理能力和促进社会和谐。

慈善管理创新有利于促进慈善事业高质量、可持续发展，有利于激发政府、企业、社会、社区、公众参与公益慈善事业的活力。公益慈善事业作为第三次分配的主渠道，倘若以创新为驱动力，就会在改善财富分配格局、促进社会和谐、完善社会保障、提升社会治理能力等方面发挥不可替代的作用。

（3）慈善管理创新是促进人人参与、形塑慈善文化的需要。人人公益是慈善社会的基础，政府、社会、企业、社区等组织都是由人构成的，倘若每个人都能积极参与公益慈善，

---

① 周三多. 管理学——原理与方法[M]. 7版. 上海：复旦大学出版社，2018.
② BIES A, KENNEDY S. The state and the state of the art on philanthropy in China[J]. International journal of voluntary and nonprofit organizations, 2019, 30(65)：619-633.

每个人都为解决社会问题贡献自己的力量,那么社会就能获得健康、和谐、高质量的发展。

欧美国家的公益慈善事业为什么发展得比较成熟?一个很重要的原因便是捐赠文化抑或慈善文化的引领作用。以美国为例,从国家和社会的关系来看,美国社会的总体特点是先有社会,后有国家。欧洲移民最初到达美国时,既没有国家也没有政府,一切都要靠自己,也需要通过相互帮助来克服困难。这就形成了美国个人进取精神和社区团结精神,加之清教徒宗教文化的影响,美国的慈善文化大大促进了公益慈善事业的发展。

中国虽然有丰富的传统慈善文化思想与实践,但中华人民共和国成立后,文化的断裂使我们在概念上很少有这些传统捐赠的理念,因此,如何让捐赠文化抑或慈善文化成为一种社会的意识形态和价值取向,是我国公益慈善事业发展亟待解决的问题与挑战。

慈善管理创新包含了文化和理念的创新,对于形塑社会慈善文化、培养公众慈善意识具有重要的推动作用。在文化和理念创新之外,慈善管理其他维度的创新,也有利于通过新的资源组合方式、方式方法变革等手段,为政府、企业、社区、公众协力参与慈善事业创造更加有效的渠道,促进人人参与,推动慈善文化与公益文明的意识觉醒。

(4) 慈善管理创新是丰富管理学理论体系的需要。教育部于2016年在《普通高等学校高等职业教育(专科)专业目录》中增补了公益慈善事业管理专业(专业代码690209,2017年执行),隶属于公共管理类(公共管理与服务大类)。2021年,教育部发布《教育部关于公布2021年度普通高等学校本科专业备案和审批结果的通知》(教高函〔2021〕14号),增设"慈善管理"(管理学,专业代码120418T)四年制本科专业。其中,浙江工商大学、山东工商学院申报的慈善管理专业通过审批。本次备案、审批和调整的专业点,列入相关高校2022年本科招生计划。慈善管理专业由专科到本科的学科布局,不仅反映出公益慈善事业服务国家战略、经济社会和产业发展需要,更将为公益慈善事业进一步培养和输送专业人才。

二、慈善管理创新的历史演变与发展趋势

社会创新是社会变迁的一部分,是一种运用新的方法,更好地解决社会问题的创造性的实践。慈善事业在近代经历了全球性的创新革命。如果说工业化初期发轫于欧美发达国家的基金会的创立是慈善的第一次革命,那么,21世纪初以来,以追求慈善效率为目标的慈善家与社会企业家联盟的出现,则标志着慈善的第二次革命。慈善的第一次革命主要发生在欧美,慈善的第二次革命波及更广的范围,其宗旨是寻求高效率的方式发挥慈善资源的最大作用。[1]

社会处于一个大变革的时期,公益慈善也一样,需要从观念、理论和实践上进行创新。过去10多年,是中国公益慈善发展最快的时期,中国公益慈善领域最大的创新在于,相关实践正逐渐脱离传统的以捐赠救助为主要形态的公益慈善活动,开始聚焦如何解决社会经济转型中出现的新问题。这些创新,有的直面转型过程中的发展难题,有的聚焦解决慈善公益的效率问题,还有的则通过创新性的政策实验引导政府的行动。[2]

---

[1] 杨团.一场新的慈善革命:"慈善资本主义"与公益伙伴关系[J].学习与实践,2007(3):97-105.
[2] 李小云.公益的元问题[M].北京:中信出版集团,2021:134.

总之，根据慈善管理创新的概念界定，立足慈善管理的历史演变与发展趋势，我们将慈善管理创新的内容或维度分为慈善理念创新、慈善组织创新、慈善项目创新与慈善治理创新四个部分(图13-1)。

图 13-1　慈善管理创新的维度构成

第二节　慈善理念创新

任何事物的生存与发展都需要适应客观环境变化，适应形势发展，不会永远停留在一个水平上，需要不断改革创新，这是事物生存与发展的客观规律所决定的。现代慈善在我国尚属新生事物，毫无疑问与其他事物一样尤其需要树立创新的意识和理念。创新的根本目的在于发展，创新也是发展的不竭动力。慈善管理理念的创新需要立足新时代的背景条件，深刻把握时代发展需求，与党和国家的发展战略与理念有机融合。中国共产党十八届五中全会提出了"创新、协调、绿色、开放、共享"五大发展理念，创新的理念占据首位。可见，理念创新具有重要的作用。

扩展阅读 13-1　创新理念作为党和国家引领发展的重要指导思想，其地位和作用是什么？

坚持和践行创新理念，首先要提高对创新理念特殊重要性的思想认识。认识不到位，思想不重视，创新就难取得成效。思想重视程度有多高，工作力度就有多大，创新取得的成效就有多大。我们要从党领导发展的指导思想的认识高度把握创新理念的特殊意义和重要性，把创新理念作为推动发展的行动指南，贯彻落实到推动发展的全部工作之中，以创新理念引领发展。[①]

从管理学的角度看，创新首先是一种思想及在这种思想指导下的实践，是一种原则以及在这种原则指导下的具体活动，是管理的一项基本职能。[②] 理念创新是指革除旧有的既定看法和思维模式，以新的视角、新的方法和新的思维模式，形成新的结论或思想观点，进而用于指导新的实践的过程。思维方式、观念理念创新是推动社会整体创新的先导。

---

① 谭劲松.让创新理念 落地生根[EB/OL].(2016-02-20). https://zjnews.zjol.com.cn/system/2016/02/20/021028357.shtml.

② 周三多.管理学——原理与方法[M].7版.上海：复旦大学出版社,2018:384.

思想解放是推动社会整体创新的前提。只有解放思想,人们才可能敢想、敢干、敢闯、敢冒、敢试,求新创新。推进社会整体创新,需要破除思维定式和传统观念,克服"习惯思维"和"主观偏见",打破习惯势力的束缚,创新思维方式和思想观念。在思想禁锢、思想僵化、思想保守的社会环境下,很难产生新观念、新理念、新思维、新思想。坚持和践行党的十八届五中全会提出的创新理念,需要以思维方式、思想观念创新为动力推动思想解放,以思想解放推动社会整体创新。

本节将立足于新时代国内外慈善事业发展的实践经验和先进理念,介绍代表性的慈善理念创新(图13-2)。

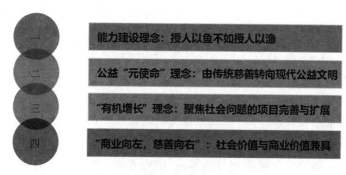

图13-2　新时代慈善管理的理念创新

一、能力建设理念:授人以鱼不如授人以渔

美国巨富卡内基认为慈善捐助的首要原则是帮助那些愿意自助的人,回馈社会的最佳方式就是将财富用于提升人们的抱负。① 约翰霍普金斯大学的第一任校长丹尼尔·吉尔曼(Daniel Coit Gilman)于1907年写过一篇文章,题目为"五种伟大的礼物"。他在文中解释了慈善(也就是传统慈善)和公益(指的是现代慈善)的区别,他认为传统慈善仅仅是给穷人提供了暂时的帮助,相反,现代慈善则是给社会所有人的帮助;传统慈善只是满足了个体需要,而现代慈善则是要创造和支持个人摆脱困境的机会和机制。②

新时代慈善管理理念一个重要的趋势是强调能力建设。传统慈善主要侧重救济弱势群体,很少去关注受助者的个人能力,在这种理念之下,慈善组织往往担负着资源"搬运工"的角色,很少去考虑如何使捐赠的对象有能力发展壮大,因此难以实现受助者的可持续自我发展。新时代的慈善理念则强调赋能受助者,将旧有的输血式救助转变为造血式,正所谓"授人以鱼不如授人以渔"。在新时代慈善理念之下,捐赠者更多关注问题本身,鼓励受助方实现自助,因此捐赠者更喜欢能力建设方面的投资。捐赠者们深知,没有能力建设,他们的投资就会有很大的风险。因此他们精挑细选出专注于解决某些问题的组织,再将资金投给这些组织。与组织研究投资者一样,投资者也在研究组织。具有企业家精神的组织能够运用有效的管理方式,使得人们捐赠和参与组织工作非常便捷,以吸引那些对公益投资感兴趣的捐赠者。

---

① 卡内基.财富的福音[M].杨会军,译.北京:京华出版社,2006.
② 李小云.公益的元问题[M].北京:中信出版集团,2021:24-25.

在这样一种慈善理念之下,受益者不能被界定为被动施予对象,而应让其成为主动参与者,成为公益主体,慈善事业的各个责任主体应采取创新性的举措,破除受助者对慈善资源的过度依赖,努力提升其自我发展的能力。

总之,能力建设理念是慈善管理理念创新的重要表现之一,强调公益慈善受助者内生能力的生成与发展,同时也强调慈善组织、政府、企业等其他慈善事业参与力量的相互协作。因此,能力建设理念创新也会影响到组织创新、项目创新等其他慈善管理创新维度。

二、公益"元使命"理念:由传统慈善转向现代公益文明

新时代慈善理念的第二个趋势,是从慈善最本质的问题与使命出发来理解慈善事业及其发展方向。公益的"元使命"就是将慈善事业的使命更加聚焦于解决人类社会发展变迁过程中出现的社会问题,倡导一种由传统慈善向现代公益文明的转变。现代公益的核心就是有效解决社会问题。

从某种程度上说,这种"元使命"的理念是从更加宏大的视野看待慈善事业发展的,与传统慈善理念侧重慈善救助不同,现代公益文明的视野立足于整个社会的健康发展,立足于全人类的发展与福祉。这种理念与我们国家提出的共同富裕、人类命运共同体的理念实现了有机融合。公益并非简单地与人为善、助人为乐。在新时代背景下,公益慈善应具备人类命运共同体的深刻内涵,公益慈善并非传统慈善的资源搬运,而更应体现出人与人之间的休戚与共。与此同时,"元使命"的实现抑或说现代公益文明的生成与发展,需要社会中每个人的参与,这是我们通常所说的"人人公益"的理念。

人人公益的理念进一步衍生出"轻公益"的理念,不同于重公益过度帮助受助群体从而产生依赖性,轻公益强调公益的经济效益和承受能力,同时认为公益机构的管理不宜过大,否则可能面临规模大、效益低的问题。公益做得重了就会产生对公益的依赖,影响人的能动性。公益做得轻,就能号召更多人参与,实现人人公益。[①] 此外,人人公益不仅是每个人的参与,更重要的是他们能够识别那些能够实现社会公平和解决社会问题的公益实践。[②] 以云南省西双版纳勐腊县的河边村复合产业体系发展为例,该项目由中国农业大学李小云教授成立的勐腊小云助贫中心主办,响应国家乡村振兴发展战略,旨在促进贫困乡村产业兴旺,推动河边村村民共同富裕。该项目就体现了一种"元使命"的现代公益理念,通过整合政府、企业、社会组织、大学、志愿者、村民等力量及其资源要素,促进了人人参与,也促进了乡村地区农民的增收、能力的提升,促进了社会公平以及共同富裕。

总之,在上述理念创新的指引下,慈善事业发展需要考虑如何在实践领域进行创新,以便促进慈善事业高质量、可持续地发展,使慈善事业切实而有效地促进整个社会问题的解决以及整个人类的福祉与发展。同时,也要考虑如何促进人人公益的实现,激发人们参与慈善的热情,更重要的是提升人们有效识别社会问题和解决解决社会问题的能力,从而促进人类的福祉与发展,维护社会公平与正义。为实现上述目标,就需要在慈善管理理念创新的指引下,进行慈善组织创新、制度创新、项目创新等慈善管理创新实践。需要说明

---

① 李小云. 公益的元问题[M]. 北京:中信出版集团,2021:140-143.
② 李小云. 公益的元问题[M]. 北京:中信出版集团,2021:44.

的是,慈善管理的理念创新在整个慈善管理创新体系中居于轴心位置,它应贯穿于慈善管理创新过程的始终。

三、"有机增长"理念:聚焦社会问题的项目完善与扩展

项目有机增长,指的是要永远本着从社会需求出发、从社会问题出发的原则,在项目运作过程中不断改善自己的项目及不断拓展新的项目,这时项目就会呈现出一种有机增长的方式,最后它们可以综合起来,以更有效的方式瞄准并解决社会问题。

可以从这样一个有趣的现象开始:当你接触到一些公益组织的时候,会发现随着人们走进公益领域时间的延长,他们的观念在逐渐改变。人们一开始会认为:只要自己有钱,就可以有足够的资格做好公益项目,通过它改变社会,这是一件简单的事情。但是,随着在一个特定的慈善领域做事时间的延长,他(她)就会开始思考一些更深层次的问题:为什么自己的项目没有达到设想的效果?为什么自己的项目没有按照原初设计的方式顺利进展?

实际上,人们遇到的是一些比此前思考过的更为复杂的问题,也很可能会找到解决问题的更有效的方式。这在一些由企业出钱成立的公益机构中更为明显:它们进入公益领域,最初按照原来管理企业的模式运作,后来发现公益领域会产生相当程度的失灵现象,于是不得不重新思考公益领域特有的规律。

这种随着时间推移而不断变更自己项目的内容与运作模式,使之逐渐成熟,从而更有效地解决问社会问题的现象就是项目的有机生长。慈善项目之所以能够呈现有机增长,原因就在于这种更加复杂的项目很难通过短时间的设计和运作达到成熟。社会问题有时以很复杂的面目出现。例如教育问题,它是我们社会面临的一个棘手问题,即使由社会领域里的公益组织来做,也会面临巨大的挑战。这个时候,慈善组织可以找到一个切入口,由此进入,然后逐渐完善自己,使得项目更有深度、更专业化、更有机化。项目的有机生长模式在这个项目里最初是以教师培训为切入点的,正像许多项目的做法一样,一开始有一个基本性的项目落地可执行,这就是教师培训,通过一个月左右的教师培训,希望达到一个改善基础教育的目标。但是在培训过程中发现了很多问题,其中第一个问题就是许多教师在培训前就有很多心理问题,这些心理问题会一直带到培训中,影响培训的效果。于是他们在培训前增加了一个心理辅导和沟通的环节。接下来又发现在培训过程中所谓的专家来进行的培训效果并不好,教师们觉得和自己距离遥远,于是改成从外省请来同为小学教师的人做培训。经过这样一种改进之后,培训效果得到改善。但如果深入评估,会发现这些培训并没有解决当地急迫的社会问题,教师并没有把培训时所学到的内容用到自己的实际教学工作中。如果按照一般的培训项目,到这一步组织就不会再去管它,因为其已经完成了项目建议书中的目标。但一个负责任的组织会继续加以改善。经过调查和设计,他们又增加了一些新的项目,包括公开课巡讲、优秀教师竞赛,以及教师之间的交流和沟通。通过这些方式,培训班上学到的那些内容就被用到日常教学工作中去了,而且逐渐形成了一种新的风气,调动起了一种新的教学气氛,教师和学生两大主体的自主性、动机、参与性都得到了强化。再接下来就会看到,在这种新的充满活力和生机的教学方式下,学生们的学习成绩不仅没有受到影响,反而得到了提升。于是,组织所开展的项目又得到了

当地教育局的支持,最终形成了一种基础教育新的发展模式。这是在贫困地区开展的一个综合性项目群,由教师培训项目切入,最终形成了一套教学改革项目,其数量多达 10 余个,并且它们综合起来,形成了一个有机整体,共同针对当地的基础教育问题发力。

其实,几乎所有的公益组织都会遇到这一问题,只是程度不同,因而,慈善组织这里的项目就产生比企业更复杂的情形,公益组织项目的专业性也正是通过这一过程而逐渐积累并体现出来的。"有机增长"的理念主要聚焦在项目创新上,是引导慈善管理项目创新的理念先导。

四、"商业向左,公益向右":社会价值与商业价值兼具

南都公益基金会理事长、中国慈善联合会副会长徐永光在《公益向右 商业向左》一书中阐述的理念就是公益要讲效率,向右走,商业要讲社会责任,向左走。[①] 商业和公益慈善,在很多人看来就像硬币的两面,很难融合为一,一些人强烈地认为公益慈善就要讲究纯粹性和道德伦理性,不能和商业利益有一丝丝的连接。但不可否认的问题是,在传统的慈善理念下,慈善组织倾向于扮演"资源"搬运工的角色,尤其是在中国慈善事业刚刚起步、慈善意识还有待全方位觉醒的背景条件下,慈善组织筹集来的资源不仅是有限的,而且也是不可持续的,需要一种新的理念来解决上述问题。

视频 13-2 刘文奎谈社会企业的前景与价值

实际上,如果我们去看美国等慈善事业发展比较成熟的国家,就会发现一种将社会价值与商业价值有机融合的理念已经成为慈善事业发展的新特点和新趋势。萨拉蒙认为,美国公益慈善界正经历巨大的模式转型,一种新的慈善模式正逐渐显现[②],一些兼具社会价值和商业价值的机构不断涌现,新的资助方式正在取代传统捐赠成为行业的风向标,公益创投、社会影响力投资等理念不断涌现,迅速传入中国并被广泛讨论与运用。在这样一种理念之下,我们会看到多元力量共同参与,社会创新不仅仅是指非营利组织利用新的方法解决问题,也扩展到社会创业者、影响力投资人、那些使命向导的公司和具有社会责任的企业。政府、NPO、基金会以及学者、慈善家、商业精英等各个行业的人共同去推动点滴微小的改变,用智慧和勇气推动社会问题的解决,突破现有体制的束缚,探索新的公益慈善模式的运作机制。

社会价值与商业价值兼具的理念催生出许多代表性的慈善管理理念创新。比如,社会企业理念,虽然目前对这一理念的界定尚未达成共识,但对它的基本属性有了较统一的认识。社会企业,是以商业战略和社会目标为共同特征的实体[③],换言之,社会企业既要追求经济效益,也要追求社会目标,比如社会和环境的改善。社会企业的灵魂是社会企业家,社会企业家就是把经济资源转移到对社会更有益的领域的人。社会创新是社会企业家的特质,社会企业家的手段是在资本力量不愿涉及的领域开拓新的市场机会,寻找更

---

① 徐永光. 公益向右 商业向左[M]. 北京:中信出版集团,2017.
② SALAMON L M. Leverage for good:an introduction to the new frontiers of philanthropy and social investment[M]. New York:Oxford University Press,2014.
③ DEFOURNY J. Introduction:from third sector to social enterprise[M]//BORZAGA C,DEFOURNY J. The mergence of social enterprise. London:Routledge,2001.

新、更好的方法来维护社会价值,增加社会效益。再比如,公益创投,是将经济领域的"风险投资"理念应用到公益领域,以"投资"的思维全面支持基于社会目的的组织的能力发展,提升其社会影响力的新型公益资助方式。

总之,以财富向善为中心的公益慈善事业将呈现蓬勃发展态势。在我国,这将是未来十余年最重要的趋势之一。慈善捐赠、志愿服务和服务性捐赠及各种形式的资产捐赠会出现巨大增长,慈善组织的能力不足和相应的制度约束将日益显现,全面深化改革将成为公益慈善事业发展的主旋律,各种形式的慈善创新层出不穷并成为引领财富向善的主导力量。[①] 社会价值与商业价值兼具的理念催生了许多慈善创新实践模式,推动了慈善管理在组织、制度、项目等维度的创新。这些创新维度在本章后面的部分有更加具体的论述。

第三节　慈善组织创新

慈善组织创新可以分为内部的组织创新和外部的组织创新。从内部的角度看,不同的慈善组织有不同的内部机构和结构。内部的组织创新需要创新组织机构和结构,实现组织内部机构与结构的合理化、科学化,以实现组织自身的有效、高质量运转。而外部的组织创新则强调国内、国外致力于慈善事业发展的不同参与主体通力协作与多方联动,它们共同构成一个系统,呈现出一定的结构特点。总之,慈善事业的高质量、可持续发展离不开组织创新,即组织内部、外部的机构创新和结构创新。

一、内部组织创新

一个企业的良性运行与发展需要合理的组织结构与管理机制,慈善事业的管理同样需要合理、科学的组织结构与管理机制。组织机构与结构是慈善事业发展需要依托的重要载体。从管理学组织理论的角度看,慈善组织是由不同组织成员担任不同职务和岗位的结合体。这个结合体可以从结构和机构两个方面去考察。

(一) 慈善组织的机构与结构

从慈善组织的内部角度看,慈善组织的机构,是指慈善组织在创建伊始就依据一定的标准和使命,将各种职务或岗位归并到一起,形成不同的慈善组织内部的管理部门。这是一种横向的劳动分工,慈善组织的各种活动或者任务被分派给各个部门。慈善组织的结构,是指慈善组织各个管理部门之间,尤其是不同层级的部门之间的关系。这是一种纵向的劳动分工,慈善组织的权力在不同层级之间得以分散和集中。机构和结构关系密切,在慈善组织的内部,不同的机构设置要求不同的结构形式。两个慈善组织,即使机构完全相同,但机构之间关系不同,也会形成不同的结构。以国内首家民间公募基金会深圳壹基金和全国性非营利公益社会团体"中华慈善总会"为例,可以看出不同的公益慈善组织在机构和结构上的差异(图 13-3、图 5-6)。从慈善组织的结构角度看,中华慈善总会的管理职能在纵向上由会员代表大会和理事会向下延伸至会长办公室(党委会),党委会下设分支

---

① 王名,蓝煜昕,高皓,等. 第三次分配:更高维度的财富及其分配机制[J]. 中国行政管理,2021(12):103-111.

机构、职能部门、自办与合作媒体三个横向机构,每个机构下面又细分为若干横向小机构(共计 18 个)。而深圳壹基金在理事会和秘书长两个机构下个分为若干横向机构。可以看出,不同的慈善组织在机构数量、类别和组织结构上具有不同的特点。

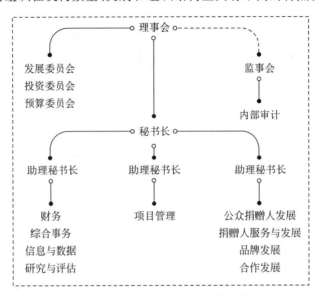

图 13-3　深圳壹基金组织机构结构

慈善组织内部的机构与结构创新,也就是狭义的慈善组织创新,是慈善组织和慈善事业健康发展的应有之义,是慈善管理创新的重要维度。慈善组织的运行受到组织目标使命、任务活动、特点、规模和环境等因素的影响,因此不同的慈善组织具有不同的机构与结构,同一个慈善组织在不同的时期和发展阶段,需要在机构与结构上进行调整和创新,如此才能更加合理地管理人员,提高管理的效率,最终促进慈善组织高质量、可持续地发展。由于机构设置和结构的形成要受到企业活动的内容、特点、规模、环境等因素的影响,因此,不同的企业有不同的组织形式;同一企业在不同的时期,随着经营活动的变化,也要求组织的机构和结构不断调整。组织创新的目的在于更合理地组织管理人员,提高管理效率。

(二)慈善组织内部创新的路径及其原则

慈善组织的创新既需要从内部机构和结构角度适应外部环境以及有效践行组织使命与目标的创新,同时还要依托和遵循一定的创新路径与原则。

1. 慈善组织内部创新的路径

从组织管理的角度看,创新是一种有效地组织系统活动,充分调动组织内部各机构活力以实现组织目标和慈善社会效益的创新性活动。因此,慈善组织内部的管理创新需要遵循规律,更确切地说,需要遵循一定的步骤、程序与原则。总的来看,慈善组织内部管理创新要遵循机会探寻、构想生成、迅速行动与持之以恒三条路径(图 13-4)。

(1)机会探寻。创新是一种除旧立新的活动,创新活动的起点往往是从解决组织内部陈旧、不协调的困境与挑战开始。陈旧、不协调的困境与挑战为慈善组织内部创新提供

图 13-4 慈善组织内部创新的路径

了契机。从管理学的角度看,慈善组织内部不协调的困境与挑战主要有以下几种情况:一是组织管理体制机制陈旧导致的效率问题。以中国扶贫基金会为例[①],自 1989 年成立至 1999 年 10 年期间行政色彩较浓厚,领导层有行政级别,员工有事业编制,筹款主要依托组织领导者的个人关系和政府的行政资源,这样一种组织管理体制机制引发了筹款效率问题,与当时国内其他一流基金会存在较大差距。1999 年之后经过去行政化改革,其发生了翻天覆地的变化,至 2013 年成为中国专职人员最多的基金会,每年筹款额近 10 亿元,成为国内最具活力的基金会之一。二是慈善项目、慈善产品缺乏新意,难以满足社会的需求,缺乏吸纳其他社会主体参与慈善项目的吸引力。其主要原因可能是慈善品牌打造力度不够,品牌宣传缺乏多元途径和方法,也有可能是慈善组织的目标、使命定位偏离,不能精准契合社会对慈善的需求。三是慈善组织内部的管理缺乏对于外部环境的及时反应能力。外部环境的变迁是影响组织发展的重要因素,科学技术的发展、人口的变化、宏观经济环境的变化、文化与价值观念的转变等因素都可能对慈善组织的发展产生影响。慈善组织必须具备较强的适应环境的能力,根据外部环境的变化及时调整自己的目标、决策、领导、控制,通过创新的理念与实践及时对外部环境变化作出反应。以中华慈善总会为例,其设置了官方网站、微信公众号、报纸、杂志、年鉴等多种自办与合作媒体,这就是适应社会公众信息获取渠道变化、依托新媒体进行品牌宣传的重要体现。在信息技术快速发展的背景下,慈善组织还可以利用互联网技术来完善内部治理,例如通过建立信息管理系统对筹款、项目等进行线上管理,大大提高了组织的运作效率。

(2)构想生成。困境与挑战往往代表新的机遇,慈善组织如果能透过不协调的现象敏锐地发现原因所在,采取有力举措将不协调的因素转变为机会,那么就会破除困境,得到进一步发展。这就需要在问题根源的分析基础上生成构想,充分依托组织内部领导者的领导力、组织从业人员的专业性以及外部的专家学者、社会公众、政府、企业等参与主体的对策建议,采用头脑风暴、德尔菲、畅谈会等方法提出构想,为下一步的迅速行动奠定基

---

① 灵子.一个官办基金会的转身[J].中国社会工作,2011(6):48-49.

础。如深圳壹基金设置有信息与数据、研究与评估机构(图13-3),中华慈善总会设置有专家委员会(图5-6),这些都是有利于发现问题、分析原因、构想生成的重要举措。

(3)迅速行动与持之以恒。迅速行动与持之以恒是慈善组织内部创新的成功秘诀。基于问题分析生成的构想往往不能尽善尽美,如果苛求完美而不采取行动,就会丧失新的发展机会。一方面,设想的不完善方面在迅速行动中才能获得发现,才能得到及时反馈,设想才能得到不断完善;另一方面,外部环境有时候是瞬息万变的,创新行动的速度和创新方案的完善具有同样的重要性。此外,构想也有可能存在失败的情况,但经过尝试才能发现问题并不断完善。构想一旦生成,就要有足够的自信和持之以恒的耐心,要对行动可能的风险有一定认知,不能半途而废。因此,组织内部的创新既需要迅速的行动,让设想尽快投入实践,同时还需要耐心,在实践中不断尝试、不断纠正调整,以实现设想的不断完善。

2. 慈善组织内部创新的原则

慈善组织内部的创新既需要领导者强大的领导力,也需要调动组织内部成员的创新能力。要实现组织内部的创新,既需要遵循一定的阶段、程序、路径,还需要遵循一定的原则(图13-5)。

图13-5 慈善组织内部创新的原则

(1)明晰管理者的角色定位。从管理学的角度看,慈善组织的管理者因具有指导、指挥、领导、协调、沟通、激励、代表的重要职能,在慈善组织内部发挥着极其重要的作用。因此,慈善组织的内部创新首先需要领导者明晰自己的角色定位,不能扮演故步自封、因循守旧的保守者,而是要作出表率、带头创新,并为组织成员提供一个有助于创新的环境,通过领导职能的发挥,来引导组织成员进行创新。

(2)营造良好的创新氛围。组织内部创新,需要良好的组织文化与创新氛围。领导者一人投入创新是远远不够的,组织要想发挥强大的创新能力,需要每一个成员的通力协作。营造一种有助于创新的企业文化与氛围,将会使每一个成员都认识到自身的创新工作对组织发展的重要性,每一个成员都对自己的价值有深刻的认同,将创新性的文化内化于自身,转化为一种自觉的行动。

(3)制订有弹性的工作计划。创新离不开思考,思考离不开时间。创新的设想与理念不是一下子就生成的,需要一定的时间去感悟和思考。创新是一种打破旧规的尝试,需要占用计划外的时间。倘若组织成员都满负荷地从事旧有的工作,创新性的设想就很难快速生成。因此,慈善组织在内部创新的过程中,要制订有弹性的计划,合理安排成员的工作时间,合理分配工作任务,设置一定的时间用于组织成员思考。

（4）树立正确的成败观念。创新本身就是一种尝试，尝试是有风险的。不管是慈善组织的领导者，还是组织成员，都应树立正确的成败观念，抑或说，应具备对创新成败的合理认知。不能因为创新设想没有取得预期效果就判定为失败，而应意识到创新性的设想一开始往往不可能是完美的，只有在实践中不断尝试，才能发现问题、及时调整，不断完善原初设想。因此，应允许失败、鼓励创新。但需要指出的是，每一次未达预期的尝试，都需要认真总结经验，获得新的知识，否则就失去了价值与意义。

（5）构建合理的奖惩制度。激发组织成员的创新精神与热情需要建立合理、公平的奖惩制度。尤其是奖励机制的建立，能够大大提升组织成员的个人成就感、获得感、幸福感，满足组织成员自我实现的需要，激发组织成员的创新动力。奖惩制度要遵循以下原则：一是物质奖励与精神奖励相结合。有时候，精神上的奖励往往比物质奖励更能激发组织成员的创新动力。二是奖励要注重的是创新的过程而不是结果。创新本就是一种尝试的过程，是否达到预期往往存在不确定性因素，不能因为未达预期就抹杀组织成员在创新过程中付出的努力。因此，既要对作出特殊贡献、实现创新结果预期的成员进行奖励，也要对整个创新付出认真努力的成员进行奖励。

二、外部组织创新

外部组织创新强调致力于慈善事业发展的各个参与主体相互之间的关系的调整与完善，强调的是采取创新性的理念与实践促进各参与主体的相互协作。这种相互协作既可以是慈善组织与政府、企业、媒体、公众等参与主体的相互协作，也可以是国内与国外各参与主体的相互协作。从系统的角度看，这样一种相互协作一旦形成比较稳定、制度化的实践，就会形成某种创新性的整体结构，呈现出一定的结构化特点。

对于慈善事业管理而言，为什么要进行外部的组织创新？一个很重要的原因是对环境因素的适应与建构。正如环境是一个企业经营发展的土壤，企业不仅需要适应市场环境，根据市场环境及时调整经营与管理策略，同时还需要发挥主体能动性，对外部环境进行改造与引导甚至是创造。例如，通过公关活动来影响政府的政策制定，通过市场创新去开发新的产品引导新的消费需求等。对于慈善组织而言，同样需要立足于当前经济社会发展的现实条件，因地制宜地开展慈善活动，及时地调整慈善组织的管理，与此同时，也需要发挥主体能动性，采取创新性的理念和实践通过各种途径与外部的其他慈善事业参与主体进行合作，发挥外部其他参与主体的相对优势，撬动各方资源，共同推进慈善事业高质量、可持续的发展。图13-6呈现出慈善事业外部组织创新的主要形式。

（一）慈善组织与政府的合作

政府是慈善事业重要的参与主体，也是慈善组织重要的合作方。一方面，政府因其社会治理者的角色，通过制定法律法规、政策方针来规制和引导慈善事业及慈善组织的健康发展；另一方面，政府因其自身相对的资源优势，能够对慈善组织的活动进行资助。政府购买非营利组织的服务以及向慈善组织提供资金支持，是政府与慈善组织跨界合作的典型方式。

首先，政府购买慈善组织服务成为慈善事业发展的新路径。这种跨界合作一方面能

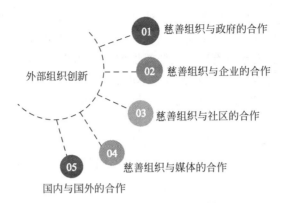

图 13-6　慈善事业外部组织创新的主要形式

够解决政府社会治理和社会服务方面的难题,另一方面有助于培育、扶持那些处于起步阶段的慈善组织,促进慈善组织的进一步发展。以宁波市海曙区居家养老项目为例,宁波海曙区是全国最早开展政府购买服务的城区之一。海曙区依托社区现有基础,政府委托海曙区星光敬老协会来负责运营,通过政府购买服务的方式,实现资源整合,具有低成本、覆盖面广、受益对象评价高等优点。可以说,上述案例不仅反映了慈善组织与政府的跨界合作,也是慈善组织、政府、社区三方合作的重要表现。

其次,政府通过设立资金资助慈善组织,成为推动公益创投和社会创新的重要力量。以美国为例,美国政府设立专门的政府机构——白宫社会创新与公民参与办公室(Office of Social Innovation and Civic Participation,SICP),出台相应政策鼓励基金会、社会私人机构、私人资本进入社会创新领域。2009 年,美国总统奥巴马签署《爱德华·M.肯尼迪服务美国法案》(*Edward M. Kennedy Serve America Act*)并创立社会创新基金(SIF),将资金给予公益创投机构、社区基金会等有经验的组织,这些组织按照 3∶1 的比例配比政府资金,以提升政府资金的效力。

最后,从国内国外交流合作的角度看,许多国外慈善组织尤其是美国基金会通过加强与中国政府的合作,促进了中国社会各方面的发展。例如,比尔及梅琳达·盖茨基金会 2007 年在北京设立了中国办公室,与中国政府合作展开了包括提高粮食作物产量、研发和生产重大传染性疾病疫苗等领域的合作。2011 年,比尔及梅琳达·盖茨基金会与中国科学技术部签署战略合作备忘录,共同致力于依靠科技进步推动全球农业可持续发展、解决发展中国家贫困问题、促进全球健康发展。

(二)慈善组织与企业的合作

慈善组织与企业以及金融机构的合作,能够有效地提高本组织的效率,延伸组织的能力,实现有限资源的合理利用。以慈善组织与金融机构合作为例,2020 年 12 月,湖北省慈善总会与建设银行湖北省分行建立战略合作[①],在共同搭建全面合作平台,建立重大灾

---

① 湖北省慈善总会与银行及企业签署战略合作协议[EB/OL].(2021-01-03). http://www.hb.chinanews.com.cn/news/2021/0103/350478.html.

难联合响应机制,共同发起慈善公益活动,打造融资、融智、赋能的综合金融服务生态等方面开展实质性合作。2021年11月,湖北省慈善总会与湖北银行股份有限公司达成战略合作①,致力于全省慈善会体系慈善信息化建设、设立慈善基金攻坚慈善项目、参与重大应急救助活动等重点工作。以慈善赋予金融向上向善的价值内涵,以金融赋予慈善专业专注的表现形式,可以预见,"慈善+金融"作为一种新模式将助力社会效益与经济效益影响叠加、正向相向而行。

慈善组织与企业合作的另一种典型形式是慈善超市。慈善超市起源于美国,其主要业务是接收、处理、销售市民们捐赠的旧物,用销售这些物资来救助困难群体。1902年,美国慈善机构借助超市这样一种运作方式,建立了一种新型的慈善运作实体——好意慈善事业组织(Goodwill Industries)。2003年,好意慈善事业组织凭借其近2 000家商店创造的22.1亿美元的销售收入,一跃进入美国15家顶级折扣零售商行列。在中国,上海、广州、沈阳、温州、苏州等地都陆续开办了慈善超市。慈善超市由民间组织管理,既转移了政府职能,又培育了民间组织,使扶贫帮困工作由政府一家的事,变成全社会大家的事。

(三)慈善组织与社区的合作

慈善组织与社区的合作是慈善组织外部创新的重要举措之一。其中,社区基金会是当前慈善事业发展比较前沿的形式。社区基金会作为社区的召集者、变革催化者、资金整合者,在社区发展中扮演重要的角色。世界第一家社区基金会——克利夫兰基金会于1914年在美国成立,经过一个多世纪的发展,美国的社区基金会遍布各州,数量和资金规模都达到了非常可观的程度。以美国布鲁明顿和门罗县社区基金会为例,其1989年成立之初受到了当地精英和礼来基金会的支持,通过社区基金会的建立,有效地摆脱了当地许多非营利组织无法与社区不同需求有效对接和整合的困境。②

慈善组织与社区合作的另一种重要形式是慈善组织参与城市社区的网格化治理。以山东省烟台市芝罘区奇山街道"齐聚红网 精细治理"网格化工作为例,充分动员社区居民和各类社会组织参与街道、社区治理,构建了"2+X+N"网格管理队伍,其中,2即网格长(社区工作者担任)和网格"红领书记"(街道机关干部担任);X即专业工作团队,包括公安民警、综合执法员、市场监管员等;N即公益服务团队,由社区中的党员、社会组织、各类志愿者等组成。慈善组织作为重要的N力量,成为城市社区网格化治理的重要力量之一。奇山街道网格化治理也体现出慈善组织与政府、社区、公众等多方联动与协作。

(四)慈善组织与媒体的合作

慈善组织与媒体的合作可以充分调动全社会投身慈善事业的热情,促进慈善资源的有效整合,成为慈善组织外部创新的重要表现之一。慈善组织与媒体的合作可以进一步细分为慈善组织与传统媒体的合作以及慈善组织与新媒体的合作。传统媒体包括报刊、

---

① 湖北省慈善总会与湖北银行达成战略合作 共同推进慈善信息化等领域创新发展[EB/OL].(2021-11-24). http://www.hubei.gov.cn/hbfb/rdgz/202111/t20211124_3879885.shtml.

② 徐宇珊,朱照南.美国公益图谱:从传统到现代[M].北京:社会科学文献出版社,2017.

电视台等,新媒体包括抖音等自媒体平台、网站、公众号、数字报纸等形式。

首先,慈善组织与传统媒体的合作,可以充分依托传统媒体的优势,促进慈善组织品牌宣传与资金募集。传统媒体具有内容生产力强和具备深度、广度、高度的优势。许多原创性的内容往往首发于传统媒体,不同于新媒体快餐式的新闻报道,传统媒体往往需要充分地调研,进行深入而全面的报道。以芭莎明星慈善夜为例,其由苏芒创办于2003年,是第一个由杂志创办并坚持每年举行的中国顶级慈善盛会,也是第一个获得中国民政部颁发的"中华慈善大奖"的杂志,同时也是第一个由全新概念、国际品牌与一线明星和顶级时尚杂志影响力共同打造的时尚慈善模式。2021年,时尚芭莎慈善晚宴通过慈善拍卖、爱心捐赠等方式募集1 023万元善款。历届的慈善晚宴募集的善款都通过一些慈善组织流向需要帮助的人群。

其次,慈善组织与新媒体的合作,可以充分发挥新媒体成本低、时效性强、多媒体传播、互动性强的优势。以腾讯99公益日为例,"99公益日"是由腾讯公益联合数百家公益组织、知名企业、明星名人、顶级创意传播机构共同发起的一年一度的全民公益活动。2015年9月9日是中国首个互联网公益日。本次公益日的活动主题为"一起爱",旨在用移动互联网化、社交化等创新手段,用轻松互动的形式,发动全国数亿热爱公益的网民通过小额现金捐赠、步数捐赠、声音捐赠等行为,以轻量、便捷、快乐的方式参与公益。腾讯主要创始人、腾讯公益慈善基金会发起人陈一丹在"99公益日"的主题致辞里提道:"社会的痛点就是公益的起点。"腾讯公益致力于成为"人人可公益的创联者",成为公益组织和广大爱心网友、企业之间的"连接器",用互联网核心能力推动公益行业的长远发展。

(五)国内与国外的合作

国内和国外的慈善组织在实践中都积累了丰富的经验,国外慈善组织进入中国开展合作以及中国慈善组织走向国际,有助于强强联合、优势互补、取长补短,共同推进全球慈善事业的发展,促进全人类的福祉。这既符合我们国家倡导的人类命运共同体的理念,也是慈善事业发展的势之所需。国内慈善组织与国外慈善组织通力协作是慈善事业组织创新的重要表现之一。

1. 国外慈善组织进入中国开展慈善合作

国内慈善组织与国外慈善组织的合作首先体现为国外慈善组织进入中国开展合作。民政部原副部长窦玉沛在接受新华社记者采访时指出,国外的现代慈善比中国同行发展的要早,管理更规范、财务更透明、公信力高、代表性强,因此,在理念、运作模式、慈善人才等方面值得中国借鉴,需要加强同国际的合作与交流。

在国外慈善组织中,美国的基金会在促进中国与国外的交流合作方面发挥了重要的作用。美国基金会对中国的关注主要有以下几点:一是作为慈善事业的一部分,帮助当时贫穷落后的中国与帮助其他第三世界国家在本质上是一致的;二是中国作为世界第一大文明,相互之间的交流是必需的;三是推动美国政府改变对华政策;四是推动中国的改革、民主化、现代化。[①] 比如洛克菲勒基金会是中国最早接触的基金会,在建立北京协

---

① 资中筠. 财富的责任与资本主义演变[M]. 上海:上海三联书店,2015.

和医院、资助中国自然科学发展、促进乡村建设、帮助建立社会学、促进农业研究、支持计划生育等方面做出了重要工作。

2. 中国慈善组织走出国门开展慈善合作

2016年《慈善法》颁布实施是中国慈善事业发展具有里程碑意义的事件,随着中国"人类命运共同体"的理念以及"一带一路"倡议得到世界许多国家的认同,中国慈善走出国门、迈向国际舞台成为社会各界热点。

2007年中华慈善总会承办的中国大陆最大的民间捐赠工程,交付印度尼西亚海啸灾民使用。2010年中国扶贫基金会在苏丹开展人道主义援助,成为中国民间组织走向非洲的典型案例。2017年,为支持"一带一路"倡议,中国红十字基金会创立"丝路博爱基金",截至2023年11月已向26个国家投入近7 000万元,在医疗、健康、社区发展、志愿服务、救灾等领域取得显著成果。2019年,为贯彻习近平总书记全球发展倡议、响应国家"一带一路、民心相通"倡议,助力构建人类命运共同体,中国扶贫基金会和阿里巴巴公益共同启动国际爱心包裹项目。该项目是在中国扶贫基金会"爱心包裹"品牌的基础上,经过长时间、多国域的调研和试点,与阿里巴巴公益合作推出的国际公益项目。截至2023年3月,国际爱心包裹项目已获得超过26亿笔爱心捐款,筹集善款超过1.28亿元,惠及11个国家,受益人数超过100万,得到受益人、当地社区以及中外政府的认可。根据民政部的数据,截至2023年10月,我国登记了51家国际性社会组织。自2013年以来,登记国际性社会组织的进程进一步加速,累计增至24家,占总数的47%。中国社会组织不仅积极走出国门,还更多地参与国际治理体系。清华大学公共管理学院的邓国胜教授在2015年的研究中发现,当时中国(包括港澳台)有48家社会组织拥有联合经济社会理事会咨商地位[1],而这一数量目前已增至103家[2]。这表明中国公益慈善组织的观念发生了变革,它们积极参与国际慈善合作,展开跨国慈善活动,在国际环境治理、国际扶贫济困以及消除社会不公平等领域,承担起大国责任,扮演着中国在国际舞台上的重要角色[3],拥有相当的影响力。这意味着慈善事业正迈向全球化。未来,民间慈善活动将采用慈善营销、网络推广、多方融合和跨越国界等策略,呈现出全新的战略创新格局。[4]

究其原因,中国慈善事业国际化既得益于中国显著增强的综合国力、不断扩大的国际影响力和国际责任,背后也反映了世界尤其是第三世界国家对慈善事业的显著需求。总之,中国慈善事业国际化,不仅可以促进中外慈善事业参与主体的相互交流与合作,也给其他国家尤其是第三世界国家社会发展和人民福祉带来切切实实的帮助,与此同时还有助于中国树立良好的国际形象、促进中国政府参与对外发展援助、协助海外中资企业践行

---

[1] 咨商地位(consultative status)是指非政府组织提出申请,经联合国经济及社会理事会批准后,在其能力范围内享有以咨询方式参与全球公共治理的资格。这一术语于2016年首次公布在《管理科学技术名词》第一版中。

[2] 从0到1,"一带一路"倡议下中国社会组织的国际化之路[EB/OL]. (2023-10-24). https://www.chinanpo.org.cn/ds/2310c6e4a5.html;国际爱心包裹项目三周年总结会暨中国社会组织走出去座谈会成功召开[EB/OL]. (2022-03-24). http://www.cfpa.org.cn/notice/notice_detail.aspx?articleid=2846.

[3] 孙作顶,刘海江. 中国慈善文化现代化内涵及其国际传播策略研究[J]. 现代传播(中国传媒大学学报),2023,45(3):68-73.

[4] 任雯. 中国民间慈善事业:萌芽、发展与复兴[J]. 学术探索,2021(2):69-75.

企业社会责任。[1]

第四节 慈善项目创新

一个公益慈善组织最核心的方面就是它的项目。项目是一个组织的"产品",组织要实现其社会功能,大都是借助项目来实现的。项目有优劣之分,即项目的专业性有高低差别,项目的优劣体现在公益产品的质量上。

公益慈善组织的项目是指在组织内实行的相互关联并构成一个整体的一系列活动,项目的最终目标是满足某种社会需求,解决某一社会问题。项目是针对社会问题的一次独特性的努力,并对解决该问题形成一份独特的贡献。一个慈善组织的技术含量往往能在项目中体现出来。而一个具体的运作型慈善组织的核心任务,就是设计一个好的项目并使之运作起来。从管理学的角度看,慈善项目的创新更多的是基于目标创新和技术创新实现的。

一、慈善目标创新

一般而言,慈善目标创新是慈善项目创新的重要基础,慈善项目创新是慈善目标创新的外在表征之一。慈善组织在成立之初,往往会秉持自己的目标,有自己的慈善使命和慈善工作的重点领域。正是在慈善目标的指引下,慈善组织才会设计自己的慈善项目,并依托全社会各参与主体的力量和资源推动项目的落地和运转。

(一) 什么是慈善组织的目标

每一个慈善组织都有自己的行动目标。从管理学的角度看,作为主要管理职能之一的计划与决策在整个管理过程中占据重要地位。决策是计划的前提,计划是决策的逻辑延续。计划将组织的任务分解给各个部门、环节和个人,保证了决策目标的实现[2],并通过开展各种各样的活动来实现其目标。

慈善组织的目标和项目之间的关系体现为,慈善组织基于目标开展的活动基本上是通过项目形式开展。若没有项目,组织很可能沦落为一个空洞的组织。因此可以说,慈善组织需要通过项目来实现其功能。"实现其功能"的另一种说法就是"满足社会需求",一个慈善组织设立的初衷是满足社会中无法完全通过市场得到满足的各种各样的需求。"满足社会需求"又可表达为"解决社会问题",即社会中存在着各种各样的问题,这些问题可以通过慈善组织运作项目来解决。"实现其功能""满足社会需求"及"解决社会问题"所表达的含义是基本一致的。

(二) 为什么要进行慈善目标创新

慈善组织在一定的经济、社会环境中从事专业性的活动,特定的环境要求慈善组织按

---

[1] 邓国胜,等.中国民间组织国际化的战略与路径[M].北京:中国社会科学出版社,2013.
[2] 周三多.管理学——原理与方法[M].7版.上海:复旦大学出版社,2018:164.

照特定的方式提供特定的慈善项目。一旦环境发生变化，慈善组织的发展方向、目标以及与其他公益慈善事业参与主体的关系也要进行相应的调整。在慈善事业发展的大环境下，慈善组织的目标往往是通过不断满足当前经济社会发展阶段出现的公益慈善需求，以与国家提出的发展战略相衔接的形式来获得高质量发展的。因此，慈善组织在每一个时期的组织目标是根据不同的经济社会发展需求以及国家战略而进行动态调整的，每一次调整就是一种目标的创新。

以公益慈善对接乡村振兴为例，中国自2015年起全面打响脱贫攻坚战，实施精准扶贫与精准脱贫。2017年，党的十九大提出实施乡村振兴战略。随着2020年脱贫攻坚完美收官，中国将全面推进乡村振兴，可以说未来15年将是中国乡村剧变的关键时期。面对新时代国家发展战略的需要，一些慈善组织逐渐涌现，将慈善目标聚焦于乡村振兴，试图从产业、人才、文化、生态和组织五大方面实现乡村振兴与公益慈善力量的有效对接。

二、慈善技术创新

如果说慈善目标创新为慈善项目创新指明了方向，那么技术创新则通过物质载体、资源和服务的组合为项目创新提供了内容构成的基础。

（一）什么是慈善技术创新

技术创新不仅是一个企业创新的重要内容，也是政府、慈善组织等慈善参与主体创新的重要内容。在如今这样一个科技日新月异的时代，我们经常会看到、体验到技术创新给我们生活和工作带来的便利。这样的例子不胜枚举，比如，政府通过引入电子政务等信息技术与网络技术，简化了公共服务的流程，提高了办事效率；街道社区通过引入信息技术平台，可以及时掌握民众需求、完善基层治理；汽车企业通过电池技术和智能驾驶技术的创新，制造出更加智能和更加安全的电动汽车，大大改变了人们的汽车生活方式。总之，技术创新是任何一类组织提高自身竞争力的重要途径。

什么是慈善技术创新？首先我们要明确的一点是，技术创新并不等同于技术发明，技术发明是一种创新，是一种全新事物的出现，但创新绝不仅仅是发明，创新的概念要宽泛得多，创新既可能是全新技术的开发，也可能是原有技术的完善，还可能是几种原有技术的重新组合。因此，我们对技术创新概念可以从要素创新和产品创新两个方面来理解。

1. 慈善管理的要素创新

慈善组织要进行技术创新，必然要通过一定的物质载体和利用这些载体的方法来体现，因此，要素创新及其组合方法创新是慈善技术创新的重要内容之一。对于企业而言，要素创新主要体现为材料和设备的创新，比如改进材料的质量和性能来提高产品的质量，利用新设备，提高企业的自动化水平，取代陈旧落后设备，提高效能。与企业的要素创新类似，慈善组织的要素创新同样需要在慈善事业能够依靠的物质载体、物质手段上持续创新，来提高慈善事业的社会效益。此外，技术创新还体现为要素组合创新。要素组合创新利用一定的方式将不同的要素加以组合。对于慈善组织而言，这种要素组合更多地体现为不同物质载体、物质手段与其他资源在时间和空间上的全新组合，这也是一个慈善组织的慈善项目或慈善方案能够生成和落地的先决条件。慈善领域的要素创新及其组合创新的例子不胜枚举。比如,善因营销,公益慈善组织通过与企业的联合实现共赢。Turn Your Miles 是善因营销的典型案例,该联合营销活动由 RED、Nike、美国银行(Bank of America)共同发起,力求集合运动社群的力量来支持艾滋病防治工作。[①]

慈善要素及其组合的创新尤其体现在新技术的运用上,大数据、区块链、人工智能等新一代信息技术与慈善事业深度融合,极大地促进了慈善事业的高质量发展,促进慈善事业的数字化与智慧化。第一,区块链技术的应用让捐赠资金的管理和使用更透明、更严谨、更有信用;第二,大数据和算法能够更加准确地分析和掌握社会弱势群体的分类需求;第三,人工智能可以让慈善公益机构的管理和服务实现智慧化与个性化;此外,技术的创新迭代可以不断提升政府在慈善公益事业发展上科学决策的能力,为促进全社会共同富裕提供源源不断的新动力。

2. 慈善管理的产品创新

慈善产品创新就是要素组合结果的创新,也就是慈善组织的项目创新。对于企业而言,生产过程中各种要素组合的结果是形成企业向社会贡献的产品。企业通过生产和提供产品来求得社会承认、证明其存在的价值;通过销售产品来补偿生产消耗、取得盈余,实现其社会存在。慈善组织同样如此,通过慈善项目的创新,来实现慈善组织的慈善目标与使命,促进社会问题更有效率地解决,实现社会价值,扩大慈善组织的影响力。

对于企业而言,产品创新主要体现为物质产品的创新,包括品种创新和产品结构的创新,即依据市场需求和消费者偏好,不断开发出用户欢迎、适销对路的产品,通过对现有产品进行改进,找出更加合理的结构,从而使生产成本降低,性能更安全、更完善、更具市场竞争力。慈善管理角度的产品创新同样如此,其包括许多内容,往往体现为慈善组织提供的慈善项目、慈善方案以及各种服务。一个慈善项目的生成和落地运作,往往需要在方案、服务等方面契合慈善组织的目标与使命,精准而有效地满足社会的需求,如此才能产生切实的社会效益和社会影响力。以美国的一家为妇女和儿童提供服务的非营利组织——妇幼之家(Middle Way House)为例[②],该组织成立于 1971 年,最初是为布鲁明顿居民提供紧急干预服务,之后 10 年将服务内容调整为向社区中毒品及酒精滥用者提供心理辅导及 24 小时热线电话服务,1981 年该组织再次调整服务,聚焦于妇女及儿童,开设了热线电话、紧急庇护住宿中心、过渡性住房服务、法律援助服务、子女照看服务、心理咨询及就业指导、家暴预防教育服务等。妇幼之家成为美国 6 个反家暴样板项目之一。

(二)为什么要进行慈善技术创新

对于企业而言,产品即是生命,企业只有不断地创新产品,才能更好地生存和发展。慈善组织同样如此,对于慈善组织而言,项目就是它的产品,是它实现慈善目标与使命的主要途径。因此,慈善组织为了自身的生存与发展,同时也为了实现慈善项目的社会价

[①] (RED) and Bank of America challenge the global fitness community to go the distance with Turn Your Miles (RED),powered by Nike+[EB/OL]. (2014-10-10). https://en. prnasia. com/releases/global/_RED_And_Bank_of_America_Challenge_The_Global_Fitness_Community_to_Go_the_Distance_with_Turn_Your_Miles_RED_Powered_By_Nike_-106600. shtml.

[②] 徐宇珊. Middle Way House:为遭受家庭暴力的妇女儿童撑起一片蓝天[J]. 中国社会组织,2015(17):2.

值,必然要进行技术创新,通过各种资源、要素的组合创新,提供社会所需的慈善项目和慈善服务,以期获得自身的高质量发展,实现慈善组织的目标与使命。

此外,慈善组织募集而来的资源是有限的,而项目的运作需要资源的支撑,慈善组织的活动都是在资源的限定范围内进行的,资源是慈善项目得以运作的一个基本保证。由于资源具有稀缺性,在项目运作中,应注意对资源进行最有效率的利用。所以,要提高项目运作的效益,就需要进行技术创新,提高慈善资源的效益。

第五节 慈善治理创新

慈善事业的高质量、可持续发展离不开对慈善事业的科学与艺术化的治理。因此,需要采取创新性的理念与实践,进行慈善事业的制度创新,加强慈善事业的治理水平。其目的是通过治理创新促进各参与主体的合作,促进慈善事业发展。

实际上,慈善治理创新不仅仅是慈善组织一方的责任,也是政府、企业等慈善事业各参与主体的责任。对于慈善组织而言,其治理创新更多地体现在体制机制的调整、公信力维护与提升、财务公开透明等方面;对于政府而言,则更多地体现在法律法规方面的调整、社会治理机制创新等方面;对于企业而言,更多地体现在企业的治理结构及产权结构的变革等方面;对于公众、媒体、专家学者、慈善组织同业联盟等参与主体而言,更多地体现为构建什么样的机制制度来参与对整个慈善事业的监督(图 13-7)。

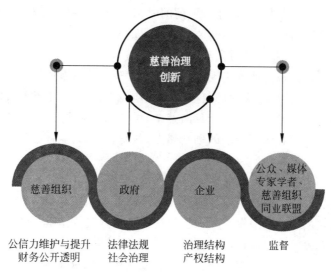

图 13-7 慈善治理创新的结构

首先,慈善组织是慈善治理制度创新体系中不容忽视的一环。慈善组织是慈善事业的重要参与主体之一,对于慈善组织而言,公信力是生命线和灵魂,对慈善组织的生存与发展尤为关键。自"郭美美事件"事件爆发以来,慈善组织的公信力引起了整个社会的怀疑,公信力危机引发了扩散效应,从一个机构蔓延至整个慈善圈,对善款募集等各个方面产生了一定的消极影响。对于慈善组织而言,要通过制度机制创新加强内部治理能力,不断提

扩展阅读 13-2 慈善组织如何进行公信力建设

高自身公信力，与此同时，还要提高应对危机的能力，发生了公信力问题，应采取合理的机制、方式方法进行公信力修复。总的来说，慈善组织加强自身内部治理，一方面要采取创新性的制度形式不断增强自治性，另一方面要增强慈善组织之间的竞争性。国外的慈善实践表明，慈善组织为了获得政府和社会的资源与支持，往往主动披露、公开自身信息并展开激烈竞争，这种强大的竞争机制成为慈善组织声誉提升的重要鞭策机制。①

其次，政府在慈善治理制度创新体系中起到引领和规制的重要作用，是政府职能的重要体现。慈善事业是共建、共享、共治的协同治理格局的重要组成部分，历年政府报告多次强调慈善治理，这为政府参与社会治理提供了重要依据②，慈善治理是政府参与社会治理的重要体现。政府参与慈善治理，一方面要进一步完善相关法律法规，2016年颁布实施的《慈善法》对于发展慈善事业，弘扬慈善文化，协调、规范慈善事业参与各方权利和义务发挥了重要的引领与规范作用，应更进一步丰富、完善法律发挥体系，以应对不断变化发展的慈善治理需求与困境；另一方面，政府应加强与各慈善事业参与主体的联系，增强慈善治理的应急响应机制，慈善治理的现实表明，地方政府指挥机构如果对慈善组织缺乏统筹能力、信息不畅、需求把握不明、资源配置盲目化，则无法实现慈善资源的最优组合和慈善力量的充分发挥③；此外，政府应加强数字政府的建设，充分利用大数据、区块链等互联网信息技术赋能慈善治理现代化。

再次，企业自身在产权结构和治理结构方面的制度创新，也会促进慈善事业的健康可持续发展。产权制度是决定企业其他制度的根本性制度，它规定企业最重要的生产要素的所有者对企业的权力、利益和责任。不同的时期，企业各种生产要素的相对重要性是不一样的。企业制度创新的方向是不断调整和优化企业所有者、经营者、劳动者三者之间的关系，使各个方面的权力和利益得到充分体现，使组织的各种成员的作用得到充分发挥。一个代表性的例子是共益企业的出现。随着财富大规模传承造成财富集中现象的巨大压力，围绕家族传承的各种传统文化的复兴及其相应设施的重建将会蔚然成风，以财富、家族及企业传承为主题的各种教育培训日渐繁荣，民营家族企业治理结构及产权结构的变革创新将成为财富治理和国家治理的创新热点，共益企业、共益社会等共同体发展将日益受到关注。

扩展阅读13-3 什么是慈善组织同业联盟？欧美国家的慈善组织同业联盟有哪些代表性的举措？

最后，公众、媒体、专家学者、慈善组织同业联盟等作为慈善组织外部监督体系的重要组成部分，在整个慈善治理体系中发挥了不容忽视的第三方监督作用。慈善组织出现公信力危机，往往会产生一定的溢出效应抑或扩散效应，对其他慈善组织乃至整个慈善领域产生消极影响。为此，欧美一些国家的慈善组织通过建立同业自律联盟，对慈善组织尤其是慈善组织的善款使用情况进行监管，这方面具有代表性的是英国慈善协会、美国基金会联合会、澳洲高层管理委员会、加拿大基督教慈善协会等。社会公众是慈善治理外部监管体系

---

① 周俊，王法硕.慈善文化与伦理[M].北京：北京大学出版社，2021.
② 葛忠明，张茜.慈善事业的定位、社会基础及其未来走向[J].山东大学学报(哲学社会科学版)，2022(2)：108-117.
③ 陈东利.风险社会视角下慈善治理现代化的保障机制建构[J].东南学术，2021(6)：130-139.

的重要一环,需要创造民众参与慈善监管的有效渠道。这方面,政府、慈善组织、慈善组织同业联盟都可以发挥作用,构建信息公开和信息受理的有效机制与渠道。比如,英国"慈善委员会"建立24小时的全国性公益举报和迅速及时的受理机制,实现民众对慈善组织的主动性社会监管;在美国,民众可写信给国家税务局,了解免税慈善组织财务状况和内部结构,而政府机构也有义务提供这些信息;英国《慈善法》(1992年修订)规定,民众只要交付一定合理费用,就有权获得慈善组织年度账目和财务报告。

总而言之,慈善治理创新需要从总体上构建一个完善的治理、监督和引导的制度体系。在这样一个制度体系中,每一个慈善事业参与主体都应完善自身的治理机制。一个不容忽视的方面是多方的协同治理,即慈善治理制度创新还需要各个慈善治理主体相互协作、有效联动。目前,我国慈善治理的协同运行机制还存在滞后的问题,这是亟待完善的一个重要方面。

 复习思考题

1. 习近平总书记多次谈到创新,创新的地位和作用是什么?
2. 如何从广义和狭义两个角度去界定慈善管理创新的概念?慈善管理创新有什么重要的作用?
3. 慈善管理创新包括哪些维度?以慈善管理理念创新为例,有哪些代表性的理念?
4. 慈善管理的外部组织创新包括哪些主要的形式?
5. 慈善治理创新体系的主体包括哪些?各自可以发挥什么作用?什么是慈善组织管理?它的职能是什么?

 典型案例

中和农信:社会影响力投资在中国的标杆性案例

中和农信项目管理有限公司(以下简称"中和农信")是一家专注服务农村小微客群的综合助农机构,旨在通过提供金融、生产、生活与公益援助等服务,帮助目标客户跨越城乡、贫富、性别和数字等发展鸿沟,融入农业农村现代化进程,助力乡村振兴和共同富裕。

中和农信的企业文化由使命、愿景和价值观三个部分构成。使命:服务农村最后一百米。愿景:让乡村生活更美好。价值观:诚信至上,客户为尊,守正出奇。中和农信的名称来自中国传统文化典籍《中庸》:"中也者,天下之大本也,和也者,天下之达道也。致中和,天地位焉,万物育焉。"秉承"执中持平,和而不同"的思想,服务农村,助力百姓追求更美好的生活。具体而言,"中和",即坚定不移地为农业、农村、农民提供服务。"农"是中和农信人工作与生活的根本底线。"信",是中和农信诚信至上核心价值观的体现。

中和农信的Logo寓意丰富,主要由环绕的麦穗、舞动的和平鸽和古钱币组合而成。环绕的麦穗寓意通过全方位服务客户,惠泽乡村。舞动的和平鸽托起方孔组成中国古钱币象征以金融为依托,以创新为驱动,赋能乡村。将机遇、发展和希望带给客户,陪伴客户一同成长(图13-8)。

中和农信的主要服务领域有四个方面:一是践行可持续发展理念,建设美丽乡村。

图 13-8 中和农信 Logo

作为一家从 NGO 转型过来的企业,追求社会价值最大化是中和农信与生俱来的基因。我们通过创新技术的应用以及可持续、负责任的商业模式,将可持续发展理念贯彻到环境保护、社会改善及公司治理实践之中,不断努力"让乡村生活更美好",助力全球可持续发展目标的实现。二是创新农村普惠金融服务。通过手机客户端和扎根一线的本土员工,为乡村百姓提供可负担、有效、安全的金融支持,使客户足不出户即可享受普惠金融服务。开展小额信贷、小额保险等业务,拾遗补阙,完善农村普惠金融服务体系,助力普惠金融发展。三是助力农业农村现代化发展。紧跟农业科技脚步,将物联网、人工智能等技术应用到农业生产领域,加快推进农业科技应用,实现精准化种植和农产品全程追溯、人才建设培养等,致力于协助农民提升生产效率,促进产业升级,带动农民增收。四是专注农村的数字综合服务应用。乡助是由中和农信推出的农村数字综合服务应用,以集约化、规模化、数字化的服务模式,让农村中小农户足不出户即可获得信息联通、优买优卖、资金支持、技术培训、创业辅导等一站式服务信息。

以"影响力投资的中国探索"为主题的第 14 期 ESG 投资前沿论坛于 2021 年 11 月 25 日召开,会议上,国内外专家学者就当前备受关注的影响力投资在国内的发展情况进行了交流分享。此外,在本次论坛上,由福特基金会资助,南南合作金融中心联合国内外专家学者撰写的中国影响力投资研究报告《影响力投资:历程与实践》也正式发布。中和农信作为中国影响力投资典型案例被写入报告中。

南南合作金融中心总干事吴忠博士分享了该报告的发起初衷,他表示,影响力投资作为一种资本向善、义利并举的投资形式,强调经济、社会、环境三者的兼顾,符合当前社会发展潮流和方向,应该得到大力提倡。近年来,影响力投资成为国内外热点话题,但国内的系统性研究还远远不够,因此,南南合作金融中心在福特基金会的支持下,组织国内外专家就影响力投资的概念、评估方法、社会实践以及面临的挑战等问题展开研究,希望以此促进影响力投资的推广与发展。吴忠博士还就报告基本框架进行了简要分享,该报告由三部分组成:第一部分是国际影响力投资的发展历程、特征及趋势。第二部分是中国影响力投资的发展历程与特征。第三部分则以中和农信为案例,对中国的影响力投资进行了研究分析。

福特基金会项目官员程恩江博士就报告中对中和农信这一影响力投资典型案例的研究成果进行了分享。他表示,之所以选择中和农信作为影响力投资案例,不仅因为微型金融是国际上影响力投资的传统投资领域,更是因为中和农信不断以客户为中心开展创新,在大规模解决农村融资难、融资贵的这一社会问题的同时,实现了商业可持续,成功吸引到了影响力投资和传统商业投资。而它的成长也伴随着中国金融市场改革和扶贫攻坚的进程,揭示了政策环境对影响力投资的重要性。

在分享中,程恩江博士结合报告内容,回顾与分析了中和农信成长发展与影响力投资之间的密切关系。多年来,中和农信快速进行商业化改革,提升运营效率,坚持从市场募集资金,迅速摆脱对捐赠和补贴的依赖,同时通过引进影响力投资人,改善公司治理结构和技术水平,降低单位贷款的成本,实现可持续运营,充分利用影响力投资人的资源(包括资金、人才、关系网络等），扩大规模，进行数字化转型，从而提高盈利能力和社会影响力。报告显示，中和农信超过70%的曾经或现有的股权和债权投资者是影响力投资者，充分显示了影响力投资者在中和农信发展过程中所起到的显著作用。

程恩江博士指出，作为影响力投资标的的中和农信，在贷款规模、信贷人员快速扩张的同时，服务低收入人口和农村妇女，控制信贷风险，财务指标不断提升。到2020年底，中和农信活跃客户人数达到42万户，贷款余额122亿元人民币，户均余额不到3万元，其财务关键指标也符合预期。而其"多样化的、以影响力投资基金为主的投资构成，可能是国内唯一的"。报告显示，中和农信为投资者设置的使命认同、增值、基于市场原则等条件，以及其"解决大规模社会问题、盈利能力与规模化典范，出色的领导班子和领导力、业务能力强又有责任心的团队"的独特优势，也为国内的影响力投资者及相关机构带来了启示。

中和农信董事长、总经理刘冬文表示，南南合作金融中心的研究从投资者的角度对中和农信的发展进行了深度分析，对中和农信而言非常有启发性。他还结合报告内容，总结了中和农信20多年的实践中最为重要的两条经验：第一，如何坚持机构的使命不偏离；第二，机构在发展过程中要深度结合并利用好不同时期的政策、社会、经济发展的趋势与工具。中和农信在发展过程中经历了很多转型和变化，无论是融资从捐赠到商业投资，还是机构运营的数字化转型，以及现阶段公司正在进行的从单一的金融服务到农业综合服务的转变，中和农信始终坚持服务农村中低收入群体的使命不偏移，结合社会激励机制与商业创新手段，证明了在解决社会问题、服务好目标客群的同时实现机构的商业可持续是可行的。

资料来源：以中和农信为案例的中国影响力投资报告发布[EB/OL].(2021-12-07). https://t.m.china.com.cn/convert/c_u7TSa2s8.html.

思考题：

1. 中和农信反映出了哪些慈善创新理念？
2. 中和农信是什么类型的组织？为什么？
3. 中和农信的成功经验反映出了哪些维度的慈善管理创新？

 即测即练

第十四章

"善经济"时代的企业社会责任

习近平总书记在2020年企业家座谈会上指出:"企业既有经济责任、法律责任,也有社会责任、道德责任。任何企业存在于社会之中,都是社会的企业。社会是企业家施展才华的舞台。只有真诚回报社会、切实履行社会责任的企业家,才能真正得到社会认可,才是符合时代要求的企业家。这些年来,越来越多企业家投身各类公益事业。"企业质量和生命力是一个经济体竞争力的微观基础,企业家才能与企业家精神是影响企业成长的重要因素,敢于承担社会责任是企业家精神的重要内容。

第一节 企业社会责任概述

企业社会责任不仅是价值观外溢的表现,也是企业经济价值与社会价值共存的内生机制。如今,企业越来越积极主动地履行企业社会责任,通过价值共同创造促进社会进步。

一、企业社会责任的概念与内涵

(一) 企业社会责任的概念

欧利文·谢尔顿(Oliver Sheldon)在《管理的哲学》一书中最早提出了"企业社会责任"的概念,指出企业社会责任是与满足消费者需求相关的各种责任。[1] 其他具有代表性的还有 Bowen 和 Davis 提出的观点:商人有义务根据社会发展目标和价值要求制定政策、作出决定和采取行动[2],并至少有部分原因超出了自身的直接经济利益,而对社会负责的商业决策会有利于公司的长远发展。[3]

20世纪70年代以后,学者们围绕企业承担社会责任的维度做了深入的研究,先后提出了同心圆模型、金字塔模型和三重底线原则等理论。若干学者从利益相关者的角度研究了企业社会责任的对象和具体内容,认为企业社会责任是对利益相关者、自然环境和社会应承担的经济、法律、道德、慈善等方面的责任,并就企业社会责任的对象进行了详细分类。

---

[1] SHELDON O. The Philosophy of Management[M]. New York: General Books, 1924.
[2] BOWEN H R. Social responsibilities of the businessman[M]. New York: Harper & Row, 1953.
[3] DAVIS K. Can business afford to ignore social responsibilities[J]. California management review, 1960(3): 70-76.

与西方国家相比,我国在企业社会责任方面的研究起步较晚。借鉴西方理论,结合我国具体实际,很多学者对企业社会责任的内涵进行了广泛的研究。李丰团认为,企业社会责任的本质是企业与其利益相关者之间的一组复杂契约[①];周祖城认为,企业社会责任是企业为了维护和增进利益相关者的正当权益、造福社会而承担的包括底线责任和超越底线责任在内的综合责任。[②]

总体来看,学术界对于企业社会责任内涵的界定具有显著的时空特性,在不同的历史时期和不同的政治、经济、文化背景下,人们对企业社会责任的含义和内容有不同的理解与认识。综合国内外研究成果,金桂荣认为,企业社会责任是企业在追求长期发展和价值目标的基础上,对投资者、内部职工、消费者、供货商与客户、政府、自然环境等利益相关者和社会承担的综合责任,包括经济责任、法律责任、环境责任、伦理责任以及公益责任。[③]

(二) 企业社会责任的内涵

1. 企业应承担并履行好经济责任

企业要在最大化丰富人民物质生活和促进国民经济又好又快发展中发挥应有的作用,最直接地讲就是盈利,尽力扩大销售,降低成本,作出正确决策,使利益相关者的合法权益得到保证。

2. 企业在遵纪守法方面应作出表率

企业应遵守所有法律法规,包括《中华人民共和国消费者权益保护法》《中华人民共和国环境保护法》以及《中华人民共和国劳动法》等。企业还应履行所有合同义务,带头诚信经营,合法经营,实现保修承诺;带动企业员工和企业所在社区共同守法,建设法治社会。

3. 企业应做好伦理责任

伦理责任是社会对企业的期望。企业应努力保护社会免受自身运营、产品和服务的负面影响。加快产业技术升级和产业结构优化,大力发展绿色企业,增强企业吸纳就业能力,履行环境保护和促进社会稳定责任。

4. 企业应大力履行慈善责任

现阶段,构建和谐社会的一项重要任务是大力发展社会事业。教育、医疗卫生和社会保障等事业的发展,直接关系到人民群众最直接的利益,也直接决定社会的安定与和谐。很多地方对社会事业的发展投入不足或无法投入,这就需要动员一切可以动员的资本。企业要弘扬企业公民的理念,充分发挥资本优势,对外捐赠,用于社会事业的发展,支持发展社区教育、健康、人文关怀、文化艺术、城市建设等项目,帮助社区改善公共环境,自愿为社区工作。[④]

---

① 李丰团.基于契约理论的企业社会责任解析[J].商业时代,2011(10):81-82.
② 周祖城.企业社会责任的基本问题[C]//上海:第五次全国经济伦理学学术研讨会,2011.
③ 金桂荣.企业社会责任价值创造与价值发现研究——基于企业价值理论和资本市场理论[J].财会月刊,2022(4):128-133.
④ 张海英.企业社会责任与构建和谐社会[J].现代经济信息,2007(2):52.

二、企业社会责任的思想渊源与发展历程

(一) 企业社会责任的思想渊源

早在18世纪中后期,英国第一次工业革命完成后,现代意义上的企业就已经得到了充分发展,但企业社会责任的思想尚未出现,实践中的企业社会责任是仅限于业主个人的道德行为。企业社会责任思想的创始源于亚当·斯密(Adam Smith)的"看不见的手"。古典经济学理论认为,一个社会通过市场可以最好地确定其需求,如果企业尽力高效地利用资源,为社会提供所需的产品和服务,并以消费者愿意支付的价格出售,企业就履行了社会责任。

18世纪末,西方企业的社会责任观念开始发生微妙的变化,小企业主经常向学校、教堂和穷人捐款。

进入19世纪后,两次工业革命的成果使社会生产力飞跃提升,企业在数量和规模上都有较大的发展。这一时期,受"社会达尔文主义"思潮影响,人们对企业社会责任的观念持消极态度,若干企业并没有主动承担社会责任,而是竭尽全力盘剥与企业密切相关的供应商和员工,以期尽快成为社会竞争中的强者。随着工业的蓬勃发展,这一理念带来了许多负面影响。

与此同时,19世纪中后期,企业制度逐步完善,工人阶级维护自身权益的要求日益高涨。此外,美国政府相继出台《反托拉斯法》和《消费者保护法》,以遏制企业的不良行为,客观上对企业履行社会责任提出了新要求,企业社会责任思想的出现已成为历史必然。

1924年,谢尔顿在其《管理的哲学》一书中提出了"企业社会责任"的概念。根据现有资料,这是迄今为止对"企业社会责任"的最早描述。他将公司社会责任与公司管理者满足行业内外各种人类需求的责任联系起来,认为企业社会责任包括道德因素。[①]

20世纪30年代,著名的多德—贝利论战在美国公司法学界兴起,两位学者就"公司的经理人员是谁的受托人"展开了大讨论。梅里克·多德(Merrick Dodd)教授率先指出,公司对员工、消费者和公众担负社会责任,这些社会责任虽然是公司的法定义务,未体现在法律上,但应成为公司管理者严格遵守的职业道德。[②] 随后,阿道夫·贝利(Adolf Berle)教授表达了反对意见,他认为商业公司存在的唯一目的就是为股东谋取利润,而公司经理对股东负有相当于受托人的责任。如果要求管理者对股东以外的其他人负责,那么公司法中所有者控制公司、管理者对所有者承担受托义务的规则就会被削弱甚至颠覆。如果各种利益集团都以企业社会责任的名义,向企业提出财产索取权,那么以市场经济为基础的财产私有制就会被撼动,结果会导致一场类似经济内战的社会财富再分配。[③]

---

① 刘磊.利益相关者视野下我国企业社会责任问题研究[D].大庆:东北石油大学,2012.
② 程宁.农业上市公司社会责任履行与企业价值关联性实证研究[D].福州:福建农林大学,2011.
③ 步淑段,秦妍.企业履行社会责任的理论依据研究[J].当代经济管理,2012,34(2):90-92.

然而,直到 1953 年,被誉为"企业社会责任之父"的霍华德·R. 伯文(Howard R. Bowen)出版了《商人的社会责任》一书,关于企业社会责任的现代争论才真正开始。伯文将企业社会责任定义为商人有义务根据社会目标和价值观向相关政策靠拢,作出相应决策,采取理想的具体行动。①

1961 年,理查德·伊尔斯(Richard Eells)和克拉伦斯·沃尔顿(Clarence Walton)进一步发展了企业社会责任的观念,他们认为"当人们谈论有关企业社会责任时,是在考虑公司和企业给社会带来的负面影响,以及在处理企业与社会之间的关系时应当遵循的伦理准则"。

1975 年,戴维斯·凯斯(Davis Keith)和罗伯特·布卢姆(Robert Blomstrom)在《经济与社会:环境与责任》一书中,对社会责任给出了更清晰的定义,即"社会责任是指决策制定者在促进自身利益的同时,采取措施保护和增进社会整体利益的义务"。

将企业社会责任带入经济和法律义务环境中进行阐述的是约瑟夫·麦克奎尔(Joseph McGuire),他在 1963 年提出了一种新的观点:"社会责任的思想认为企业不仅具有经济和法律的义务,而且具有超出这些义务之上的对社会的义务",然而,这个定义并没有明确说明哪些义务超出了经济和法律的范围。塞西(Sethi)对社会责任的定义则是对此的一个补充,他认为社会责任"指的是与社会主流规范价值期望相一致时的企业行为层次"。

当然,也有不少论调和声音反对"企业社会责任"。

冈尼斯(Gunness)曾指出,有人批评企业社会责任,是因为公司认为自己直接负责解决许多困扰社会的问题,并且有能力独自承担这一责任。事实上,这种信念至多是一种不切实际的奢望。史密斯(Smith)也认为"企业社会责任"的含义是模糊的,仅凭这点它就失去了存在的意义,"'企业社会责任'只不过是一种宣传工具而已。这一词语从未对企业的行为标准作出过描述,只不过是公司、政府和消费者团体之间相互斗争的工具"。

可见,"企业社会责任"是一个非常复杂的概念,引起了专家学者的广泛争论与探讨。企业社会责任的概念在支持者和反对者的争论中逐渐清晰明了。

1979 年,著名学者阿尔奇·卡罗尔(Archie Carroll)给出了一个综合性的定义,似乎总结了现阶段关于企业社会责任概念的争论。他认为,企业社会责任是社会在一定时间内对组织的经济、法律、伦理和慈善期望的总和。这一概念在很长一段时间内被广泛认可。②

(二) 企业社会责任的发展历程

随着经济和社会的进步,企业不仅要对盈利负责,而且要对环境负责,并承担相应的社会责任。

1. 国外的企业社会责任发展历程

(1) 盈利至上阶段(20 世纪 50—70 年代)。1970 年 9 月 13 日,诺贝尔奖获得者、经

---

① 闫明.企业社会责任信息披露的现状及对策分析[J].现代商贸工业,2020,41(5):121.
② 徐甜甜.我国上市公司社会责任信息披露研究[D].成都:西南财经大学,2010.

济学家弗里德曼在《纽约时报》发表了题为《商业的社会责任是增加利润》的文章,指出"企业唯一的社会责任就是在竞争规则的范围内增加利润"。按照社会经济的观点,利润最大化是企业的第二个目标,企业的第一个目标是保证自己的生存。为了实现这一目标,它们必须承担社会义务和由此产生的社会成本。它们必须通过无污染、无歧视、不从事欺骗性广告的方式来保护社会福利。它们必须融入社区并资助慈善组织,为改善社会发挥积极作用。

1976年,经济合作与发展组织(OECD)制定了《跨国公司行为准则》,这是目前唯一一份由政府签署并承诺实施的多边综合性跨国公司行为准则。尽管这些指导方针对任何国家或公司都没有约束力,但要求更好地保护利益相关者和股东的权利、更高的透明度和更大的问责制。2000年,该准则进行了修订,以强调签署国政府在推动和实施该准则方面的责任。

(2)关注环境阶段(20世纪80年代)。20世纪80年代,企业社会责任运动在欧美发达国家逐渐兴起,包含了环境保护、劳工和人权等若干方面内容,消费者开始从只关心产品质量转向关心产品质量、环境、职业健康和劳动保障等各个方面。一些涉及绿色和平、环境保护、社会责任和人权等的非政府组织和舆论也不断呼吁将社会责任与贸易联系起来。在越来越大的压力和自身发展的需要下,许多欧美跨国公司制定了责任守则(包括社会责任)对社会作出必要的承诺,或通过环境、职业健康和社会责任认证来响应不同利益群体的需求。[①]

(3)社会责任运动阶段(20世纪90年代至今)。20世纪90年代初期,美国劳工组织和人权组织发起了反对服装业与制鞋业的"反血汗工厂运动"。美国服装制造商李维斯因利用"血汗工厂"制度生产产品,在被新闻媒体曝光后,制定了第一份公司生产守则以挽救其公众形象。在劳工组织和人权组织等非政府组织与消费者的压力下,许多知名品牌公司也相继建立了自己的生产守则,后来演变成"企业生产守则运动",也被称为"企业行动规范运动"或"工厂守则运动",企业生产守则运动的直接目的是促进企业履行社会责任。

但是,跨国公司自己制定的生产守则具有明显的商业目的,其实施无法受社会监督。在国际劳工组织和人权组织等非政府组织的推动下,生产守则运动逐渐从跨国公司"自律"的"内部生产守则"转变为"社会约束"的"外部生产守则"。

据经济合作与发展组织统计,到2000年,全球共有246个生产守则,其中118个是跨国公司自己制定的,其余是由行业协会或多边组织或国际机构制定的"具有社会约束力"的生产守则。这些生产守则主要分布在美国、英国、澳大利亚、加拿大以及德国等国家。

2000年7月,《全球契约》论坛第一次高级别会议召开。与会的50多家知名跨国公司代表承诺,在建立全球化市场的同时,将在《全球契约》框架内改善劳动者的工作环境和环境保护水平。《全球契约》行动计划涉及包括中国在内的30多个国家和200多家知名大公司。

---

① 苏夫泉.供应商的企业社会责任管理[D].上海:复旦大学,2011.

2001年2月,全球工人社会联盟发布了一份由耐克公司资助完成的长达106页的报告。该报告是关于印度尼西亚9家耐克合同工厂的劳工调查。这份报告的新颖之处在于它是由耐克出资完成和公布的,而耐克不能拒绝公布。耐克对这些问题的回应,为服装企业树立新的标杆。

2002年2月,在纽约召开的世界经济峰会上,36位CEO(首席执行官)呼吁公司履行社会责任。其理论依据是企业社会责任"不是不必要的",而是核心业务运营的重要组成部分。

2002年,联合国正式启动了《联合国全球契约》。契约中有9项原则,联合国敦促公司在对待员工和供应商时尊重9项原则。[①]

2. 中国的企业社会责任发展历程

纵观企业社会责任建设工作在中国近十几年的发展,其大致经历以下三个阶段。

(1) 初建阶段(20世纪90年代)。这一时期,在国际卖家和品牌商的推动下,企业逐渐关注社会责任问题,建立了国际采购中履行社会责任的规范、标准或制度。中国企业已开始接受跨国公司实施的社会责任方面的工厂审核。

(2) 广泛关注阶段(21世纪初到2006年)。这一时期,企业社会责任开始受到广泛关注。中国的学术机构、非政府组织、在华国际组织开始系统地介绍和广泛研究以及讨论社会责任。政府部门也开始重视企业社会责任建设,劳动部、商务部也调研了企业社会责任建设情况。

(3) 深入践行阶段(2007年至今)。2007年以来,企业社会责任逐步落到实处,企业积极履行社会责任,实现企业经济责任、社会责任和环境责任的动态平衡。提升企业的竞争力和社会责任感,为企业树立良好的声誉和形象,提升企业的品牌形象,获得各利益相关方对企业的良好印象,增强投资者信心,从而吸引优秀人才、留住人才。

国家也从法律层面规范和保障企业履行社会责任。例如,《中华人民共和国公司法》第5条规定:公司从事经营活动,必须遵守法律、行政法规,遵守社会公德、商业道德,诚实守信,接受政府和社会公众的监督,承担社会责任。公司的合法权益受法律保护,不受侵犯。[②]

三、企业社会责任标准

(一) 国际社会责任标准

SA8000(Social Accountability 8000,社会责任标准)是根据国际劳工组织规定制定的国际性社会责任标准。其目的是确保供应商提供的产品符合社会责任标准的要求。SA8000以《国际劳工组织公约》和联合国《儿童权利公约》等为基础。

---

① 高峰.西方企业社会责任运动的兴起与发展[J].安徽农业大学学报(社会科学版),2009,18(5):1-4,81.
② 吴键.国有企业社会责任评价研究[D].南昌:南昌大学,2013.

1. SA8000 的主要内容

(1) 童工。企业必须依法控制最低年龄、未成年工、在校学习、工作时间和安全工作范围。

(2) 强迫劳工。企业不得实施或支持使用强迫劳动,不得在就业中使用诱饵或要求抵押。企业必须允许员工下班后离开,并允许员工辞职。

(3) 健康和安全。公司必须提供安全和健康的工作环境,防止可能发生的意外伤害,进行健康和安全教育,并提供卫生清洁的设备以及饮用水。

(4) 结社自由和集体谈判权。企业尊重所有员工组建和参与选定工会与进行集体谈判的权利。

(5) 歧视。企业发展不得使用基于不同种族、社会经济地位、国籍、残疾、性别、生育倾向、成员或政治派别进行市场歧视。

(6) 惩戒性措施。不允许物质惩罚、精神和身体压制、言语虐待。

(7) 工作时间。公司企业必须遵守国家相关信息法律政策法规,加班必须是自愿的,员工每周至少有一天假期。

(8) 薪酬。工资必须达到最低法定和行业规定,并有可随意支配的收入。雇主不得利用网络虚假培训工作计划规避劳动法。

(9) 管理体系。公司必须制定开放政策,承诺遵守相关法律法规;确保对管理进行总结和审查,选择一个公司可以代表进行监督管理计划和实施内部控制的实施,选择同样符合 SA8000 的供应商,确定表达意见和采取纠正措施的方式,与审查工作人员信息公开联系,提供法律适用的检查分析方法,并出示证明文件和记录。

2. 实施 SA8000 的益处

1) 员工方面

SA8000 的实施一方面促进了工作条件的改善和提高,另一方面培养了员工的自我保护意识。这些软硬条件的改善,首先保证了员工的健康和安全,可以有效减少媒体反复披露的"血汗工厂"悲剧,降低员工因防护措施不当而患职业病的概率;其次,改善后的企业环境更有利于员工的个人发展,员工可以避免或减少因工作条件差而频繁更换工作,从而长期、系统地发展自己的职业生涯;最后,SA8000 的实施可以提高员工的满意度,员工有更多的自由和权利,可以有尊严地工作,获得尊重,从而实现自己的价值。

2) 企业方面

(1) 降低了重复审核费。在没有形成国际统一的企业社会责任标准时,由于没有证据显示企业对社会责任的承担达到客户要求,不同的客户在采购时都须对企业审核一次,不同的客户又可能按各自不同的标准来审核。这如同 20 世纪 90 年代后期到 2000 年中国汽车零部件企业的命运:先是通过 ISO9000 质量体系认证,接着通过美国三大汽车公司的 QS-9000 认证,接下来又是德国的 VDA6.1,面对种种交错复杂的体系认证,企业不断地咨询、认证、再咨询、再认证,造成人、财、物的极大浪费。鉴于这种混乱的局面,国际标准化组织制定了新的 TS16949,兼容不同标准内容,通用性更强。

(2) 降低了有效培训成本。企业在没有履行社会责任时,员工流动频繁,当员工获得了必要的工作技能时,就义无反顾离开当初无奈的选择地,这样企业只有重复培训新人而无相应的产出收益,成为其他企业的培训基地。通过实施 SA8000,企业有条件充分吸纳和留用优秀的人才,使培训的累积收益转换为企业更大的收益,有效地降低了培训的成本。

(3) 获得在产品促销中的优势。这是因为消费者和经销商更多地会从对社会负责的供应商和生产者那里购买商品,以防止由道德风险引来的商业风险。

(4) 创造良好的外部条件。可以改善企业与公众、政府和非政府组织的关系,从而为企业的可持续发展创造良好的外部条件。

(5) 提高生产效率。人是生产要素中最主动、最积极和赋予创造性的因素,企业良好的社会形象和工作环境能极大限度地发挥人才的潜质,实现高效的企业业绩。

(6) 提升企业声誉。可以优化与企业客户的关系,改善企业与公众、政府和非政府组织的关系,塑造良好的社会形象,提升企业声誉,从而为企业的可持续发展创造良好的外部条件。[①]

(二)中国的企业社会责任标准

中国的企业社会责任标准应从以下八个方面来确立。

1. 明礼诚信

确保产品货真价实的责任。种种原因造成的诚信缺失,正在破坏社会主义市场经济的正常运行。由于企业的不诚信,假冒伪劣产品随时可见。由于商品造假的干扰以及打假难,很多企业都面临较大风险。为维护市场秩序、保障人民群众利益,企业必须承担起明礼诚信的社会责任,确保产品货真价实。

2. 科学发展

企业的任务是发展和盈利,承担增加税收和国家发展的使命。企业要承担发展的责任,抓好经济发展,以发展为中心,以发展为前提,不断扩大企业规模、扩大税收份额,完成税收任务,为国家发展作出更大贡献。但是,这种发展观必须是科学的,任何企业都不能只顾眼前、不顾长远,只顾局部、不顾大局,只顾自身、不顾友邻。因此,无论任何企业,都应高度重视在"五个统筹"的科学发展观指导下发展。

3. 可持续发展

中国是一个人均资源特别紧缺的国家,企业的发展必须与资源节约相适应。企业不能顾此失彼、不顾全局。作为企业家,必须站在大局上,坚持可持续发展,高度重视资源节约;还要下决心转变经济增长方式,发展循环经济,调整产业结构;特别要响应中央号召,实施"走出去"战略,用好两种资源、两个市场,确保经济安全运行。这样,我们的发展才能持续下去,实现到 2035 年人均国内生产总值达到中等发达国家水平的目标。

4. 保护环境

随着世界和我国经济的发展,生态环境日益恶化,特别是空气、水和海洋的污染越来

---

① 关景灵.浅议世界经济一体化下企业的社会责任[J].民营科技,2007(10):7-8,46.

越严重。野生动植物的生存面临危机,森林和矿产的过度开采给人类的生存与发展带来了巨大威胁,环境问题已成为经济发展的瓶颈。为了人类的生存和经济的可持续发展,企业必须承担起保护环境、维护自然和谐的重任。

5. 文化建设

医疗卫生、公共教育和文化建设对一个国家的发展非常重要,尤其是公共教育在消除贫困和国家繁荣方面发挥重要作用。医疗卫生工作不仅关系到全民族的健康,也关系到社会劳动力资源的供给和保障。文化建设可以通过休闲娱乐来陶冶人的情操,提高人的素质。我国由于前期对这些领域的投入较少,债务较多,问题比较严重。发展慈善事业和文化事业固然是国家的责任,但在这些方面支持困难、财力不足的情况下,企业应拨出部分财力和精力承担发展医疗卫生、教育和文化建设的责任。

6. 发展慈善事业

我国经济虽然取得了长足的进步,但作为一个拥有 14 亿人口的大国,困难依然不少。尤其是农村,困难更加艰巨。这些责任固然需要政府出力,但也需要企业分担。

7. 保护职工健康

人力资源不仅是社会的宝贵财富,也是企业发展的支撑力量。保障企业员工的生命健康以及工作和收入待遇,不仅关系到企业的持续健康发展,也关系到社会的发展和稳定。为符合国际上对企业社会责任标准的要求,以及落实中央"以人为本"建设和谐社会的目标,我国企业必须承担起保护员工生命健康、保障员工工作待遇的责任。作为企业,要坚决遵纪守法,爱护企业员工,做好劳动保护工作,不断提高职工工资水平,确保按时发放工资。企业应多与员工沟通,多为员工着想。

8. 发展科技

目前,中国企业整体经济效益较差,资源投入产出率也较低。要解决效率低下的问题,就必须注重科技创新。通过科技创新,减少煤、电、油和交通的消耗,进一步提高企业效益。改革开放以来,为了尽快改变技术落后的局面,中国曾实行"拿来主义",使经济发展走上了一条捷径。当前,我们要高度重视引进技术的消化吸收和科技研发,加大资金和人员的投入,努力把企业变成创新的主体。①

(三)《ESG 评价标准》

《ESG 评价标准》是中国生物多样性保护与绿色发展基金会于 2021 年 9 月 29 日发布的评价标准,自 2021 年 10 月 4 日起实施。该标准的制定旨在为企业和机构提供环境、社会及治理的评价体系,规定了评价的基本原则、实践要求、评价指标和评价方法等内容;旨在规范社会责任的同时,促进企业和机构在全球背景下的可持续发展,推进我国生态文明建设,构建人类命运共同体。

《ESG 评价标准》中的社会责任评价标准指标体系如表 14-1 所示。②

---

① 吴波. 构建和谐社会背景下的企业社会责任问题研究[D]. 成都:西南交通大学,2007.
② 中国生物多样性保护与绿色发展基金会. ESG 评价标准:T/CGDF 00011—2021[S]. 2021.

表 14-1　社会责任评价标准指标体系

一级指标	二级指标	三级指标	指标说明
社会责任	环境友好	产品生态设计	将环境因素纳入产品设计之中,在设计阶段就考虑产品生命周期全过程的环境影响,从设计上把产品的环境影响降到最低程度
		生产者责任延伸	承担其产品对环境造成的全部影响的责任,即在整个产品生命周期的每个阶段,包括生产、使用以及使用完毕后的回收、再生和处理的责任
		绿色供应链	参与产品从物料获取、加工、包装、仓储、运输、使用到报废处理的整个过程中的供应商、生产商、销售商和用户,充分考虑避免资源浪费、节约能源和减少环境污染等,实现环境保护与资源优化利用的绿色、可持续发展
	产品责任	产品质量和安全	符合相关标准和规章制度的要求,如原辅料、生产加工、质检、储存等各业务流程的质量管理和安全管控
	客户责任	客户权益维护	维护和保障客户权益方面开展的服务内容或采取的管理措施,包括设立客服热线、客户回访、产品跟踪、产品召回等售后服务
		客户信息安全	保障客户的隐私,一切个人信息数据不得泄露
		客户评价与反馈	与消费者建立沟通反馈机制,更好地了解客户需求,改进生产设计及工艺等,最大限度地满足消费者需求,提高服务质量及产品满意度
	劳动者权益保护	用工规范	1. 劳动者自由选择就业,不受胁迫,可以离开或留下,不受威胁。 2. 劳动者的年龄标准、工作时长、加班规定等,须符合《中华人民共和国劳动法》及相关法律、法规、规章及规范性文件的要求。 3. 禁止雇用 18 岁以下的未成年人。 4. 遵守同工同酬的原则,不论性别,根据职工的技能、价值、经验或工作本身的要求等因素合理确定报酬。 5. 有正常休息的权力。应保障每天有充足的休息时间,一般来说为八小时工作制,可以进行午休。 6. 在职工应聘及入职时使其准确知晓单位的休假制度;对于年假的休假方式应作出明确规定并写入章程休假,在国家法定节假日期间禁止强迫职工劳动
		员工发展与成长	员工可以获得专业技能方面的培训,以及健康生活方面的培训
		职业健康	1. 保持工人最高限度的身心健康,防止由于工作条件而造成健康损害。 2. 提供平等的健康与安全保护,注意并避免健康威胁:如危险设备、危险工序、危险操作和危险物质(化学、物理和生物物质)的预防和防护。 3. 提供医疗保险(社会保险)、定期体检等
		员工沟通与反馈	为了完善员工与公司沟通的顺畅,保障员工与各部门及各层级的沟通,及时发现和处理隐患问题,从而建立和谐的劳动关系,增强企业凝聚力的沟通解决机制

续表

一级指标	二级指标	三级指标	指标说明
社会责任	社区责任	慈善公益活动	积极参与慈善公益活动,包括社区服务、环境保护、知识传播、紧急援助等,关心公益事业,勇于承担社会责任,为社会作出奉献
		就业贡献	为社会带来就业机会以及就业岗位
	安全生产	生产流程安全	督促、检查企业的安全生产工作,及时消除生产安全事故隐患,防止和减少生产安全事故,保障企业和员工的生命、财产安全,促进企业发展
		产品服务安全	产品或服务出现瑕疵,致消费者人身或财产损害时,由相关企业承担侵权责任
	生态文化	本土文化保护传承	尊重本土文化,扎根本土,促进有民族特色的本土文化得到保护和发展
		生态文化发展	培育员工对生态文化的认识和关注,逐步形成生态文明的自觉行动

1. 评价方向

ESG 评价从环境(E)、社会责任(S)和公司治理(G)三个方面(一级指标)进行,每个方面设立科学合理的二级指标和三级指标,指标体系全面反映 ESG 的各个因素。

环境方面包含履行政策执行、环境制度建立、可持续经营、环境风险管控、污染物排放及处置、资源能源利用、生物多样性保护、碳排放管理。

社会责任方面包含环境友好、产品责任、客户责任、劳动者权益保护、社区责任、安全生产、生态文化(表 14-1)。

公司治理方面包含现代化治理、治理规划、治理行为。

2. 评价基本原则

社会责任评价本着公众友好、信息透明、合法合规、社会担当的基本原则进行。

四、企业社会责任的对象

(一)政府

在现代社会,政府越来越演变为社会的服务机构,扮演着为公民和各类社会组织服务与实施社会公正的角色。在这种制度框架下,要求企业扮演好社会公民的角色,自觉按照政府有关法律、法规的规定,合法经营、照章纳税,承担政府规定的其他责任和义务,并接受政府的监督和依法干预。

(二)股东

现代社会,股东队伍越来越庞大,遍及社会生活的各个领域,企业与股东的关系逐渐具有了企业与社会的关系的性质,企业对股东的责任也具有了社会性。首先,企业应严格遵守有关法律规定,对股东的资金安全和收益负责,力争给股东以丰厚的投资回报。其次,企业有责任向股东提供真实、可靠的经营和投资方面的信息,不得欺骗投资者。

（三）消费者

企业与消费者是矛盾统一体。企业利润的最大化最终要借助消费者的购买行为来实现。作为通过为消费者提供产品和服务来获取利润的组织，提供物美价廉、安全、舒适、耐用的商品和服务，满足消费者的物质、精神需求，是企业的天职，也是企业对消费者的社会责任。对消费者的社会责任要求企业对提供的产品质量和服务质量承担责任，履行对消费者在产品质量和服务质量方面的承诺，不得欺诈消费者和谋取暴利，在产品质量和服务质量方面自觉接受政府与公众的监督。

（四）员工

企业对员工的责任属于内部利益相关者问题。企业必须以相当大的注意力来考虑员工的地位、待遇和满足感。在全球化背景下，劳动者的权利问题得到了世界各国政府及各社会团体的普遍重视。20世纪90年代，美国著名牛仔裤制造商李维斯在类似监狱的工作条件下使用年轻女工的事件被曝光后，为了挽救其形象，推出了第一个企业社会责任守则。随后，一些跨国公司也纷纷效仿，以应对激烈的全球竞争。1997年，长期从事社会和环境保护工作的非政府组织经济优先委员会（CEP）成立了认可委员会（CE2PA），并于2001年更名为社会责任国际（SAI）。其根据《国际劳工组织公约》《世界人权宣言》《儿童权利公约》等，制定了全球首个企业社会责任国际标准，即SA8000标准及其认证体系。

（五）资源环境和可持续发展

实践证明，工业文明在给人类社会带来前所未有的繁荣的同时，也给我们赖以生存的自然环境造成了灾害性的影响。企业对自然环境的污染和消耗起了主要的作用。近半个世纪以来的环境革命改变了企业对待环境的态度——从矢口否认对环境的破坏转为承担起不再危害环境的责任，进而希望对环境施加积极的影响。然而，环境日渐好转的情况仅仅发生在发达国家，整个人类世界并未走上可持续发展的道路。虽然这些政治和社会问题超出了任何一个企业的管辖和能力范围，但是集资源、技术、全球影响以及可持续发展动机于一身的组织又只有企业，所以企业应当承担起建立可持续发展的全球经济这个重任，进而利用这个历史性转型实现自身的发展。

（六）社区

企业是社会的组成部分，更是所在社区的组成部分，与所在社区建立和谐融洽的相互关系是企业的一项重要社会责任。企业对社区的责任就是回馈社区，比如为社区提供就业机会，为社区的公益事业提供慈善捐助，向社区公开企业经营的有关信息等。有社会责任感的企业意识到通过适当的方式把利润中的一部分回报给所在社会是其应尽的义务。世界著名的管理大师哈罗德·孔茨（Harold Koontz）和海因茨·韦里克（Heinz Weihrich）认为，企业必须和其所在的社会环境进行联系，对社会环境的变化作出及时反应,成为社会活动的积极参加者。①②

五、国外经验借鉴

世界上一些国际组织非常重视推动企业社会责任,并成立了相关机构和组织。企业社会责任工作在全球范围内迅速发展。例如,联合国 2000 年实施的"全球契约"计划,倡导人权、劳工、环境和反腐败等十项原则,截至 2023 年 11 月,联合国全球契约组织官网统计已有 24 360 家世界各地企业。经济合作与发展组织、国际劳工组织、国际标准化组织、国际雇主组织等也积极推动企业社会责任,就如何进一步推动企业社会责任达成共识。

借鉴国外经验,中国的企业社会责任构建应着重从以下几方面考虑。

一是企业建立明确的流程,确保社会问题和新兴社会力量在最高级别得到充分讨论,并纳入公司战略规划,从公司的整体发展战略出发,将企业的社会责任渗透到公司的整体经营活动中。

扩展阅读 14-1 企业应将履行社会责任提升到战略高度

二是企业设立专门机构负责履行社会责任,并设置相应的社会责任考核指标。

三是培养企业员工的社会责任意识,让企业的每一位员工在日常行为中都能履行社会责任。

四是定期发布企业社会责任报告,全面、真实地展现企业公民形象。③

第二节 "善经济"时代的内涵、特征与企业社会责任

2022 年 1 月,民德咨询(北京)有限公司、京师善财传承实验室联合发布了"中国捐赠百杰榜(2021)",共有 104 人荣登中国捐赠百杰榜,捐赠总额达到 697.24 亿元人民币,创造了历史新高,捐赠总额是历史均值的 3 倍多,其中亿元以上捐赠占比六成以上。随着财富量的增长,世界格局和人类文明也发生了重大变化,人类财富的产出从解决有与无、多与少过渡到了好与更好的问题,不论是我国还是世界,客观上都步入"善经济"时代。这是一个与现代经济运行机制和管理机制十分不同的时代。在这个时代,社会价值日益对经济价值产生根本性的影响;经济正在发生重大的结构转型,具有高社会价值的经济实体将逐步占据重要地位,中国与世界的经济、社会结构甚至政治结构也要发生重大转型;财富的社会价值将日益彰显,财富向善正在成为时代的主题之一,社会价值将引领经济价值。

一、"善经济"时代的内涵

世界银行发布的 2011 年各国及地区人均 GDP 显示,从 2000 年到 2011 年,全球人均 GDP 由 5 000 美元左右提升到超过 1 万美元。国家统计局 2020 年 1 月数据显示,2019 年,我国人均 GDP 迈过了 1 万美元的关口。人均 GDP 超过 1 万美元是一个重要的标志,意

---

① 田建华.论企业的社会责任[J].产业与科技论坛,2009,8(8):216-218.
② 丁浩.转型经济中的企业社会责任履践机制研究[D].北京:首都经济贸易大学,2008.
③ 郑雪芹.企业社会责任国外经验借鉴[J].汽车纵横,2018(2):46-49.

味着物质财富的总量极大丰富,人们开始考虑从"好"到"更好"的问题。因此,整体的商业逻辑也在发生转变。

过去是经济价值引领社会价值,而现在社会价值开始引领经济价值。产品的质量是否符合高标准?企业是否善待顾客、善待员工、善待环境?这些指标成为衡量企业高质量发展的重要因素。当经济发展的目标转为"求善",便步入"善经济"时代。

所谓的"善经济"时代,是指以社会服务为基本市场,以社会价值为开发对象,将现代慈善、社会服务和经济发展三者相结合,引领经济价值走向质的提升的时代。在"善经济"时代,社会价值开始引领经济价值,社会价值在一定意义上支持经济价值,是"善经济"最主要的内涵。它开发人类的善,大量以解决社会问题为使命的社会组织将对整个经济产生很大的影响,成为一种新的生产力。①

"善经济"时代需要加强企业社会责任,同时大力发展社会服务业。从商业上来说,企业逐利而发展。但在"善经济"时代,企业要发展、要想基业长青,就必须在经济价值和社会价值的交汇点上,作出新的战略选择——企业必须注意开发社会价值,特别是注重对人的价值的尊重。

在一些学者看来,资本精神是中国社会走向现代社会必要的理论前提,现代慈善则是打开中国现代化大门的一把金钥匙,这是中国乃至世界商业文明的内在价值。从更现实的意义上来说,中国经济在进入"新常态"之后,国家政策也在大力度地推动社会改革。

社会改革是要释放社会生产力,释放出来的是高质量的服务业,让资金进入社会领域去解决人的问题。"善经济"时代要求将现代慈善、社会服务和经济发展三者相结合,企业在这个过程中扮演了至关重要的角色。在这样一个大转型的背景下,企业的战略抉择和所扮演的社会角色也开始转变,比以往更加丰富。这个时候,一些优秀企业开始展现出巨大的力量,特别是一些早期进入中国的西方企业,表现尤为突出。这些企业近几年的转型发展也十分明显,并成为带领中国商业社会追求社会价值的领路人。

扩展阅读14-2 一汽—大众奥迪的"善经济"角色

"善经济"强调加强企业社会责任在社会建设中的作用,它需要社会价值来引领经济价值,更要彰显社会价值。这就是说,一个优秀的企业公民不仅要具备出色的商业能力,还应对利益相关方负责,实现"善经济"的创新,带动行业发展,并推动社会的不断进步。

扩展阅读14-3 一汽—大众奥迪的"善经济"创新

二、"善经济"时代的特征

(一)慈善事业已经成为企业发展的必须活动

在国家大力推进公共服务建设的过程中,企业必须将自身的理念和使命与社会需求相结合,以对待项目开发和投资的认真态度开展慈善活动。慈善事业不再是企业发展的备选项,而是必需的项目。

2016年《慈善法》颁布之后,中国的慈善事业取得了长足发展。《慈善蓝皮书:中国

---

① 徐会坛,张旭.王振耀:在善经济时代,社会价值开始引领经济价值[J].中国慈善家,2015(8):76-80.

慈善发展报告(2022)》显示,到 2021 年底,全国社会组织数量已超过 90 万个①,其中慈善组织和社会服务组织的数量也在不断增长,大量的社会资源开始动员起来。

(二)慈善事业与过往相比产生了很大不同

老一代的慈善家主要用捐款的方式解决贫困人群的温饱问题。现阶段的慈善事业既要提倡捐赠,更多地则要打通政府、企业、社会间的联系,通过一些项目的共建来造福民生。中小企业一方面可以形成多方合力,选择熟悉的领域开发针对性的项目;另一方面可以下沉社区,通过点对点的帮扶在基层发挥作用。不是只有大项目、大手笔才叫慈善,精准解决基层难题同样会获得社会的尊重。

(三)慈善事业能助推社会文明的进步

在社会治理方面,慈善的力量能够发挥举足轻重的作用。相较政府和企业而言,慈善组织更能试错,更能在社区治理、养老服务、弱势群体关怀等方面尝试走出一些创新道路。

(四)慈善事业能为经济发展贡献出自己的力量

2022 年 1 月,北京师范大学中国公益研究院院长王振耀在中国捐赠百杰榜(2021)发布会上介绍,在有的发达国家,从事慈善事业的人数占总就业人数的 10%,而慈善事业创造的价值能够达到 GDP 总量的 5%。"当前慈善事业还存有很大的发展空间。研究社会政策的专家、有经验的行政工作者以及从事慈善事业的社会组织间应进行深入对话,关注当下亟需求变的一些社会问题,而不单单依靠捐赠的力量。"②

三、"善经济"时代的企业社会责任

(一)帮助解决就业问题

企业除增加投资、新增项目、扩大就业外,最重要的是科学安排劳动力,扩大就业门路,创造不减员而能增效的经验,尽量减少把人员推向社会而加大就业压力。过去只有 ISO9000 和 ISO14000 国际认证,SA8000 标准则明确规定了企业需保证工人工作的环境干净卫生,消除工作安全隐患,不得使用童工,等等,切实保障了工人的切身利益,不仅可以吸引劳动力资源,激励他们创造更大的价值,更重要的是,通过这种管理可以树立良好的企业形象,获得美誉和信任,从而实现企业长远的经营目标。从这个意义上说,企业履行社会责任,有助于解决就业问题。③

(二)保护资源和环境,实现可持续发展

企业作为社会公民,对资源和环境的可持续发展负有不可推卸的责任,而企业履行社会责任,通过技术革新可以减少生产活动各个环节对环境可能造成的污染,同时也可以降

---

① 杨团,朱健刚.慈善蓝皮书:中国慈善发展报告(2022)[M].北京:社会科学文献出版社,2022.
② 王振耀.公益慈善事业管理与公益慈善教育[J].山东工商学院学报,2020,34(1):34.
③ 李怀斌.服务营销学教程[M].5 版.大连:东北财经大学出版社,2020.

低能耗、节约资源、降低企业生产成本,从而使产品价格更具竞争力。企业还可通过慈善事业与社区共同建设环保设施,以净化环境,保护社区及其他公民的利益。这将有助于缓解城市尤其是工业企业集中的城市经济发展与环境污染严重、人居环境恶化间的矛盾。[①]

(三) 缩小贫富差距,消除社会不安定隐患

一方面,大中型企业可集中资本优势、管理优势和人力资源优势对落后地区的资源进行开发,既可扩展自己的生产和经营,获得新的增长点,又可弥补落后地区资金的不足,解决当地劳动力和资源闲置的问题,帮助当地致富。另一方面,企业也可通过慈善行为帮助落后地区的人民发展教育、社会保障和医疗卫生事业,既能解决当地政府因资金困难而无力投资的问题,帮助落后地区逐步发展社会事业,又能通过慈善事业达到无与伦比的广告效应,提升企业的形象和消费者的认可程度,提高市场占有率。[②]

第三节 企业慈善文化建设

发展慈善事业是企业社会责任的一个重要方面,随着社会慈善事业的稳步发展,慈善文化建设在推动慈善事业发展、构建社会主义和谐社会、营造浓郁的"人文关怀"氛围中,发挥着越来越重要的作用。慈善文化的核心是利他主义价值观,是优秀文化传统的传承和弘扬,是社会主义文化建设的重要内容。在构建社会主义和谐社会的历史进程中,如何促进慈善事业的可持续发展?答案只有一个,那就是在科学发展观的指导下建构和发展慈善文化。

一、慈善文化认识

当代中国不乏慈善传统,但慈善文化的建设刚刚起步,我们对慈善文化的认识还存在许多误区。例如,政府认为,它不仅必须管理慈善事业,而且必须自己做慈善事业。社会上很多人认为慈善是政府的事、富人的事,与他们无关。与此同时,慈善行业不得不面对一种误解——慈善机构没有投资成本。误解的加深将严重影响慈善文化的建设。因此,需要投入资金和人力,认真研究慈善文化,积极传播慈善文化。

(一) 慈善文化的内涵

慈善文化是与慈善有关的文艺、教育等精神财富的总称。中国特色慈善文化,就内涵而言,应当是人们立足当代中国现实,基于同情、怜悯、友善等道德情感,在利他主义行为过程中产生的文化。其主要包含道德文化、制度文化、精神文化等。

(二) 慈善文化价值观

基于慈善事业的宗旨,弘扬利他主义价值观对于推动和构建社会主义和谐社会具有

---

① 王蕙,焦晓波,张武强.论我国企业社会责任绩效评价指标体系的构建[J].内蒙古农业大学学报(社会科学版),2011,13(4):82-84.

② 聂平平,尹利民.公共组织理论[M].武汉:武汉大学出版社,2009.

十分重要的作用。国内外的经验告诉我们,慈善事业的发展必须有"人文关怀"的良好社会环境,这种环境的形成需要文化的传承和激励。

文化的力量是巨大的。文化的作用是教育和改造人们,引导人们潜移默化地改变他们的行为。慈善文化的核心是利他主义价值观,弘扬慈善文化的境界是在全社会营造浓厚的"人文关怀"氛围,减少矛盾,化解冲突,使社会呈现稳定和谐的状态。慈善文化引导人们乐善好施,从同情、怜悯、施舍出发,逐步提升人们的思想认识,把帮助困难者作为一种社会责任,获得精神愉悦。慈善文化与慈善价值的认同会影响社会群体的生活方式和行为,甚至成为人们不可避免的生活态度。只有在文化层面推动慈善事业,人们才能意识到慈善是一种社会责任。通过每个人的善行,贫困人群、疾病人群、老人、残疾人和弱者都可以得到物质帮助或精神慰藉,让他们分享发展的成果和世间的温暖。所有这些慈善行为都源于社会成员的内在动力,而这种内在动力的形成又源于慈善文化的影响。①

(三)慈善家精神

慈善家是指热心慈善事业、经常参加慈善活动、作出突出贡献的人。他们愿意与社会上有需要的人分享他们所拥有的个人资源,包括金钱、财产、时间、爱心以及器官等,如无国界医生、志愿工作者等。② 邵逸夫认为,企业家的最高境界是成为慈善家。

随着市场经济的发展,在众多取得丰厚经济效益的成功企业家中,逐渐涌现出一批具有社会责任感和慈善道德心的人。他们重新思考了生命的意义,重新定义了企业的使命。他们以自己的才能做慈善家,以自己的公民责任做慈善活动家,从而参与社会的自治,振兴和深化民间慈善事业的传统,慈善家的事迹与慈善项目的成效,尤其是慈善家精神值得赞扬。他们实行"经世济民,以人为本,义利兼顾"的经营理念,实现了经济效益和社会效益的双赢。在他们看来,慈善是每个企业的责任,慈善是每个企业家都应具有的良知。2020年,许多地区的慈善家慷慨解囊,形成了政府与人民紧密结合、良性互动的疫情应对机制。这些慈善家的精神引领了我国现代慈善事业的发展。

慈善家是新时代慈善风尚形成的推动者,也是建设文明社会的"教育家",慈善将有力促进社会的进步和发展。整个社会应弘扬"达则兼济天下"的慈善家精神,完善慈善褒奖制度,形成良好的慈善文化和健康的慈善生态。③

二、慈善文化建设

(一)树立正确的慈善文化理念

1. 平等互助

我国慈善文化的建设,要在科学发展观的指导下,确立平等互助、依法行善、企业公民、慈善无界、开拓创新的理念。政府组织是第一部门,企业组织是第二部门,非营利组织

---

① 彭颜红.论重构中国当代慈善文化[J].文化学刊,2011(1):112-118.
② 慈善家[EB/OL]. https://baike.baidu.com/item/%E6%85%88%E5%96%84%E5%AE%B6/84244?fr=aladdin.
③ 曾亮亮.全社会共同营造尊重慈善事业的良好氛围[EB/OL].(2021-09-10). http://www.jjckb.cn/2021-09/10/c_1310180562.htm.

是第三部门,这三个部门各司其职,构建起社会的组织架构,它们之间是平等的伙伴关系。作为公益事业的重要组成部分,中国现代慈善事业已经超越了恩赐施舍的含义,在人格平等的基础上,具有互助互爱、共同进步的新内涵,帮助弱者,就等于帮助了自己、帮助了社会,实现了自己的人生理念和价值目标。

2. 依法行善

慈善事业的发展越来越需要建立和完善有关法规政策,依法治国也需要依法行善。

3. 企业公民

现代社会的"企业公民"理念告诉我们,企业是国家的法定公民,有权利和责任为构建和谐稳定的社会作出贡献。评价一个企业是否成功,不仅是其能否实现超额利润,还包括企业对社会作出的贡献。

4. 慈善无界

慈善事业的重要标志在于其高度的开放性和社会化程度。要克服行政管理体制形成的狭隘地域观念,克服"行政力"影响形成的地方封闭式救助机制,创新工作机制,搭建一方有难、八方支援的互助协作平台,加强弘扬"大慈善"的社会理念,提升慈善事业的社会化程度。

5. 开拓创新

由于制度和文化背景不同,我们一方面要学习、借鉴发达国家和地区慈善事业发展的先进经验;另一方面要结合当地实践,开创符合我国国情和文化背景的现代慈善事业新局面。

(二)慈善文化建设的路径

建设良好的慈善文化,必须将中国特色慈善文化建设融入社会、经济、文化建设的具体工作中,将慈善文化建设与精神文明建设紧密结合起来,与教育、卫生、环保、养老、助残等社会慈善事业的发展紧密结合起来,与增加社会就业、保障劳动者权益、扩大公民政治参与、促进人的全面发展紧密结合起来。采取各种有效措施,不断增强全社会的慈善意识,使中国特色社会主义慈善文化成为中国慈善事业健康发展的不竭动力。

三、慈善文化与企业文化结合

(一)现代慈善事业离不开企业的参与

离开企业的参与,我国现代慈善事业的发展是不可想象的。市场经济不仅需要企业的发展,更需要企业文化的延伸和发展。慈善文化作为企业文化的重要组成部分,具有检验企业是否具有善心、爱心和博大情怀的功能。任何具有良好文化氛围的企业都有一定的慈善文化内涵,都会通过支持慈善事业的发展来回报社会。社会支持慈善事业的目的是让财富进入第三次分配,促进慈善事业的发展,帮助更多的贫困者摆脱暂时的困难。

(二)良好的慈善文化氛围是慈善事业发展的关键

个人、企业和组织要热衷于慈善事业,关键是要有良好的慈善文化氛围,以参与慈善事业为荣。近年来,企业基金会在为行业创造良好发展环境的同时,积极营造良好的慈善文化氛围,在乡村振兴、科技创新和教育等领域投入巨资,大力捐赠,凸显自身价值。

2021年"99公益日",腾讯公益慈善基金会宣布计划投资50亿元(该笔投资已于2022年全部到位),用于"99公益日"及后续的激励资金支持、慈善数字化建设和一线慈善救助,以促进慈善事业的可持续健康发展,为"第三次分配"提供强大的慈善技术平台和数字能力服务保障。① 阿里巴巴集团也宣布,到2025年,将在技术创新、经济发展、优质就业、关爱弱势群体、设立共同富裕发展基金五个方向共投资1 000亿元,与全社会分享发展成果。在这种慈善文化的背景下,阿里巴巴公益基金会宣布将围绕三大方向进行战略升级,即践行共同富裕、助力乡村振兴、积极参与绿水青山建设。②

(三) 在企业文化建设中宣传慈善意识,大力弘扬慈善文化

随着经济的发展,中国的富裕群体正在迅速扩张,但目前一些企业仍然对慈善事业持谨慎态度,没有将慈善文化融入企业文化,没有实现慈善文化在企业发展中的健康成长。因此,在企业文化建设的过程中,要加强慈善意识的宣传,提升企业品牌的"公益价值",塑造企业在市场价值发展中的公益形象,引导和帮助企业与富裕群体成为慈善事业的生力军。要落实《基金会管理条例》,促进非公募基金发展,互助合作,共同成长。在倡导和谐发展的背景下,作为依靠社会支持而致富的企业和富裕群体,应该为促进社会和谐发展承担更多的责任。他们理应站在推进慈善事业的前列,大力弘扬慈善文化。

扩展阅读14-4 完美公司积极倡导慈善文化与企业文化结合

慈善文化的内涵十分丰富,而慈善文化形成的环境最终取决于经济发展和社会进步。当前,慈善组织在弘扬慈善文化、发展慈善事业的同时,要把握时代发展脉搏,以科学发展观为指导,以整个社会和市场环境为平台,开拓进取,锐意创新,将慈善事业发展与和谐社会建设紧密结合起来,提升全社会的慈善意识,营造良好的文化氛围,为慈善事业的发展作出更多、更好的贡献!③

复习思考题

1. 简述企业社会责任的概念。
2. 中国的企业社会责任标准包括哪些方面?
3. 简述"善经济"时代的内涵和特征。
4. 如何建设好慈善文化?

典型案例

海尔集团的企业社会责任:海尔应像海,真诚到永远

海尔集团创立于1984年,是全球领先的美好生活解决方案服务商,海尔始终以用户

---

① 第七个99公益日 推动全民公益 助力共同富裕[J].中国民政,2021(18):2.
② 王勇.2021年度观察:基金会如何走向新未来[N].公益时报,2022-01-25(8).
③ 郭洋.慈善文化建设要与企业文化建设相结合[J].现代企业文化,2013(33):11,13.

体验为中心,服务全球10亿多用户家庭。海尔集团董事局主席、首席执行官张瑞敏曾说,海尔应该像大海一样,为社会和人类作出应有的贡献。只要我们对社会和人类的爱"真诚到永远",社会也会永远认可我们,海尔就会像大海一样永恒存在。

一、"造血式"精准扶贫,建设美丽乡村

海尔与建设银行达成普惠金融战略合作,共建"建行裕农通＋日日顺乐农"乡村普惠服务平台。

海尔旗下日日顺乐农深耕农村,从搭建健康水站解决农村水质和饮水安全问题,帮助村民创业增收,到提供MBR(膜生物反应器)膜一体化污水处理设备有效处理农村污水,提供全自动智能生态厕所、太阳能智能生态厕所、太阳能发电全自动生态智能旱厕改善人居生态环境,提高资源利用效率等,满足农村居民对优美环境和清洁能源的需求。

海尔集团旗下物联网金融平台创新"产业投行"模式,为农业产业链提供融资、融商、融智的服务,解决农业和中小微企业融资难、融资贵的问题。"产业投行"模式带来经济效益的同时,社会效益同样显著:"造血式"的产业投行脱贫不仅带来家庭收入的提升,还从根本上解决农村留守妇女儿童、农村空巢老人等社会问题。

二、25载步履不歇,奉献希望工程点亮读书梦

海尔长期助力教育事业,2019年11月21日获"希望工程30年突出贡献者"荣誉称号。自从1995年援建了第一所海尔希望小学,海尔就拉开了在全国贫困地区援建希望小学的序幕,25年来,海尔从未停止过对希望工程的投入。截至2020年9月,海尔集团共援建了325所希望小学和1所希望中学,覆盖26个省、区、市,帮助了数以万计的儿童就学,累计投入超过1.16亿元人民币,帮助了数以万计的儿童就学和圆梦。

三、关爱留守儿童,"拥抱吧爸爸"慈善行动

2017年起,海尔专卖店开展"拥抱吧爸爸"慈善行动,扮演家庭爱心驿站的角色,不仅持续为帮扶家庭提供物质支持,更直接将孩子带到外出打工的父母身边,实现留守家庭团聚的梦想,辐射100多个亲情城市,跨越17万千米。2019年,"拥抱吧爸爸"从帮助单一的慈善活动升级为可持续的慈善行动,从关注农村留守儿童扩展到一、二线城市留守儿童,共有38个品牌参与合作,5万余人次参观了上海、深圳慈善展,近3亿人次关注。

四、共创共赢,做诚信的孵化平台

海尔与高校共建创客实验室,以此为基础,通过创新讲座、创新赛事、创新实践等活动的开展提升学生双创能力。截至2020年10月,海尔与全国近200所高校达成合作,其中25所共建重点创客实验室。累计开展各类创新活动超过300场,参与的高校学生近40万人次。

由中国物流学会与日日顺物流联合主办的"日日顺物流创客训练营",是聚焦在校大学生社群交互创新创业共创平台,以激发创新思维、激励创业行动、激活创客梦想为宗旨,以居家大件物流行业和用户的"痛点"为出发点,围绕"物联网场景物流体验迭代""智慧物流""管理创新"三大方向设置若干创业课题,并迭代创新六步参营环节——"种子集""天使学""A轮研""B轮创""C轮训""IPO产",吸引全国知名高校和行业生态广泛参与,实现大学生创业梦想;截至2020年,已覆盖全国500多所高校,沉淀35项校企合作,输出创业课题216项,孵化创业项目101个,申请国家专利40项,落地应用项目15个。

五、设立"海尔公益慈善基金",构建慈善生态

海尔集团宣布:今后,集团旗下企业,无论国内、海外,都要积极履行企业公民责任,关注弱势群体,参与慈善活动,持续回报社会,包括但不限于援建希望小学、扶贫救灾和ESG计划等。

资料来源:企业社会责任故事:海尔应像海,真诚到永远[Z].2021.

思考题:

1. 为什么说积极承担社会责任的企业最有竞争力和生命力?
2. 企业履行社会责任的动因主要包括哪些方面?
3. 为什么说企业履行社会责任不仅有助于实现产品差异化,还可以有效提升企业声誉?

  即测即练

第十五章

慈善管理的发展现状与趋势

我国的慈善事业发展历史悠久,改革开放以后特别是进入21世纪以来,慈善事业发展蹄疾步稳、成效显著,公民慈善意识、志愿服务、慈善组织、社会捐赠、慈善法制等各个方面均取得了长足的进步,慈善事业呈现规模化、专业化和法制化的发展趋势。党的十九届四中全会提出,重视发挥第三次分配作用,发展慈善等社会公益事业,为慈善事业发展提供了更广阔的空间,慈善事业的发展呈现诸多新趋势。

第一节 慈善管理的发展现状

近年来,我国慈善事业取得长足发展,慈善实践多元拓展和跨界融合,社会组织党建工作高质量发展;慈善事业管理部门改革不断深化;慈善事业的第三次分配作用更加凸显,在扶贫攻坚、应急救援、爱心助学、医疗救助、社区服务等领域,慈善组织促进资源和财富在不同的社会群体间趋向更均衡的微循环;慈善法治化水平不断提升。

一、慈善组织发展的现状

组织是现代社会构成的基本细胞,现代慈善事业主要是依托慈善组织来展开的。慈善组织的发展状况是衡量慈善事业发展的重要指标。我国现行的法律体系将慈善组织分为三种类型:基金会、社会团体和社会服务机构。

根据《基金会管理条例》,基金会是指利用自然人、法人或者其他组织捐赠的财产,以从事公益事业为目的,按照《基金会管理条例》的规定成立的非营利性法人。可见,我国的基金会均属于慈善组织。除基金会外,还有一部分社会团体也属于慈善组织。1998年颁布的《社会团体登记管理条例》中规定,社会团体是指中国公民自愿组成,为实现会员共同意愿,按照其章程开展活动的非营利性社会组织。社会团体是会员性组织,包括公益性社会团体和互益性社会团体两类。公益性社会团体以社会的公共利益为目标,例如一些公益性的环保组织、扶贫济困组织。互益性的社会团体以会员自身的利益为目标,例如一些行业协会。在我国,规模大、自上而下网络健全的公益性社会团体主要包括各级慈善会、红十字会。另外,很多民办非企业单位(社会服务机构)也属于慈善组织。1998年颁布的《民办非企业单位登记管理暂行条例》规定,民办非企业单位(社会服务机构)是指企业事业单位、社会团体和其他社会力量以及公民个人利用非国有资产举办的,从事非营利性社会服务活动的社会组织。民办非企业单位(社会服务机构)属于非会员性组织,例如民办非营利学校、社会福利机构等。在我国,大多数民办非企业单位(社会服务机构)均属于慈善组织。2016年颁布的《慈善法》规定,慈善组织可以采取基金会、社会团体、社会服务机构等组织形式,民办非企业单位改称为社会服务机构。

(一)基金会发展现状

基金会是慈善组织的基本类型。根据2004年颁布的《基金会管理条例》,基金会分为面向公众募捐的公募基金会和不得面向公众募捐的非公募基金会。中华人民共和国成立后的第一家基金会是成立于1981年的中国儿童少年基金会。尽管我国基金会的发展已经有40多年的历史,但是在2002年以前,我国并没有单独的基金会统计数据。当时,基金会是作为社会团体的一部分进行统计的。2003年之后,基金会的数量单独进行统计,为954家;2004年,经过清理,下降为892家。2004年,新修订的《基金会管理条例》颁布后,基金会才有了公募与非公募之分。2005年开始有了非公募基金会的统计数据。自2004年《基金会管理条例》颁布实施以来,我国基金会发展进入快车道;特别是2012年党的十八大以后,国务院发布通知,慈善类等四类社会组织年底直接登记,进一步降低门槛。2013年,基金会数量增长率达到18.6%,2016年《慈善法》的颁布与实施对以基金会为首的慈善组织起到了极大的激励作用,当年新增基金会数量达829家。根据基金会中心网观测数据统计,截至2022年3月12日,全国基金会总数达8 385家。总体来看,基金会发展呈现出以下特征。①

1. 非公募基金会已成为全国基金会发展的主体力量

根据基金会中心网观测数据统计,截至2020年12月31日,全国公募基金会共有1 618家,占基金会总数的19.01%;非公募基金会共有6 893家,占基金会总数的80.99%,非公募基金会的数量约为公募基金会的4倍。②

2. 系统型基金会占比升至第一

截至2019年,由官方背景机构发起的系统型基金会共2 189家,占比32.8%,超过个人背景基金会成为数量最多的基金会类型;由个人(自然人)出资发起,且出资人在一定程度上参与基金会治理的个人背景基金会共2 054家,占比30.8%。数量排在第三位的是由企业发起成立,同时资金主要来自企业的企业型基金会,共1 315家,占比19.7%。数量排在第四位的是由学校发起并出资的学校型基金会,共927家,占比13.9%。数量排在最后一位的是以"社区"为主体、调动自身资源解决社区问题的社区型基金会,共181家,占比2.7%。从这些数据可以看出,个人背景基金会是当前中国基金会的主力军,而中国社区型基金会还有很大的发展空间。③ 2013—2020年全国各注册层级基金会的数量变化情况如图15-1所示。

3. 在政府简政放权与促进社会治理的背景下,市县级民政登记注册的基金会在全国多地涌现,超1/4基金会在市县级注册

根据基金会中心网观测数据统计,截至2020年12月31日,共有8 548家基金会披

---

① 杨团,朱健刚.慈善蓝皮书:中国慈善发展报告(2020)[M].北京:社会科学文献出版社,2020.
② 杨团,朱健刚.慈善蓝皮书:中国慈善发展报告(2021)[M].北京:社会科学文献出版社,2021.
③ 同①。

图 15-1　2013—2020 年全国各注册层级基金会的数量变化情况

露了注册层级信息。其中,民政部注册的基金会共 211 家,占总数的 2.5%;省级民政部门注册的基金会共 5 915 家,占总数的 69.2%;市级民政部门注册的基金会共 1 702 家,占总数的 19.9%;县级民政部门注册的基金会共 720 家,占总数的 8.4%。[①]

4. 基金会资产规模持续扩大,造血能力仍需加强

近年来,基金会的资产规模一直保持高速增长的态势。根据基金会中心网观测数据统计,全国基金会 2019 年末净资产规模已达 1 809.7 亿元(图 15-2)。

图 15-2　2012—2019 年全国基金会总净资产规模及变化情况

5. 基金会信息披露时效性和完整度仍需加强

2012 年,基金会中心网联合清华大学廉政与治理研究中心推出了中基透明指数。排行榜按照基金会的最新透明分数进行每月更新,名次越靠前,代表基金会信息披露相关合规性越佳,透明度也越高。

---

① 杨团,朱建刚.慈善蓝皮书:中国慈善发展报告(2021)[M].北京:社会科学文献出版社,2021.

总体来说,中基透明指数参评基金会数量呈逐年增加趋势,从首次发布的 1 748 家增长到 2019 年的 6 398 家,增幅达 266%;满分基金会的数量也从 117 家增长到 249 家。但自 2015 年以来,中基透明指数整体水平逐年降低,由 52.2 分降至 35.97 分。这个现象可能由以下几个原因导致:①中基透明指数 FTI 经过五次迭代,从 2012 年 1.0 版本的 60 个指标、满分 129.4 分到 2023 年的公募 48 个指标、非公募 42 个指标,满分均为 100 分;②部分省(区、市)基金会年报信息披露晚甚至不披露:江苏省、海南省的基金会年度工作报告披露时间晚,公开比例不到 10%,且未公开基金会年度工作报告全文(仅披露基金会年报摘要信息),对全国基金会整体透明度水平也有不小的影响;③得分低于 30 分的欠活跃基金会比例增加:近些年基金会发展快,新机构透明建设尚需改善。

6. 人力资源依然匮乏,但从业者性别比例日趋平衡

截至 2018 年 12 月 31 日,全国基金会平均全职员工数量为 3.47 人,其中,非公募基金会平均员工数量为 2.76 人,公募基金会为 5.75 人,公募基金会的平均全职员工数量要多于非公募基金会。具体来看,17.8% 的基金会没有全职员工;66.7% 的基金会全职员工人数在 1~5 人;10.6% 的基金会全职员工人数在 6~10 人;2.5% 的基金会全职员工人数在 11~15 人;1% 的基金会全职员工人数在 16~20 人;1.3% 的基金会全职员工人数在 20 人以上。全职员工人数最多的基金会有 210 人。尽管 2018 年基金会平均员工数较 2017 年增长了 3%,但总体而言,绝大多数基金会的全职员工数量在 5 人以下,基金会的人力资源依然匮乏。

7. 基金会成为第三次分配的重要主体,引导区域资源趋向均衡

2019 年 10 月,党的十九届四中全会通过的《中共中央关于坚持和完善中国特色社会主义制度 推进国家治理体系和治理能力现代化若干重大问题的决定》指出,"重视发挥第三次分配作用,发展慈善等社会公益事业"。基金会作为第三次分配的重要主体,对引导区域之间资源的循环趋于平衡起到不可替代的重要作用。民政部以及包括东部地区在内的经济发达的资源优势地区基金会承担了促进社会发展均衡、推动社会进步的责任。

(二)各级慈善会与红十字会系统的发展现状

中华慈善总会成立于 1994 年,是经中国政府批准依法注册登记,由热心慈善事业的公民、法人及其他社会组织志愿参加的全国性非营利公益社会团体,截至 2023 年 2 月,在全国拥有 484 个会员单位。这些会员单位又进一步将各类慈善分会、慈善工作站或联络站一直延伸到乡镇、街道、村和企事业单位,构成了庞大的基层慈善组织网络。近几年来,各级慈善会注重发挥自身涵盖面宽广的特点,在救灾、扶贫、安老、助孤、支教、助学、扶残、助医八大方面开展慈善项目,形成遍布全国的慈善援助体系。

中国红十字会是从事人道主义工作的社会救助团体,是中华人民共和国统一的红十字组织,以保护人的生命和健康、促进人类和平进步事业为宗旨。中国红十字会主要承担备灾救灾、卫生救护培训、人道救助、志愿服务、国际合作等工作。改革开放以来,中国红十字事业取得了长足发展。1993 年,国家颁布了《中华人民共和国红十字会法》,使中国红十字事业有了法律保障。截至 2021 年,中国红十字会有 31 个省级分会、333 个地级分会、2 860 个县级分会和新疆建设兵团分会,铁路和商业系统红十字会,香港和澳门特别行政区红十字会,有 7 万个基层组织,团体会员单位 12 万个,志愿者 113.2 万人,会员总数 2 398 万人,其中青少年会员 1 549 万人。

（三）其他类型的慈善组织

除基金会、慈善会系统和红十字会系统外,我国还有一些其他类型的慈善组织。这些慈善组织有的是社会团体,有的是民办非企业单位（社会服务机构）,有的甚至没有登记注册。从举办方式看,这些慈善组织有的是自上而下由政府部门举办的,有的是自下而上由民间自发产生的。由于相当一部分自下而上的慈善组织没有在民政部门登记注册,因此,在数量上并没有确切的统计。在我国,自下而上的慈善组织包括部分民办非企业单位（社会服务机构）、部分公益性的社会团体及大量未登记的慈善组织。从已经登记注册的民办非企业单位（社会服务机构）数量可以看出我国自下而上慈善组织发展的趋势：1999 年我国试点复查登记注册的民办非企业单位（社会服务机构）仅 4 508 个,截至 2021 年底,我国社会组织总量为 90.09 万个,其中,社会团体 37.1 万个,社会服务机构 52.1 万个。①

总的来说,自下而上的慈善组织数量很多,规模较小,但非常有活力,在我国慈善事业发展过程中发挥越来越重要的作用。

二、社会捐赠情况

据统计,2020 年我国共接受境内外慈善捐赠 2 253.13 亿元人民币。数据显示,我国慈善捐赠呈现以下特点。②

第一,款物捐赠呈上升趋势,慈善彰显责任担当。2020 年,我国现金和物资捐赠均有一定增长,现金捐赠达 1 473.97 亿元,同比增长 41.12%；物资捐赠折合 612.16 亿元,同比增长 31.66%。

第二,企业仍为重要捐赠主体,个人捐赠大幅提升。2020 年,我国企业和个人的捐赠总额分别为 1 218.11 亿元、524.15 亿元,年度增幅均在三成以上,合计占捐赠总额的 83.52%。

第三,大量捐赠投入抗击疫情和脱贫攻坚领域。2020 年我国慈善捐赠主要投向卫生健康领域,其中用于疫情防控的捐赠比重最大。2020 年是决胜全面建成小康社会、决战脱贫攻坚之年,社会各界向扶贫领域的捐赠达 385.58 亿元,在改变贫困乡村落后面貌、改善贫困人口生活状况、提升贫困地区基层治理能力等方面发挥出积极作用。

第四,慈善信托单数增长明显,发展平稳。③ 截至 2021 年 12 月 31 日,全国累计慈善信托备案突破"700 单"大关,财产规模达 39.35 亿元。从地域来看,共有 19 个省、自治区、直

扩展阅读 15-1　慈善信托：金融与公益跨界合作新模式

---

① 杨团,朱健刚.慈善蓝皮书：中国慈善发展报告(2021)[M].北京：社会科学文献出版社,2021.
② 中国慈善联合会：2020 中国慈善信托发展报告[R].第八届中国公益慈善项目交流展示会,2020.
③ 同②。

辖市的民政部门备案过慈善信托;从慈善信托的财产规模来看,北京市备案的慈善信托财产达 2.2 亿元,名列第一,其次是浙江省、广东省,慈善信托的财产规模分别为 1.06 亿元和 0.70 亿元。

三、志愿服务发展现状

自 2008 年中国志愿服务元年以来,志愿服务越来越广泛深入地参与到国家大事当中,国家层面的宏观战略布局渐次建构成形,行业规范加强。2020 年以来,中国志愿服务发展达到新的高度。我国实名注册志愿者总数达到 1.92 亿,志愿团体 79 万个,累计志愿服务时间总数 37.19 亿小时,贡献人工成本价值 1 620 亿元。[①]

(一)志愿服务进入国家战略

2019 年,习近平总书记多次就志愿服务发表重要讲话,从国家顶层设计的层面明晰了新时代志愿服务的发展定位、方向、使命以及愿景。志愿服务被进一步提升到"社会文明进步重要标志"的新高度,要与国家社会治理现代化以及"两个一百年"奋斗目标同行。《志愿服务组织基本规范》已于 2021 年 5 月正式实施,有关志愿服务管理的政策举措加速出台。志愿服务领域的国家宏观战略布局正在渐次成形。

(二)科技+专业志愿服务助推社会创新

"用技术助力公益,让科技更有温度",越来越多商业技术公司应用员工专业技术开展志愿服务。"互联网+志愿服务"已经成为志愿服务新常态。"区块链+志愿服务"的科技创新应用和移动互联促进了志愿服务组织社会化创新。当科技与公益深度融合,人人参与志愿服务就更为便利和可为,这必将引发志愿服务领域突破性的重大发展。

(三)志愿服务组织发展机遇与挑战并存

从新时代发展环境而言,志愿服务组织面临前所未有的机遇的同时,也面临多重挑战。公众普遍对志愿服务的认知存在误区和盲点,国家对志愿服务组织的管理在持续强化,但是保障依然不足,民间志愿服务组织的基础经费、组织建制、能力建设等并没有得到有效改善,仍然是在负重前行。中国志愿服务信息系统显示,注册志愿者、志愿服务项目及服务时间的年均增长率均超过 36%,而志愿服务组织数量增长不到 20%。一些党政机关、企事业单位和社会组织将志愿服务泛化和滥用,民间志愿服务组织的参与空间和生态环境都急需规制,同时进行制度优化和培育行业组织。需要进一步指出的是,志愿服务组织有其自身的特性与内在的发展规律,特别是民间志愿服务组织,自愿性、自主性、自治性正是其活力和特色所在。

在更高的战略定位以及使命驱使之下,志愿服务组织从三个维度而言势必需要加强:其一,国家对志愿服务组织的管理持续强化,但是保障不足。其二,从志愿服务组织自身的主观能动性以及使命驱使而言,也必须主动大力提升自身的专业性,方能跟上高层导向

---

① 杨团,朱健刚.慈善蓝皮书:中国慈善发展报告(2020)[M].北京:社会科学文献出版社,2020.

以及行业前行的节奏。志愿服务组织在基层实践发展中,也需要时间和努力去争取政策支持与落地。其三,行业联合与网络化建设,需要更多的支持型、枢纽型、统筹型等行业组织的出现。同时,志愿服务组织被赋予中国特色的新内涵,成为社会价值观以及对外软实力的载体。特别是民间志愿服务组织,不仅要大力提高自身各方面的专业性,还需要提升认知、开阔眼界,要主动打破固有模式,具备政、产、学、研、社共商的平台型思维并采取共同协作的行动。

四、慈善法治现状

党的十八大以来,以习近平同志为核心的党中央高度重视发展慈善事业,着力推动慈善法治化进程。2016年,十二届全国人大四次会议通过《慈善法》,为我国传统慈善走向现代慈善、法治慈善提供了法律依据。2020年,十三届全国人大常委会贯彻落实党中央决策部署,对《慈善法》开展了慈善法执法检查,整体把握和评估中国慈善法治情况。①

(一)《慈善法》实施促进慈善事业稳步发展

《慈善法》制定后,截至2020年,中央和地方共出台400余份配套法规规章和规范性文件,基本涵盖了慈善组织认定登记、公开募捐、慈善信托、活动支出、信用管理、志愿服务、信息公开和财产保值增值等主要环节。从执法检查看,中央和地方有关部门以及慈善组织,重视法律实施,主要条款和硬性规定都得到了比较好的落实,有效提升了认识,推动我国慈善事业的思想理念、法治建设和实践效果达到了新高度。慈善事业作为我国社会主义基本经济制度的重要组成部分,在第三次分配中发挥着越来越重要的作用,已经成为推进中国特色社会主义伟大事业的重要力量。

随着法律实施,全国涌现出一批慈善城市、品牌项目、优秀集体和先进个人,发挥了示范引领作用。截至2020年,民政部组织开展了11届"中华慈善奖"评选表彰,牵头举办了8届中国慈善项目交流展示会。同时,法治意识不断增强,有关部门依法监督管理和促进发展、慈善组织依法开展活动、人民群众依法参与和监督慈善的观念基本建立起来。

扩展阅读15-2 慈善法颁布以来慈善事业发展新成效

(二)慈善法实施存在的问题和面临的挑战

我国现代慈善事业在党和国家的高度重视下,取得了前所未有的快速发展,但由于发展晚、底子薄、规模小和各方面原因,目前,还存在一些突出问题,与社会财富量级、第三次分配的地位不相匹配,在多层次社会保障体系中的效能还需进一步激发。其具体表现在五个方面。

1. 重大公共事件应对中存在的问题

慈善法规定的六类慈善活动,包括救助自然灾害、事故灾难和公共卫生事件等突发事件造成的损害。重大突发公共事件是慈善法实施情况最集中、最全面的考验。

---

① 张春贤.全国人民代表大会常务委员会执法检查组关于检查《中华人民共和国慈善法》实施情况的报告[R].北京:中国人大,2020(24):21-25.

应急机制。政府部门与慈善力量缺乏应急协调机制。在重大公共事件应对过程中,慈善组织缺乏信息共享和管理平台、物资储备和资源调度机制,导致运行效率低、信息披露不及时、捐赠款物处置迟缓、志愿服务统筹不够等情况。

信息公开。《慈善法》第8章共8条,详细规范信息公开,提出"真实、完整、及时"的标准。慈善组织信息化管理水平整体偏低,对捐赠人特别是网络捐赠的信息掌握不充分,导致信息公开的人力、时间成本过高,存在公开不及时、不完整、有纰漏等问题。

志愿服务。《慈善法》第68条规定:慈善组织应当为志愿者参与慈善服务提供必要条件,保障志愿者的合法权益。但目前没有将志愿服务纳入重大公共事件应急机制。

法律宣传。由于法律宣传不到位,部分群众对慈善事业的合法操作有误解。比如慈善法明确规定,捐赠的实物不易储存、运输或者难以直接用于慈善目的的,可以依法拍卖或者变卖。

2. 促进措施落实不到位不彻底

《慈善法》第9章共15条,规定了信息提供、活动指导、税费优惠、建设用地、金融政策、购买服务、人才培养、文化宣传等10多类促进措施。部分法律制度在细化为具体政策、转化为慈善促进措施的过程中,还需要进一步加强。

精神鼓励。虽然社会整体慈善意识提升,但是对部分慈善家、慈善项目,社会上普遍存在期望值高、宽容度低,让一些慈善人士献了爱心又伤心落泪。慈善组织普遍反映,对慈善行为的表彰力度不够,慈善法规定的国家层面的表彰制度尚未完全落实,其他层级的表彰激励也不够完善,不利于扩大影响、营造行善光荣的良好社会氛围。

政策支持。一方面,民政、财政、税务等部门已经出台一系列激励优惠政策,明确了延长公益性捐赠税前扣除资格有效期限,改进了慈善组织获得资格的条件和程序,实行了个人所得税对个人捐赠的鼓励,放宽了公益性捐赠税前扣除资格的条件等。但是部分政策刚刚出台,有些慈善组织和基层主管部门宣传学习不到位,掌握还不够精准。另一方面,慈善法规定的金融、土地、慈善信托等方面的优惠政策尚未进一步明确。

队伍建设。慈善人才培养和使用机制亟须进一步健全。高等院校主要通过社会工作专业开设慈善相关课程,但相关专业学生较少从事慈善工作。当前,慈善组织工作人员社会认同度低,职业评价体系不健全,且限薪政策阻碍了慈善行业吸引和留住高级管理人才。

3. 慈善组织发展不平衡、不充分

慈善组织既是慈善活动的主要载体,也是慈善法规制的主要对象。慈善法第2章共13条,对慈善组织的宗旨、章程、设立条件、内部治理等进行规范。目前,慈善组织的质量、数量、结构等与立法预期相比还存在一定差距。

慈善组织公信力有待提升。慈善法制定后,失信失序事件有所减少,但社会各界对慈善的信心仍处于低位。调查显示,当前慈善行业公信力一般。我国经济高质量发展、GDP保持稳健增长,但慈善捐赠总量停滞不前,慈善组织公信力偏弱是其中重要因素之一。

慈善组织培育有待加强。截至2021年底,全国社会组织总量为90.09万个[①],慈善

---

① 杨团,朱建刚. 慈善蓝皮书:中国慈善发展报告(2022)[M]. 北京:社会科学文献出版社,2022.

组织占比不足百分之一,部分县级民政部门尚未受理过慈善组织登记认定。2017年至2019年,新登记设立的慈善组织数量呈现逐年下降趋势。一方面,慈善组织所享受的政策"含金量"不高。另一方面,慈善法实施后新设立的社会组织,如果创立之初没有登记为慈善组织,之后也无法认定为慈善组织。这对培育慈善组织形成了一定阻碍。

慈善组织结构有待优化。不同规模、不同类型的慈善组织还没有完全形成梯次分工、协调合作的格局。枢纽型慈善组织中枢作用发挥不够,统筹协调能力不足。一般慈善组织存在专业趋同化、项目同质化。

4. 监管不足与监管过度并存

监管力量不足。2019年,民政部设立慈善事业促进和社会工作司,各级民政部门也参照设立了专门负责慈善工作的内部机构,但是普遍缺人少编。

监督力度不够。慈善法第33条规定:禁止任何组织或者个人假借慈善名义或者假冒慈善组织开展募捐活动,骗取财产。当前,部分慈善组织存在操作不规范的问题,个别存在侵占慈善财产等现象。

监管制约过度。在监管工作中,对大型慈善组织监管偏严,对小型慈善组织监管较为宽松;存在着要求偏多、指导服务不够的现象。

行业自律薄弱。目前,慈善行业组织自律亟待加强,行业组织自律措施有限,行业标准制定工作落后于实际需要,存在调整范围窄、内容规定粗、制约机制少等问题。行业评估范围和规模依然较小,尚未有效发挥以评促建、以评促改、以评促规范的效能。

5. 互联网衍生的慈善新挑战

慈善法第23、27、41、88、101条,对以网络为平台和媒介进行的募捐、捐赠和宣传进行了规范,主要是将网络与广播、电视、报刊、电信并列作为一种信息传输渠道,没有将其作为一种支付场所和生活场景,对新问题的规范不足。

网络募捐。截至2023年,民政部遴选指定29家慈善组织互联网公开募捐信息平台为慈善组织提供募捐信息发布服务。网络筹款已成为公开募捐的主要途径。有慈善组织反映,互联网公开募捐信息平台对慈善项目的执行成本、管理费用等要求比法律法规更加严格,限制了募捐渠道;个别互联网平台收取委托费用且比例过高,影响了实际筹款效果。

扩展阅读15-3 以法治方式促进慈善事业发展的建议

个人求助。慈善法第110条规定:城乡社区组织、单位可以在本社区、单位内部开展群众性互助互济活动。随着互联网普及,互助行为从村街社区的地理范围、亲朋同事的人际范围,延伸到每一个网络用户。目前个人求助不属于慈善募捐,不在慈善法规制范围,相关的管理规定不够完善,存在管理漏洞,个别案例造成不良社会影响。

第二节 慈善管理的发展趋势

伴随着社会慈善力量的生长,慈善事业规模的扩大,以及慈善在社会治理中作用的提升,慈善事业的高质量发展成为一个总体趋势。具体而言,慈善事业在推进第三次分配和共同富裕的国家战略层面将发挥更大作用,党和国家对慈善事业的支持力度也将不断加大,慈善法制化水平将进一步提升,科技对慈善事业的支持作用将显著增强,慈善领域的创新呈现不断涌现之势。

一、发挥慈善事业第三次分配作用,慈善事业迎来重大发展机遇

党的十九届四中全会首次把"按劳分配为主体、多种分配方式并存"确定为基本经济制度,并首次提出要"重视发挥第三次分配作用,发展慈善等社会公益事业",这就从根本上明确了第三次分配和慈善事业在我国经济、社会发展中的重要地位。2021年8月,习近平总书记在中央财经委员会第十次会议上强调,要坚持以人民为中心的发展思想,在高质量发展中促进共同富裕,正确处理效率和公平的关系,构建初次分配、再分配、三次分配协调配套的基础性制度安排。《中共中央 国务院关于支持浙江高质量发展建设共同富裕示范区的意见》等文件,提出鼓励引导高收入群体和企业家向上向善、充分发挥第三次分配作用、探索各类新型捐赠方式等新要求。第三次分配列入基础性制度安排,为慈善事业赋予了新的历史使命与更高的定位,慈善迎来重大发展机遇。

二、慈善事业发展的法制环境将进一步完善

当前,我国慈善组织面临的最大挑战之一就是登记注册问题。由于我国实行的是双重管理体制,慈善组织要在民政部门登记注册,首先需要获得业务主管部门的批准。在这种情况下,很多自下而上的慈善组织难以在民政部门登记注册。由于没有合法性,这些组织无法享受减免税的优惠,也无法获得政府购买服务的资格。为了突破这一瓶颈,一些地方政府率先改革,降低社会组织的登记注册门槛。中国共产党第十八届中央委员会第三次全体会议审议通过的《中共中央关于全面深化改革若干重大问题的决定》明确提出:"重点培育和优先发展行业协会商会类、科技类、公益慈善类、城乡社区服务类社会组织,成立时直接依法申请登记。"可以预见,慈善组织的登记注册门槛势必降低,慈善组织也将获得更宽松的法律环境和更大的发展空间。

2021年全国两会结束后,全国人大常委会正式启动慈善法修订工作;3月26日,全国人大社会建设委员会在北京召开慈善法修订工作专家座谈会;6月,全国人大社会建设委员会委托民政部、北京师范大学等五家单位,开展起草慈善法修订草案(建议稿)及收集行业意见等工作,探讨第三次分配理论、财税政策、慈善事业发展、慈善募捐与网络慈善等议题,研究提出新发展阶段慈善法实施面临的新情况、新问题、新对策。

修订后的慈善法有望出台,慈善法律政策体系将更加完善。慈善法修订工作在完善顶层设计的同时,也将回应近年来互联网慈善、应急慈善、社区慈善等领域在发展过程中出现的问题,为促进社会主体更顺畅地开展慈善事业提供根本性的法律保障。此外,为鼓励企业主体发挥更大价值,推进我国财富结构和形态"向善"转型,在公共政策的顶层设计上,遗产税、赠与税、房产税等税收政策以及社会组织管理、政府购买公共服务、慈善信托行业监管等配套措施有望纳入重要议事日程。

三、治理吸纳慈善的发展趋势将不断强化

作为国家治理体系现代化的重要内容,慈善事业被进一步纳入国家治理体系之中,治

理吸纳慈善的发展趋势得到强化。[①] 治理吸纳慈善在表现形式上强调实现多元主体的协同共治,但实质上却有着鲜明的等级秩序或差序格局。在国家层面,其主要表现为各级政府职能部门进一步强化"党委领导、政府负责、社会协同、公众参与、法治保障"的社会治理体制,同时大力发展慈善会等官办慈善组织,以治理的方式有选择地吸纳慈善组织在第三次分配中的重要作用。

(一)坚持党委领导,党建工作成为慈善事业首要任务

2019年,《中共中央关于加强党的政治建设的意见》提出,要将坚持党的全面领导的要求载入有关社会组织的章程。《2019年民政部业务主管社会组织党建工作要点》明确了部管社会组织党建工作的重点任务,同时也为其他社会组织党建工作指明了方向:加强党对社会组织的领导,保证党的路线方针政策在部管社会组织中贯彻落实;以提升组织力为重点,进一步提高党建质量,切实推动党的组织和党的工作从有形覆盖向有效覆盖转变;以增强党务工作者和党员能力素质为关键环节,强化党建工作人才队伍建设;加强先进典型培养和选树,加大内外宣传力度,坚决反对和抵制各种错误言论;强化监督执纪问责,大力推进部管社会组织党风廉政建设和反腐败工作;以抓好组织实施为努力方向,提升党建管理服务整体水平。

(二)强化政府负责,不断深化慈善事业管理部门改革

2019年2月,根据《中共中央关于深化党和国家机构改革的决定》和中共中央办公厅、国务院办公厅《民政部职能配置、内设机构和人员编制规定》的要求,民政部新组建了慈善事业促进和社会工作司,充分整合慈善社会工作的有关职能和力量。业内呼吁多年的慈善与社会工作的合流逐步在政府层面开始体现。

(三)推进依法治理,进一步规范慈善组织与慈善活动

党和国家高度重视慈善组织在创新社会治理和参与第三次分配中的独特作用,同时也继续推进法治慈善的进程。一是进一步规范慈善捐赠。2019年4月11日,第一张个人捐赠电子发票由中国残疾人福利基金会开出。中国残疾人福利基金会携手支付宝,打造了"捐赠到账—填写开票信息—开具发票—推送至发票管理小程序"的捐赠电子发票全流程场景。此举顺应信息化的大趋势,在公募和网络筹款的大形势下,小额捐赠体量不断加大,电子发票经过财政部监制,与纸质票据具有同等效力,保障了慈善组织的权威性,更加利于慈善组织动员公众参与筹款活动。二是完善慈善事业监管体系。2019年全国社会组织信用信息共享平台正式上线,提高了社会组织活动异常名录及严重违法失信名单的信息化管理水平。

四、政府支持慈善事业发展的力度将不断加大

未来,政府将进一步加大对慈善事业的扶持力度,具体表现在以下几个方面。

[①] 杨团,朱健刚.慈善蓝皮书:中国慈善发展报告(2020)[M].北京:社会科学文献出版社,2020.

第一,税收政策方面的优惠。客观地说,与西方国家相比,中国关于个人、企业公益捐赠税前扣除的比例并不低,这大大鼓励了个人和企业的捐赠。不过,在政策的具体执行过程中,由于缺乏配套的部门规范性文件,个人、企业的捐赠要想从应纳税所得额中扣除,需要经历比较复杂的程序,还缺乏可操作性办法。另外,社会组织要获得免税资格的认定也并不容易。有鉴于此,中国共产党第十八届中央委员会第三次全体会议审议通过的《中共中央关于全面深化改革若干重大问题的决定》强调要"完善慈善捐助减免税制度,支持慈善事业发挥扶贫济困积极作用"。因此,未来慈善捐助的减免税制度将会进一步完善,从而激励更多的企业、个人捐赠。

第二,政府将进一步加大向慈善组织购买服务的力度。2013年9月,国务院办公厅发布了《国务院办公厅关于政府向社会力量购买服务的指导意见》。随着这一文件的出台,各地政府掀起了购买社会服务的高潮。未来,中国慈善组织的资金来源中,政府购买服务的比重将越来越高,这也将是未来发展的新趋势。

第三,政府将加大慈善组织的"孵化"和培育。近年来,随着政府转移职能和购买社会服务力度的加大,各地出现了一种新的现象:政府职能难以转移,因为缺乏有能力的社会组织来承接;政府购买社会服务常常流标,因为缺乏有能力的慈善组织来应标。毕竟,我国慈善组织的发展才刚刚起步,不仅慈善组织数量少,而且普遍规模小、能力弱、社会公信度不足。而培育发展慈善组织又是未来发展的趋势,在这种情况下,各地政府势必会加大孵化慈善组织的力度。目前,越来越多的地方政府在积极开展公益组织孵化工作。

五、社会慈善文化观念和实践将持续普及推展

(一)慈善文化观念将全面持续普及

在20世纪,国内媒体对慈善组织、慈善人物的报道非常少。2000年之后,国内媒体对慈善事业的报道呈现快速增长的趋势。《公益时报》等一批有影响力的杂志诞生。主流的媒体也纷纷开辟了慈善专栏。最近几年,伴随着互联网社会的到来和深入发展,慈善文化观念利用互联网平台和各种新兴技术手段获得了更大的存在和普及空间,公众的慈善意识不断提升。未来,在包括网络空间在内的更为广阔的社会空间中,慈善文化观念和慈善实践行动都将呈现出更为强劲的生命力,二者也将在进一步的相互交融中推展出去。

(二)社会捐赠将持续扩大

社会捐赠仍有较大的上升空间,人均GDP突破1万美元以后,生产力高度发展,福利制度逐步完善,保障程度不断提高,社会大众的慈善心和公德心将会在高质量发展阶段出现喷发。尤其对富裕起来的人群来说,投身慈善的需求更加迫切,他们也希望为财富找到更好的出路。例如,福耀玻璃创始人曹德旺通过其创办的河仁慈善基金会捐款100亿元筹建福耀科技大学;中静新华资产管理有限公司出资3.5亿元人民币,成立浙江工商大学英贤专项基金等。在新发展阶段,向好向善已经成为经济与社会发展的重要追求。国家正在大力推进公共服务的建设,企业等各方社会力量需要与政府及社会多进行良性互动,将自身的理念、使命与社会的需求对接融合,充分发挥企业基金会和家族基金会的灵

活性优势,进行一系列的社会创新,以期产生更大的社会影响力。

(三) 志愿行为将全面普及

志愿服务活动已经成为新时代凝聚人民群众力量、汇聚人民群众智慧、推动实现"两个一百年"奋斗目标和中华民族伟大复兴的重要力量。2019 年 7 月 24 日,习近平总书记在《致中国志愿服务联合会第二届会员代表大会的贺信》中再次肯定了新时代志愿服务的重要地位与重大作用,要求各级党委和政府给予志愿服务更多支持,推进志愿服务制度化和常态化。

六、慈善组织改革创新将更为深入

(一) 慈善组织的改革与发展

十八大报告提出加快形成政社分开、权责明确、依法自治的现代社会组织体制,为中国慈善组织的发展指明了方向。一些具有浓厚官方色彩的慈善组织需要不断适应环境的变化,加快去行政化改革的步伐。所谓慈善组织去行政化,就是指慈善组织淡化行政色彩,按照慈善组织自身的组织特点和运行规律进行管理。[1] 这就要求一些具有官方色彩的慈善组织加快改革步伐,去除行政级别、行政事业编制,与行政机关脱钩,真正按照慈善组织自身的特点运行和管理,激发活力,不断提高组织的效率与服务质量,创新性解决社会问题,促进社会和谐。与此同时,通过降低登记注册门槛,加大政府培育和监管力度,促进我国自下而上的慈善组织健康、有序发展。而自下而上慈善组织的发展反过来又可以倒逼官办慈善组织的改革。慈善组织将依靠透明度、效率与服务质量赢得公众的信任、参与和捐赠,这也是未来中国慈善组织发展的方向。

(二) 科技赋能慈善成为重要趋势

现代信息传媒技术的飞速发展为中国慈善事业的发展带来了巨大的机遇。首先,现代信息传媒技术的应用,使得筹款的便捷性与效率大幅度提升。慈善组织可以利用微博、微信、支付宝等工具进行网络筹款,这不仅为微公益提供了可能,为公众进行小额捐赠提供了非常好的平台,而且大大提高了筹款的效率。其次,现代信息传媒技术为慈善组织及时披露信息提供了可能,而且降低了信息披露的成本。最后,慈善组织还可以充分利用现代信息传媒的自媒体特点进行宣传,提高组织的社会认知度与形象。

(三) 构建慈善共同体将成为慈善事业发展的重要面向

围绕着打造社会治理共同体,慈善共同体的建设被再次推向高潮。构建有韧性的慈善共同体成为国内社会组织参与社会治理的重要路径。它不仅包括社会组织的嵌入式发展和网络化协同,更是跨部门的多业态融合,具体包括志愿者共同体、社区共同体、公益服务共同体、慈善捐赠共同体及行业自律共同体五个层面。

---

[1] 邓国胜.公益慈善概论[M].济南:山东人民出版社,2015.

在政府负责的治理机制吸纳社会的同时,我们依然需要推进以社会自发的情感联系和社会自组织为本的慈善共同体的建设,应该继续强调慈善共同体的韧性建设,继续鼓励志愿者自组织化、促进社区防疫互助网络常态化、大力发展公益价值链、重点培育民间基金会,以催生能够消解内部张力和外部压力的韧性因子。

(四) 社区慈善开始成为慈善领域发展的新领域

高质量发展阶段,社会大众基本生活的物质性消费需求能够得到系统满足,社区治理、养老服务、弱势群体关怀等生活服务性消费的需求开始全面升级。未来,慈善事业可以通过进一步与社区街道、居委会等基层治理体系结合,加强民生领域的互动合作,提供经常性的社会服务;在提高社会服务水平的同时促进社区慈善的发展,在解决社会问题、激发社区活力和提高社区凝聚力等方面尝试走出一些创新道路。

  复习思考题

1. 论述现阶段基金会发展的基本现状。
2. 论述志愿服务发展现状。
3. 论述治理吸纳慈善的表现。
4. 阐述中国慈善事业基本发展趋势。

  典型案例

互联网捐赠电子票据时代来临

2019年4月11日,我国第一张互联网捐赠电子发票由中国残疾人福利基金会开出,该机构成为全国第一个将捐赠电子发票发送至个人的基金会。

2019年9月2日,湖北省慈善总会开具了湖北省第一张电子捐赠票据,成为湖北首家具备开具电子捐赠票据功能的社会组织。

自此,捐赠电子票据的开具实现了中央和地方的双突破。

中国残疾人福利基金会秘书长张雁华表示,信息化与电子化都是未来发展的重要趋势,对慈善组织的信息化、专业化发展都有着非常重要的意义。就监管而言,这也是一次监管技术全流程的创新,使得监管的流程更为可控,捐赠电子票据的推广势在必行。

一、需求:蓬勃发展的互联网捐赠

2016年3月,《慈善法》正式通过。根据规定,通过互联网开展公开募捐的慈善组织,应当在国务院民政部门统一或者指定的慈善信息平台发布募捐信息,并可以同时在其网站发布募捐信息。

随后,结合《慈善法》《公开募捐平台服务管理办法》的相关规定,共计20家互联网募捐信息平台被民政部先后遴选为网络募捐平台,并且同时出台了《慈善组织互联网公开募捐信息平台基本管理规范》《慈善组织互联网公开募捐信息平台基本技术规范》两项行业标准。

与此同时,按照《慈善法》的规定,接受捐赠的慈善组织,应向捐赠人提供财政部门统一监(印)制的捐赠票据。捐赠票据要求载明捐赠人、票据日期、慈善组织名称及经办人姓名、捐赠财产的数量和种类等信息。

这一要求对慈善组织提出了巨大的挑战。"在公募和网络募款蓬勃发展的态势下,小额捐款的体量一直在增加,根据传统的工作模式,打字或手写发票都是非常消耗人力的,而且邮寄成本高,这既造成了资源的浪费又导致了工作效率的低下。"张雁华表示。

据湖北省慈善总会的统计,2019年上半年,共收到43万多笔网络捐款,网络微捐款达2 194万余元。由于捐赠人次数目巨大,如果所有捐赠者都申请纸质捐赠发票,这就成为一项不可能完成的任务,而且存在诸如运输成本高、印刷成本高、周期长等问题。

二、机遇:电子票据管理改革

纸质票据的开具成为不可承受之重,是否有解决办法呢?财政部为电子票据的推行提供了解决之道。

2017年6月,财政部发布了《关于稳步推进财政电子票据管理改革的试点方案》,方案提出要实现财政电子票据的开具、存储、管理、传输、查询、报销核算和社会应用等无纸化电子控制的全过程,即用数字信息代替纸质材料,用电子签名代替手工签章。首批选择北京、浙江(宁波)、贵州、云南、湖南、福建(厦门)、黑龙江、重庆等地区,华侨大学、国家开放大学等中央单位为试点,在此基础上开展财政电子票据改革工作。

2017年年底,财政部相继选定了第二批电子票据管理改革试点的地区和单位。

2018年11月,财政部发布《关于全面推开财政电子票据管理改革的通知》,根据规定,所在地区的所有单位及全部财政票据种类都需按要求进行财政电子票据管理改革,相关试点单位应将财政电子票据管理改革扩大至全部财政票据种类。

电子票据取代纸质票据是势不可当的,慈善行业自然也不例外。电子捐赠票据作为财政票据的一种,在这种背景下的发展成为一种必然结果。

三、探索:打通三方流程

以下为中国残疾人福利基金会宣传活动部副部长常达介绍的电子捐赠票据开具工作的发展情况。

在看到财政部推广电子票据的文件后,于2018年年中,该基金会决定正式启动电子捐赠票据相关工作。

有资格开具捐赠票据的慈善组织可以向财政部门申请在线开票。在财政部票据监管中心的网站上可以找到相关申请表格及流程等信息。财政部门对推动电子票据的事情一直是非常积极的,其希望将电子票据推广至更多的领域及行业。

由于以前没有开出过电子捐赠票据,财政部票据监管中心在接到中国残疾人福利基金会的申请后,编制了电子捐赠票据样本,这也为其他机构日后的申请开辟了新的道路。

机构在提交申请后,有两种方式可以开具电子捐赠票据。

(1)申请机构定制UKey,接到申请后,财政部信息网络中心将会为单位制作UKey(10个工作日内完成),该单位可以用Ukey登录财政票据管理系统的网站开具票据。

(2)购买服务器进行签名认证和签名,申请系统对接,然后通过系统对接方法开票,即可在自己的系统中开具票据。

电子捐赠票据开具完成之后便可发送给捐赠人。至此,便完成了电子捐赠票据的开具工作。无论捐赠金额大小，都可以在捐赠后向基金会提供信息，基金会根据所填信息开具电子捐赠票据并将其发送给捐赠者。

但是，基金会开具电子捐赠票据与互联网捐赠者实时获得捐赠票据是不同的。怎么解决这一问题呢？关于电子票怎么发送给C端用户，中国残疾人福利基金会花了很长的开发周期才实现。

这需要实现互联网公开募捐平台、财政部票据监管中心及基金会三方的对接。当中国残疾人福利基金会向财政部票据监管中心提出申请时，发现支付宝对此的态度也是非常积极的，说早就想做这件事情了。

解决以上问题要经过一个三方联动的过程：蚂蚁金服公益开发了申请捐赠发票的功能，捐款人可在捐款后填写捐款发票抬头；中国残疾人福利基金会对原有的捐赠管理系统进行了升级和改造；随后，票据监管中心分别和支付宝与基金会进行了对接。

在此过程中，基金会做得最多的就是压力测试，因为互联网捐赠的体量很大，如果服务器无法承担那么多人次的开票工作，一旦垮掉瘫痪，公众可能会不理解，这将会产生信任危机。

整个设计过程中，基金会一直是站在捐赠人的角度进行思考的，原来纸质票据采取邮寄的方式，捐赠人3~5天可以收到，若是电子捐赠票据需要同样的时间，那就没什么意义可言了，最终基金会选择的是"T+0"的方式来实现电子票据到用户端的获取。

四、实践：上线1个月开票超5万张

2019年4月11日，中国残疾人福利基金会的互联网捐赠电子票据功能正式在支付宝公益平台上线，并选择了中国残疾人福利基金会的"残疾儿童助养"等项目进行捐赠。

在捐款成功页面（不限金额），填写相关捐赠信息，10~20分钟，捐赠者就可在支付宝发票管家中收到相应的电子捐赠发票。

实现这一点并不容易，在这背后是捐赠者看不到的复杂流程。这涉及捐赠者、财政部票据监管中心、蚂蚁金服公益、中国残疾人福利基金会等多方。

（1）捐赠者在蚂蚁金服公益页面申请捐赠发票并填写发票抬头信息，交易单号、项目、金额等会根据实际捐赠自动生成。

（2）蚂蚁金服公益将收到的信息发送至基金会业务系统，基金会将根据交易订单号信息自动核实捐款是否成功。

（3）捐款成功后，基金会发出包含单位签名的票据信息后，系统将会自动上传到财政系统，由财政系统对电子票号的唯一性和单位签名的有效性进行验证后，增加一个财政监制签名，创建并生成一套完整的财务电子票据。

（4）电子票据被推送至支付宝的发票管家与基金会，捐赠者即可在支付宝的票据管家进行查询。

"上线一个月，日均小额捐赠的开票量是两千多张，月开票量超过5万张，这已经远远超过我们去年在线捐赠纸质票据的开票量。"常达强调。

五、效果：推动互联网捐赠发展

《慈善组织互联网公开募捐信息平台基本管理规范》规定"平台应为慈善组织履行开具捐赠票据的义务提供便利，并为用户提供发票申请渠道"。

此前慈善组织开具纸质票据是存在问题的：一是捐赠者对可开票的基础金额并不清楚，或者因为需要提交相关信息而放弃；二是慈善组织开具纸质票据耗时耗力，且存在票据寄送的问题。

支付宝公益平台负责人刘琴表示，不少慈善机构采取设置捐款最低限额才开发票、提供票据的办法，某种程度上损害了该机构的公信力。

张雁华强调："小额捐赠者及时获取票据，可增强其捐赠现实感，这也是基金会落实捐赠者服务的一个重要举措。"

常达表示："电子捐赠票据的产出，使财务及税务部门可以轻松进行核实。如果打通从捐赠到电子捐赠票据，再到电子票据线上的税收抵免这条线，我认为它实际上也可以促进我国个人小额捐款的发展。"

资料来源：杨团，朱健刚.慈善蓝皮书：中国慈善发展报告（2020）[M].北京：社会科学文献出版社，2020：374-380.

思考题：
1. 互联网捐赠票据电子化对于慈善捐赠的作用和意义是什么？
2. 伴随着互联网与慈善的深度融合，互联网时代的慈善发展还呈现出哪些特点？

  即测即练

参 考 文 献

[1] 白光昭.第三次分配：背景、内涵及治理路径[J].中国行政管理,2020(12)：120-124.
[2] 白光昭.正确认识公益慈善[J].山东工商学院学报,2021,35(1)：1-6.
[3] 步淑段,秦妍.企业履行社会责任的理论依据研究[J].当代经济管理,2012,34(2)：90-92.
[4] 曹鹏飞.我国政府与社会关系转型及其趋势[J].天津社会学,2010(5)：17-21.
[5] 陈斌.改革开放以来慈善事业的发展与转型研究[J].社会保障评论,2018(7)：148-158.
[6] 陈东利.风险社会视角下慈善治理现代化的保障机制建构[J].东南学术,2021(6)：130-139.
[7] 陈可鉴,郁建兴.慈善的性质与模式[J].南京社会科学,2015(5)：64-70.
[8] 陈梦苗."公益"与"慈善"辨析：一个文献评述[J].中国非营利评论,2020(4)：315-330.
[9] 褚松燕.关于互益性社团的"公益效应"分析[J].天津社会科学,2003(5)：50-54.
[10] 葛忠明,张茜.慈善事业的定位、社会基础及其未来走向[J].山东大学学报（哲学社会科学版）,2022(2)：108-117.
[11] 宫蒲光.关于走中国特色慈善之路的思考[J].社会保障评论,2022,6(1)：117-132.
[12] 郭大林.我国慈善组织管理能力提升的障碍与突破[J].天津大学学报（社会科学版）,2015,17(2)：177-182.
[13] 韩文龙,陈航.我国转型期居民间财富差距问题的主要矛盾及新型财富分配制度构建[J].政治经济学评论,2018,9(2)：84-105.
[14] 韩喜平,何况.分配制度变革何以推动共同富裕现代化[J].广西师范大学学报（哲学社会科学版）,2021,57(6)：1-9.
[15] 金桂荣.企业社会责任价值创造与价值发现研究——基于企业价值理论和资本市场理论[J].财会月刊,2022(4)：128-133.
[16] 康晓强.政府与公益组织协同参与灾害治理研究——以"遵道模式"为案例[J].学习与实践,2012(2)：97-102.
[17] 旷涵潇.家族慈善信托中的利益冲突行为与分配受益人保护[J].中国政法大学学报,2021(1)：81-97.
[18] 李德健.后《慈善法》时代慈善信托制度的反思与重构[J].社会保障评论,2021,5(3)：136-148.
[19] 李健.第三次分配视阈下慈善捐赠监督与管理研究[J].社会科学辑刊,2022(2)：11.
[20] 李莉,宋蕾放.中国慈善组织结构的"趋同性"分析及反思——基于制度学派的视角[J].学会,2011(11)：3-9.
[21] 李勇,何定勇.公共危机治理：不确定性,慈善组织参与及协同治理[J].中国非营利评论,2021,27(1)：218-238.
[22] 刘慧凤.公益慈善组织社会信任危机根源与对策——基于会计学视角的分析[J].财会通讯,2013(3)：29-31.
[23] 刘威.冲突与和解——中国慈善事业转型的历史文化逻辑[J].学术论坛,2014,37(2)：84-91.
[24] 刘迎霜.我国公益信托法律移植及其本土化——一种正本清源与直面当下的思考[J].中外法学,2015(1)：151-159.
[25] 马剑银."慈善"的法律界定[J].学术交流,2016(7)：87-93.
[26] 石国亮.慈善组织公信力的影响因素分析[J].中国行政管理,2014(5)：95-100.

[27] 苏京春.上中等收入阶段我国第三次分配的全方位考量[J].地方财政研究,2017(3):37-44,68.

[28] 孙照红.政府与社会关系70年:回顾与前瞻——基于社会组织管理制度的分析[J].中共杭州市委党校学报,2020(2):56-61.

[29] 王名,蔡志鸿,王春婷.社会共治:多元主体共同治理的实践探索与制度创新[J].中国行政管理,2014(12):16-19.

[30] 王名,蓝煜昕,高皓,等.第三次分配:更高维度的财富及其分配机制[J].中国行政管理,2021(12):9,103-111.

[31] 王名,蓝煜昕,王玉宝,等.第三次分配:理论、实践与政策建议[J].中国行政管理,2020(3):101-105,116.

[32] 王名,李健.社会共治制度初探[J].行政论坛,2014(5):68-72.

[33] 王诗宗,杨帆.政府治理志愿失灵的局限性分析——基于政府购买公共服务的多案例研究[J].浙江大学学报(人文社会科学版),2017,47(5):184-195.

[34] 王振耀.公益慈善事业管理与公益慈善教育[J].山东工商学院学报,2020,34(1):34.

[35] 夏炜,叶金福,蔡建峰,等.非营利组织绩效评估理论综述[J].软科学,2010,24(4):120-123.

[36] 肖国飞,任春晓.论慈善文化的道德意蕴[J].中州学刊,2007(1):139-143.

[37] 徐芳芳.基于协同治理的政府预算绩效管理研究[J].经济体制改革,2022(2):158-164.

[38] 徐家良,张煜婕.国家治理现代化视角下第三次分配价值意涵、现实逻辑与优化路径[J].新疆师范大学学报(哲学社会科学版),2022(4):1-9.

[39] 杨思斌,吴春晖.慈善公信力:内涵、功能及重构[J].理论月刊,2012(12):158-162.

[40] 于秀琴,王怡萝,王鑫.基于政策工具视角下的基金会政策文本研究[J].山东工商学院学报,2022,36(1):36-44.

[41] 于秀琴,赵书亮,杜世纯.以能力提升为核心的新时代本科层次人才培养体系研究——以公益慈善事业管理为例[J].河北大学成人教育学院学报,2019,21(2):98-106.

[42] 张奇林.《慈善法》与中国慈善事业的可持续发展[J].江淮论坛,2016(4):10-15.

[43] 张勇,周雪.非政府组织公信力建设路径——基于公共理性的研究视角[J].人民论坛:中旬刊,2011(23):66-67.

[44] 赵立波.公益机构的概念解析与现实梳理[J].行政论坛,2015,22(5):30-36.

[45] 赵立波.公益事业、社会事业、公共事业辨析[J].山东社会科学,2017(1):77-85.

[46] 赵廉慧."后《慈善法》时代"慈善信托制度的理论与实践[J].中国非营利评论,2017,19(1):20-34.

[47] 郑功成.关于慈善事业立法的几个问题[J].教学与研究,2014(12):5-14.

[48] 郑功成.中国慈善事业发展:成效、问题与制度完善[J].中共中央党校(国家行政学院)学报,2020,24(6):52-61.

[49] 周俊.走向"合规性监管"——改革开放40年来社会组织管理体制发展回顾与展望[J].行政论坛,2019,26(4):133-139.

[50] 周秋光,孙中民.政府在培育社会慈善理念方面的作用与责任研究[J].道德与文明,2008(1):89-93.

[51] 周秋光.现代中国社会保障制度与慈善事业70年发展进程及其思考[J].中南大学学报(社会科学版),2020,26(6):150-162.

[52] 安树彬,赵润琦.当代慈善学[M].西安:陕西人民出版社,2017.

[53] 陈为雷.中国慈善组织内部治理研究[M].北京:中国社会出版社,2019.

[54] 褚鎣.社会组织募捐管理[M].北京:中国社会出版社,2016.

[55] 邓国胜.公益慈善概论[M].济南:山东人民出版社,2015.

[56] 董克用,李超平.人力资源管理概论[M].5版.北京:中国人民大学出版社,2019.

[57] 黄晓勇,徐明,郭磊,等.中国社会组织报告(2020)[M].北京：社会科学文献出版社,2020.
[58] 康晓光,冯利.中国慈善透视[M].香港：世界科技出版公司,2020.
[59] 吕鑫.当代中国慈善法制研究：困境与反思[M].北京：中国社会科学出版社,2018.
[60] 梁其姿.施善与教化：明清的慈善组织[M].北京：北京师范大学出版社,2014.
[61] 李健,毕向林.公益慈善项目管理[M].西安：西安交通大学出版社,2018.
[62] 李泳昕,曾祥霞.中国式慈善基金会[M].北京：中信出版集团,2019.
[63] 李怀斌,于宁,张闯.服务营销学教程[M].2版.大连：东北财经大学出版社,2010.
[64] 马作宽.组织绩效管理[M].北京：中国经济出版社,2009.
[65] 莫冬燕.非营利组织财务管理[M].大连：东北财经大学出版社,2018.
[66] 聂平平,尹利民.公共组织理论[M].武汉：武汉大学出版社,2009.
[67] 彭小兵,陈培峰.公益慈善事业管理[M].北京：电子工业出版社,2018.
[68] 彭剑锋.人力资源管理概论[M].3版.上海：复旦大学出版社,2018.
[69] 孙婷.志愿失灵——以北京志愿服务为例[M].北京：知识产权出版社,2011.
[70] 陶传进.社会公益供给：NPO、公共部门与市场[M].北京：清华大学出版社,2005.
[71] 王名.中国民间组织30年——走向公民社会[M].北京：社会科学文献出版社,2008.
[72] 王俊秋.中国慈善与救济[M].北京：中国社会科学出版社,2008.
[73] 王道远,等.信托的逻辑——中国信托公司做什么[M].北京：中信出版集团,2019.
[74] 王忠平.志愿服务管理理论与实务[M].北京：北京交通大学出版社,2015.
[75] 徐永光.公益向右 商业向左[M].北京：中信出版集团,2017.
[76] 徐宇珊,朱照南.美国公益图谱：从传统到现代[M].北京：社会科学文献出版社,2017.
[77] 夏雨.比较法视野下的慈善信托[M].北京：中国社会科学出版社,2018.
[78] 邢成,和晋予.慈善信托理论与实务[M].北京：经济管理出版社,2019.
[79] 谢晓霞.公益慈善组织财务管理[M].西安：西安交通大学出版社,2021.
[80] 杨团,朱健刚.慈善蓝皮书：中国慈善发展报告(2020)[M].北京：社会科学文献出版社,2020.
[81] 杨团,朱健刚.慈善蓝皮书：中国慈善发展报告(2021)[M].北京：社会科学文献出版社,2022.
[82] 周三多.管理学——原理与方法[M].7版.上海：复旦大学出版社,2018.
[83] 周秋光,曾桂林.中国慈善简史[M].北京：人民出版社,2006.
[84] 张奇林.中国慈善事业发展研究[M].北京：人民出版社,2014.
[85] 郑功成.当代中国慈善事业[M].北京：人民出版社,2010.
[86] 资中筠.财富的责任与资本主义演变[M].上海：上海三联书店,2015.
[87] SALAMON L M. Partners in public service：government-nonprofit relations in the modern welfare state[M]. Baltimore：Johns Hopkins University Press,1995.
[88] HERZLINGER R E, NITTERHOUSE D. Financial accounting and managerial control for nonprofit organizations[M]. Mason,OH：South-Western Educational Publishing,1994.
[89] SIMON K W, IRISH L E. Legal mechanisms to encourage development partnerships[R]. International Center for Not-for-Profit Law,1998.
[90] SIMON K W. The role of law in encouraging civil society[R]. International Center for Not-for-Profit Law,1999.
[91] SUCHMAN M C. Managing legitimacy：strategic and Institutional App roaches[J]. Academy of management review,1995.20(3)：571-610.
[92] SCHOORMAN F D,MAYER R C, DAVIS J H. An integrative model of organizational trust：past,present,and future[J]. Academy of management review,2007,32(2)：344-354.
[93] BIES A,KENNEDY S. The state and the state of the art on philanthropy in China[J]. International journal of voluntary and nonprofit organizations,2019,30(65)：619-633.

[94] SALAMON L M. Leverage for good: an introduction to the new frontiers of philanthropy and social investment[M]. New York: Oxford University Press, 2014.

[95] DAVIS K. Can business afford to ignore social responsibilities[J]. California management review, 1960(3): 70-76.

[96] SHELDON O. The philosophy of management[M]. New York: General Books, 1924.

[97] BOWEN H R. Social responsibilities of the businessman[M]. New York: Harper & Row, 1953.

[98] PLUNKETT W, ATTNER R. Introduction to management[M]. Belmont: Wadsworth Publishing, 1977.

[99] ADLER B B, WARWICK M. The rules of the road: a guide to the law of charities in the United States[M]. Washington, District of Columbia: Council on Foundation, 1999.

[100] CHECKLAND B P. Systems thinking, systems practice[M]. Hoboken, NJ: John Wiley & Sons Inc, 1981.

教师服务

感谢您选用清华大学出版社的教材！为了更好地服务教学，我们为授课教师提供本书的教学辅助资源，以及本学科重点教材信息。请您扫码获取。

▶▶ 教辅获取

本书教辅资源，授课教师扫码获取

▶▶ 样书赠送

公共管理类重点教材，教师扫码获取样书

 清华大学出版社

E-mail: tupfuwu@163.com
电话：010-83470332 / 83470142
地址：北京市海淀区双清路学研大厦 B 座 509

网址：https://www.tup.com.cn/
传真：8610-83470107
邮编：100084